Theories of Personality

11e

성격심리학

아홉 가지 접근법과 현대적 고찰

제11판

Theories of Personality,
Eleventh Edition

Duane P. Schultz
Sydney Ellen Schultz

For permission to use material from this text or product,
email to **asia.infokorea@cengage.com**

ISBN: 979-11-6707-098-2

Cengage Learning Korea Ltd.
14F YTN Newsquare 76 Sangamsan-ro
Mapo-gu Seoul 03926 Korea

Cengage is a leading provider of customized learning solutions with employees residing in nearly 40 different countries and sales in more than 125 countries around the world. Find your local representative at: **www. cengage.com**.

To learn more about Cengage Solutions, visit **www.cengageasia.com**.

Every effort has been made to trace all sources and copyright holders of news articles, figures and information in this book before publication, but if any have been inadvertently overlooked, the publisher will ensure that full credit is given at the earliest opportunity.

Printed in Korea
Print Number: 01   Print Year: 2023

Theories of Personality
11e

성격심리학

아홉 가지 접근법과 현대적 고찰

제11판

Duane P. Schultz · Sydney Ellen Schultz 지음

박은영 · 김나래 · 김민정 · 심은정 옮김

사회평론아카데미

Cengage

Australia · Brazil · Canada · Mexico · Singapore · United Kingdom · United States

성격심리학 아홉 가지 접근법과 현대적 고찰 | 제11판
Theories of Personality 11e

2023년 3월 3일 1쇄 찍음
2023년 3월 17일 1쇄 펴냄

지은이 Duane P. Schultz · Sydney Ellen Schultz
옮긴이 박은영 · 김나래 · 김민정 · 심은정

편집 임현규 · 정용준
디자인 김진운
본문조판 토비트
마케팅 김현주

펴낸이 권현준
펴낸곳 ㈜사회평론아카데미
등록번호 2013-000247(2013년 8월 23일)
전화 02-326-1545
팩스 02-326-1626
주소 03993 서울특별시 마포구 월드컵북로6길 56
이메일 academy@sapyoung.com
홈페이지 www.sapyoung.com

ISBN 979-11-6707-098-2 93180

옮긴이 서문

누구에게든 그 사람을 특정할 수 있는 고유의 성격이 있다. 성격 형성에 영향을 주는 요인은 무수히 많고, 이러한 성격 및 성격의 형성 과정을 설명하는 이론도 다양하다. 그렇기에 이 책의 독자들은 이미 다양한 성격 이론을 접한 적이 있을 것이다.

대부분의 성격 이론은 이미 50~60년 전 내담자들과의 상담 및 치료 경험에 근거하여 개념화되었기에, 당시 만들어진 성격 이론이 급변하는 현대 사회에도 적용될 수 있을지 염려스러운 점이 있다. 이 책에서는 이러한 염려에 답하듯, 각 이론에 대한 다양한 최신 연구 결과를 소개하고 있다. 또한 여러 인종과 민족, 국가에서 진행한 연구를 소개하여, 독자로 하여금 인종 및 민족에 대한 편견이나 선입견을 걷어 내고 실질적으로 내담자의 고유성을 이해할 수 있게 하였다. 임상 현장에서 일하고자 하는 이들은 이러한 내용을 바탕으로 내담자에게 필요한 다양한 심리학적 서비스를 제공할 수 있을 것이다.

무엇보다 각 성격 이론가들의 생애를 보다 구체적으로 다루어, 해당 성격 이론의 형성 배경과 기본 개념에 대한 이해도를 높일 수 있도록 한 점에서 독자들을 깊이 생각하는 저자들의 배려를 느꼈다.

강의와 연구 및 학생 지도로 빠듯한 일정이었지만 모든 역자가 틈틈이 시간을 내어 정성껏 맡은 장들을 살펴 주었기에 예정한 기한 내 번역을 완성할 수 있었다. 원서에 충실하면서도 내용이 잘 전달될 수 있도록 글을 다듬어 주신 정용준 선생님, 그리고 심리학도들에게 양질의 도서로 학문을 넓힐 수 있는 길을 만들어 주시는 임현규 과장님께도 진심으로 감사를 전한다.

옮긴이 일동

어떤 개정판이든 해당 학문 영역에서 발생한 변화를 생생하고 역동적이며 민감하게 반영해야 한다. 효과적인 교재로 남기 위해서는 해당 학문의 발전을 보여 주어 독자의 도전의식을 불러일으켜야 한다. 성격심리학 이론의 주요 초점은 변화해 왔다. 19세기 프로이트가 주창한, 신경증에 대한 정신분석학을 시작으로 성격의 모든 측면을 설명하고자 한 종합적인 이론이 한때 성행하였으나, 21세기에 이르러 성격의 특정 영역, 즉 성격 차원으로 연구의 초점이 전환되었다. 또한 성격 연구 초기에는 정서적 혼란을 호소하는 환자에 대한 사례 연구에 근거하여 성격을 연구한 데 반해, 오늘날에는 좀 더 과학적인 기반을 가진 연구가 성격 연구의 주된 근거로 사용된다. 최근의 여러 성격 연구 결과는 민족, 인종, 종교, 문화에 따른 차이뿐 아니라, 성별, 연령, 성적 지향에 따른 차이 역시 지적하고 있다.

새로운 영역과 확장된 영역
이론가의 개인적인 삶과 전문가로서의 경험이 이론 개발에 미쳤을 법한 영향을 보여 주기 위해 이론가의 생애에 대한 새로운 전기 자료를 추가하였다. 이러한 접근은 학생들로 하여금 이론과 연구를 통한 과학의 발전이 언제나 전적으로 객관적이지는 않다는 사실을 깨닫게 할 것이다. 직관적이고 개인적인 경험에 근거한 과학은 이후에 보다 합리적이고 분석적인 과정을 통해 정제되고 확장될 수 있다. 또한 이 책에는 인간 본성에 대한 이론가의 신념에 미친 사회적, 문화적 영향에 관해서도 기술되어 있다.

성격 연구를 다루는 장에서는 400여 편의 새로운 문헌을 반영하여 개정함으로써 성격 연구 분야의 최신 쟁점들을 반영하고자 하였다. 연구 결과들은 '핵심 내용'에 요약해 제시하였으며, 여기에는 학생들이 실험 연구의 결과들을 조직화하고 비교할 수 있는 주요 내용을 기입하였다.

다음은 새롭게 포함되거나 확장된 내용이다.

- 소셜 미디어에서 자신의 실제 모습을 표현하는가? 소셜 미디어 사용이 성격에 어떤 영향을 미치는가? 성격이 소셜 미디어 사용에 어떤 영향을 미치는? 셀카는 진정한 자신을 보여 주는가?
- 다면적 인성검사(MMPI), 로르샤흐 검사(Rorschach), 주제 통각 검사(TAT)의 개정된 내용.
- 메커니컬 터크(온라인 성격 연구를 위한 새로운 방법).
- 프로이트의 자아탄력성, 오이디푸스 콤플렉스, 방어기제 개념에 관한 새로운 발견; 꿈에 관한 새로운 발견 및 꿈 해석을 위한 컴퓨터 사용.
- 정신분석 효과 향상을 위한 반려 로봇.
- 융의 심리 유형에 관하여 아랍 문화권에서 실시된 연구.
- 아동기 방치로 초래되는 외상후 스트레스장애.
- 아들러의 출생 순위 개념에 관한 새로운 발견.
- 에릭슨의 자아정체성, 성별 선호, 가상적 정체성, 장난감에 대한 성별 선호, 발달 단계에 관한 30여 편의 새로운 연구.
- 얼굴 표정의 문화적 차이.
- 성격의 5요인 모형 및 다크 트라이어드(자기애, 마키아벨리즘, 사이코패스)에 관한 부가적 내용.
- 스마트폰 기본 욕구 척도(스마트폰을 사용하여 매슬로의 5단계 기본 욕구를 충족시키는 정도를 측정하기 위해 개발된 자기보고식 검사).
- 자기효율감과 통제소재에 관한 새로운 연구 결과.
- 자극 추구를 측정하기 위한 기법; 자극 추구와 사이버 폭력 간의 관계.
- 셀리그먼의 생애 및 긍정심리학의 발전; 행복의 정의와 발견; 번영의 개념; 학습된 무기력 실험이 테러범 고문에 적용된 사례.

교재의 구성

『성격심리학』 11판은 성격 이론에 관한 사전 지식이 많지 않은 학부생을 위한 교재로, 성격 이론을 처음 접하는 학생이 이를 쉽게 배울 수 있게 구성하였다.

이 책은 정신분석 접근법, 신정신분석 접근법, 생애 접근법, 유전학적 접근법, 인본주의 접근법, 인지적 접근법, 행동적 접근법, 사회학습 접근법, 특정 영역 접근법을 비롯하여 임상 연구 및 실험 연구 방면을 대표하는 이론가들을 모두 포함하고 있다. 마지막 장인 15장에서는 성격 발달을 설명하는 각각의 관점을 검토하고, 결론을 도출하여 배운 내용을 마무리하는 데 도움이 되는 방법을 제안하였다.

이 책에서는 각 성격 이론을 개별적으로 설명하였다. 특정 쟁점에 대한 여러 이론을 비교하는 주제나 문제 중심의 접근법이 매우 가치 있긴 하나, 주제 지향 설명은 조금 더 숙련된 학생에게 적절하기 때문이다. 반면 이론 지향 설명은 처음 이론을 접하는 학생이 이론의 핵심 개념을 파악하고 전체적인 개관을 얻는 데 용이하다. 따라서 각 이론을 분명하게 소개하여 이론에서 가장 중요한 개념, 가정, 정의, 연구 방법을 설명하고자 하였다. 이를 위해 각 이론을 기반으로 한 평가 기법과 경험적 연구에 대해 논의한 뒤, 이에 대한 평가 및 고찰을 제시하였다. 또한 연대적 순서를 고려하여 프로이트의 이론을 가장 앞에 제시하긴 했으나, 그 외의 다른 이론들은 중요도 순이 아닌, 서로 경쟁하는 관점에 따라 제시하였다.

다양성에 관하여

최초로 인간 성격에 대한 종합적인 이론을 제안한 사람은 프로이트였다. 그는 19세기의 임상신경학자로, 오스트리아의 빈에서 환자를 치료하며 자신의 생각을 이론화하였다. '정신분석(psychoanalysis)'이라 불리는 그의 연구는 대부분 부유한 유럽 여성이 정서적 불편감과 혼란스러운 생각 및 행동에 관해 호소한 내용에 기반한다. 그는 자신을 찾아온 환자들의 경과를 관찰한 바에 근거하여 모든 사람의 성격을 설명하는 이론을 만들었다. 프로이트가 제안한 개념 중 상당 부분은 현재 대중문화의 일부로 자리 잡았으며, 다른 이론가들이 각자 나름대로 성격을 설명하는 관점을 찾고, 성격을 연구하도록 영감을 주었다.

그러나 오늘날 성격 이론가와 연구자들은 소수의 동질적인 표본에 근거한 설명을 전 세계 다양한 집단에 일관적으로 적용할 수 없다는 것을 잘 알고 있다. 이는 의학 분야에서도 마찬가지이다. 예를 들어 의학 연구자들은 젊은 성인에게 적절한 약과 치료가 아동이나 고령자에게는 적합하지 않을 수 있다는 사실을 알고 있다. 또한 특정 민족 집단에서는 흔한 질병이 다른 민족 집단에서는 드물기 때문에, 다양한 표본에 대해 의학적 검사와 검증이 서로 다른 방식으로 이루어져야 한다.

현대의 성격 이론은 포괄적이어야 한다. 다시 말해 연령, 성별, 인종, 민족, 종교, 성적 지향 및 아동 양육 방식 등 다양한 변인의 영향에 관한 연구를 포함해야 한다. 이 책 전반에 걸쳐 이러한 다양성의 예시를 살펴볼 것이다.

특징

학생들을 위해 장마다 표와 그림, 개관, 요약, 핵심 내용, 복습 문제, 읽을거리를 제공하였다. 또한 본문의 여백에는 주요 용어를 설명해 두었으며, 이 용어 설명은 다시 책 뒷부분에 정리하였다.

Duane P. Schultz

Sydney Ellen Schultz

요약 차례

차례

생애 접근법

유전학적 접근법

사회학습 접근법 579

특정 영역 접근법 627

참고문헌
※ 참고문헌은 사회평론아카데미 홈페이지 자료실(bit.ly/성격심리학)에서 내려받을 수 있습니다.

성격의 정의와
중요성

주제어 살펴보기

우선 주제어인 성격(personality)이 무엇인지 살펴보자. 이는 이 강의뿐 아니라
여러분의 삶을 정의하는 데에도 유용할 것이다.

　　다음은 사전에서 임의로 고른 성격의 세 가지 표준적인 정의이다.

- 인간으로서의 상태
- 개인의 독특한 특성을 구성하는 특징과 속성들
- 개인의 신체적, 정신적, 정서적, 사회적 특징의 총합

　　이제 성격이 무엇인지 감이 올 것이다. 성격은 당신을 당신으로 만드는,

당신에 관한 모든 것을 말한다. 성격은 당신을 크고 작은 면에서 모든 사람과 다른 고유한 개인으로 만든다. 간단한 단어이지만 완벽하게 이해하기는 어려운 개념이기 때문에 한 학기 동안 책 한 권을 살펴봐야지만 이를 개괄적으로나마 이해할 수 있다. 우리는 오랜 세월에 걸쳐 여러 심리학자들이 성격을 설명하기 위해 제안한 다양한 생각을 탐구하여 성격을 이해하고자 한다(적어도 이에 대해 무언가를 배우고자 한다).

이 책에서는 그러한 생각들, 즉 이론들을 인간 본성에 대한 서로 다른 관점에 따라 제시하였다. 우선 지그문트 프로이트(Sigmund Freud)의 이론을 살펴본 뒤, 프로이트의 정신분석학에서 확장된 관점을 알아보고, 프로이트의 이론을 개정하거나 이해 대해 반박하며 자신의 이론을 발전시킨 학자들에 관해서도 이야기할 것이다. 그런 다음 소위 말하는 생애 접근법을 통해 출생부터 고령기에 이르기까지 성격의 발달을 추적하고, 개인의 성격 특질, 심리적 건강, 미리 결정된 행동 패턴, 사회적 상황에서의 인지적 학습에 주목하는 이론들을 차례로 살펴본다.

그러나 지난 세기의 성격 이론가들이 인종과 문화적 차이의 중요성을 전혀 고려하지 않았다는 사실을 인식해야 한다. 우리는 신경증이 있는 유럽 여성들을 임상적으로 관찰한 결과에 근거한 이론이나 미국 남자 대학생들을 검사한 결과에 근거한 이론을 모든 사람에게 일반화하는 것이 무의미하다는 사실을 이 책 전반에 걸쳐 확인할 것이다. 따라서 이러한 이론에 기반한 연구를 살펴보고, 진단과 치료의 실제 문제에 각 이론이 어떻게 사용되는지 설명하면서, 연령, 성별, 인종, 민족 및 국적, 종교적 신념, 성적 지향성이 어떤 영향을 미치는지 알아볼 것이다.

또한 학습의 편의를 위해 연구 결과를 요약한 핵심 내용, 장의 개요, 요약, 복습 문제, 읽을거리를 수록하였다. 페이지의 여백에 주요 용어를 설명하였고, 이 용어 설명은 책 뒷부분에 다시 제시하였다.

모든 사람에게 있는 것

성격은 모든 사람에게 있다. 성격은 성공과 삶에 대한 충족감의 경계를 결정하는 데 도움을 준다. 각자의 성격이 각자의 가장 중요한 자산이라는 것은 지극히 당연한 이야기이다. 당신의 성격은 지금까지 당신의 경험을 만들어 내는 데 도움을 주었고, 남은 삶 동안에도 계속 그러할 것이다. 지금까지 당신이 이룩한 성과나 미래에 대한 기대를 비롯하여 좋은 남편, 아내, 동반자, 부모가 될 수 있을지 여부, 심지어 건강 상태 역시 당신의 성격과 주변 사람들의 성격의 영향을 받는다. 성격은 각자의 삶에서 선택지와 결정을 제한하거나 확장할 수 있고, 특정 경험을 공유하지 못하게 하거나 그 경험의 이점을 충분히 활용하게 할 수도 있다. 이처럼 성격은 한편으로는 누군가를 제한하고, 속박하고, 억누를 수도 있고, 다른 한편으로는 누군가에게 새로운 기회의 세상을 활짝 열어 줄 수도 있다.

누군가에게 '훌륭하다(terrific)'는 말을 얼마나 자주 해 보았는가? 어떤 사람의 성격이 훌륭하다는 말은 그 사람이 상냥하고 유쾌하며 함께 지내거나 어울리기 좋아서 친구, 룸메이트, 직장 동료로 삼고 싶은 사람이라는 의미이다. 당신이 관리자라면 이런 사람을 고용하고 싶을 것이다. 만약 당신이 한 사람에게 전념할 준비가 되었다면, 당신은 이런 사람과 결혼하려 할지도 모른다. 이때 당신이 내리는 결정은 그 사람의 성격에 대한 인식에 근거한다. 또한 당신은 성격이 '끔찍한(terrible)' 사람들도 알고 있을 것이다. 이들은 다른 사람들에게 냉담하고 적대적이며, 불친절하고 무례해서 어울리기 어렵다. 당신은 이들을 고용하거나 이들과 어울리려 하지 않을 것이다. 다른 사람들 역시 이들을 외면하고, 거절하고, 소외시킬 것이다.

그러나 당신이 다른 사람의 성격을 평가할 때 상대도 당신의 성격을 평가하고 있다는 점을 명심하라. 이러한 상호평가는 평가당하는 사람과 평가하는 사람 모두의 삶을 형성하며, 처음 만난 사람과 상호작용하는 수많은 사회적 상황에서 매 순간 수없이 이루어진다. 물론 당신이 관여하는 사회적 상황의 수와 다양성은 당신의 성격(예: 상대적인 사회성 또는 수줍음)에 달려 있다. 당신은 자신의 성격 전반에 대해 꽤 명확한 상을 가지고 있을 것이고, 따라서 자신이 어느 정도로 활달한지 또는 수줍은지에 대해서도 점수를 매길 수 있을 것이다.

각자의 성격 기술하기

누군가의 성격 특성을 구성하는 세부 특징을 통틀어 '훌륭한' 또는 '끔찍한'과 같은 불분명한 단어로 요약한다면, 이는 개인의 성격을 지나치게 단순화하는 것이다. 성격은 간단하게 요약하기에는 굉장히 복잡한 주제이다. 인간은 매우 복잡하며, 성격은 어떤 상황에, 누구와 함께 있느냐에 따라 변할 수 있기 때문이다. 따라서 성격을 정확하게 정의하고 기술하기 위해서는 보다 명확한 언어를 사용해야 한다. 이러한 이유로 심리학자들은 성격을 평가하고 측정하는 검사를 개발하기 위해 상당한 노력을 기울여 왔다. 이 책 전반에 걸쳐 그 검사들을 살펴볼 것이다.

당신은 당신의 성격을 확인하는 데 굳이 심리검사가 필요하지 않다고 생각할 수 있다. 전반적으로 당신이 옳을지도 모른다. 결국, 다른 누구보다도 당신이 당신 자신을 가장 잘 알고 있을 수 있다. 자신의 성격을 가장 잘 기술하는 단어의 목록을 작성하라고 한다면, 솔직하게 응답하는 한, 이를 어려움 없이 작성할 수 있을 것이다.

지금 한번 해 보자. 자신이 실제로 어떤 사람인지를 잘 기술하는 형용사를 가능한 한 많이 적어 보라. 되고 싶은 모습이나 선생님, 부모님 또는 페이스북 친구들이 원하는 모습이 아닌 실제 자신의 모습을 적어야 한다(설사 그게 맞다고 하더라도 '훌륭한'이라는 단어는 쓰지 않도록 하라). 몇 개의 단어를 찾았는가? 6개? 7개? 10개? 아니면 더 많이 적었는가? 보편적으로 사용하는 성격검사인 형용사 체크리스트(Adjective Check List)에는 성격을 기술하는 300개의 단어가 제시되어 있다.

형용사 체크리스크에 응답하는 수검자들은 자신을 가장 잘 기술하는 형용사를 선택한다. 여기서 당신에게 300개의 단어를 전부 확인해 보라고 하지는 않을 것이다. 당신은 표 1.1에 제시된 30개의 단어 중 자신의 성격에 해당하는 단어 옆에 체크 표시를 하면 된다. 다 표시한 뒤에는 자신의 성격을 보다 상세하게 기술할 수 있을 것이다. 하지만 실제 검사에서는 남은 270개의 단어를 모두 살펴봐야 한다.

표 1.1 형용사 체크리스트

	당신의 성격에 해당하는 단어에 체크 표시하시오.				
_____	다정한	_____	야망 있는	_____	단호한
_____	뽐내기 좋아하는	_____	생기 있는	_____	냉소적인
_____	요구가 많은	_____	지배적인	_____	겁이 많은
_____	강압적인	_____	너그러운	_____	신경질적인
_____	참을성이 없는	_____	통찰력 있는	_____	온순한
_____	침울한	_____	낙관적인	_____	고집이 센
_____	집요한	_____	새침한	_____	느긋한
_____	냉소적인	_____	민감한	_____	사교적인
_____	순종적인	_____	잘 참는	_____	사람을 잘 믿는
_____	거리낌 없는	_____	집념이 강한	_____	내성적인

성격 발달

이 책은 '당신'의 성격에 초점을 두지 않는다. 자신의 성격은 꼭 심리학 수업을 듣지 않더라도 알 수 있다. 우리가 배울 것은 당신의 성격을 형성하는 힘과 요인이다. 이 책 전체에 걸쳐 성격의 본질에 관한 몇몇 기본적인 질문들을 다룰 것이다. 예컨대 특정 성격 유형을 선천적으로 지니고 태어나는지, 부모로부터 배워서 습득하는지, 성격은 무의식적 힘의 영향을 받는지, 성격이 나이가 들면서 바뀔 수 있는지 등이 여기에 해당한다.

이러한 질문들, 그리고 이와 관련된 인간 본성에 대한 질문에 답하기 위해 제안된 여러 이론을 살펴볼 것이다. 이론별 특징과 형성 배경, 현황 등에 관해 논의한 후, 이러한 질문들에 답하고 성격 발달을 이해하는 데 각 이론이 얼마나 유용한지 평가할 것이다. 각 이론가가 거대한 온라인 직소 퍼즐에 개별 그림 조각을 제공한다고 생각할 수도 있다. 이것이 그들의 개념 중 일부가 수십 년 전의 것임에도 이를 연구하는 이유이다. 심리학자들은 무엇이 우리 자신의 모습과 우리가 세상을 바라보는 방식을 결정하는지에 대해 더 명확한 이미지, 더 완전한 그림을 이끌어 내기 위해 이 조각들을 맞추려 계속 노력하고 있다.

성격에 대한 관점

앞서 성격의 공식적인 정의를 살펴보았다. 이제 사전적 정의에서 벗어나 일상생활에서 성격이라는 단어를 어떻게 사용하는지 알아보자. 이는 흔히 다른 사람이나 자신을 기술할 때 사용된다. 어떤 심리학자는 우리가 '나'라는 단어를 사용할 때마다 우리의 의도를 잘 살펴본다면 성격의 의미를 알 수 있다는 견해를 제안하였다(Adams, 1954). 당신이 '나는'이라고 말할 때, 당신은 실제로 당신에 관한 모든 것, 즉 좋아하는 것과 싫어하는 것, 두려워하는 것과 장점, 강점과 약점 등을 요약한다. '나'라는 단어가 당신을 다른 사람과 구분된 개인으로 정의한다.

타인이 나를 어떻게 보는가

성격을 이해하기 위한 또 다른 방법은 단어의 근원을 찾는 것이다. 성격이라는 단어의 어원은 대략 1500년대로 거슬러 올라가며, 이는 연극배우들이 사용하는 가면을 뜻하는 라틴어 'persona'에서 유래했다. 이를 고려하면 페르소나가 어떻게 우리의 겉모습, 즉 주변 사람들에게 보여 주는 공공의 얼굴을 지칭하게 되었는지 쉽게 이해할 수 있다. 이러한 어원에 근거해서 성격은 다른 사람들이 볼 수 있는 외적이고 눈에 보이는 특성이라고 결론지을 수 있을 것이다. 그렇다면 성격은 다른 사람에게 주는 인상, 즉 한 사람의 특징 중 가시적인 측면이라고 정의할 수 있다. 달리 말하면 우리의 성격은 우리가 바깥세상을 대할 때 쓰는 가면이다.

하지만 우리가 성격이라는 단어를 단순히 이러한 의미로만 사용하는가? 성격이란 단지 우리가 볼 수 있는 것과 다른 사람이 우리에게 어떻게 보이는지만을 말하는, 그러니까 우리가 쓰는 가면과 우리가 하는 역할만을 지칭하는 것인가? 성격에 대해 말할 때, 우리는 분명 그 이상을 의미한다. 우리는

▶ 우리의 성격은 우리가 바깥세상을 대할 때 쓰는 가면이다.

개인의 서로 다른 많은 속성, 즉 피상적이고 물질적인 특징을 넘어서는 다양한 특성들의 총체 혹은 집합을 성격의 의미에 포함하고자 한다. 성격이라는 단어는 직접적으로 볼 수 없거나, 다른 사람이 우리에게 숨기려 하거나, 우리가 다른 사람에게 숨기려 하는 개인의 수많은 사회적·정서적 속성까지도 아우른다.

안정적이고 예측 가능한 특성

우리는 지속적인 특성을 언급하기 위해 성격이라는 단어를 사용하기도 한다. 성격이 상대적으로 안정적이고 예측 가능하다고 가정하는 것이다. 그러나 평소에는 조용한 사람도 때때로 흥분하거나 신경질적이 되거나 당황할 수 있다. 즉 성격은 상황에 따라 변할 수 있다. 이렇듯 성격이 고정된 것은 아니나, 그럼에도 갑작스러운 변화에 대해서는 대개 저항력이 있다. 1960년대 심리학계에서는 특질과 욕구 같은 안정적인 개인 변인과 상황에 따라 변하는 변인이 행동에 미치는 상대적 영향을 두고 논쟁이 일어났다(Mischel, 1968, 1973).

이 논쟁은 거의 20년 동안 지속되다가 다음과 같은 깨달음을 얻으며 끝났다. "행동에 영향을 끼치는 상황 요인과 개인 요인이라는 이분법은 지난한 논쟁을 양산했지만 … 그런 이분법은 언제나 가짜"였다(Funder, 2001, p.200). 이 문제는 상호작용적 접근법을 수용함으로써 해결되었다. 이에 따르면 지속적이고 안정적인 개인의 특성과 변화하는 상황의 측면, 그리고 양자의 상호작용까지 모두 고려해야만 인간 본성을 전체적으로 이해할 수 있다.

고유한 특성

성격의 정의에는 개인의 고유한 특성이란 개념도 포함될 수 있다. 사람들은 서로 비슷해 보이면서도 각자 다른 사람과 분별되는 고유한 특성을 지니고 있다. 그러므로 성격(personality)이란 다양한 상황에 반응하면서 달라질 수도 있는 개인의 지속적이고 고유한 특성의 집합이라고 생각해 볼 수 있다.

하지만 이러한 정의에도 모든 심리학자가 동의하는 것은 아니다. 성격을 더 정확히 정의하려면 각 성격 이론가가 이를 어떤 의미로 사용하는지 알아보아야 한다. 이후 장들에서 살펴보겠지만 성격 이론가들은 성격의 본질에 대해 저마다 고유한 견해와 나름의 관점을 지니고 있으며, 이를 통해 성격을 정의하였다. 이 책에서 우리는 성격에 대한 이런 서로 다른 관점을 이해하고, '나'를 정의하는 다양한 방식을 살펴볼 것이다.

성격과 소셜 미디어

가상 현실에서 다른 사람들과 상호작용하기 위해 다양한 소셜 미디어를 끊임없이 사용하는 추세가 증가함에 따라, 성격을 온라인 세계와 연관 지어 설명하려는 연구가 많이 이루어졌다. 소셜 미디어와 성격이 상호작용하여 서로에게 영향을 미치는 방식에는 적어도 세 가지가 있다. 따라서 심리학자들은

성격 고유하고 상대적으로 지속적인 개인의 내외적 특성으로, 다양한 상황에서 행동에 영향을 미침.

다음 세 가지 질문에 답하고자 노력하고 있다.

1. 사람들은 소셜 미디어에서 자신의 실제 모습을 표현하는가?
2. 소셜 미디어 사용이 성격에 영향을 주거나 성격을 변화시키는가?
3. 성격이 서로 다른 사람들은 소셜 미디어를 사용하는 방식도 서로 다른가?

인터넷에서 자신의 실제 모습을 표현하는가

앞에서 살펴본 성격의 정의에서 성격이란 우리가 쓰는 가면, 즉 주변 사람에게 우리를 보여 주는 공개적인 얼굴이라고 하였다. 갈수록 많은 사람들이 대면이 아닌 웹 사이트나 페이스북 등 인터넷에서 자신의 또 다른 모습을 보여 준다. 따라서 성격을 정의하기 위해서는 인터넷에서 우리가 다른 사람들에게 어떻게 보이는지도 고려할 필요가 있다.

하지만 다른 사람들이 우리를 있는 그대로 보고 있는 것인가, 아니면 우리가 다른 사람들에게 보여 주고 싶은 이상적인 자기상을 온라인상에 만들고 있는 것인가? 인터넷에서 우리는 다른 사람을 가장하고 있는가, 아니면 우리의 성격을 정확하게 묘사하고 있는가? 몇몇 연구는 대부분의 사람이 인터넷에서 매우 솔직한 모습을 보여 준다고 말한다. 미국과 독일에서 실시한 연구에 따르면 소셜 미디어는 우리가 제공하는 성격에 대해 정확한 이미지와 인상을 전달한다. 연구자들은 인터넷에 제시되는 성격 묘사가 적어도 면대면으로 이루어지는 상호작용에서 전달되는 것만큼 정확하다고 결론 내렸다(Gosling, Gaddis, & Vazire, 2007; Back et al., 2010).

하지만 최근 더 큰 규모로 독일에서 수행한 연구에 따르면, 많은 사람이 인터넷에서 자신을 실제보다 훨씬 더 정서적으로 안정적인 것처럼 표현하는 경향이 있었다(Blumer & Doring, 2012). 최근 진행한 다른 연구에서는 내성적이고, 신경질적이고, 외로움을 느끼며, 사회적으로 겁이 많은 사람은 대면 상황보다 인터넷에서 실제 자신의 모습을 더 잘 표현하는 것으로 밝혀졌다(Marriott & Buchanan, 2014). 또한 실제 자신을 표현할 수 있다고 생각하는 사람은 그렇지 않은 사람보다 페이스북이나 다른 소셜 미디어에서 더 적극적인 것으로 나타났다(Seidman, 2014).

셀카, 우리가 찍는 우리 자신의 사진은 어떠한가? 셀카는 진정한 자신을 얼마나 정확하게 보여 주는가? 단지 다른 사람들에게 더욱 인상적으로 보이고자 자세를 잡고 뽐내는 것인가? 자신만의 '리얼리티 쇼'를 만들기 위해서? 연구에 따르면 남성보다 여성이 셀카를 더 많이 찍으며, 셀카를 너무 많이 전송하면 오히려 호감을 떨어뜨리고 교우 관계에서의 친밀도가 낮아지는 것으로 밝혀졌다. 셀카는 심지어 실제로 친구에게 어떻게 행동하는지보다 어떻게 보이는지가 더 중요하다는 생각을 강화할 수 있다(Drexler, 2013; Rutledge, 2013).

물론 우리가 자신을 드러내거나 묘사할 때 항상 솔직하지는 않다. 특히 첫 데이트나 면접에서처럼 처음 만난 사람에게 좋은 인상을 주고 싶을 때에는 더욱 그러하다. 오래 알고 지냈고, 안정감을 주며, 위협이 되지 않는 사람들과 함께라면, 우리는 자신이 아닌 다른 모습을 연기하지 않으려 할지도 모른다. 아마도 소셜 미디어와 오프라인 생활의 가장 큰 차이점은 소셜 미디어에 훨씬 폭넓은, 빠르게 반응해 주는 청중이 있다는 점일 것이다.

또한 우리는 장래의 고용주가 될 수 있는 사람이 우리의 게시물에서 '부적절한 내용'(예: 만취 상태의 사진이나 성적 내용이 포함된 게시물, 선거 후보자에 대한 욕설)을 발견할 경우, 이것이 커리어와 미래에 상당한 영향을 줄 수 있다는 사실을 알고 있다. 연구에 따르면 연구 참가자들에게 부정적인 내용이 게시된 페이스북 페이지를 평가하게 할 경우, 참가자들은 페이스북 사용자의 성격에 대해 잘못된 지각을 하게 되었다. 반면 어떤 부적절한 게시물도 등록되어 있지 않은 사이트의 경우 사용자의 성격이 더욱 정확하게 평가되었다. 이는 실생활에서 취업을 하거나 대학원에 들어가는 데 소셜 미디어가 영향을 줄 수 있음을 시사한다(Goodman, Smith, Ivancevich, & Lundberg, 2014).

소셜 미디어 사용이 성격에 미치는 영향

심리학자들은 페이스북 등의 온라인 소셜 미디어 사용이 우리의 성격을 형성하고 반영할 수 있다는 사실을 발견하였다. 13~18세 청소년을 대상으로 중국에서 진행한 연구 결과, 장시간 과도하게 인터넷을 사용할 경우 인터넷 사용

시간이 적은 또래보다 불안과 우울이 유의미한 수준으로 상승하는 것으로 나타났다(Lam & Peng, 2010). 다른 연구는 장시간 소셜 미디어를 사용할 경우 행복감을 느끼지 못하는 등 심리적 안녕감이 감소하고 교우 관계와 연인 관계의 질이 떨어졌다고 지적했다(Blais, Craig, Pepler, & Connolly, 2008; Huang, 2010a; Kross et al., 2013).

미국의 대학생을 대상으로 온라인 조사를 실시한 결과 부모님과 전화로 대화를 하는 학생들이 소셜 미디어로 안부를 확인하는 학생들보다 더욱 만족스러운 개인적·지지적 관계를 유지하는 것으로 나타났다. 게다가 소셜 미디어로 부모와 소통하는 학생들은 더 큰 외로움, 불안, 부모와의 갈등을 호소하였다(Gentzler, Oberhauser, Westerman, & Nadorff, 2011).

네덜란드, 세르비아, 홍콩, 한국 등 다양한 국가에서 진행한 연구들을 살펴보면, 소셜 미디어를 과도하게 사용하는 사람들은 외로움을 더 많이 느끼고, 내향적이며, 자존감이 낮은 경향이 있었다(Baek, Bae, & Jang, 2013; Milose-vic-Dordevic & Zezelj, 2013; Muusses, Finkenauer, Kerkhof, & Billedo, 2014; Yao & Zhong, 2014). 지나치게 긴 인터넷 사용 시간은 알코올이나 도박 중독처럼 강박적이고 극단적인 중독으로 이어질 수 있다. 과도한 인터넷 사용은 뇌에서 우울과 관련된 영역에 변형을 초래하고 초조감을 증가시키는 것으로 보고되었다(Mosher, 2011).

성격이 소셜 미디어 사용에 미치는 영향

소셜 미디어는 성격에 영향을 줄 수도 있지만 성격을 반영하기도 한다. 동서양 문화권에서 진행한 연구들에 따르면 외향적이고 자기애적 성향이 강한 사람들, 즉 과장되고 비현실적인 자기개념을 가진 사람들이 이러한 성격 특성 점수가 낮은 사람들보다 페이스북을 훨씬 더 많이 사용하였다. 자기애적 성향이 높은 청소년일수록 페이스북의 상태를 더 자주 업데이트 했다(Kuo & Tang, 2014; Michikyan, Subrahmanyam, & Dennis, 2014; Ong et al, 2011; Panek, Nardis, & Konrath, 2014; Winter et al., 2014).

다른 연구들에 따르면 소셜 미디어를 많이 사용하는 사람들은 이를 적게 사용하는 사람들보다 외향적이고 새로운 경험에 개방적인 반면, 자존감과 사회적 기술 수준이 낮고 덜 성실하며 정서적으로 불안정했다(Blackhart, Ginette, Fitzpatrick, & Williamson, 2014; Correa, Hinsley, & De Zuniga, 2010; Mehdizadeh, 2010; Papastylianou, 2013; Ross, Orr, Sisic, Arseneault, Simmering, & Orr, 2009; Weiss, 2014; Wilson, Fornasier, & White, 2010).

휴대전화 사용에서도 성격에 따른 차이점이 발견되었다. 호주의 청소년과 성인을 조사한 결과 외향적이고 자기정체감이 강한 사람들은 이러한 성격 특성의 점수가 낮은 사람들보다 통화를 하고 벨소리나 배경화면을 바꾸는 데 시간을 많이 소비하였다. 또한 신경증적이고 덜 성실하고 수줍음이 많은 사람들은 휴대전화로 문자를 보내는 데 더 많은 시간을 보냈다(Bardi & Brady, 2010; Butt, & Phillips, 2008; Walsh, White, Cox, & Young, 2011).

마지막으로 인터넷 트롤링(internet trolling)을 하는 사람들, 즉 고의로 어떤 사람에 대해 혐오와 경멸이 담긴 선동적인 댓글을 게시하여 타인을 아프게 하고, 괴롭히고, 화나게 하는 사람들의 성격을 살펴보자. 연구 결과에 따르면 트롤링을 하는 사람은 대부분 남성이며, 평균 연령은 29세이다. 예상할 수 있듯이, 이들은 가학성 점수가 높고 다른 사람들을 비난하며 즐거움을 느낀다(Buckels, Trapnell, & Paulhus, 2014; Lewis, 2014).

인종과 성별이 성격 형성에 미치는 영향

이 책에서 다룰 성격 이론가들은 인간 성격의 본질에 대한 다양한 관점을 제시한다. 이들 사이에는 논쟁과 의견 차이가 있었으나, 그럼에도 이들이 공유하는 특성이 있다. 모든 이론가는 유럽이나 미국 출신의 백인이었고 대부분 남성이었다. 이들이 각자의 이론을 개발한 시기를 떠올리면 이는 전혀 이상한 것이 아니었다. 예술, 철학, 문학, 과학에서의 가장 놀라운 발전들이 그 당시 이뤄졌고, 이는 유럽이나 미국 출신의 백인들이 주도했다. 대부분의 영역에서 여성과 소수 민족이 교육을 받거나 전문성을 개발할 기회는 매우 제한

적이었다.

이뿐만 아니라 성격 이론 분야에서 초기 이론들의 근간이 되었던 환자와 연구 참가자들도 대부분 백인이었다. 심지어 실험실의 쥐들조차 흰색이었다! 게다가 대부분의 환자와 연구 참가자는 남성이었다. 그럼에도 성격 이론가들은 성별이나 인종, 민족적 배경에 관계없이 모든 사람에게 타당할 것으로 여겨지는 이론을 대담하게 제시하였다.

어떤 이론가도 자신의 이론은 남성 또는 백인이나 미국인에게만 적용된다거나 다른 배경의 사람들에게 적용하기에는 적합하지 않다고 명시적으로 말하지 않았다. 이론가들은 성격 형성에서 사회적·환경적 배경의 중요성을 어느 정도 인정했지만, 성별과 인종의 영향은 무시하거나 최소화하는 경향이 있었다.

우리는 형제자매나 친구들이 우리와는 다른 아동기 영향에 노출되었고, 그 결과 각자가 다른 성격을 가진 사람으로 자라났다는 사실을 경험에 근거하여 알고 있다. 사회심리학 연구에 의하면 백인이 주로 거주하는 미국 중서부 마을, 로스앤젤레스의 스페인어 사용자 거주 지역(barrio), 애팔래치아산맥의 마을, 교외의 부유한 흑인 마을 등 서로 다른 환경의 아이들은 매우 다른 영향에 노출되어 있다. 사람들이 살고 있는 세상이나 성장 과정에 영향을 주는 요인들이 서로 다르면 분명 그들의 성격도 다를 수밖에 없을 것이다. 실제로도 그러하다.

남아와 여아는 흔히 전통적인 성별 고정 관념에 따라 양육되고 이러한 양육 방식은 분명 다양한 방식으로 성격에 영향을 준다. 연구 결과에 따르면 남성과 여성은 특정 성격 요인에서 많은 차이가 있다. 예컨대 정서적 인식과 표현의 강도에 관한 대규모 연구가 미국 2개 대학의 남녀 학생 및 미국과 독일 소재 의대의 남녀 학생을 대상으로 진행되었다.

연구 결과 두 국가 모두에서 여학생이 남학생보다 정서적 복합성과 강도가 더 높은 것으로 나타났다(Barrett, Lane, Sechrest, & Schwartz, 2000). 16개의 이슬람 국가에서 7,000명의 대학생을 대상으로 진행한 연구에 따르면, 16개 표본 중 11개에서 여학생이 남학생보다 불안 점수가 높았다(Alansari, 2006). 이 책 전체에 걸쳐 성별 간 성격 차이에 대한 많은 예시를 살펴볼 것이다.

문화가 성격 형성에 미치는 영향

문화가 성격에 미치는 영향은 심리학계에 널리 인식되어 있다. 비교문화심리학(cross-cultural psychology) 영역에서 유전적 영향과 환경적 영향 모두가 성격을 형성한다는 결론을 지지하는 방대한 연구를 진행하였다. "문화는 환경적 영향 중 가장 중요한 부분이다"(Triandis & Suh, 2002, p.135).

미국으로 이민 온 일본인과 일본에 거주하는 일본인을 비교하는 연구를 통해 이를 검증하였다. 미국으로 이민 온 일본인의 성격은 훨씬 '미국인' 같았다. 이들은 바뀐 문화에 반응하여 상당한 변화를 보였다(Gungor, Bornstein, De Leersnyder, Cote, Ceulemans, & Mesquita, 2013).

다른 연구에 따르면 캐나다로 이민한 지 얼마 되지 않은 중국인은 홍콩에 거주하는 중국인과 내향성 수준이 거의 같았다. 하지만 캐나다에 최소 10년 이상 거주하여 서양 문화에 더 많이 노출된 중국인 이민자는 최근에 이민 왔거나 홍콩에 거주하는 중국인보다 외향성 점수가 유의미하게 더 높았다. 문화적 힘이 기본적인 성격 특성에 상당한 영향력을 행사한 것이다(McCrae, Yi, Trapnell, Bond, & Paulhus, 1998).

불안을 비롯한 다른 부정적 정서도 문화적 차이와 관련이 있을 수 있다. 일일 일지 연구(daily diary study)를 통해 아시아계 미국인 학생들의 경험을 유럽계 미국인 학생들과 비교한 결과, 아시아계 미국인 학생들은 유럽계 미국인 학생들보다 사회적 상황에서 부정적인 정서를 보고하는 빈도가 높은 것으로 나타났다(Lee, Okazaki, & Yoo, 2006). 일반적으로 서양인, 특히 미국인은 상당한 낙관성을 드러내며, 자신과 자신의 미래를 더 긍정적으로 보는 경향이 있다. 이들은 심지어 자신들의 스포츠 팀, 도시, 친구가 우월하다고 생각하는 경향이 아시아 문화권 사람들에 비해 강했다(Endo, Heine, & Lehman, 2000).

문화 신경과학 영역에서 진행한 연구 결과 뇌 활동과 유전적 구성에서조차 커다란 문화적 차이가 있는 것으로 밝혀졌다(Azar, 2010). 연구자들은 뇌파 측정치를 활용하여, 동일한 자극에 반응할 때 동양과 서양 문화권 수검자의 뇌파가 서로 다르다는 것을 발견하였다(Park, & Huang, 2010). 또 다른 연구에서는 일본인과 미국인이 동일한 시각 자극에 대해 서로 다른 뇌파를 보이는 것을 발견하였다. 이런 차이는 일본인과 미국인에게서 측정된 순종적 또는 지배적 태도의 수준 차이와 상응했다(Freeman, Rule, & Ambady, 2009).

이 절과 이 책 전체에 걸쳐 우리가 살고 있는 문화가 우리 성격에 영향을 미치는 다양한 예시와 방법을 소개할 것이다.

운명에 대한 서로 다른 문화적 신념

'업(業, karma)'이라는 개념은 수 세기에 걸쳐 인도인뿐 아니라 힌두교나 불교를 받아들인 나라 사람들의 세계관(outlook, 인생관)을 형성하였다. 이는 인간 본성에 대한 운명론적이고 결정론적인 견해로 보일 수 있다. 이 견해에 따르면 현재와 과거 행동의 결과가 우리의 운명, 즉 미래의 행복과 불행을 결정한다. 바꿔 말하면 어떤 일도 우리가 유발하여 발생하지 않는다. 모든 사건은 운명으로 정해져 있었기 때문에 발생한다.

이런 관점에서 보면 행운이나 불운, 건강과 병약함, 행복과 불행은 우리의 행동과는 무관하게 이미 정해져 있다. 이러한 신념은 수동적이고 체념한 듯한 성격 유형을 만들어 내며, 삶의 모든 장애물을 수용하면서 이를 변화시키려는 어떤 행동도 하지 않게 할 수 있다. 이와 대조적으로 미국 문화의 전형적인 신념은 자유로운 선택과 행동 그리고 각자의 성공이나 실패에 있어 개인의 노력과 진취성의 역할을 강조한다.

연구 결과 이 운명이라는 관념에서 동서양 간에 상당한 문화적 차이가 지적되었다(Norenzayan & Lee, 2010). 하지만 중국 등의 동양 문화도 점차 현대화되고 서구화되어 문화적 신념의 영향이 줄어든 것으로 나타났다(Wong, Shaw, & Ng, 2010).

개인주의

동양 문화권에서 개인의 경쟁심과 주장성은 종종 바람직하지 않고, 동양의 문화적 표준에 적합하지 않은 것으로 여겨진다. 반면 서양 문화권에서 개인의 경쟁심과 주장성은 일반적으로 정반대로 묘사된다. 예를 들어 호주에 거주하는 대학생을 일본에 거주하는 대학생과 비교한 결과 호주인은 일본인보다 개성의 중요성을 더 강조한 반면, 일본인은 공동체와 집단에 더 초점을 두었다 (Kashima, Kokubo, Kashima, Boxall, Yamaguchi, & Macrae, 2004). 또 다른 예를 살펴보면, 미국에 이민 온 지 얼마 되지 않은 아시아계 미국인 취업 지원자의 경우 성격검사에서 경쟁심, 주장성 및 자기홍보 척도 점수가 낮게 나타나곤 한다. 이러한 사람은 미국인 표준 점수를 충족하지 못하기 때문에 부적합자라고 평가받을 가능성이 높아, 취업에 어려움을 겪을 것이다.

　　개인주의 사회에서는 개인의 자유와 선택, 행동에 초점을 둔다. 집단주의 사회에서는 집단의 규준과 가치, 집단에서의 역할기대, 행동에 대한 다른 문화적 제약을 염두에 둔다. 개인주의 문화권 사람들은 외향성, 자존감, 행복(또는 주관적 안녕감), 자신의 미래에 대한 낙관성, 개인의 통제와 지시 능력에 대한 믿음 등이 더 높았다. 예컨대 63개국 4억 명을 대상으로 한 대규모 연구에서 개인주의적 성격 특질은 긍정적 안녕감과 매우 강하고 일관된 상관이 있었다(Fischer & Boer, 2011).

　　집단주의 문화권 사람과 개인주의 문화권 사람 간의 유전적 차이는 집단주의 문화권의 낮은 불안과 우울 수준, 개인주의 문화권의 높은 불안과 우울 수준과 연관되어 있었다(Chiao & Blizinsky, 2010).

　　미국 대학생은 일본 대학생보다 자기효능감 점수가 높았다. 자기효능감은 자신이 삶에 대처하고 일상의 일을 조절하는 데 적절하고 효율적이며 유능하다고 느끼는 것이다(Morling, Kitayama, & Miyamoto. 2002). 호주 대학생은 싱가포르 대학생보다 우호적이고 성실하며 낙관적이고, 자신의 삶에 만족하는 것으로 나타났다(Wong, Lee, Ang, Oei, & Ng, 2009).

　　미국 내 같은 대학에 재학 중인 아시아계 미국인과 유럽계 미국인 대학생 간 주관적 안녕감의 차이를 발견한 연구도 있다. 유럽계 미국인 학생은 개인적 만족을 위한 목표를 추구하며 안녕감을 느꼈다. 반면 아시아계 미국인 학생은 "부모 등 자신에게 중요한 타인을 기쁘게 하고 타인의 기대를 충족하기 위한 목표를 달성함으로써 안녕감을 얻는 것으로 나타났다"(Oishi & Diener, 2001, p.1680).

이처럼 학생들의 동기와 만족감 및 그에 상응하는 인간 본성에 대한 이미지는 그들의 문화적 배경에 따라 달랐다. 게다가 일본인과 미국인 대학생을 비교한 결과 미국인 대학생은 자신을 기술할 때 긍정적인 용어를 더 많이 사용한 반면 일본인 대학생은 부정적인 용어를 더 많이 사용했다(Kanagawa, Cross, & Markus, 2001).

이처럼 문화권에서 개인주의를 강조하고 장려하는 정도는 해당 문화권 내 개인의 성격에 강력한 영향을 미친다.

자녀양육 실제

자녀양육 실제에서 문화적 차이가 행동과 성격에 미치는 영향도 상당하다. 개인주의 문화권인 미국에서 부모는 자녀양육 시 비강압적이고, 민주적이며, 허용적인 경향이 있다. 집단주의 문화권인 아시아와 아랍 사회에서는 양육 시 부모가 더 권위적이며 자녀를 구속하고 통제하는 경향이 있다.

몇몇 아랍계 국가의 청소년을 대상으로 한 연구에서 이들은 미국인 청소년에 비해 부모와의 유대감을 더 크게 느꼈다. 연구자들은 아랍계 청소년이 "사회적 행동, 대인 관계, 결혼, 직업 선호 및 정치적 태도 등 삶의 모든 영역에서 부모의 지시를 따르고 … 부모의 권위적 양식을 불편하게 느끼지 않았으며 심지어 이런 삶의 방식에 만족하는 것"에 주목하였다(Dwairy, Achoui, Abouse-rie, & Farah, 2006, p.264). 이 연구에서는 더 자유로운 서양 문화권에서와 달리 권위적인 양육 방식이 아랍계 청소년들의 정신 건강이나 정서적 안녕감에 부정적 영향을 미치지 않는다고 결론 내렸다.

캐나다에 거주하는 중국인 엄마들은 캐나다에 거주하는 비중국인 엄마들보다 권위적이었다(Liu & Guo, 2010). 독일에 거주하는 튀르키예인 엄마들 중 독일 문화에 더 많이 동화된 엄마들은 이에 덜 동화된 엄마들보다 자녀의 개인주의적 목표를 더 많이 강조했다(Durgel, Leyendecker, Yagmurlu, & Harwood, 2009).

이상의 연구에서도 분명히 알 수 있듯이 자녀양육 실제에서의 차이와 그로 인해 형성된 가치관은 다양한 성격의 발달에 영향을 준다.

자기강화

자기강화(self-enhancement)는 자신을 적극적으로 선전하여 눈에 띄게 하는 경향이라고 정의된다. 그 반대는 자기삼가기(self-effacement)로, 이는 아시아 사회의 문화적 가치에 더 잘 상응한다고 여겨진다. 이는 캐나다와 일본인 대학생을 대상으로 수행한 실험실 연구를 통해 뒷받침된 바 있다. 자기강화는 캐나다인 대학생들에게서 더 우세하게 나타난 반면, 자기삼가기는 일본인 대학생들에게서 유의미하게 더 많이 지적되었다(Heine, Takata, & Lehman, 2000).

또 다른 연구에서 집단주의 문화권 학생과 개인주의 문화권 학생의 자기평정과 질문지 반응을 비교한 결과도 이와 유사하였다. 두 편의 연구에서 각각 미국 대학생과 일본 대학생, 이스라엘의 유대인 고등학생 및 대학생과 싱가포르의 중국인 고등학생 및 대학생을 비교하였다. 모든 연구의 결과를 살펴보면 집단주의 문화권인 일본과 중국의 학생은 개인주의 문화권인 미국과 이스라엘의 학생보다 자기삼가기 점수가 높고 자기강화 점수가 낮았다(Heine & Renshaw, 2002; Kurman, 2001). 미국인, 멕시코인, 베네수엘라인, 중국인을 비교한 연구에서는 중국인들의 자기삼가기 경향이 가장 강하게 나타났다(Church et al., 2014).

노르웨이, 스웨덴, 덴마크 등 북유럽 문화는 자기삼가기를 장려하는 또 다른 문화의 예를 잘 보여 준다. 이곳에서 통용되는 '얀테의 법칙(Janteloven)'은 자신의 이익을 공동체의 이익보다 우선해서는 안 되며, 다른 사람들 앞에서 겸손해야 한다는 문화적 개념이다. 미국과 노르웨이 대학생을 비교한 결과 미국 대학생은 노르웨이 대학생에 비해 긍정적인 성격 특질에 관해서는 자신이 평균보다 유의미하게 높고, 부정적인 성격 특질은 평균보다 유의미하게 낮다고 평정했다. 이처럼 노르웨이 학생들에게는 나타나지 않고 미국 학생들에게 두드러지는 자기강화 경향은 문화적으로 유도되며, 서로 다른 국가에서 학습한 가치관에 따라 결정된 것으로 볼 수 있다(Silvera & Seger, 2004).

개인주의에서의 큰 차이는 지리적으로 그리 멀리 떨어지지 않은 문화권에서도 발견되었다. 앞서 살펴본 바와 같이, 일본과 같은 동양 문화권과 미국과 같은 서양 문화권 간에는 지리적 거리로 인해 상당한 차이가 있을 것이라고 예상할 수 있다. 하지만 스페인과 네덜란드처럼 같은 유럽 문화권 내에서도 차이가 나타났다. 자기보고식 질문지의 결과를 비교한 결과 스페인 사람들은 명예와 가족의 안위 같은 가족과 관련된 가치, 부모에 대한 존경, 타인의 인정에 관한 사항에 관심이 많았던 반면, 네덜란드 사람들은 야망, 능력, 독립 등 개인주의적 가치를 더 중요하게 여겼다(Rodriguez-Mosquera, Manstead, & Fischer, 2000).

만약 당신이 자기강화를 하는 사람이라면, 용기를 내어도 좋다. 그리 나쁘지는 않을 수 있다. 유럽 내 여러 국가에서 진행된 연구에서 자기강화를 하는 사람들은 타인에 의해 '정서적으로 안정적이고 사회적으로 매력적이며 영향력 있는 사람들'이라고 평가되었다(Dufner, Denissen, Sediilides, Van Zalk Meeus, & Van Aken, 2013). 마지막으로 미국 대학생을 대상으로 한 연구에서 자존감과 자기강화 경향이 높은 학생은 자신과 비슷한 특징을 가진 연인을 찾는 것으로 나타났다. 즉 자기강화를 하는 사람들은 (그들이 생각하는) 자신만큼 훌륭한 사람을 찾는다(Brown, Brown, & Kovatch, 2013).

문화의 다양성

앞서 살펴본 바와 같이 최근 몇 년 동안 성격 연구에서 광범위한 문화적 차이를 탐구하는 데 큰 발전이 있었다. 하지만 영어권 국가나 유럽과 아시아의 많은 국가를 대상으로 한 성격 연구에 비하면 아프리카와 남미 국가를 대상으로 한 성격 연구는 여전히 훨씬 적게 이루어진 것이 사실이다. 또한 아프리카와 남미 국가의 사람들을 대상으로 진행된 연구 중 다수는 영어권 국가에서 널리 이용 가능하게 만들어지지 않았다.

성격에 관한 비교문화 연구의 적용 가능성을 제한하는 또 다른 문제는 성격에 관한 다수의 연구가 미국 대학생만을 대상으로 한다는 점이다. 이 책의 목표 중 하나는 보다 다양하고 더 큰 대표성을 가진 연구 참가자를 대상으로 한 연구 결과를 소개하는 것이다. 그러므로 다양한 연령, 문화, 종교 및 민족적 배경의 사람들을 대상으로 40개 이상의 국가에서 진행한 연구 결과들을 제시해 두었다. 이 책에서는 미국 백인 대학생의 성격만 다루지는 않을 것이다.

성격 평가

어떤 것을 평가한다(assess)는 것은 어떤 것을 측정하거나 사정한다는 의미이다. 성격 평가는 현실의 다양한 관심사에 심리학을 적용하는 주요 분야 중 하나이다. 예컨대 임상심리학자는 성격을 평가하고 정상적·비정상적 행동 및 감정을 변별하여 환자 또는 내담자의 증상을 이해하려 한다. 이러한 방식으로 성격을 평가함으로써 임상가는 장애를 진단하고 최적의 치료 과정을 결정할 수 있다.

학교심리학자는 치료를 위해 자신에게 의뢰된 학생들의 성격을 평가하여 이들의 부적응이나 학습 문제의 원인을 밝히려고 한다. 산업/조직심리학자는 성격을 평가해서 특정 직업에 최적의 지원자를 선발하고자 한다. 상담심리학자는 성격을 측정하여 특정 지원자의 흥미 및 욕구에 맞는 직무를 찾아 줌으로써 지원자를 위한 최상의 직업을 소개하고자 한다. 실험심리학자는 연구 참가자의 성격을 평가하여 실험에서 나타난 참가자의 행동을 설명하거나 이들의 성격 특질과 다른 측정치 간의 상관을 알아보고자 한다.

당신이 일상이나 직장에서 무슨 일을 하든 성격이 평가되는 것을 피하기는 어렵다. 실제로 직장의 성과 중 많은 부분이 다양한 심리검사상의 수행으로 결정된다. 따라서 심리검사가 무엇이고 어떻게 작동되는지 이해하는 것이 중요하다.

신뢰도와 타당도

최상의 성격 평가 도구는 신뢰도(reliability)와 타당도(validity)가 보장되어야 한다.

신뢰도 신뢰도는 평가 도구에 대한 일관된 반응과 관련되어 있다. 같은 검사를 서로 다른 날에 수행했는데 두 검사 간 점수 차이가 엄청나게 크다고 가정해 보자. 어느 검사 점수가 정확한지를 어떻게 알 수 있는가? 이러한 검사는 신뢰할 만하다고 할 수 없을 것이다. 검사 결과가 일관되지 않기 때문이다. 어떤 사람도 정확한 성격 평가를 받고자 할 때 이 검사를 하려고 하지 않을 것이다. 두 번째로 검사를 실시했을 때 점수가 약간 달라질 수는 있다. 하지만 점수 차이가 크다면 검사가 잘못되었거나 채점에서 오류가 발생했을 가능성이 있다.

타당도 타당도란 평가 도구가 측정하고자 한 것을 측정했는지 여부를 뜻한다. 지능검사가 진정으로 지능을 측정하는가? 불안검사는 실제로 불안을 평가하는가? 만약 측정한다고 주장하는 바로 그것을 측정하지 않는다면 해당 평가 도구는 타당하지 않은 것이고, 따라서 그 검사 점수에 근거하여 관련 행동을 예측할 수 없을 것이다. 예컨대 지능검사 점수가 아무리 높다 해도 평가 도구가 타당하지 않다면, 이 점수는 대학에서의 수행이나 높은 지적 기능을 요구하는 다른 상황에서의 수행을 예측하지 못할 것이다. 타당하지 않은 성격검사의 결과는 당신의 정서적 강점과 약점에 대해 완전히 잘못된 설명을 제시할지도 모른다. 이는 당신이나 당신의 고용주에게 전혀 쓸모가 없을 것이다.

평가 방법 이 책에서 다루는 성격 이론가들은 각자 자신의 이론에 가장 유용한 다양한 성격 평가를 고안하였다. 그들은 이러한 방법을 적용하여 각자의 이론을 정립하는 데 기초로 삼은 자료들을 수집했다. 그들의 기법은 객관성, 신뢰도, 타당도에서 서로 차이가 있고, 꿈 해석과 아동기 회상부터 컴퓨터용 객관적 검사에 이르기까지 매우 다양하다. 주요 성격 평가 방법은 다음과 같다.

- 자기보고식 또는 객관적 검사
- 투사법
- 임상 면접
- 행동 평가

> **신뢰도** 평가 도구에 대한 반응의 일관성.
> **타당도** 평가 도구가 실제로 측정하고자 하는 것을 측정하는 정도.

- 사고와 경험 표집

자기보고식 성격검사

자기보고식 검사(self-report inventory)는 수검자가 다양한 상황에서 자신의 행동과 감정에 관한 질문을 받고, 이에 답하는 방식으로 이루어진다. 이러한 검사는 증상, 태도, 흥미, 공포, 가치관을 다루는 문항으로 구성된다. 수검자는 각 진술이 자신을 얼마나 잘 묘사하는지 혹은 각 문항에 얼마나 동의하는지 표시한다. 최근 사용되는 자기보고식 성격검사의 종류는 많지만 가장 대표적인 검사는 다면적 인성검사이다.

다면적 인성검사 다면적 인성검사(Minnesota Multiphasic Personality Inventory, MMPI)는 140개 언어로 번역되어 세계적으로 가장 많이 사용되는 심리검사이다(Butcher, 2010; Cox, Weed, & Butcher, 2009). 1943년에 처음으로 출판되었고, 가장 최근에 개정된 MMPI-2-RF(재구성척도)는 2008년에 출판되었다. MMPI는 567개의 문항에 '예' 혹은 '아니요'로 답해야 하는 검사이다.

　　검사 문항은 신체적·심리적 건강, 정치적·사회적 태도, 교육, 직업, 가족 및 부부 문제 그리고 신경증 및 정신증적 행동 경향을 다룬다. 임상 척도는 성역할, 경계 경향, 우울, 히스테리, 편집증, 건강염려증 및 조현병과 관련한 성격 특성을 측정한다. 수검자가 고의로 답변을 왜곡하는지, 부주의했거나 지시사항을 잘못 이해했는지 등 수검 태도를 측정하는 문항도 포함되어 있다.

　　예컨대 연구에 따르면 MMPI-2-RF는 실제로 신체적 통증이 있는 사람과 장애수당을 청구하기 위해 통증을 호소하는 사람을 잘 변별할 수 있다(Crighton, Applegate, Wygant, Granacher, & Ulauf, 2013). MMPI-2는 거짓으로 외상후 스트레스장애(posttraumatic stress disorder, PTSD) 증상을 호소하는 사람과 실제로 외상후 스트레스장애 증상을 경험하는 사람도 잘 변별할 수 있는 것으로 나타났다(Mason et al., 2013). 그러나 다른 한편으로는 정신과 문제가 있는 환자가 온라인 교육을 통해 정신적으로 이상이 없는 것처럼 보이게 수

자기보고식 검사 수검자가 자신의 행동과 감정에 관한 질문에 답하는 형식으로 이루어진 성격 평가 기법.

검하는 방법을 익힐 수 있는 것으로 밝혀지기도 했다(Hartmann & Hartmann, 2014).

표 1.2는 MMPI-2 문항의 예시들이다.

표 1.2 MMPI 문항 예시

'예' 또는 '아니요'로 응답하시오.
가끔 장에 심하게 경련이 난다.
나는 일을 할 때 종종 매우 긴장한다.
때때로 무엇인가 머리를 압박하는 느낌이 있다.
내가 했던 일들 중 일부를 다시 할 수 있었으면 좋겠다.
나는 체육 시간에 춤추는 것을 좋아했다.
사람들이 나에 대해 잘못 알고 있다는 것이 나를 괴롭힌다.
때때로 내 머릿속에 맴도는 일들이 끔찍하다.
밖에 나를 잡으려는 자들이 있다.
때때로 너무 빨리 생각해서 나조차 따라갈 수가 없다.
나는 다른 사람과 의논할 때 너무 쉽게 그만 둔다.

MMPI-2는 성인을 대상으로 한 성격 연구에서 성격 문제 평가, 지원자 선별, 직업 및 성격에 관한 상담에서 진단 도구로 사용되고 있다. 1992년 MMPI-A가 청소년용으로 제작되었다. MMPI-A는 성인용의 567개 문항을 478개로 줄여 소요 시간과 수검자의 수고를 경감하고자 했다.

성인용과 청소년용 모두 소요 시간이 길다는 단점이 있다. 많은 수의 문항에 주의를 기울여 수검하는 데는 상당한 시간이 걸린다. 어떤 수검자는 문항을 다 풀기도 전에 흥미와 동기를 잃는다. 또한 MMPI를 포함한 자기보고식 성격검사들에는 매우 개인적인 성격에 관한 문항도 포함되어 있다. 그래서 특히 취업 현장에서 이러한 검사를 요구할 경우 어떤 사람들은 이를 사생활 침해로 받아들일 수 있다. 소요 시간과 사생활 침해 문제가 있긴 하지만, 그럼에도 다양한 형태의 MMPI는 신경증과 정신증을 비롯하여 정서적으로 건강한 사람과 혼란한 사람을 타당하게 변별하는 검사이다. 따라서 진단과 연구 도구로서의 가치는 높다고 할 수 있다.

자기보고식 질문지 이후의 장들에서도 살펴보겠지만, 매우 다양한 성격 측면을 평가하기 위한 여러 자기보고식 질문지가 있으나, 이는 지능이 정상 범위 이하이거나 독해력이 제한적인 수검자에게는 적합하지 않다. 자기보고식 척도에서 문항의 단어나 응답 방식 등 사소한 것이 바뀌더라도 결과에 상당한 변화를 가져올 수 있다. 예를 들어 성인을 대상으로 아이들에게 교육해야 할 가장 중요한 것을 선택지 중에서 고르도록 했을 때, 성인 수검자의 61.5%는 '스스로 생각하는 법'을 골랐다. 하지만 선택지 없이 응답하도록 했을 때는 4.6%만이 이와 비슷하게 응답했다(Schwarz, 1999).

수검자들은 사회적으로 바람직한 방향으로 응답하는 경향이 있는데, 이는 특히 입사 지원 장면에서 더욱 두드러진다. 당신이 입사하고 싶은 회사에서 '나는 일을 할 때 종종 매우 긴장한다'라는 문항에 응답해야 한다고 상상해 보라. 과연 '예'라고 응답할 것인가? 아마도 그러지 않을 것이다.

대학생들에게 자신을 최대한 좋게, 사회적으로 바람직해 보이도록 반응하라고 요청하며 자기보고식 질문지에 응답하게 할 경우, 이들은 보다 신중하게 응답했고 고의로 좋게 보이려는 의도가 없는 학생에 비해 오랫동안 검사에 임했다(Holtgraves, 2004). 다른 자기보고식 질문지에서도 유사한 결과를 확인할 수 있었다. 연구에서 수검자에게 왜곡된 반응을 요구했을 때, 대부분의 수검자가 쉽게 지시 사항을 따를 수 있었다(McDaniel, Beier, Perkins, Goggins, & Frankel, 2009).

이런 문제가 있긴 하지만, 그럼에도 자기보고식 질문지는 성격을 평가하는 가장 객관적인 방법이다. 가장 큰 장점은 자동화된 채점 프로그램을 통해 빠른 시간 내 객관적으로 채점할 수 있고 수검자에 대한 완전한 진단 프로파일을 얻을 수 있다는 점이다.

온라인 검사

오늘날의 다른 모든 것과 마찬가지로 자기보고식 질문지도 온라인으로 실시할 수 있다. 많은 고용주들은 입사 지원자들을 사전 선별할 때, 이들을 회사 사무실로 불러 검사를 실시하는 것보다 온라인 검사를 선호한다. 온라인 검사의 장점은 다음과 같다.

- 지원자와 업체 측 모두 시간을 절감할 수 있다.
- 비용이 적게 든다.
- 더욱 객관적으로 채점할 수 있다.
- 젊은 사람들에게는 이미 익숙한 방법이다.
- 지필형 방식의 경우 수검자가 다음 질문을 미리 보고 답변을 바꿀 수도 있는데, 컴퓨터로 실시하는 검사는 이러한 일을 방지할 수 있다.

상당한 규모의 연구를 통해 온라인 검사의 유용성이 이미 입증되었다. 대부분의 자기보고식 질문지를 지필형과 온라인으로 실시해 본 결과, 검사 결과에서 유의미한 차이가 지적되지 않았다(Chuah, Drasgow, & Roberts, 2006; Clough, 2009; Luce, Winzelberg, Das, Osborne, Bryson, & Taylor, 2007; Naus, Philipp, & Samsi, 2009).

이뿐만 아니라 대부분의 사람들은 대면으로 검사자와 마주 보고 지필형 검사를 할 때보다 온라인으로 자기보고식 질문지를 수검할 때 민감하고 부끄러운 정보를 더 잘 노출하는 경향이 있다. 많은 사람들은 컴퓨터로 수검할 때 익명성과 비밀이 더 잘 보장된다고 느끼고, 자신에 대해 더 많은 정보를 알려준다.

투사법

임상심리학자들은 정서적으로 혼란한 환자를 연구하기 위해 성격을 측정하는 투사 검사(projective test)를 개발하였다. 투사 검사는 프로이트가 무의식의 중요성을 강조한 점이 영향을 받은 것으로, 우리 성격에서 보이지 않는 영역을 탐색하기 위해 사용된다. 투사 검사에서 검사자는 수검자에게 한 가지

> **투사 검사** 수검자가 모호한 자극을 해석하거나 묘사할 때 자신의 개인적인 욕구, 두려움, 가치관을 투사한다고 가정하는 성격 평가 도구.

이상의 방법으로 해석될 여지가 있는 잉크반점이나 그림 같은 모호한 자극을 제시하고, 이를 묘사하게 한다. 투사법은 이 때 수검자가 자신의 깊은 내면의 욕구, 공포, 가치관을 그 자극에 투사할 것이라는 가설에 근거한다.

투사 검사 결과에 대한 해석은 주관적이기 때문에 신뢰도와 타당도가 높지는 않다. 검사자에 따라 동일한 사람에 대해 다른 평정을 하는 경우도 드물지는 않다. 이런 경우 채점자 간 신뢰도가 낮다. 그럼에도 투사법은 평가와 진단 목적으로 널리 사용된다. 가장 보편적인 투사 검사는 로르샤흐 잉크반점 검사(Rorschach Inkblot Technique)와 주제 통각 검사(Thematic Apperception Test, TAT)이다.

로르샤흐와 그의 잉크반점 로르샤흐 검사는 1921년 스위스의 정신과 의사인 헤르만 로르샤흐(Hermann Rorschach, 1884~1922)가 개발한 검사이다. 로르샤흐는 아동기 때부터 잉크반점에 매력을 느꼈다. 로르샤흐가 어렸을 때 아이들이 다양한 잉크반점 모양에 대해 각자 해석을 하며 노는 잉크반점놀이(Klecksographie, Blotto)가 유행했는데, 그는 이 놀이를 자주 했다. 로르샤흐는 잉크반점에 관심이 많기로 유명했으며, 십대 때는 독일어로 잉크반점을 의미하는 클렉스(Klecks)라는 별명까지 얻었다. 로르샤흐가 훗날 정신과 레지던트 수련을 받을 때, 그와 친구들은 병동에서 시간을 보내기 위해 환자들과 함께 잉크반점놀이를 하였다. 이때 로르샤흐는 동일한 잉크반점에 대해 환자들과 학령기 아동들이 일관되게 서로 다른 반응을 보인다는 사실을 발견하였다.

로르샤흐가 검사를 개발할 때 그는 백지에 잉크 방울을 떨어뜨리고 반으로 접어서 자신만의 잉크반점을 만들었다(그림 1.1). 그는 여러 가지 형태를 시도한 뒤 10개의 잉크반점을 선정했다. 10개보다 많은 인쇄물을 만들 금전적 여유가 없었기 때문이다. 그는 10개의 반점에 관한 저서를 출판했으나 결과는 좋지 않았다. 몇 권 팔리지도 않았고, 그나마 돌아온 평가는 부정적이었다. 결과적으로 이 검사는 엄청나게 유명해졌으나, 로르샤흐는 우울해졌고 저서가 출판된 지 9개월 만에 사망했다.

로르샤흐 검사 실시 수검자에게 검정색 또는 다른 색으로 이루어진 잉크반점

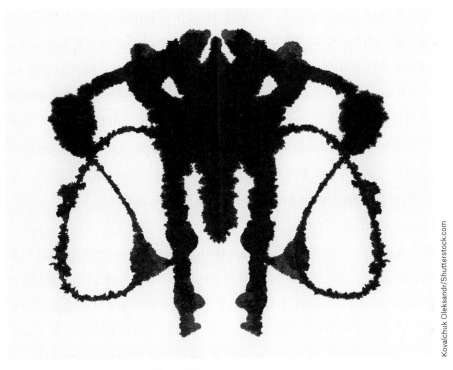

그림 1.1 로르샤흐 잉크반점과 유사한 잉크반점

카드를 한 번에 한 장씩 제시하고 무엇처럼 보이는지 묘사하게 한다. 그 후 똑같은 카드를 두 번째로 보여 주면서 직전에 수검자가 보인 반응에 관해 구체적인 질문을 한다. 또한 검사자는 수검자의 제스처, 특정 잉크반점에 대한 반응, 전반적인 태도 등 수검자가 반응하는 동안의 행동을 관찰한다.

수검자의 반응을 여러 가지 방식으로 해석할 수 있다. 해석은 수검자가 카드에서 어떤 것(움직임, 인간이나 동물 형상, 생물이나 무생물 대상, 형상의 일부분이나 전체)을 지각하여 보고하는지에 따라 결정된다. 로르샤흐 검사의 실시 방법, 채점 및 해석 체계를 표준화하려는 여러 시도가 있었다. 이들 중 가장 성공적인 것은 종합 체계(Comprehensive System)라 불리는 것으로, 어떤 연구자들은 이것이 상당한 양의 연구 결과에 근거하여 로르샤흐 검사의 신뢰도와 타당도를 향상시켰다고 주장한다(Exner, 1993).

채점에 관한 종합 체계가 있음에도 로르샤흐 검사의 유용성과 타당도에 대한 보편적인 합의는 없다. 일부 연구자들은 로르샤흐 검사에 관한 과학적 근거가 전혀 없다고 결론짓기도 했다. 또 다른 이들은 로르샤흐 검사가 여타 성격 평가 척도만큼 타당한 검사라고 주장한다. 여러 의견이 분분함에도 로르샤흐 검사는 성격 연구 및 임상 실제에서 가장 많이 사용되는 평가 기법이다.

　　로르샤흐 검사는 유럽 및 남아메리카 지역에서 이루어지는 연구에도 널리 사용된다. 타당도에 관한 연구에서는 전반적으로 로르샤흐 검사보다 MMPI의 타당도가 높은 것으로 나타난다. 따라서 특히 소수 민족이나 다양한 문화적 배경의 수검자에게 검사를 실시할 때, MMPI를 적용하면 결과를 좀 더 신뢰할 수 있을 것이다(Wood, Garb, Lilienfeld, & Nezworski, 2002).

주제 통각 검사　주제 통각 검사(Thematic Apperception Test, TAT)는 헨리 머리(Henry Murray)와 크리스티아나 모건(Christiana Morgan)에 의해 개발되었다(Murray & Morgan, 1935). 검사는 한 명 이상의 사람이 모호하게 묘사된 그림 카드 19장과 백지 카드 1장으로 구성되어 있다. 각 그림에 묘사된 상황은 모호하기 때문에 다양한 방식으로 해석될 수 있다. 검사자가 수검자에게 각 그림 속 사람과 사물에 관해 이야기를 구성할 것을 요청하면, 수검자는 그림 속 상황을 초래한 원인이 무엇인지, 사람들은 어떤 생각과 감정을 갖고 있는지, 앞으로 상황이 어떻게 될 것인지 서술한다. 임상 장면에서 수검자의 이야기를 해석할 때에는 이야기 속 인간관계 유형, 인물들의 동기, 인물들이 보여 주는 현실과의 접촉 수준 등의 요인을 고려한다.

　　TAT는 객관적인 채점 체계가 마련되어 있지 않고, 진단 목적으로 사용될 경우 신뢰도와 타당도도 낮은 편이다. 하지만 연구 목적으로서의 유용성은 입증되었고, 성취욕, 친화욕, 권력욕 등 특정 성격 측면을 측정하고자 할 때 사용하는 채점 체계가 고안되어 있다. 또한 임상 실제에서는 계속해서 유용한 것으로 인정받고 있다(Gieser & Wyatt-Gieser, 2013).

기타 투사법　심리학자들이 성격을 평가할 때 사용하는 부가적인 투사법으로 단어 연상 검사(word association test)와 문장 완성 검사(sentence completion test)가 있다. 단어 연상 검사에서 검사자는 수검자에게 한 번에 하나씩 단어를 읽어 주고 처음 떠오르는 단어를 말하게 한 뒤, 반응어의 일반적 혹은 예외적 속성, 반응어가 나타내는 정서적 긴장의 시사점, 반응어와 성적 갈등과의 관계 등을 분석한다. 반응 속도도 중요한 요인으로 고려된다.

문장 완성 검사에서 수검자는 "나의 야망은 _____" 혹은 "내가 걱정하는 것은 _____" 같은 미완성 문장을 완성해야 한다. 두 검사에 대한 반응을 해석할 때 주관성을 배제하기가 매우 어렵다. 하지만 로터 문장 완성 검사(Rotter Incomplete Sentence Blank)와 같은 검사는 보다 객관적인 채점 체계를 가지고 있다.

임상 면접

개인의 성격을 평가하기 위한 특정 심리검사 외에 임상 면접도 평가 방법에 종종 포함된다. 평가받는 개인과 대화를 나누거나 그의 과거 및 현재 일상에서의 경험, 사회적 관계 및 가족 관계, 심리적 도움을 청하게 된 계기 등에 관해 질문함으로써 가치 있는 정보를 수집할 수 있다고 보는 것이 타당하다. 면접을 진행하며 일반적인 외모, 몸가짐, 태도(표정, 자세, 제스처), 집착, 자기통찰 수준, 현실검증력 수준을 포함한 다양한 행동, 감정, 생각을 탐색할 수 있다.

대체로 일련의 면접 회기 전 혹은 회기 중에 MMPI와 같은 심리검사를 실시한다. 이러한 심리검사 결과를 확보한 상태에서 면접을 진행할 경우 심리학자는 심리검사에서 지적된 문제에 집중할 수 있고, 그 영역을 보다 상세하게 탐색할 수 있다. 면접에서 얻은 자료를 해석할 때에는 주관성이 개입될 수 있고 특히 면접자의 이론적 지향이나 성격이 해석에 영향을 미칠 수 있다. 그럼에도 임상 면접은 성격 평가에서 보편적으로 사용되는 기법이고, 보다 객관적인 절차에 대한 보완책으로 유용하다.

행동 평가

행동 평가 시 관찰자는 주어진 상황에서 수검자의 행동을 평가한다. 관찰자가 평가받는 대상에 대해 잘 알고 있고 수검자와 상호작용하는 빈도가 높을수록 평가는 더 정확해진다(Connelly & Ones, 2010). 심리학자 아널드 버스(Arnold

Buss)와 로버트 플로민(Robert Plomin)은 동성 쌍둥이의 다양한 기질을 평가하기 위한 질문지를 개발하였다(Buss & Plomin, 1984). 쌍둥이 자녀를 둔 어머니들에게 자녀에 대한 관찰을 바탕으로 자녀의 행동 중 구체적이고 쉽게 알아볼 수 있는 사례를 가장 잘 묘사한 설문지 문항을 확인하게 하였다. 표 1.3에 문항의 예시가 제시되어 있다.

표 1.3 버스와 플로민의 EASI 기질 조사 문항 예시

아이가 잘 우는 편이다.
아이가 성격이 급하다.
아이가 오래 가만히 앉아 있지 못한다.
아이가 친구를 쉽게 사귄다.
아이가 부끄럼이 많은 편이다.
아이가 한 장난감을 오래 가지고 놀지 못한다.

임상 면접을 다루며 언급했듯이 상담자는 일상적으로 내담자의 행동, 즉 표정, 긴장하는 제스처, 전반적인 외모를 관찰하고, 그 정보를 활용하여 진단을 내린다. 이러한 절차는 행동 평가 절차보다는 덜 체계적이지만 그래도 귀중한 통찰을 제공한다.

사고와 경험 평가

성격 평가에 대한 행동적 접근에서 숙련된 관찰자가 특정 행동 기능을 모니터링하는 것을 살펴보았다. 사고표집(thought sampling) 접근에서는 대상자의 사고를 체계적으로 기록하여 시간 경과에 따른 여러 사고표본을 수집한다. 생각은 매우 사적인 경험이고, 다른 사람이 이를 볼 수 없기 때문에 이러한 형태의 관찰을 할 수 있는 것은 바로 그 생각을 하는 당사자이다.

이 절차에서는 관찰자와 관찰 대상이 동일하다. 일반적으로 사고표집 평가 절차는 집단을 대상으로 실시되지만, 진단과 치료를 지원하기 위해 개인에게도 적용된다. 평가에서 내담자는 자신의 생각과 감정을 기록하고, 이후 심리

학자가 이것을 분석한다.

경험표집(experience sampling) 접근은 사고표집 평가를 변형한 것이다. 이 방법은 사고표집 절차와 거의 유사하게 진행되지만, 연구 참가자에게 특정한 경험을 하는 당시의 사회적·환경적 맥락을 기술하게 한다는 차이가 있다. 예를 들어 연구 참가자에게 전자음이 울리는 장치를 주고, 전자음이 울릴 때마다 혼자 있는지, 다른 사람과 함께 있는지 등 자신의 경험(정확히 어디서 무엇을 하고 있는지)을 기록하게 할 수 있다. 이는 연구 참가자의 사고나 기분이 맥락의 영향을 얼마나 받는지 알아보기 위한 것이다.

사고표집 연구는 연구 참가자가 신속하고 편리하게 자신의 평가를 기록할 수 있게 한 스마트폰과 같은 기술의 발전에 많은 영향을 받았다. 전자기기로 기록한 자료에는 시간과 일시를 기재할 수 있다. 따라서 연구자는 요청한 시간과 간격에 맞춰 평가가 이루어지는지 확인할 수 있다. 연구 참가자가 경험 후 어느 정도 시간이 지나 기록을 하는 경우에는 기억 오류의 영향을 받을 수 있다.

성격 평가와 관련한 경험표집 연구의 예로 28일 동안 인터넷 일기를 기록한 대학생 집단이 있다. 연구 참가자들은 스트레스 사건과 기분 상태 및 이에 대한 대처 방법에 관해 기술하였다. 가장 많이 보고된 부정적인 사건이 학업과 관련된 것이라는 사실은 그다지 놀랍지 않을 것이다. 두 번째로 많이 보고된 부정적인 사건은 대인 관계 문제였다(Park, Armeli, & Tennen, 2004). 다른 성격 평가 방법을 적용했다면 이러한 유형의 정보를 쉽게 포착하지 못했을 것이다.

일본 대학생을 대상으로 한 경험표집 연구에서 밤에 반복적인 생각이 들고 삶에서 무엇인가에 집착하는 학생들은 반복적인 생각을 가지고 있지 않은 학생들에 비해 잠들기 힘들어했고, 잠을 설쳤으며, 오래 잘 수 없었다(Takano, Sakamoto, & Tanno, 2014).

경험표집 연구의 한 가지 제한점은 참가자가 자신의 활동을 기록하라는 신호를 받고도 다른 일로 바빠서 기록을 하지 못할 수 있다는 점이다. 결과적으로 매우 성실한 연구 참가자의 기록만이 유용할 수 있다. 분노나 슬픔 등의 감정이나 정동은 보고된 정보의 속성에 영향을 줄 수 있다(Scollon, Kim-Prieto, & Diener, 2009). 하지만 경험표집 방법은 전반적으로 연구자에게 유용하며, 자기보고식 질문지를 통해 수집되는 자료에 필적할 만한 정보를 제공한다.

평가에 영향을 미치는 성별 및 인종 문제

성별 성격 평가는 대상자의 성별의 영향을 받을 수 있다. 예컨대 여성은 남성보다 주장성검사에서 점수가 낮은 경향이 있다. 이러한 차이는 여아나 젊은 여성에게 자기주장을 못하도록 하는 문화적 배경에서 전통적으로 학습된 성역할 훈련의 결과일 수 있다. 원인이 무엇이든 성격검사 결과는 연령에 관계없이 여러 특징에서 남녀 간 차이를 나타낸다. 예를 들어 474명의 아동(평균 연령 11세)을 대상으로 한 연구에서 여아는 남아보다 우울 수준이 높았으며 타인이 자신에 대해 어떻게 생각하는지에 더 많은 관심을 기울였다(Rudolph & Conley, 2005).

또한 성격검사, 임상 면접 및 기타 평가 척도를 통해 제공되는 상당한 자료에 따르면, 여러 정서장애의 진단율이 성별에 따라 다른 것으로 나타난다. 여성의 경우 우울, 불안 및 이와 관련된 장애로 진단받는 비율이 남성보다 높다. 이러한 현상에 대한 몇 가지 설명을 보면, 실제로 여성들 사이에서 이러한 장애에 대한 유병률이 높을 수도 있고, 평가 결과를 해석하는 과정에서 성에 대한 편견이나 고정 관념이 영향을 주었을 가능성도 있다.

또한 평가 결과에 근거해서 선택 가능한 치료를 권유하는 치료자도 여성에 대한 편견을 드러낼 수 있다. 여성의 평균 치료 과정은 남성보다 길고, 여성에게 처방되는 향정신성 약물(psychoactive medication)의 용량도 남성에게 처방되는 용량보다 높은 경향이 있다.

아시아계 미국에 거주하는 아시아계 미국인 인구는 매우 복잡한 다인종 집단으로, 여기에는 중국인, 일본인, 필리핀인, 태국인, 한국인, 베트남인 등이 포함된다. MMPI와 같은 심리검사는 중국 내 주요 도시에서는 타당화되었지만 미국에 거주하는 중국인이나 중국 내 다른 도시에 거주하는 중국인을 위해서는 타당화되지 않았다. MMPI를 비롯한 여러 성격검사가 아시아 언어로 번역되긴 했지만, 아시아계 미국인을 대상으로 각 검사의 신뢰도와 타당도를 검증하기 위한 연구는 많이 이루어지지 않았다.

앞서 살펴보았듯이 아시아 문화권 출신 사람과 비아시아 문화권 출신 사람 간에는 상당한 문화적 차이가 존재한다. 또한 정신질환은 사람들이 성격 평가를 받는 가장 주요한 이유 중 하나이지만, 아시아 문화권에서 정신질환을 앓거나 치료받는 것에 대한 태도는 서양 사회에서 정신질환을 대하는 태도와 다르다.

아시아계 미국인은 어떤 정신장애든 매우 수치스러운 것으로 여기고, 이를 쉽게 받아들이지 못한다. 그 결과 치료자나 상담자를 찾아 정서적 문제에 대한 치료를 받으려고 하지 않는다. 아시아계 미국인, 특히 1세대 이민자들은 정신 건강 서비스를 거의 활용하지 않는다. 미국에서 태어난 사람들은 미국이 아닌 국가에서 태어난 사람들보다 치료를 받을 확률이 거의 두 배나 높다(Meyer, Zane, Cho, & Takeuchi, 2009). 미국 내 1세대 중국계 학생은 1세대 유럽계 학생보다 정서적 문제로 치료를 찾는 비율이 유의미하게 낮은 것으로 지적되었다(Hsu & Alden, 2008). 아시아계 미국인은 도움을 청하기 전에 문제가 심각해질 때까지 참는 경향이 있어서 치료를 통해 큰 덕을 보기 어렵다(Hwang, 2006).

뉴욕에서 활동하는 심리학자에 따르면 이민 온 중국인 환자들이 처음에는 요통이나 소화 불량 등 신체적 증상에 대해서만 호소를 하고 결코 우울에 관해서는 언급을 하지 않았다고 한다. 그런데 몇 회기에 걸쳐 충분한 신뢰 관계를 형성한 다음 우울 등의 문제에 대해 언급할 수 있게 되었다(Kershaw, 2013). 또한 아시아계 미국인은 백인에 비해 항우울제를 복용할 가능성이 훨씬 낮다(Gonzalez, Tarraf, Brady, Chan, Miranda, & Leong, 2010).

특정 장애의 속성에 대한 생각에 많은 차이가 있다는 것을 고려한다면, 다양한 문화적 배경의 사람들이 성격 평가 척도에서 점수를 다르게 받는 이유를 이해할 수 있을 것이다. 또한 많은 평가에서 미국의 가치관, 신념, 규범이 표준으로 적용된다. 이는 대체로 아시아계 미국인 환자가 유럽계 미국인 환자와는 다른 정신과 진단을 받는다는 연구 결과를 설명할 수 있을 것이다.

흑인 1990년대에 진행한 연구 결과 자기보고식 성격검사에서 흑인과 백인 사이의 일관된 차이가 지적되었다. 이러한 검사 점수의 차이에 근거해서 일부 심리학자들은 MMPI처럼 보편적으로 자주 사용되는 성격검사들이 아프리카계 미국인에 대한 편견을 담고 있으므로, 이를 사용하여 이들의 성격을 평가해서는 안 된다고 결론지었다. 그러나 이러한 관점을 지지하는 증거들은 이후 MMPI를 사용한 연구에 의해 반박되었다. 예를 들어 재향 군인 병원의 정신과에 입원한 흑인 및 백인 환자들을 대상으로 수행한 연구에 의하면 어떤 검사 척도에서도 유의미한 차이가 지적되지 않았다(Arbisi, Ben-Porath, & McNulty, 2002).

하지만 대학생의 경우 편집증 척도에서 흑인과 백인 간에 차이가 나타났다. 흑인 학생들은 타인에 대한 불신, 타인의 동기에 대한 의심, 타인에 대한 경계 경향을 평가하는 문항에서 유의미하게 점수가 높았다. 55~64세의 나이든 흑인을 대상으로 한 이후의 연구에서도 이와 비슷한 결과가 나타났는데, 이들은 더 높은 수준의 불신과 편집증적 성격 양상을 보였다(Iacovino, Jackson, & Oltmanns, 2014).

이처럼 일관된 연구 결과들은 흑인이 백인보다 편집증적 경향이 강하다는 것을 의미하는가? 그렇지 않다. 이러한 결과 및 이와 유사한 결과들에 대한 평가와 해석은 적절한 인종적·민족적 맥락 내에서 이루어져야 한다. 따라서 연구자들은 "집단 간에 나타나는 차이는 만연한 인종 차별과 지각된 인종주의에 의해 발생한 불신과 개인 간의 경계심을 반영하는 것일 수 있다"라고 지적하였다(Combs, Penn, & Fenigstein, 2002, p.6). 2014년에 진행한 연구에서도 이와 같은 결론이 났다.

또 다른 연구에 따르면 아프리카계 미국인 대학생 중 자신과 흑인 문화적 가치관을 강하게 동일시(identification)한 학생이 문화적 동일시 정도가 약한 학생에 비해 우울과 무망감 수준이 낮았다(Walker, Alabi, Roberts, & Obasi, 2010). 하지만 지각된 차별 점수가 높은 10대 흑인들은 지각된 차별 점수가 낮은 10대들보다 우울 수준이 높았고 자존감과 삶의 만족도 수준은 낮았다(Seaton, Caldwell, Sellers, & Jackson, 2010).

인종은 MMPI 검사 결과 해석에 어떤 영향을 미치는가? 백인 검사자는 수검자가 흑인인지 백인인지 알고 있을 때 결과를 다르게 해석하는가? 이 질문에 대한 답은 일관적으로 '아니요'이다. 이는 최근에 진행한 두 연구에서 잘 드러나는데, 해당 연구에 따르면 수검자가 백인이든 흑인이든 해석에 차이가 없었다(Knaster, 2013; Knaster & Micucci, 2013).

흑인 대학생을 대상으로 상담과 치료의 효과를 다룬 연구 결과 이들은 백인 치료자보다 흑인 치료자를 더 호의적으로 평가하였다. 흑인 대학생은 흑인 치료자가 배정되었을 때 치료 사항들을 더 잘 수용하고 이해하였으며, 치료가 자신에게 도움이 된다고 믿을 가능성이 더 높았다(Thompson & Alexander, 2006; Want, Parham, Baker, & Sherman, 2004).

히스패닉 MMPI 검사에서 히스패닉계 수검자들의 점수는 백인 수검자들의 점수와 유사한 것으로 나타났으나(Handel & Ben-Porath, 2000), 투사 검사에서는 그렇지 않았다. 멕시코나 중남미 국가 출신 수검자들의 로르샤흐 검사 점수는 종합 점수 체계의 규준에서부터 유의미한 차이가 지적되었다. 따라서 이 규준을 히스패닉계 수검자에게 적용할 수 있는가 하는 근본적인 의문이 제기된다(Wood et al., 2002).

또한 히스패닉계 사람들은 다른 소수 집단에 비해 심리상담이나 치료를 받을 가능성이 낮은 것으로 나타났다. 상담을 받은 히스패닉계 사람들 중 절반은 첫 방문 이후 다시 상담을 받으러 가지 않는다(Dingfelder, 2005). 백인과 히스패닉계 청소년을 대상으로 한 연구에서 히스패닉계 청소년들은 백인 청소년들에 비해 적절한 정신 건강 서비스를 받는 경우가 드문 것으로 조사되었다(Alexandre, Martins, Silvia, & Richard, 2009). 미국 외 국가에서 태어난 히스패닉계 사람들은 심지어 미국에서 태어난 히스패닉계 사람들보다도 정신 건강 서비스를 적게 이용하는 것으로 나타났다(Bridges, De Arellano, Rheingold, Danielson, & Silcott, 2010).

정신 건강 치료를 받는 히스패닉계 청소년의 경우 백인 청소년에 비해 치료 기간이 짧다(Edman, Adams, Park, & Irwin, 2010). 하지만 멕시코계 미국인 대학생의 경우 미국의 주요 문화에 융합된 정도가 클수록 상담에 대한 태도가 더 호의적인 것으로 밝혀졌다(Ramos-Sanchez & Atkinson, 2009). 한 가지 혼재 변인은 스페인어에 능통한 임상심리학자와 기타 정신 건강 전문가가 부족하다는 것이다.

히스패닉계 미국인들은 자신들의 문화를 잘 이해하는 정신 건강 전문가를 더 만족스럽게 여기는 경향이 있다. 이들의 문화는 본질적으로 상당히 집단주의적이어서 개인보다는 집단을 지향한다(Malloy, Albright, Diaz-Loving, Dong, & Lee, 2004). 이들은 히스패닉계 심리학자에게 치료받는 것을 선호하지만 불행히도 미국 내 히스패닉계 심리학자는 1%에 그친다. 이는 65세 이상의 히스패닉계 사람들이 정신 건강에 대한 조언을 구할 때 스페인어를 사용하지 못하는 상담자, 심리학자, 정신건강의학과 전문의보다 가족 주치의를 선호하는 이유를 설명할 수 있다(Dupree, Herrera, Tyson, Jang, & King-Kallimans, 2010).

히스패닉계 경찰관과 흑인 및 비히스패닉계 경찰관을 비교했을 때 히스패닉계 경찰관들의 PTSD 발병률이 높은 것은 이들의 집단주의 지향에 기인

핵심 내용

성격 평가

아시아인은 다음과 같은 경향이 있다.

- 집단주의 점수가 높음
- 개인적 경쟁심과 주장성 점수가 낮음
- 정신 건강 치료를 받으려 하지 않음

아프리카계 미국인은 다음과 같은 경향이 있다.

- 타인에 대한 신뢰 점수가 낮음
- 자신의 흑인 문화적 가치관을 강하게 동일시할 경우 우울과 무망감 점수가 낮음
- 우울감 점수가 높음
- 지각된 차별을 느낄 경우 자존감이 낮음

히스패닉계 사람은 다음과 같은 경향이 있다.

- 정신 건강 치료를 받으려 하지 않음
- 집단주의 점수가 높음
- 사고 이후 PTSD 증상이 나타나는 경우가 많음

하는 것일 수 있다. 히스패닉 경찰관들의 말에 따르면, 이들은 직무와 관련한 끔직한 사고를 당하더라도 이렇다 할 만한 사회적 지지를 받지 못하고, 이는 PTSD로 이어진다. 연구자들은 히스패닉계 경찰관의 경우, "히스패닉 문화에서 가치 있게 여겨지는 집단성이 이들을 사회적 고립에 특히 더 민감해지게 하여 증상을 악화시켰을 수 있다"라고 지적했다(Pole, Best, Metzler, & Marmar, 2005, p.257). 신체적 부상을 입은 일반 시민 생존자들을 대상으로 한 연구에서도 백인들에 비해 히스패닉계 사람들에게 PTSD 증상이 더 높은 비율로 나타났다(Marshall, Schell, & Miles, 2009).

평가에서 다른 문화 관련 이슈 헤르만 로르샤흐는 성격 평가 기법을 수행하는 데 문화적 차이가 영향을 미친다는 것을 처음으로 인식한 학자 중 한 사람이다. 1921년 그는 스위스 내 문화적으로 이질적인 두 지역에 거주하는 수검자들의 잉크반점 검사 반응에서 차이를 발견했다. 그는 이러한 반응은 "다양한 사람과 인종에서 매우 다르게 나타날 것이다"라고 기술하였다(Allen & Dana, 2004, p.192). MMPI-2를 이용하여 아메리카 원주민을 대상으로 수행한 연구에서 검사 내 문항에 대한 답변들이 그들의 문화권에서는 지극히 정상적이지만, 주요 백인 문화에서는 병리적인 것으로 드러났다(Hill, Pace, & Robbins 2010). 또 다른 연구는 한 문화에서는 정상적인 것이 다른 문화권에서는 바람직하지 않고, 잘못된 것이며, 병적이고, 아주 이상한 것으로 판단될 수 있다는 것을 다시 한번 확인해 주었다(Cheung, 2009).

다른 문화권에서 사용할 수 있도록 번역된 성격검사들이 있기는 하지만 교차문화 적용에 잠재되어 있는 문제들이 있다(Gudmundsson, 2009). 이는 서양 문화권의 표본을 대상으로 구성된 검사를 중국이나 필리핀 등 비서양 문화권 배경의 수검자에게 실시할 때 특히 문제가 될 수 있다. 예를 들어 전통적인 중국인 사이에서는 친절하고, 가족을 중요시하고, 다른 사람들과 조화를 이루고, 검소하게 생활하는 것이 중요한 성격 특성으로 여겨진다. 그러나 미국 성격 질문지에서 평가하는 전형적인 요소에는 이러한 특징이 제외되어 있다.

MMPI-2가 아랍어로 처음 번역되었을 때 개인의 성생활에 관한 질문을 어떻게 할 것인가에 관한 문제가 제기되었다. 아랍권 국가에서 성에 관해 공개적으로 논의하는 것은 매우 부적절한 일이며 심지어 모욕으로 여겨진다. 연구자들은 성에 관한 문항을 포함하되 지시 사항에 성에 관한 문항에 대한 답변은 수검자의 선택 사항이라는 내용을 추가하기로 했다. 이란 대학생 중 90% 이상은 성에 관한 문항에 답변을 하지 않았다(Nezami, Zamani, & De Frank, 2008).

TAT는 이슬람 국가에서는 사용할 수 없다. 무슬림은 인간을 형상화하는 그림을 금지하기 때문이다. 유럽 및 무슬림 국가 여성을 대상으로 TAT 그림에 반응하여 이야기를 구성하라고 지시했을 때, 유럽계 여성들은 매우 빠르고 쉽게 반응한 반면 무슬림 국가 여성들은 주저하였다. 연구자에 따르면 무슬림 여성들은 "시종일관 이야기를 만들지 않으려고 했다. 이들은 그림에 대해 이야기를 만들거나 꾸며 내기를 거부했다"(Bullard, 2005, p.235).

성격 연구 기법

심리학자들은 다양한 방법으로 성격을 연구한다. 연구 방법은 성격의 어떤 측면을 탐색하는가에 따라 다르다. 어떤 심리학자들은 겉으로 드러나는 행동, 즉 특정 자극에 대한 반응에만 관심을 가진다. 다른 심리학자들은 검사나 질문지로 측정하는 감정과 의식적 경험에 주목한다. 이러한 자기보고식 질문지는 가장 많이 사용되는 연구 기법이다. 어떤 연구자들은 여전히, 우리에게 동기를 부여하는 무의식적 힘을 이해하려고 한다. 성격의 한 측면을 검토하는 데 유용한 방법이 다른 측면을 검토하는 데는 부적합할 수 있다.

성격 연구에서 가장 많이 사용되는 방법은 임상적 방법, 실험 연구, 온라인 연구 그리고 상관 연구이다. 이 방법들은 세부 특징에서도 서로 다르지만 어떤 학문 영역에서든 과학적 연구라고 할 때 기본적인 정의로 포함하는 객관적 관찰의 정도에 따라 서로 구분할 수 있다.

임상적 방법

주된 임상적 방법(clinical method)은 사례 연구(case study), 즉 사례사(case history)로, 사례 연구에서 심리학자는 환자의 과거와 현재 삶에서 환자의 정서적 문제의 원천에 대한 단서를 탐색한다. 사례 연구를 수행하는 것은 한 개인의 생애 초기부터 오늘날까지의 정서적 삶에 관하여 간략한 전기문을 작성하는 것과 유사하며, 여기에는 감정, 공포, 경험이 포함된다.

프로이트는 정신분석 이론을 발전시키는 데 사례 연구를 많이 사용했다. 이에 대해서는 2장에서 더 자세히 살펴볼 것이다. 그는 환자의 아동기를 탐색하면서 현재의 신경증을 유발했을 법한 사건과 갈등을 찾으려 했다. 18세 여성인 카타리나(Katharina)는 불안 발작과 호흡 곤란으로 어려움을 겪고 있는 환자였다. 프로이트는 카타리나의 아동기 경험 중 이러한 증상과 관련이 있을 것으로 추정되는 경험들을 재구성하였고, 카타리나가 보고한 초기 성적 경험 중 14세 때 그녀의 아버지가 시도한 유혹에 주목했다. 또 다른 환자인 루시(Lucy)의 경우 프로이트는 그녀의 환각을 과거 그녀가 고용주에게 실연당했던 사건과 연관 지었다.

프로이트는 이러한 사례 연구를 통해 자신의 성격 이론을 발전시켰고, 성적 갈등 또는 외상을 신경증적 행동의 원인으로 주목하였다. 사례 연구 방법으로 연구한 프로이트와 이후 이론가들은 환자의 삶에서 일관성과 일정한 양상을 찾아내려고 하였다. 이들은 여러 환자가 보고한 내용에서 파악한 유사성을 근거로 이러한 발견을 다른 모든 사람들에게 일반화하려고 하였다.

심리학자들은 사례 연구 외의 임상적 방법으로 검사, 면접, 꿈 분석 등 다양한 방법을 사용한다. 임상적 방법을 과학적으로 적용하려는 시도는 있으나, 임상적 방법은 실험 연구나 상관 연구만큼의 정확성과 통제력을 발휘하지는 못한다. 임상적 방법으로 수집한 자료는 대체로 무의식적 사건 및 생애 초기 경험 등을 포함하여 더 주관적이다.

이러한 자료는 다른 방법으로 수집된 자료에 비해 해석 시 치료자의 개인적 편향이 반영될 가능성이 크다. 또한 아동기 사건에 대한 기억은 시간

사례 연구 다양한 원천의 자료를 담고 있는 개인의 상세한 역사를 다루는 연구 방법.

이 지나며 왜곡될 수 있고 이러한 기억의 정확성은 타당화하기가 어렵다. 하지만 임상적 방법은 성격의 깊이를 들여다볼 수 있는 창을 제공한다. 이 책에서 우리는 임상적 방법을 활용한 많은 예를 살펴볼 것이며, 여기에는 특히 정신분석학 및 신정신분석학 이론가들의 예도 포함된다.

실험 연구

실험 연구(experimental method)는 한 가지 이상의 변인 또는 사건이 행동에 미치는 영향을 밝혀내는 기법이다. 우리는 일상에서 우리 주변의 자극에 끊임없이 노출되어 있다. 만약 심리학자가 많은 자극 중 단 한 가지 자극 변인(stimulus variable)의 효과를 밝히고자 한다면 그는 해당 변인만 작용하는 실험 상황을 만들어 낼 것이다.

실험 중에는 다른 모든 변인을 제거하거나 일정하게 유지한다. 이후 단 하나의 자극 변인만 작용하는 상황에서 연구 참가자의 행동이 변한다면 우리는 해당 변인이 홀로 행동의 변화를 야기했다는 것을 확인할 수 있다. 실험 중에는 다른 변인이 영향을 줄 수 없도록 조작했기 때문에 다른 변인을 행동의 변화의 원인으로 볼 수 없다.

실험에는 두 가지 변인이 있다. 독립 변인(independant variable), 즉 자극 변인은 실험자가 조작하는 조건이다. 또 다른 변인은 종속 변인(dependant variable)으로, 이는 조작에 대한 연구 참가자의 행동적 반응이다. 독립 변인 외의 다른 변인은 영향을 미칠 수 없다는 것을 확실히 하기 위해 연구자들은 실험 집단과 통제 집단이라는 두 집단을 대상으로 연구한다. 두 집단 모두 동일한 표본에서 무작위로 추출된다.

실험 집단(experimental group)은 실험적 처치에 노출되는 연구 참가자가 속한 집단이다. 이 집단은 자극 또는 독립 변인에 노출된다. 통제 집단(control group)은 독립 변인에 노출되지 않는다. 연구의 대상이 되는 행동은 실험 전과 후에 두 집단 모두에서 평가된다. 이러한 방식으로 연구자들

독립 변인 실험에서 종속 변인에 미치는 영향을 확인하기 위한 자극 변인 또는 실험자가 조작하는 조건.
종속 변인 실험에서 실험자가 측정하고자 하는 변인; 전형적으로 독립 변인의 조작에 대한 참가자의 행동 또는 반응.
실험 집단 실험에서 실험적 처치에 노출되는 집단.
통제 집단 실험에서 실험적 처치를 받지 않는 집단.

은 다른 부가적인 변인이 참가자의 행동에 영향을 미쳤는지 밝혀낼 수 있다. 만일 다른 변인이 작용하고 있었다면 두 집단 모두에서 동일한 행동상의 변화가 나타날 것이다. 하지만 다른 변인이 작용하지 않았다면, 즉 독립 변인만 참가자에게 영향을 준 것이라면 실험 집단의 행동에만 변화가 나타나고, 통제 집단의 행동은 동일하게 유지될 것이다.

실험 연구 적용 앨버트 밴듀라(Albert Bandura)의 성격에 관한 사회학습 이론 (13장 참고) 자료를 활용하여 실제 실험 연구의 예를 살펴보자. 밴듀라는 아동이 자신이 본 성인의 공격적 행동을 모방하는지 알아보고자 했다. 이를 위해 그는 우연히 폭력사건을 목격한 아동이 이에 대해 어떻게 반응하는지 보게 되기를 희망하며 이웃 거리나 놀이터에 있는 아동을 관찰할 수도 있었을 것이다.

그러나 이러한 접근은 체계적이지 않고 통제도 불가능하다는 것을 명백히 알 수 있다. 우연히 거리에 있던 아동은 적절한 연구 대상의 표본이라고 할 수 없다. 이들 중 일부 아동은 공격적 행동 관찰 여부에 관계없이 이미 공격적 행동 경향을 가지고 있을 수 있다. 따라서 이들의 공격적 행동이 폭력 행동을 목격하는 것에서 기인하는지 아니면 관찰한 사건 이전부터 이들의 성격의 일부로 포함되어 있던 다른 요인에 기인하는지 결정할 수 없을 것이다.

또한 무작위로 아동을 관찰할 경우 대상에게 제시되는 공격성 유형도 통제할 수 없게 된다. 아동은 거리나 놀이터뿐만 아니라 비디오 게임, 영화, 텔레비전 등에서 여러 유형의 공격성을 매일 보게 된다. 밴듀라는 제대로 된 실험을 하고 싶었다. 그가 관찰하는 아동은 모두 동일한 공격적 행동 사례에 노출되어야만 했다. 이를 위해 밴듀라는 실험 전에 아동의 공격성 수준을 측정한 뒤 실험 집단의 아동들이 동일한 수준의 공격적 행동을 하는 성인을 관찰하도록 체계적인 실험을 설계하였다. 반면 통제 집단의 아동들은 동일한 장소에서 비공격적인 성인을 목격하였다. 훈련된 관찰자가 두 집단의 아동이 어떻게 행동하는지 관찰하였다.

실험 결과 공격적 행동을 보인 성인을 관찰한 아동은 공격적으로 행동한 반면, 통제 집단의 아동은 별다른 공격성의 변화를 보이지 않았다. 이를 근거로 밴듀라는 공격성이 타인의 공격성을 모방함으로써 학습될 수 있다고 결론 내렸다.

실험 연구의 한계점 실험 연구를 적용할 수 없는 상황들이 있다. 행동과 성격의 일부 측면은 안전 및 윤리적 고려 사항으로 인해 철저히 통제되는 실험실 조건에서 연구되기 어렵다. 예를 들어 성인기 문제를 야기하는 초기 경험의 유형을 알아내기 위해 통제된 실험 기법에 의해 서로 다른 자녀양육 기법하에서 양육된 아동과 관련된 자료가 제공된다면, 정서장애를 더 잘 치료할 수 있을 것이다. 하지만 당연하게도 출생 때 아동을 부모와 떼어 내어 다양하게 조작된 양육 상황에 노출시켜 어떤 일이 벌어지는지 관찰할 수는 없다.

또 다른 제한점은 연구 참가자가 자신이 관찰되고 있다는 사실을 알고 있다는 점이다. 이는 연구 참가자의 행동을 쉽게 변화시킬 수 있다. 자신을 관찰하는 사람이 없을 경우, 이들은 다르게 행동할지도 모른다. 연구 참가자가 자신이 실험에 참여하고 있다는 사실을 알고 있을 경우, 이들은 때때로 실험의 목적을 추측하고는 연구자를 기쁘게 하거나 좌절시키기 위한 행동을 하기도 한다. 이러한 반응 유형은 실험의 목적을 위협한다. 관찰되는 행동, 즉 종속 변인이 실험적 처치보다 연구 대상자의 태도의 영향을 받았기 때문이다. 이는 연구자가 연구하고자 했던 것과는 상당히 다른 반응이다.

실험 연구에는 한계점이 있지만 잘 통제되고 체계화된 절차를 집행한다면 매우 훌륭한 자료를 얻을 수 있다. 이 책에서는 실험 연구로 성격의 여러 측면을 이해하는 방법을 살펴볼 것이다.

온라인 연구

심리학자들은 심리검사, 여론조사 그리고 실험 자극을 제시하여 참가자의 반응을 기록하는 등 다양한 방식으로 온라인에서 연구를 수행한다. 그들은 과거 실험실에서 대면 방식으로만 수행하던 것과 동일한 연구를 온라인에서도 진행하고 있다. 오늘날에는 크라우드소싱(crowd-sourcing)이나 기타 온라인 고용 서비스 등을 통해 적은 비용으로 매우 신속하게 연구 참가자를 구할 수 있다. 가장 인기 있는 방법은 아마존의 '메커니컬 터크(Mechanical Turk)'라는 서비스로, 이용자들은 심리검사를 수행하거나 실험에 참여하는 등 다양한 활동에 기여한 대가로 적절한 보상을 받는다(Emanuel, 2014; Mason & Suri, 2012: Paolacci & Chandler, 2014).

온라인 연구(virtual research)는 전통적인 실험 연구와 비교했을 때 여러 가지 장점이 있다. 인터넷상에서 진행하는 연구는 빠르게 반응을 얻을 수 있고, 비용을 절감할 수 있으며, 다양한 연령, 교육 수준, 직업, 수입, 사회경제적 지위, 인종 등 보다 광범위한 대상자를 포함할 수 있다. 온라인 연구는 일반적인 한 대학 캠퍼스 내에서 찾을 수 있는 것보다 훨씬 더 다양한 연구 참가자를 모을 수 있다(Crump, McDonnell, & Gurieckis, 2013).

하지만 온라인 연구에도 단점이 있다. 인터넷을 사용하는 사람들은 인터넷을 사용하지 않는 사람들에 비해 더 젊고 부유하며, 교육 수준이 높은 경향이 있다. 따라서 온라인 표본은 전체 모집단에 대한 대표성이 떨어질 수 있다(그럼에도 한 대학 내에서만 모집한 연구 참가자들보다는 대표성이 높을 것이다). 또한 고령자, 저임금자, 시각장애인, 비영어권 국가 사람들은 온라인 연구에서 제외되기 쉽다(Buhrmester, Kwang, & Gosling, 2011; Suarez-Balcazar, Balcazar, & Taylor-Ritzler, 2009).

온라인 연구에 참여하는 사람들은 온라인 연구에 참여하지 않은 사람들과 비교했을 때 중요한 성격 특성에서 차이를 보일 것이다. 독일과 미국에서 진행한 연구에서 온라인 연구에 참여하지 않은 사람들을 이들의 개인 웹사이트에 근거하여 평가하였다. 이에 따르면 이들은 연구에 참여하는 사람들에 비해 더 내성적이고 비사교적이며 새로운 경험에 대한 개방성과 자존감이 낮았다(Marcus & Schutz, 2005).

미국 대학생을 대상으로 진행한 연구에서 심리학 연구에 온라인으로 참여할지 대면으로 참여할지 선택하게 하였다. 그 결과 상대적으로 외향적인 사람들은 대면 참여를, 상대적으로 내향적인 사람들은 온라인 참여를 선택했다(Witt, Donnellan, & Orlando, 2011). 또 다른 연구에서는 민감한 개인 정보를 쉽게 밝히는 정도에 있어 온라인 조사 참가자와 전화 조사 참가자 간에 별다른 차이가 없는 것으로 나타났다. 그러나 온라인 조사 참가자의 평균 반응률이 전화 또는 메일 조사 참가자에 비해 10% 정도 낮았다. 또한 온라인 참가자 중 10%는 반응할 때 클릭을 지나치게 많이 하고 마우스를 많이 움직였다(Fan & Yan, 2010; Hines, Douglas, & Mahmood, 2010; Stieger & Reips, 2010).

온라인으로 연구에 참여하는 대상자들이 연령, 성별, 인종, 교육 및 수입 수준 등의 개인적인 정보에 관해 얼마나 정직하고 정확하게 응답할 것인지 밝혀내기는 쉽지 않다. 그럼에도 온라인 연구법과 전통적인 연구법을 비교하는 상당한 수의 연구에서 그 결과가 전체적으로 일관되고 유사한 것으로 보고되었다.

상관 연구

상관 연구(correlational method)를 적용한 연구에서 연구자는 변인 간에 존재하는 관련성을 조사한다. 연구자는 독립 변인을 조작하는 대신 변인에 존재하는 속성에 주목한다. 예컨대 실험 기법을 통해 실험실 내 스트레스가 많은 상황을 만들어 놓고 그 효과를 관찰하는 대신, 경찰관이나 카레이서, 검사불안을 호소하는 대학생 등 이미 스트레스가 많은 상황에 놓인 사람들을 연구하는 것이다.

상관 연구는 대상자를 실험 집단과 통제 집단으로 나누지 않는다는 점에서 실험 연구와 차이가 있다. 상관 연구에서는 다양한 독립 변인(연령, 성별, 출생 순위, 공격성 수준, 신경증 정도 등)을 가진 참가자들의 종속 변인(성격검사 점수, 업무 수행 척도 등)을 서로 비교한다.

상관 연구 적용 상관 연구를 하는 연구자는 변인들 간의 관계에 관심을 둔다. 즉 한 변인과 관련된 행동이 다른 변인의 기능에 따라 어떻게 달라지는지에 주목한다. 예컨대 출생 순위가 공격성과 관련이 있는가? IQ가 높은 사람이 IQ가 낮은 사람보다 더 훌륭한 컴퓨터 과학자가 되는가? 불안 수준이 높은 사람은 불안 수준이 낮은 사람보다 소셜 미디어를 더 많이 사용하는가? 이러한 질문에 대한 답은 연구에서뿐만 아니라 실생활에서도 중요하다. 실생활에서는 각 개인의

상관 연구 두 변인 간 관련성의 정도를 상관계수로 표현하여 측정하는 통계적 기법.

성공의 기회를 예측해야 하기 때문이다. 대학입학시험은 상관 연구에 근거한 것으로, 표준화된 검사 점수와 교실에서의 성공 간의 관련성을 보여 주는 것이다.

어떤 심리학자가 성취 욕구가 높은 학생이 성취 욕구가 낮은 학생보다 대학 평점이 높은지 알아보고 싶어 한다고 가정하자. 그는 상관 연구를 활용한 자기보고식 질문지를 사용하여 재학생들을 대상으로 성취 욕구 수준을 측정하고, 이를 각 학생들의 성적과 대조해 볼 것이다. 이 경우 독립 변인(서로 다른 성취 욕구 수준)은 조작되거나 변화되지 않았다. 연구자는 기존의 자료를 활용하여 성취 욕구가 높은 학생이 성취 욕구가 낮은 학생보다 성적이 좋다는 사실을 확인하였다(Atkinson, Lens, & O'Malley, 1976).

이 책 전반에 걸쳐, 특히 평가 기법의 발달에 관한 논의에서 상관 연구를 적용한 많은 성격 연구를 살펴볼 것이다. 일반적인 경우 평가 도구의 신뢰도와 타당도는 상관 연구로 결정된다. 또한 성격의 많은 특정 측면이 다른 변인과의 상관에 근거해서 연구되었다.

상관계수 　상관의 주요 통계적 측정치는 상관계수(correlation coefficient)로, 이는 두 변인 간 관계의 방향성과 강도에 관한 정확한 정보를 제공한다. 관계의 방향성은 정적이거나 부적이다. 한 변인의 점수가 높을 때 다른 변인의 점

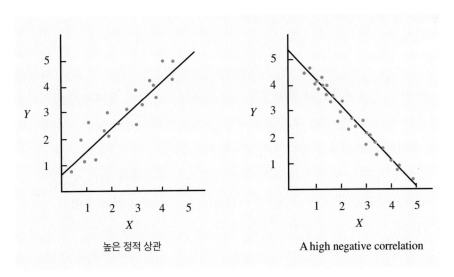

높은 정적 상관　　　　　　　　　　A high negative correlation

그림 1.2　높은 정적 상관과 높은 부적 상관

수도 높다면 이는 정적 방향성을 가진다. 반면 한 변인의 점수가 높을 때 다른 변인의 점수가 낮다면 이는 부적 방향성을 가진다(그림 1.2). 상관계수의 범위는 +1.00(완전한 정적 상관)에서 −1.00(완전한 부적 상관) 사이이다. 상관계수가 +1.00 또는 −1.00에 가까운 값일수록 상관의 강도가 높은 것이고, 상관이 높을수록 한 변인을 근거로 다른 변인에 관해 보다 정확한 예측을 할 수 있게 된다.

원인과 결과 상관 연구의 주요 한계점은 원인과 결과(cause and effect)와 관련이 있다. 두 변인 간의 상관이 높다고 해서 한 변인이 다른 변인의 원인이라고 결론 내릴 수는 없다. 실제로 인과 관계가 있을 수도 있지만, 연구자들은 잘 통제된 체계적인 실험에서와는 달리, 인과관계가 존재한다고 자동적으로 결론 내릴 수 없다.

가령 심리학자가 수줍음과 자존감 간에 강한 부적 상관관계를 발견했다고 가정해 보자. 수줍음 수준이 높을수록 자존감이 낮고, 반대로 수줍음 수준이 낮을수록 자존감은 높은 것이다. 이 관계는 명확하고 매우 직접적이다(수줍음을 느끼는 사람은 자존감 척도의 점수가 낮은 경향이 있다). 하지만 수줍음이 낮은 자존감의 원인이라고 결론지을 수는 없다. 그 반대로 낮은 자존감이 수줍음의 원인일 수도 있기 때문이다. 혹은 외모나 부모의 거절 같은 제3의 요인이 수줍음과 낮은 자존감을 모두 유발한 것일 수도 있다.

상관 연구로부터 결론을 도출하는 데는 이러한 제한점이 있기 때문에, 특정한 원인을 밝히고자 하는 연구자에게는 상관 연구가 적합하지 않다. 하지만 상관 연구는 실제 세계에서 행동을 예측하려는 실무자에게 매우 만족스러운 결과를 줄 수 있다. 예컨대 성취 욕구에 근거해서 대학생활 성공을 예측하려면 두 변인 간의 상관이 높다는 점만 확인하면 된다.

성취 욕구 검사 점수가 높은 대학 지원자는 대학에서 좋은 성적을 받을 것이라고 예측할 수 있다. 이런 경우 성취 욕구 수준이 훌륭한 학업적 성과의 원인임을 밝히는 것에 관심이 있는 것이 아니라, 단지 두 변인 간에 관련이 있는지, 한 변인을 근거로 다른 변인을 예측할 수 있는지에만 관심이 있는 것이다.

성격 이론에서 이론의 역할

이론은 때때로 경멸이나 무시를 표현하는 용어로 사용된다. 사람들은 "결국 이론일 뿐이야"라고 말한다. 대체로 이론이란 상당히 모호하고 추상적이며 추론에 근거한 것으로, 직감이나 추측에 지나지 않으며 사실과 정반대라고 여겨지곤 한다. 실제로 연구에 근거한 증거가 없다면 이론은 하나의 추측일 뿐이다. 하지만 방대한 연구 자료를 하나의 해석적 틀이나 맥락으로 조직화하지 못한다면 아무런 의미가 없다. 이론은 경험적 자료를 의미 있는 방식으로 기술하는 데 필요한 틀을 제공한다. 이론은 모든 자료들 간의 관계를 반영하고 설명하는 일종의 지도 같은 것이다. 이론은 자료들을 정리하여 의미 있는 양상에 적합하게 하려는 시도이다.

이론은 원리의 집합으로, 특정한 종류의 현상(이 책의 경우 성격과 관련된 행동과 경험)을 설명하는 것이다. 성격 이론이 유용하려면 검증 가능할 뿐만 아니라 다양한 명제에 관한 연구를 자극할 수 있어야 한다. 그러므로 연구자는 앞서 언급한 다양한 연구 방법 중 한 가지 혹은 그 이상의 방법을 통해 자료를 수집하여, 이론의 특정한 측면을 수용할지 아니면 기각할지 결정할 수 있어야 한다.

성격 이론은 성격에 관한 자료를 하나의 일관된 틀 안에 체계화함으로써 그 자료를 명확하게 설명할 수 있어야 한다. 또한 이론은 우리가 행동을 이해하고 예측하는 데 도움이 되어야 한다. 검증 가능하며 행동을 설명·이해·예측할 수 있는 이론이 있다면, 이를 적용하여 사람들의 행동과 감정, 정서를 유해한 것에서 유용한 것으로, 바람직하지 못한 것에서 바람직한 것으로 변화시키는 데 도움을 줄 수 있을 것이다.

성격 이론의 자전적 속성

앞부분에서 이론은 더 큰 객관성을 부여하기 위한 것임을 살펴보았다. 하지만 어떤 성격 이론은 주관적 요소를 포함하고 있으며, 이는 어쩌면 이론가의 삶에서 일어났던 사건들을 일종의 위장된 자서전의 형태로 반영하고 있을 수 있다. 심리학자들은 오랜 기간에 걸쳐 이 사실을 알게 되었다. 이론가는 자신의 이론을 기술하고 지지하기 위해 자신의 생활 사건들을 자료의 근거로 삼았을 수 있다. 과학자들이 아무리 공정하고 객관적이기 위해 노력하더라도 그들의 개인적 관점이 지각에 영향을 주는 것을 완전히 막기는 어렵다. 이는 전혀 놀라운 일이 아니다. 성격 이론가들도 사람이고 때때로 자신의 경험과 다른 생각을 받아들이는 것이 쉽지는 않을 것이다.

그러므로 한 성격 이론을 충분히 이해하려면 그 이론을 만든 이론가의 삶을 들여다볼 필요가 있다. 한 이론가의 삶에 있던 특정 사건들이 그 이론을 형성하는 데 얼마나 영향을 주었는지 이해하는 것은 중요하다. 전기(傳記)적 정보가 충분한 경우 이론가가 경험한 사건이 이론에 어떻게 반영되는지 살펴볼 수 있을 것이다. 적어도 초기에는 이론가가 자신에 관해 기술했을 가능성이 있다. 그러다 이후에 개인적인 관점을 일반화할 근거를 마련하기 위해 다른 적절한 자료들을 찾아냈을 것이다.

이론가가 살면서 겪는 개인적 사건의 중요성은 익히 알려져 있다. 많은 사람들로부터 가장 위대한 미국 심리학자로 인정받은 윌리엄 제임스(William James)는 인간 본성을 연구함에 있어 전기가 가장 중요하다고 생각했다. 그는 인간의 경험에 접근하는 다른 방식에 대해 알고 싶다면 저명한 사람들의 이론이나 체계를 이해하는 것보다 그들의 삶을 살펴보는 것이 훨씬 더 중요하다고 주장했다. 프로이트는 성격에 관해 가장 많이 알게 해 준 자신의 가장 중요한 환자는 바로 자기 자신이었다고 간단명료하게 말했다.

한 역사학자는 "심리학자들은 다른 어떤 전문적 영역보다도 그들의 소명에 관한 전기적이고 자전적인 스케치를 출판하려고 노력해 왔다. 적어도 어느 정도 수준에서, 그들은 그들의 삶과 가치가 그들의 과학적 지식의 열쇠라는 것을 인정한 것 같다"라고 지적하였다(Friedman, 1996, p.221).

앞으로 이 책에서 자전적 속성을 띤 성격 이론의 다양한 예들을 살펴보겠지만, 이론과 실제 삶 간의 흥미로운 관계와 관련해서 경계해야 하는 점도 있다. 개인이 삶에서 겪은 경험이 이론의 형성에 영향을 주는 것이 아니라 오히려 그 반대일 수도 있다. 즉 이론의 영향으로 이론가가 자신의 삶에서 기억하고 이야기하고자 선택하는 경험들이 결정되는 것일 수 있다. 이론가의 삶에 관한 대부분의 정보는 자전적 회고에 근거한다. 이러한 설명은 흔히 이론가가 자신의 이론을 제안하고 변호한 후에 기술된다.

이론을 개발하고 대중의 의견에 대응하며 시간을 보내는 동안 이론가는 자신의 초기 삶에 대한 기억을 왜곡할 수 있다. 이론가가 자신의 이론을 지지하는 삶의 경험들만 회상하는 것인가? 이론에 반대되거나 문제가 될 만한 기억들은 통상적으로 망각하는가? 이론을 강화하기 위한 경험들은 믿을 만한 것인가? 이 모든 질문에 답하기는 어렵겠지만 성격 이론이 최소한 부분적으로는 자전적일 수 있다는 개념을 탐구할 때만큼은 이러한 질문을 염두에 두어야 할 것이다.

결국 당신 스스로 답을 찾아야 할 질문인지도 모른다. 답을 찾는 과정에서, 자신의 삶 속 경험이 이론가들과 그들의 성격 이론을 이해하고 판단하는 데 영향을 줄 수 있다는 사실을 알게 될 것이다.

인간 본성에 대한 질문: 인간은 무엇인가

인간 본성을 어떻게 그려 내는가도 성격 이론의 중요한 측면이다. 각 이론가는 인간 본성에 대한 개념을 제시하며, 이는 인간이 무엇인가에 관한 기본적인 쟁점을 설명한다. 수 세기 동안 시인, 철학자, 예술가들이 이 질문을 반복하여 언급하며, 글이나 그림으로 그 대답을 제시하려 했다. 성격 이론가들도 이 곤란한 질문을 다루었으나, 예술가나 작가들보다 더 나은 답을 제시하지는 못하였다.

성격 이론가들은 인간 본성에 대해 다양한 개념을 제시하였다. 따라서 이들의 관점을 비교해 보는 것은 의미가 있다. 이 개념들은 이론가들이 자신과 다른 사람을 지각하는 데 적용하고 자신의 이론을 구성한 틀이다. 다음은 이론가들이 인간 본성에 대해 가진 이미지를 정의하는 쟁점들이다. 각 이론에 관해 논의할 때 이론가들이 이러한 기본적인 쟁점을 어떻게 다루었는지 살펴볼 것이다.

인간에게 각자의 삶에 대한 책임이 있는가: 자유의지 대 결정론

인간 본성에 대한 기본적인 질문 중 세대에 걸쳐 지속되어 온 논쟁은 자유의지와 결정론에 관한 것이다. 양 진영의 이론가들은 우리가 행동이 나타나는 일련의 과정을 의식적으로 지휘할 수 있는지 질문한다. 우리는 생각과 행동의 방향을 자발적으로 선택하고, 여러 대안 중에서 이성적으로 방향을 고를 수 있는가? 우리에게 의식적 인식과 자기통제의 척도가 있는가? 우리는 운명의 주인인가 아니면 과거 경험, 생물학적 요인, 무의식적 동인, 또는 우리가 의식적으로 통제할 수 없는 외부 자극의 희생양인가?

외부 사건이 성격을 형성하기 때문에 우리의 행동을 스스로 변화시킬 수는 없는 것인가? 어떤 성격 이론가는 이 문제에 관해 매우 극단적인 입장을 고수한다. 반면 다른 이들은 다소 중립적인 관점을 제시하며, 어떤 행동은 과거 사건에 의해 결정되고 어떤 행동은 우리의 통제하에 자발적으로 발생한다고 설명한다.

인간을 지배하는 것은 무엇인가: 본성 대 양육

두 번째 쟁점은 본성 대 양육(nature‐nurture) 논쟁에 관한 것이다. 선천적인 특질 및 속성(본성 혹은 유전적 기여)과 환경의 특징(양육, 교육, 훈련의 영향) 중 행동에 더욱 중요한 영향을 주는 것은 어느 것인가? 우리에게 유전되는 능력, 기질 그리고 소인(predisposition) 등이 우리의 성격을 결정하는가, 아니면 우리가 살아가는 조건이 성격 형성에 더 강하게 영향을 미치는가? 본성 대 양육 쟁점이 성격에 관해서만 논의되는 것은 아니다. 이와 관련된 논쟁은 지능에 관한 질문에도 적용된다. 지능은 유전적 기여(본성)와 가정 및 학교 장면에서 주어지는 자극(양육 환경) 중 어떤 것의 영향을 더 많이 받는가?

자유의지 대 결정론 쟁점에서도 그랬듯이 선택지들은 극단적인 입장에만 국한되지는 않는다. 다수의 이론가들은 두 가지의 영향이 모두 성격 형성에 기여한다고 가정한다. 어떤 이론가들은 유전이 지배적인 영향을 주는 반면 환경의 영향은 크지 않다고 주장하며, 다른 이들은 그 반대의 관점을 고수한다.

인간은 아동기 영향에서 자유로운가: 과거 경험 대 미래 경험

세 번째 쟁점은 아동기 이후에 경험하는 사건과 비교했을 때 초기 아동기 경험의 상대적 중요성에 관한 것이다. 어느 경험이 성격을 형성하는 데 더 큰 영향을 주는가? 일부 이론가들처럼 유아기와 아동기에 발생한 사건이 성격 형성에 더 결정적이라고 가정한다면, 결국 이후의 발달은 초기 삶에 근거한 기본 주제들이 정교화된 것일 뿐이라고 결론 내리게 된다. 이런 관점을 역사적 결정론(historical determinism)이라고 한다. 역사적 결정론에 따르면 우리의 성격은 5세 무렵에 대체로 결정되고 이후 삶의 변화에 거의 영향을 받지 않는다. 성인의 성격은 이러한 초기 경험의 속성에 의해 결정된다.

이와 반대의 입장은 우리의 성격은 과거와 별개이고 미래에 대한 우리의 야망, 희망, 목표뿐 아니라 현재 사건과 경험의 영향을 받는다고 가정한다. 이 두 관점의 중간 입장은 초기 경험이 성격을 형성하지만, 이는 경직되어 있거나 영구적인 것이 아니며, 이후의 경험들이 초기 성격 양상을 강화하거나 수정할 수 있다고 가정한다.

인간의 본성은 어떠한가: 고유성 대 보편성

인간의 본성은 고유한가 아니면 보편적인가? 이는 성격 이론가들을 구분하는 또 다른 쟁점이다. 성격은 매우 개인적이기 때문에 각 사람의 행동과 말은 다른 어떤 사람에게도 상응하지 않는다고 생각할 수 있다. 이 생각은 분명 한 사람을 다른 사람과 비교하는 일을 무의미하게 만든다. 다른 입장들은 독특함을 허용하지만, 적어도 주어진 문화 내에서 보편적인 것으로 간주하는 전반적인 행동 양상 내에서 이를 해석한다.

역사적 결정론 성격이 기본적으로 생애 초기 경험을 통해 결정되며 이후 변화 가능성은 낮다고 간주하는 관점.

인간 삶의 목표는 무엇인가: 만족 대 성장

다섯 번째 쟁점은 우리 삶에서 궁극적이고 필수적인 목표는 무엇인가에 관한 것이다. 이론가마다 삶의 주요 동기의 구성 성분에 관한 견해가 다르다. 우리는 기계, 즉 자기조절기제의 일종처럼 기능하는가? 내적 평형 또는 균형만 유지된다면 만족하는가? 인간은 단지 신체적 욕구를 만족시키기 위해, 쾌를 추구하고 고통을 피하기 위해 행동하는가? 스트레스를 최소화해야만 행복할 수 있는가? 어떤 이론가들은 인간이란 단지 긴장을 줄이고 쾌락을 추구하는 동물에 지나지 않는다고 믿는다. 다른 이론가들은 인간이 성장에 대한 욕구, 잠재 능력에 대한 완전한 인식, 자기실현의 상위 단계에 대한 도달 및 발전과 충만감에 의해 동기 부여된다고 생각한다.

인간을 어떻게 볼 것인가 : 낙관론 대 비관론

마지막 쟁점은 낙관론 대 비관론이라는, 삶에 대한 이론가의 관점이다. 인간이란 기본적으로 선한가 악한가, 친절한가 잔인한가, 배려심이 있는가 자비롭지 못한가? 이 쟁점은 도덕성, 즉 가치 판단과 관련한 질문을 다루는 것으로, 객관적이고 냉정한 과학과는 다소 거리가 멀다.

하지만 다수의 이론가가 이 질문을 연구하였고, 이후 장들에서 보게 되겠지만, 이는 성격 연구에 중요한 측면을 다룬다. 인간에 대한 어떤 이론가들의 관점은 보다 긍정적이고 희망적이다. 이들은 인간을 인도주의적이고 이타적이며 사회의식이 있는 존재로 간주하였다. 다른 이론가들은 인간에게 개인적으로나 집단적으로나 이러한 속성이 거의 없다고 언급하였다.

인간 본성에 대한 일반적인 관점은 우리가 우리 문화 속에서 타인을 어떻게 지각하고 평가하고 판단하며 이들과 상호작용할지에 영향을 준다. 또한 이러한 관점은 우리가 자신을 정의하는 방식을 나타내기도 한다. 이는 인간의 성격이 성장하고 발전하는 데 영향을 주는 요소와 인간 본성을 설명하는 방법이 매우 다양하다는 것을 지적해 준다는 면에서 중요한 의미를 가진다. 이 책에서 설명하는 어떤 이론은 당신의 마음에 들 수도, 어떤 이론은 당신의 관점 및 당신이 인간 본성에 대해 가진 이미지와 상반될 수도 있다. 이 주제에 관해 편견 없이 접근할 수 있는 사람은 많지 않을 것이다. 결국 이는 당신 자신에 관한 연구이기 때문이다.

요약

성격은 지속적이고 독특한 특성의 집합으로, 상황에 따라 변화하는 것으로 정의할 수 있다. 성별, 인종, 문화적 배경에 따른 차이는 성격 발달과 성격 평가 결과에 영향을 준다. 비교문화심리학 분야에서 이루어진 연구에 따르면 성격은 문화나 국적에 따라 달라질 수 있다. 인터넷은 주로 페이스북과 같은 소셜 미디어를 통해 성격을 형성하기도 하고 반영하기도 한다.

성격 평가 및 측정을 위한 도구는 신뢰도(검사에 대한 반응의 일관성)와 타당도(측정하고자 하는 것을 측정하는 정도)가 보장되어야 한다. 성격 평가 결과는 수검자의 성별, 민족정체성, 검사자의 태도와 신념의 영향을 받는다.

자기보고식 검사는 수검자가 다양한 상황에서 자신의 행동과 감정에 관해 보고하는 것으로, 개인적·이론적 편향의 영향을 상대적으로 적게 받기 때문에 객관적이라고 할 수 있다. 대부분의 자기보고식 검사는 온라인으로도 실시할 수 있다. 투사법은 수검자가 자신의 욕구, 공포, 가치관을 모호한 대상이나 상황을 해석하는 과정에 투사하도록 하여 이들의 무의식을 탐색하고자 한다. 투사법은 주관적이고 신뢰도와 타당도가 낮은 편이며 대체로 표준화가 덜 이루어져 있다.

임상 면접은 성격 평가를 위해 사용되지만, 면접 결과에 대한 해석은 주관적이다. 행동 평가에서는 관찰자가 구체적인 상황에 대한 수검자의 반응을 평가한다. 사고 및 경험 표집에서는 시간의 흐름에 따른 수검자의 생각, 감정, 경험을 기록한다.

아시아 국가처럼 집단주의 사회 출신자의 경우 미국과 같은 개인주의 사회 출신자와 비교했을 때 자기강화 점수가 낮고 염세주의, 부적 정서성 및 심리적 불편감 수준은 높은 경향이 있다. 흑인과 백인의 MMPI 점수를 비교한 연구 결과 인종에 따른 유의미한 차이는 나타나지 않았다. 히스패닉계와 백인을 비교했을 때 MMPI에서는 유사한 점수를 보였으나, 투사 검사에서는 그렇지 않았다. 성격검사를 번역할 경우 해당 문화의 특성을 고려하여 질문의 목적, 번역하는 단어, 질문하는 방법 등을 달리해야 한다.

성격 연구 기법에는 임상적 방법, 실험 연구, 온라인 연구, 상관 연구가 있다. 연구는 객관적 관찰, 통제 및 체계화된 조건 그리고 재생 가능성 및 검증 가능성 등을 요구한다. 임상적 방법은 사례 연구에 근거한 것으로, 심리학자는 환자의 삶을 재구성하여 이들이 현재 경험하는 정서 문제의 단서를 탐색한다. 임상적 방법은 심리학적 연구에서의 요구 사항을 실험 연구나 상관 연구만큼 충족하지는 않는다.

실험 연구는 가장 정확한 연구 방법이다. 심리학자들은 이 방법을 사용하여 단일 변인 또는 자극이 수검자의 행동에 미치는 영향을 밝혀낼 수 있다. 관심 변인, 즉 연구 참가자가 노출되는 자극은 독립 변인이고, 자극에 대한 연구 참가자의 반응 또는 행동은 종속 변인이다. 인터넷을 활용한 연구는 폭넓은 참가자를 확보할 수 있을 뿐만 아니라 신속하고 경비도 절감되는 효과가 있다. 온라인 연구는 제한점도 있지만 실험실 연구의 결과와 유사한 결과를 보여 주는 것으로 확인되고 있다.

상관 연구에서 심리학자들은 두 변인간의 관계를 연구하여 한 변인과 관련한 행동이 다른 변인의 작용에 따라 어떻게 변하는지 탐색한다. 상관계수는 상관의 주요 통계수치이고, 이는 두 변인 간 관계의 방향성과 강도를 반영한다.

이론은 자료들을 의미 있는 방법으로 단순화하고 기술하는 틀을 제공한다. 어떤 성격 이론은 부분적으로 자전적 측면이 있어서 이론가 삶의 경험을 반영할 수도 있다. 성격 이론가들은 인간 본성에 대해 다양한 이미지를 제시한다. 이러한 이미지는 자유의지 대 결정론, 본성 대 양육 환경, 과거의 중요성 대 현재의 중요성, 독특성 대 보편성, 낙관론 대 회의론 등의 쟁점에서 차이를 보인다. 자녀양육 실제와 같은 문화적 요인도 인간 본성에 대한 다양한 이미지에 영향을 줄 수 있다.

복습 문제

1. 성격은 대인 관계, 커리어, 전반적인 건강 수준과 행복에 어떤 방식으로 영향을 주는가?
2. 성격의 다양한 정의를 기술하라.
3. 인터넷이 우리의 성격에 영향을 주고 성격을 반영하는 예를 제시하라.
4. 소셜 미디어를 장시간 사용하는 이들과 이를 적게 사용하는 이들의 성격에는 어떤 차이가 있는가?
5. 성별과 민족 요인이 성격에 관한 연구와 평가에 어떤 영향을 주는가?
6. 비교문화심리학에 관해 기술하고 이것이 성격연구에 미치는 영향에 관해 설명하라.
7. 성격 평가와 관련된 일상의 상황에 대한 예를 제시하라. 성격 평가를 받은 경험이 있다면 이를 떠올려 보아라.
8. 평가 도구의 신뢰도와 타당도가 낮은 경우, 해당 평가 도구를 이용한 신입 직원 채용에 어떤 영향이 미치는지 설명하라.
9. 성격 평가를 위한 자기보고식 검사와 투사법을 구분하여 설명하라. 각 접근의 장점과 단점은 무엇인가?
10. 헤르만 로르샤흐가 잉크반점을 만든 방법과 그가 10장의 카드를 사용한 이유를 기술하라.
11. 온라인 검사 시행의 장점을 설명하라.
12. 사고와 경험 표집 절차를 이용하여 성격을 평가하는 예를 제시하라.
13. 경험표집법의 제한점은 무엇인가? 경험표집법이 제공하는 자료는 자기보고식 검사가 제공하는 자료와 어떤 점에서 차이가 있는가?
14. 수검자의 민족적 배경이 성격 평가 절차에 영향을 미치는 예를 제시하라.
15. 미국에서 개발된 자기보고식 검사를 다른 문화권에서 적용할 때 발생 가능한 문제는 무엇인지 예를 제시하라.
16. 사례 연구의 장점과 단점을 기술하라.
17. 실험 연구는 과학적 연구법의 요구 사항을 얼마나 충족하는가?
18. 전통적인 실험실 연구와 비교하여 온라인 연구의 장점과 단점에 관해 논하라.
19. 상관 연구를 적용한 성격 연구의 예를 제시하라.
20. 문화적 요인이 인간 본성에 대한 이미지에 미치는 영향의 예를 제시하라.
21. 인간 본성에 대한 논의에서 여섯 가지 쟁점을 제시하였다. 이러한 쟁점에 관한 당신의 의견을 기술하라. 이 책의 마지막 장에서 이러한 쟁점에 관해 다시 질문할 텐데, 이를 통해 이러한 쟁점에 관한 당신의 견해가 어떻게 변하는지 살펴볼 수 있을 것이다.

읽을거리

Archer, R., & Smith, S. (2014). *Personality assessment* (2nd ed.), New York: Routledge.

　　MMPI 및 기타 자기보고식 검사뿐만 아니라 로르샤흐 검사나 TAT와 같은 투사 검사를 비롯한 여러 성격 평가 도구를 소개한다.

Elms, A.C. (1994). *Uncovering lives: The uneasy alliance of biography and psychology.* New York: Oxford University Press.

프로이트, 융, 올포트, 스키너를 비롯한 여러 작가, 정치인, 성격 이론가에 대한 통찰력 있는 심리학적 묘사가 담겨 있다.

Funder, D. (2012). *The personality puzzle* (6th ed.). New York: Norton.
성격 연구에 관한 읽기 쉬운 개론서로, 응용과 이론 분야를 모두 다룬다.

Gosling, S., & Johnson, J. (2010). *Advanced methods for conducting online behavioral research*. Washington, DC: American Psychological Association.
온라인 연구를 수행하기 위한 입문서로, 대상 모집, 연구 윤리, 자료 보안 및 자료 추적 등에 관한 내용이 담겨 있다. 숙련된 컴퓨터 사용자를 위해 설문 조사법 및 실험법을 다룬다.

Kaplan, R., & Saccuzzo, D. (2012). *Psychological testing: principles, applications and issues* (8th ed.). Belmont, CA: Cengage.
심리 평가와 검사에 관해 숙지해야 하는 모든 것을 담고 있다. 상담 및 입사 지원과 같은 실제 상황에서의 상관 연구, 면접법 등 다양한 형태의 평가를 다룬다.

Robins, R., Fraley, R., & Krueger, R. (2007). *Handbook of research methods in psychology*. New York: Guilford.
성격 연구에 적용하는 광범위한 연구 방법을 명확하게 소개하는 교재로, 실험법, 종단 연구, 전기적 연구, 유전 연구, 자기보고식 검사 도구, 투사법, 신경과학 및 온라인 연구 등에 관해 설명한다.

정신분석 접근법

성격 에 대한 본격적 연구는 19세기 말 지그문트 프로이트가 창시한 정신분석을 시작으로 발전하기 시작하였다. 프로이트 이후 등장한 거의 모든 성격 이론은 프로이트 이론을 기반으로 하였거나 이에 반대하는 식으로 전개되었다는 측면에서 프로이트에게 빚지고 있다.

프로이트는 자신이 고안한 정신분석에서 무의식적 추동을 비롯하여 성과 공격성이라는 생물학적 추동, 초기 아동기의 피할 수 없는 갈등을 강조하며, 이러한 요소들을 성격을 지배하는 힘이자 성격을 형성하는 구성요소로 보았다.

프로이트의 견해는 심리학뿐만 아니라 일반 문화에도 영향을 미쳤다. 그는 성공적으로 인간의 성격을 재정의하였고, 우리가 누구인지, 즉 우리가 인간 본성을 바라보는 방식을 혁신적으로 바꾸어 놓았다.

지그문트 프로이트:
정신분석

"시선을 내면으로 돌리고
자신을 깊이 들여다보아라.
먼저 당신 자신을 알아야 한다."
— 지그문트 프로이트

성격 이론은 누구보다 지그문트 프로이트(Sigmund Freud)의 영향을 많이 받았다고 해도 과언이 아니다. 그의 정신분석(psychoanalysis) 체계는 성격에 대한 최초의 정식 이론이며 아직까지도 가장 널리 알려진 이론으로 통한다. 프로이트의 업적은 심리학과 정신의학 분야에서 성격을 이해하는 방식뿐만 아니라 우리가 일반적으로 인간 본성을 바라보는 방식에도 커다란 영향을 미쳤다. 문명사에서 이처럼 광범위하고 심오한 방식으로 영향을 미친 사상은 역사적으로 드물다. 1939년 프로이트가 사망했을 때, 『뉴욕 타임스(New York Times)』사설은 그가 "우리 시대에서 자기 안심을 가장 효과적으로 방해한 사람"(Bakalar, 2011, p. D7)이었다고 언급하였다.

　　프로이트 이후에 나온 많은 성격 이론은 그의 기본 연구에서 유래했거나 이를 정교화한 것이다. 그렇지 않은 이론들 역시 프로이트의 정신분석을

정신분석　프로이트의 성격 이론이자 정신질환 치료 체계.

부분적으로 반대하면서 발달했다는 면에서 프로이트에게 어느 정도 빚지고 있다. 그러므로 프로이트의 체계를 먼저 이해하지 않으면 성격 이론 분야의 발전을 이해하고 평가하기 어려울 것이다.

프로이트의 생애(1856~1939)

초기

프로이트는 1856년 체코 모라바의 프라이베르크(현재의 프르지보르)에서 태어났다. 그의 아버지는 양모 상인이었는데, 사업이 그리 잘 풀리지는 않았다. 모라바에서 사업이 실패하자 프로이트의 아버지는 가족과 함께 독일 라이프치히로 이사했고, 프로이트가 4세가 되었을 때 빈으로 이사했다. 프로이트는 그곳에서 거의 80년 동안 살았다.

프로이트가 태어났을 때 그의 아버지는 40세였고 그의 어머니(아버지의 세 번째 부인)는 겨우 20세였다. 아버지는 엄격하고 권위적이었는데, 프로이트는 성인이 된 후 자신이 아버지에게 얼마나 큰 적대감과 분노를 느꼈는지 회고한 바 있다. 또한 프로이트는 2세 때부터 자신이 아버지보다 우월하다고 느꼈다. 어머니는 매우 매력적이었으며 첫째 아들인 프로이트를 극진히 보호하고 사랑했다. 프로이트는 어머니와의 관계에서 열렬하고 한편으로는 성적이기도 한 애착을 느꼈는데, 이 관계는 훗날 그의 오이디푸스 콤플렉스 개념의 기반이 되었다. 앞으로 살펴보게 되겠지만, 프로이트 이론 대부분에는 그의 아동기 경험이 반영되어 있다.

프로이트의 어머니는 어린 프로이트를 자랑스러워했고 그가 위대한 사람이 될 것이라고 확신했다. 프로이트는 평생 높은 수준의 자신감, 성공에 대한 강한 야망, 영광과 명성에 대한 포부와 같은 성격 특성을 보였다. 어머니의 지속적인 관심과 지지를 받은 그는 다음과 같이 썼다. "어머니에게 특별히 사랑받아 온 사람은 평생 동안 정복자가 된 듯한 느낌을 갖는데, 이것은 성공에 대한 자신감이 되어 진짜 성공으로 이어진다"(Jones, 1953, p. 5). 프로이트에게는 일곱 명의 남매가 있었으며, 그중 둘은 성인 이복형제로, 그들에게는 자녀도 있었다. 프로이트는 그들 모두를 시기했고, 어머니의 전적인 관심과 애정을 나누어 갖게 될 수도 있는 경쟁자가 태어날 때마다 질투했다.

프로이트는 어린 시절부터 높은 수준의 지능을 보였으며, 부모님도 그의 재능이 발현되도록 도왔다. 소음으로 프로이트의 공부를 방해하면 안 되기 때문에 누이들은 피아노 연습을 할 수 없었다. 프로이트에게는 자신의 방이 있었다. 그는 공부 시간을 허비하지 않기 위해 자주 자신의 방에서 식사를 했으며, 가족 중 유일하게 방에서 값비싼 기름 램프를 사용했다. 나머지 가족은 양초를 사용해야 했다.

프로이트는 보통 아이들보다 1년 일찍 고등학교에 입학했고, 자주 학급에서 1등을 했다. 독일어와 히브리어를 유창하게 구사했으며, 학교에서 라틴어, 그리스어, 프랑스어, 영어를 숙달했고, 이탈리아어와 스페인어는 독학으로 배웠다. 어렸을 때는 영어로 셰익스피어를 즐겨 읽었다. 프로이트는 군사사를 포함하여 많은 분야에 관심을 갖고 있었으나, 빈의 유대인에게 허락된 몇 안 되는 직업 중에서 진로를 정해야 했기 때문에 의학을 선택했다. 의사가 되고 싶었던 것은 아니지만, 의학을 공부하면 과학 연구 분야에서 경력을 쌓을 수 있고, 그러다 보면 명성을 얻을 수 있을 거라고 믿었다. 그는 명성을 간절히 원했으며, 자신에게 이를 누릴 자격이 있다고 생각했다.

코카인 일화

의과 대학에 있는 동안 프로이트는 당시에는 불법 마약이 아니었던 코카인(cocaine)을 가지고 실험을 하기 시작했다. 그 자신도 코카인을 투약했고, 약혼자, 누이, 친구에게 이 약물을 권했다. 프로이트는 코카인이 우울증과 만성 소화불량 증상을 완화해 준다고 주장하며, 이를 기적의 약이라고 불렀다. 그는 "나쁜 날을 좋은 날로 만들고, 좋은 날은 더 좋게 만들기 위해 코카인을 계속 사용했다. 코카인은 일상에서는 불가능한 방식으로 그를 흥분시켰다. 약혼자에게 낭만적이고 때로는 성애적인 연애편지를 썼고, 미래에 대해 거창한 꿈을 꾸기도 했다"(Markel, 2011, p. 81).

1884년에 프로이트는 코카인이 자신을 유명하게 만들 것이라고 기대하며 코카인의 유익한 효과에 대한 논문을 발표했다. 하지만 그의 기대는 실현되지 않았다. 이후 이 논문은 1920년까지 유럽과 미국을 휩쓸었던 코카인 대유행에 크게 기여한 것으로 평가되었다. 프로이트는 코카인 대유행에 일조했다는 이유로 거세게 비난받았다.

대중성은 프로이트에게 명성보다는 오명을 가져다주었고, 그는 남은 생애 동안 코카인에 대한 이전의 지지를 철회하고 자신의 모든 저서에서 코카인에 대한 언급을 삭제하려고 노력했다. 그러나 그는 중년기까지 코카인을 계속 사용했다(Freud, 1985). 1884년부터 1896년까지 코카인을 사용했던 것은 분명하며, 그 후에는 와인을 마셨다. 1899년 6월에는 친구에게 이렇게 편지를 썼다. "나는 점차 와인에 익숙해지고 있다네. 와인이 오랜 친구처럼 느껴지거든. 7월에는 좀 많이 마셔 볼 생각이네"(Markel, 2011, p. 177).

신경증의 성적 기원

프로이트의 전공 교수는 프로이트에게 교수직을 얻고 재정적으로 자립하기까지 여러 해가 걸릴 것이라고 조언했다. 이 말은 들은 프로이트는 과학적 연구 분야에서 계속 진로를 찾는 데에 회의감을 느꼈다. 그는 독립적인 수입이 없었기 때문에 자신이 할 수 있는 유일한 선택은 개업이라고 믿었다. 개업을 할 수 있었던 또 다른 원동력은 마르타 베르나이스(Martha Bernays)와의 약혼이었는데, 결혼할 여유 자금을 마련하기까지 4년이 걸렸다. 프로이트는 1881년에 임상신경과 전문의로 진료를 하면서 정서장애로 고통받는 사람들의 성격을 연구하기 시작했다.

프로이트는 최면 사용의 선구자인 정신과 의사 장 마르탱 샤르코(Jean Martin Charcot)와 함께 파리에서 몇 달 동안 공부했는데, 샤르코는 프로이트에게 신경증에 성적 기원이 있을 수 있다고 경고했다. 프로이트는 샤르코가 특정 환자의 문제의 원인이 성적인 데 있다고 말하는 것을 우연히 들었다. 샤르코는 "이런 종류의 사례는 항상 생식기가 문제야, 언제나, 항상, 늘 그렇다니까"(Freud, 1914, p. 14)라고 말했다.

프로이트는 이 문제를 논의하는 동안 샤르코가 "무릎에 두 손을 꼬고 여러 번 팔짝팔짝 뛰었으며, … 그 순간 나는 깜짝 놀라 움직일 수 없었다"(Prochnik, 2006, p. 135)라고 기술했다.

프로이트가 빈으로 돌아왔을 때, 그는 정서장애가 성적 기원을 가질 가능성에 대해 한 번 더 생각하게 되었다. 한 동료가 여성 환자의 불안에 대해 설명하면서, 그녀의 불안이 남편의 발기 부전에서 비롯된 것 같다고 말했다. 그녀의 남편은 결혼 생활 18년 동안 아내와 성관계를 가진 적이 한 번도 없었던 것이다.

프로이트의 동료는 "이러한 질병에 대한 유일한 처방은 우리에게 매우 익숙하지만, 그 처방을 지시할 수는 없다"라고 말했다. 그가 말한 처방이란 "정상적인 남근, 반복 투여(penis normalis dosim repetatur)"였다(Freud, 1914, p. 14). 이러한 사건과 자신의 성적 갈등으로 인해 프로이트는 정서장애에서 성적 기원의 가능성을 고려하게 되었다.

아동기 성적 학대는 사실인가 환상인가

임상 진료를 한 지 몇 년이 지나자, 프로이트는 성적 갈등이 모든 신경증의 원인이라고 점점 더 확신하게 되었다. 그는 자신의 여성 환자 대부분이 아동기 외상성 성 경험을 보고했다고 주장했다. 사건은 유혹으로 인한 성관계였으며, 유혹하는 사람은 대개 나이가 많은 남성 친인척이었는데, 주로 아버지였다. 오늘날 우리는 이런 경험을 아동 학대라고 부르며, 대개 강간이나 근친상간으로 분류한다. 프로이트는 이러한 초기 성적 외상이 성인기 신경증적 행동을 유발한다고 믿었다.

이 이론을 발표한 지 약 1년 후, 프로이트는 입장을 바꿔 환자들이 자신에게 말한 아동기 성적 학대가 대부분은 실제로 일어난 일이 아니라고 발표했다. 프로이트는 환자들이 환상을 보고한 것이라고 주장했다. 처음에는 이러한 주장이 그의 신경증 이론의 기초를 훼손한 것처럼 보였기 때문에 문제가 되었다. 한 번도 일어나지 않았던 아동기 성적 외상이 어떻게 신경증적 행동의 원인이 될 수 있을까?

숙고 끝에 프로이트는 환자들이 묘사한 환상이 그들에게는 매우 사실적이라고 결론지었다. 프로이트에 따르면 그들은 그 충격적인 성행위가 실제로 일어났다고 믿었다. 환상이 성에 초점을 맞추고 있었기 때문에 성이 성인기 신경증의 원인으로 남아 있었던 것이다. 1898년에 그는 "신경증적 질병의 가장 즉각적이고 핵심적인 원인이 성생활 관련 요인에서 발견된다"라고 기술하였다(Breger, 2000, p. 117). 프로이트는 환자가 보고한 모든 아동기 성적 학대가 환상이라고 주장한 적은 없다는 점에 주목할 필요가 있다. 그가 부인한 것은 환자들의 보고가 항상 사실이라는 부분이었다. 프로이트는 "아동에 대한 변태적인 행위가 매우 일반적이라는 것은 믿기 어렵다"라고 기술했다(Freud, 1954, pp. 215-216).

오늘날 우리는 아동기 성적 학대가 한때 생각했던 것보다 훨씬 더 흔하다는 사실을 알고 있으며, 이로 인해 현대 학자들은 유혹 경험에 대한 프로이트의 원래 해석이 옳았을 수 있다고 주장하였다. 프로이트가 자신의 이론을 더 수용 가능하게 만들려고 의도적으로 진실을 은폐했는지, 아니면 그의 환자들이 환상을 묘사하고 있다고 진심으로 믿었는지 여부는 알 수 없다. "[프로이트가] 궁극적으로 믿게 된 정도보다 더 많은 환자들이 아동기 경험에 대해 진실을 말했던 것"으로 추정된다(Crewsdon, 1988, p. 41).

아동기 외상성 성경험에 대한 환자들의 보고가 대부분 환상이라고 발표한 지 10년 후, 프로이트는 친구에게 편지를 보내면서 그러한 충격적인 경험이 진짜인 경우도 많다는 것을 시인했다. 몇 년 후에는 다른 친구에게 "(가장 심각한 종류의) 여러 근친상간 사례를 직접 분석하고 치료했다"라고 털어 놓았다(Kahr, 2010, p. 4).

1930년대에 프로이트의 제자 중 하나가 아동기 성적 학대가 프로이트가 공개적으로 인정하고자 하는 것보다 더 자주 발생한다는 결론을 내렸으나, 프로이트는 그 생각이 출판되는 것을 막으려 했다. 성적 학대가 그렇게 널리 퍼져 있다면 많은 아버지(아마도 자신을 포함하여)가 자녀를 대상으로 변태적 행동을 한 용의자로 간주될 것이라고 생각했기 때문에 유혹 이론에 대한 입장을 바꾸었을 거라는 주장도 있다(Krüll, 1986).

프로이트의 성생활

정서적 삶에서 성의 중요성을 강조한 프로이트는 역설적이게도 개인적으로 성적 갈등을 매우 많이 겪었다. 그는 "[어린 시절] 내내 이성과의 교류가 없었다. 수줍음이 많았고 여성을 두려워했으며 30세에 결혼할 때까지 성관계 경험이 없었다"(Breger, 2009, p. 11). 프로이트는 성관계에 대해 부정적인 태도를 보였다. 신경증이 없는 사람들을 대상으로도 성의 위험성을 알리는 글을 썼고, 성에 대한 욕구를 동물의 일반적인 욕구라 부르며, 사람들에게 이를 넘어설 것을 촉구했다. 그는 성행위가 몸과 마음을 오염시키기 때문에 모욕적이라고 기술한 바 있다. 41세 때는 자신의 성생활을 완전히 끝냈고, 친구에게 보내는 편지에 다음과 같이 썼다. "성적 흥분은 나 같은 사람에게 더 이상 쓸모가 없다네"(Freud, 1954, p. 227). 그는 결혼 생활 동안 가끔 발기 부전을 경험하였고, 당시 표준적인 피임법이었던 콘돔과 질외사정을 싫어하여 성관계를 자제할 때도 있었다.

프로이트는 자신의 성생활이 종료된 것과 관련하여 아내 마르타를 비난했고, 성관계를 포기하도록 만든 그녀를 향한 분노가 담긴 꿈을 수년 동안 꾸었다. "프로이트는 마르타가 임신을 쉽게 하고, 임신 중에 자주 아프고, [출산 행위] 이외의 어떤 종류의 성행위도 거부하는 것에 분개했다"(Elms, 1994, p. 45). 따라서 프로이트의 발기 부전은 마르타가 다시 임신하는 것에 대한 두려움과 관련된 것이었을 수도 있다.

프로이트의 신경증 삽화

성에 대한 프로이트의 개인적 좌절과 갈등은 성적인 어려움이 환자에게 영향을 미친다는 그의 믿음과 같은 방식으로, 즉 신경증의 형태로 표면화되었다. 프로이트는 40대에 심각한 신경증 삽화를 경험한 뒤, 이를 다음과 같이 묘사했다. "의식으로는 이해할 수 없는 이상한 마음 상태, 즉 흐린 생각과 뭔가 가려진 듯한 의심으로 여기저기에 간신히 빛이 들어올까 말까 한 그런 상태다. 나는 아직도 나에게 무슨 일이 일어났는지 모르겠다"(Freud, 1954, pp. 210-

212). 그는 편두통, 비뇨기 문제, 경련성 결장을 포함한 다양한 신체 증상으로도 어려움을 겪었다. 죽음을 걱정했고, 심장 상태에 대해 노심초사했으며, 여행하는 것과 열린 공간에 대해 불안해했다. 40대 때는 그에게 행복한 시절이 아니었다.

프로이트는 자신의 상태를 불안 신경증과 신경쇠약, 즉 쇠약함, 걱정, 소화 및 혈액 순환의 어려움을 특징으로 하는 신경증 상태로 진단했다. 그는 두 가지 장애 모두 성적 긴장이 축적되어 생긴 것으로 보았다. 자신의 저서에서 남성의 신경쇠약은 자위행위로 인해 발생하고, 불안 신경증은 질외사정 및 금욕과 같은 비정상적인 성행위에 기인한다고 설명했다. 자신의 증상에 이름표를 붙이면서 "그의 개인 생활은 이 특정 이론에 깊이 관여하게 되었다. 이를 통해 프로이트는 자신의 문제를 해석하고 해결하려 하였다. … 따라서 실제 신경증에 대한 프로이트의 이론은 자신의 신경증 증상에 대한 이론이다"(Krüll, 1986, pp. 14, 20).

프로이트는 성에 대한 개인적인 갈등에도 불구하고(또는 아마도 그것 때문에) 아름다운 여성에 매료되었다. 한 친구는 다음과 같이 말했다. "[프로이트의] 제자들 중에는 매력적인 여성이 너무 많았다. 이는 우연이 아닌 것 같았다"(Roazen, 1993, p. 138).

프로이트의 꿈 분석

프로이트는 자신의 꿈을 탐구하여 자신을 분석했으며, 이 과정을 평생에 걸쳐 지속했다. 그는 자신에 대한 꿈 분석을 시작하면서 친구에게 다음과 같이 편지했다. "나를 가장 바쁘게 하는 환자는 바로 나 자신이라네"(Kandel, 2012, p. 63). 이 기간 동안 프로이트는 성격 이론을 발전시키는 데 가장 창의적인 작업을 수행했다. 그는 꿈을 탐구하면서 처음으로 자신이 아버지에 대해 얼마나 큰 적대감을 느꼈는지 깨달았다. 아동기 어머니에 대한 성적인 갈망을 회상했고 꿈에서 큰 딸에 대한 성적 욕구를 느꼈다. 그는 꿈을 해석하면서 깨닫게 된 자신의 신경증적 갈등과 아동기 경험을 중심으로 자신의 이론 중 상당 부분을 개념화하였다. 프로이트는 다음과 같은 통찰력 있는 말을 했다. "나에게 가장 중요한 환자는 나 자신이었다"(Gay, 1988, p. 96).

프로이트의 생각에 대한 관심

프로이트의 작업이 출판된 논문과 책, 학문적 모임에서 발표된 글을 통해 알려지게 되면서, 그를 따르는 제자들의 수도 늘어났다. 이들은 프로이트와 일주일에 한 번씩 만나면서 프로이트의 새로운 체계를 배워 갔다. 첫 만남의 주제는 담배 말기(cigar making)의 심리학이었다. 한 작가는 이 집단을 이류 "소외된 신경증 집단"이라고 불렀다(Gardner, 1993, p. 51). 그러나 프로이트의 딸 안나는 초기 제자들을 "비관습적인 사람들, 의심 많은 사람들, 제한된 지식에 만족하지 못하는 사람들"로 조금 더 자비롭게 묘사했다. "그들 중에는 이상한 사람들, 몽상가들, 직접 신경증적 고통을 겪는 사람들도 있었다"(Coles, 1998, p. 144).

제자들 중에는 나중에 프로이트와 결별하여 자신의 이론을 발전시킨 카를 융(Carl Jung)과 알프레드 아들러(Alfred Adler)도 있었다. 프로이트는 그들을 대의에 대한 배신자로 여겼고, 정신분석에 대한 자신의 접근법을 반박한 그들을 결코 용서하지 않았다. 가족 저녁 식사 자리에서 그가 제자들이 신의가 없다며 불평하자, 그의 숙모는 "지그문트, 문제는 네가 사람들을 이해하지 못한다는 거야"라고 말했다(Hilgard, 1987, p. 641).

프로이트는 집에서 규칙적이고 절도 있는 생활을 했다. 그의 며느리는 다음과 같이 말했다. "프로이트 부부는 한 시가 땡 치면 빈에서 점심 식사를 했다. 함께 식사를 하려면 전쟁이 나든지 말든지 제 시간에 도착해야 했다"(Berman, 2008, p. 561).

프로이트의 미국행

1909년에 프로이트는 미국 심리학계로부터 공식적으로 인정받았다. 매사추세츠 우스터의 클라크 대학교는 그에게 명예 박사 학위를 수여하며, 일련의 강의를 요청하였다. 주어진 영예에 감사하는 마음은 있었지만 프로이트는 미국을 좋아하지 않았고, 미국의 격식 없음, 맛없는 요리, 욕조를 갖춘 욕실이 많지 않다는 점에 대해 불평했다. 그는 미국을 방문하기 전부터 수년 동안 위장 문제로 고생해 왔음에도, "신대륙이 자신의 소화를 망친다고 비난했다"(Prochnik, 2006, p. 35).

프로이트의 정신분석 체계는 미국에서 열렬히 환영받았다. 프로이트가 방문한 지 2년 후, 미국에 있는 그의 추종자들은 미국정신분석협회(American Psychoanalytic Association)와 뉴욕정신분석학회(New York Psychoanalytic Society)를 설립했다. 그 후 수년 내에 보스턴, 시카고, 워싱턴 DC에 정신분석학회가 설립되었다.

프로이트가 미국을 방문한 지 11년 만인 1920년, 그의 연구에 관한 책이 200권 이상 미국에서 출판되었다(Abma, 2004). 『타임지(Time)』, 『레이디스 홈 저널(Ladies Home Journal)』, 『뉴 리퍼블릭(The New Republic)』과 같은 주요 미국 잡지에 프로이트에 대한 기사가 실렸다. 벤저민 스폭(Benjamin Spock) 박사는 프로이트의 가르침을 기반으로 영아 및 아동 양육 도서를 저술했는데, 그의 저술은 여러 세대에 걸쳐 미국의 아동 양육에 영향을 미칠 정도로 놀라운 성공을 거두었다. 꿈에 대한 프로이트의 연구는 많은 사람에게 영감을 주었으며 다음과 같이 유행가 가사에 실리기도 하였다. "어젯밤에 당신이 무슨 꿈을 꿨는지 말하지 마. 프로이트 책을 읽었으니까"(Fancher, 2000, p. 1026). 프로이트는 미국이 자신을 병들게 했다고 주장했지만, 미국은 그가 세계적인 명성을 얻을 수 있게 도와주었다.

프로이트의 말년

프로이트의 성공은 1920년대와 1930년대에 절정에 이르렀으나, 동시에 그의 건강은 심각하게 악화되기 시작했다. 1923년부터 16년 후 사망할 때까지 그는 구강암으로 33차례 수술을 받았는데, 아마도 매일 20개비씩 시가를 피운 대가였을 것이다. 그의 입천장과 위턱 일부는 외과적으로 제거되었다. 프로이트는 거의 끊임없이 통증을 경험했으나 이에 대한 약물치료를 거부했다. 대신 엑스 레이치료(X-ray treatment)와 라듐치료(radium treatment)를 받았고 심지어 정관 절제 수술도 받았다. 당시 일부 의사들은 이 수술이 암의 성장을 멈출 수 있을 것이라고 판단했다.

1933년 나치가 독일에서 집권했을 때, 그들은 프로이트의 저서를 물리학자 알베르트 아인슈타인(Albert Einstein)과 작가 어니스트 헤밍웨이(Ernest Hemingway)와 같은 소위 국가의 적으로 불리는 이들의 저서와 함께 공개적으로 불태우며 적대감을 표현했다. 프로이트는 "우리가 이룬 진보"에 대해 적었다. "중세라면 그들은 나를 태웠을 것이다. 오늘날이기에 그들은 내 책을 태우는 것으로 만족한다"(Jones, 1957, p. 182).

1938년 나치가 오스트리아를 점령했지만, 프로이트는 친구들의 권유에도 빈을 떠나지 않았다. 나치 당원들이 여러 번 그의 집에 침입했다. 딸 안나가 체포되고 나서야(나중에 석방되었다) 프로이트는 런던으로 떠나는 것에 동의했다. 그의 누이들 중 네 명이 나치의 강제 수용소에서 사망했다.

프로이트의 건강은 훨씬 더 악화되었지만, 그의 정신은 깨어 생의 거의 마지막 날까지 계속 일했다. 프로이트는 1939년 9월 말에 주치의였던 막스 슈어(Max Schur)에게 이렇게 말했다. "이제 참을 수 없는 고통 말고는 남은 게 없네요. 더 이상 아무 의미가 없습니다"(Schur, 1972, p. 529). 슈어는 프로이트가 불필요하게 고통받도록 내버려 두지 않겠다고 약속했다. 당시 슈어는 24시간에 걸쳐 모르핀(morphine) 주사를 세 번 놓았는데, 각 용량은 진정에 필요한 것보다 많았고, 프로이트의 오랜 고통은 끝이 났다.

본능: 성격의 추진력

프로이트는 본능(instinct)이란 성격의 기본 요소이자 행동을 유도하고 행동의 방향을 결정하도록 동기를 부여하는 힘이라고 기술했다. 이 개념에 대해 프로이트가 사용한 독일어 용어는 'Trieb'이며, 이는 추진력 또는 충동을 의미한다(Bettelheim, 1984). 본능은 신체의 필요와 마음의 소망을 연결하는 에너지

> 본능 프로이트의 체계에서 특정 행동을 유도하는 내적 자극(예: 배고픔)의 정신적 표현.

의 형태 중 하나이자 변환된 생리적 에너지다.

예를 들어 배고픔이나 목마름 같은 본능에 대한 자극은 내부에 있다. 배고픔 같은 욕구가 신체에서 일어나면, 생리적 흥분 상태나 에너지가 발생한다. 마음은 이 육체적 에너지를 소망(wish)으로 전환한다. 바로 이 소망(생리적 욕구의 정신적 표현)이 욕구를 충족시키는 방식으로 행동하도록 동기를 부여하는 본능, 즉 원동력이다. 예를 들어 배고픈 사람은 음식을 찾는다. 본능은 신체 상태 그 자체(배고픔)라기보다는, 정신적 상태로 변형된 육체적 욕구, 즉 소망이다.

몸이 이러한 욕구 상태에 있을 때 사람은 긴장이나 압박감을 경험한다. 본능의 목적은 욕구를 충족시켜 긴장을 줄이는 것이다. 따라서 프로이트의 이론은 항상성 접근법(homeostatic approach)이라 할 수 있으며, 이는 우리가 신체를 긴장으로부터 자유롭게 하기 위해 생리적 평형 또는 균형 상태를 복원하고 유지하도록 동기 부여된다는 것을 의미한다.

프로이트는 우리가 항상 어느 정도의 본능적 긴장을 경험하고 있으며, 이를 줄이기 위해 지속적으로 행동해야 한다고 믿었다. 우리는 외부 환경의 성가신 자극을 피할 수는 있지만, 생리적 욕구의 압박에서는 벗어날 수 없다. 이는 긴장을 줄이고자 하는 욕구의 순환 속에서 본능이 항상 행동에 영향을 미친다는 것을 의미한다.

욕구를 충족시키기 위해 다양한 방법을 선택할 수 있다. 예를 들어 성욕은 이성애 행위, 동성애 행위 또는 자기애적 행위로 충족될 수 있으며, 성적 충동은 완전히 다른 형태의 활동을 통해 발산될 수 있다. 프로이트는 정신 에너지가 향하는 대상이 다른 대상으로 전치될 수 있으며, 이러한 전치는 개인의 성격을 결정하는 데 매우 중요하다고 보았다.

본능이 인간 행동의 유일한 에너지원이기는 하지만, 그로 인해 발생하는 에너지는 다양한 활동에 투자될 수 있다. 이는 인간 행동에서 나타나는 다양성을 설명하는 데 도움이 된다. 프로이트에 따르면 성인이 보이는 관심, 선호, 태도는 모두 본능적 욕구를 충족시키는 원래의 대상으로부터 에너지가 전치된 것이다.

본능의 두 가지 유형

프로이트는 본능을 삶의 본능과 죽음의 본능으로 분류했다.

삶의 본능 삶의 본능(life instinct)은 음식, 물, 공기, 성에 대한 욕구를 충족시킴으로써 개인과 종의 생존을 돕는다.

삶의 본능은 성장과 발전을 지향한다. 삶의 본능으로 인해 생기는 정신 에너지가 리비도(libido)이다. 리비도는 대상에 부착되거나 투자될 수 있다. 프로이트는 이 개념을 카테시스(cathexis)라고 불렀다. 예를 들어 당신이 룸메이트를 좋아한다면 프로이트는 당신의 리비도가 그 사람에게 부착되었다(cathected)고 말할 것이다.

프로이트가 성격에서 가장 중요하다고 생각한 삶의 본능은 성(sex)이다. 그는 성을 성애적인 것만이 아니라 거의 모든 즐거운 행동과 생각을 포함하는 넓은 개념으로 정의했다. 그는 자신의 견해는 성에 대해 수용된 개념을 확대하거나 확장하는 것이라고 설명했다. 또한 성적 충동이 매우 모호한 사랑이라는 단어에 적용되는 애정 어린 친근한 충동까지 모두 포함한다고 생각했다 (Freud, 1925, p. 38).

프로이트는 성을 우리의 주요 동기로 보았다. 성애적 욕망은 입, 항문, 생식기와 같은 신체의 성감대에서 발생한다. 그는 인간이 대개 쾌락을 추구하는 존재라는 견해를 제안하였으며, 그의 성격 이론 대부분은 성적 갈망을 억제하거나 억누를 필요성을 중심으로 정립되었다.

죽음의 본능 프로이트는 삶의 본능에 반대되는 것으로 파괴적 본능, 즉 죽음의 본능(death instinct)을 가정했다. 그는 생물학에 기반하여 모든 생물은 썩고 죽어 원래의 무생물 상태로 돌아간다는 명백한 사실을 말하며, 인간이 죽고자 하는 무의식적 소망을 가지고 있다고 믿었다. 죽음의 본능을 구성하는 요소 중 하나는 공격적 충동(aggressive drive)으로, 죽고자 하는 소망이 자기

삶의 본능 음식, 물, 공기, 성에 대한 욕구를 충족시킴으로써 개인과 종의 생존을 보장하는 추동.
리비도 즐거운 행동과 생각으로 이끄는 삶의 본능에 의해 발현되는 정신 에너지의 형태.
카테시스 대상에게 정신 에너지를 투자하는 것.
죽음의 본능 부패, 파괴, 공격성을 향한 무의식적인 추동.
공격적 충동 파괴하고, 정복하고, 살해하고 싶은 충동.

가 아닌 다른 대상을 향하는 것이다. 공격적 충동은 우리로 하여금 파괴하고, 정복하고, 살해하게 만든다. 프로이트는 공격성을 성욕과 같이 인간 본성의 일부로 여기게 되었다.

프로이트는 자신의 경험을 반영하여 말년에 죽음의 본능이라는 개념을 발전시켰다. 그는 암이 악화되는 과정에서 생리적·정신적 쇠약을 견뎌 냈고, 제1차 세계대전의 대규모 학살을 목격했다. 또한 그의 딸 중 하나가 26세의 나이에 두 자녀를 남겨 둔 채 사망하였다. 이 모든 사건은 그에게 커다란 영향을 미쳤고, 결과적으로 죽음과 공격성은 그의 이론에서뿐 아니라 삶에서도 중요한 주제가 되었다. 말년에 프로이트는 자신의 죽음을 두려워했고, 자신의 견해에 이의를 제기하고 정신분석학계를 떠난 동료들과 제자들에 대해 높은 수준의 적대감, 증오, 공격성을 드러냈다.

죽음의 본능이라는 개념은 프로이트의 가장 헌신적인 추종자들 사이에서도 제한적으로만 수용되었다. 한 정신분석가는 그 생각을 "역사의 쓰레기통에 폐기해야 한다"라고 기술했다(Sulloway, 1979, p. 394). 또 다른 정신분석가는 만약 프로이트가 천재라면 죽음의 본능에 대한 그의 생각은 천재가 나쁜 하루를 보내면서 생겨난 것이라고 논평했다(Eissler, 1971).

성격의 수준

프로이트는 성격을 의식, 전의식, 무의식이라는 세 단계로 구분하여 개념화했다. 프로이트가 정의한 의식은 일상적인 의미에 상응한다. 의식(conscious)은 주어진 순간에 우리가 인식하는 모든 감각과 경험을 의미한다. 예를 들어 이 책에 적힌 단어들을 읽으면서 각 쪽의 장면을 의식할 수도, 친구에게 보내고 싶은 메시지나 누군가가 옆집에서 연주하는 시끄러운 음악 소리를 의식할 수도 있다.

우리가 의식적으로 인식할 수 있는 생각, 감각, 기억은 언제나 극히 일부분이기 때문에 프로이트는 의식을 성격의 제한된 측면으로 보았다. 그는 마음을 빙산에 비유했다. 의식은 수면 위에 떠 있는 빙산의 일각인 것이다.

프로이트에 따르면 더 중요한 것은 무의식(unconscious), 즉 의식의 표면 아래 있는 더 크고 보이지 않는 부분이다. 이것이 정신분석 이론의 핵심이다. 그 광대하고 어두운 깊이는 본능, 즉 우리의 행동을 지휘하는 소망과 욕망의 근원이다. 무의식은 모든 행동의 배후에 있는 주요 원동력을 포함하고 있으며 우리가 보거나 통제할 수 없는 힘의 저장소이다.

이 두 수준 사이에 전의식(preconscious)이 있다. 이것은 우리가 현재 의식적으로 인식하지 못하지만, 쉽게 의식으로 불러올 수 있는 모든 기억, 지각, 생각의 창고다. 예를 들어 당신의 마음이 현재 읽고 있는 책에서 벗어나 어젯밤에 한 일에 대해 생각하기 시작한다면, 당신은 전의식에서 의식으로 자료를 불러오게 될 것이다. 우리는 종종 순간의 경험에서 전의식에 저장된 사건과 기억으로 주의가 왔다 갔다 하는 것을 알아차리곤 한다.

성격의 구조

원초아

프로이트는 나중에 성격의 세 가지 수준에 대한 개념을 수정하고, 그 자리에 성격의 해부학을 도입하면서 성격의 세 가지 기본 구조인 원초아, 자아, 초자아라는 개념을 제안하였다(그림 2.1 참조). 원초아(id)는 무의식에 대한 프로이트의 초기 개념에 해당한다(자아와 초자아에도 무의식적 측면이 어느 정도는 있다). 원초아는 본능과 리비도(본능이 나타내는 정신 에너지)의 저장소로, 자아와 초자아에 모든 에너지를 공급한다. 이러한 이유로 원초아는 성격의 강력한 기본 구조라 할 수 있다.

원초아는 본능의 저장소이기 때문에 육체적 욕구의 충족과 직접적으로 연관이 있다. 앞서 살펴본 바와 같이 신체가 욕구 상태에 있을 때 긴장이 발생하고, 인간은 욕구를 충족

> 원초아 본능과 결합된 성격적인 측면; 정신 에너지의 근원이며, 쾌락 원리에 따라 작동함.

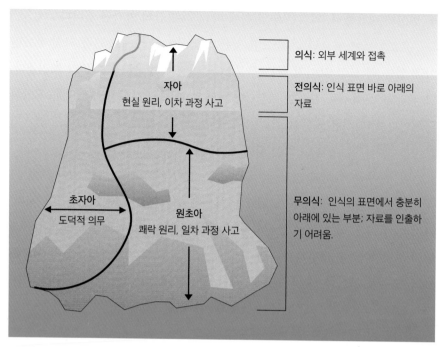

의식: 외부 세계와 접촉

전의식: 인식 표면 바로 아래의 자료

무의식: 인식의 표면에서 충분히 아래에 있는 부분; 자료를 인출하기 어려움.

자아
현실 원리, 이차 과정 사고

초자아
도덕적 의무

원초아
쾌락 원리, 일차 과정 사고

그림 2.1 프로이트가 제안한 성격의 수준과 구조

출처: From Weiten, *Psychology: Themes and Variations*, 2E. © 1992 Cengage Learning.

시켜 긴장을 줄이려는 행동을 한다. 원초아는 프로이트가 쾌락 원리(pleasure principle)라고 부르는 것에 따라 작동한다. 원초아는 쾌락을 증가시키고 고통을 피하도록 기능하면서 긴장을 감소시킨다.

원초아는 자신의 욕구를 즉각적으로 만족시키기 위해 노력하며, 어떠한 이유로든 만족이 지연되거나 연기되는 것을 용납하지 않는다. 원초아는 다른 사람이 무엇을 원하는지 아랑곳하지 않고, 자신이 원할 때 자신이 원하는 것을 추구하도록 만든다. 원초아는 이기적이고 쾌락을 추구하는 성격의 구조로, 원시적이고 비도덕적이며 집요하고 성급하다.

원초아는 현실에 대한 자각이 없다. 원초아는 자신의 욕구가 충족되지 않을 때 울고 미친 듯이 다리와 팔을 흔들지만, 정작 만족을 얻는 방법은 모르는 갓난아기에 비유될 수 있다. 배고픈 아기가 스스로 음식을 찾을 수 없는 것처럼 원초아는 반사 행동, 그리고 소망을 충족해 주는 환각 또는 공상을 통해서만 자신의 욕구를 충족시킬 수 있다. 프로이트는 이를 일차 과정 사고(primary-process thought)라고 명명했다.

쾌락 원리 원초아가 고통을 피하고 쾌락을 최대화하기 위해 기능하는 원리.

자아

대부분의 아동은 처벌을 각오하지 않는 한 다른 사람의 음식을 빼앗을 수 없다는 사실을 배운다. 이뿐만 아니라 아동은 항문의 긴장을 풀어 주는 즐거움을 화장실에 갈 때까지 지연시키는 법과 성적·공격적 욕구를 무분별하게 표출해서는 안 된다는 것을 배운다. 아동은 성장 과정에서 다른 사람들과 외부 세계에 지능적이고 합리적으로 대처하는 방법을 학습하며, 성인이 자신의 필요를 충족시키기 위해 사용하는 지각 능력, 인식 능력, 판단 능력, 기억 능력을 개발해 나간다. 프로이트는 이러한 능력을 이차 과정 사고(secondary-process thought)라고 불렀다.

이러한 특성은 이성 또는 합리성이라고 일컬을 수 있으며, 이는 프로이트의 두 번째 성격 구조인 자아(ego), 즉 성격의 이성적 주관자에 해당한다. 자아는 원초아의 충동을 좌절시키는 것이 아니라 원초아가 원하는 긴장 완화에 이를 수 있도록 돕는 것을 목표로 한다. 그러나 자아는 현실을 인식하기 때문에 원초아의 본능이 가장 잘 충족될 수 있는 시기와 방법을 결정한다. 즉 원초아의 충동을 만족시킬 적절하고 사회적으로 수용 가능한 시간, 장소, 대상을 결정하는 것이다.

자아는 원초아의 만족을 방해하지 않는다. 그보다는 현실의 요구를 충족시키기 위해 만족을 연기하거나 지연시키거나 그 방향을 전환하고자 한다. 자아는 현실적이고 실용적인 방식으로 환경을 인지하고 조작하므로 현실 원리(reality principle)에 따라 작동한다(현실 원리는 원초아가 작동하는 쾌락 원리의 반대 방향으로 작동한다).

따라서 자아는 원초아의 충동을 통제하려 한다. 프로이트는 자아와 원초아의 관계를 말을 탄 기수와 말의 관계에 비유했다. 말의 원시적이고 무자비한 힘은 기수에 의해 인도되고 확인되고 통제되어야 한다. 그렇지 않으면 말이 달려 나가 기수를 땅에 내팽개칠 수 있다.

자아는 원초아와 현실이라는 두 주인을 섬기며 상충되는 요구 사이에서 끊임없이 중재하고 타

일차 과정 사고 원초아가 본능적인 추동을 만족시키기 위해 시도하는 아이 같은 사고.
이차 과정 사고 외부 세계에 합리적으로 대처하기 위해 필요한 성숙한 사고 과정.
자아 성격의 이성적인 측면으로, 현실 원리에 따라 본능을 지휘하고 통제하는 역할을 함.
현실 원리 자아가 원초아적 본능의 표현을 적절히 제약하기 위해 기능하는 원리.

협한다. 자아는 결코 원초아와 무관하지 않다. 오히려 항상 원초아의 요구에 반응하고 원초아로부터 힘과 에너지를 얻는다.

당신에게 가족을 부양할 대안이 없을 경우, 이성적인 주인인 자아는 당신이 현재의 일을 좋아하지 않더라도 계속 직장에 다니게 만든다. 이뿐만 아니라 자아는 당신이 싫어하는 사람들과도 잘 지내도록 강요한다. 현실이 원초아의 요구를 적절한 방식으로 충족시키는 행동을 요구하기 때문이다.

자아는 이러한 통제 및 지연 기능을 끊임없이 발휘해야 한다. 그렇지 않으면 원초아의 충동이 이성적 자아를 지배하고 전복할지도 모른다. 원초아의 통제를 받는 사람은 사회에 위협이 될 수 있고 치료를 받거나 감옥에 갇히게 될 수도 있다. 프로이트는 우리가 원초아의 지배를 받지 않도록 우리 자신을 보호해야 한다고 주장했으며, 자아를 방어하는 데 사용할 수 있는 다양한 무의식적 기제를 제안하였다.

지금까지 인간의 성격이 끊임없는 전투 상태에 있다는 프로이트의 견해를 살펴보았다. 성격은 원초아의 충동으로 인한 긴장을 완화하기 위해 현실을 지각하고 조작하면서, 원초아를 만족시키면서도 동시에 이를 통제하려 한다. 성격은 본능적인 생물학적 힘에 이끌려 원초아의 요구와 현실의 요구 사이에서 줄타기를 하는데, 둘 다 끊임없는 경계를 필요로 한다.

초자아

원초아와 자아만으로는 인간 본성에 대한 프로이트의 그림이 완성되지 않는다. 세 번째로 등장하는 성격의 구조가 있는데, 이는 우리가 아동기에 습득한 강력하고 거의 무의식적인 명령이나 신념의 집합으로, 옳고 그름에 대한 생각에 해당한다. 일상적인 언어로 우리는 이것을 내재적 도덕성, 즉 양심이라고 부른다. 프로이트는 이를 초자아(superego)라고 불렀다.

프로이트는 성격의 도덕적 측면이 일반적으로 5세 또는 6세 때 학습되며, 생애 초기 성격의 도덕적 측면은 부모가 설정한 행동 규칙으로 구성된다고 믿었다. 아이들은 칭찬, 벌, 예시를 통해 부모가 어떤 행동을 좋게 생각하

초자아 성격의 도덕적 측면; 부모 및 사회의 가치관과 기준의 내면화.

고 어떤 행동을 나쁘게 생각하는지 배운다. 아동이 벌을 받은 행동은 초자아의 한 부분인 양심(conscience)을 형성한다. 초자아의 두 번째 부분은 자아 이상(ego-ideal)으로, 이는 아동이 과거에 칭찬을 받은 좋은(올바른) 행동으로 구성되어 있다.

프로이트는 이런 방식으로 아이들이 부모로부터 인정받거나 거절당하는 일련의 규칙을 학습한다고 생각했다. 아이들은 시간이 지남에 따라 이러한 가르침을 내면화하여 스스로 보상과 처벌을 실행하게 된다. 부모로부터 오던 통제는 자기통제로 대체되고, 결국 적어도 부분적으로는 이 거의 무의식적인 도덕 지침에 따라 행동하게 된다. 이러한 내면화의 결과로 자신의 도덕률에 반하는 어떤 행동을 수행할 때(또는 수행할 생각을 할 때조차) 죄책감이나 수치심을 경험한다.

도덕성의 궁극적인 중재자인 초자아는 끊임없이 도덕적 완벽을 추구한다. 이 과정에서 초자아는 가차 없고 잔인하기까지 하다. 초자아는 결코 포기하지 않으며, 강렬하고 비합리적이고 복종을 고집한다는 측면에서 원초아와 다르지 않다. 초자아는 자아가 하는 것처럼 원초아의 쾌락 추구 요구를 연기하려 할 뿐만 아니라, 이러한 요구(특히 성과 공격성 관련 요구)를 완전히 억제하고자 한다.

초자아는 (원초아가 하는 것처럼) 쾌락을 위해서도, (자아가 하는 것처럼) 현실적인 목표를 달성하기 위해서도 노력하지 않는다. 초자아는 오로지 도덕적 완벽을 위해 애쓴다. 원초아는 만족을 추구하고, 자아는 이를 지연시키려 하며, 초자아는 무엇보다 도덕성을 추구한다. 원초아와 마찬가지로 초자아는 자신의 요구를 타협하지 않는다.

자아는 이렇게 집요하고 반대되는 힘들의 압박을 받아 중간에 갇혀 있다. 따라서 자아는 초자아를 세 번째 주인으로 둔다. 프로이트의 말을 빌리자면, 가난한 자아는 원초아, 현실, 초자아라는 세 가지 힘에게 협박을 받고 세 방향에서 압박받으며 고된 시간을 보낸다. 자아가 너무 심하게 긴장하면 마찰의 불가피한 결과로 불안이 발생한다.

양심 초자아의 구성 요소; 아동이 벌을 받은 행동을 포함함.
자아 이상 초자아의 구성 요소; 인간이 추구해야 할 도덕적 또는 이상적인 행동을 포함함.

불안: 자아에 대한 위협

무언가에 대해 불안할 때 그것이 어떻게 느껴지는지 경험해 본 적이 있다면, 당신은 이미 불안이라는 단어의 일반적인 의미를 알고 있다고 말할 수 있다. 불안은 공포와 크게 다르지 않으나, 우리는 자신이 무엇을 두려워하는지 모르는 경우가 있다. 프로이트는 불안(anxiety)을 대상 없는 공포로 설명했는데, 이는 불안의 원천, 다시 말해 불안을 야기한 특정 대상을 지목할 수 없다는 것을 의미한다.

프로이트는 불안이 자신의 성격 이론에서 중요한 역할을 한다고 생각했다. 그는 모든 신경증적·정신병적 행동이 불안으로 인해 발달한다고 주장하는 한편, 출생 외상(birth trauma)이 모든 불안의 원형이라는 견해를 제안하였다.

모태에 있는 태아는 모든 욕구가 지체 없이 충족되는 가장 안정적이고 안전한 세계에 산다. 그러나 유기체는 태어나면서 적대적인 환경으로 내몰려 본능적인 요구가 항상 즉시 충족되지는 않을 수 있는 현실에 갑작스럽게 적응해야 한다. 신생아의 신경계는 미성숙하고 준비가 덜 된 상태임에도 다양한 감각 자극이 쏟아지는 경험을 한다.

결과적으로 영아는 엄청난 양의 근육 운동, 호흡 증가, 심박수 증가를 경험한다. 프로이트에 따르면 이러한 출생 외상은 원초아 본능이 충족되지 않을 것이라는 긴장과 공포 속에서 우리가 겪게 되는 첫 번째 불안 경험에 해당한다. 이러한 경험으로부터 이후에 어떤 위협에 노출될 때마다 나타날 반응과 감정의 양상이 발달한다.

외상(trauma)이란 불안에 대처할 수 없고, 불안에 압도될 위험이 있을 때 느껴지는 불안을 의미한다. 프로이트는 출생 외상이라는 개념을 통해 사람은 나이에 관계없이 영아기에 경험한 무기력한 상태로 환원될 수 있다고 설명하였다. 성인기에도 자아가 위협받을 때마다 영아기의 무력감이 어느 정도 재현된다. 프로이트는 현실적 불안, 신경증적 불안, 도덕적 불안이라는 세 가지 유형의 불안을 제안했다.

불안 명확한 원인 없는 공포와 두려움을 느끼는 것.

현실적 불안

첫 번째 유형의 불안은 현실적 불안(reality anxiety), 즉 객관적 불안으로, 이는 다른 유형의 불안을 야기한다. 여기에는 현실 세계의 실제 위험에 대한 공포가 관련되어 있다. 우리 대부분은 화재, 태풍, 지진을 포함하여 이와 유사한 재난을 당연히 두려워한다. 야생 동물을 보면 피하고, 과속하는 자동차가 있을 때 도로에서 뛰쳐나오고, 불타는 건물에서 빠져나온다.

현실적 불안은 실제 위험으로부터 자신을 보호하거나 도피하도록 행동을 안내하는 긍정적인 역할을 한다. 위협이 더 이상 존재하지 않을 때 공포는 가라앉는다. 그러나 현실에 기반한 공포가 극단으로 치달을 수 있다. 차에 치일까 봐 집 밖으로 나가지 못하거나 불이 무서워서 성냥에 불을 붙일 수 없는 사람은 현실에 기반한 공포를 정상 이상으로 느끼고 있는 것이다.

신경증적 불안

신경증적 불안이나 도덕적 불안 같은 다른 종류의 불안은 우리의 정신 건강에 지속적으로 문제가 된다. 신경증적 불안(neurotic anxiety)은 아동기 경험에 기반하며, 본능적 만족과 현실 사이의 갈등으로 유발된다. 아동은 성적 충동이나 공격적 충동을 노골적으로 표현하면 처벌을 받게 되는 경우가 많다. 따라서 원초아의 특정 충동을 만족시키고자 하는 욕망은 불안을 유발한다.

이 신경증적 불안은 원초아에 따르는 행동을 충동적으로 표현하는 경우 처벌을 받을 수도 있다는 것에 대한 무의식적 공포다. 이 공포는 본능 자체가 아니라 본능을 만족시킨 결과 생길 수 있는 일에 대한 공포라는 점에 유의해야 한다. 신경증적 불안은 원초아와 자아 사이의 갈등에서 생겨나며, 이는 어느 정도 현실적 근거를 갖는다.

도덕적 불안

도덕적 불안(moral anxiety)은 원초아와 초자아 사

현실적 불안 실제 위험에 대한 공포.
신경증적 불안 원초아와 자아 사이의 갈등과 관련된 공포.
도덕적 불안 원초아와 초자아 사이의 갈등과 관련된 공포.

이의 갈등에서 비롯된다. 이는 본질적으로 양심에 대한 공포다. 도덕적 규범에 위배되는 본능적인 충동을 표현하려는 동기가 부여되면, 초자아는 수치심이나 죄책감을 불러일으켜 보복한다. 쉽게 말해 양심의 가책을 느끼게 되는 것이다.

도덕적 불안은 초자아가 발달한 정도에 비례한다. 자신을 강하게 억제하는 양심을 가진 사람은 덜 엄격한 도덕 지침을 가진 사람보다 더 큰 갈등을 겪을 것이다. 신경증적 불안과 마찬가지로 도덕적 불안도 어느 정도 현실에 기반한다.

아동은 부모의 도덕 규범을 어기면 벌을 받고, 성인은 사회적 도덕 규범을 어기면 벌을 받는다. 도덕적 불안에 내포된 수치심과 죄책감은 내부에서 발생한다. 즉 공포와 불안을 일으키는 것은 우리의 양심이다. 프로이트는 초자아가 양심을 거스르는 것에 대해 엄격하게 보복한다고 생각했다.

불안의 목적

불안은 성격에 무언가 문제가 생겼다고 경고하는 역할을 한다. 불안은 유기체의 긴장을 유발하여 개인이 만족을 추구하도록 동기를 부여하는 추동(배고픔이나 갈증과 매우 유사함)이 된다. 이러한 긴장은 감소되어야 한다.

불안은 자아가 위협받고 있으며 조치를 취하지 않으면 자아가 전복될 수 있다고 개인에게 경고한다. 자아는 어떻게 자신을 보호하거나 방어할 수 있을까? 위협적인 상황에서 도망치는 것, 위험의 근원인 충동적인 욕구를 억제하는 것, 양심의 지시에 따르는 것 등 여러 가지 선택지가 있다. 이러한 합리적인 기술 중 어느 것도 효과가 없으면 자아를 방어하기 위해 고안된 방어기제에 의존할 수 있다.

불안에 대한 방어

우리는 불안이 임박한 위험, 즉 자아에 대한 위협에 대응하거나 이를 피해야 한다는 신호임을 살펴보았다. 자아는 원초아의 요구와 초자아로 대표되는 사회적 제약 사이에서 갈등을 줄여야 한다. 프로이트에 따르면 이러한 갈등은 항상 존재하는데, 본능이 항상 만족을 요구하는 반면 사회의 금기는 언제나 그러한 만족을 제한하려 하기 때문이다.

프로이트는 방어가 어느 정도는 항상 작동해야 한다고 믿었다. 모든 행동은 본능에 의해 동기 부여된다. 비슷한 맥락에서, 모든 행동은 불안으로부터 자신을 방어하고자 한다는 의미에서 방어적이다. 성격 내 전투는 그 강도에는 변동이 있지만 결코 멈추지 않는다. 프로이트는 몇 가지 방어기제(defense mechanism)를 가정하였다(표 2.1 참조). 그는 우리가 단 하나의 방어기제만 사용하는 경우는 거의 없다고 언급했다. 우리는 일반적으로 동시에 여러 개의 방어기제를 사용하여 불안으로부터 자신을 방어한다. 또한 방어기제 간에 일부 중복되는 부분이 있다.

방어기제의 종류는 다양하지만 공통적으로 두 가지 특성을 공유한다. 첫째, 모두 현실을 부인하거나 왜곡한다. 이는 필요한 것일 수도 있지만 그래도 현실에 대한 왜곡이다. 둘째, 모두 무의식적으로 작동한다. 우리는 방어기제를 인식하지 못한다. 즉 의식의 수준에서 우리는 세상과 자신에 대해 왜곡되거나 비현실적인 이미지를 가지고 살아간다.

표 2.1 프로이트의 방어기제 예시

억압	불안을 유발하는 무언가의 존재를 무의식적으로 부정하는 것
부인	외부 위협이나 외상성 사건의 존재 자체를 부정하는 것
반동 형성	자신의 추동과 반대되는 방식으로 원초아의 충동을 표현하는 것
투사	불편한 충동을 다른 사람에게 투사하는 것
퇴행	삶에서 좌절감을 덜 주던 이른 시기로 후퇴하여 보다 안정감을 느꼈던 시기에 특징적으로 보였던 유치하고 의존적인 행동을 보이는 것
합리화	행동을 더 수용 가능하고 덜 위협적으로 만들기 위해 재해석하는 것
전치	위협적이거나 사용할 수 없는 대상에서 사용 가능한 대체 대상으로 원초아의 충동을 옮기는 것
승화	본능적 에너지를 사회적으로 수용 가능한 행동으로 전환함으로써 원초아의 충동을 변경하거나 대체하는 것

억압 가장 기본적이고 자주 사용되는 방어기제인 억압(repression)은 자신도 모르게 의식적 인식에서 무언가를 제거하는 것이다. 억압은 우리에게 불편함이나 고통을 주는 무언가의 존재를 잊게 하는 무의식적 기제다. 억압은 상황이나 사람에 대한 기억, 현재에 대한 우리의 지각에 영향을 미칠 수 있으며(따라서 바로 눈앞에 분명히 존재하는 사건을 보지 못할 수도 있음), 심지어 생리적 기능에도 영향을 미칠 수 있다. 예를 들어 성욕을 너무 강하게 억제하는 남성은 발기 부전이 될 수 있다.

일단 억압이 작동하면 제거하기가 어렵다. 우리는 위험으로부터 자신을 보호하기 위해 억압을 사용한다. 따라서 억압을 제거하기 위해서는 그 생각이나 기억이 더 이상 위험하지 않다는 것을 깨달아야 한다. 그러나 억압을 해제하여 기억을 상기하지 않는다면, 위험이 더 이상 존재하지 않는다는 것을 어떻게 알 수 있겠는가? 억압 개념은 프로이트 성격 이론의 많은 부분의 기초가 되며 모든 신경증적 행동과 관련되어 있다.

부인 부인(denial)이라는 방어기제는 억압과 관련이 있으며, 이는 발생한 외부 위협이나 외상성 사건의 존재를 부정하는 것을 의미한다. 예를 들어 불치병에 걸린 사람은 자신의 죽음이 임박했다는 사실을 부정할 수 있다. 사망한 아동의 부모는 아동의 방을 정리하지 않고 그대로 유지함으로써 상실을 계속 부정할 수 있다.

반동 형성 반동 형성(reaction formation) 방어기제를 사용하는 사람은 반대 충동을 적극적으로 표현함으로써 불편한 충동으로부터 자신을 방어한다. 예를 들어 성적 갈망으로 위협을 느끼는 사람은 음란물에 대한 광적인 십자군이 될 수 있다. 극도의 공격적인 충동으로 인해 방해를 받는 사람은 지나치게 사려 깊고 우호적으로 행동할 수 있다. 따라서 이 기제를 사용하는 사람의 무의식적인 마음에서 정욕은 정절이 되고 증오는 사랑이 된다.

방어기제 자아가 일상생활의 갈등에 의해 유발되는 불안으로부터 자신을 방어하기 위해 사용하는 전략; 현실을 부인하거나 왜곡하는 것을 포함함.
억압 불안감을 유발하는 무언가의 존재를 무의식적으로 부정하는 것과 관련된 방어기제.
부인 외부 위협이나 외상성 사건의 존재를 부정하는 것과 관련된 방어기제.
반동 형성 자신의 추동과 반대되는 방식으로 원초아의 충동을 표현하는 것과 관련된 방어기제.

투사 불안한 충동을 방어하는 또 다른 방법은 충동을 다른 사람에게 투사하는 것이다. 이 방어기제를 투사(projection)라고 한다. 투사 방어기제를 사용하는 사람은 음탕하고 공격적이며 기타 용납할 수 없는 충동을 자신이 아니라 다른 사람이 가지고 있다고 생각한다. 이들은 사실상 "나는 그를 미워하지 않아. 그가 나를 미워해"라고 말하는 것과 같다. 또는 어머니의 경우 자신의 성욕이 사춘기 딸에게 있다고 생각할 수 있다. 충동은 여전히 있지만 개인에게 덜 위협적으로 느껴지는 방식으로 나타나는 것이다.

퇴행 퇴행(regression) 방어기제를 사용하는 사람은 현재 수준의 좌절과 불안에서 벗어나 더 쾌적했던 이전의 삶으로 후퇴하거나 회귀한다. 일반적으로 아동기 발달 단계 중 한 단계로 회귀한다. 개인은 유아적이고 의존적인 행동 등 그 당시와 같은 행동을 함으로써 삶에서 보다 안전했던 시간으로 돌아간다.

합리화 합리화(rationalization)는 행동을 더 합리적이고 수용 가능해 보이도록 재해석하는 방어기제다. 우리는 합리적인 설명이 있다고 자신을 설득함으로써 위협적인 생각이나 행동에 대해 변명하거나 이를 정당화한다. 직장에서 해고된 사람은 어쨌든 그 일이 정말 싫었다고 합리화할 수 있다. 자신의 사랑을 거절한 사람의 경우 결점이 많아 보일 수 있다. 실패에 대해 자신을 비난하는 것보다 다른 사람이나 무언가를 비난하는 것이 덜 위협적이다.

전치 원초아의 충동을 만족시키는 대상이 마땅치 않을 경우, 개인은 충동을 다른 대상으로 옮길 수 있다. 이것을 전치(displacement)라고 한다. 예를 들어 부모를 미워하는 아동이나 상사를 미워하지만 처벌이 무서워 적대감을 표현하지 못하는 직원은 일반적으로 반격하거나 보복할 가능성이 적은 다른 사람에게 공격성을 옮길 수 있다.

아동이 동생을 때릴 수도 있고, 성인이 개에게 소리칠 수도 있다. 이러한 예들에서 공격적 충동의

투사 불편한 충동을 다른 사람에게 투사하는 것과 관련된 방어기제.

퇴행 삶에서 좌절감을 덜 주던 이른 시기로 후퇴하여 보다 안정감을 느꼈던 시기의 특징이었던 유아적이고 의존적인 행동을 보이는 것과 관련된 방어기제.

합리화 행동을 더 수용 가능하고 덜 위협적으로 보이도록 재해석하는 것과 관련된 방어기제.

전치 위협적이거나 사용할 수 없는 대상에서 사용 가능한 대체 대상으로 원초아의 충동을 옮기는 것과 관련된 방어기제; 예를 들어 상사에 대한 적대감을 자신의 아이에 대한 적대감으로 대체하는 것.

원래 대상은 위협적이지 않은 대상으로 대체되었다. 그러나 대체 대상은 원래 대상만큼 만족스럽게 긴장을 줄여 주지 못한다. 당신이 여러 전치와 연관되어 있다면, 방출되지 않은 긴장이 축적되고, 당신은 그 긴장을 줄이는 데 도움이 될 새로운 방법을 찾기 위해 점점 더 내몰리게 될 것이다.

승화 전치가 원초아의 충동을 만족시키기 위해 대체 대상을 찾는 것과 관련이 있다면, 승화(sublimation)는 원초아의 충동 자체를 변경하는 것이다. 본능적 에너지는 사회에서 수용 가능하고 존중받을 만한 다른 표현으로 방향을 전환한다. 예를 들어 성적 에너지는 예술적이고 창의적인 행동으로 변경, 즉 승화될 수 있다.

프로이트는 다양한 인간 활동, 특히 예술적 성격의 활동은 사회적으로 용인되는 배출구로 방향이 전환된 원초아 충동의 표현이라고 믿었다. 전치(승화는 전치의 한 형태임)와 마찬가지로 승화는 절충안이다. 따라서 완전한 만족을 주지 못하고, 해소되지 않은 긴장감은 쌓이게 된다.

자신을 속이기

앞에서 살펴본 바와 같이 방어기제는 무의식적으로 현실을 부정하거나 왜곡하는 것이다. 우리는 이러한 방어를 사용할 때 자신을 속이고 있는 것이지만, 그 사실을 인식하지 못한다. 자신을 속이고 있다는 것을 안다면 방어가 그렇게 효과적이지는 않을 것이다. 방어가 제대로 작동하면 위협이 되거나 방해되는 자료는 의식적 인식에서 벗어난 채로 유지된다. 그 결과 우리는 자신에 대한 진실을 모른 채 자신의 욕구, 두려움, 바람에 대해 왜곡된 그림을 가질 수 있다.

방어가 무너져 보호에 실패하면서 자신에 대한 진실이 드러나는 상황이 있다. 이런 상황은 비정상적인 스트레스를 받을 때(또는 정신분석을 받을 때) 발생한다. 방어가 실패하면 우리는 불안에 압도된다. 의기소침해지고, 스스로 무가치하다고 느끼고, 우울해지는 것이다. 방어가 회복되지 않거나 새로운 방어가 형성되지 않으면, 신경증 또는 정신병 증상이 나타날 수 있다. 따라서

승화 본능적 에너지를 사회적으로 수용 가능한 행동으로 전환함으로써 원초아의 충동을 변경하거나 대체하는 것과 관련된 방어기제.

프로이트는 방어가 정신 건강에 필요하다고 주장하였다. 방어기제가 없다면 우리는 오래 살아남을 수 없을 것이다.

성격의 심리성적 발달 단계

프로이트는 모든 행동이 방어적이지만 모든 사람이 동일한 방어기제를 같은 방식으로 사용하는 것은 아니라고 믿었다. 우리 모두는 동일한 원초아의 충동에 의해 움직이지만, 자아와 초자아가 동일한 보편성을 갖는 것은 아니다. 모든 사람의 성격 구조는 동일한 기능을 수행하지만, 성격 구조는 경험을 통해 형성되기 때문에 그 내용은 사람마다 다르다. 사람들은 각기 다른 경험을 하며, 같은 집에서 자란 형제라도 완전히 같은 경험을 하지는 않는다.

따라서 성격은 아동기에 다양한 사람 및 대상과 맺은 독특한 관계를 기반으로 어느 정도 형성된다. 우리는 개인적 성격 특성, 즉 각자를 개체로 정의해 주는 일관된 행동 양상을 개발해 간다.

발달 단계의 갈등

프로이트는 개인의 독특한 성격 유형이 주로 부모와 자녀의 상호작용을 통해 아동기에 발달한다고 주장했다. 아동은 끊임없이 원초아의 요구를 만족시켜 쾌락을 극대화하려고 하는 반면, 부모는 사회의 대표자로서 현실과 도덕의 요구를 강요하려고 한다. 프로이트는 아동기의 경험을 매우 중요하게 여겼기 때문에 성인의 성격은 5세 정도가 되면 확고하게 형성되고 구체화된다고 말했다.

아동기가 그토록 중요하다고 그가 믿게 된 것은 자신의 아동기 기억과 성인 환자가 보여 준 기억 때문이었다. 그의 환자들은 정신분석을 위해 진료실 소파에 누우면, 늘 자신의 아동기로 거슬러 올라갔다. 프로이트는 점차 성인의 신경증이 인생의 초기에 형성되었다고 생각하게 되었다.

또한 프로이트는 영아와 아동이 강한 성적 갈등을 경험하며, 이 갈등이 신체의 특정 부위를 중심으로 일어난다는 것을 알아차렸다. 그는 각 신체 부위가 서로 다른 시기에 갈등의 중심으로 등장한다는 것을 지적했다. 이러한 관찰을 바탕으로 그는 심리성적 발달 단계(psychosexual stages of development)에 대한 이론을 도출했다. 각 단계는 신체의 성감대에 의해 정의된다(표 2.2 참조). 각 발달 단계에는 영아 또는 아동이 다음 단계로 진행하기 전에 해결해야 하는 갈등이 존재한다.

표 2.2 프로이트의 심리성적 발달 단계

단계	연령	특성
구강기	출생~1세	일차적인 성감대로서의 입; 빠는 것으로부터 느끼는 쾌감; 지배적 원초아
항문기	1세~3세	배변 훈련(외부 현실)에 의한 배변 만족 방해
남근기	4세~5세	근친상간적 환상; 오이디푸스 콤플렉스; 불안; 초자아 발달
잠복기	5세~사춘기	성적 본능의 승화기
생식기	청소년~성인	성 역할 정체성 및 성인으로서의 사회적 관계 발달

때때로 개인은 갈등이 해결되지 않아 다음 단계로 이행하기를 꺼리거나 이행할 수 없게 된다. 부모가 아이의 필요를 지나치게 만족시켜 주게 되면, 아이는 다음 단계로 이행하지 않으려 할 수 있다. 두 경우 모두 개인은 해당 발달 단계에 고착된 것이라고 볼 수 있다. 고착(fixation) 상태에서는 일부 리비도 또는 정신 에너지가 해당 발달 단계에 계속 투자되기 때문에 다음 단계에는 상대적으로 적은 에너지가 투자된다.

심리성적 이론의 핵심은 유아의 성욕이다. 프로이트는 아동이 성적 추동에 의해 동기 부여된다고 주장하여 동료 심리학자들과 일반 대중에게 충격을 주었다. 그러나 프로이트가 성을 좁은 의미로 정의하지 않았다는 점을 상기할 필요가 있다. 그는 아동이 생후 첫 5년 동안의 발달 단계에서 성감대로 기능하는 입, 항문 및 생식기에서 비롯하는 광범위한 신체적인 쾌감을 얻

심리성적 발달 단계 모든 아동이 거쳐 가는 심리적인 발달 단계; 구강기, 항문기, 남근기, 생식기 단계가 여기에 해당하며, 각 단계에서 원초아의 만족은 해당 신체 부위 자극에 달려 있음.
고착 과도한 좌절이나 만족으로 인해 리비도의 일부가 심리성적 발달 단계 중 한 단계에 계속 투자되는 것.

고자 하는 추동을 경험한다고 믿었다.

구강기: 삼키기 또는 내뱉기

심리성적 발달의 첫 번째 단계인 구강기(oral stage)는 출생부터 1세까지 지속된다. 이 기간 동안 영아의 주된 쾌감의 원천은 입이다. 영아는 빨고, 물고, 삼키는 데서 쾌감을 얻는다. 물론 입은 분명 생존을 위해(음식 섭취) 사용되지만, 프로이트는 구강 활동에서 파생되는 성애적 만족을 더 강조했다.

이 단계에서 영아는 리비도의 주요 대상인 어머니 또는 양육자에게 전적으로 의존한다. 좀 더 친숙한 용어로 설명하면, 영아는 원시적인 방식으로 어머니를 사랑하는 법을 배우고 있다고 할 수 있다. 어머니가 영아의 요구에 어떻게 반응하느냐에 따라 영아의 작은 세계의 성격이 결정된다. 영아는 어머니를 통해 세상을 좋은 곳 또는 나쁜 곳, 만족스러운 곳 또는 실망스러운 곳, 안전한 곳 또는 위험한 곳으로 인식하게 된다.

이 단계에는 구강함입적 행동(삼키기)과 구강 공격적 행동, 즉 구강가학적 행동(깨물기, 내뱉기)이라는 두 가지 행동 방식이 있다. 구강함입적(oral incorporative) 양식이 먼저 나타나며, 이 양식은 다른 사람 또는 음식으로 인해 입에 느껴지는 쾌락적 자극과 관련이 있다. 구강함입적 단계에 고착된 성인은 먹고, 마시고, 흡연하고, 키스하는 것과 같은 구강 활동에 과도한 관심을 갖는다.

영아 때 이 단계에서 지나치게 만족을 느낀 사람들은 성인기에 구강적 성격을 보이며 높은 수준의 낙관성과 의존성을 보이게 될 것이다. 이들은 영아기를 심히 탐닉했기 때문에 계속해서 다른 사람들에게 의존하고 다른 사람들이 자신의 필요를 충족시켜 주기를 기대한다. 결과적으로 그들은 사람들을 매우 잘 믿고, 사람들이 하는 말을 곧이곧

▶ 심리성적 발달의 구강기에는 빨기, 깨물기, 삼키기를 통해 쾌감을 느낀다.

대로 믿으며, 다른 사람들을 지나치게 신뢰한다. 이러한 사람들은 구강수동적 성격 유형(oral passive personality type)으로 분류된다.

두 번째 구강 행동인 구강공격적(oral aggressive) 행동, 즉 구강가학적(oral sadistic) 행동은 이가 나면서 고통스럽고 좌절감을 주는 경험을 하는 시기 동안 발생한다. 이러한 경험의 결과로 영아는 어머니를 사랑하면서도 미워하게 된다. 지금까지 영아의 삶에서 모든 것을 그녀가 책임져 왔으니 고통도 그녀가 책임져야 하는 것이다.

이 단계에 고착된 사람들은 과도한 비관성, 적대감, 공격성을 나타내는 성향이 있다. 이들은 논쟁적이고 냉소적이어서, 소위 무뚝뚝하게 말을 하고 다른 사람들에게 잔인한 태도를 보일 것이다. 이들은 다른 사람들을 부러워하는 경향이 있으며, 우월한 위치를 차지하고자 사람들을 착취하고 조종하려고 한다.

고착이 생기면 약간의 리비도가 남기는 하지만, 구강기는 젖을 뗀 시점에 종료된다. 그런 다음 영아의 관심은 다른 쪽으로 이동한다.

항문기: 놓아주기 또는 보유하기

부모로 대표되는 사회는 생후 1년 동안 아동의 욕구에 맞추어 그 요구에 적응하되, 그에 대한 대가로 아동이 사회에 적응하는 부분에 대해서는 상대적으로 별 기대를 하지 않는 편이다. 이러한 상황은 생후 18개월 전후로 아동이 새로운 요구, 즉 배변 훈련을 받게 되면서 극적으로 바뀐다. 프로이트는 항문기(anak stage)의 배변 훈련 경험이 성격 발달에 중요한 영향을 미친다고 믿었다.

배변은 아동에게 성애적 쾌감을 주지만, 배변 훈련이 시작되면 아동은 이 쾌감을 연기(delay)하는 법을 배워야 한다는 압박을 받는다. 부모가 배변 시간과 장소를 정하려 할 때, 아동은 처음으로 본능적 충동을 충족시키는 데 방해를 받는다.

부모라면 누구나 알 수 있듯이 이때는 모두에게 갈등의 시기다. 아동은 부모에 맞서 사용할 수 있는 무기가 있다는 것을 깨닫는다. 아동은 무엇인가를 통제할 수 있고 부모의 요구를 따르거나 따르지 않을 수 있다. 예를 들어 배변 훈련이 잘 되지 않는다면, 즉 아이가 학습에 어려움을 겪거나 부모의 요구가 지나친 경우에 아이는 다음 두 가지 방식 중 하나로 반응할 수 있다.

첫 번째 방법은 부모가 원하지 않는 때와 장소를 골라 배변을 하여 부모의 규제 시도를 무력화하는 것이다. 이 방법이 좌절감을 줄이는 데 효과적인 기술이라고 여겨 이를 자주 사용하는 아동은 항문공격적(anal aggressive) 성격을 발달시킬 수 있다. 프로이트에 따르면 이것은 잔혹함, 파괴적 행동, 성마름과 같이 성인의 삶에서 나타나는 여러 형태의 적대적이고 가학적인 행동의 기초가 된다. 이런 사람은 무질서하고, 다른 사람을 소유의 대상으로 여기기 쉽다.

아동이 배변 훈련의 좌절감에 반응할 수 있는 두 번째 방법은 대변을 보유하는, 즉 참는 것이다. 이것이 성적인 쾌감(대장 전체에서 파생됨)을 생성하고 부모를 조종하는 또 다른 성공적인 기술이 될 수 있다고 프로이트는 말했다. 아동이 며칠 동안 배변을 하지 않고 지내는 것을 보면 부모는 걱정을 하거나 어쩔 줄 몰라 할 수도 있다. 따라서 아동은 부모의 관심과 애정을 확보하는 새로운 방법을 발견하게 되는 것이다.

이 행동은 항문보유적(anal retentive) 성격을 발달시키는 기초가 된다. 이런 사람은 고집이 세고, 인색하며, 이들의 안전감은 무엇을 저축하고 소유하는가, 그리고 무엇을 삶에서 유지할 수 있는가에 좌우되기 때문에 물건을 비축하거나 보유하는 행동을 보인다. 항문보유적인 사람은 경직되고, 강박적으로 단정하고, 고집이 세고, 지나치게 양심적일 가능성이 높다.

남근기

4~5세경에는 쾌감의 초점이 항문에서 생식기로 옮겨 가면서 새로운 문제가 발생한다. 아동은 다시 원초아의 충동과 부모의 기대를 통해 전달되는 사회의 요구 사이의 싸움에 직면한다.

남근기(phallic stage) 아동은 자신과 또래 친구의 생식기를 탐색하고 조작하는 데 상당한 관심을 보인다. 아동은 생식기를 통한 쾌감을 자위와 같은 행동이나 환상을 통해 경험한다. 아동은 출산에 대해 궁금해하고, 남아는 남근이 있는데 여아는 남근이 없는 이유를 알고 싶어 하며, 이성 부모와 결혼하고 싶다고 말하기도 한다.

　남근기는 전생식기 또는 아동기 단계 중 마지막 단계이며 남근기의 갈등은 해결해야 할 가장 복잡한 콤플렉스가 된다. 또한 많은 문화권에서 금기시하는 근친상간이라는 개념이 등장하기 때문에 많은 사람들이 이 개념을 수용하기 힘들어한다. 근친상간의 욕망과 자위 사이에서 전형적인 4세 아동은 부모에게 충격, 분노, 억압의 씨앗을 심게 된다. 현실과 도덕성은 사악한 원초아와 다시 한번 조우하게 된다.

남아의 오이디푸스 콤플렉스　남근기의 기본적인 갈등은 이성 부모에 대한 아이의 무의식적 욕망에 집중된다. 여기에는 동성 부모를 대체하거나 파괴하려는 무의식적 욕망이 동반된다. 이 갈등을 잘 이해하려는 과정에서 프로이트의 가장 잘 알려진 개념 중 하나인 오이디푸스 콤플렉스(Oedipus complex)가 나왔다. 그 이름은 기원전 5세기에 소포클레스(Sophocles)가 쓴 희곡 『오이디푸스 왕(Oedipus Rex)』에 묘사된 그리스 신화에서 따온 것이다. 신화에서 젊은 오이디푸스는 아버지를 죽이고 어머니인지 모른 채 자신의 어머니와 결혼하게 된다.

　남아와 여아의 오이디푸스 콤플렉스는 서로 다른 양상을 보인다. 프로이트는 남아의 콤플렉스 개념을 더 완전하게 발전시켰다. 남아의 오이디푸스 콤플렉스에서 어머니는 어린 남아의 사랑의 대상이 된다. 남아는 환상과 드러나는 행동을 통해 어머니에 대한 성적 갈망을 나타낸다. 이와 동시에 아버지를 자신의 앞길을 가로막는 장애물로 보고 경쟁자이자 위협으로 여기게 된다.

　또한 남아는 아버지가 어머니와 특별한 관계를 맺고 있다는 사실을 인지하고 있음에도, 그 관계에 자신은 참여하지 못한다. 그 결과 아버지에 대한 질투와 적대감이 생긴다. 프로이트는 자신의 아동기 경험을 바탕으로 오이디푸스 콤플렉스를 개념화했다. 그는 다음과 같이 기술했다. "나의 사례에서도 어머니에 대한 사랑과 아버지에 대한 질투를 발견할 수 있었다"(Freud, 1954, p. 223).

　아버지 자리를 차지하려는 남아의 욕망에는 아버지가 보복하고 자신을 해칠 것이라는 공포가

오이디푸스 콤플렉스 어머니를 향한 남근기(4~5세) 남아의 무의식적 욕망; 아버지를 대체하거나 파괴하려는 욕망이 동반됨.

▶ 남아는 자신을 아버지와 동일시함으로써 오이디푸스 콤플렉스를 해결하게 된다.

뒤따른다. 남아는 자신이 경험한 아버지에 대한 공포를 생식기적 용어로 해석하면서, 아버지가 자신의 쾌락과 성적 갈망의 근원인 신체 기관(남근)을 잘라 낼까 두려워하게 된다. 프로이트는 이러한 두려움을 거세 불안(castration anxiety)이라고 명명했는데, 이는 프로이트가 아동기에 경험했던 것이다. "[프로이트의 아버지]가 어린 프로이트에게 성기를 가지고 놀지 말라고 말하며, 심지어 이를 어기면 거세하겠다고 위협했던 것으로 볼 수 있는 여러 징후가 있다"(Krüll, 1986, p. 110).

이 주장을 뒷받침하는 추가적 증거를 자위에 관한 프로이트의 후기 글에서 찾아볼 수 있다. 이 글에서 그는 아버지로부터 그러한 위협이 자주 있었다고 기술하였다. 또한 프로이트는 그가 성인이 되어 꾼 꿈에 아버지에 의해 거세당하는 공포와 관련된 내용이 있었다고 보고하였다.

> 거세 불안 오이디푸스 콤플렉스 기간 동안 남아가 자신의 음경이 절단될까 두려워하는 것.

프로이트가 아동기에 경험한 두 가지 사건은 거세에 대한 프로이트의 공포를 증폭시켰을 수 있다. 3세쯤 되었을 때 그와 남자 조카는 여자 조카와 다소 성적인 놀이를 하다가 그 여자 조카에게 성기가 없는 것을 알게 되었다. 3세 남아에게 이것은 성기가 잘릴 수 있음을 증명하기에 충분한 증거가 되었다. 한 전기 작가의 의견에 따르면, "거세의 위협은 유대인 남아에게는 특히 실제적으로 느껴지는데, 이는 그들이 할례 의식과 거세를 연결하여 생각하는 경향이 있기 때문이다"(Krüll, 1986, p. 110). 프로이트는 후기 저작에서 이 의견이 타당하다고 기술하였다.

남아는 거세에 대한 공포가 너무 강해서 어머니에 대한 성적 욕망을 억압할 수밖에 없다. 프로이트에게 이것은 오이디푸스 갈등을 해결하는 방법이었다. 남아는 어머니에 대한 성적 갈망을 보다 수용 가능한 애정으로 전치하고 자신을 아버지와 더 강하게 동일시한다. 그렇게 함으로써 남아는 어느 정도의 성적 만족을 대리적으로 경험한다. 남아는 이 동일시를 강화하기 위해 아버지의 버릇, 행동, 태도, 초자아 기준까지 답습하며 아버지를 더 닮으려고 노력하게 된다.

여아의 오이디푸스 콤플렉스 프로이트의 일부 추종자들이 엘렉트라 콤플렉스(Electra complex)라고 불렀던 여아의 남근기 갈등에 대해 프로이트는 다소 모호하게 설명했다. 그 이름은 소포클레스가 쓴 또 다른 행복한 가족 이야기에서 파생되었는데, 이 이야기에서 엘렉트라는 남동생을 설득하여 그녀가 싫어했던 어머니를 살해하고자 한다.

프로이트에 따르면 남아와 마찬가지로 여아의 첫 번째 사랑의 대상은 어머니다. 어머니는 영아기에 음식, 애정, 안정의 주요 원천이기 때문이다. 그러나 남근기에는 아버지가 여아의 새로운 사랑의 대상이 된다. 왜 어머니에서 아버지로 전환이 일어나는 것일까? 프로이트는 여아가 남아는 남근이 있고 자신은 그렇지 않은 것을 발견하면서 보이는 반응 때문이라고 설명하였다.

여아는 열등하다고 여겨지는 상태에 대해 어머니를 비난하고 결과적으로 어머니를 덜 사랑하게 된다. 심지어 어머니가 자신에게 한 일에 대해

엘렉트라 콤플렉스 아버지를 향한 남근기(4~5세) 여아의 무의식적 욕망; 어머니를 대체하거나 파괴하려는 욕망이 동반됨.

어머니를 미워할 수도 있다. 그녀는 더 귀하게 평가받는 성 기관을 가지고 있다는 이유로 아버지를 부러워하면서 그에게로 사랑을 전가한다. 프로이트는 다음과 같이 썼다. "여아는 자신에게 남성의 성기와 동등한 가치를 지닌 성기가 없음을 몹시 아쉬워한다. 이러한 이유로 자신을 열등한 존재로 여기게 되는데, 남근에 대한 이러한 선망은 여성을 특징짓는 수많은 반응의 기원이 된다"(Freud, 1925, p. 212). 따라서 여아는 남아의 거세 불안에 상응하는 남근 선망(penis envy)을 갖게 된다. 여아는 자신이 남근을 잃어버렸다고 믿으며, 남아는 자신의 남근을 잃어버릴까 두려워한다.

프로이트는 여성의 오이디푸스 콤플렉스가 결코 완전히 해결될 수 없으며, 이로 인해 여성의 초자아는 제대로 발달하기 힘들다고 주장했다. 프로이트는 성인 여성이 남성에게 느끼는 사랑은 항상 남근에 대한 선망으로 가득 차 있으며, 남아를 낳음으로써 이러한 감정을 부분적으로 보상받게 된다고 기술했다. 또한 그는 여아가 자신을 어머니와 동일시하고 아버지에 대한 사랑을 억압한다고 설명했지만, 이것이 어떤 기제를 통해 일어나는지에 대해 구체적인 설명을 내놓지는 못했다.

남근기적 성격 남근기의 갈등과 갈등의 해결 정도는 성인이 되어 이성과 맺는 관계를 결정하는 데 매우 중요한 역할을 한다. 갈등이 제대로 해결되지 않으면 거세 불안과 남근 선망이 지속될 수 있다. 소위 말하는 남근기적 성격, 즉 남근기적 성격 유형은 강한 자기애의 형태로 나타난다.

남근기적 성격을 가진 사람들은 지속적으로 이성을 유혹하려는 행동을 하며 성숙한 이성애 관계를 구축하는 데 어려움을 겪는다. 그들은 스스로 매력적이고 독특하다고 생각하는 자신의 자질에 대해 끊임없는 인정과 찬사를 필요로 한다. 이러한 지지가 있는 한 그들은 잘 기능하지만, 타인의 인정과 찬사가 부족한 경우 자신이 부적절하고 열등하다고 느낀다.

프로이트는 남성의 남근기적 성격을 뻔뻔하고 허영심이 강하며 자신을 과신하는 경향으로 묘사했다. 이러한 성격을 가진 남성은 반복적인 성적 정복을 통해 남성성을 주장하고 표현하려 한다. 남근 선망에 의해 동기 부여

남근 선망 남성이 가진 남근 때문에 여성이 남성에게 느끼는 부러움; 여성의 남근 부재로 인한 상실감이 동반됨.

되는 여성의 남근기적 성격은 여성성을 과장하고 자신의 재능과 매력을 사용하여 남성을 압도하고 정복하려 한다.

프로이트에 따르면 우리 모두는 남근기의 긴장감 넘치는 드라마를 억압한다. 그 결과 성인으로서 우리는 무의식 수준에서 동기 부여되며 그 갈등에 대해서는 거의 기억하지 않게 된다.

잠복기

심리성적 발달에서 구강기, 항문기, 남근기의 갈등과 스트레스는 성인 성격의 대부분을 구성하는 기본 재료를 만들어 낸다. 원초아, 자아, 초자아라는 성격의 세 가지 주요 구조는 5세 전후에 형성되며, 이들 간 관계는 갈수록 견고해진다.

다행히 아동과 부모가 어느 정도 휴식을 취하면서 향후 5~6년은 조용하게 지나간다. 잠복기(latency period)는 심리성적 발달 단계가 아니다. 프로이트는 이 기간 동안 성 본능은 휴면 상태에 들어가고, 학교 활동, 스포츠, 취미 영역으로 일시적으로 승화되면서 아동이 동성 친구들과 우정을 쌓을 수 있다고 믿었다.

생식기

심리성적 발달의 마지막 단계인 생식기(genital stage)는 사춘기에 시작된다. 신체는 생리적으로 성숙해지며, 발달 초기 단계에서 주요 고착이 일어나지 않았다면 정상적인 생활이 가능하다. 프로이트는 이 시기의 갈등이 다른 시기보다 덜 강렬하다고 보았다. 청소년은 성적 표현에 있어 기존의 사회적 제재와 금기에 순응해야 하지만, 승화를 통해 갈등을 최소화할 수 있다고 믿었다.

10대 시기에는 성적 에너지를 표출하는 데 억압을 받는다. 이는 부분적으로는 사회적으로 용인되는 대체물을 통해, 이후에는 성숙한 성인으로서의 연인 관계를 통해 충족될 수 있다. 생식기 성격

잠복기 대략 5세부터 사춘기까지의 기간으로, 이 기간 동안 성 본능은 휴면 상태에 들어가고, 학교 활동, 스포츠, 취미 영역으로 승화되면서 아동이 동성 친구들과 우정을 쌓을 수 있음.

유형은 사랑과 일에서 만족을 찾을 수 있으며, 후자는 원초아 충동을 승화시키는 출구로서 사회적으로 용인된다.

아동기의 중요성

프로이트는 성인의 성격을 결정짓는 데 있어 초기 아동기의 중요성을 매우 강조했다. 프로이트는 초기 5년을 결정적인 시기로 보았다. 그의 성격 이론은 후기 아동기와 청소년기는 덜 강조하였고, 성인기의 성격 발달에는 거의 관심을 두지 않았다. 프로이트에 따르면 성인으로서 우리가 어떻게 행동하고 생각하고 느끼는지는 우리가 읽기를 배우기도 전에 노출되고 대처해야 했던 갈등에 의해 결정되는 것이다.

인간 본성에 대한 질문

프로이트는 인간 본성에 대해 아첨하거나 낙관적인 이미지를 제시하지 않았다. 오히려 반대로, 그는 모든 사람은 격렬한 전투가 계속되는 갈등의 어두운 지하 저장소와 같다고 주장했다. 그의 이론에서 인간은 우울하고 비관적인 용어로 묘사되며, 거의 항상 패배할 운명에 처한 채 내면의 힘과 투쟁하고 있다. 인간은 불안할 수밖에 없는 운명 속에서 자신을 움직이는 충동 중 적어도 일부는 좌절시키면서, 끊임없는 긴장과 갈등을 경험한다. 인간은 쉴 새 없이 인간을 전복시킬 틈을 노리는 원초아의 힘에 맞서 끊임없이 자신을 방어한다. 좋지 않은 전망 속에서 말이다.

프로이트의 체계에서 인생의 궁극적이고 필수적인 목표는 단 하나, 긴장을 줄이는 것뿐이다. 본성 대 양육 쟁점에서 프로이트는 중도를 택했다. 성격의 가장 강력한 부분인 원초아는, 심리성적 발달 단계와 마찬가지로 타고나는, 생리학적 기반을 가진 구조이다. 그러나 우리 성격의 다른 부분은 아동기 부모와 자녀 간 상호작용을 통해 학습된다.

프로이트는 우리 모두가 동일한 심리성적 발달 단계를 거치고 동일한 원초아의 힘에 의해 동기 부여된다는 점에서는 인간 본성의 보편성을 인정했지만, 성격의 일부는 각 개인에게 고유하다고 주장했다. 자아와 초자아의 기능은 모든 사람에게 동일하지만, 이것들은 개인적인 경험을 통해 형성되기 때문에 그 내용은 사람마다 다르다. 또한 심리성적 단계를 거치면서 다양한 성격 유형이 개발될 수 있다.

자유의지 대 결정론 쟁점에서 프로이트는 결정론적 관점을 취했다. 사실상 우리가 행동하고, 생각하고, 꿈꾸는 모든 것은 삶과 죽음의 본능, 즉 접근할 수 없고 보이지 않는 우리 내부의 힘에 의해 미리 결정된다고 보았다. 성인기 성격은 통제력이 제한적이었던 5세 이전의 상호작용에 의해 결정되며, 이러한 경험은 영원히 우리를 사로잡는다.

한편 프로이트는 정신분석을 받으면 자유의지를 더 많이 행사하고 책임감 있는 선택을 하는 능력을 발달시킬 수 있다고 주장했다. "무의식적이었던 것을 더 많이 의식하게 될수록 자신의 삶을 더 잘 영위할 수 있다"(Solnit, 1992, p. 66). 따라서 프로이트는 정신분석이 결정론의 제약으로부터 사람들을 해방시킬 수 있는 잠재력을 가지고 있다고 말했다.

프로이트는 인간 본성을 전반적으로 암울한 색조로 그렸는데, 여기에는 인간에 대한 그의 개인적 견해가 반영되어 있으며, 나이가 들고 건강이 쇠퇴하면서 그 그림은 더욱 어두워졌다. 그는 일반 사람들에 대해 가혹한 판단을 내놓았다. "나는 인간에게서 전반적으로 좋은 점을 거의 찾지 못했다. 내 경험상 인간은 대부분 쓰레기다"(Freud, 1963, pp. 61-62). 프로이트의 성격 이론에서 우리는 우리에 대한 가혹한 판단을 만나게 된다.

프로이트 이론에서의 평가

프로이트는 무의식을 삶의 주요 동기로 간주했다. 무의식은 의식적 인식에서 억눌린 모든 아동기 갈등의 저장소다. 프로이트의 정신분석 체계의 목표는 억압된 기억, 공포, 생각을 의식적 인식으로 되돌리는 것이었다. 정신분석가는 마음의 보이지 않는 부분, 즉 달리 접근할 수 없는 이 어두운 영역을 어떻게 측정하고, 평가할 수 있을까? 이를 찾을 수는 있을까? 프로이트는 환자들과 작업하면서 자유연상과 꿈 분석이라는 두 가지 평가 방법을 고안했다.

자유연상

프로이트가 자유연상(free association) 기술을 개발하게 된 데에는 개업 초기에 친구가 된 빈의 의사 요제프 브로이어(Josef Breuer)의 덕이 크다. 브로이어는 히스테리(hysteria) 증상을 보이는 젊은 여성을 치료하면서 환자에게 최면을 걸어 억압된 사건을 떠올리게 할 수 있다는 것을 발견했다. 경험을 되살려 사건을 회상하게 하면 불안 증상이 완화되었다.

그 후 프로이트는 어느 정도 성공적으로 최면을 사용하기 시작했고, 그 과정을 정화를 의미하는 그리스어인 카타르시스(catharsis)라고 불렀다. 그러나 이후에 그는 최면을 포기하였다. 환자들 중에는 최면을 걸기 어려운 경우도 있었고, 일부 환자는 최면 중에 힘든 사건을 떠올렸지만, 나중에 질문했을 때는 그 기억을 회상하지 못했기 때문이다.

환자가 억압한 자료를 회상하게 하기 위해 최면 이외의 기술을 찾던 프로이트는 진료실 소파 뒤(환자가 볼 수 없는 위치)에 앉아 환자에게 소파에 눕도록 요청했다. 환자의 눈에 띄지 않게 숨은 데에는 개인적이면서도 전문적인 이유가 있었다. 그는 "나는 하루에 8시간 이상 사람들을 쳐다보는 것을 참을 수 없다"라고 기록했으며, "환자의 말을 경청하다보면 나 역시 자신을 무의식적 생각의 흐름에 내맡기게 된다. 그 과정에서 내 표정으로 인해 환자에게 해석의 자료를 주거나 환자가 나에게 할 말에 영향을 끼치고 싶지 않다"(Lingiardi & De Bei, 2011, p. 301)라고 덧붙였다.

프로이트는 환자들이 긴장을 풀고 과거의 사건에 집중하도록 격려했다. 그들이 일종의 백일몽 상태에 들어가 마음에 떠오르는 것은 무엇이든 말하도록 했다. 환자들은 아무리 사소한 것이라도 모

> 자유연상 환자가 생각나는 대로 말하게 하는 기술; 일종의 백일몽 상태에서 소리 내어 말하는 것.
> 카타르시스 불안 증상의 완화로 이어질 것으로 예상되는 감정 표현.

든 생각과 심상이 발생하는 그대로 자연스럽게 표현하도록 지시받았다.

프로이트는 자유연상 과정에서 발견된 정보가 무작위적인 것도, 환자가 의식적으로 선택한 것도 아니라고 믿었다. 자유연상을 하는 환자들에 의해 드러난 자료는 갈등의 성격에 의해 이미 결정된 것이었다.

자유연상과 저항

또한 프로이트는 때때로 자유연상 기술이 그렇게 자유롭게 작동하지는 않는다는 것을 발견했다. 어떤 경험이나 기억은 이야기하기 너무 고통스러웠고, 환자가 그것을 드러내는 것을 꺼리기도 하였다. 프로이트는 이러한 순간을 저항(resistance)이라고 불렀다. 그는 저항이 나타나는 것은 분석이 환자 문제의 원인에 가까워지고 있음을 시사하기 때문에 중요하다고 믿었다. 저항은 치료가 올바른 방향으로 가고 있으며 분석가가 해당 영역을 계속 탐색해야 한다는 신호이다. 정신분석가의 임무 중에는 환자가 억압된 경험에 직면할 수 있도록 저항을 무너뜨리거나 극복하도록 돕는 것도 포함된다.

꿈 분석

프로이트는 꿈이 상징적인 형태로 억압된 욕망, 공포, 갈등을 나타낸다고 믿었다. 이러한 감정은 너무 강하게 억압되어 잠자는 동안 위장된 형태로만 드러난다.

그는 꿈에는 두 가지 측면, 즉 꿈속에서 벌어지는 실제 사건을 가리키는 명백한 내용과 꿈의 숨겨진 상징적인 의미인 잠재된 내용이 있다고 주장했다. 수년에 걸쳐 프로이트는 환자의 꿈에서 일관된 상징, 즉 거의 모든 사람에게 동일한 것을 의미하는 사건을 발견했다(표 2.3 참조).

예를 들어 꿈에 등장하는 사다리와 계단은 성교를 나타낸다. 양초, 뱀, 나무 몸통은 남근을 나타내며, 상자, 발코니, 문은 여성의 신체를 상징한다. 프로이트는 상징이 보편성을 갖는 것은 분명하지만, 많은 상징이 분석을 받

저항 자유연상에서 고통스러운 기억을 드러내는 것을 막거나 거부하는 것.

표 2.3 꿈의 상징 또는 사건, 그리고 잠재된 정신분석적 의미

상징	해석
외관이 매끄러운 집	남성의 신체
창문 쪽 선반이나 발코니가 있는 집	여성의 신체
왕과 왕비	부모
작은 동물	아동
아동	생식 기관
아동과 놀이하는 것	자위
대머리, 발치	거세
길쭉한 물건(예: 나무 몸통, 우산, 넥타이, 뱀, 양초)	남성의 생식기
밀폐된 공간(예: 상자, 오븐, 옷장, 동굴, 주머니)	여성의 생식기
계단 또는 사다리 오르기, 자동차 운전, 말타기, 다리 건너기	성교
목욕	출생
여행의 시작	죽음
군중 속에서 벌거벗고 있는 것	주목받고 싶은 욕구
날아가는 것	존경받고 싶은 욕구
떨어지는 것	만족스럽고 보호받았던 아동기와 같은 상태로 되돌아가고 싶은 욕구

고 있는 사람에게만 해당하며 다른 사람에게는 다른 의미를 가질 수 있다고 경고했다.

꿈은 압축되고 더 강렬해진 형태로 갈등을 드러낸다. 꿈의 사건은 하나의 원인으로 인해 발생하는 경우가 거의 없으며 꿈의 어떤 사건이든 많은 근원을 가질 수 있다. 또한 꿈은 평범한 이유로도 생겨날 수 있다. 침실의 온도나 파트너와의 접촉과 같은 물리적 자극은 물론, 열이나 배탈 같은 내부 자극에 의해서도 꿈이 유발될 수 있다.

홍콩의 한 연구에 따르면 엎드려 자는 사람들은 다른 자세로 자는 사람들보다 성행위, 질식, 감금, 묶임, 부동 상태 등의 꿈을 꿀 가능성이 높다(Yu, 2012). 독일의 대규모 연구에 따르면 가장 일반적인 다섯 가지 꿈은 비행, 무언가에 대한 반복적인 시도, 쫓기는 것, 성적 경험, 학교 문제에 관한 것이었다 (Goritz, 2014).

프로이트는 꿈이 일반적으로 유아기의 성적 욕망과 관련이 있다고 확신했다. 흥미로운 것은 그럼에도 그의 저서 『꿈의 해석(Die Traumbedeutung)』에 묘사된 그의 40개 이상의 꿈 중 매우 소수만이 성적인 내용을 담고 있다는 사실이다. 프로이트가 보고한 꿈에서 눈에 띄는 주제는 야망이었는데, 그는 자신이 이러한 특징을 가지고 있다는 것을 강력하게 부인했다.

갈등 밝혀내기

자유연상과 꿈 분석이라는 프로이트의 두 평가 기술은 모두 정신분석가에게 많은 억압된 자료를 보여 주지만, 이 모든 자료는 위장되거나 상징적인 형태로 존재한다. 따라서 치료자는 환자를 위해 자료를 해석하거나 번역해야 한다. 프로이트는 이 절차를 고고학자가 수 세기 전에 파괴되어 깊이 묻혀 버린 지역사회를 재건하는 작업에 비유했다. 고고학자가 부서진 파편으로 건물을 재구성하려고 하는 것처럼 정신분석가는 묻혀 있는 파편화된 기억에서 경험을 재구성한다. 따라서 환자의 성격에 대한 측정 또는 평가, 즉 환자의 무의식적 갈등을 발견하는 것은 분석가의 기술, 훈련, 경험에 달려 있다.

프로이트 연구에 대한 비판

1장에서 보았듯이 프로이트의 주요 연구 방법은 사례 연구(case study)였는데, 여기에는 몇 가지 제약이 있다. 이러한 연구는 객관적인 관찰에 의존하지 않고, 자료를 체계적인 방식으로 수집하지 않으며, 반복 및 검증에 적합하지 않은 상황(정신분석 회기)에서 이루어진다. 게다가 우리는 환자가 양육되는 아동기의 조건을 체계적으로 변화시킬 수 없으며, 개인의 가정 환경을 실험

사례 연구 다양한 원천의 자료를 담고 있는 개인의 상세한 역사를 다루는 연구 방법.

실에서 재현할 수도 없다. 따라서 임상 관찰은 통제된 심리학 실험과는 달리, 반복될 수 없다는 한계가 있다.

프로이트의 사례 연구에 대한 근본적인 비판은 자료의 성격에 대한 것도 있다. 그는 치료 회기를 그대로 기록하지 않았으며, 환자의 말에서 주의를 분산시킬 것이라는 이유로 분석가에게 회기 중에 메모를 하지 말라고 경고했다. 프로이트는 각 환자를 본 지 몇 시간이 지난 후에 기록을 했다. 환자가 했던 말을 기록하는 자신의 기술에 대해 프로이트는 다음과 같이 말했다. "나는 하루 일과가 끝난 후 저녁에 기억나는 것을 기록한다"(Grubrich-Simitis, 1998, p. 20). 결과적으로 그의 자료는 몇 시간 후에 기억한 불완전한 내용으로만 구성되었을 것이다.

회기에 대한 그의 기억이 선택적이었을 수도 있고, 그가 자신의 이론을 뒷받침하는 경험만 기록했을 수도 있으며, 자신의 이론을 뒷받침하는 방식으로 그 경험을 해석했을 가능성도 있다. 물론 프로이트의 기록이 매우 정확했을 수도 있지만, 우리는 그의 사례 보고서와 환자가 말한 것을 비교할 수 없기 때문에 이에 대해 확신할 수 없다. 또한 프로이트가 치료 회기에 대한 완전한 기록을 보관했더라도 환자의 말의 타당성을 판단할 수 없다. 프로이트가 환자의 친구와 친척에게 환자가 설명한 사건에 대해 질문했다면 환자 이야기의 정확성을 검증할 수도 있었겠지만, 그러한 시도는 거의 이루어지지 않았다. 따라서 프로이트 연구의 첫 번째 단계인 자료 수집은 불완전하고 부정확하다는 특징이 있다.

또한 일부 비평가들은 프로이트의 환자들 대부분이 아동기에 성 경험을 한 적이 없기 때문에 그들이 아동기 성 경험을 실제로 이야기하지 않았을 것이라고 본다. 이 비평가들은 프로이트가 환자의 증상을 분석하고, 이에 기반하여 아동기 성적 유혹에 대한 이야기를 추론했다고 주장한다. 예를 들어 프로이트는 거의 모든 여성 환자가 아버지에게 성적 착취를 당했다고 말했지만, 그의 사례 기록에서는 이런 일이 발생했다고 주장한 환자의 기록을 찾아볼 수 없다(Kihlstrom, 1994).

다른 비평가들은 프로이트가 환자들의 말을 실제로 듣지도 않은 채 아동기 성적 유혹에 대한 설명을 내놓았다는 데 동의하면서, 프로이트가 그러한 유혹이 성인 신경증의 기원이라는 가설을 이미 개념화했기 때문에 그랬을 거라고 말한다. 또 다른 사람들은 프로이트가 한 번도 일어나지 않은 아동기 성적 착취에 대한 기억을 심어 주기 위해 암시의 힘을 사용했을 수 있다고 주장한다(McCullough, 2001). "환자가 자발적으로 성적인 용어로 해석될 수 있는 자료를 제공하지 않은 경우, 프로이트는 주저 없이 환자를 '올바른 방향'으로 안내했다"(Webster, 1995, p. 197).

프로이트의 연구에 대한 또 다른 비판은 그의 연구가 그 자신 및 그에게 정신분석을 받은 사람들로 제한되는 작고 대표성이 없는 표본을 토대로 한다는 것이다. 프로이트의 글에는 12개 정도의 사례만이 자세히 기술되어 있으며, 이들 대부분은 교육을 잘 받은 상류층의 젊은 미혼 여성이었다. 이 제한된 표본을 바탕으로 한 결과를 전체 모집단에 일반화하기는 어렵다.

또한 치료 회기에 대한 프로이트의 기록과 이러한 기록에 기반한 것으로 추정되는 출판된 사례의 과거력 사이에는 불일치가 있는 듯하다. 몇몇 조사자들은 프로이트의 기록을 그가 출판한 가장 유명한 사례 중 하나인 쥐 인간의 사례 연구와 비교했다. 그들은 출판된 사례에서 원래 사례보다 분석 기간이 연장되어 있고, 환자가 말한 사건의 순서가 다르게 배열되어 있으며, 분석을 통해 치유된 것으로 보기에는 증거가 부족하다는 것을 발견했다(Eagle, 1988; Mahoney, 1986).

따라서 이 사례의 출판본은 프로이트가 환자와 상담한 후 작성한 기록과 일치하지 않는다. 프로이트가 자신의 이론(또는 자아)을 강화하기 위해 의도적으로 사례를 변경했는지 아니면 이러한 변경이 무의식의 산물인지는 알 수 없다. 이런 왜곡이 다른 프로이트의 사례 연구에서도 비슷하게 나타나는지 여부도 알 수 없다. 프로이트는 환자의 파일을 만든 후 얼마 되지 않아 대부분을 파기했기 때문에 이 문제는 영원히 수수께끼로 남을지도 모른다.

마지막으로, 프로이트의 출판된 소수의 사례 기록 중 어느 것도 그의 이론을 뒷받침하는 데 설득력 있는 증거를 제공하지 못한다는 주장이 있다. 프로이트의 전기 작가 중 한 사람은 다음과 같은 결론을 내렸다. "일부 사례는 정신분석 이론을 지지하기에는 모호한 증거를 제시하여 프로이트가 왜 그것을 출판하려고 애썼는지 정말 의아할 정도이다"(Sulloway, 1992, p. 160).

이후의 장에서는 프로이트에 대한 이러한 종류의 비판이 사례 연구를 주요 연구 방법으로 사용하며, 환자의 보고에 근거하여 이론을 정립한 후기 성격 이론가에게도 적용된다는 것을 살펴볼 것이다. 그러나 이러한 연구 방법을 사용한 것이 자동적으로 그들의 작업의 가치를 무효화하지는 않는다. 프로이트와 다른 분석가들은 인간의 성격에 관한 풍부한 자료를 제공했다. 다만 그들의 견해를 타당한 것으로 수용하려면 실험적 검증 외에 다른 근거를 마련해야 할 것이다.

실험 연구에 대한 프로이트의 부정적 견해

프로이트는 실험 방법에 익숙했지만 "과학적 연구와 정신분석은 본질적으로 양립할 수 없다"고 믿었기 때문에 실험 연구를 신뢰하지 않았다(Chiesa, 2010, p. 99). 한 미국 심리학자가 프로이트의 개념을 검증하기 위해 수행된 실험에 대한 정보를 그에게 보낸 적이 있다. 프로이트는 불쾌한 거절의 표시로 자료를 탁자 너머로 던져 버리고, 그 심리학자에게 자신은 "그런 검증에 그리 가치를 두지 않는다"라고 답장했다(Rosenzweig, 1985, pp. 171, 173). 그는 당시의 심리학 학술지에 발표된 실험들은 그가 "환자들과의 치료적 만남에서 이미 배운 것 이상을 알려주지 않았기 때문에" 그런 종류의 실험은 불필요하다고 믿었다(Holzman, 1994, p. 190).

프로이트는 그의 연구가 과학적이고 결론에 대한 충분한 증거를 축적했으며, 그의 기술을 사용한 정신분석가만이 이 연구의 과학적 가치를 판단할 자격이 있다고 주장했다. 프로이트는 정신분석이 "헤아릴 수 없을 정도로 풍부한 관찰과 경험"에 기반을 두고 있으며, "자신과 타인에 대해 이러한 관찰을 반복한 사람만이 이에 대해 스스로 판단할 수 있다"라고 말했다(Freud, 1940, p. 144).

문제는 프로이트의 관찰을 반복할 수 없다는 데서 발생한다. 앞에서 살펴본 바와 같이, 우리는 그가 자료를 수집하면서, 또 관찰로부터 가설을 세우고 이를 일반화하는 과정에서 정확히 무엇을 했는지 알 방법이 없다.

프로이트 개념에 대한 과학적 실험

1939년 프로이트가 사망한 후 몇 년 동안 그가 제시한 개념 중 많은 부분이 실험을 통해 검증되었다. 약 2,500개의 연구 분석이 프로이트 개념의 일부에 대해 과학적 신뢰성을 평가하였다. 이 평가에서는 사례 기록이 고려되지 않았다. 모든 노력은 객관성이 높다고 생각되는 자료를 조사하는 데 한정됐다(Fisher & Greenberg, 1977, 1996).

연구자들은 일부 프로이트의 개념, 특히 원초아, 자아, 초자아, 죽음의 본능, 리비도, 불안이 실험적 방법으로 검증될 수 없다는 것을 발견했다. 약간이라도 증거가 있는 듯하여 검증될 만한 개념에는 구강기 및 항문기 성격 유형, 오이디푸스 삼각관계의 기본 개념, 거세 불안, 여성이 남근 부재에 대한 보상으로 아이를 낳음으로써 오이디푸스 딜레마를 해결한다는 개념 등이 있었다.

연구 증거에 의해 지지되지 않는 개념에는 꿈이 억압된 소망의 위장된 표현이라는 개념, 남아가 자신을 아버지와 동일시하고 두려움 때문에 아버지의 초자아 기준을 수용함으로써 오이디푸스 콤플렉스를 해결한다는 개념, 여성이 초자아를 불완전하게 발달시킨다는 생각 등이 있다. 또한 연구자들은 심리성적 발달 단계나 오이디푸스 관련 변인과 노년기의 성 문제 사이의 관계를 뒷받침하는 증거를 찾지 못했다.

무의식 무의식의 힘이 의식적 생각과 행동에 영향을 미칠 수 있다는 개념은 이제 잘 확립되어 있다. 최근 연구에 따르면 무의식은 프로이트의 생각보다 훨씬 더 광범위한 영향을 미칠 수 있다(Custers & Aarts, 2010; Scott & Dienes, 2010; Gafner, 2012). 한 성격 연구자는 "오늘날 많은 심리학자들은 [심리적] 기능이 의식적인 선택 없이 작동하며 우리의 행동 중 일부는 실제로 의식적으로 원하는 것과 반대로 작동한다는 데 동의한다"라고 주장했다(Pervin, 2003, p. 225). 또한 심리학자들은 인지 활동과 관련된 정보 처리의 많은 부분이 무의식적으로 이루어진다고 본다(Armstrong & Dienes, 2014). 어떤 심리학자들은 모든 행동과 생각의 기저에 있는 인과적 기제가 무의식적일 수 있다고 제안하기도 한다(Bargh & Chartrand, 1999; Wegner & Wheatley, 1999).

무의식은 처음 생각했던 것보다 더 지능적이고, 복잡한 언어 및 시각 정보를 처리할 수 있으며, 심지어 미래 사건을 예상(및 계획)할 수도 있는 것으로 보인다. 무의식은 더 이상 추동과 충동을 위한 저장소가 아니며 문제 해결, 가설 검증 및 창의성 발휘에 역할을 하는 것으로 보인다(Bornstein & Masling, 1998, pp. xiii-xxviii).

역치하 지각 무의식의 본질에 대한 많은 연구는 자극이 사람들의 의식적 인식 수준 이하로 제시되는 역치하 지각(subliminal perception)을 포함한다('sub-liminal'이라는 단어는 아래를 의미하는 'sub'와 역치를 의미하는 'limen'에서 파생되었다). 인간이 인식하지 못하는 자극이 인간의 의식적 과정과 행동을 활성화한다. 즉 사람들은 본다고 의식적으로 인식하지 못하는 것들의 영향을 받을 수 있다.

한 연구에서 연구 참가자들에게 의식적으로 인식할 수 없을 정도로 짧은 시간 동안 일련의 단어와 그림을 보여 주었다(Shevrin, 1977). 그런 다음 그들에게 자유연상을 요청했을 때, 그들이 이야기한 내용은 제시되긴 했으나 실제로 볼 수는 없었던 자극을 반영했다. 예를 들어 자극이 꿀벌 그림이었던 경우, 그들의 연상에는 침과 꿀이라는 단어가 포함되었다. 피험자들은 자극을 보았는지 알지 못했지만, 그들의 사고 과정은 자극의 영향을 받았던 것이다. 역치하 지각을 이용한 많은 연구는 인지 활동이 무의식의 영향을 받는다는 생각을 뒷받침한다(Westen, 1998).

행동에 미치는 영향 미국과 독일의 대학생을 대상으로 한 일련의 실험을 통해 의식적 인식 밖에서 목표가 각성되거나 활성화될 수 있음을 발견하였다. 또한 학생들은 자신의 행동을 의식적으로 자각하지 못할 때조차도 목표를 달성하기 위해 행동했다. 예를 들어 실험 과제에서 더 나은 성과를 내고자 하는 잠재적인 목표로 인해 실제로 더 나은 수행을 할 수 있었다. 또 다른 예로 실험 과제에 협력하려는, 무의식적으로 활성화된 목표는 협력 행동으로 이어졌다. 연구자들은 "행동 목표가 의식적으로 만들어지지 않더라도 활성화될 수 있다"고 결론지었다(Bargh,

역치하 지각 의식적 인식의 역치 이하의 지각.

Gollwitzer, Lee-Chai, Barndollar, & Troetschel, 2001, p. 18).

역치하 수준에서 행복한 얼굴에 노출된 미국 대학생들은 화난 얼굴에 노출된 학생들보다 음료를 더 많이 마셨다. 행복한 얼굴 집단은 화난 얼굴 집단보다 기꺼이 음료 값을 지불하려 했으며, 음료도 더 많이 마시려 하는 것으로 나타났다. 의식적으로 그 얼굴을 본 학생은 없었지만, 자극이 무의식에 탑재되어 행동에 영향을 미쳤던 것이다(Winkielman, Berridge, & Wilbarger, 2005).

정서 과정에 미치는 영향 다른 창의적인 연구는 무의식이 인지 및 행동 과정뿐 아니라 정서 과정에도 영향을 미칠 수 있음을 보여 주었다. 한 연구에서 연구참가자들에게 4밀리초 동안 남녀가 어깨동무하는 사진과 함께 "엄마와 나는 하나"라는 어구를 제시하였다.

역치하 수준으로 제시된 이 자극에 노출된 남성 조현병 환자는 해당 메시지에 노출되지 않은 통제 집단보다 더 큰 개선을 보였다. 여성 조현병 환자의 경우 해당 메시지에 노출되었을 때는 개선을 보이지 않았지만, "아빠와 나는 하나"라는 역치하 메시지를 제시했을 때는 개선을 보였다(Silverman & Weinberger, 1985).

다른 연구에서 "엄마와 나는 하나"라는 메시지는 다양한 연구참가자들이 흡연과 음주를 중단하고, 보다 자기주장적이 되고, 더 건강한 식단의 섭식 행동을 하고, 두려움을 줄이는 데 효과적인 것으로 나타났다. 따라서 역치하 수준으로 제시된 메시지는 치료적 효과가 있는 것으로 보인다(Weinberger & Silverman, 1990).

영국의 성인을 대상으로 한 연구에 따르면, 불안 민감도 점수가 높은 성인은 불안 민감도 점수가 낮은 성인보다 역치하 수준으로 제시되는 불안 관련 단어를 알아볼 가능성이 훨씬 더 높았다. 불안 민감도 점수가 높은 이들은 민감성 때문에 경계 수준이 높아졌고, 이로 인해 단어가 의식할 수 없을 만큼 빠르게 제시되었음에도 불안 관련 단어를 인식할 가능성이 높아진 것이다(Hunt, Keogh, & French, 2006).

다른 연구에서는 두려움에 찬 얼굴 자극을 가지고 실험을 하였는데, 역치하 수준으로 자극이 제시되자 실제로 그 자극을 보지 못했음에도 연구 참자가

들의 생리적 스트레스 수준이 올라갔다(Hansel & Von Kanel, 2013).

자아 프로이트는 자아가 현실과 원초아의 끈질긴 요구 사이에서 끊임없이 중재하는 역할을 한다고 보았다. 자아는 원초아의 요구를 통제하고 지연시키는 성격의 합리적인 부분으로, 원초아의 요구와 현실 세계의 상황 및 요구의 균형을 맞춘다. 정신분석을 연구하는 사람들은 자아에서 두 가지 구성 요소, 즉 자아통제와 자아탄력성을 확인했다.

자아통제(ego control)는 이름에서 예상할 수 있듯이 프로이트의 원래 개념에 가깝다. 자아통제는 충동과 감정을 통제할 수 있는 정도를 나타낸다. 자아통제의 정도는 과소 통제(어떤 충동과 감정도 억제할 수 없음)에서 과잉 통제(충동의 표현을 엄격하게 억제함)까지 다양하다. 두 극단 모두 부적응으로 간주된다.

자아탄력성(ego resiliency)은 일상적인 환경 변화에 맞춰 전형적인 자아통제 수준을 조정하거나 변경할 수 있는 유연성을 의미한다. 자아탄력성이 낮은 사람을 '취약한 자아(ego brittle)' 상태에 있다고 보며, 이런 사람은 도전이나 어려운 삶의 상황에 맞추어 자아통제 수준을 조절하지 못한다. 자아탄력성이 높은 사람은 유연하고 적응력이 뛰어나 상황에 따라 자아통제의 정도를 높이거나 느슨하게 할 수 있다.

21~27세 어머니를 대상으로 한 연구에서 자신의 육아 경험을 긍정적이고 만족스럽게 평가한 어머니는 높은 자아탄력성을 가진 것으로 나타났다. 자신의 육아 경험을 부정적으로 평가한 어머니는 자아탄력성이 낮은 것으로 나타났다. 연구자들은 어려운 삶의 상황, 좌절과 실패, 기타 부정적인 경험이 자아탄력성을 낮추는 경향이 있다고 제안했다(Paris & Helson, 2002).

아동의 자아통제 교사들은 자아통제 측정에서 낮은 점수를 받은 아동이 높은 점수를 받은 아동에 비해 더 공격적이고, 덜 순응적이고, 덜 질서정연하다고 평가했다. 교사들의 평가에 따르면 자아탄력성에서 높은 점수를 받은 아동이 자아탄력성이 낮은 아동보다 스트레스에 더 잘 대처할 수 있고, 불안 수준이 낮으며, 안심시킬 필요가 적다.

네덜란드의 5세 아동을 대상으로 한 연구에 따르면 자아탄력성이 낮은 아동은 일반적으로 부모와 부정적으로 상호작용하는 상황에서 스트레스를 더 많이 받는 듯한 생리적 징후를 나타냈다. 자아탄력성이 높은 아동은 비슷한 상황에서 그러한 스트레스 징후를 보이지 않았다(Smeekens, Riksen-Walraven, & Van Bakel, 2007).

또한 높은 자아탄력성은 일반 지능, 좋은 학교 성적, 또래 사이에서의 인기, 더 큰 삶의 만족도, 더 나은 사회적 기능과 정적 상관을 보였다. 남아와 여아의 낮은 자아통제와 여아의 낮은 자아탄력성은 청소년기의 약물 남용과 정적 관련이 있었다. 따라서 성격과 행동의 중요한 측면은 자아통제 및 자아탄력성과 관련이 있다고 볼 수 있다(Block & Block, 1980; Chung, 2008; Hofer, Eisenberg, & Reiser, 2010; Shiner, 1988).

대학생을 대상으로 한 연구에 따르면 자아통제가 낮은 사람은 예측할 수 없고, 독단적이고, 반항적이고, 변덕스럽고, 제멋대로인 경향이 있다. 자아통제가 매우 높은 사람은 단조롭고, 일관성 있고, 신뢰할 수 있고, 차분한 것으로 묘사되었다. 자아탄력성이 높은 것으로 평가된 학생들은 적절하게 자기주장을 할 줄 알고, 침착하며, 사회적 기술이 발달해 있고, 명랑하였다(Letzring, Block, & Funder, 2005). 3~23세 미국인을 대상으로 이러한 성격 특성을 주기적으로 평가한 종단적 연구에 따르면 자아통제와 자아탄력성은 일반적으로 아동기보다는 자라면서 더 증가한다. 자아통제의 개인차는 다양한 연령대에서 나타나는데, 이는 개인의 자아통제 수준이 조기에 확인될 수 있음을 의미한다(Block & Block, 2006).

이탈리아의 한 연구에서 16~20세 남성과 여성 모두가 자아탄력성에서 현저한 안정성을 보이는 것을 확인하였다. 이와 대조적으로 스웨덴의 연구에 따르면 남아는 청소년기에 자아탄력성이 낮아지는 경향이 있는 반면, 여아의 자아탄력성은 오히려 더 높아지는 것으로 나타났다. 이러한 결과는 자아탄력성에서 문화적 차이와 성별 차이가 있을 가능성을 시사한다(Chuang, Lamb, & Hwang, 2006; Vecchione, Alessandri, Barbaranelli, & Gerbino, 2010).

마지막으로, 당연할 수 있겠지만 자아탄력성은 정신 건강과도 관련이 있다. 미국, 이탈리아, 스페인, 포르투갈, 한국, 파키스탄을 포함한 다양한 국가에서 대학생부터 노인, 사지가 절단된 참전 군인을 대상으로 한 연구에 따르면 자아탄력성이 높은 사람은 주관적 안녕감, 외향성, 우호성에서도 높은 점수를 받는 것으로 나타났다(Alessandri, Vecchione, Caprara, & Letzring, 2012; Gunsung, 2013; Seaton, 2014; Zeb, Naqvi, & Zonash, 2013).

카타르시스 프로이트에게 카타르시스는 외상성 사건을 회상함으로써 감정을 물리적으로 표현하는 것이다. 이는 종종 불안 증상의 완화라는 결과를 가져온다. 대중문화에서 카타르시스라는 용어는 적개심과 공격성을 줄이는 방법으로 감정을 표현하는 것을 의미하게 되었다. 자기계발서는 베개를 치거나, 접시를 깨거나, 모래주머니를 때리는 식으로 무생물에 분노를 표출하도록 촉구한다. 그런 행동이 효과가 있을까? 공격성을 행동화하는 것이 부정적인 감정을 줄여 주는가? 대답은 '아니요'이다.

대학생을 대상으로 한 카타르시스에 대한 연구에서 한 집단은 카타르시스적 행동이 분노를 해소하는 좋은 방법이라는 개념을 지지하는 메시지에, 다른 집단은 이에 반박하는 메시지에 노출되었다. 이후 학생들이 작성한 에세이를 심하게 비난하면서 그들의 화를 돋구는 실험을 했다. 그들은 자신의 글이 최악이라는 말을 들었다.

이렇게 도발을 당한 학생들 중 카타르시스를 옹호하는 메시지를 읽은 학생들은 모래주머니를 쳐서 공격성을 행동화하는 경향을 유의미하게 더 많이 보였다. 두 번째 실험에서는 카타르시스를 옹호하는 메시지를 받은 학생들이 모래주머니를 때렸을 뿐만 아니라 자신의 글을 비난하여 화나게 한 사람에게도 공격적으로 행동하였다. 심지어 분노를 조장하는 데 아무런 역할도 하지 않은 무고한 사람들에 대해서도 공격성을 보였다.

이처럼 모래주머니를 치는 것이 카타르시스를 가져오지는 않는다. 이러한 행동은 분노를 가라앉히지 않고, 오히려 분노를 증가시킬 수 있다(Bushman, Baumeister, & Stack, 1999). 다른 연구에서는 분노를 표출하는 것이 분노를 더 많이 표출할 가능성을 높일 수 있고, 부정적인 정서를 감소시키지 않았다는 것이 확인되었다(Bushman, 2002; Lohr, Olatunji, Baumeister, & Bushman, 2007). 또 다른 연구는 분노를 표출하는 것이 자신에게 좋다고 믿는 사람들이 카타르시스의 가치를 믿지 않는 사람들보다 폭력적인 비디오 게임에 더 끌리는 것을 보여 주었다(Bushman & Whitaker, 2010).

전치 전치는 자신의 원초아의 충동을 가용할 수 없는 불편한 대상에서 대체할 만한 대상이나 다른 사람에게 옮기는 것을 의미한다. 97개의 연구를 분석한 결과, 공격성의 전치는 실행 가능하고 신뢰할 만한 현상이라는 주장이 지지되었다. 또한 전치가 발생하는 환경이나 맥락이 부정적이고 스트레스가 많을수록 전치의 강도가 커지는 것으로 나타났다(Marcus-Newhall, Pedersen, Miller, & Carlson, 2000).

대학생을 대상으로 한 연구에 따르면, 실험적으로 화를 유발한 다음 25분 동안 자신의 화난 생각과 감정에 주의를 집중하도록 내버려 둔 집단은 시간을 주지 않은 집단에 비해 전치된 공격성을 보일 가능성이 훨씬 더 높았다. 연구자들은 분노에 머무르는 것이 감정을 유지하게 하고, 공격적인 행동이 외적으로 표현될 가능성을 높인다고 결론지었다(Bushman, Bonacci, Pedersen, Vasquez, & Miller, 2005).

억압 연구는 억압이라는 프로이트의 방어기제를 지지한다. 한 연구에서 연구참가자들은 화면에 번쩍이는 두 단어 목록을 암기했다. 목록에 있는 일부 단어는 개념적으로 유사했다. 예를 들어 고양이와 개는 모두 동물이다. 그런 다음 이들에게 첫 번째 목록에 있는 몇 가지 단어를 제시하면서 전기 충격을 가했다. 두 번째 목록에 있는 단어를 제시할 때는 충격을 가하지 않았다.

그런 다음 이들이 단어를 얼마나 잘 기억하는지 검사했다. 이들은 충격을 동반한 단어는 잊어버렸지만 충격을 동반하지 않은 단어는 회상했다. 또한 충격을 동반한 첫 번째 목록의 단어들과 개념적으로 유사한 두 번째 목록의 단어들은 억압했다. 연구자들은 위협적인 단어가 의식적 인식에서 밀려났다고 결론지었다(Glucksberg & King, 1967).

억압자와 비억압자 습관적으로 부정적 경험과 기억을 억누르는 사람들(억압자)과 그렇지 않은 사람들(비억압자) 사이에 많은 차이점이 발견되었다. 억압자는 단순히 잘 망각하고 많은 것을 기억하기 힘들어 하는 것이 아니다. 이들은 단지 부정적이고, 긴장을 유발하고, 두렵게 느껴지고, 충격적이라고 여기는 특정 경험을 기억하는 데만 문제를 보인다(Saunders, Worth, Vallath, & Fernandes, 2014).

억압자는 불안 수준이 낮고, 방어 수준이 높으며, 아동기의 부정적인 기억을 잘 떠올리지 못하는 경향이 있다(Davis, 1987; Myers & Derakshan, 2004). 또한 억압자는 비억압자에 비해 낭만적 애착을 회피할 가능성이 훨씬 더 높다(Davis, 1987; Vetere & Myers, 2002). 억압자는 비억압자에 비해 흡연과 음주를 할 가능성이 낮으며, 과도한 음주가 자신에게 해로운 결과로 이어지지 않는다는 신념에서 비억압자보다 더 높은 점수를 보고하는 경향이 있다(Shirachi & Spirrison, 2006).

억압자는 비억압자보다 이기심, 게으름, 무례함, 부정직과 같이 개인적 · 정서적으로 위협적인 성격 특질을 가지고 있다는 사실을 부인할 가능성이 훨씬 더 높은 것으로 나타났다. 억압자는 불쾌하거나 위협적인 정서 기억을 억압하기 때문에 비억압자에 비해 회상할 수 있는 힘든 기억이 적었다(Newman, Duff, & Baumeister, 1997; Newman & McKinney, 2002; Schimmack & Hartmann, 1997).

여러 실험에서 억압자와 비억압자를 비교하였다. 중립적이고 위협적이지 않은 자극의 사진과 당혹스럽고 위협적인 자극의 사진을 보여 주었을 때, 억압자는 위협적인 자극을 보는 것조차 회피했다. 억압자들에게 성적 또는 공격적인 내용(위협적으로 느껴질 수 있는 내용)이 포함된 문구에 대한 자유연상을 요청했을 때, 이들은 생리학적 평가에서 정서적으로 매우 흥분된 측정치를 보였지만, 언어적으로는 정서 반응을 억압했기 때문에 분노나 성적 흥분을 경험한 것을 나타내는 반응을 보이지 않았다. 비억압자는 정서적 반응을 억제하지 않았으며, 이는 언어적 반응에서 분명하게 나타났다(Davis, 1987).

또 다른 연구에서는 억압자와 비억압자에게 핵 실험으로 인해 동물이 돌연변이되고 서서히 죽어 가는 것에 대한 소름 끼치고 불편한 영화를 보여 주었다. 그 뒤 그들을 행복하게 해 준 개인적인 경험을 회상하도록 요청했을 때, 억압자들은 비억압자들보다 즐거운 사건과 생각을 더 잘 떠올렸다.

연구자들은 억압자가 긍정적인 기억에 접근함으로써 영화의 부정적인 자극에 대처했다고 결론지었다. 따라서 억압자는 영화에 의해 야기되는 고통스러운 감정 상태를 비억압자와 동일한 빈도와 정도로 경험하지 않았다. 억압자는 영향을 받지 않은 척만 한 것이 아니라, 실제로 그 경험을 성공적으로 억제했던 것이다(Boden & Baumeister, 1997).

또한 미국 내 건강한 아동 집단과 암이나 기타 만성 질병을 앓고 있는 아동 집단을 대상으로 한 연구에 따르면, 아픈 아동은 건강한 아동보다 억압자일 가능성이 더 높았고 화를 덜 표출하는 경향이 있었다(Phipps & Steele, 2002).

투사 자신의 부정적인 특질과 행동을 다른 사람의 것으로 돌리는 투사에 관한 연구에 따르면, 게임에서 다른 사람이 거짓말을 하고 부정행위를 했다고 탓을 하다 보면, 같은 부정적 행동에 대하여 상대방의 잘못은 크다고 느끼고, 자신의 잘못은 작다고 느끼는 것으로 나타났다(Rucker & Pratkanis, 2001). 어렸을 때 상위 사회 계층에 있었던 성인은 하위 계층 가정에서 자란 성인보다 투사를 사용할 가능성이 더 크다(Cramer, 2009).

투사는 배우자나 파트너에 대한 판단에도 영향을 줄 수 있다. 실직한 구직자를 대상으로 한 연구에 따르면, 이들은 파트너에 대해 일상적인 판단을 하도록 요청받았을 때, 실직 스트레스에 대한 우울감을 파트너에게 투사한 것으로 나타났다. 게다가 우울증에 대한 커플의 심리검사 점수가 비슷할수록, 상대방을 판단할 때 개인이 감정을 투사하는 경향이 더 커졌다.

연구자들은 "개인은 배우자가 실제로 자신과 비슷할 때 배우자가 자신과 비슷하다고 가정할 가능성이 더 높은 듯하다"고 지적했다(Schul & Vinokur, 2000, p. 997). 따라서 배우자가 실제로 자신과 비슷한 경우 연구 참가자가 자신의 특성을 배우자나 파트너에게 더 잘 투사하는데, 이 때의 투사는 적절한 지각이 된다.

방어기제의 위계 여러 연구가 프로이트의 방어기제에서 위계 구조를 발견하였다. 이에 따르면 생애 초기 단계에는 보다 단순한 방어기제가 사용되고, 나이가 들면서 보다 복잡한 방어기제가 나타나는 것으로 밝혀졌다. 예를 들어 단순하고 낮은 수준의 방어기제인 부인은 주로 아동이 사용하고 청소년은 덜 사용한다. 더 복잡한 방어기제인 동일시는 아동보다 청소년이 훨씬 더 많이 사용한다. 남아는 부인을 더 자주 사용하는 반면, 여아는 퇴행, 전치, 반동형성과 같은 보다 복잡한 방어기제를 사용할 가능성이 더 높다(Tallandini & Caudek, 2010).

미국의 2, 5, 8, 11학년 학생 및 대학 신입생을 대상으로 수행한 연구에 따르면, 주제 통각 검사 그림에 대한 반응 자료는 방어기제의 사용에서 연령에 따른 차이를 분명히 뒷받침하였다. 부인과 투사의 사용은 나이가 들면서 감소한 반면, 동일시의 사용은 나이가 들면서 증가했다(Porcerelli, Thomas, Hibbard, & Cogan, 1998). 11~18세 학생 150명을 대상으로 한 종단 연구에 따르면, 투사 및 동일시가 부인보다 더 자주 사용되었으며 청소년기 초기부터 후기까지 그 사용이 증가하는 것으로 나타났다(Cramer, 2007).

한 종단 연구에서는 보육원에 있는 아동에게 처음 검사를 실시한 뒤, 이들이 23세가 되었을 때 다시 검사를 받게 하였다. 연구 결과 취학 전 성격과 청년기 부인 방어기제 사용 사이의 연관성이 발견되었다. 앞에서 언급하였듯이 부인은 주로 아동이 방어기제로 사용하며, 일반적으로 나이가 들면서 그 사용 빈도가 감소한다. 그러나 이 연구에서 23세에 부인을 사용하던 남성 연구 참가자들은 보육원에 있었을 때 확인되었던 많은 심리적 문제를 여전히 가지고 있었다.

이들은 아동기 때 정서적 미성숙과 무가치감에서 높은 점수를 보였고 개인적 유능감과 자아탄력성에서 낮은 점수를 보였다. 여성 연구 참가자의 경우, 아동기 성격과 23세에 계속된 부인 사용 사이에 그런 식의 명확한 관계가 발견되지 않았다. 연구자는 남아가 여아보다 스트레스에 더 취약할 수 있다고 제안했다(Cramer & Block, 1998).

미국 성인을 대상으로 한 연구에서 전치와 퇴행 방어기제 사용이 청소년기에서 60대 중반 정도의 초기 노년기로 진행되면서 감소하는 것으로 나타났다. 그러나 그보다 나이가 많은 연구 참가자들은 더 어렸을 때 사용했던, 보다 부적응적 방어를 사용하는 식으로 회귀했다(Diehl, Chui, Hay, Lumley, Gruhn,

& Labouvie-Vief, 2014).

캐나다에서 수행한 두 연구에 따르면 신경성 식욕부진(섭식장애)이 있는 사춘기 소녀와 배우자 학대의 피해자였던 나이 든 여성은 그렇지 않은 소녀나 여성보다 부인을 대처기제로 사용할 가능성이 훨씬 더 높은 것으로 나타났다. 연구자들은 소녀와 여성이 무의식적으로 자신의 어려움을 부정함으로써 자신의 상황을 최소화하거나 그 상황과 거리를 두려고 하는 것이라고 제안했다 (Arokach, 2006; Couturier & Lock, 2006).

성인 남성을 대상으로 한 연구에 따르면, 보다 강해지고 경쟁적이 되며 정서적 표현을 피함으로써 감정적 약점으로부터 자신을 보호하려는 사람들이 더 미성숙한 방어기제를 사용하는 경향이 있는 것으로 나타났다. 다른 사람들보다 더 강해야 할 필요성을 그다지 느끼지 않고 자신의 감정을 더 자유롭게 표현할 수 있는 사람들은 보다 성숙한 방어기제를 사용했다(Mahalik, Cournoyer, De Frank, Cherry, & Napolitano, 1998). 자녀를 학대하는 부모가 미성숙한 부인 방어기제를 사용하는 경향이 있다는 것을 보여 주는 연구도 있었다(Cramer & Kelly, 2010).

아시아 문화의 방어기제 방어기제의 개념은 백인 중산층 환자에 대한 연구를 수행한 유럽 환경에서 제안되고 개발되었다. 방어기제에 대해 수행한 후속 연구 대부분은 미국 또는 유럽의 연구 참가자들을 대상으로 이루어졌다. 아시아인과 미국인을 대상으로 한 보기 드문 연구에서 미국인 집단을 태국에 거주하는 아시아 불교도 집단과 비교하였다. 연구자들은 퇴행, 반동 형성, 투사, 억압, 부인 및 보상의 사용에서 두 문화권 사람들 간 유사성이 높다는 것을 발견했다(Tori & Bilmes, 2002).

이후 경계선 성격장애로 진단받은 중국 대학생을 대상으로 진행한 연구에서는 이들이 그러한 장애가 없는 학생들보다 미성숙한 방어기제를 더 많이 사용하는 것으로 나타났다(Xiang, Li, & Shen, 2010).

꿈 꿈에 대한 초기 연구는 위장되거나 상징적인 형태의 꿈이 정서적 염려를 반영한다는 프로이트의 생각을 확인해 주었다. 그러나 연구는 꿈이 소망이나 욕구의 성취를 나타낸다는 그의 생각을 지지하지는 않았다. 그럼에도 꿈에 대한 프로이트의 생각은 꿈과 꿈꾸는 현상의 다양한 측면에 대한 수많은 연구에 영감을 주었다.

외상 경험이 꿈에 미치는 영향 꿈에는 일반적으로 꿈을 꾸는 당사자가 자신의 과거와 현재의 삶에서 경험하는 매우 정서적인 내용이 특징적으로 나타난다. 예를 들어 1956~2000년 독일인을 대상으로 한 대규모 조사에 따르면, 제2차 세계대전(1939~1945년)에 직접적인 영향을 받았을 만큼 충분히 나이가 든 사람들은 전쟁이 끝난 지 50년 이상이 지난 후에도 전쟁과 관련된 매우 정서적인 꿈을 꾸고 있었다(Schredl & Piel, 2006).

제2차 세계대전에서 독일군 포로가 된 영국군에 대한 연구에서도 마찬가지였다. 이들의 꿈의 주제는 전투, 투옥, 탈출 시도 및 기아 등이었다(Barrett, Sogolow, Oh, Panton, Grayson, & Justiniano, 2014). 또한 이라크와 아프가니스탄의 21세기 전쟁 생존자들에 대한 연구에 따르면, 군인들의 꿈에서 전투의 충격적인 장면 및 다른 형태의 전투 스트레스에 대한 회상이 특징적으로 나타났다(Phelps & Forbes, 2012).

일상생활에서 신체적 위험에 노출된 쿠르드족 아동과 팔레스타인 아동에 대한 연구는 그들이 더 평화로운 환경에서 자란 아동이나 다른 문화권의 아동에 비해 위협적이고 외상적인 상황에 대한 꿈을 훨씬 더 많이 꾼다는 것을 보여 주었다(Valli, Revonsuo, Palkas, & Punamaki, 2006).

더 평범한 꿈 내용 많은 연구에 따르면 꿈은 일상적이고 평범한 매일의 경험을 반영하기도 하며, 그 경험의 정서적 강도와 개인의 기분이 꿈 이야기에 영향을 미친다(Schredl, 2006; Schredl, Funkhouser, & Arn, 2006). 실제로 나쁜 하루를 보낸 뒤, 그날 밤 나쁜 꿈을 꾸는 경우가 종종 있다. 방에서 나는 불쾌한 냄새도 꿈에 영향을 줄 수 있다. 독일의 한 수면 연구소에서 진행한 연구에 따르면, 연구 참가자들이 잠든 상태에서 단 10초라도 장미 냄새를 맡게 되면, 썩은 계란 냄새를 맡을 때보다 더 즐거운 꿈을 꾸게 되는 것으로 나타났다(Hutson, 2010).

미국과 독일의 성인을 대상으로 한 연구에 따르면 여성이 남성보다 꿈을 훨씬 더 많이 기억하는 것으로 나타났다. 아마도 여성이 밤에 더 자주 깨기 때문일 수 있다. 남성은 남성 등장인물에 대한 꿈을 더 많이 꾸는 반면 여성의 꿈에는 남성과 여성이 거의 균등하게 등장한다. 또한 남성은 여성보다 더 공격적인 꿈을 꾼다(Blume-Marcovici, 2010; Schredl, 2010a).

꿈 일기를 쓰는 캐나다 성인에 대한 장기 연구에 따르면 이들의 꿈의 특성과 심리적 안녕감 사이에는 상당한 상관관계가 있었다. 낮은 수준의 심리적 안녕감(따라서 덜 행복함)을 가진 사람은 다른 사람에 대한 공격성, 부정적인 감정, 실패와 불행에 대한 꿈을 더 많이 보고했다. 심리적 안녕감 수준이 높은 사람은 다른 사람과의 우호적인 상호작용, 긍정적인 감정, 성공과 행운에 관한 꿈을 꾼다고 보고했다(Pesant & Zadra, 2006).

마지막으로, 대학생이 종종 성관계에 대한 꿈을 꾼다는 사실은 그리 놀랍게 들리지 않을 것이다. 또한 남학생은 친구와의 유대감에 대한 꿈을 더 많이 꾸고, 여학생은 임신, 결혼, 쇼핑에 대한 꿈을 더 많이 꾼다(Rainville & Rush, 2009).

전자 매체가 꿈에 미치는 영향 휴대폰, 스마트폰, 컴퓨터, DVD, 비디오 게임과 같은 전자 매체에 대한 노출과 쌍방향 인터넷 사용은 모두 꿈의 내용과 빈도에 영향을 미치는 것으로 나타났다(Gackenbach, Kuruvilla, & Dopko, 2009). 비디오 게임을 하는 데 많은 시간을 보내는 사람들은 비디오 게임을 하는 데 훨씬 적은 시간을 보내는 사람들보다 망자나 가상 인물이 나오는 기괴한 꿈을 더 많이 꾸는 경향이 있다(Gackenbach, Kuruvilla, & Dopko, 2009; Schneider & Domhoff, 2006).

영국에서 아동을 대상으로 수행한 대규모 연구는 아동이 책에서 읽은 것과 텔레비전에서 본 것이 꿈의 내용에 영향을 미친다는 것을 분명하게 보여주었다. 또한 아동이 특정 활동에 시간을 더 많이 할애할수록 그 활동이 꿈에 더 큰 영향을 미치는 것으로 나타났다(Lambrecht, Schredl, Henley-Einion, & Blagrove, 2013; Stephan, Schredl, Henley-Einion, & Blagrove, 2012).

중국 대학생들에게 꿈을 컬러로 꾸는지 흑백으로 꾸는지 질문하자, 어렸을 때 흑백 텔레비전과 영화를 본 사람들은 꿈을 흑백으로 경험했다고 대답했다. 컬러 텔레비전과 영화에 더 많이 노출된 사람들은 컬러로 꿈을 꾸었다(Schwitzgebel, Huang, & Zhou, 2006).

비디오 게임이 악몽으로부터 자신을 지켜 줄 수 있을 것이라고 생각해 본 적이 있는가? 일부 연구자들은 그렇게 생각했고, 실제로 외상을 경험한 학생들 중에서 비디오 게임을 많이 한 학생들은 비디오 게임 경험이 많지 않은 학생들에 비해 악몽을 꾸는 빈도가 낮은 것으로 나타났다. 그러나 비디오 게임으로 인한 보호는 여성이 아닌 남성에게만 적용되었다(Gackenbach, Darling-ton, Ferguson, & Boyes, 2013).

꿈의 문화적 차이 꿈을 꾸는 데 있어 문화적 차이는 여러 집단을 대상으로 연구되었다. 브라질 아마존 열대 우림의 파린틴틴(Parintintin) 부족에 대한 연구에 따르면, 이들은 꿈이 미래를 말하는 수단이라고 믿는다. 이들은 자신과 친척 및 친구의 꿈을 진지하게 받아들인다(Kracke, 2010).

미국 대학생의 꿈과 중국 대학생의 꿈을 비교한 결과, 미국 대학생에 비해 중국 대학생은 꿈에서 친숙한 사람을 더 많이 만나고 공격적인 상황을 더 적게 경험하는 것으로 보고했다(Xian-Li & Guang-Xing, 2006). 중국인의 꿈에는 미국인의 꿈보다 칼, 검, 단검과 같은 성적 상징(프로이트에 따르면)이 훨씬 더 많이 나타나는 것으로 밝혀졌다(Yu, 2010).

백인과 아시아계 미국인 대학생을 대상으로 한 연구에 따르면, 백인의 경우 아동기에 부모에게 꿈에 대해 말할 가능성이 훨씬 더 높았다. 또한 그들은 나이가 들수록 친구들에게 자신의 꿈에 대해 이야기하고 꿈에 높은 가치를 부여할 가능성이 높아졌다. 아시아계 미국인 대학생들은 자신의 꿈을 더 비밀스럽게 여겼으며 꿈에 대해 이야기하는 것을 매우 꺼려했다(Fiske & Pillemer, 2006).

이란 대학생과 미국 대학생이 보고한 꿈의 내용을 비교한 연구에 따르면, 미국인에 비해 이란인은 아는 사람에 대한 꿈을 꾸고, 실내에서 일어나는 일을 꿈꾸며, 꿈에서 긍정적인 감정을 경험할 가능성이 훨씬 더 높았다(Mazan-darani, Aguilar-Valaje, & Domhoff, 2013).

꿈의 해석 동양인과 서양인 모두 꿈이 숨겨진 개인적 진실을 담고 있어서, 자신과 환경에 대한 유용한 정보를 제공할 수 있다고 보는 경향이 있다(More-wedge & Norton, 2009). 그래서 많은 사람들이 꿈 해석에 관심을 갖는다. 아랍에미리트의 이슬람 대학생을 대상으로 한 연구에 따르면, 여학생의 약 3분의 2와 남학생의 3분의 1이 자신의 꿈을 해석하는 데 큰 관심을 보였다(Salem, Ragab, & Abdel, 2009; Schredl, 2010b). 다른 연구에 따르면 아랍에미리트의 무슬림은 같은 나이의 캐나다인보다 꿈 해석에 훨씬 더 큰 관심을 보였다(Salem, 2014).

일본의 한 연구에서는 컴퓨터를 통해 꿈꾸는 사람의 마음에서 일어나는 시각적 이미지를 해석하고 인식할 수 있다는 결론을 내렸다. 연구자들은 6분마다 잠자는 피험자를 깨워 깨어나기 직전에 꿈에서 무엇을 보았는지 설명하도록 요청했다. 그런 다음 깨어 있을 때와 자는 동안 피험자의 뇌 활동에 대한 MRI(자기 공명 영상)에 기록된 다양한 뇌 활동 양상을 분류하는 컴퓨터 프로그램을 제작했다. 컴퓨터는 평균 66%의 정확도로 꿈에 나타난 이미지를 해독하는 법을 '배웠다'. 연구자들은 이것이 컴퓨터가 우리의 꿈을 해석하고 분석하는 날을 향해 첫 발걸음을 뗀 것이라고 주장했다(Horikawa, Tamaki, Miyawaki, & Kamitani, 2013).

오이디푸스 콤플렉스 대부분의 심리학 연구는 프로이트의 오이디푸스 콤플렉스 개념이 전혀 타당성이 없다고 결론 내린다(Kupfersmid, 1995). 그러나 프로이트의 오이디푸스 관계 개념의 주요 구성 요소인 동성 부모와 이성 부모에 대한 아동의 행동과 태도를 다룬 연구는 많이 이루어져 왔다.

예를 들어 한 연구에서는 3~6세 남녀 아동의 부모들에게 자녀가 자신에게 보이는 애정 어린 행동과 공격적이거나 적대적인 행동을 기록하게 하였다. 연구 결과 이성 부모에 대한 애정 행동과 동성 부모에 대한 공격 행동이 그 반대에 비해 훨씬 더 많이 발생하는 것으로 나타났다. 이러한 유형의 오이디푸스 관련 행동은 4세경에 가장 많이 나타났고, 5세부터 감소하였다(Watson & Getz, 1990). 고전적인 연구에 따르면 유의미하게 더 많은 남성이 거세 불안을 반영하는 꿈을 보고했고, 유의미하게 더 많은 여성이 거세 소망이나 남근 선망을 반영하는 꿈을 보고했다(Hall & Van de Castle, 1965).

프로이트는 여아가 보이는 남근 선망으로 인해 여아는 아버지를 사랑의 대상으로 여기며, 이것이 나중에 아기에 대한 소망으로 대체된다고 제안했다. 이 제안에 대한 실험 연구에서 여자 대학생들을 임신을 주제로 한 역치하 메시지에 노출시켰다. 잉크반점 검사에서 이들이 나중에 보였던 반응에는 통제 집단의 여성이나 동일한 자극에 노출된 남자 대학생의 반응에 비해 훨씬 더 많은 남근 이미지가 포함된 것으로 나타났다. 연구자들은 이러한 결과가 임신이 여성에게는 남근과 관련된 의미를 갖는다는 프로이트의 신념을 지지한다고 주장했다(Jones, 1994).

웨일스에 거주하는 12~14세 남아와 여아를 대상으로 부모에 대한 태도를 평가하는 연구를 수행하였다. 그 결과 아버지에 대해 양가적 태도를 보이는(사랑과 증오가 뒤섞인 시선으로 아버지를 바라보는) 청소년들의 경우 그렇지 않는 청소년들에 비해 타인에 대해 불안정한 애착을 보이는 것으로 나타났다. 연구자들은 이 발견이 아버지가 아동의 이후 대인 관계에 중요한 영향을 미친다고 주장한 프로이트의 견해를 지지한다고 보았다(Maio, Fincham, & Lycett, 2000).

구강기 및 항문기 성격 유형 구강기 성격 유형에 대한 조사에 따르면, 로르샤흐 검사에서 확인된 구강 지향과 비만 사이에 강한 상관관계가 있는 것으로 나타났다(Masling, Rabie, & Blondheim, 1967). 이것은 구강기 성격 유형의 사람들이 먹고 마시는 데에 몰두한다는 프로이트의 주장을 뒷받침한다. 또 다른 연구에서는 구강기 성격 유형이 항문기 성격 유형에 비해 권위자의 제안에 더 순응적인 것으로 나타났다(Tribich & Messer, 1974). 프로이트에 따르면 구강기 성격 유형은 의존적이고 복종적이며, 항문기 성격 유형보다 더 순응적인 경향이 있다. 항문기 유형은 적대적인 경향이 있으며, 순응에 저항할 것으로 예상된다.

또한 프로이트는 여성이 남성보다 구강기 의존도가 더 높다고 주장했지만, 이후의 연구에서는 성별 간에 그러한 차이가 없는 것으로 밝혀졌다(O'Neill & Bornstein, 1990). 일반적으로 구강기 및 항문기 성격 유형 모두를 지지하는 연구들이 있다(Westen, 1998). 하지만 남근기 성격 유형에 대한 경험적 증거는 거의 없다.

　프로이트가 제안한 항문기 성격은 양심, 정리정돈, 고집, 강박성 성격장애와 같은 다른 이름으로 심리학에서 계속 재부상되거나 재활용되는 것으로 알려져 있다(Haslam, 2011).

나이와 성격 발달　프로이트는 성격이 약 5세경에 형성되며 그 이후에는 거의 변하지 않는다고 주장했다. 시간에 따른 성격 발달에 대한 이후의 연구는 미취학 아동의 성격 특성이 극적으로 변한다는 견해를 제안했는데, 이는 6~7년에 걸쳐 수행된 후속 연구들에서도 나타났다(Kagan, Kearsley, & Zelazo, 1978). 다른 연구는 중기 아동기(7~12세)가 초기 아동기보다 성인기 성격 양상을 확립하는 데 더 중요할 수 있다고 주장했다.

　저명한 아동발달심리학자 제롬 케이건(Jerome Kagan)은 문헌을 검토한 뒤, 성격은 프로이트가 제안한 바와 달리, 초기 아동기 부모-자녀 간 상호작용보다는 기질과 후기 아동기 경험의 영향을 더 많이 받는 듯하다는 결론을 내렸다(Kagan, 1999). 인생의 첫 5년이 우리의 성격에 영향을 미친다는 사실은 부인할 수 없지만, 그 시기 이후에도 성격이 계속 발달한다는 것은 분명하다.

프로이트식 말실수　프로이트에 따르면 일상적인 망각이나 말실수(slip)로 보이는 것에는 실제로 무의식적인 동기나 불안이 반영되어 있다. 이 현상을 검증하기 위해 수행한 연구에서 두 집단의 남성에게 컴퓨터 화면에 깜빡이는 동일한 단어 쌍을 보여 주었다(Motley, 1987). 이들은 부저가 울리면 큰 소리로 단어를 말하라는 요청을 받았다. 한 집단에게는 몸에 전극을 부착하였고, 실험 중에 고통스러운 전기 충격을 받게 될 것이라고 알려주었다. 이것은 불안을 유발하기 위해 설정된 상황이었다. 두 번째 집단에서 실험자는 매력적이고 관능적인 여성이었다. 이 집단에게 실험 자극은 성적 불안이었다.

　감전에 대한 불안 상태에 있는 남성들은 화면에 나오는 '엉터리 부두(sham dock)'라는 단어를 '젠장 충격(damn shock)'이라고 말하는 언어적 실수를 저질렀다. 성적 불안 상태에 있는 남성들은 '둥지를 품다(brood nests)'

대신 '나체 가슴(nude breasts)'이라고 말하는 것과 같은 언어적 실수를 통해 불안을 나타냈다. 성적 불안 검사에서 높은 점수를 받은 사람들은 성 관련 프로이트식 말실수를 가장 많이 저질렀다.

같은 단어에 노출되었지만 불안을 유발하는 조건에 놓이지 않았던 통제 집단의 남성은 말실수를 하지 않았다. 물론 모든 말실수가 프로이트식 실수인 것은 아니었지만, 연구에 따르면 적어도 일부는 프로이트가 말한 대로 자신을 당황스럽게 만들 수 있는 숨겨진 불안 때문일 수 있다.

한 미국 대통령은 교사 모임에서 연설을 하면서 "나는 모든 교사들을 '때리고(spank)' 싶다"라고 말했는데, 사실 그는 모든 교사들에게 '감사하고 (thank)' 싶다고 말하려 했다. 또 다른 저명한 미국 정치인은 '가슴(the breast)' 을 격려하고 싶다고 했는데, 사실은 '가장 훌륭한 사람들(the best and the brightest)'을 격려하고 싶다고 말하려던 것이었다(Pincott, 2013). 이런 예들을 프로이트식 말실수로 볼 수 있을지도 모른다.

아동기 성적 학대의 억압된 기억 1980년대 후반, 사람들이 법적 소송에서 몇 년 전에 발생한 학대 사건이 갑자기 떠올랐다고 주장하는 매우 흥미로운 사례들 이 발생하면서 억압된 기억 문제가 재점화되었다. 여성들은 아버지, 삼촌, 이 웃을 형사 고발했다. 남성들은 성직자, 운동 코치, 교사를 고발했다. 피고인 중 일부는 20년 전에 일어났다고 보고하는 사건에 대한 기억을 근거로 유죄 판결 을 받고 투옥되었다. 이런 식의 고발과 그에 따른 재판은 오늘날에도 계속되 고 있다.

아동기 성적 학대의 억압된 기억에 대한 연구에 따르면, 그러한 학대가 회상되기까지 수년 동안 잊힐 수 있다는 증거가 충분히 발견되었다(Delmonte, 2000). 기억을 억압했다가 그 기억을 회복했거나, 그 경험을 결코 잊지 못하 고 있던 여성에 대한 연구에 따르면, 회복된 기억을 보고한 사람들은 환상 경 향성(fantasy proneness)과 해리(dissociation; 정신 과정을 별도의 인식 흐름으로 분할하는 것) 척도에서 더 높은 점수를 받았다(McNally, Clancy, Schacter, & Pit-man, 2000). 물론 그러한 상태는 아동기의 외상 때문일 수 있다.

아동기에 실제로 발생했던 성적 학대에 대한 억압된 기억이 존재한다는 증거가 있기는 하지만, 거짓 기억이 얼마나 쉽게 이식될 수 있는지, 그리고 회상이 얼마나 쉽게 왜곡되어 한 번도 발생하지 않았던 사건이 실제와 같이 느껴지게 될 수 있는지를 보여 준 연구들도 있다(Loftus & Ketcham, 1994; Ofshe & Watters, 1994).

한 연구에서 어린 아동들을 테이블 건너편에 앉아 있는 남성과 5분 동안 놀게 하고 4년 후에 이 아동들과 면담해 보았다. 해당 남성은 아이들을 전혀 만지지 않았다. 후속 면담에서 연구자들은 아동들에게 인생의 중요한 사건에 대해 질문을 받게 될 것이라고 말함으로써 심문하는 분위기를 조성했다. "말하기 무서워?"라고 물었고, "말하고 나면 기분이 나아질 거야"라고 말했다(Ceci & Bruck, 1993, p. 421). 3분의 1의 아동이 면접관의 암시에 동의하면서, 그 남성이 자신을 껴안고 키스했다고 말했다. 두 명의 아동은 화장실에서 사진이 찍혔다는 암시에 그렇다고 대답했으며, 한 명은 그 남성이 자신을 목욕시킨 것 같지 않냐는 암시에 그렇다고 답했다.

이탈리아의 대학생을 대상으로 한 연구에 따르면, 꿈 해석이 거짓 기억을 이식하는 데 사용될 수 있다. 인기 있는 라디오 방송에 나오는 유명한 심리학자가 절반의 학생들에게 그들의 꿈이 아동기에 경험한 충격적인 사건의 억압된 기억이 표현된 것이라고 말했다. 그러한 사건의 예로 부모에게 버림을 받거나 낯선 곳에서 길을 잃는 경우를 들었다. 나머지 절반의 학생들에게는 그러한 해석을 제공하지 않았다.

모든 연구 참가자는 몇 주 전에 실시한 설문에서 아동기에 외상 사건이 발생하지 않았다고 진술한 응답을 바탕으로 선정되었다. 꿈 해석 후 10~15일 뒤에 다시 질문했을 때, 참가자 중 대다수는 외상성 경험이 실제로 일어났으며 자신이 그 기억을 수년 동안 억압하고 있었다는 데 동의했다(Mazzoni, Lombardo, Malvagia, & Loftus, 1999).

이 분야의 선구적인 연구자인 엘리자베스 로프터스(Elizabeth Loftus)는 일반적으로 "외상이 인식에서 사라지고 나중에 일상적인 망각이나 기억을 넘어선 과정에 의해 안정적으로 회복된다는 개념을 지지하는 증거가 거의 없다"라고 결론지었다. 특히 암시에 의한 기억 회상 절차를 받은 사람들 사이에서 실제 사실이 아닐 뿐만 아니라 불가능하거나 적어도 매우 가능성이 희박한 끔찍한 외상 사건에 대한 기억이 만들어졌다[또는 이식되었다]는 것은 의심의 여지가 없다(Loftus & Davis, 2006, pp. 6, 8).

그러나 아동기 성적 학대가 실제로 발생한다는 점을 명심할 필요가 있다. 이는 많은 사람들의 뇌리에 계속해서 떠오르는 현실이며, 19세기에 지그문트 프로이트가 상상했던 것보다 훨씬 더 광범위하게 발생한다. 그 영향은 매우 유해할 수 있다. 아동기에 성적 학대를 경험한 남녀의 경우 불안, 우울증, 자해, 낮은 자존감, 자살로 발전하는 경향이 강하다(McNally, Perlman, Ristuccia, & Clancy, 2006; Pilkington & Lenaghan, 1998; Westen, 1998).

핵심 내용

프로이트 이론에 대한 연구

자아통제에서 낮은 점수를 받은 사람들은 다음과 같은 경향이 있다.

- 공격적이고, 순응적이지 않음
- 예측할 수 없고 독단적임
- 변덕스럽고 제멋대로임

자아탄력성에서 낮은 점수를 받은 사람들은 다음과 같은 경향이 있다.

- 부모와 부정적으로 상호작용하는 상황에서 스트레스를 많이 받음
- 불안해하고 누군가 안심시켜 주기를 바람
- 자기주장을 할 줄 모르고, 슬픈 상태에 있으며, 사회적 기술이 부족함

카타르시스를 통해 분노를 표출하는 사람들은 다음과 같은 경향이 있다.

- 화를 표출한 후에 더 화가남
- 폭력적인 비디오 게임을 선호함

이제까지의 연구는 다음과 같은 프로이트의 개념을 지지한다.

- 무의식의 영향
- 전치
- 억압
- 부인
- 투사
- 정서적 염려를 반영하는 꿈
- 프로이트식 말실수

프로이트 이론의 확장

앞으로 이 책에서 소개될 이론가 중 일부는 프로이트의 주장에 반박하면서 자신의 이론을 발전시켰다. 또 다른 이론가들은 프로이트의 기본 가정 중 일부에는 충실하면서도 그의 견해를 확장 및 확대하거나 정교화하려고 시도하였다. 후자의 경우 가장 중요한 사람 중 한 명이 프로이트의 딸 안나였다. 그녀는 정신분석에서 약점이나 누락으로 간주되는 부분을 상쇄하고, 이러한 부분에서 시작하여 이론을 강화하고자 하였다.

자아심리학: 안나 프로이트

안나 프로이트(Anna Freud; 1895~1982)는 부모에게 더 안전한 피임법이 있었다면 자신은 세상에 태어나지 못했을 것이라고 말했다. 그러한 출생에도 불구하고 그녀는 프로이트의 여섯 명의 자녀 중 유일하게 프로이트의 길을 따랐다(Young-Bruehl, 1988). 그녀는 어머니가 더 예뻐하는 언니를 질투하였고 다른 형제들에게는 무시당하던 불행한 아이였다. 그녀는 나중에 자신이 지루한 존재로 여겨졌던 경험과 무료하게 혼자 남겨졌던 경험을 회상하며 한탄했다(Appignanesi & Forrester, 1992, p. 273).

그러나 지그문트 프로이트는 안나를 무시하지 않았다. 그녀는 아버지가 총애하는 자녀였고, 14세가 되었을 때 이미 아버지가 이끄는 정신분석 집단 모임에 성실하게 참여하면서 그곳에서 이루어지는 사례 발표와 논의에 관심을 가졌다. 22세에 안나는 아버지와 함께 4년간의 정신분석을 시작했는데, 나중에 프로이트는 딸을 분석했다는 이유로 매우 비난 받았다.

한 역사가는 그것을 "불가능한 근친상간적 치료 … 진료실 소파의 양쪽 끝에서 보여 주는 오이디푸스적 연기"라고 평했다(Mahoney, 1992, p. 307). 그러나 다른 역사가는 다음과 같이 설명했다. "아무도 그 일을 맡으려 하지 않았을 것이다. 안나를 분석하는 것은 필연적으로 프로이트가 맡은 아버지 역할에 대한 의문을 제기하는 것이 되기 때문이다"(Donaldson, 1996, p. 167). 자기 자녀를 분석하는 것은 프로이트 자신이 정립한 정신분석의 규칙을 심각하게 위반하는 것이었다. 그래서 안나에 대한 분석은 수년간 비밀에 부쳐졌다.

정신분석 과정에서 안나는 아버지를 적으로부터 지키는 꿈뿐만 아니라, 총을 쏘고, 사람을 죽이고, 죽는 것과 같은 폭력적인 꿈을 보고하기도 하였다. 또한 "그녀는 자신의 성적 환상과 자위행위를 아버지와 공유했으며, 분석을 하면서 아버지에게 감사하고 그 어느 때보다 그에게 더 충성하게 되었다"(Edmundson, 2007, p. 61).

안나 프로이트는 빈정신분석학회(Vienna Psychoanalytic Society)에 가입하여 「환상과 백일몽 이기기(Beating Fantasies and Daydreams)」라는 제목의 논문을 발표했다. 그녀는 환자의 경험을 설명한다고 주장했지만, 실제로는 자신의 환상을 이야기하고 있었다. 그녀는 아버지와 딸의 근친상간적 사랑, 신체적 구타, 자위를 통한 성적 만족에 대해 이야기했다.

그녀는 프로이트와 그의 정신분석 체계를 돌보는 데 평생을 헌신했다. 프로이트가 죽은 지 몇 년 후 그녀는 프로이트에 대해 일련의 꿈을 꾼 뒤 이렇게 설명했다. "아버지는 다시 여기에 있다. 이 모든 최근의 꿈에는 동일한 인물이 등장한다. 주로 아버지에 대한 나의 그리움이 아니라 오히려 나를 향한 아버지의 그리움이 펼쳐진다. 그중 첫 번째 꿈에서 아버지는 '나는 항상 너를 그리워했단다'라고 숨김없이 말했다"(Zaretsky, 2004, p. 263).

프로이트가 세상을 떠난 지 약 40년이 지난 후 안나가 거의 죽을 지경에 이르렀을 때, 그녀는 오랫동안 간직해 왔던 그의 낡은 양모 코트를 입고 휠체어에 앉았다(Webster, 1995).

정신분석에 대한 안나 프로이트의 접근 프로이트가 성인만을 대상으로 그들의 환상과 꿈을 분석하고 그들의 아동기를 재구성하고자 시도했던 반면, 안나는 아동만을 대상으로 일했다. 그녀는 런던에 위치한 아버지의 집 옆에 있는 건물에 분석가를 양성하기 위한 진료소와 센터를 설립했다. 1927년 그녀는 『아동 분석에 관한 네 개의 강의(Four Lectures on Child Analysis)』를 출판했다. 프로이트는 그녀의 연구에 대한 인정을 담아 다음과 같이 말했다. "아동 분석에 대한 안나의 견해는 독자적이다. 나와 안나는 견해를 공유하지만, 안나는 자신의 독립적인 경험을 바탕으로 자신의 견해를 발전시켰다"(Viner, 1996, p. 9).

안나 프로이트는 자아가 원초아로부터 독립적으로 작동한다고 주장함으로써 자아의 역할을 확장하면서 정통 정신분석을 크게 수정했다. 이는 근본적이고 급진적인 변화를 수반한, 프로이트 체계의 주요 확장으로 여겨진다.

그녀는 1936년에(프로이트가 아직 살아 있을 때) 출판한 『자아와 방어기제(Ego and Mechanisms of Defense)』에서 이러한 개선 사항을 제안하면서 방어기제의 작동을 명확하게 설명했다. 이 책은 널리 찬사를 받았으며 자아심리학의 초석이라는 평가를 받았다. 이 장의 앞부분에서 살펴본 표준 방어기제는 안나 프로이트 덕분에 완전히 개발·구체화 되었다. 이것은 정신분석 이론에 대한 그녀의 중요한 공헌 중 하나일 뿐이다.

프로이트 이론에 대한 고찰

프로이트의 정신분석 체계는 심리학과 정신의학의 이론과 실천, 인간 본성에 대해 우리가 가진 이미지, 성격에 대한 이해에 대단한 영향을 주었다. 그의 영향력은 일반 문화에까지 미쳤으며, 그의 연구는 대중 서적, 잡지 및 신문에도 여러 차례 기재됐다. 한 기사는 그를 죽은 지 65년이 지난 후에도 영향력을 미치는 '피할 수 없는 힘'이라고 기술했다(Adler, 2006, p. 43).

정신분석은 1930년대에 미국 심리학자들이 성격 연구에 커다란 관심을 갖는 데 기여했다. 1940년대와 1950년대에 정신분석 개념은 심리학 분야의 동기 관련 여러 연구에 영향을 미쳤다. 현대 심리학은 무의식의 역할, 성인 행동을 형성하는 데 있어 아동기 경험의 중요성, 방어기제의 작동 등과 같은 많은 프로이트의 개념을 수용하였다. 이러한 개념을 포함한 다양한 프로이트의 개념은 계속해서 많은 연구에 영감을 주고 있다.

앞으로 우리가 살펴볼 성격 이론가들 중에는 프로이트의 체계를 기반으로 하는 경우도 있고, 프로이트의 체계에 반박하며 자신의 이론을 발전시킨 경우도 있는데, 이것은 프로이트의 중요성에 대한 추가 증거라고 볼 수 있다. 훌륭한 아이디어는 타당한 것으로 간주되는 경우뿐만 아니라 잘못된 것으로 인식되는 경우에도 다른 사람들에게 영감을 주어 다른 관점의 발전을 촉진한다.

프로이트식 심리치료의 쇠퇴

오늘날에는 프로이트의 성격 이론이 그의 정신분석치료보다 더 영향력이 있다. 프로이트의 이론에 대한 연구와 그의 개념에 대한 실험 연구는 계속해서 왕성하게 이어지고 있지만, 치료 기법으로서의 정신분석은 특히 미국에서 인기가 많이 쇠퇴했다.

그러나 중국에서는 정신분석이 치료 방법으로 최근에 더 인기를 얻고 있다. 인터넷 화상회의 서비스 및 소프트웨어 응용 프로그램인 스카이프(Skype)를 사용하여 미국에서 프로이트 방식으로 정신분석을 하는 치료자들이 점점 그 수가 늘어 가는 중국의 정신분석가들에게 훈련 프로그램을 제공하고 있다(Osnos, 2011; Wan, 2010). 아직 연구 초반이기는 하지만, 일부 유럽 국가에서는 인터넷을 통해 전통적 정신분석 회기를 진행하는 것이 성공적인 효과를 나타낸다는 보고와 함께 그러한 방식의 치료가 빠르게 성장하고 있다(Migone, 2013).

또한 일부 연구는 소셜 로봇을 사용하면 정신분석의 효과가 향상된다고 보고하였는데, 특히 노인을 대상으로 한 서비스가 효과적인 것으로 나타났다. 소위 반려 로봇이라 불리는 이러한 로봇은 환자의 신체적·인지적 손상을 개선하고 안녕감을 향상시키는 데 성공적인 효과를 보였다(Costescu, Vanderborght, & David, 2014).

점점 더 많은 사람들이 행동 및 정서 문제에 대한 치료를 찾고 있지만, 비용 문제로 인해 프로이트가 고안한 장기적 접근 방식을 선택하는 사람의 수는 줄어들고 있다. 항정신성 약물치료의 활용이 증가하면서, 1~15회기 사이의 단기 상담이 치료 과정의 표준이 되고 있다.

미국에서는 정통 정신분석에서 멀어지면서 전체 건강 의료에 대한 관리형 접근 방식이 강화되는 경향이 나타나고 있다. 보험회사 입장에서는 몇 년 동안 지속되는 정신분석보다는 단순히 약을 처방하는 치료 요법을 승인하는 것이 비용 면에서 훨씬 경제적이다. 또한 관리형 의료는 보험금을 지급하기 전에 치료 효과에 대한 경험적 증거를 요구하는데, 심리치료 효과에 대한 증거는 약한 편이다(Mayes & Horwitz, 2005).

정신분석에 대한 비판

앞부분에서 이미 프로이트의 주요 연구 방법인 사례 연구의 문제점을 살펴보았다. 주로 실험심리학자들이 이러한 문제들을 제기해 왔으며, 이 외에도 다른 성격 이론가들이 제기한 또 다른 문제들이 있다. 몇몇 이론가들은 프로이트가 본능적인 생물학적 힘을 성격의 결정 요인으로 지나치게 강조했다고 주장한다.

다른 이론가들은 프로이트가 동기에 있어 주요 동력으로 성과 공격성을 언급한 부분에 이의를 제기하면서 인간의 성격은 성적인 경험보다 사회적 경험에 더 많은 영향을 받는다고 주장한다. 또 다른 이론가들은 인간 본성에 대한 프로이트의 결정론적 관점에 동의하지 않는다. 이들은 인간의 자유의지는 프로이트가 생각한 것보다 강하며, 인간은 자발적으로 행동하고 성장하면서, 자신의 운명을 적어도 부분적으로라도 통제할 수 있다고 말한다.

또 다른 비판은 프로이트가 인간의 목표와 열망을 배제한 채 과거 행동만을 강조한 것을 문제 삼는다. 이런 비판을 하는 이론가들은 우리가 5세 이전의 경험만큼 또는 그 이상으로 미래, 희망, 계획에 의해 영향을 받는다고 주장한다. 어떤 성격 이론가들은 프로이트가 심리적으로 건강하고 정서적으로 성숙한 사람들을 배제한 채, 정서적으로 혼란스러운 사람들에게만 너무 많은 관심을 기울였다고 보기도 한다.

비평가들은 인간의 성격 이론을 발전시키고자 한다면, 왜 가장 선하고 가장 건강한 사람들을 대상으로 연구하지 않는지, 왜 인간의 부정적 특성뿐만 아니라 긍정적 특성도 연구하지 않는지를 묻는다. 또한 이론가들은 여성에 대한 프로이트의 견해, 특히 남근 선망, 불완전하게 발달한 여성의 초자아, 신체에 대한 여성의 열등감과 같은 부분을 문제 삼는다.

프로이트의 특정 개념들의 모호한 정의에 대해서도 의문이 제기되었다.

비평가들은 원초아, 자아, 초자아와 같은 용어의 사용으로 인한 혼란과 모순을 지적한다. 이것들은 뇌의 독특한 물리적 구조인가? 유동적인 정신 과정인가? 후기 저작에서 프로이트가 자신의 개념 중 일부는 정확하게 정의하는 데 어려움이 있다고 설명했지만, 여전히 의문은 남는다.

프로이트의 지속적인 영향

이 책은 성격에 대한 현대적 이해의 역사를 담고 있다. 개인적 성장과 사회적 성장에서 우리는 결코 과거로부터 자유로울 수 없으며, 이를 기대하지도 말아야 한다. 후대의 성격 이론가들이 프로이트의 업적을 기반으로 이론을 구축한 것처럼, 과거는 앞으로 형성될 것의 토대를 제공한다. 정신분석이 다른 사람들에게 영감을 주고 새로운 통찰력을 발달시키는 틀을 제공하는 것 외에 다른 목적이 없다면, 아이디어 세계에서 프로이트의 중요성은 확실하다. 모든 구조는 기초의 건전성과 견고성에 달려 있다. 지그문트 프로이트는 성격 이론가들에게 매우 독창적이고 자극적이며 도전이 되는 기반을 제공하였다.

프로이트의 이론은 주요 개념 중 일부를 자신의 아동기 경험, 꿈, 성적 갈등에 기초하여 발생시켰다는 점에서 적어도 부분적으로는 자전적이다.

본능은 신체 내에서 발생하는 자극의 정신적 표현이다. 삶의 본능은 생존이라는 목적에 기여하며, 리비도라는 정신 에너지의 형태로 나타난다. 죽음의 본능은 부패, 파괴, 공격성을 향한 무의식적 추동이다.

성격의 세 가지 구조는 원초아, 자아, 초자아다. 성격의 생물학적 요소인 원초아는 본능과 리비도의 저장소이며, 쾌락 원리에 따라 작동한다. 성격의 이성적 구성 요소인 자아는 현실 원리에 따라 작동한다. 성격의 도덕적 측면인 초자아는 양심(아동이 벌을 받는 행동)과 자아 이상(아동이 칭찬받는 행동)으로 구성된다. 자아는 원초아의 요구, 현실의 압력, 초자아의 지시 사이에서 이들을 중재한다.

자아가 지나친 압박을 받을 때 불안이 발생한다. 현실적 불안은 현실 세계의 위험에 대한 공포이며, 신경증적 불안은 본능적 만족과 현실 사이의 갈등이다. 도덕적 불안은 원초아와 초자아 사이의 갈등이다. 방어기제는 무의식적으로 작동한다. 이는 현실의 왜곡으로, 불안의 위협으로부터 자아를 보호한다. 방어기제에는 억압, 부인, 반동 형성, 투사, 퇴행, 합리화, 전치, 승화 등이 포함된다.

아동은 신체의 성감대에 의해 정의되는 심리성적 발달 단계를 거친다. 구강기는 두 가지 행동 양식, 즉 구강함입적 양식과 구강공격적 양식을 포함한다. 항문기에는 본능적 충동을 충족함에 있어 처음으로 방해를 받는다. 남근기에는 오이디푸스 콤플렉스, 즉 이성 부모에 대한 아이의 무의식적인 성적 갈망과 동성 부모에 대한 경쟁과 공포의 감정이 나타난다.

남아는 거세 불안을 겪고, 여아는 남근 선망을 보인다. 남아는 자신을 아버지와 동일시하면서 아버지의 초자아 기준을 받아들이고, 어머니에 대한 성적 갈망을 억압하면서 오이디푸스 콤플렉스를 해결한다.

여아는 오이디푸스 콤플렉스를 완전히 해결할 수 없기 때문에 여아의 초자아는 제대로 발달하지 못한다. 잠복기에는 학교 활동, 스포츠, 동성 간의 우정을 통해 성 본능을 승화시킨다. 사춘기의 생식기 단계는 이성애적 관계의 시작이 특징적으로 나타난다.

인간 본성에 대한 프로이트의 생각은 비관적이다. 우리는 불안, 충동의 좌절, 긴장과 갈등이라는 운명에 처해 있다. 인생의 목표는 긴장을 줄이는 것이다. 인간 본성의 대부분은 유전되지만, 일부는 부모-자녀 간 상호작용을 통해 학습된다.

성격 평가는 자유연상과 꿈 분석이라는 두 가지 방법을 통해 이루어진다. 자유연상에서 환자는 무작위로 떠오르는 생각과 심상을 즉흥적으로 표현하게 된다. 때때로 환자가 불안한 기억이나 경험에 대해 이야기하는 것을 거부하는 식으로 저항을 보인다. 꿈은 명백한 내용(실제 꿈 사건)과 잠재된 내용(해당 사건의 상징적 의미)을 모두 포함한다.

프로이트의 연구 방법은 객관적인 관찰에 의존하지 않는 사례 연구였다. 이는 통제되지 않고, 체계적이지 않으며, 반복 및 검증에 적합하지 않다. 프로이트의 자료는 정량화할 수 없고, 불완전하고 부정확할 수 있으며, 작고 대표성이 없는 표본을 대상으로 수집되었다.

무의식, 억압, 투사, 전치, 말실수, 구강기 및 항문기 성격 유형의 몇몇 특성과 같은 일부 프로이트의 개념은 경험적 연구에 의해 지지되었다. 프로이트 이론의 주요 부분(원초아, 초자아, 죽음의 소망, 리비도, 카타르시스, 불안)은 과학적으로 검증되지 않았다. 자아통제와 자아탄력성이 자아의 두 가지 구성 요소로 확인되었다. 아동기 성적 학대에 대한 억압된 기억과 관련하여 일부는 실제일 수 있지만 다른 일부는 이식되고 왜곡된 결과일 수 있다.

프로이트의 이론은 안나 프로이트가 자아의 역할을 자세히 설명하면서 수정되었다. 성격 이론가들은 프로이트가 생물학적 힘, 성, 공격성, 정서장애, 아동기 사건을 지나치게 강조한 점을 비판한다. 또한 그들은 인간 본성에 대한 프로이트의 결정론적 관점, 여성에 관한 부정적인 견해, 일부 개념의 모호한 정의를 비판한다. 그러나 프로이트가 서구 문화와 후기 성격 이론가들에게(그의 체계를 정교화했든 반대했든) 미친 대단한 영향을 부정할 수는 없다.

복습 문제

1. 프로이트의 이론은 그의 아동기 경험과 성에 대한 갈등을 어떤 방식으로 반영했는가?

2. 프로이트는 본능을 어떻게 정의했는가? 본능은 몸의 욕구와 마음의 소망을 어떻게 연결하는가?

3. 삶의 본능과 죽음의 본능을 구별하라. 이것들은 어떻게 행동에 동기를 부여하는가?

4. 원초아, 자아, 초자아를 정의하라. 이것들은 어떻게 상호 연관되어 있는가?

5. 프로이트는 자아가 세 가지 강력하고 반대되는 힘에 의해 압박을 받는 채로 중간에 끼어 있다고 말했는데, 이는 어떤 의미인가?

6. 프로이트가 제안한 불안의 세 가지 유형은 무엇인가? 불안의 목적은 무엇인가? 우리는 불안으로부터 자신을 어떻게 방어하는가?

7. 반동 형성, 투사, 승화와 같은 각 방어기제가 불안으로부터 우리를 보호하는 방식을 설명하라.

8. 심리성적 발달의 구강기 및 항문기는 어떤 면에서 서로 다르며, 어떤 식으로 성격 발달에 기여하는가?

9. 구강함입 단계에 집착하는 성인의 특징은 무엇인가? 항문보유 단계에 집착하는 성인의 특징은 무엇인가?

10. 남아와 여아는 심리성적 발달의 남근기 갈등을 어떻게 해결하는가?

11. 편모슬하에서 양육된 남아와 여아는 이러한 갈등을 어떻게 해결할 것이라고 생각하는가?

12. 유전과 환경의 상대적 영향력에 대한 프로이트의 견해는 무엇인가? 자유의지 대 결정론 쟁점에 대한 프로이트의 입장은 무엇인가?

13. 자유연상을 통해 어떤 정보를 얻을 수 있는가? 저항이란 무엇인가?

14. 꿈의 두 가지 측면 혹은 그 내용을 설명하라. 꿈의 내용에 대한 프로이트의 생각을 검증하기 위해 수행된 연구를 논하라.

15. 프로이트 이론의 명제 중 어떤 것이 경험적으로 지지되었는가?

16. 프로이트의 사례 연구 방법은 어떤 비판을 받았는가?

17. 프로이트식 말실수, 자아, 카타르시스의 개념에 대해 수행된 연구의 예를 들어 보라.

18. 역치하 지각에 대한 연구는 무의식에 대한 프로이트의 견해를 어떻게 지지하는가?

19. 자아통제와 자아탄력성의 차이점은 무엇인가? 자아통제에서 높은 점수를 받은 사람들의 성격 특성을 설명하라.

20. 억압자와 비억압자는 어떤 면에서 서로 다른가? 두 가지 억압적 대처 방식 중 어느 것이 더 행복하고 건강한 행동과 관련이 있는가?

21. 부인, 동일시, 투사 방어기제를 가장 많이 사용하는 연령대와 그 이유를 말하라.

22. 프로이트의 억압 방어기제는 아동기 학대에 대한 억압된 기억의 모든 경우를 설명하는가? 그러한 기억을 설명할 수 있는 다른 요인은 무엇인가?

23. 안나 프로이트가 전통적인 프로이트 이론을 확장하고 수정하는 데 사용한 몇 가지 방법을 설명하라.

24. 성격 이론 및 심리치료 방법으로서의 정신분석의 현재 상태와 이에 대한 수용을 논하라.

읽을거리

Cohen, D. (2012). *The escape of Sigmund Freud.* New York: Overlook Press.

프로이트가 독일 공무원의 도움으로 빈에서 나치로부터 탈출한 이야기와 런던에서의 그의 생애 마지막 2년에 대한 이야기.

Coles, R. (1993). *Anna Freud: The dream of psychoanalysis.* New York: Addison-Wesley.

안나 프로이트의 삶, 방어기제에 대한 그녀의 연구, 정신분석의 미래에 대한 그녀의 바람을 기술한다.

Ellenberger, H. F. (1970). *The discovery of the unconscious: The history and evolution of dynamic psychiatry.* New York: Basic Books.

산업화 이전 시기부터 프로이트의 정신분석 및 그 파생 이론들에 이르기까지 무의식에 대한 연구를 추적한다.

Gafner, G. (2012). *Subliminal: How Your Unconscious Mind Rules Your Behavior.* New York: Pantheon.

한 물리학자의 설명을 통해 우리의 행동, 정서 및 인지 과정이 무의식적 과정에 의해 영향을 받는 정도를 보여 주는 신경과학 및 심리학 연구를 요약한다.

Krüll, M. (1986). *Freud and his father.* New York: Norton.

프로이트와 그의 아버지의 삶을 살펴보고, 아들로서의 프로이트의 경험이 정신분석의 발달에 미친 영향을 분석한다.

Lerman, H. (1986). *A mote in Freud's eye: From psychoanalysis to the psychology of women.* New York: Springer-Verlag.

여성에 대한 프로이트의 부정적 편견이 그의 개인적인 경험에서 발전하여 정신분석 이론에 침투하게 된 과정을 설명한다. 프로이트의 심리성적 발달 단계를 여성에게 적용할 때 어떻게 전반적으로 문제가 되는지 보여 주고, 여성 기반 성격 이론의 기준을 제공한다.

Markel, Howard. (2011). *An Anatomy of Addiction: Sigmund Freud, William Halstead, and the Miracle Drug Cocaine.* New York: Vintage.

두 명의 코카인 사용자, 프로이트와 저명한 미국 의사 윌리엄 할스테드의 삶을 통해 19세기 코카인 사용과 남용을 기술한다.

Roazen, P. (1975). *Freud and his followers.* New York: Knopf.

프로이트의 삶과 그의 제자가 된 사람들에 대해 생생하게 잘 쓰여진 책이다. 그들 중 일부는 나중에 자신의 이론을 만들면서 프로이트 학파에서 탈퇴한다.

Sulloway, F. J. (1979). *Freud, biologist of the mind: Beyond the psychoanalytic legend.* New York: Basic Books.

프로이트가 살아 있던 당시의 맥락에서 그의 연구를 설명하면서 프로이트가 혼자 일하는 외로운 영웅이었다는 전설을 논박하는 전기.

신정신분석 접근법

몇몇 성격 이론가들은 처음에는 프로이트에 충실하며 정신분석에 헌신했으나, 프로이트 접근법의 특정 측면에 반대하여, 결국 정신분석과 결별하였다. 카를 융과 알프레드 아들러는 프로이트의 동료였지만, 프로이트 이론에 반기를 들고 성격에 대한 자신들의 견해를 제시하였다. 카렌 호나이는 프로이트와 개인적 관계는 없었으나 한때 정통 프로이트 학파의 신봉자였으며, 이후 프로이트와는 다른 자신의 접근법을 제안하였다. 에릭 에릭슨의 이론 또한 프로이트 정신분석에서 파생되었다.

이러한 신정신분석 이론가들은 여러 주제에서 서로 다른 견해를 드러내지만, 공통적으로 프로이트 입장에 반대하는 면을 보였다. 가령 인간 행동의 주요 동기로서 본능에 대한 지나친 강조, 결정론적 인간관 등이 이에 해당한다. 이러한 신정신분석 이론가들은 보다 낙관적인 인간관을 제시한다. 이들의 연구는 공식적인 성격 연구가 시작된 지 불과 10년 만에 이 분야의 연구가 얼마나 빠른 속도로 다양화되었는지 보여 준다.

3장

카를 융:
분석심리학

Fair Use

"내 삶은 무의식의 자기실현에 관한 이야기이다.
모든 무의식은 겉으로 드러나고자 한다.
개인의 성격도 무의식 상태에서 벗어나고 싶어 한다."

— 카를 융

프로이트가 카를 융(Carl Jung)을 자신의 정신적 아들 혹은 후계자로 지목한 적도 있으나, 융은 자신만의 성격 이론을 발전시켰으며, 이는 정통 정신분석과는 차이가 있다. 융은 기존의 이론과 달리 인간 본성에 대해 새롭고 정교한 설명을 전개하며, 이를 분석심리학(analytical psychology)이라고 명명하였다.

　융과 프로이트 간 견해 차이에 대한 세 가지 핵심은 다음과 같다. 첫 번째 차이는 성의 역할이다. 융은 리비도에 대한 프로이트의 정의를 확장하였다. 융은 리비도에 성을 포함시켰으나 성으로만 제한하지 않았다. 그는 리비도를 일반적 정신 에너지로 보았다.

　두 번째 차이는 성격에 영향을 미치는 요인이다. 프로이트가 인간을 과거 사건에 대한 죄인 혹은 희생자로 보았다면, 융은 "인간이 통제력을 거의 발휘하지 못하는 채로 트라우마에 시달리도록 운명 지어지지는 않았다"라고 믿었다(뉴욕 타임스, 부고, 1961년 6월 7일). 융은 인간이 과거뿐 아니라 미래에 의해서도 영향을 받는다고 주장하였다. 즉 융은 우리가 아동기에 겪은 일뿐만 아니라, 미래에 무엇을 바라

분석심리학 융의 성격 이론.

는지에도 영향을 받는다고 보았다.

　세 번째 차이는 무의식에 대한 것이다. 다른 신정신분석학자들이 무의식의 역할을 최소화한 데 반해, 융은 프로이트보다도 더욱 무의식을 강조하였다. 그는 무의식을 깊이 탐구하여, 여기에 집단 무의식이라는 완전히 새로운 영역을 덧붙였는데, 이것은 모든 인간과 심지어 인간 이전의 종들이 물려받은 경험을 의미한다. 프로이트 또한 물려받은 원시적 경험의 영향력을 인정하였으나, 융은 집단 무의식을 자신의 성격 이론의 핵심으로 두었다. 그는 역사학, 신화학, 인류학, 종교학으로부터 아이디어를 얻어, 인간 본성에 대한 자신의 고유한 생각을 전개하였다.

융의 생애 (1875~1961)

불행한 아동기

융의 힘들고 불행했던 아동기는 죽음과 장례식, 결혼 생활에 실패한 신경증적 부모, 종교에 대한 회의감과 갈등, 기이한 꿈과 환상, 유일한 친구인 목각 인형 등의 핵심어로 특징지을 수 있다. 융은 스위스의 한 기독교 가정에서 태어났고(여덟 명의 삼촌과 아버지는 성직자였다), 어린 나이에 종교와 고전을 접하였다. 그는 아버지와 가까운 사이였으나, 아버지를 약하고 무력한 존재로 보았다. 아버지는 친절하고 관대했지만 종종 짜증을 내며 과민한 모습을 보였다. 이는 융이 필요로 했던 강력한 권위를 지닌 아버지의 모습이 아니었다.

　융은 어머니에게 더 큰 영향을 받았다. 어머니는 정서적으로 불안정했으며 변덕스러운 행동을 보였다. 그녀는 순식간에 돌변하곤 했는데, 가령 활발하고 행복하다가 돌연 두서없이 중얼거리고 멍하니 허공을 바라보는 식이었다. 소년 시절 융은 어머니의 몸에 전혀 다른 두 사람이 산다고 생각했다. 이는 당연하게도 융을 불안하게 만들었다. 한 전기 작가는 다음과 같이 말했다. "융 가족의 모계 전체는 정신 이상으로 얼룩져 있었다"(Ellenberger, 1978, p. 149).

어머니의 이상 행동으로 인해 융은 모든 여성을 경계했으며, 여성에 대한 의구심을 떨치는 데까지 오랜 시간이 걸렸다. 이후 융은 자신의 어머니를 뚱뚱하고 매력적이지 않은 존재로 묘사하였는데, 이는 융이 프로이트의 주장(모든 소년은 자신의 어머니에 대한 성적 갈망을 품는다)에 동의하지 않았던 이유라고도 할 수 있다. 프로이트의 주장은 융의 아동기를 전혀 반영하지 못한 것이다.

융은 부모로부터, 그리고 부모의 결혼 생활 문제로부터 벗어나고자 주로 다락방에서 혼자 시간을 보냈고, 목각 인형에게 자신의 속마음과 두려움을 털어놓았다. 융이 9세가 되던 해에 여동생이 태어났으나, 여동생은 융의 외로움과 고독감을 달래는 데는 전혀 도움이 되지 않았다.

이상한 꿈과 환상

실망스러운 아버지와 신뢰하기 어려운 어머니로 인해 융은 현실 세계, 즉 외부 세계와의 단절을 경험하였다. 반면 그는 탈출구로써 꿈, 환영, 환상이라는 무의식 세계 속으로 들어갔고, 그 속에서 안전감을 느꼈다. 이러한 선택은 융의 전 생애에 걸쳐 지속되었는데, 융은 문제에 직면할 때마다 꿈과 환상을 통해 해결책을 찾았다.

융의 성격 이론의 핵심도 이와 동일하다. 융은 3세 때 자신이 동굴에 있는 꿈을 꾸었다. 이후 꿈에서 자신이 땅을 파 선사시대 동물의 뼈를 파내는 것을 보았다. 이러한 꿈은 융이 인간 성격에 대해 어떠한 태도를 갖는지 보여 준다. 꿈이 행동 표면 아래에 놓여 있는 무의식을 탐구하도록 융을 이끈 것이다.

그는 무의식의 이러한 징후에 매우 강하게 매료되어 1961년에 출간한 그의 자서전 제목을 『기억, 꿈, 사상(Memories, Dreams, Reflections)』이라고 하였다. 융은 성격에 대한 자신의 접근이 주관적이고 개인적인 고백과 흡사하다고 생각했다. 즉 프로이트와 마찬가지로 융의 성격 이론도 다분히 자서전적 특징을 보인다. 융은 50세에 한 강연장에서 자신의 인생 사건이 성격 이론에 미친 영향을 인정하였다.

융은 어렸을 때 일부러 다른 아이들을 피했고, 아이들도 그를 피하였다. 한 전기 작가는 다음과 같이 적었다. "융은 보통 혼자 놀았다. 또한 아이들은 매우 특이한 부모를 가진 이 이상한 작은 소년을 멀리하였다"(Bair, 2003, p. 22). 융은 자신의 고독한 유년 시절을 묘사하며 다음과 같이 적었다, "내가 세상과 맺는 관계 패턴은 정해져 있었다; 오늘도 나는 외톨이다"(Jung, 1961, pp. 41-42).

융의 외로움은 그의 이론에 반영되었고, 그는 타인과의 관계보다는 개인의 내적 성장에 초점을 맞췄다. 반면 프로이트의 이론에는 타인과의 관계에 대한 내용이 포함되어 있는데, 아마도 프로이트는 융과 달리 고독하고 내향적인 소년이 아니었기 때문일 것이다.

의학 공부

융은 관심 있는 분야가 아닌 형식적 공부에 쏟아야 하는 시간이 원망스러워 학교를 싫어했다. 그는 종교적, 철학적 주제의 글을 상당히 즐겨 읽었다. 어린 시절에는 몇 차례 기절한 적이 있었는데, 이 덕분에 기쁘게도 6개월간 학교를 쉬게 되었다. 다시 학교에 돌아왔지만, 융의 출석은 학급에 방해가 되었다. 융의 교사는 융을 집으로 돌려보냈다. 같은 반 친구들이 "수업보다 융이 기절하는지에" 더 관심을 보였기 때문이다(Bair, 2003, p. 31).

어느 날 융은 아버지가 "저 아이가 나중에 밥도 못 벌어먹고 살게 되면 어떡하나"라고 말하는 것을 우연히 들었다. 그 이후 융은 갑자기 병에서 회복되어 전보다 성실히 학교에 다녔다(Jung, 1961, p. 31). 나중에 융은 이 경험으로 인해 신경증적 행동에 대한 깨달음을 얻었다고 적었다. 학교에 안 갈 수 있도록 자신의 상황을 무의식적으로 준비시켰음을 인식했고, 그러한 깨달음에 분노와 수치감을 느꼈다고 한다.

융은 바젤 대학교에서 의학을 공부하기로 하고 전공을 정신의학으로 결정하였다. 당시 정신의학은 평판이 좋지 않던 분야였기에 그의 지도교수는 실망하였다. 융은 정신의학이 꿈, 초자연, 주술 등에 대한 흥미를 이어 갈 기회라고 생각하였다.

융은 1900년대 초부터 취리히 정신 병원의 정신과 의사 오이겐 블로일러(Eugen Bleuler; '조현병'이라는 용어를 만든 의사) 아래에서 일하였다. 이후에 융은 스위스에서 두 번째로 부유한 상속녀와 결혼하면서, 병원에서 일하는 것을 그만두고 자신이 아끼는 빨간 색 크라이슬러 자동차로 시골길을 다니며 여가를 보냈다. 융은 취리히 대학교에서 강의했고, 독자적인 임상적 실험을 개발했다.

프로이트와 함께한 시간

1907년, 프로이트와 인연을 맺을 무렵에 융은 이미 상당한 직업적 명성을 쌓은 상태였다. 융과 프로이트가 처음 만났을 때, 그들은 서로 마음이 맞았고, 나눌 이야기가 많아 무려 13시간 동안 대화를 나눴다. 그들의 교류는 친밀한 우정으로 발전했다. 프로이트는 융에게 쓴 편지에서 "나는 정식으로 너를 나의 장남으로 삼고, 나의 후계자이자 왕세자로 임명한다"라고 적었다(Freud & Jung, 1974, p. 218). 융은 프로이트를 아버지처럼 여겼고, 프로이트에게 다음과 같이 편지를 썼다. "나는 당신과 동등한 관계의 우정이 아닌, 아버지와 아들의 우정으로서 이 관계를 즐길 겁니다"(Freud & Jung, 1974, p. 122). 프로이트와 융의 관계는 아버지를 파괴하기 위한 아들의 필연적 바람과 같은, 오이디푸스 콤플렉스의 많은 요소를 포함하고 있었던 것으로 보인다.

또한 융이 18세에 겪은 성적인 경험으로 인해, 프로이트와 융의 관계는 오점을 남기고 불행한 결말을 맞이할 운명이었을지도 모른다. 당시 융 집안의 친구이자, 아버지 연배의 자신감 넘치는 한 남자가 융에게 육체적으로 접근한 적이 있는데, 융은 이에 실망하여 그 관계를 끊어 버렸다. 몇 년 후, 융보다 20살 가까이 많은 프로이트가 자신을 아들이자 후계자로 지정하려 했을 때, 융은 프로이트가 자신에게 그의 견해를 강요하고 있으며, 이로 인해 그들 관계의 본질이 변할 것이라 느꼈을 수 있다. 앞서 나이 든 남자와의 만남 때문에 융은 프로이트에게도 유사한 실망을 느끼고, 그와 정서적으로 가까운 관계를 유지할 수 없었을 것이다.

그러나 융과 프로이트는 한동안은 서로 가까운 관계로 지냈다. 융은 취리히에 살았으나, 프로이트와 정기적인 만남을 가졌고, 두 사람은 많은 편지를 주고받았다. 1909년, 융은 클라크 대학교 강연을 위해 프로이트와 미국에 가기도 하였다. 프로이트는 융을 국제정신분석학회(International Psychoanalytic Association)의 회장으로 임명하였다. 당시 정신분석이 유대인들을 위한 과학(나치 정권 동안 그렇게 불렸으므로)이라 여겨지는 것을 염려했던 프로이트는 비유대인이 정신분석학회의 대표직을 맡아 주길 원했다.

프로이트 바람과 달리 융은 무비판적인 프로이트 추종자는 아니었다. 융은 인간 성격에 대해 자신의 고유한 생각과 관점을 가지고 있었다. 따라서 융이 자신의 견해를 드러내기 시작했을 때, 그들이 헤어지는 것은 불가피해졌다. 그들은 1913년 결별하였다.

융의 신경증 삽화

융은 38세가 된 해부터 3년간 심각한 신경증 삽화로 고통받았다. 그는 자신이 현실감을 잃게 될 위험에 처하였다 믿었고, 너무 괴로워서 취리히 대학교의 강의를 그만두었다. 당시 융은 자살도 생각했다. "그는 돌이킬 수 없는 지점을 넘어섰다고 느낄 경우를 대비해 자신의 침대 옆에 권총을 지니고 있었다"(Noll, 1994, p. 207). 그는 과학적 연구를 이어 가기는 어렵다고 생각하였으나, 그럼에도 환자를 치료하는 일은 지속하였다.

이러한 위기 동안 융은 지구를 덮고 있는 얼음, 흐르는 피의 강물, 모든 문명의 파괴와 같은 대규모 재난과 관련된 생생하고 격렬한 꿈과 환영을 경험하였다(Elms, 2010). 다른 꿈들은 더 개인적이지만 똑같이 두려운 내용이었다. "융은 죽음의 땅을 여행하고 한 여성과 사랑에 빠지는데, 그녀는 자신의 여동생이었으며, 거대한 뱀에게 쥐어짜지고 … 어린 아이의 간을 먹었다"(Corbett, 2009, p. 5).

이 기간 동안 융은 피로 덮인 세상의 종말, 광범위한 대학살, 황폐화 등의 환영에 시달렸다. 그는 자신의 꿈들을 글자와 정교한 그림으로 기록했는데, 200쪽가량의 붉은 색 가죽 노트에 기록했기에, 이것은 붉은 책(Red Book)이라고 불린다. 이 일기는 스위스 은행 금고에 비밀리에 보관되었고, 융 사후 50여 년이 지난 2009년에서야 세상에 공개됐다(Harrison, 2009). 이후 이 책은 널리 알려졌고, 곧 국제적인 반향을 일으켰다.

프로이트 역시 비슷한 나이에 신경증 삽화로 고통받았는데, 그는 자신의 성격 이론의 주축이 된 꿈 분석으로 이를 해소하였다. 융의 상황 또한 상당히 유사하다. 그는 자신의 꿈과 환상을 탐색하여 무의식에 직면함으로써 심리장애를 극복하였다. 융의 자기분석은 프로이트의 자기분석만큼 체계적이진 않았으나, 그의 접근법은 프로이트의 접근법과 유사하였다.

융은 무의식에 직면하여 성격에 대한 자신의 견해를 구축하였다. 그는 "나의 내면을 추적하던 때는 내 인생에서 가장 중요한 때이다. 그때 본질적인 것이 모두 결정되었다"라고 기술했다(Jung, 1961, p. 199). 융은 성격 발달에서 가장 중요한 시기는 프로이트가 말한 아동기가 아니라, 자신이 위기를 경험했던 중년기라고 결론 내렸다.

프로이트와 마찬가지로 융은 개인적 경험과 꿈에 기인한 직관을 토대로 자신의 이론을 정립하였고, 자신의 환자로부터 얻은 정보를 통해 그 이론을 실증적으로 다듬었다. 융의 환자 중 3분의 2는 중년이었으며, 그들은 융이 마주했던 것과 비슷한 어려움으로 고통받는 이들이었다.

융의 성생활

융은 성격 이론에서 성의 중요성을 최소화했으나, 자신의 삶에서는 활기차고 자유로운 성생활을 유지했고, 많은 외도를 즐겼다. 그의 아내에 따르면 이러한 관계 중 한 관계는 수년간 지속되었다. 융은 자신을 흠모하는 여성 환자들과 자신을 신봉하는 여성 제자들에게 둘러싸여 있었다. 한 전기 작가는 "융에게 이런 일은 모든 여성 제자들과의 관계에서 비일비재하게 일어났다"라고 말하였다(Noll, 1997, p. 253).

융의 활발한 성생활은 프로이트의 성에 대한 문제적 태도, 성관계 중단 등과는 대조를 이룬다. 프로이트는 당시 신경증적 행동의 원인으로 성에 초점을 맞춘 이론을 만들고 있었다. "성적 욕구를 자유롭고 빈번하게 충족시킨 융에게 성은 인간의 동기 부여에 미비한 역할을 하였다. 반면 성에 대한 좌절된 욕구에 따른 불만과 불안에 시달린 프로이트에게 성은 훨씬 더 주된 역할을 하였다(Schultz, 1990, p. 148)."

명성과 기이한 행동들

융은 오랜 세월 동안 기이한 행동을 보였지만, 개인적으로나 직업적으로는 상당히 성공적이었다. 융은 아침에 "프라이팬에 안부를 건네고, 커피포트에 인사를 전하며" 주방 용품을 맞이하였다(Bair, 2003, p. 568). 또한 상당한 부자였음에도 불필요한 돈 걱정을 하였다. 많은 현금을 책 안에 숨겨 놓고는 어느 책에 돈을 넣어 두었는지 기억하려고 고안한 비밀 코드를 잊어버리곤 하였다. 물병이나 주전자에 돈을 넣어 정원에 묻어 두고는 그 위치를 기억하고자 만든 정교한 체계마저 잊어버렸다. 융 사후에 가족들이 그의 책에 있던 상당한 돈은 찾았지만, 융이 정원에 묻은 돈은 오늘날까지 그대로 남겨져 있는 듯하다.

융 부부는 자신들의 세 딸을 차갑고 형식적으로 대하였다. 그들은 신체 접촉에 인색하여 딸들을 안아 주지도, 딸들에게 뽀뽀해 주지도 않았다. "만나거나 헤어지며 인사할 때 그들이 보이는 유일한 접촉은 악수뿐이었다"(Bair, 2003, p. 565).

융은 86년간의 생애 중 대부분의 시간을 연구와 글쓰기를 하며 생산적으로 보냈다. 융의 책은 유명했고, 그의 분석심리학은 많은 추종자를 매료시켰다. 그의 이론은 영어권 국가, 특히, 부유하고 저명한 록펠러(Rockefeller), 매코믹(McCormick), 멜런(Mellon)가의 재정적 지원을 토대로 미국에 퍼져 나갔다. 이 가문들 출신의 많은 사람이 융에게 분석을 요청했고, 그 대가로 융의 책이 영어로 번안 및 출간되도록 주선하였다. 짐작하건대 이러한 도움이 없었다면 융의 작품은 독일어권 밖에서는 거의 알려지지 않았을 것이다(Noll, 1997).

정신 에너지: 융 이론의 기초

융이 프로이트에 동의하지 않았던 첫 번째 이유는 리비도와 관련되어 있다. 융은 리비도를 성적 에너지로만 보지 않았다. 대신 융은 리비도가 보다 광범위하고 일반적인 생활 에너지(life energy)라고 주장하였다.

융은 리비도(libido)라는 용어를 두 가지 의미로 사용하였다. 융에 따르면 리비도는 첫째, 확산적이고 일반적인 생활 에너지이며, 둘째, (프로이트와 유사한 관점에서) 그가 정신(psyche)이라 부르는 성격에 연료를 공급하는 정신 에너지이다. 우리는 이 정신 에너지(psychic energy)를 통해 지각하고, 생각하고, 느끼고, 소망한다.

어떤 사람이 특정 생각 혹은 느낌에 상당한 정신 에너지를 쏟는다면, 그것이 높은 정신적 가치를 갖고 있으며 개인의 삶에 강한 영향을 미친다는 의미다. 예를 들어 당신이 권력 획득에 강하게 동기 부여되어 있다면, 당신은 대부분의 정신 에너지를 권력을 얻는 방법을 생각해 내는 데 쏟아부을 것이다.

정신 에너지 원리

융은 정신 에너지의 기능을 설명하기 위해 물리학에서 아이디어를 가져왔다. 그는 대립, 등가, 균형이라는 세 가지 원리를 제안하였다(Jung, 1928).

대립 원리(principle of opposites)는 융 이론 전반에 걸쳐 엿볼 수 있다. 융은 열 대 추위, 높이 대 깊이, 생성 대 붕괴와 같이 물리적 에너지에 대립, 즉 양극이 존재함을 언급하였다. 그리고 이 점에 있어 정신 에너지 또한 마찬가지라고 주장하였다. 모든 소망 혹은 느낌에는 서로 반대되는 양극이 존재한다. 이러한 대립 즉, 양극 간 갈등은 행동의 주요한 동기이며 에너지를 창조한다. 양극 간 갈등이 커질수록 에너지는 더 많이 생산된다.

등가 원리(principle of equivalence)에서 융은 에너지 보존이라는 물리학의 원리를 정신적 차원에 적용시켰다. 그는 어떤 상태를 야기하는 데 들어간 에너지는 손실된 것이 아니라, 성격의 다른 부분으로 옮겨진 것이라고 말하였다. 만약 특정 영역에서 정신적 가치가 약해지거나 사라진다면, 해당 에너지는 정신 내 다른 어딘가로 전달된 것이다. 이를테면 만약 우리가 어떤 사람, 취미, 연구 분야에 흥미를 잃으면, 이전에 여기에 쓰였던 정신 에너지는 새로운 분야로 옮겨진다. 우리가 깨어있을 때 의식 활동에 사용된 정신 에너지

리비도 융에게 있어, 보다 광범위하고 일반적인 정신 에너지의 형태.
정신 융이 성격을 칭한 용어.
대립 원리 대립하는 과정 혹은 경향들 사이의 갈등이 정신 에너지를 만드는 데 필요하다는 개념.
등가 원리 특정 조건이나 활동에 소비되는 에너지가 약해지거나 사라진다면, 해당 에너지는 성격의 다른 곳으로 전환되는 것임을 의미한다는 개념.

는, 잠이 들면 꿈으로 옮겨진다.

등가(equivalence)는 새로운 영역으로 옮겨진 에너지의 양이 동일한 정신적 가치를 지니는 것을 의미한다. 즉 동일하게 바람직하고, 강렬하고, 매력적이라는 의미이다. 그렇지 않으면 과잉 에너지는 무의식으로 흘러가게 된다. 등가 원리는 에너지가 흘러가는 방향과 방식에 상관없이 성격 내에서 재분배된다는 것을 나타낸다.

물리학에서 균형 원리(principle of entropy)는 에너지 차이의 평형을 의미한다. 이를테면 뜨거운 물체와 차가운 물체가 서로 직접 접촉하게 둔다면, 열은 두 물체의 온도가 평형 상태에 도달할 때까지 뜨거운 물체로부터 차가운 물체로 흘러간다. 이는 사실상 에너지 교환이 일어난 것으로, 이러한 교환 결과 일종의 항상성 균형이 형성된다.

융은 이러한 법칙을 정신 에너지에 적용하여 성격 내에서 균형 혹은 평형을 유지하려는 경향성을 언급하였다. 만약 두 개의 욕구 혹은 믿음이 강도 및 정신적 가치에 있어 상당히 다르다면, 에너지는 강한 쪽에서 약한 쪽으로 흘러갈 것이다. 이상적으로는, 성격은 정신 에너지의 균등한 분배를 지향하지만, 이러한 이상적 상태에는 절대 도달할 수 없다. 그럼에도 만약 완벽한 균형과 평형 상태가 되면, 성격은 정신 에너지를 잃을 것이다. 앞서 언급한 대립 원리에 따르면 정신 에너지가 만들어지기 위해 갈등이 필요하기 때문이다.

성격의 측면

융은 전체 성격, 즉 정신은 영향을 주고받는 여러 가지 별개의 체계(측면)로 구성된다고 보았다.

자아

균형 원리 성격 내 균형 또는 평형을 지향하는 경향성이 있다는 개념; 이상적으로는 성격의 모든 구조에 걸쳐 정신 에너지가 균등하게 분배됨.

자아(ego)는 의식의 중심이자, 지각, 사고, 정서, 기억에 관한 정신의 일부다. 자아는 우리 자신에 대한 인식이며, 깨어 있을 때 삶의 모든 일상 활동 수행을 담당한다. 자아는 선택적 방식으로 기능하는데, 우리에게 노출된 자극 일부만을 의식적으로 지각해 받아들인다.

태도: 외향성과 내향성

환경에 대한 의식적 인식과 이에 대해 어떻게 반응할지는 외향성(extraversion)과 내향성(introversion)이라는 서로 반대되는 정신 태도에 달려 있다. 융은 정신 에너지가 외향적으로(외부 세계를 향해서) 혹은 내향적으로(자신을 향해서) 흘러간다고 보았다. 외향적인 사람은 개방적이고, 사교적이고, 사회적으로 적극적이며, 타인과 외부 세계를 지향한다. 내향적인 사람은 내성적이고, 종종 수줍음을 타며, 자신의 생각과 감정에 집중하는 경향이 있다.

융에 따르면 우리는 두 가지 태도를 모두 가지고 있지만, 그중 한 가지 태도가 우세하며, 이 우세한 태도는 우리의 행동과 의식에 영향을 미친다. 한편 열세한 태도 역시 영향력이 있어서, 무의식적으로 행동에 영향을 미친다. 예를 들어 내향적인 사람도 어떤 상황에서는 외향적인 면을 드러내거나, 더 외향적이길 바라거나, 외향적인 사람에게 끌릴 수 있다.

심리적 기능

융은 다양한 종류의 외향성과 내향성이 존재한다는 사실을 깨닫고, 심리적 기능(psychological function)에 기반한 추가적인 구분 방식을 제안하였다. 심리적 기능은 외부 현실 세계와 주관적인 내적 세계를 지각하는 상반되는 방식을 의미한다. 융은 감각(sensing), 직관(intuiting), 사고(thinking), 감정(feeling)이라는 정신의 네 가지 기능을 심리적 기능의 구성 요소로 보았다(Jung, 1927).

감각과 직관은 이성의 과정을 사용하지 않으므로 비합리적 기능으로 묶인다. 이러한 기능은 경험을 받아들이며, 평가하지 않는다. 감각은 사진이 물체를 복사하는 방식으로 오감을 통해 경험을 재

> 자아 성격의 의식적인 측면.
> 외향성 타인과 외부 세계에 대한 지향으로 특징지어지는 정신의 태도.
> 내향성 자신의 생각과 감정에 대한 지향으로 특징지어지는 정신의 태도.

현한다. 직관은 외부 자극으로부터 직접 발생하지는 않는다. 예를 들어 우리가 어두운 방 안에서 누군가와 함께 있다고 믿을 때, 그러한 믿음은 실제 감각 경험이 아닌, 우리의 직관 혹은 예감에 근거할 것이다.

반대되는 기능으로 이루어진 두 번째 쌍은 사고와 감정이며, 이들은 우리의 경험에 대한 판단과 평가를 포함하므로 합리적 기능이다. 사고와 감정은 상반되나, 둘 다 경험을 정리하고 분류하는 것과 관련된다. 사고 기능은 특정 경험이 진실인지 거짓인지에 대한 의식적 판단을 수반한다. 감정 기능에 따른 판단은 호감 혹은 비호감, 유쾌 혹은 불쾌, 자극 혹은 둔감과 같은 용어로 표현된다.

우리가 정신에 외향적 태도와 내향적 태도를 모두 지니는 것처럼 우리는 네 가지 심리적 기능을 모두 갖고 있다. 또한 한 가지 태도가 우세한 것처럼 하나의 기능만이 우세하며, 나머지는 개인 무의식 안에 가라앉아 있다. 이와 더불어 합리적인 기능 쌍과 비합리적인 기능 쌍 중 한 가지 기능 쌍만이 우세하며, 개별 쌍 안에서도 우세한 기능이 있다. 즉 한 쌍 안의 두 기능은 상반되므로, 개인은 사고 혹은 감정 모두에 지배되지 않으며, 이는 감각 혹은 직관 또한 마찬가지이다.

심리 유형

융은 이러한 두 가지 태도와 네 가지 기능의 조합을 토대로 여덟 가지 심리 유형(psychological type)을 제안하였다(표 3.1.).

외향적 사고형은 엄격하게 사회적 규칙을 따르며 생활한다. 이들은 감정과 정서를 억누르고 삶의 모든 측면에 객관적이며, 생각 및 의견이 독단적인 경향이 있다. 이들은 딱딱하고 차가운 사람으로 인식될 수 있다. 외부 세계에 대해 배우고 그것을 설명하고 이해하는 데 논리적 규칙을 사용하므로, 좋은 과학자가 될 가능성이 있다.

외향적 감정형은 생각하기를 기피하고, 다분히 감정적인 경향이 있다. 자신이 배워 온 전통적 가치와 도덕 규범을 따르며, 타인의 의견과 기대에 대단히 민감한 편이다. 이들은 정서적으로 반응하며, 친구를 쉽게 사귀고, 사교

심리 유형 태도(내향성과 외향성)와 기능(사고, 감각, 감정, 직관)의 상호작용을 기반으로 한 여덟 가지 성격 유형.

표 3.1 융의 심리 유형

외향적 사고형	논리적인, 객관적인, 독단적인
외향적 감정형	감정적인, 민감한, 사교적인; 남성보다 여성에 전형적인
외향적 감각형	외향적인, 즐거움을 추구하는, 적응적인
외향적 직관형	창의적인, 타인에게 영감을 줄 수 있는, 기회를 잘 활용하는
내향적 사고형	사람보다는 생각에 더 관심이 많은
내향적 감정형	내성적인, 겉으로 드러내지 않는, 깊은 정서를 느낄 수 있는
내향적 감각형	현실 세계에 초연한, 심미적 방식으로 자신을 표현하는
내향적 직관형	일상 현실보다는 무의식 세계에 관심이 있는

적이며 활발한 경향이 있다. 융은 남성보다 여성에게서 이런 유형이 더 많이 발견된다고 보았다.

　외향적 감각형은 즐거움과 행복 그리고 새로운 경험을 찾는 것에 집중한다. 이들은 현실 세계를 지향하며 다양한 종류의 사람과 변화하는 환경에 잘 적응한다. 자기성찰에 집중하기보다는, 외향적이고 인생을 즐기는 능력이 뛰어나다.

Age Fotostock/SuperStock

▶ 외향적인 사람의 리비도는 외부 세계를 향해 있다.

외향적 직관형은 기회를 활용하는 예리한 능력으로 사업과 정치에서 성공을 거두곤 한다. 새로운 생각에 끌리고, 창의적인 경향이 있으며, 다른 사람이 성공하고 성취하도록 영감을 줄 수 있다. 또한 이들의 생각은 변화무쌍하고, 한 가지 모험에서 다른 모험으로 쉽게 이동하며, 직감에 따라 의사 결정을 하는 경향이 있으나, 대체로 이들의 결정은 적절하다.

내향적 사고형은 다른 사람과 잘 어울리지 않으며, 생각을 전달하기 어려워할 때가 있다. 이들은 감정보다 사고에 집중하며, 실용적 판단력이 약한 편이다. 프라이버시를 상당히 중시하며, 관념이나 이론을 다루는 것을 선호하고, 타인보다는 자신에 대한 이해에 초점을 둔다. 완고하고, 냉담하거나 배려가 깊지 않은 것처럼 보이기도 한다.

내향적 감정형은 이성적 사고를 억압하는 경향이 있다. 깊은 정서를 느끼지만, 이를 겉으로 드러내지 않는 편이다. 다소 신비롭고 접근하기 어려운 것처럼 보이기도 하며, 조용하고, 겸손하고, 아이 같은 면이 있다. 타인의 감정과 생각에 대해 깊이 고려하지 않고, 철수되어 있거나 차갑거나 자기비판하는 것처럼 보이기도 한다.

내향적 감각형은 수동적이고, 차분하고, 현실 세계에 초연하다. 대부분 인간 활동을 인자하고 즐겁게 지켜보는 편이다. 미적으로 민감하며, 예술 혹은 음악으로 자신을 표현하고, 직관은 억누르는 경향이 있다.

내향적 직관형은 직관에 몰두하여 현실과 접촉하지 않는 경향이 있다. 이들은 공상가나 몽상가로서, 현실 문제에는 무관심하며, 타인은 이들을 기이하고 별나다고 여기며 이해하기 어려워한다. 이들은 일상생활에 대처하거나 미래를 계획하는 데 어려움을 겪는다.

개인 무의식

융 이론에서 개인 무의식(personal unconscious)은 프로이트의 전의식과 유사하다. 개인 무의식은 한때 의식에 있었지만, 사소하거나 방해가 되기에 잊히거나 억압된 자료들의 저장소라고 할 수 있다. 자아와 개인 무의식 간에는

개인 무의식 한때 의식에 있었지만, 잊히거나 억압된 자료들의 저장소.

상당한 양방향 교류가 있다. 이를테면 당신이 어제 했던 일을 생각하는 동안 당신의 관심이 이 페이지로부터 멀어질 수 있다. 모든 종류의 과거 경험이 개인 무의식에 저장되며, 이는 마치 문서 보관함과 같다. 그중 어떤 것은 꺼내서 잠시 살펴보고 되돌려 놓는 데에 큰 심리적 노력이 필요하지 않으며, 우리가 다시금 그것을 찾고 떠올리기 전까지 남아 있을 것이다.

콤플렉스

우리는 개인 무의식에 점점 더 많은 경험을 누적시킴에 따라 그중 일부를 융이 콤플렉스(complex)라고 부른 것으로 분류하기 시작한다. 콤플렉스는 특정 공통 주제로 구성된 정서, 기억, 인식, 바람의 패턴이다. 예를 들어 어떤 사람이 권력과 힘에 콤플렉스가 있다고 할 때, 이는 그 사람이 자신의 행동에 영향을 미칠 정도로 그 주제에 몰입한다는 의미이다. 이들은 특정 선거에 출마하여 권력을 얻으려 하거나 오토바이나 빠른 자동차를 운전해 자신의 힘을 확인하려 할 것이다. 콤플렉스는 다양한 방식으로 생각과 행동에 영향을 미침으로써 한 사람이 세상을 어떻게 지각하는지 결정한다.

　콤플렉스는 의식적일 수도 있고, 무의식적일 수도 있다. 의식으로 통제되지 않는 콤플렉스는 의식에 침범하고, 의식을 방해한다. 콤플렉스를 지닌 이는 보통 콤플렉스의 영향을 자각하지 못하나, 타인은 쉽게 그 영향력을 관찰하곤 한다.

　어떤 콤플렉스는 해롭지만, 유용한 콤플렉스도 있다. 이를테면 완벽, 즉 성취 콤플렉스는 개인이 특정 능력과 기술을 키우고자 노력하게 만든다. 융은 콤플렉스의 기원이 개인의 아동기 경험이나 성인이 된 후의 경험뿐만 아니라, 집단 무의식에 담겨 있는 종족의 유산, 즉 선조의 경험으로부터 비롯되기도 한다고 보았다.

집단 무의식

가장 깊고 접근하기 어려운 정신에 해당하는 집단

콤플렉스 권력이나 지위 같은 공통 주제를 중심으로 조직된, 개인의 무의식 속에 있는 정서, 기억, 인식, 바람의 핵심 또는 패턴.

무의식(collective unconscious)은 융 이론에서 가장 독창적이면서도 논란이 되는 측면이라고 할 수 있다. 융은 개인적 경험이 개인 무의식에 축적되듯, 하나의 종으로서 인류는 모든 인간의 경험 및 인간 이전 조상의 경험을 집단 무의식에 저장하며, 이러한 유산이 새로운 세대로 전달된다고 믿었다.

융은 모든 보편적인(세대를 거쳐 반복되는) 경험이 성격의 일부가 된다고 보았다. 따라서 우리의 원시적 과거는 인간 정신의 근간이 되어 현재 우리 행동에 영향을 미친다. 융에게 집단 무의식은 선조의 경험이 담긴 강력하고 통제력 있는 저장소였다. 이렇듯 융은 개인의 성격을 과거와 연결함에 있어 개인의 아동기뿐 아니라 종의 역사와도 연결 지었다.

우리는 이러한 집단적 경험을 직접 물려받지 않는다. 가령 우리는 뱀에 대한 두려움을 직접 물려받기보다는 뱀을 두려워할 잠재성을 물려받는다. 우리는 사람들이 늘 행동하고 느껴 온 방식 그대로 행동하고 느끼는 경향성을 갖고 있다. 이러한 잠재성이 실제 현실이 될지는 우리가 삶에서 마주하는 특정 경험에 달려 있다.

융은 인류 역사를 통틀어 모든 세대를 특징짓는 기본적 경험이 있다고 보았다. 예를 들어 인간은 항상 어머니 심상을 지녀 왔고, 탄생과 죽음을 경험해 왔다. 인간은 어둠 속에서 알 수 없는 공포를 직면하며, 권력이나 신과 같은 형상을 숭배하고, 악을 두려워한다. 이러한 경험의 보편성은 수많은 세대를 거쳐 탄생부터 우리에게 각인되어, 세상을 바라보고 반응하는 방식에 영향을 미친다. 융은 "우리가 이미 세상의 형태를 심상으로써 선천적으로 지닌 채로 태어난다"라고 하였다(Jung, 1953, p. 188).

아기는 특정 방식으로 어머니를 인식하는 경향성을 지니고 태어난다. 한 어머니가 보통의 어머니들이 전형적으로 행동하는 방식으로(양육적이고 지지적인 방식으로) 행동한다면, 아기의 경향성이 현실과 일치할 것이다.

집단 무의식은 상당히 독창적인 개념이므로, 융이 이 개념을 제안한 이유와 자신의 이론을 지지하기 위해 수집한 증거에 주목할 필요가 있다. 신화적이면서도 실제적인 고대문화를 연구하면서 융은 자신이 믿었던 바와 같이 세계 각지에서 공통된 주제와 상징이 나타남을 발견하였다. 아울러 이러한

집단 무의식 인간과 인간 이전 종의 유전된 경험의 축적을 포함하는 정신의 가장 깊은 단계.

생각들은 한 문화에서 다른 문화로 말이나 글로 전달된 것이 아니었다.

또한 융의 환자들은 꿈과 환상을 통해 융이 고대 문화에서 발견한 것과 동일한 상징을 보았다고 묘사하였다. 융은 이처럼 어마어마한 지리적·시간적 거리에 걸쳐 공유되는 상징과 주제를 해석하는 데 있어, 이러한 상징과 주제가 집단 무의식으로 전달된다는 것 말고는 달리 설명할 길이 없었다.

원형

집단 무의식 속에는 선조의 경험이 반복적 주제나 패턴으로 나타나는데, 융은 이를 원형(archetype) 혹은 원시 이미지(primordial image)라고 불렀다(Jung, 1947). 인간의 공통적인 경험만큼이나 많은 원시 이미지가 존재한다. 후세의 삶에서 그러한 경험이 반복됨으로써 원형은 우리의 정신에 각인되고, 우리의 꿈과 환상에 표현된다. 융이 제안한 원형으로는 영웅, 어머니, 아이, 신, 죽음, 권력, 현명한 노인 등이 있다. 이들 중 일부는 더 완전하게 발전하고, 우리의 정신에 더 일관된 영향을 미친다. 이러한 주된 원형으로 페르소나, 아니마, 아니무스, 그림자, 자기가 있다.

페르소나　페르소나(persona)란 배우가 대중에게 다양한 역할과 얼굴을 보여 주기 위해 쓰는 가면을 의미한다. 융 또한 같은 의미로 이 용어를 사용하였다. 페르소나 원형(persona archetype)은 우리가 실제와 다른 존재로 자신을 드러 내고자 착용하는 가면, 즉 공적 얼굴이다. 융에 따르면 인생을 살면서 학교나 직장에서 적응하고, 다양한 이들과 어울리는 등 많은 역할을 해야 하기 때문에 페르소나는 필수적이다.

페르소나는 유용하지만, 이것이 정말로 우리 본성이라 믿는 것은 해로울 수 있다. 페르소나가 단순히 어떠한 역할을 하는 것이 아니라, 우리가 그 역할 자체가 될 수 있는 것이다. 그 결과 성격의 다른 측면이 발달하지 못한다. 이렇게 될 때 자아는 자신을 개인의 진정한 모습이 아닌 페르소나와 동일시하고, 이는 결국 페르소나 과잉(inflation) 상태를

원형　집단 무의식에 포함된 보편적인 경험의 이미지들.
페르소나 원형　다른 사람에게 보여 주는 공적 얼굴 또는 역할.

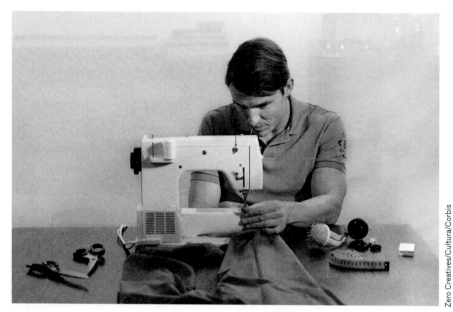

▶ 성격이 전체로서 충분하게 발달되면, 개인은 자신과 다른 성의 특성으로 여겨지는 행동을 보일 것이다.

유발할 수 있다. 누군가 어떤 역할을 하거나 그 역할이 실제 자신이라고 믿는 데에는 어느 정도 속임수가 포함된다. 전자는 남을 속이는 것이고, 후자는 자신을 속이는 것이다.

아니마와 아니무스　아니마 원형(anima archetype)과 아니무스 원형(animus archetype)은 인간을 본질적으로 양성적이라고 보았던 융의 입장과 관련되어 있다. 생물학적 차원에서 보면, 인간의 몸에는 자신의 성의 성호르몬뿐 아니라, 다른 성의 성호르몬 역시 분비된다. 또한 심리학적 차원에서 보면, 각 성은 수 세기 동안 함께 살면서 자신과 다른 성의 특성, 기질, 태도를 지니게 되었다. 즉 여성의 정신은 남성성(아니무스 원형)을 포함하며, 남성의 정신은 여성성(아니마 원형)을 포함한다(그림 3.1).

이처럼 상반되는 성의 특성을 지니는 것은 한 성을 지닌 이가 자신과 다른 성의 특성을 이해할 수 있도록 하므로, 종의 적응과 생존에 도움이 된다. 이 원형은 우리가 반대 성의 특성을 좋아하게 하고, 반대 성처럼 행동하게

아니마 원형 남성 정신의 여성적 측면.
아니무스 원형 여성 정신의 남성적 측면.

안내하는 경향이 있다.

융은 아니마와 아니무스 모두 표현되어야 한다고 주장하였다. 남성은 자신의 남성성뿐만 아니라 여성성도 드러내야 하며, 여성은 자신의 여성성뿐만 아니라 남성성도 표현해야 한다. 그렇지 않으면 이러한 중요한 측면들은 잠든 상태로 발달하지 않으며, 이는 편파적인 성격을 야기한다.

그림자 불길하고 신비로운 이름의 그림자 원형(shadow archetype)은 가장 강력한 원형으로, 기초적이고 원시적인 동물적 본능을 포함하며, 모든 원형 중 가장 깊은 뿌리를 지닌다. 사회적으로 부도덕하고 악한 행동이 이 그림자에 자리하고 있으며, 조화로운 삶을 위해 우리는 인간 본성의 이 어두운 측면을 길들여야 한다. 우리는 항상 이러한 원시적 충동을 억제하고 극복해야 하며, 그렇지 않으면 사회적 처벌을 받게 될 것이다.

하지만 그림자는 악의 근원일 뿐 아니라 생명력, 자발성, 창조성, 감정의 원천이 되기도 한다는 딜레마가 있다. 따라서 그림자를 완벽하게 억압하면, 정신은 무뎌지고 생기를 잃을 것이다. 자아의 역할은 우리가 문명화된 존재로 기능하도록 동물적 본능을 조절하면서도, 창조성과 활력을 위해 이러한 본능을 충분히 표현하게 하는 것이다.

만약 그림자가 완전히 억압되면 성격은 평면적으로 될 뿐 아니라, 그림자가 오히려 반란을 일으킬 가능성에 직면하게 된다. 동물적 본능은 억압된다고 해서 사라지지 않는다. 오히려 자아의 위기나 약점을 기다리며 통제력을 얻기 위해 잠자고 있을 뿐이다. 그림자가 통제력을 갖게 될 경우 개인은 무의식에 지배당할 수 있으며, 이는 결코 좋은 일이 아니다.

자기 자기 원형(self archetype)은 전체 성격의 일체, 통합, 조화를 나타낸다. 융은 삶의 궁극적 목표가 전체성을 향한 추구라고 생각했다. 자기 원형은

그림 3.1 이 음양 상징은 우리 본성의 상호 보완적 측면을 보여 준다. 어두운 우측면은 여성성(아니마 원형)을, 밝은 좌측면은 남성성(아니무스 원형)을 나타낸다. 각 영역에서 상반되는 색상의 점은 반대되는 원형의 특징을 나타낸다.

그림자 원형 성격의 어두운 면; 원시적인 동물적 본능을 포함하는 원형.
자기 원형 전체 성격의 일체, 통합, 조화를 나타내는 원형.

성격의 모든 부분을 하나로 모으고 균형을 잡는다. 우리는 앞에서 정신에 있어 융의 대립 원리 및 양극의 중요성에 주목한 바 있다. 자기 원형에서 의식과 무의식은 동화되어야 하며, 이를 통해 성격의 중심인 자기가 자아에서 대립하는 힘들(의식과 무의식) 간 균형점으로 옮겨진다. 그 결과 무의식에 있던 것들이 성격에 더 큰 영향을 미치게 된다.

완전한 자기실현(realization of the self)은 미래의 일이며, 이는 항상 추구해야 하는 목표지만 좀처럼 달성되지는 않는 것이다. 자기는 (과거 경험이 그러하듯) 우리를 뒤에서 밀어내기보다는 앞에서 끌어당기며 동기를 부여하는 역할을 한다.

자기는 정신의 다른 모든 체계가 충분히 발달할 때까지 발현되지 않는다. 이는 융의 삶에서 실제 그러했던 것처럼 변화의 결정적 시기인 중년기 무렵에 나타난다. 자기실현은 미래 목표와 계획 그리고 자신의 능력에 대한 정확한 인식과 관련되어 있다. 자기의 발달은 자신에 대한 이해 없이는 불가능하므로, 우리가 삶에서 직면하는 가장 어려운 과정이며, 이를 위해서는 끈기, 분별력, 지혜가 필요하다.

성격 발달

융에 따르면 과거에 우리가 어떠했고 그때 어떤 일이 일어났는지 뿐만 아니라, 우리가 어떤 모습이 되길 바라는지 역시 성격이 결정되는 데 영향을 미친다. 융은 프로이트가 성격 형성에 있어 미래의 역할은 배제한 채 과거의 사건만을 강조한다고 비판하였다. 융은 인간이 나이와 상관없이 발전하고 성장하며, 완전한 자기실현 상태를 지향한다고 보았다(표 3.2).

프로이트가 생의 초기에 집중하며, 5세 이후에는 발달이 거의 일어나지 않는다고 본 반면, 융은 발달을 더 장기적 관점에서 바라보았다. 융은 프로이트만큼 상세하게 각 발달 단계를 제시하지 않았지만, 전체 발달 과정에서 일반적으로 나타나는 두 가지 시기를 강조하였다(Jung, 1930).

표 3.2 융의 발달 단계

아동기	자기와 타인을 구별하면서 자아 발달이 시작됨
사춘기부터 청년기	현실의 요구에 적응해야 하는 시기로, 외부, 학습, 직업과 가정에 초점을 둠. 의식이 지배적임
중년기	무의식과 의식 간 균형을 위해 성격 초점이 외부에서 내부로 옮겨지는 과도기

아동기부터 초기 성인기

자아는 초기 아동기에 발달하기 시작한다. 이 시기에는 아동이 아직 고유한 정체감을 형성하지 못했기 때문에 자아가 원시적 방식으로 발달한다. 초기 아동기 아동의 성격은 부모의 성격을 반영한다. 따라서 부모가 자녀의 성격 형성에 미치는 영향력은 분명히 크다. 자녀에 대한 부모의 행동 방식에 따라 부모는 자녀의 성격 발달을 돕거나 방해할 수 있다.

부모는 자녀가 자신의 연장선상에 있기를 바라며, 자신의 개성을 자녀에게 강요할 수 있다. 혹은 자신의 결점에 대한 대리적 보상을 추구하는 방식으로, 자녀가 자신과는 전혀 다른 성격으로 발달하기를 기대할 수도 있다. 아동이 자신의 세계에서 자신과 타자 혹은 다른 대상을 구별할 수 있을 때, 비로소 실질적으로 자아가 형성되기 시작한다. 달리 말해 의식은 아동이 '나(I)'를 말할 수 있을 때 형성된다.

정신은 사춘기가 되어서야 명확한 형태와 내용을 취한다. 융이 정신의 탄생이라 명명한 이 시기는 적응에 대한 어려움과 필요성으로 특징지어진다. 아동기 환상은 시간이 지남에 따라 현실의 요구를 맞닥뜨리면서 끝난다. 10대부터 초기 성인기까지는 교육을 완수하고, 일을 시작하고, 결혼하고, 가정을 꾸리는 등의 준비 활동에 집중한다.

이 시기 우리의 초점은 외부를 향해 있고, 무의식보다 의식이 우세하며, 주된 의식적 태도는 외향성이다. 삶의 목적은 목표를 달성하고, 세상에서 자신을 위한 안전하고 성공적인 장소를 마련하는 것이다. 따라서 초기 성인기 개인은 새로운 지평을 열고 업적을 쌓으며, 흥미롭고 도전적인 시간을 보내야 한다.

중년기

융은 35~40세에 큰 성격 변화가 일어난다고 주장하였다. 이러한 중년기는 실제 융과 그의 많은 환자에게 위기의 시기였다. 이 나이가 되면, 초기 성인기의 적응 문제는 보통 해결된다. 대게 마흔의 나이면 직업, 결혼 생활, 공동체에서 어느 정도 자리를 잡는다. 융은 이 나이의 많은 이들이, 성공을 이루었을 때 절망과 무가치감에 사로잡히는 이유에 의문을 가졌다. 융의 환자는 모두 공허하고, 모험과 흥분, 재미가 사라졌으며, 인생에서 의미를 잃었다고 말했다.

이 시기에 대해 분석할수록 융은 이러한 극적인 성격 변화가 불가피하고 보편적이라는 생각이 강하게 들었다. 중년기는 자연스러운 과도기로, 이 시기에는 유익하며 필요한 여러 성격 변화를 마주하게 된다. 역설적이게도 이러한 변화는 중년기 개인이 삶의 요구를 충족시키는 데 성공적이었기에 일어나는 것이다. 이들은 인생 전반부 준비 활동에 많은 에너지를 들였다. 40세가 되자

Tetra Images/Alamy

▶ 중년기는 변화의 시기로, 개인의 초점과 흥미가 변화한다.

준비는 어느 정도 끝이 났고, 그러한 도전은 이제 충족되었다. 융은 이들에게 아직 상당한 에너지가 남아 있지만, 그 에너지를 들일 곳이 없어졌기에, 다른 활동으로 에너지를 옮겨야 한다고 믿었다.

융에 따르면 인생의 전반부에는 현실의 객관적 세계인 학업, 진로, 가정에 초점을 맞춰야 한다. 반면 후반부에는 지금까지 소홀했던 내면의 주관적 세계에 귀 기울여야 한다. 성격의 태도는 외향성에서 내향성으로 바뀌어야 한다. 의식적 차원에 대한 집중은 무의식에 대한 자각으로 기울여져야 한다. 우리의 관심사는 신체적, 물질적인 것에서 영적, 철학적, 직관적인 것으로 옮겨져야 한다. 기존에는 의식에만 독점적으로 초점을 맞추었다면, 이제는 모든 성격 측면의 균형(balance)을 추구해야 한다.

즉, 중년기에는 자기를 인식하고 실현하는 과정을 시작해야 한다. 무의식을 의식과 통합하는 데 성공하면, 융이 개성화라고 불렀던, 새로운 차원의 긍정적인 심리적 건강 상태에 도달할 수 있다.

개성화: 도달하는 법

개성화(individuation)란 개인으로서 자신의 능력을 충족시키며, 자기를 발전시키는 것을 의미한다. 개성화 경향성은 선천적인 면이 있지만, 교육 및 경제적 기회, 부모-자녀 관계와 같은 환경 요인이 이를 돕거나 방해할 수 있다. 융이 제안한 이상적 상태인 자기충족(self-fulfillment)에 다다르기 위해서는 몇 가지 단계와 절차를 거쳐야 한다.

무의식과 직면 개성화를 위해 중년기 개인은 인생의 전반부를 인도했던 기존의 행동과 가치를 포기하고 무의식에 직면해야 한다. 무의식을 의식화해야 하며, 무의식이 시키는 바를 받아들여야 한다. 자신의 꿈에 귀를 기울이고, 기꺼이 환상을 따라야 한다. 또한 글쓰기나 그림 등과 같은 표현으로 창조적 상상력을 발휘해야 한다. 이전에 자신을 몰아가던 이성적 사고가 아닌, 무의식이라는 자유로운 흐름에 자신을 맡겨야 한다. 그래야만 진정한 자기가 드러날

> **개성화** 성격의 모든 의식적 측면과 무의식적 측면의 통합으로 인한 심리적 건강 상태.

수 있다.

융은 무의식의 의식화가 무의식적 힘에 지배당하는 것을 의미하는 것은 아니라고 강조하였다. 무의식적 힘은 의식과 동화되고 균형을 이루어야 한다. 이 시기에는 성격의 어떤 측면도 지배적이지 않다. 정서적으로 건강한 중년은 더는 의식이나 무의식, 특정한 태도나 기능, 원형 등에 의해 지배되지 않는다. 개성화에 도달하면 모든 것이 조화로운 균형을 이루게 된다.

페르소나의 퇴장 중년기 개성화 과정에서 가장 중요한 것은 원형에서의 변화이다. 첫 번째 변화는 페르소나를 몰아내는 것이다. 우리가 현실에서 기능하며 다양한 이들과 어울리기 위해 사회적 역할을 지속해야 하지만, 공적 성격이 자신의 진짜 모습을 대변하지는 않는다는 것을 인정해야 한다. 나아가 우리는 페르소나가 감추고 있던 진정한 자기를 받아들여야 한다.

그림자 수용 다음으로 우리는 그림자가 지니는 파괴력을 인식하고, 이기심과 같은 원시적 충동을 비롯한 우리 안의 어두운 측면을 인정해야 한다. 이는 그림자에 복종하거나 이것이 우리를 지배하게 내버려 두는 것이 아니라 단순히 그러한 존재를 수용한다는 의미이다. 인생의 전반부에 우리는 이 어두운 면을 감추기 위해 페르소나를 사용하며, 타인이 우리의 좋은 점만 보길 기대한다. 하지만 우리는 다른 사람들로부터 자신의 그림자를 숨기는 동시에 자신으로부터도 그림자를 숨긴다. 기존의 이러한 부분은 자신에 대해 더 깊이 있게 알아가면서 변화해야 한다. 그림자의 파괴적 측면과 건설적 측면 모두에 대한 인식이 커질수록 성격은 더 깊고 충만한 차원을 지니게 된다. 그림자가 삶에 열정, 자발성, 활력을 가져다주기 때문이다.

융에 따르면 개성화 과정에서 성격의 각 측면은 다른 모든 측면과 조화를 이루어야 한다. 본성의 좋은 면만을 인식하면, 성격은 편협하게 발달한다. 성격의 다른 대립하는 요소들과 마찬가지로, 개성화를 이루기 위해서는 그림자의 양쪽 측면을 모두 인식해야 한다.

아니마와 아니무스 수용 우리는 심리적 양성성(bisexuality)을 받아들여야 한다. 남성은 전통적으로 여성적이라고 여겨지는 부드러움과 같은 아니마 원형을 표현해야 하며, 여성은 전통적으로 남성적이라 여겨지는 자기주장과 같은 아니무스 원형을 표현해야 한다. 융은 이렇게 자신과 반대되는 성의 특징을 받아들이는 것을 개성화 과정에서 가장 어려운 단계로 보았는데, 이는 자기상(self-image)의 큰 변화를 의미하기 때문이다. 하지만 남성과 여성의 두 정서적 측면을 받아들이는 것은 창의력의 새 원천을 열며, 부모의 영향에서 해방되는 데 도움을 준다.

초월 정신의 구조가 개성화되면 그다음 발달 단계가 일어날 수 있다. 융은 이것을 초월성, 즉 정신의 모든 대립 측면을 통합하는, 성격의 전체성을 향한 선천적 경향이라 말했다. 불만족스러운 결혼생활이나 좌절감을 주는 직업과 같은 환경 요인이 이러한 초월의 과정을 억제하고, 완전한 자기실현을 가로막을 수 있다.

인간 본성에 대한 질문

인간 본성에 대한 융의 관점은 프로이트와 상당히 다르다. 융은 프로이트와 같은 결정론적 견해를 가지고 있지 않았지만, 성격이 적어도 아동기의 경험 그리고 원형에 의해 부분적으로 결정될 수 있음에는 동의하였다. 그러나 융의 이론에는 개인의 자유의지나 자발성과 같은 변화의 여지가 충분히 포함되어 있다. 이러한 자발성은 그림자 원형에서 발생한다.

본성 대 양육 쟁점에 대해 융은 혼재된 태도를 보였다. 개성화와 초월에 대한 추동은 타고나지만, 학습과 경험이 이를 돕거나 좌절시킬 수 있다. 인생의 궁극적이고 필연적인 목표는 자기실현이다. 비록 이를 성취하기는 쉽지 않지만, 우리는 자기실현을 위해 끊임없이 동기 부여된다.

융은 아동기의 중요성에 대한 프로이트 견해에 동의하지 않았다. 융은 아동기 경험이 성격에 영향을 미치긴 하나, 5세 때 성격이 완전하게 형성된다고 보지는 않았다. 우리는 중년기 경험, 미래에 대한 희망과 기대에 더 많은 영향을 받는다.

융에 따르면 각 개인은 독특하지만, 이는 오직 인생의 전반부 동안에만 그러하다. 중년기에 어느 정도 개성화가 이루어지면 우리는 하나의 면이 지배적이지 않은 보편적 성격을 발전시킨다. 따라서 독특함은 사라지고 더는 어떤 특정한 심리 유형으로 묘사될 수 없다.

융은 프로이트보다 인간 본성을 긍정적, 희망적으로 제시했고, 성격 발달에 있어 낙관적 견해를 보였다. 우리는 자신을 향상·확장시키기 위해 성장하고 발전하도록 동기 부여되며, 이는 프로이트가 가정한 것처럼 아동기에 그치는 것이 아니라, 평생 동안 지속된다. 융은 우리에게 더 나아질 수 있는 희망이 있다고 믿었으며, 인간은 계속 발전하고 있다고 주장하였다. 현 세대는 원시적 조상에 비해 현저하게 발전된 모습을 보여 준다.

기본적인 낙관론에도 불구하고 융은 서구 문화가 직면한 위험성에 우려를 표하였다. 그는 이러한 위험을 해리의 병(sickness of dissociation)이라 불렀다. 물질주의, 이성주의, 경험적 과학에 대한 강조는 우리가 무의식의 힘을 제대로 인식하지 못하게 되는 위험에 처하게 만든다. 우리는 우리의 유산을 형성하는 원형에 대한 믿음을 버려서는 안 된다. 이처럼 인간 본성에 대한 융의 희망은 일종의 주의 깊은 경고적 차원의 것이었다.

융 이론에서의 평가

융은 정신 기능을 평가하는 기법으로 과학과 초자연적 방식을 모두 사용하였고, 그 결과 객관적이면서도 신비적 접근법을 취하였다. 그는 상징, 신화, 종교, 의례를 공부하며 다양한 문화와 시대를 연구하였고, 환자(그리고 자신)의 꿈과 환상, 고대 언어, 연금술, 점성술에 대한 탐구를 토대로 성격 이론을 구상해 나갔다. 그러나 융의 연구 중 처음으로 미국 심리학자들의 관심을 끈 것은 경험적이며 생리적인 평가였다. 융의 이론이 대립 원리를 바탕으로 한 이론인 만큼, 융의 평가 기법에도 정반대의 것들이 특이하게 혼합되어 있었다.

융의 환자 평가

융이 환자와 상담하는 방식은 일반적이지 않았고, 종종 혼란스럽기까지 했다. 그는 환자를 재우고 싶지 않다는 이유로 환자를 소파에 눕히지 않았다. 상담 중에 융이 창문을 통해 집 근처 호수를 바라보는 때도 있었지만, 보통 융과 환자는 서로 마주 보며 편안하게 의자에 앉았다. 융은 때때로 환자를 자신의 돛단배로 데리고 나갔다.

한 환자는 융을 회상하며 다음과 같이 말하였다. "융은 인간의 문제들, 꿈, 개인적 추억, 우화, 농담 등에 대해 말하면서 몸을 앞뒤로 움직였다. 그러나 그는 이내 상당히 조용하고 진지해지며 지극히 개인적인 문제에 접근하기도 했는데, 편안함을 느끼기에는 너무 가까이 마주 앉은 채로 누군가의 비참한 문제에 대한 날카로운 해석을 전달하였다. 그러면 쓰디쓴 진실이 파고들었다"(Bair, 2003, p. 379).

때때로 융은 무례했다. 한 환자가 약속 시간에 나타났을 때 그는 "어떡하죠. 제가 지금은 다른 건 생각하고 싶지 않네요. 오늘은 집으로 돌아가서 자신을 돌보시기를 바랍니다"라고 말하였다(Brome, 1981, pp. 177, 185). 또한 한 환자가 자신의 어머니에 관한 이야기를 시작하자(프로이트는 더 말하도록 촉진했을 주제), 융은 그녀를 갑자기 침묵시키고는 "괜한 시간을 낭비하지 마세요"라고 말하였다(Bair, 2003, p. 379).

융은 환자들이 가진 환상이 그들에게는 진짜라고 믿었고, 융도 이를 액면 그대로 받아들였다. 평생 융의 제자였던 마리 루이제 폰 프란츠(Marie-Louise von Franz, 1915~1998)에 따르면 그녀가 융을 처음 만났을 때, 융은 그녀에게 달에 사는 환자에 관해 이야기하였다. 그녀가 환자가 달에 사는 것처럼 행동한다는 뜻이냐 묻자, 융은 그게 아니라 그 환자는 정말로 달에 산다고 답하였다. 당시 폰 프란츠는 "융이든 나든 둘 중 하나가 미쳤구나"라고 생각했다고 한다(뉴욕 타임스, 마리 루이제 폰 프란츠의 부고, 1998년 3월 23일).

융이 사용했던 공식적 성격 평가 기법은 단어연상 검사, 증상 분석, 꿈 분석이다. 이후에 개발된 자기보고식 성격검사인 MBTI는 심리 유형에 대한 융의 이론을 바탕으로 다른 이들이 개발한 것이다.

단어연상 검사

단어연상 검사(word-association test)는 현재 표준적인 실험 및 임상 도구로 널리 사용되고 있다. 단어연상 검사에서 피험자는 자극 단어가 주어졌을 때, 즉각적으로 마음에 떠오르는 단어를 말한다. 1900년대 초, 융은 정서를 끌어낼 수 있는 100개의 단어 목록을 단어연상 검사에 사용하였다(표 3.3). 융은 환자가 각 단어에 반응하는 데 걸리는 시간을 측정하였다. 또한 그는 자극 단어가 정서에 미치는 영향을 알아보기 위해 생리적 반응을 측정하였다.

표 3.3 융의 단어연상 검사에서 정상 반응과 신경증적 반응

자극단어	정상 반응	신경증적 반응
파란	예쁜	색
나무	초록	자연
빵	좋은	먹다
램프	밝은	태우다
풍성한	아름다운	돈; 모르겠다
죄를 짓다	많은	나에게 너무나 이질적이다; 나는 이를 인정하지 않는다
바늘	찌르다	바느질하다
수영하다	건강한	물

출처: Jung, C. G. (1909/1973). The association method. In *The collected works of C. G. Jung* (Vol. 2, pp. 442-444). Princeton, NJ: Princeton University Press. Used by permission.

융은 환자의 콤플렉스를 알아내기 위해 단어연상 검사를 사용하였다. 생리적 반응, 지연반응, 다른 단어에 대한 동일반응하기, 말실수, 말더듬, 두 단어 이상으로 반응, 단어 지어내기, 응답하지 않기 등 다양한 요소들이 환자

단어연상 검사 자극 단어가 주어졌을 때 마음에 떠오르는 단어를 말하게 하는 투사 검사.

에게 콤플렉스가 있음을 나타낸다.

증상 분석

증상 분석(sympton analysis)은 환자가 보고하는 증상에 초점을 맞추며, 증상에 대한 자유연상을 기반으로 한다. 이는 프로이트의 카타르시스(정화) 방식과 유사하다. 증상에 대한 환자의 연상과 분석가의 해석을 통해 증상이 종종 완화되거나 사라진다.

꿈 분석

융은 꿈이 무의식으로 가는 '왕도'라는 프로이트의 견해에 동의하였다. 그러나 융의 꿈 분석(dream analysis)은 프로이트의 방식과 달랐다. 융은 꿈의 원인을 분석하는 것보다 꿈 자체에 관심이 많았고, 꿈이 무의식적 소망 이상의 것이라 믿었다. 우선 융은 꿈이 미래를 예견한다고 보았다. 융에 따르면 꿈은 우리가 앞으로의 경험과 사건에 대비할 수 있게 돕는다. 또한 융은 꿈이 보상적 차원을 지닌다고 보았다. 즉 꿈은 하나의 정신구조가 지나치게 발달하는 것을 보상하여 정신 내 대립에 균형을 가져온다.

프로이트는 각각의 꿈을 따로 해석했지만, 융은 환자가 보고하는 일련의 꿈을 일정한 기간에 걸쳐 분석하였다. 이를 통해 융은 환자의 무의식에서 반복되는 주제, 이슈, 문제를 발견할 수 있다고 믿었다.

또한 융은 꿈을 증폭시키는 방식(확충법)으로 작업하였다. 프로이트의 자유연상에서 환자는 꿈의 한 요소에서 시작해, 관련 기억과 사건을 이야기함으로써 그러한 연상을 발전시킨다. 반면 융은 원래 꿈 자체의 요소에 집중하며, 환자가 자신의 주제를 발견하기까지 반복해서 연상하고 반응하도록 요청하였다. 그는 프로이트가 그랬던 것처럼 발현몽(manifest dream)과 잠재몽(latent dream)을 구별하려 하지는 않았다.

증상 분석 카타르시스와 유사하게 증상 분석 기법은 환자가 보고하는 증상에 초점을 맞추며, 환자의 자유연상을 해석하려고 시도함.
꿈 분석 무의식적인 갈등을 밝혀내기 위해 꿈을 해석하는 기법.

마이어스-브리그스 성격 유형 검사(MBTI)

융 성격 이론과 관련된 평가 도구로 MBTI(Myers- Briggs Type Indicator)가 있다. 이는 1920년대 캐서린 쿡 브리그스(Katharine Cook Briggs)와 이사벨 브리그스 마이어스(Isabel Briggs Myers)가 개발하였다(Briggs & Myers, 1943, 1976). MBTI는 오늘날 가장 인기 있고, 많이 사용되는 성격검사이며, 매년 200만 명 이상이 채용 및 승진 결정을 위해 MBTI를 치른다(Cunningham, 2012). 즉 비즈니스 장면에서 취업 또는 승진을 위해 MBTI를 수행하게 되는 경우가 많다(표 3.4).

이 검사는 워싱턴 DC의 캐서린 브리그스와 그녀의 딸, 이사벨에 의해 개발되었다. 캐서린은 그녀의 딸을 천재 혹은 작은 셰익스피어라고 불렀으며, 딸에 관한 글을 쓰기도 하였다. 이사벨은 펜실베이니아 필라델피아 근처 스워스모어에 있는 대학에 진학한 뒤, 어머니와 거의 매일 편지를 주고받았다. 그러던 어느 날 이사벨은 남자친구이자 법대생인 클래런스 마이어스(Clarence Myers)를 집에 데려왔다.

"캐서린과 이사벨은 대담하고 상상력이 풍부하며 직관적이었다. 마이어스는 실용적이고 논리적이며 꼼꼼했다"(Gladwell, 2004, p. 45). 캐서린은 딸과 사위의 성격 차이에 놀랐고, 사위에 대해 이해하고자 심리학을 집중적으로 독학하였다.

1923년, 캐서린은 융의 책 『심리 유형(Psychological Types)』을 통해 사람들을 분류하고 그들의 차이를 설명하는 방법을 알게 되었다. 그리고 그녀는 어떠한 연구 보조금이나 대학의 지원, 대학원생들도 없이 이사벨의 도움만으로 그러한 성격 차이를 측정할 수 있는 검사를 개발하였다.

1975년, 이사벨 브리그스 마이어스와 플로리다 대학교 심리학 교수인 메리 맥컬리(Mary McCaulley)는 MBTI 훈련과 연구를 위한 심리유형응용센터(Center for Application of Psychological Type)를 설립하였다. 1979년에는 심리유형학회(Association for Psychological Type)가 설립되었다. 두 학술지에서 MBTI를 적용한 연구 보고서를 출판하였다. MBTI는 융의 성격 연구 중 가장 눈에 보이는 실용적인 결과물이라고 평가된다.

MBTI 융의 심리 유형과 내향성 및 외향성 태도에 기반한 평가 도구.

표 3.4 MBTI 샘플 문항

당신이 보통 느끼고 행동하는 방식에 가까운 답은 무엇인가?

1. 하루 동안 어디에 간다고 가정해 보자, 당신은
   (a) 무엇을 언제 할 것인지 등을 계획한다.
   (b) 그냥 떠난다.

2. 당신은
   (a) 소수 사람과 깊은 관계를 맺는 편이다.
   (b) 다양하고 많은 사람과 폭넓은 관계를 맺는 편이다.

3. 당신은 중요한 일을 할 때
   (a) 시작하기 전, 주의 깊게 일을 구성한다.
   (b) 진행해 나가면서, 무엇이 필요한지 파악한다.

4. 새로운 것이 유행하기 시작할 때,
   (a) 가장 먼저 시도하는 사람 중 하나이다.
   (b) 별로 관심이 없다.

5. 당신은
   (a) 설령 거짓이더라도 정중한 것이 중요하다.
   (b) 무례하더라도 진실이 중요하다.

출처: Modified and reproduced by special permission of the publisher, CPP, Inc., Mountain View, CA 94043 from Myers-Briggs Type Indicator® assessment by Katharine D. Meyers Isabel Briggs Myers. Copyright 1943, 1944, 1957, 1962, 1976, 1977, 1983, 1984, 1987, 1991, 1993, 1998, 2012 by Peter B. Myers and Katharine D. Myers. All rights reserved. Further reproduction is prohibited without the publisher's written consent.

융 이론에 대한 연구

융은 프로이트와 마찬가지로 사례 연구 방법을 사용했고, 이를 생애사 재구성 (life-history reconstruction)이라고 불렀다. 생애사 재구성은 개인의 과거 경험에 대한 광범위한 회상과 관련된 것으로, 융은 이를 통해 현재의 신경증적 상태를 야기한 발달 양상을 확인하고자 했다. 프로이트의 자료와 연구 방법에 대한 비판점은 융에게도 적용된다. 융의 자료는 객관적 관찰에 근거하지 않았고, 통제되고 체계적인 방식으로 수집되지도 않았다. 또한 자료를 획득한 상황인 임상 면접은 반복 검정, 타당화 및 계량화 절차가 이루어지지 않았다.

> **생애사 재구성** 융의 사례 연구 방법으로, 현재의 신경증을 야기한 발달 양상을 확인하기 위해 과거 경험을 조사함.

프로이트와 마찬가지로 융은 환자의 말을 그

대로 기록해 보관하지 않았고, 환자 보고의 정확성을 검증하려 시도하지도 않았다. 융의 사례 연구는(프로이트가 그랬듯) 소수의 대표성이 떨어지는 표본만을 대상으로 했기 때문에 일반화에 어려움이 있다.

융의 자료 분석은 주관적이고 신뢰하기 어렵다. 융은 자신이 취한 절차를 설명하지 않았기 때문에 우리는 융이 자료를 어떻게 분석했는지 알 수 없다. 분명한 것은 이 자료들이 성격 이론에 있어 가장 특이한 방법으로 해석되었다는 점이다. 앞에서 우리는 융이 다양한 문화와 지식을 연구한 것에 주목하였다. 융은 이러한 연구와 그의 꿈, 환상에 기반하여 환자들로부터 수집한 정보를 해석하였다.

융의 연구는 그의 이론에 부합하는 쪽으로 편향되는 결론을 내놓았다는 비판을 받아 왔다. 또한 중년기에 무의식과 대면하면서 경험했다고 하는 그의 환상은, 융이 그 전에 읽었던 자료에서 찾을 수 있다는 주장도 제기되었다(Noll, 1993, 1994).

프로이트와 마찬가지로 융이 관찰한 내용 중 상당수는 실험적 검증이 불가능하다. 융은 이러한 비판에 대해 무심했으며, "인간 정신에 대해 배우고자 한다면, 실험심리학에서는 아무것도 얻지 못할 것"이라고 말하였다(Ellenberger, 1970, p. 694).

심리 유형 연구

실험심리학에 대한 융의 부정적 시각에도 불구하고, 이후의 연구자들은 융 이론 일부를 경험적으로 검증하여 융의 명제가 지지되는 것을 확인하였다. 대부분은 MBTI를 사용하였고, 외향성과 내향성에 초점을 맞췄다. 그러나 모든 연구 결과가 융의 심리 유형 이론을 지지한 것은 아니다(Pittenger, 2005).

대학생 연구

대학생 대상의 한 연구에 따르면 대학생의 직업적 흥미가 융의 이론 및 심리 유형과 밀접한 관련이 있는 것으로 나타났다(Stricker & Ross, 1962). 내향적인(I)

사람들은 기술직이나 과학직과 같이 타인과 상호작용할 필요가 없는 직업에 흥미를 보였다. 반면 외향적인(E) 사람들은 판매직이나 홍보직과 같이 높은 수준의 사회적 상호작용이 필요한 직업에 더 흥미를 보였다. 또 다른 연구에서는 내향형(I), 감정형(F), 판단형(J) 사람들이 다른 유형에 비해 높은 성적을 받는 것으로 나타났다(Di Rienzo, Das, Synn, Kitts, & McGrath, 2010).

심리 유형에 따라 흥미를 느끼는 직업이 다를 수 있다(Hanewitz, 1978). MBTI는 경찰, 교사, 사회사업가, 치대생 등 많은 표본을 대상으로 실시되었다. 교사와 사회사업가는 직관형(N)과 감정형(F)에서 높은 점수를 받았다. 교사나 사회사업가와는 다른 방식으로 사람을 대하는 경찰과 치대생은 외향형(E), 감각형(S), 사고형(T) 점수가 높았다.

직관형(N)에서 높은 점수를 받은 대학생들은 보다 창의적인 직업군에 관심을 보였다. 감각형(S)에서 높은 점수를 받은 대학생들은 전통적 직업군을 선호하였다(Apostal, 1991). 미국해군사관학교 입학 여성을 대상으로 한 연구에서는 외향형(E)-감각형(S)-사고형(T)-판단형(J)일수록 졸업 가능성이 높은 것으로 나타났다. 반면 감정형(F)-인식형(P) 점수가 높은 여성의 경우 대학을 중퇴할 가능성이 높았다(Murray & Johnson, 2001). 인문계 대학생을 대상으로 10년간 진행한 연구 프로그램에서도, 인식형(P) 점수가 높을수록 대학을 중퇴할 가능성이 높은 것으로 나타났다(Barrineau, 2005).

의대생을 대상으로 한 연구에 따르면 일차진료의사(주치의)가 된 학생들은 감정형(F)과 내향형(I)에서 높은 점수를 보였고, 외과의사가 된 학생들은 외향형(E), 사고형(T)으로 분류되는 경향이 있었다(Stilwell, Wallick, Thal, & Burleson, 2000). 또 다른 연구에 따르면 MBTI에서 외향형(E) 점수가 높은 대학생이 내향형(I) 점수가 높은 대학생에 비해 심리적 안녕감과 삶에 대한 만족에서 더 높은 점수를 보였다(Harrington & Loffredo, 2001).

인지 기능 연구

융 이론에 따르면 서로 다른 성격 유형은 인지 및 정신 기능에서도 차이를 보인다. 내향적 사고형인 사람은 숫자와 같은 중립적이거나 사람과 관련되지 않은 자극에 대한 기억력이 좋다. 반면 외향적 감정형인 사람은 표정과 같은 정서가 묻어나는, 사람에 관한 자극에 더 나은 기억력을 보인다(Carlson & Levy, 1973). 또한 MBTI 유형에 따라 EEG(electroencephalogram, 뇌전도)로 측정되는 뇌파 활동이 각기 다른 것으로 나타났다(Gram, Dunn, & Ellis, 2005).

또한 내향적 사고형과 외향적 감정형은 개인적으로 중요한 경험을 기억하는 데 차이가 있었다(Carlson, 1980). 연구 참가자에게 기쁨, 분노, 수치심 등의 감정과 관련한 가장 생생한 경험을 떠올리라고 했을 때, 외향적 감정형인 사람은 다른 사람과 관련한 기억을 가장 많이 보고하였다. 내향적 사고형인 사람은 자신이 혼자 있을 때 일어난 사건을 떠올리는 경우가 많았다. 이뿐만 아니라 외향적 감정형인 사람은 정서적인 세부 사항을 잘 떠올리지만, 내향적 사고형인 사람은 보다 정서적으로 중립적이고 사실적인 경험을 더 많이 기억한다.

다문화 연구

MBTI는 튀르키예, 시리아 및 기타 아랍 국가를 포함한 여러 국가에서 번역되었다(Atay, 2012; Ayoubui & Ustwani, 2014). 영국에 거주하는 무슬림에 대한 연구는 "무슬림 사회에서 종교 활동을 하는 사람 중엔 내향형(I)보다 외향형(E)이, 감정형(F)보다 사고형(T)이 많다"는 사실을 밝혀냈다(Francis & Datoo, 2012, p. 1037). 런던에 거주하는 그리스 정교회 신도들의 경우, 내향형(I), 감각형(S), 사고형(T), 판단형(J)에서 높은 점수를 보였다(Lewis, Varvatsoulias, & George, 2012). 이스라엘 여자 대학생을 대상으로 한 연구에 따르면 외향형(E)-감정형(F)인 이들이 내향형(I)-사고형(T)인 이들보다 행복 점수가 더 높았다(Francis, Yablon, & Robbins, 2013).

싱가포르 대학생 대상 연구에서 외향형(E)인 학생들은 타인과 직접 대면하는 상호작용을 선호한 반면, 내향형(I)인 학생들은 온라인 상호작용을 선호하였다(Goby, 2006). 불가리아 학생(13~16세)을 대상으로 한 연구에서 직관형(N)과 감각형(S) 점수가 높은 이들은 자존감이 높은 것으로 나타났다. 반면 감각형(S)과 판단형(J) 점수가 낮은 이들은 낮은 자존감을 보였다(Papazova & Pencheva, 2008).

인도의 중간직 관리자의 경우 사고형(T)에서 매우 높은 점수를 보인 이들은 갈등 관리에 적극적으로 협력하는 경향을 보였다. 반면 감정형(F)에서 높은 점수를 보인 이들은 갈등 관리를 회피하는 경향이 있었다. 이 연구에서 남성은 사고형(T)에서, 여성은 감정형(F)에서 높은 점수를 받았다(Mathew & Bhatewara, 2006).

그러나 중국에서 관리자들을 대상으로 진행한 연구에서는 남성과 여성 간 MBTI 점수 차이가 나타나지 않았다(Huifang & Shuming, 2004). 또한 다른 연구에 따르면 중국 관리자들의 MBTI 점수는 중국 일반인들의 MBTI 점수보다는 미국 관리자들의 MBTI 점수와 유사성이 높았다(Yang & Zhao, 2009).

호주인과 캐나다인을 대상으로 한 연구에서 외향형(E)인 이들에게 동기를 부여하는 대표적 방식은 그들이 자신의 행동이 가져올 사회적 영향에 초점을 맞추도록 하는 것이었다(Ashton, Lee, & Paunonen, 2002).

꿈 연구

원형을 탐구하기 위해 진행한 꿈 연구에서 연구 참가자에게 지난 3주 동안 꾼 꿈 중에서 가장 최근에, 가장 생생하게 꾼 꿈을 떠올리게 하였다(Cann & Donderi, 1986). 참가자들은 MBTI를 비롯한 여러 성격검사를 받았다. 연구 결과 내향형(I)은 원형과 관련 없는 일상에 대한 꿈을 더 많이 떠올렸다. 직관형(N)은 감각형(S)에 비해 원형과 관련한 기억을 더 많이 회상하였다. 또한 신경증 점수가 높은 이들은 원형과 관련된 꿈을 떠올리는 경향이 덜했다. 이러한 발견은 융의 이론에 근거한 예측과 일치하는 것이다.

개성화

고위 간부직을 맡았던 37~55세 남녀를 대상으로 진행한 연구 결과, 융의 개성화 개념에 부합하는 행동을 확인할 수 있었다. 연구에는 그들의 직장 내 행동에 대한 관찰뿐 아니라 연구 참가자, 동료, 가족과의 인터뷰도 포함되었다. 또한 그들은 TAT, MBTI, 형용사 체크리스트 등의 검사를 받았다. 연구진에 따르면 연구 참가자들은 "자기 안에서 삶의 방향과 에너지를 찾으려 하고, 기존의 가치에 의문을 품고, 시대에 뒤떨어진 모습에서 벗어나고, 자신의 새로운 차원을 드러냈으며, 보다 쾌활하고 자발적인 태도를 보였다"(Lyons, 2002, p. 9). 이들은 단순히 외부의 요구와 압력에 반응하는 대신에 자신의 희망과 바람에 따라 행동하였다. 이러한 행동적·정서적 특성은 개성화 단계에 대한 융의 설명에 부합한다.

여성의 중년기 위기

앞에서 융과 그의 환자에게 40세 전후 중년기의 시작은 위기의 시기였음을 살펴보았다. 중년기 위기라 불리는 이 시기를 연구한 융과 그 외 학자들은 처음에는 중년기가 여성보다는 남성에게 더 큰 영향을 미친다고 생각했다. 그러나 최근에는 여성도 남성과 비슷한 위기를 겪는 것으로 밝혀졌다.

　　미국 전역의 여성을 대상으로 한 조사에 따르면 여성은 남성보다 건강 상태가 나쁘고, 자신의 결혼 생활에 통제력이 없다고 느끼며, 일자리를 구할 기회가 적다고 생각한다(Barrett, 2005). 삶에서 스트레스가 큰 변화를 맞은 적이 있는 중년 여성은 낮은 삶의 만족도를 보고하였다(Darling, Coccia, & Senatore, 2012).

　　동성애 여성들은 이성애 여성보다 중년기에 정서적 혼란이 덜하다고 보고하였다. 흑인 여성은 백인 여성에 비해 중년에 더 긍정적인 자기 인식을 지니고 있었다(Brown, Matthews, & Bromberger, 2005; Howell & Beth, 2004). 또한 50대 여성을 대상으로 대학 졸업 후 인생에서 가장 힘들었던 시기를 묘사해 달라고 요청하였다. 그 결과 40대 초가 가장 큰 위기의 시기로 나타났다(Helson, 1992).

　　또 다른 연구에 따르면 많은 중년기 여성이 자신의 삶을 검토하고 상대적 성공과 실패를 판단하는 진지한 자기평가 시기를 겪는다. 한 연구에 의하면 중년기 전환에 있어, 전업주부를 비롯해 결혼 생활 및 가족에 집중했던 여성은 적극적으로 직업적 경력을 추구했던 여성보다 더 큰 어려움을 겪는 것으로 나타났다. 전자의 경우 자신의 결혼이 어느 정도는 혹은 완전하게 실패하였다고 결론지었다. 이러한 후회는 이들이 새로운 변화에 대해 진지하게 고민하게 했다. 반면 직업이 있는 여성의 경우 중년기에 큰 변화가 필요하다고 느끼지 않았다(Levinson, 1996).

삶의 변화 만들기

또 다른 연구는 이러한 씁쓸한 발견을 재확인해 준다. 연구에 참여한 여성들은 처음에는 대학생으로서 연구에 참여하였고, 30대 후반에서 40대 초반이 된 뒤에 다시 연구에 참여하였다. 융의 예상대로 대다수 여성이 40세 전후로 인생의 재평가 시기를 가졌다. 37~43세에 자신을 평가한 결과, 연구 참가자 중 약 3분의 2가 주요한 삶의 변화를 만들게 되었다.

연구 참가자들은 37세가 되었을 때, 다시 삶을 산다면 젊었을 때 했던 것과 같은 선택을 하겠냐는 질문을 받았고, 사립대를 졸업한 여성 중 34% 그리고 대형 주립대를 졸업한 여성 중 61%가 다른 선택을 하겠다고 대답하였다. 이 여성들은 만약 다시 선택할 수 있다면 가족 중심의 목표 대신 자신의 교육 및 경력을 추구하겠다고 대답하였다. 중년을 연구한 또 다른 연구에서도 연구 참가자 중 3분의 2가 성인이 되어 밖에서 일하는 딸보다 자신이 인생에서 덜 성공했다고 생각하는 것으로 나타났다(Carr, 2004).

중년기 불만족은 많은 여성을 새로운 변화로 이끌지만, 모두가 학교로 돌아가거나 자신의 역량을 발휘할 직업을 찾을 수 있는 것은 아니다. 43세까지 만족스러운 삶의 변화를 만들어 낸 여성은 그러한 변화를 만들지 못한 여성보다 높은 안녕감을 보고하였다. 변화를 만들어 낸 집단의 경우 자아정체성이 증가하고 자신의 능력을 더 넓은 관점에서 바라보게 되었다. 이전의 선택에 대한 후회가 중년기의 긍정적 변화를 이끈 것이다(Stewart & Ostrove, 1998; Stewart & Vandewater, 1999).

개인적 성장 혹은 침체

여성을 대상으로 대학 졸업 후 20년에 걸쳐 종단적 연구를 진행하였다. 독립적인 평정단이 내린 평가에 근거하여 중년기 여성의 성격을 갈등하는 유형, 전통적 유형, 개성화 유형이라는 세 가지 수준(혹은 유형)으로 구분하였다. 가장 낮은 수준인 갈등하는 유형은 개인적 갈등, 심리적 문제, 타인과의 불화, 불안, 적대감과 경직성 등의 특징을 보인다. 이러한 여성들은 심리적 미성숙 상태에 해당한다.

두 번째 수준인 전통적 유형은 타인에 대한 헌신, 죄책감, 자기 개발의 대가로 자신의 역할 및 의무를 충분하게 수행하는 것, 사회적 기준에 대한 염려 및 타인의 인정을 받는 것 등으로 특징지어진다. 이들은 자신의 경력보다는 결혼에 초점을 맞추는 유능한 성인이자 좋은 시민으로 묘사되지만, 심리적 성숙이나 자기이해는 부족한 상태이다.

세 번째는 융의 개성화 개념에 해당하는 수준으로, 중년기 개인의 위기를 이상적으로 극복한 경우이다. 이들은 자율성, 창의성, 타인에 대한 적절한 반응과 친밀성, 자기실현, 개인적 성취 지향, 공감, 관용, 자아탄력성, 지적 및 문화적 세련 등으로 표현된다(John, Pals, & Westenberg, 1998).

미국과 호주 여성을 대상으로 한 연구에 따르면 어떤 사람들에게 중년기

융 이론에 대한 연구

심리 유형에 대한 연구는 다음과 같은 결과를 보여 준다.

- 내향형(I)은 기술직 및 과학직에 끌림
- 외향형(E)은 사회적 상호작용이 많은 직종을 선호함
- 내향형(I), 감정형(F), 판단형(J)은 학교에서 더 좋은 성적을 받음
- 외향형(E)은 행복 및 삶에 대한 만족 점수가 더 높음
- 내향형(I)은 대면보다 온라인 상호작용을 선호함

중년기 여성에 대한 연구는 다음과 같은 결과를 보여 준다.

- 동성애 여성은 이성애 여성보다 정서적 어려움을 덜 겪음
- 흑인 여성은 백인 여성보다 중년기에 더 큰 자기 만족감을 느낌
- 중년기 위기는 결혼 생활 및 가족에 집중했던 여성보다 독립적으로 직업을 갖고 일하는 여성의 경우에 더 쉽게 해결됨
- 개성화 개념은 남성뿐 아니라 여성에게도 적용됨

는 개인의 성장을 증가시키고, 새로운 방향으로 나아가며, 과거의 문제를 제거하고, 진정한 자신이 되는 자유를 경험하는 시기다(Arnold, 2005; Leonard & Burns, 2006). 다시 말해 이들은 심리적으로 더욱 성숙한 수준에 도달했는데, 이는 개성화가 최상의 정신 건강 및 자기발전 상태라는 융의 견해를 지지하는 연구 결과이다.

융 이론에 대한 고찰

기여

인간 성격에 대한 융의 복잡하고 특별한 접근법은 정신의학, 사회학, 경제학, 정치학, 철학, 종교학 등 광범위한 학문 분야에 상당한 영향을 미쳤다. 융은 학계의 인정을 받아 하버드 대학교와 옥스퍼드 대학교에서 명예 학위를 받았고, 많은 학자에게 큰 영향을 미친 것으로 평가된다.

융은 심리학에 몇 가지 중요하고 지속적인 기여를 하였다(Summerville, 2010). 단어연상 검사는 표준적인 투사 검사가 되었고, 로르샤흐 잉크반점 검사와 거짓말 탐지 기법 개발에도 영향을 미쳤다. 심리적 콤플렉스, 내향성 대 외향성 개념은 오늘날 심리학에서 널리 받아들여지고 있다. 내향성과 외향성을 평가하는 성격검사는 표준화된 진단 및 선별 도구이며, 지금도 내향성 및 외향성에 관한 많은 연구가 이루어지고 있다. 이에 대해서는 8장에서 자세히 살펴볼 것이다.

이어지는 챕터에서는 융이 다른 이론가들에게 상당한 영향을 미친 근거를 확인할 수 있을 것이다. 융의 개성화 개념과 자기실현 개념은 에이브러햄 매슬로(Abraham Maslow) 이론에 영향을 미쳤다. 또한 융은 행동 결정에 있어서 처음으로 미래의 역할을 강조하였고, 이는 알프레드 아들러(Alfred Adler) 이론에도 영향을 주었다. 매슬로, 에릭 에릭슨(Eric Erikson), 레이먼드 커텔(Raymond Cattell)은 중년기가 성격 변화에 있어 위기라는 융의 생각을 수용하였다. 이제 중년기 위기라는 개념은 성격 발달의 필수적 단계로 여겨지며, 상당한 연구가 이를 지지하고 있다.

비판점

그럼에도 융 이론 대부분은 심리학자들에게 열광적으로 받아들여지지는 않았다. 한 가지 이유는 융의 개념이 이해하기 어렵다는 데 있다. 프로이트나 아들러의 글은 문체가 명료화며, 쉽게 읽히고 이해된다. 융은 일반 대중을 위해 글을 쓰지 않았고, 융의 책은 많은 불일치와 모순을 담고 있어서, 그의 책을 읽는 것은 좌절감을 안겨줄 수 있다.

융은 이렇게 말하기도 하였다, "내 생각이 나에게서 흘러나온다. 마치 간헐천과 같다. 후속 세대가 이것들을 정리해 주어야 할 것이다"(Jaffé, 1971, p. 8). 융파의 한 학자는 융의 주요 저서 중 하나는 아주 부분적으로만 이해할 수 있다고 말하기도 하였다. "한 생각과 다음 생각 간 연결이 명확하지 않고 … 많은 내적 모순이 있다"(Noll, 1994, p. 109). 이러한 비판은 융의 많은 글에 해당된다. 융의 글은 이해가 어렵고, 내용적 일관성이나 체계도 부족하다.

융이 오컬트 및 초자연적인 데에 관심을 기울인 것도 그의 이론에 대한 비판의 근원일 것이다. 신화와 종교로부터 나온 증거는 이성과 과학이 지식에 대한 가장 합당한 접근법으로 여겨지는 현시대에 적절하지 않다. 비평가들에 따르면 융은 자신의 환자들이 보고한 신화적이며 신비로운 사건들을 과학적 증거로 채택하였다.

이러한 문제점에도 불구하고 융의 연구에 대한 관심은 1980년대 후반에 시작되어 오늘날까지 이어지고 있다. 융 분석을 다루는 공식 훈련이 뉴욕, 시카고, 보스턴, 샌프란시스코, 로스앤젤레스 등 미국 및 캐나다 주요 도시에서 이루어지고 있다. 남미, 유럽, 이스라엘에도 융 분석 훈련센터가 있다. 1947년에 설립된 분석심리학회에서는 융파『분석심리학회지(Journal of Analytical Psychology)』를 발간한다.

융의 불행했던 아동기와 꿈, 환상은 그의 성격 이론에 영향을 미쳤다. 융은 리비도에 대한 프로이트의 정의를 확장하였고, 이를 더 일반적인 역동적 힘으로 재정의하였다. 융은 과거뿐 아니라 미래 역시 성격이 형성되는 데 영향을 준다고 주장하였고, 프로이트보다 무의식에 더 큰 비중을 두었다.

융은 리비도라는 용어를 확산적이고 일반적인 생활 에너지, 그리고 보다 협소한 개념으로 정신에 연료를 공급하는 정신 에너지라는 두 가지 의미로 사용하였다. 생각이나 감정에 투입되는 에너지의 양을 가치라고 한다. 정신 에너지는 대립 원리, 등가 원리, 균형 원리로 작동한다. 대립 원리는 모든 정신 측면에는 서로 반대되는 양극이 존재하며, 이 대립이 정신 에너지를 창조한다는 개념이다. 등가 원리는 에너지는 절대 손실되지 않으며 한 부분에서 다른 부분으로 옮겨진다는 개념이다. 균형 원리는 성격 내 균형을 지향하는 경향성이 있다는 개념이다.

자아는 의식의 중심이며, 지각, 사고, 정서, 기억과 관련이 있다. 우리 의식의 일부는 내향성과 외향성 태도에 의해 결정되며, 이는 리비도가 내부 세계와 외부 세계 중 어느 쪽을 지향하는지를 말한다.

심리적 기능은 사고, 감정, 감각, 직관을 포함한다. 사고와 감정은 합리적 기능이며, 감각과 직관은 비합리적 기능이다. 오직 하나의 태도 및 기능만이 우세하다. 여덟 가지 심리 유형이 태도와 기능의 조합으로 형성된다.

개인 무의식은 한때 의식에 있었지만, 잊히거나 억압된 자료들의 저장소이다. 의식적일 수도, 무의식적일 수도 있는 콤플렉스는 공통 주제를 중심으로 하는 정서, 기억, 지각, 바람의 패턴이다. 집단 무의식은 각 개인에게 전달된 인류 경험의 저장소이다. 원형은 이러한 경험을 표현하는 반복적 체제이다. 가장 강력한 원형은 페르소나, 아니마, 아니무스, 그림자, 자기 원형이다.

정신의 탄생은 그 내용이 명확해지는 사춘기에 일어난다. 청소년기부터 초기 성인기까지는 여러 준비 활동이 이루어진다. 중년기에 성공을 이루었을 때 성격 변화가 나타나는데, 이때 정신 에너지는 무의식의 내면세계와 연결되어야 하며, 태도는 외향에서 내향으로 바뀌어야 한다.

개성화(자신의 역량 실현)는 중년기가 되어서야 일어나며, 이 시기 사람들은 자신의 무의식과 직면하고, 인생의 전반부를 이끌었던 기존의 가치와 행동을 포기해야 한다. 초월은 성격의 통합을 의미한다.

프로이트에 비해 융은 인간 본성에 대해 더 낙관적이고, 덜 결정론적 시각을 보였다. 융은 성격 일부는 타고나고, 일부는 학습된다고 주장했으며, 삶의 궁극적인 목표는 개성화라고 생각했다. 아동기 경험도 중요하나, 성격은 중년기 경험과 미래에 대한 희망에 더 많은 영향을 받는다. 성격은 인생의 전반기에는 고유하고 독특하나, 후반기에는 그렇지 않다.

융의 성격 평가 기법은 고대문화의 상징, 신화, 의례에 대한 탐구를 근간으로 한다. 이는 콤플렉스를 밝혀내기 위한 단어연상 검사, 자신의 증상에 대한 자유로운 연상을 통한 증상 분석, 꿈 분석 등이 있다. MBTI는 융의 접근법에서 파생된 평가 도구로, 매우 인기 있는 채용 도구이며, 융 이론에 관한 연구에도 활용된다.

융의 사례 연구 방법인 생애사 재구성은 객관적 관찰에 의존하지 않고, 체계적이거나 통제를 거치지 않으며, 반복 검정 및 타당화가 이루어지지 않는다.

선행 연구는 융의 태도, 기능, 심리 유형 등에 대한 이론 일부를 지지하나, 그의 이론의 상당 부분은 과학적 검증과는 대비된다. 그의 연구는 여러 분야에 상당한 영향을 미쳤는데, 특히 단어연상 검사, 콤플렉스, 내향성과 외향성, 자기실현, 중년기 위기 등이 여기에 속한다.

복습 문제

1. 융의 아동기 경험이 그의 성격 이론에 미친 영향을 설명하라.

2. 대립 원리, 등가 원리, 균형 원리란 무엇인가? 이 원리들은 정신 에너지와 어떤 관련이 있는가?

3. 융의 분석심리학과 프로이트의 정신분석 간에 세 가지 주요 차이점을 설명하라.

4. 대립 원리는 태도와 기능에 어떻게 적용할 수 있는가?

5. 여덟 가지 심리 유형이 태도와 기능에서 어떻게 비롯되는지 설명하라.

6. 내향성은 외향성과 어떤 면에서 다른가?

7. 감각과 직관은 비합리적 기능으로, 사고와 감정은 합리적 기능으로 여겨지는 이유는 무엇인가?

8. 자아와 개인 무의식 간에는 어떤 관계가 있는가?

9. 개인 무의식과 집단 무의식의 차이는 무엇인가?

10. 콤플렉스란 무엇인가? 콤플렉스는 도움이 되는가? (당신은 콤플렉스가 있는가?)

11. 페르소나 원형과 자기 원형은 어떤 면에서 서로 다른가?

12. 융의 그림자 원형과 프로이트의 이드 간 유사점과 차이점을 설명하라.

13. 아니마 원형과 아니무스 원형은 무엇인가? 융에 따르면 이것들은 억압되어야 하는가, 표현되어야 하는가? 그 이유는 무엇인가?

14. 전 생애, 특히 청소년기와 중년기 성격 발달에 대한 융의 견해를 설명하라.

15. 개성화란 무엇인가? 개성화를 위해 어떻게 우리의 원형이 바뀌어야 하는가?

16. 인간 본성에 대해 프로이트와 차별화되는 융의 입장은 무엇인가?

17. 단어연상 검사의 목적은 무엇인가? 꿈의 목적은 무엇인가?

18. 융의 상담 접근법을 설명하고, 그의 회기와 프로이트의 회기가 어떻게 다른지 설명하라.

19. 외향성과 내향성의 직업적 선호에 있어 MBTI를 활용한 연구적 결과를 논의하라.

20. 융 성격 이론이 심리학에 기여한 점과 이에 대한 비판점을 기술하라.

읽을거리

Bair, D. (2003). *Jung: A biography*. Boston: Little, Brown.

융에 대해 철저히 연구한 전기로, 융의 전 생애를 통해 그의 복잡한 성격을 평가하고 융의 성격이 그의 이론에 미친 영향을 보여 준다. 또한 융의 상속인이 상당한 양의 융의 서신을 여전히 검열하고 있음에 주목한다. 이는 의미 있는 연구가 아직 발표되지 않았음을 시사하기도 한다.

Bishop, P. (2014). *Carl Jung*. London: Reaktion books.

융에 대한 간결한 전기로, 융의 아동기부터 시작하여 프로이트와 함께 보낸 세월, 그리고 그 이후의 삶을 보여 준다. 융을 20세기의 가장 중요한 유럽 이론가들 중 한 명으로 묘사하고 있다.

Crellin, C. (2014). *Jung's theory of personality: A modern reappraisal*. New York: Routledge/Taylor & Francis Group.

성격을 이해하기 위한 융의 접근법이 타당한지 철저히 그리고 학술적으로 비판·분석한다.

Ellenberger, H. F. (1970). *The discovery of the unconscious: The history and evolution of dynamic psychiatry*. New York: Basic Books.

산업화 이전 시기부터 프로이트의 정신분석 및 그 파생 이론들에 이르기까지 무의식에 대한 연구를 추적한다.

Freud/Jung letters. (1974). Princeton, NJ: Princeton University Press.

1906~1913년 프로이트와 융 사이의 우정의 발전과 해체를 보여 주는 360여 통의 편지가 수록되어 있다.

Hannah, B. (1976). *Jung: His life and work*. New York: Putnam.

30년 이상 융의 친구였던 융 분석가의 전기 회고록이다.

Jung, C. G. (1961). *Memories, dreams, reflections*. New York: Vintage Books.

융이 81세에 저술한, 자신의 삶에 대한 회상이다.

Kerr, J. (1993). *A most dangerous method: The story of Jung, Freud, and Sabina Spielrein*. New York: Knopf.

자신의 분석가 융과 오랜 인연을 맺었던 한 여성 환자의 이야기이다.

Roazen, P. (1975). *Freud and his followers*. New York: Alfred A. Knopf.

프로이트의 삶과 그의 제자에 대해 생동감 있게 서술한 이야기로, 제자들 중 일부는 이후에 자신의 학파와 사상을 형성하기 위해 프로이트와 이별하였다.

Schultz, D. (1990). *Intimate friends, dangerous rivals: The turbulent relationship between Freud and Jung*. Los Angeles: Jeremy Tarcher.

프로이트와 융 사이의 개인적·직업적 관계, 그들의 아동기, 중년기 위기, 그리고 여성과의 관계에서 유사점과 차이점을 설명한다.

알프레드 아들러: 개인심리학

"인간 영혼의 목표는 정복, 완벽, 안전, 우월이다.
모든 아동은 자라면서 인생의 많은 장애물을 만나기 때문에
어떤 형태로든 의미를 찾고자 애쓰지 않으면 결코 성장하지 못한다."

— 알프레드 아들러

알프레드 아들러(Alfred Adler)는 본능, 생물학적 힘, 아동기 경험의 희생양으로 묘사되지 않는 인간 본성의 이미지를 만들어 냈다. 그는 자신의 접근법을 개인심리학(individual psychology)이라고 부르면서, 개인의 독특성에 초점을 맞추고 지그문트 프로이트가 주장한 생물학적 동기와 목표의 보편성을 거부하였다.

아들러의 관점에 따르면 우리 각자는 기본적으로 사회적 존재다. 성격은 생물학적 욕구를 충족시키려는 시도가 아니라, 우리의 독특한 사회적 환경 및 상호작용에 의해 형성된 것이다. 성격 형성에 있어 성을 가장 중요한 것으로 본 프로이트와 달리 아들러는 성의 역할을 최소한으로 보았다. 아들러에게는 무의식이 아닌 의식이 성격의 핵심이다. 우리는 볼 수 없고 통제할 수 없는 힘에 쫓기는 것이 아니라, 고유한 자아를 만들고 미래를 관리하는 데 적극적으로 관여한다.

아들러와 프로이트는 같은 시대에 같은 도시에서 자랐고, 같은 대학교에서 의학 교육을 받았다. 그들의 나이 차이는 불과 14세밖에 되지 않았지만, 그들은 엄청나게 다

개인심리학 아들러의 성격 이론.

른 이론을 내놓았다. 프로이트의 경우와 마찬가지로 아들러의 경우 역시 그의 아동기 특정 경험이 그가 인간 본성을 바라보는 방식에 영향을 미친 것으로 보인다.

아들러의 생애(1870~1937)

아동기와 청소년기

아들러의 초기 아동기는 질병, 죽음에 대한 인식, 형에 대한 강렬한 질투라는 특징을 보인다. 그는 구루병(뼈가 부드러워지는 증상이 특징인 비타민 D 결핍증)을 앓아 다른 아이들과 놀지 못했다. 3세 때는 남동생이 바로 옆 침대에서 사망했고, 4세 때는 자신이 폐렴으로 거의 죽을 뻔했다. 의사가 아버지에게 "아들을 잃으셨어요"라고 말하는 것을 듣고 그는 의사가 되기로 결심했다(Orgler, 1963, p. 16).

동생이 태어나기 전, 아들러는 어머니의 사랑을 독차지했으나, 2세 때 동생이 태어나면서 그는 갑자기 폐위된 신세로 전락했다. 전기 작가들은 아들러의 어머니가 아들러를 탐탁지 않아 했을 수도 있다고 보는데, 그럼에도 아버지는 아들러를 자녀 중 가장 총애했다. 프로이트는 아동기에 아버지보다는 어머니와 훨씬 가까웠는데, 그런 면에서 아들러는 프로이트와 상당히 달랐다. 성인이 된 아들러에게 프로이트의 오이디푸스 콤플렉스 개념은 유용하지 않았다.

아들러의 형은 활발하고 건강했으며 아들러가 참여할 수 없는 신체 활동과 스포츠를 즐겼고, 아들러는 그런 형을 항상 질투했다. "나는 구루병 때문에 붕대를 감고 벤치에 앉아 있었고, 건강한 형은 내 맞은편에 앉았던 것으로 기억한다. 그는 달리고, 뜀박질하고, 별 노력 없이 이리저리 움직일 수 있었지만, 나는 어떻게 움직이든 안간힘을 다해야 했다"(Bottome, 1939, pp. 30-31).

아들러는 형이나 이웃에 사는 아이들이 모두 자신보다 건강하고 운동도 잘한다고 생각하여 열등감을 느꼈다. 그래서 열등감을 극복하고 신체적 한계를 보완하기 위해 열심히 노력하기로 굳게 결심했다. 그는 작은 키, 어색한 자세, 볼품없는 외모, 병력에도 불구하고 억지로라도 게임과 스포츠에 참여했다.

그는 점차 자존감을 회복하고 사회적으로 수용되었다. 또한 다른 사람들과 어울리는 것을 즐기게 되어 평생 동안 이러한 사교성을 유지했다. 성격 이론에서 아들러는 또래 집단의 중요성을 강조했고, 형제 및 다른 집 아이들과의 아동기 관계가 프로이트가 생각한 것보다 훨씬 더 중요하다는 견해를 제안했다.

학교(프로이트가 다녔던 학교와 같은 학교)에서 아들러는 처음에는 불행하고 평범한 학생이었다. 아들러에게 적합한 일이 별로 없다고 생각한 교사는 아들러의 아버지에게 그를 제화공 견습생으로 훈련받게 하라고 조언했는데, 그 말에 아들러는 덜컥 겁을 먹었다. 그는 수학을 특히 못했지만 끈질기게 노력했고, 결국에는 순전히 노력을 통해 낙제생에서 반 1등 자리까지 올라갔다.

아들러의 아동기 이야기는 여러 면에서 비극처럼 읽히지만, 아동기의 나약함과 열등감을 극복하고 운명을 개척한다는 그의 이론에 대한 교과서적 사례이기도 하다. 열등감이라는 개념을 세상에 알린 이 이론가는 자신의 어린 시절 깊은 곳에서 우러나오는 이야기를 했던 것이다. "내 삶의 업적을 잘 아는 사람들은 나의 아동기 시절의 사건과 내가 표현한 견해 사이에 존재하는 일치성을 분명히 알아차릴 수 있을 것이다"(Bottome, 1939, p. 9).

성인기

아들러는 어린 시절부터 품고 있던 야망을 이루기 위해 빈 대학교에서 의학을 공부하였으나, 졸업할 때 성적은 매우 평범한 수준이었다. 그는 처음에 안과를 개업했으나 곧 일반 의학과로 전환했다. 그는 난치병에 관심이 많았는데, 죽음을 막기에는 자신이 무력하다고 느끼는 경우가 많아 몹시 괴로워했다. 특히 젊은 환자들을 볼 때 그 괴로움이 너무 컸다. 그래서 아들러는 일반 의학 대신 신경학과 정신의학을 전공하기로 결정했다.

프로이트와의 관계

아들러와 프로이트의 관계는 9년간 지속되었다. 그들의 관계는 1902년 프로이트가 아들러를 정신분석 논의 모임에 초대하면서 시작되었다. 모임은 프로이트의 집에서 열렸고, 아들러 외에도 세 사람이 초대받았다. 그들은 결코 친해지지 않았지만, 프로이트는 초반에 아들러를 높게 평가했으며 환자의 신뢰를 얻을 수 있는 의사라며 그의 기술을 칭찬했다.

아들러는 프로이트의 학생이나 제자가 아니었고 그에게 정신분석을 받지 않았다는 것을 기억해야 한다. 프로이트의 동료 중 한 명은 아들러가 무의식적인 마음을 조사하거나 정신을 분석하는 능력이 부족하다고 비난했다. 아들러는 보다 쉽게 접근할 수 있는 의식에 기반을 두고 성격 이론을 정립하였으며 무의식의 역할을 최소화했는데, 그것이 앞서 언급한 능력의 결핍 때문은 아니었을까 흥미롭게 추측해 볼 수 있는 대목이다.

아들러는 1910년까지 빈정신분석학회의 회장이자 해당 학회 학술지의 공동 편집자였지만 프로이트 이론에 대해 목소리를 높여 비평하는 사람이기도 했다. 그는 곧 정신분석과의 모든 관계를 끊고 성격에 대한 자신의 접근 방식을 개발했다.

프로이트는 아들러의 배신에 분노했다. 그는 아들러의 키를 비하했고(아들러는 프로이트보다 5인치 작음), 아들러가 혐오스럽고, 비정상적이며, 야망에 미친 듯 사로잡혀 있고, 독기와 비열함으로 가득하고, 편집증적이며, 질투가 심하고, 가학적이라고 비난했다. 또한 아들러의 이론을 가치 없는 것으로 평가 절하했다(Fiebert, 1997; Gay, 1988; Wittels, 1924).

아들러는 프로이트에 대해 비슷한 적대감을 보이며 그를 사기꾼이라고 부르고 정신분석을 오물이라고 비난하였다(Roazen, 1975). 아들러는 프로이트의 제자로 소개되거나 언급될 때마다 화를 냈다. 말년에 아들러는 프로이트가 정신분석에서 이탈한 아들러 같은 사람들에게 그랬던 것처럼 자신의 접근법에서 이탈한 사람들에 대해 분개했다. 아들러는 "권위에 도전받을 때 갑자기 격렬한 분노를 표출"하는 것으로 알려졌다(Hoffman, 1994, p. 148).

미국에서 유명인사 되기

1912년 아들러는 개인심리학회(Society for Individual Psychology)를 설립했다. 그는 제1차 세계대전 중(1914~1918년) 오스트리아 군대에서 복무했으며 이후 정부의 후원으로 빈에서 아동 상담 진료소를 설립했다. 아들러는 자신의 진료소에서 현대 집단치료 기법의 전신이 된 집단 훈련 및 집단 지도 절차를 도입했다. 그는 1926년에 처음으로 미국을 방문하여 여러 차례 강의를 했고, 여러 지역을 순회하며 특강을 해 매우 큰 호응을 얻었다.

1929년에는 뉴욕으로 이주하여 개인심리학을 계속 발전시키며 이를 사람들에게 전파했다. 한 전기 작가는 아들러의 "개인적 특성인 온화함, 낙관성, 따뜻함이 강렬하고 야심 찬 추진력과 결합하면서 … 그는 미국에서 심리학 전문가로서 빠르게 두각을 나타냈다"라고 언급했다(Hoffman, 1994, p. 160). 아들러는 저서와 강의를 통해 미국 전역에서 인정받아, 미국 최초의 대중적인 심리학자이자 당대의 유명인사가 되었다. 1937년, 아들러는 유럽에서 56차례 순회강연을 하면서 체력을 심하게 소모했고, 이 순회강연 중 심장마비가 와 스코틀랜드에서 사망했다.

열등감: 모든 인간의 노력의 원천

아들러는 열등감(inferiority feeling)이 모든 행동에 끊임없이 동기를 부여하는 힘이라고 믿었다. 그는 "인간이 된다는 것은 자신이 열등하다고 느끼는 것을 의미한다"라고 썼다(Adler, 1933/1939, p. 96). 이 상태는 우리 모두에게 공통적으로 나타나며, 약점이나 이상의 징후가 아니다.

아들러는 열등감이 모든 인간의 노력의 원천이라는 견해를 제안했다. 개인의 성장은 보상(compensation), 즉 실제 또는 상상의 열등감을 극복하려는 시도의 결과이다. 우리는 일생 동안 이러한

> **열등감** 모든 사람들의 정상적인 상태; 모든 인간의 노력의 원천.
> **보상** 열등감을 극복하고 더 높은 수준으로 발전하기 위해 노력하는 동기.

열등감을 극복하고자 하는 욕구와 점점 더 높은 수준의 발전을 추구하고자 하는 욕구에 의해 움직인다.

이 과정은 영아기에 시작된다. 영아는 작고 무력하며 성인에게 전적으로 의존한다. 아들러는 영아는 부모가 더 큰 권력과 힘을 가지고 있다는 것을 알고 있으며, 그 힘에 저항하거나 도전할 경우 자신이 느끼게 될 절망감을 인식한다고 믿었다. 결과적으로 영아는 주변의 더 크고 강한 사람들과 자신을 비교하면서 열등감을 경험하게 된다.

영아기의 모든 아동이 이러한 열등감을 경험하지만, 열등감이 유전적으로 결정되는 것은 아니다. 오히려 열등감은 모든 영아가 처하게 되는 동일한 환경, 즉 무력감과 성인에 대한 의존이라는 환경의 기능으로 생겨난다. 열등감을 피할 수는 없지만, 이는 우리가 노력하고 성장하도록 동기를 부여한다는 측면에서 특히 중요하다.

열등 콤플렉스

아동이 나이가 들어도 성장하지 않고 발달하지 않는다고 가정해 보자. 아동이 열등감을 보상할 수 없을 때 어떤 일이 발생할까? 열등감을 극복하지 못하면 열등감은 심화되어 열등 콤플렉스(inferiority complex)가 만들어진다. 열등 콤플렉스를 가진 사람들은 자신에 대해 좋지 않은 상을 가지며, 무력감을 느끼고, 삶의 요구에 잘 대처하지 못한다. 아들러는 자신에게 치료받으러 왔던 많은 성인들의 아동기에서 그러한 콤플렉스를 발견했다.

열등 콤플렉스의 원인

열등 콤플렉스는 아동기에 신체 열등(organic inferiority), 응석받이(spoiling), 방치(neglect)라는 세 가지 원인으로부터 발생할 수 있다.

열등 콤플렉스 정상적인 열등감을 보상할 수 없을 때 발생하는 상태.

신체 열등 아들러는 자신이 아동기에 구루병(신체 열등)을 보상했던 것처럼, 신체에 결함이 있는 부분

▶ 신체장애를 가진 많은 사람들은 자신의 약점을 보상하기 위해 노력한다.

PhotoStock10/Shutterstock.com

이나 기관이 있을 때 개인은 결함이나 약점을 보완하려는 노력을 하게 되고, 그 과정에서 개인의 성격이 형성된다고 주장했다. 아들러처럼 신체적으로 약한 아동은 약점에 집중하면서 우수한 운동 능력을 개발하기 위해 노력하게 될 수 있다.

역사 속에서 이러한 보상의 예를 쉽게 찾아볼 수 있다. 고대 그리스 정치가 데모스테네스(Demosthenes)는 말더듬을 극복하고 위대한 웅변가가 되었다. 미국의 26대 대통령 시어도어 루스벨트(Theodore Roosevelt)는 어렸을 때는 병약했지만, 성인이 되어 신체 건강의 모범이 되었다. 신체 열등을 극복하려는 노력은 놀라운 예술적, 운동적, 사회적 성취로 이어질 수 있으나, 이러한 노력이 실패하면 열등 콤플렉스가 초래될 수 있다.

아들러는 진료를 하면서 신체적 약점을 성공적으로 보상한 사람들의 사례를 보았다. 빈에 있는 그의 사무실 근처에는 놀이동산이 있었는데, 그 덕분에 아들러를 찾아온 환자들 중에는 서커스 공연자와 체조 선수도 많았다. 그들은 대부분 아동기 장애를 극복하기 위해 열심히 노력한 결과 비범한 신체 능력을 개발하게 되었다.

응석받이 아이를 응석받이로, 또는 애지중지하며 키우는 것도 열등 콤플렉스를 유발할 수 있다. 응석받이 아이들은 가정에서 관심의 중심이다. 그들의 욕구와 변덕은 거의 모든 경우 충족된다. 따라서 그들은 자연스레 어떤 상황에서든 자신이 가장 중요한 사람이며 다른 사람들은 항상 자신을 따라야 한다고 생각하게 된다.

학교에 가면서 처음으로 자신이 더 이상 관심의 중심이 아닌 듯한 경험을 하게 되는데, 준비되지 않은 채로 그러한 경험을 하게 된 아이들은 충격을 받는다. 응석받이로 자란 아이들은 사회적 감정이 거의 없고 다른 사람들에 대한 참을성도 없다. 그들은 원하는 것을 기다리는 법도, 어려움을 극복하거나 다른 사람의 필요에 적응하는 법도 배운 적이 없다. 만족을 방해하는 장애물에 직면했을 때 응석받이로 자란 아이들은 자신에게 스스로를 방해하는 개인적인 결핍이 있을 것이라고 믿게 된다. 그 결과 열등 콤플렉스가 생겨난다.

방치 방치되고, 환영받지 못하고, 거부당하는 아이들은 쉽게 열등 콤플렉스를 갖게 된다. 이러한 아이들은 충분한 사랑과 안정감을 느껴 본 적이 별로 없다. 유아기와 아동기에 그들의 부모가 무관심하거나 적대적이었기 때문이다. 그 결과 아동은 자신이 무가치하다는 느낌을 갖게 되고, 심지어 분노를 느끼기도 하며, 다른 사람들을 불신하게 된다. 실제로 오늘날 방치는 주요 아동 학대 행위로 간주된다(Hickman, 2009).

우월 콤플렉스

아들러에 따르면 콤플렉스의 근원이 무엇이든 간에 개인은 과잉 보상을 시도할 수 있고, 그 결과 우월 콤플렉스(superiority complex)가 발생할 수 있다. 이는 자신의 능력과 성취에 대해 과장된 의견을 갖는 것을 의미한다. 이런 사람들 중 내적으로 자기만족감과 우월감을 느끼는 사람들은 실제 성취로 자신의 우월성을 증명할 필요를 느끼지 않는다. 또는 그런 욕구로 인해 성공하고자 열심히 노력하는 사람들도 있다. 두 경우 모두 우월 콤플렉스를 가졌기 때문에 자랑, 허영, 자기중심성, 타인을 폄하하는 경향 등을 보인다.

우월 또는 완벽 추구

열등감이 동기와 노력의 원천이라면, 그 목적은 무엇인가? 우리는 단순히 열등감을 없애려는 동기로 살아가는가? 아들러는 우리가 더 많은 것을 위해 노력한다고 믿었다. 그러나 삶의 궁극적인 목표에 대한 그의 견해는 수년에 걸쳐 변화하였다.

아들러는 처음에 열등감을 일반적인 약점이나 여성성과 동일시했다. 이는 당시 사회에서 여성을 열등한 지위로 인식한 것을 반영한 결과이다. 아들러는 우리가 이 감정을 남성적인 항의로 보상하기 위해 노력한다고 말했다. 아들러에 따르면 보상의 목표는 권력에 대한 의지 또는 추동이며, 그 안에 내포된 공격성은 남성적 특성이다. 나중에 그는 열등감을 여성성과 동일시하는 생각을 거부하고, 우리가 우월 또는 완벽을 추구한다는, 보다 일반적인 관점을 발전시켰다.

아들러는 우월 추구(striving for superiority)라는 개념을 삶의 근본적인 사실로 설명했다(Adler, 1930). 우월은 우리가 추구하는 궁극적인 목표다. 그는 우월을 이 단어의 일반적인 의미로 설명하지 않았으며, 이를 우월 콤플렉스와 관련짓지도 않았다. 우월을 추구하는 것은 남보다 나아지려는 시도가 아니며, 오만이나 지배하려는 성향이나 능력과 성취에 대한 과장된 견해도 아니다.

아들러가 의미한 것은 완벽을 향한 추동이었다. '완벽(perfection)'이라는 단어는 '완성하다' 또

> **우월 콤플렉스** 정상적인 열등감을 과잉 보상할 때 발생하는 상태.
> **우월 추구** 우리 모두에게 동기를 부여하는 완벽 또는 만족을 향한 욕구.

는 '마치다'를 의미하는 라틴어 단어에서 파생되었다. 따라서 아들러는 우리가 자신을 완벽하게 하고, 완전하거나 온전하게 되려는 노력의 차원에서 우월을 추구한다고 주장했다.

이 선천적인 목표, 즉 온전함 또는 완전함을 향한 추동은 미래를 지향한다. 프로이트가 인간의 행동은 과거(본능과 아동기 경험)에 의해 결정된다고 주장한 반면, 아들러는 미래에 대한 기대와 열망의 관점에서 인간의 동기를 보았다. 그는 본능과 원초적 충동이 현상을 설명하는 원리로 충분하지 않으며, 우월이나 완벽이라는 궁극적이고 최종적인 목표만이 성격과 행동을 설명할 수 있다고 주장했다.

가상적 목적론

아들러는 우리에게 궁극적인 목표, 존재의 최종 상태, 그리고 그것을 향해 나아가고자 하는 욕구가 있다는 생각에 '목적론(finalism)'이라는 용어를 사용했다. 그러나 우리가 추구하는 목표는 현실이 아니라 가능성이다. 즉 우리 안에 주관적으로 존재하는 이상을 추구하는 것이다. 아들러는 우리의 목표는 가상적 혹은 허구적 이상으로, 현실에서 검증될 수 없는 것이라고 생각했다. 우리는 모든 사람이 평등하게 태어난다거나 모든 사람이 기본적으로 선하다는 신념과 같은 이상을 가지고 살아간다. 아들러의 인생 목표는 4세 때 폐렴 때문에 마주했던 죽음을 정복하는 것이었다. 궁극적으로 달성할 수 없기에 가상일 수밖에 없는 그 목표를 이루기 위해 그가 택한 방법은 의사가 되는 것이었다 (Hoffman, 1994).

이러한 신념은 우리가 다른 사람을 이해하고 그들과 상호작용하는 방식에 영향을 미친다. 예를 들어 특정 방식의 행동이 천국 같은 사후 세계에서 보상을 가져올 것이라고 믿으면 그 믿음에 따라 행동하려고 할 것이다. 사후 세계가 존재한다는 믿음은 객관적인 현실에 근거한 것이 아니라 그 견해를 가진 사람에게 현실이 되는 것이다.

아들러는 이 개념을 가상적 목적론(fictional finalism)으로 개념화했다. 즉 우리가 완전한 상태 혹

가상적 목적론 우리의 행동을 이끄는 상상의 목표 또는 잠재적인 목표가 있다는 개념.

은 온전한 상태를 위해 노력하는 것에서 알 수 있듯이, 가상적 생각이 우리의 행동을 이끈다는 개념이다. 우리는 많은 가상에 따라 삶의 방향을 정하는데, 가장 보편적인 가상적 허구는 완벽이라는 이상이다. 아들러에 따르면 지금까지 인간이 개발한 이러한 이상을 가장 잘 표현한 것이 신(God)의 개념이다. 그는 이 개념을 설명하기 위해 '주관적 최종 목표(subjective final goal)' 또는 '자기이상 인도(guiding self-ideal)'라는 용어를 선호했지만, '가상적 목적론'이라는 용어가 널리 알려지게 되었다(Watts & Holden, 1994).

아들러가 우월 추구에 대해 추가로 지적한 사항이 두 가지 있다. 첫째, 우월 추구는 긴장을 감소시키기보다는 증가시킨다. 프로이트와 달리 아들러는 우리의 유일한 동기가 긴장을 줄이는 것이라고 생각하지 않았다. 완벽을 추구하려면 엄청난 에너지와 노력이 필요하며, 평형 상태나 긴장이 없는 상태와는 완전히 다른 상태가 요구된다.

둘째, 우월 추구는 개인의 삶과 사회 전체에 나타난다. 우리 대부분은 사회적 존재다. 우리는 개인으로서뿐만 아니라 집단의 구성원으로서도 우월이나 완벽을 추구한다. 우리는 우리 문화를 완벽하게 만들고자 노력한다.

아들러의 관점에서 개인과 사회는 상호 연관되어 있고 상호 의존적이다. 사람들은 모두의 이익을 위해 다른 사람들과 건설적으로 상호작용해야 한다. 따라서 아들러가 보기에 인간은 완벽이라는 가상적이고 이상적인 목표를 위해 끊임없이 노력한다. 우리는 일상생활에서 이 목표를 달성하기 위해 어떻게 노력하는가? 아들러는 생활 양식이라는 개념을 통해 이 질문에 답했다.

생활 양식

아들러에 따르면 우리 모두의 궁극적인 목표는 우월 혹은 완벽이나, 그 목표를 달성하는 데 있어 노력하는 방식은 사람마다 다르다. 우리는 고유한 양식의 성격적 특징, 행동, 습관을 개발하는데, 아들러는 이를 성격 특성 또는 생활 양식(style of life)이라고 불렀다.

생활 양식이 어떻게 발달하는지 이해하려면 열등감 및 보상의 개념을 다시 살펴보아야 한다. 유아는 무력감과 의존성으로 인해 열등감에 시달리면서 이를 보상하려는 동기를 갖게 된다. 이렇게 보상을 시도하면서 그들은 일련의 행동을 습득한다. 예를 들어 병든 아동은 달리기를 하거나 역기를 들면서 신체 능력을 향상시키고자 할 수 있다. 이러한 행동은 열등감을 보상하기 위해 고안된 행동 양식으로, 생활 양식의 일부가 된다.

우리의 모든 행동은 각자의 독특한 생활 양식에 의해 형성되고 결정된다. 생활 양식은 특정 환경적 측면에 더 관심을 가질지 혹은 무시할지를 결정하고, 그에 대한 우리의 태도를 결정한다. 생활 양식은 사회적 상호작용을 통해 학습되며, 4~5세가 되면 매우 확고해져서 그 이후에는 거의 변하지 않는다.

따라서 생활 양식은 이후의 모든 행동을 위한 지침이 된다. 그 특성은 사회적 상호작용, 특히 가족 내 출생 순위와 부모와 자녀 간 관계의 성격에 따라 달라진다. 열등 콤플렉스로 이어질 수 있는 조건 중 하나가 방치라는 사실을 기억하기 바란다. 방치된 아동은 삶의 요구에 대처하며 열등감을 느낄 수 있고, 그 결과 사람들을 불신하고 타인에 대해 적대감을 갖게 될 수 있다. 결과적으로 그들의 생활 양식은 복수를 추구하고, 다른 사람의 성공에 분개하며, 마땅히 받아야 한다고 생각하는 것은 무엇이든 취하는 방식으로 나타날 수 있다.

자기창조력

아들러의 생활 양식 개념을 보면, 그의 이론이 프로이트의 이론보다 덜 결정론적이라고 했던 이전의 논의가 틀렸다고 느껴질 수 있다. 아들러는 우리가 운명에 희생당하지 않고 운명을 통제한다고 말했다. 그런데 이제 우리는 생활 양식이 초기 사회적 관계에 의해 결정되며 이후에는 거의 변하지 않는다는 것을 알게 되었다.

이것은 성인의 성격 형성에 있어 초기 아동기를 강조한 프로이트의 견해만큼이나 결정론적으로 보인다. 하지만 아들러의 이론은 일견 보이는 것만

생활 양식 우리 각자가 완벽을 추구하게 하는 독특한 성격 구조 또는 개인적인 행동과 특성의 양식; 기본적인 생활 양식은 지배형, 의존형, 회피형, 사회적 공헌형으로 구성되어 있음.

큼 결정론적이지 않다. 그는 자기창조력(creative power of the self)이라는 개념을 제안하여 딜레마로 보이는 문제를 해결했다.

아들러는 우리가 우리의 '자기', '성격', '성품(character)'을 창조한다고 믿었다. 이 용어들은 모두 아들러가 생활 양식과 상호 교환적으로 사용하는 용어들이다. 우리는 아동기 경험에 의해 수동적으로 만들어지는 존재가 아니다. 아동기 경험 자체보다는 이에 대한 우리의 의식적 태도가 더 중요하다. 아들러에 따르면 유전과 환경 모두 성격 발달을 완전히 설명하지 못한다. 그보다는 우리가 유전이나 환경의 영향을 인식하고 해석하는 방식이 삶에 대한 우리의 태도를 창조적으로 구성하는 기초가 된다.

아들러는 개인의 자유의지가 존재한다고 믿었고, 이 자유의지 덕분에 각자가 유전적 성향과 사회적 환경에 기인한 능력과 경험을 바탕으로 적절한 생활 양식을 창조할 수 있다고 생각했다. 아들러는 세부 사항을 명확히 설명하지는 않았지만, 우리의 생활 양식이 결정되어 있지는 않다고 주장했다. 우리에게는 스스로 생활 양식을 선택하고 만들 자유가 있다. 다만 일단 창조된 생활 양식은 평생 동안 일정하게 유지된다.

네 가지 기본 생활 양식

아들러는 몇 가지 보편적인 문제를 설명하고, 이를 다른 사람에 대한 우리의 행동 관련 문제, 직업 문제, 사랑 문제라는 세 가지 범주로 분류했다. 나아가 그는 이러한 문제들을 다루는 방식에 있어 지배형, 의존형, 회피형, 사회적 공헌형이라는 네 가지 기본 생활 양식을 제안했다.

지배형(dominant type)은 타인을 거의 의식하지 않고, 지배적이거나 고압적인 태도를 보인다. 이들은 남을 배려하지 않고 행동한다. 이 유형의 극단에 있는 사람들은 다른 사람들을 공격하고, 가학 성애자나 범죄자 또는 소시오패스가 된다. 덜 극단적인 경우에는 알코올이나 마약에 중독되거나 자살 문제를 보인다. 이들은 자신을 공격함으로써 다른 사람들에게 상처를 준다고 믿는다. 의존형(getting type; 아들러에 따르면 가장 일반적인 인간 유형)은 다른 사람들이 자신을 만족

자기창조력 적절한 생활 양식을 창조하는 능력.

시켜 주기를 바라며, 따라서 그들에게 의존하게 된다. 회피형(avoiding type)은 삶의 문제에 직면하려 하지 않는다. 어려움을 피함으로써 실패의 가능성을 회피하는 것이다.

이 세 가지 유형은 일상생활의 문제에 대처할 준비가 되어 있지 않다. 그들은 다른 사람들과 협력하지 못하고, 자신의 생활 양식과 현실 세계의 충돌로 인해 비정상적인 행동을 보이는데, 이것이 신경증과 정신병으로 나타난다. 그들에게는 아들러가 사회적 관심이라고 부른 것이 부족하다.

반면 사회적 공헌형(socially useful type)은 다른 사람들과 협력하고 이들의 필요에 맞추어 행동한다. 이러한 사람들은 잘 발달한 사회적 관심을 바탕으로 문제에 대처한다.

사회적 관심

아들러는 다른 사람들과 잘 어울리는 것이 우리가 인생에서 마주하는 첫 번째 과제라고 믿었다. 사람들과 잘 지내는 개인의 능력은 그 사람의 생활 양식의 일부가 되며, 나아가 우리가 삶의 모든 문제에 얼마나 잘 대처할지 혹은 얼마나 잘못 대처할지에 영향을 미친다. 그는 이것을 사회적 관심(social interest)이라는 개념으로 설명했는데, 이는 개인적·사회적 목표를 달성하기 위해 다른 사람들과 협력할 수 있는 개인의 타고난 잠재력을 의미한다. 아들러가 이 개념을 설명하려고 사용했던 독일어 용어 'Gemeinschaftsgefühl'은 '공동체 감정'으로 번역하는 것이 가장 적절하다(Stepansky, 1983, p. xiii). 하지만 영어권에서는 '사회적 관심'이라는 용어로 번역되어 사용되고 있다.

아들러에 따르면 인간이 생물학적 힘보다 사회적 힘에 더 강하게 영향을 받긴 하나, 사회적 관심에 대한 잠재력은 선천적인 것이다. 이 부분에 초점을 제한해서 보면 아들러의 접근법은 생물학적 요소를 담고 있다. 하지만 사회적 관심에 대한 선천적 잠재력이 발달되는 정도는 우리의 초기 사회적 경

사회적 관심 개인적·사회적 목표를 달성하기 위해 다른 사람들과 협력할 수 있는 개인의 타고난 잠재력.

험에 달려 있다.

　누구도 다른 사람들이나 그들에 대한 의무를 완전히 회피할 수는 없다. 고대부터 사람들은 가족, 부족, 국가 단위로 모여 살았다. 공동체는 보호와 생존을 위해 인간에게 필수적이다. 따라서 사람은 언제나 다른 사람들과 협력하기 위해 사회적 관심을 표현해야 했다. 개인은 개인 및 공동체의 목표를 실현하기 위해 사회와 협력하고 사회에 기여해야 한다. 아들러는 사람들이 건강하게 잘 기능하며 살기 위해 소속감에 대한 근본적인 욕구를 갖게 된다고 믿었다(Ferguson, 2010).

사회적 관심 개발에서 어머니의 역할

아들러는 아기가 가장 먼저 접촉하는 사람인 어머니의 중요성을 강조했다. 어머니는 아이를 대하는 행동을 통해 아이의 사회적 관심을 길러 줄 수도 있고 이를 방해할 수도 있다. 아들러는 아동의 사회적 관심은 물론, 다른 모든 성격 측면을 개발하는 데 있어 어머니의 역할이 핵심적이라고 생각했다. 그는 다음과 같이 썼다.

　　[어머니와 아이 사이의] 이러한 연결은 매우 친밀하고 광범위하게 영향을 미쳐, 나중에는 어떤 특성이 유전의 영향을 받은 것인지 특정할 수 없게 된다. 유전될 수 있는 모든 경향성은 어머니에 의해 재조정되고, 훈련되고, 교육되고, 만들어진다. 어머니의 기술 또는 기술의 부족은 모든 아동의 잠재력에 영향을 미치게 된다(Grey, 1998, p. 71).

　어머니는 아동에게 협동, 동료애, 용기를 가르쳐야 한다. 아동이 다른 사람들과 연대감을 느껴야 비로소 삶의 요구에 대처하기 위해 용기 있게 행동할 수 있다. 남을 의심과 적개심으로 바라보는 아동(그리고 성인)은 앞으로도 그러한 태도로 인생을 살아갈 것이다. 사회적 관심이 없는 사람들은 신경증 환자가 되거나 심지어 범죄자가 될 수도 있다. 아들러는 전쟁부터 인종적 증오, 공공장소 주취(酒醉) 행위에 이르기까지 수많은 폐해가 사회적 관심 부족에서 비롯한다고 믿었다.

아들러의 삶이 사회적 관심 연구에 미친 영향

활동 초창기에 아들러는 사람들이 권력과 지배에 대한 욕구에 의해 움직인다고 주장했다. 그는 이러한 생각을 프로이트 학파 내에서 자신의 관점을 확립하기 위해 고군분투하던 시기에 제안했다. 프로이트와 결별하고 자신의 업적이 인정받게 된 후 그는 입장을 수정하여 사람들이 권력과 지배에 대한 욕구보다 사회적 관심에 의해 더 강하게 동기 부여된다고 말했다.

아들러가 프로이트 집단의 일원이었을 때, 그는 변덕스럽고, 야심만만하며, 자신의 생각을 내세우려고 다투는 것처럼 보였다. 그러나 말년에 그는 온건해졌고 그의 이론도 함께 변했다. 동기를 부여하는 힘으로 권력과 지배를 강조하던 기존의 견해를 수정하여 사회적 또는 공동체적 관심이라는 보다 온건한 힘을 강조하게 된 것이다. 이는 아들러의 이론에 그의 삶의 경험이 반영된 또 다른 예로 볼 수 있다.

출생 순위

아들러의 가장 영향력 있는 공헌 중 하나는 출생 순위가 아동기의 주요 사회적 영향 중 하나이며, 이를 기반으로 우리가 생활 양식을 창조한다는 관점이다. 형제는 같은 부모를 두고 같은 집에 살고 있지만, 동일한 사회적 환경을 가진 것은 아니다. 개인은 자신의 형제보다 나이가 많거나 적으며, 각자를 다르게 대하는 부모의 태도에 노출되기도 한다. 그 결과 서로 다른 아동기 조건이 생겨나며, 이로 인해 다양한 성격이 형성된다.

아들러는 사람들의 행동을 보고 그 사람의 출생 순위를 정확하게 맞추면서 강연에 온 청중과 저녁 식사 손님을 놀라게 하는 것을 즐겼다. 그는 첫째 아이, 둘째 아이, 막내 아이, 그리고 외동아이라는 네 가지 상황에 대해 기술한 바 있다. 가족 내에서 자신의 출생 순위를 떠올리면서 이를 아들러의 견해와 비교해 보기 바란다.

첫째 아이

첫째 아이는 한동안 독특하고 남부럽잖은 상황에 있다. 부모는 보통 첫 아이의 탄생을 매우 기뻐하며 이 아이에게 많은 시간과 관심을 할애한다. 첫째 아이는 일반적으로 부모의 즉각적이고 온전한 관심을 받는다. 그 결과 첫째 아이는 둘째 아이가 나타날 때까지 매우 행복하고 안정된 생활을 한다.

폐위 더 이상 관심의 중심이 되지 못하고 지속적인 사랑과 보살핌을 받지 못하게 되는 상황이 갑자기 도래하면서 첫째 아이는 폐위되는 것과 같은 상황에 처한다. 첫째 아이는 통치 기간에 받던 애정과 관심을 이제 갓 태어난 아기와 나누어야 한다. 첫째 아이는 종종 동생의 필요가 충족될 때까지 기다리며 분노를 삼켜야 하고, 동생에게 방해되지 않게 조용히 있으라는 훈계도 들어야 한다.

첫째 아이가 싸우지도 않은 채 이런 급격한 변화를 수용하리라고 기대할 수는 없을 것이다. 이들은 이전의 권력과 특권을 되찾기 위해 노력할 것이다. 그러나 가문의 패권을 되찾기 위한 첫째 아이의 싸움은 처음부터 패배로 이어진다. 첫째 아이가 아무리 애를 써도 상황은 결코 예전 같지 않다.

한동안 첫째 아이는 고집을 부리고, 버릇없이 굴고, 제멋대로 행동하고, 식사나 잠자리에 들지 않으려 할 수 있다. 이들은 화를 내며 공격하지만, 부모 역시 반격할 것이고, 부모의 무기는 훨씬 더 강력할 것이다. 첫째 아이는 자신의 문제 행동에 대한 벌을 자신의 지위가 추락했다는 사실을 더욱 뒷받침하는 증거로 여기게 되고, 결국 문제의 원인인 둘째 아이를 미워하게 될 것이다.

아들러는 모든 첫째 아이가 가족 내 지위 변화에 충격을 받지만, 지나치게 응석받이로 컸던 첫째 아이는 더 큰 상실감을 느낀다고 보았다. 또한 상실감의 크기는 경쟁자가 등장한 시점의 첫째 아이의 나이의 영향을 받는다. 일반적으로 첫째 아이의 나이가 많을 때 둘째 아이가 태어나면 첫째 아이가 느끼는 상실감이 덜하다. 예를 들어 8세 아동은 2세 아동보다 동생의 출생에 대해 덜 속상해할 것이다.

첫째 아이의 특성

아들러는 첫째 아이가 종종 과거를 지향하고, 향수에 잠기며, 미래에 대해 비관적인 태도를 보인다는 것을 발견했다. 첫째 아이는 권력의 맛을 한 번 본 이후 평생 동안 권력에 관심을 갖는다. 이들은 동생에게 권력을 행사할 수 있지만, 동시에 부모에게 더 많은 기대를 받기 때문에 부모의 권력에 더 많이 종속된다.

그러나 첫째 아이에게도 혜택은 있다. 자녀가 자라면서 부모는 첫째 아이가 동생을 돌보는 데 도움을 주기 바라고, 이 과정에서 첫째 아이는 종종 학교 선생님, 가정 교사, 지도자, 훈육자의 역할을 수행한다. 이러한 경험 덕분에 첫째 아이는 동생보다 지적으로 더 성장할 수 있다. 한 심리학자는 이렇게 말했다.

▶ 가족 내 개인의 출생 순위는 아동기 형제 각자에게 다른 조건을 제공함으로써 성격에 영향을 미칠 수 있다.

둘째 아이는 단어의 의미, 어떤 일이 어떻게 그리고 왜 그렇게 작동하는지, 사탕이 어디에 있는지 또는 부모가 늦게 들어올 때 어디에 있는지 등 셀 수 없이 많은 사안에 대해 첫째 아이에게 질문하며, 당장의 설명을 요구한다. 이처럼 첫째 아이는 둘째 아이의 가정 교사 역할을 수행하며 지적으로 성장한다. 이런 예행연습, 즉 설명을 분명히 하거나 단어의 의미를 제공하는 역할 덕분에 첫째 아이는 둘째 아이보다 더 빨리 언어를 유창하게 구사하게 된다(Zajonc, 2001, p. 491).

아들러는 첫째 아이가 질서와 권위를 유지하는 데 특별한 관심을 기울인다고 생각했다. 이들은 훌륭하게 일을 조직화하고, 세세한 부분까지 세심하게 관심을 기울이며, 권위적이고 보수적인 태도를 보인다. 지그문트 프로이트가 첫째 아이였는데, 아들러는 그를 전형적인 첫째 아이라고 기술했다. 첫째 아이는 자라면서 다른 사람에 대해 불안감과 적대감을 느끼게 될 수 있다. 아들러는 신경증 환자, 변태 성욕자, 범죄자 중에 첫째 아이가 많다고 보았다.

둘째 아이

첫째 아이의 삶에 큰 격변을 일으킨 둘째 아이 역시 독특한 상황 속에 있다. 그들은 첫째 아이가 한때 차지했던 강력한 지위를 결코 경험하지 못한다. 동생이 태어나도 둘째 아이는 첫째 아이가 경험한 폐위되는 기분을 느끼지 않는다.

또한 이때쯤 부모는 자녀 양육 태도와 습관을 바꾸는 편이다. 두 번째로 태어난 아기는 첫 번째 아기만큼 신기하게 느껴지지 않는다. 부모는 자신의 행동에 대해 덜 걱정하고 덜 불안해하며, 좀 더 편안한 태도로 둘째 아이에게 접근한다.

둘째 아이는 태어날 때부터 첫째 아이라는 선두주자를 마주한다. 둘째 아이는 항상 첫째 아이의 행동을 본보기로, 위협으로, 때로는 경쟁의 원천으로 삼게 된다. 아들러는 둘째 아이로 태어나 그의 형(이름은 지그문트)과 평생 경쟁 관계를 가졌다. 아들러가 분석가로 유명해졌을 때조차 그는 자신이 여전히 형에게 가려져 있다고 느꼈다.

알프레드 [아들러]는 자신이 항상 그의 "모범생 형"에게 가려져 있다고 생각했고, 가족 내에서 자신이 원하는 지위를 차지하지 못한다고 느끼며 속상해했다. … 그는 심지어 중년에 이르러서도 부유한 사업가인 형에 대해 언급하는 것이 지겨워 다음과 같이 말했다. "항상 날 앞서 있던 근면한 사람이 여전히 내 앞에 있다"(Hoffman, 1994, p. 11).

둘째 아이의 특성

첫째 아이와의 경쟁 덕분에 둘째 아이는 첫째 아이를 따라잡고 능가하고자 하는 마음으로 언어와 운동 능력을 발달시키려고 애쓰게 될 수 있다. 그러나 권력을 경험하지 않은 둘째 아이는 이에 대해 걱정하지 않는다. 아들러가 그랬던 것처럼 그들은 미래에 대해 더 낙관적이며 경쟁적이고 야심이 있는 편이다.

첫째 아이와 둘째 아이 사이의 관계에서 좋지 않은 결과도 발생할 수 있다. 예를 들어 첫째 아이가 운동이나 학문에 뛰어나면, 둘째 아이는 첫째 아이를 능가할 수 없다고 생각하여 시도조차 하지 않을 수 있다. 이 경우 경쟁심은 둘째 아이의 생활 양식이 되지 않으며, 이들은 삶의 여러 측면에서 자신의 능력에 미치지 못하는 성과를 낼 수 있다.

막내 아이

막내 아이는 다른 자녀에 의해 폐위되는 충격을 경험하지 않으며, 특히 손위 형제들과 나이 차이가 클 경우 가족 내에서 반려동물 취급을 받기도 한다. 막내 아이는 손위 형제들을 능가하려는 욕구에 힘입어 종종 놀라울 정도로 빠른 속도로 발달하며, 그 결과 성인이 되어 수행하는 일마다 높은 성취를 보이곤 한다.

그러나 막내 아이를 지나치게 애지중지하여, 막내 아이가 스스로 뭔가 배울 필요가 없다고 믿게 되면 정반대의 현상이 발생할 수 있다. 이 경우 나이가 들어도 아동기의 무기력과 의존성이 유지될 수 있다. 스스로 노력하지 않고 보살핌을 받는 데 익숙해진 이들은 성인기에 적응하는 것을 힘들어 한다.

외동아이

외동아이는 가족 내에서 자신이 갖게 된 최고의 지위와 권력을 결코 잃지 않는다. 이들은 집안에서 관심을 독차지한다. 형제가 있는 아동보다 어른들과 더 많은 시간을 보내다보니 외동아이는 일찍 철이 들어 성인 같은 행동과 태도를 보이는 경우가 많다.

외동아이는 학교 등 집 밖의 생활 영역에서 자신이 관심의 중심이 아니라는 사실을 알게 되면서 어려움을 겪을 수 있다. 외동아이는 나누거나 경쟁하는 법을 배우지 못했다. 이들의 능력이 충분한 인정과 관심을 받을 정도가 아닐 경우, 이들은 자신에게 크게 실망할 가능성이 높다.

아들러는 출생 순위에 대한 자신의 생각이 아동기 발달의 확고한 규칙이라 주장하지는 않았다. 아동이 오직 출생 순위에 의해 특정 성격을 자동적으로 획득하는 것은 아니다. 아들러가 주장한 것은 출생 순위와 초기 사회적 상호작용의 결합으로 특정 생활 양식이 발전할 가능성이 있다는 것이다. 생활 양식을 구성하는 창조적 자기(creative self)는 두 가지를 모두 활용한다.

인간 본성에 대한 질문

인간 본성에 대해 희망적이고 고무적인 이미지를 제공하는 아들러의 이론은 프로이트의 음산하고 비관적인 관점과 대조를 이룬다. 우리가 통제할 수 없는 본능적 힘과 아동기 경험에 지배된다고 생각할 때보다는 개인적 발달과 운명을 의식적으로 만들어 갈 수 있다고 생각할 때, 확실히 우리의 자존감이 고무된다.

인간 본성에 대한 아들러의 이미지는 인간이 무의식적인 힘에 의해 움직이지는 않는다는 낙관적인 신념을 보여 준다. 우리는 자유의지를 통해 우리에게 영향을 미치는 사회적 힘을 형성하고, 이를 창조적으로 사용하여 독특한 생활 양식을 구축해 갈 수 있다. 이러한 독특성은 아들러가 보여 주는 고무적인 청사진의 또 다른 측면이다. 이와 대조적으로 프로이트 이론은 인간 본성이 우울한 보편성과 동일성을 보인다고 설명한다.

아들러는 인간 본성의 일부 측면, 예를 들어 사회적 관심 및 완벽 추구와 같은 부분은 선천적이라고 보지만, 이러한 유전적 경향이 실현되는 방식을 결정하는 것은 경험이라고 강조한다. 아동기의 영향, 특히 출생 순위와 부모-자녀 간 상호작용은 중요하나, 우리는 아동기 경험의 희생양이 아니다. 그보다 우리는 아동기 경험을 통해 우리의 생활 양식을 창조한다.

아들러는 모든 사람이 완벽을 추구한다고 보았으며, 이와 비슷한 관점에서 인간성을 이해하였다. 그는 개인의 창조력을 믿었고 사회 발전에 대해 낙관적이었다.

아들러 이론에서의 평가

프로이트와 마찬가지로 아들러는 환자를 분석하면서, 즉 치료 회기 동안 환자가 보인 언어와 행동을 평가하면서 자신의 이론을 발전시켰다. 아들러의 접근 방식은 프로이트의 방식에 비해 더 편안하고 격식에 얽매이지 않았다. 프로이트는 환자들이 진료실 소파에 누워 있는 동안 그 뒤에 앉아 있었지만, 아들러와 그의 환자들은 편안한 의자에 앉아 서로를 마주보았다. 상담 회기는 프로이트가 보여 준 격식 있는 모양새보다는 친구 사이의 대화처럼 이루어졌다.

아들러는 치료 시 유머를 즐겨 사용했으며 때로는 환자를 밝고 친근한 방식으로 놀리기도 했다. 그는 다양한 신경증에 적합한 농담을 많이 알고 있었고, 농담을 통해 때때로 환자가 "자신의 병이 얼마나 어리석은지 깨닫게 된다"고 믿었다. 청소년 환자가 아들러에게 자위를 해서 죄책감을 느낀다고 말하자 아들러는 이렇게 대답했다. "그러니까 자위를 하고 죄책감을 느꼈단 말이지? 그건 너무하군. 자위하거나 죄책감을 느끼거나 둘 중 하나만 해도 충분할 것

같아. 둘 다 하는 건 조금 지나치군”(Hoffman, 1994, pp. 209, 273).

아들러는 환자가 걷고 앉는 방식, 악수하는 방식, 앉을 의자를 선택하는 방식 등 환자에 대한 모든 것을 관찰하면서 환자의 성격을 평가했다. 그는 우리가 신체를 사용하는 방식이 우리의 생활 양식을 어느 정도 보여 준다고 주장했으며, 심지어 잠자는 자세도 생활 양식을 반영할 수 있다고 보았다.

아들러에 따르면 예를 들어 계속 뒤척이며 자는 사람과 침대에 등을 대고 똑바로 자는 사람은 실제보다 더 중요해 보이기를 원하는 사람들이다. 엎드려 자는 사람은 완고하고 부정적인 성격을 가졌다. 태아처럼 웅크린 자세는 다른 사람들과의 상호작용을 두려워한다는 것을 보여 준다. 팔을 벌리고 자는 것은 양육받고 지지받고 싶은 욕구를 나타낸다.

아들러가 정신적 삶을 살펴보기 위한 출발점이라고 불렀던 주요 평가 방법은 출생 순위, 초기 회상, 꿈 분석이다. 심리학자들은 아들러의 사회적 관심이라는 개념을 기반으로 심리 평가 도구를 개발하기도 하였다. 아들러에게 성격 평가의 목적은 환자의 생활 양식을 발견하고 그것이 그 사람에게 가장 적절한 것인지를 확인하는 데 있었다.

초기 회상

아들러에 따르면 우리의 성격은 생후 4~5년 사이에 만들어진다. 이 기간의 기억, 즉 우리의 초기 회상(early recollection)은 성인이 되어서도 특징적으로 나타나는 우리의 생활 양식을 보여 준다. 아들러는 내담자의 초기 회상이 실제 사건인지 환상인지는 그리 중요하지 않다는 것을 알게 되었다.

두 경우 모두 개인의 삶의 일차적 관심은 기억나는 사건에 집중되어 있으므로, 아들러의 관점에서 초기 회상은 “생활 양식을 가장 잘 보여 주는 단일 지표”다(Manaster & Mays, 2004, p. 114). 또한 아들러는 많은 초기 회상 안에 실제 물리적 대상에 대한 언급이 포함된다는 것을 발견했다(Clark, 2009).

아들러는 모든 초기 기억이 해당 환자의 생활 양식이라는 맥락에서 해석되어야 한다고 믿었지만, 여러 환자들의 초기 기억 사이에서 공통점을

초기 회상 실제 사건이나 환상에 대한 우리의 초기 기억이 우리 삶의 주된 관심사를 드러낸다고 가정하는 성격 평가 기법.

발견하기도 하였다. 아들러는 위험이나 처벌과 관련한 기억이 적대적 성향을 나타낸다고 제언하였다. 형제의 출생과 관련된 기억은 폐위를 당한 기분이 지속된 것을 보여 주었다. 부모 중 한 명이 주로 등장하는 기억은 그 부모에 대한 선호를 나타냈다. 부적절한 행동에 대한 기억은 그 행동을 반복하려는 시도에 대한 경고였다.

아들러는 다음과 같이 생각했다.

사람들은 초기 아동기부터 (a) 세상에서 자신에 대한 현재 관점을 확인하고 지지하는 심상만을 기억하고 (b) 의미와 안정성을 추구하는 자신의 노력을 뒷받침하는 기억만을 간직한다. [자신의] 선택적 기억과 생활 양식은 '기억된' 것을 강조한다. 반면 초기 기억에 대한 프로이트의 해석은 억압의 기제를 통해 잊힌 것을 강조한다(Kopp & Eckstein, 2004, p. 165).

아들러의 이상한 초기 기억

아들러가 성인이 되어서 회상한 초기 기억은 그가 5세에 막 학교를 가기 시작했을 때의 일이다. 그는 학교로 가는 길에 공동묘지를 지나가야 했기 때문에 매일 몹시 두려워했던 것을 기억했다(Adler, 1924/1963). 학교에 갈 때마다 겁이 났지만 다른 아이들은 묘지를 의식하지 않는 것 같아 혼란스러웠다.

자신만이 유일하게 묘지를 두려워하는 것 같아 열등감이 고조되었다. 어느 날 그는 자신의 공포에 종지부를 찍기로 결심하여 공포심을 이겨냈다는 마음이 들 때까지 묘지를 수십 번씩 뛰어다녔다. 그때부터 그는 두려움 없이 학교에 갈 수 있었다.

30년 뒤 아들러는 예전 학교 친구를 만나 그 오래된 묘지가 아직 거기에 있는지 물었다. 친구는 놀란 표정을 지으며 아들러에게 학교 근처에는 묘지가 없었다고 말했다. 아들러는 충격을 받았다. 그의 기억은 너무나 생생했던 것이다. 그는 다른 동창들을 찾아가 확인차 질문했다.

그들 모두 묘지는 없었다고 대답했다. 아들러는 마침내 사건에 대해 자신이 잘못 기억하고 있음을 인정했다. 그럼에도 그 기억은 자신의 생활 양식을 특징짓는 공포와 열등감, 그리고 그것을 극복하려는 그의 노력을 상징했다. 그 초기 회상은 그의 성격에 대한 중요하고 영향력 있는 측면을 드러내었다.

꿈 분석

아들러는 성격을 이해하는 데 있어 꿈의 가치에 대해서는 프로이트에게 동의했지만 꿈을 해석하는 방식에는 동의하지 않았다. 아들러는 꿈이 소망을 이루거나 숨겨진 갈등을 드러낸다고 생각하지 않았다. 오히려 꿈은 현재 문제에 대한 우리의 느낌과 그것에 대해 우리가 어떻게 하고 싶은지, 즉 그 의도를 내포한다.

아들러 자신의 꿈 중 하나가 이 점을 보여 준다. 미국을 처음 방문하기 전에 아들러는 사람들이 자신과 그의 성격 이론을 어떻게 받아들일지 걱정하고 불안해했다. 그는 배를 타고 대서양을 건너기 전날 밤에 자신이 타고 있던 배가 전복되어 침몰하는 꿈을 꾸었다.

> 아들러의 모든 물건이 배 위에 있었고 거센 파도가 밀려와 그것들을 파괴했다. 바다에 빠진 아들러는 목숨을 걸고 헤엄쳐야 했다. 그는 홀로 힘겹게 거친 물살을 헤치며 몸부림쳤다. 그는 결국 의지와 결단력을 발휘하여 마침내 안전한 땅에 도착했다(Hoffman, 1994, p. 151).

이 꿈은 아들러가 미국에서 마주하게 될 일에 대한 공포와 안전하게 도착하고 싶은 마음, 즉 자신과 개인심리학 이론의 성공을 달성하려는 그의 의도를 보여 주었다.

꿈(밤에 꾸는 꿈과 백일몽 모두)에 나오는 환상에서 우리는 가장 어려운 장애물을 극복하거나 가장 복잡한 문제를 단순화할 수 있다고 믿는다. 따라서 꿈은 과거와의 갈등이 아니라 현재와 미래를 지향한다.

아들러는 꿈을 당사자와 그가 처한 상황에 대한 지식 없이 해석해서는 안 된다고 믿었다. 꿈은 개인의 생활 양식의 표현이므로 개인에게 고유하다고 본 것이다. 그럼에도 아들러는 일부 꿈에 대한 일반적인 해석을 발견하기도 했다.

많은 사람들이 넘어지거나 날아가는 꿈을 보고했다. 프로이트는 그러한 꿈을 성적인 의미가 있는 것으로 해석했다.

아들러에 따르면 넘어지는 꿈은 자존감이나 명성을 잃을 것에 대한 공포 등 좌천이나 상실과 관련된 정서적 상태를 보여 준다. 날아가는 꿈은 위를 추구하는 느낌, 다른 사람보다 높거나 더 나은 사람이 되고자 하는 야심 찬 생활 양식을 나타낸다.

날아가는 것과 떨어지는 것이 결합된 꿈은 야망이 너무 커 실패를 두려워하는 것과 연관되어 있다. 쫓기는 꿈은 다른 사람과의 관계에서 나약함을 의미한다. 벌거벗은 꿈은 자신이 드러나는 것에 대한 공포를 나타낸다. 그 밖의 아들러의 꿈 해석은 표 4.1에 나와 있다.

표 4.1 꿈 사건과 내포된 의미

꿈 사건	아들러의 해석
몸이 마비됨	해결 불가능한 문제에 직면함
학교 시험	상황에 대한 준비가 되어 있지 않음
잘못된 의복 착용	결점 때문에 방해를 받음
성적 주제	성관계에서 철수함 또는 성에 대한 부적절한 정보
격노	화를 내거나 적대적인 생활 양식
죽음	죽은 사람에 대한 미해결된 문제

출처: Grey, 1998, p. 93.

사회적 관심 측정

아들러는 성격을 평가하는 데 심리검사를 사용하는 것을 선호하지 않았다. 그는 검사가 모호한 결과를 제공하는 인위적인 상황을 만든다고 주장했다. 아들러는 검사를 사용하는 대신 심리치료사가 직관을 개발해야 한다고 보았다. 그러나 그는 기억력검사와 지능검사의 사용은 지지했다. 그가 반대한 것은 성격검사의 사용이었다.

심리학자들은 사회적 관심과 생활 양식에 대한 아들러의 개념을 측정하기 위한 검사를 개발했다. 사회적 관심 척도(Social Interest Scale, SIS)는 형용사 쌍으로 구성된다(Crandall, 1981). 피험자는 각 쌍에서 자신이 갖고 싶은 속성을 가장 잘 설명하는 단어를 선택한다. '남을 기꺼이 도와주는(helpful)', '동정심 있는(sympathetic)', '사려 깊은(considerate)'과 같은 단어는 사회적 관심의 정도를 나타내는 것으로 여겨진다.

사회적 관심 지수(Social Interest Index, SII)는 진술문이 자신이나 자신의 개인적 특성과 일치하는 정도를 피험자가 판단하도록 하는 자기보고식 검사이다(Greever, Tseng, & Friedland, 1973). '나는 친구를 기꺼이 돕는다(I don't mind helping out friends)'와 같은 항목은 아들러의 이론을 반영하여 다른 사람을 수용하고 다른 사람과 협력하는 능력을 나타내기 위해 선택되었다.

SII 점수가 높은 사람들, 즉 높은 사회적 관심을 나타내는 사람들은 친근감, 공감, 타인과의 협력, 관용, 독립성이 높은 경향이 있다. 또한 이들은 불안, 적개심, 우울 및 신경증적 경향성이 상대적으로 낮은 것으로 나타났다(Leak 2006a, 2006b).

대인 관계의 성공을 위한 기본 아들러식 척도(Basic Adlerian Scales for Interpersonal Success, BASIS-A)는 65개 항목으로 구성된 자기보고식 검사로, 생활 양식과 사회적 관심을 평가하기 위해 고안되었다. 여기에서 측정하는 다섯 가지 성격 차원은 사회적 관심, 타인에게 맞춰 주기, 주도권 잡기, 인정 추구하기, 불안정성이다(Peluso, Peluso, Buckner, Curlette, & Kern, 2004).

아들러 이론에 대한 연구

아들러의 주요 연구 방법은 사례 연구였다. 불행히도 아들러의 자료는 거의 남아 있지 않다. 그는 한 환자가 작성한 글의 일부와 어떤 의사가 작성한 글의 일부 외에는 사례 기록을 출판하지 않았다. 아들러는 해당 사례 기록에 수록된 환자들을 알지 못했지만 그들이 쓴 글을 검토하여 환자의 성격을 분석했다.

앞서 살펴본 프로이트와 융의 연구 방법에 대한 비판이 아들러의 자료와 연구 방법에도 동일하게 적용된다. 그의 관찰은 반복되거나 재현될 수 없으며, 통제되고 체계적인 방식으로 수행되지 않았다. 아들러는 환자 보고서의 정확성을 확인하거나 자료 분석에 사용한 절차를 설명하려고 하지 않았으며, 실험연구에 관심이 없었다. 한 제자는 다음과 같이 썼다. "아들러는 자신의 심리학이 과학이 되기를 원했지만, 그의 이론은 과학적 방법으로 쉽게 검증되는 심리학은 아니었다"(Manaster, 2006, p. 6).

아들러의 명제 대부분은 과학적 검증이 불가능했지만, 몇 가지 주제는 연구되기도 하였다. 꿈, 열등감, 초기 회상, 아동기 응석받이와 방치, 사회적 관심 및 출생 순위가 여기에 해당한다.

꿈 꿈이 우리의 현재 문제를 해결하는 데 도움을 준다는 아들러의 신념은 다음과 같이 연구되었다. 퍼즐을 푸는 데 실패하여 자존감이 위협받는 상황에 피험자를 노출시켜 보았다. 그런 다음 그들이 잠을 자도록 했다. 일부는 꿈을 꾸게 하고 비급속안구운동(non-rapid-eye-movement, NREM) 수면 중에만 깨어나게 했다. 다른 일부는 급속안구운동(rapid-eye-movement, REM) 수면 중에 깨워서 꿈을 꿀 수 없게 했다.

꿈을 꾼 사람들은 꿈을 꾸지 않은 사람들보다 나중에 미완성 퍼즐을 훨씬 더 많이 회상했다. 연구자들은 꿈을 꾸는 것이 피험자들이 현재의 위협적인 상황, 즉 퍼즐을 풀지 못하는 상황에 효과적으로 대처할 수 있게 해 준다고 결론지었다(Grieser, Greenberg, & Harrison, 1972).

다른 연구에서는 두 집단에게 꿈을 보고하도록 했다(Breger, Hunter, & Lane, 1971). 한 집단은 스트레스가 야기되는 심리상담 회기를 기다리는 대학생으로, 다른 집단은 큰 수술을 앞둔 환자로 구성했다. 두 집단 모두 자신이 의식하고 있는 걱정, 공포, 희망에 초점이 맞춰진 꿈을 회상했다. 이들은 당시 직면하고 있던 문제에 대해 꿈을 꾸었던 것이다.

열등감 연구에 따르면 열등감 점수가 낮은 성인은 열등감 점수가 높은 성인보다 목표 달성을 위해 더 성공적이며, 자신감이 있고, 끈기 있게 노력하는 경향을 보이는 것으로 나타났다. 미국 대학생을 대상으로 한 연구 결과, 열등감이 보통 수준인 학생들은 열등감이 낮거나 높은 학생들보다 평균 학점이 더 높았다(Strano & Petrocelli, 2005).

중국의 10대와 젊은 성인을 대상으로 한 연구에서 연령대에 따라 삶에서 열등감을 느끼는 측면이 다양한 것으로 나타났다. 10대 초반의 청소년들은 낮은 성적에 대해 열등감을 느꼈지만, 10대 후반의 청소년들은 신체적 매력에 대한 열등감을 더 많이 경험하는 것으로 나타났다. 대학생들은 사회적 기술 부족에 대한 열등감을 보고했다(Kosaka, 2008).

초기 회상 불안 신경증으로 진단받은 사람들의 초기 기억은 공포와 관련이 있고, 우울한 사람들의 초기 기억은 유기 경험에 초점이 맞춰진 것으로 나타났다. 심리적 이유로 신체적 문제를 보고하는 사람들의 초기 기억은 질병과 연관되어 있었다(Jackson & Sechrest, 1962). 알코올 중독자의 초기 기억에는 위협적인 사건뿐만 아니라 자신의 결정이 아닌 외부 환경에 의해 통제되는 상황도 포함되어 있었다. 비알코올 중독자 통제 집단의 초기 기억에는 이러한 주제 중 어느 것도 나타나지 않았다(Hafner, Fakouri, & Labrentz, 1982).

미국 경찰을 대상으로 한 연구에 따르면 외상성 초기 기억이 있는 사람들은 그런 종류의 초기 기억이 없는 사람들보다 PTSD 증상을 더 뚜렷하게 경험하는 것으로 나타났다(Patterson, 2014). 성인 범죄자의 초기 회상에서는 다른 사람들과의 불쾌하거나 공격적인 상호작용이 주제로 나타났다. 이들의 기억은 통제 집단의 초기 회상보다 더 불쾌한 사건을 담고 있었다(Hankoff, 1987). 비행 청소년의 초기 기억은 규칙을 어기고, 사회적 관계를 형성하는 데 어려움을 겪으며, 스스로 삶의 문제를 잘 대처하지 못하는 것과 관련이 있었다. 또한 이들은 자신의 부모는 신뢰할 수 없고, 자신에게 도움을 주기보다는 상처를 줄 가능성이 더 높다고 생각했다. 이러한 주제는 통제 집단의 초기 기억에는 나타나지 않았다(Davidow & Bruhn, 1990).

자신과 타인에게 위험이 되는 것으로 판단되는 정신과 환자의 회상은 위험하지 않은 정신과 환자의 회상보다 더 공격적인 초기 기억을 담고 있었다. 위험한 환자의 회상에서 그들은 자신을 취약하고 무력하다고 느끼고, 다른 사

▶ 아동기의 초기 기억은 우리의 생활 양식이 어떠한지 이해하는 데 도움을 준다.

람들을 적대적이고 폭력적이라고 인식하는 것으로 나타났다(Tobey & Bruhn, 1992).

초기 회상의 본질

초기 회상에 대한 객관적인 채점 체계를 사용한 연구에 따르면 이러한 기억은 묘지에 대한 아들러의 기억과 마찬가지로 실제로 발생한 사건보다는 주관적으로 재창조된 기억인 경향이 있다(Statton & Wilborn, 1991).

한 연구에서 연구 참가자들에게 다른 사람에게 일어났을 수 있는 초기 회상을 구성하게 했는데, 이들이 구성한 초기 회상의 주제는 자신의 초기 회상에서 드러난 주제와 유사했다(Buchanan, Kern, & Bell-Dumas, 1991). 이 연구는 초기 회상이 현재의 생활 양식을 보여 주기 때문에 치료적 도구로 사용될 수 있다고 했던 아들러의 주장을 지지한다(표 4.2는 초기 회상에서 나올 수 있는 주제를 요약한 것이다).

표 4.2 초기 회상과 생활 양식의 주제

회상	가능한 주제
첫 학교 기억	성취, 숙달, 독립에 대한 태도
첫 처벌 기억	권위자에 대한 태도
첫 형제 기억	형제 간 경쟁심의 증거
첫 가족 기억	사회적 상황에서의 기능
어머니에 대한 가장 선명한 기억	여성에 대한 태도
아버지에 대한 가장 선명한 기억	남성에 대한 태도
존경하는 사람에 대한 기억	역할 모델의 기초
가장 행복한 기억	가장 강력한 욕구를 가장 잘 충족시킬 방법에 대한 기초

출처: Bruhn, A. R. (1992). The early memories procedure. *Journal of Personality Assessment, 58*(1), 1-15.

미국과 이스라엘에서 성인을 대상으로 한 연구에서 초기 회상은 직업에 대한 선호를 예측하는 것으로 나타났다. 예를 들어 물리학자, 수학자, 심리학자의 초기 기억에는 호기심, 독립적 사고, 권위적 인물이 제공하는 정보에 대한 회의감과 같은 주제가 나타났다(Clark, 2005; Kasler & Nevo, 2005).

아동기 방치 아들러는 부모에게 방치당하거나 거부당한 아동은 무가치감을 발달시킨다고 주장했다. 우울증으로 입원한 성인을 대상으로 한 연구에서 환자들은 부모가 적대적이고, 무심하며, 거부적이었다고 평가했다(Crook, Raskin, & Eliot, 1981). 환자의 형제, 친척 및 친구와의 면담을 통해 부모가 실제로 적대적이고 무시하는 방식으로 행동했음을 확인할 수 있었다.

또 다른 연구에서 8세 아동의 부모를 대상으로 자녀 양육 행동과 자녀에 대한 만족도를 측정하는 설문을 진행하였다(Lefkowitz & Tesiny, 1984). 10년 뒤 이들의 자녀들에게 MMPI의 우울증 척도를 주고 응답하게 하였다. 연구 결과 아동기에 부모에게 방치된 경험이 있는 자녀들의 경우 우울증 척도 점수가 더 높게 나타났다. 이에 반해 무관심하고 애정이 없는 방식으로 행동하지 않았던 부모의 자녀들의 경우 우울증 척도에서 더 낮은 점수를 받았다.

보다 최근의 연구에 따르면 방치된 아동은 방치되지 않은 아동에 비해 수치심, 우울, PTSD 증상을 더 많이 경험하고 사회화 기술 역시 상대적으로 저하되어 있는 것으로 나타났다(Bennett, Sullivan, & Lewis, 2010; Lowell, Viezel, Davis, & Castillo, 2011; Milot, Plamondon, Ethier, Lemelin, St-Laurent, & Rousseau, 2013).

방치를 경험한 중국의 5~17세 아동 및 청소년은 방치 경험이 없는 아동 및 청소년에 비해 심한 불안을 경험할 가능성이 훨씬 더 높았다(Guan, Deng, & Luo, 2010). 또한 방치되었던 아동은 나중에 폭력적인 행동을 보이거나 과도하게 음주를 할 가능성이 더 높았다(Widom, Czaja, Wilson, Allwood, & Chauhan, 2013). 아동기에 방치를 경험한 아이들은 자라면서 큰 대가를 치르는 것으로 보인다.

아동기 응석받이 아들러는 아동기에 응석받이로 키우는 것이 타인에 대한 사회적 감정을 거의 또는 전혀 갖지 않는 응석받이 생활 양식을 양성하게 될 수 있다고 주장했다. 연구는 이 생각을 지지하며, 응석받이가 과장된 자존감과 타인 착취 성향뿐만 아니라, 타인에 대한 책임감이나 공감의 부족 등을 의미하는 과도한 자기애를 유발할 수 있다고 말한다. 연구에 따르면 응석받이를 네 가지 유형으로 나눌 수 있다.

- 과잉돌봄(overindulgence): 자녀의 필요와 욕구를 부모가 지속적으로 만족시킴. 아동이 압제적이고 조종적인 행동을 보이고, 아동의 특권 의식이 발달됨.
- 과잉허용(overpermissiveness): 특정 행동이 다른 사람들에게 미치는 영향을 고려하지 않고 아동이 원하는 대로 행동하도록 허용함. 사회적 규칙과 다른 사람들의 권리를 무시하는 경향이 발달됨.

- 과잉지배(overdomination): 부모가 배타적으로 의사결정을 해 줌. 성인이 되면서 자신감 부족과 다른 사람에게 의존하는 경향을 보임.
- 과잉보호(overprotection): 부모가 주변 환경의 잠재적 위험에 대해 과도하게 경고하며 주의를 줌. 범불안을 비롯하여 사회적 상황을 회피하거나 사회적 상황으로부터 숨으려는 경향이 발달됨.

대학생을 대상으로 한 연구에 따르면 과잉지배 유형의 어머니를 둔 학생들은 대학 시절에 심리치료를 받을 가능성이 더 높았다. 부모가 자신을 과잉배려하거나 과잉보호한다고 평가한 학생들은 자존감이 낮은 경향이 있었다. 과잉배려 또는 과잉지배 유형으로 볼 수 있는 부모를 둔 학생들은 자기애에서 높은 점수를 받았다(Capron, 2004).

사회적 관심 SIS를 사용한 연구에 따르면 사회적 관심이 높은 사람들은 사회적 관심이 낮은 사람들보다 스트레스, 우울, 불안 및 적대감을 더 낮게 보고했다. 사회적 관심 점수가 높은 사람들은 다른 사람과의 협력, 공감, 책임감, 인기도를 평가하는 검사에서 더 높은 점수를 받았다(Crandall, 1984; Watkins, 1994; Watkins & St. John, 1994). 대학생을 대상으로 한 연구에서 사회적 관심이 높은 사람들은 영성과 종교성에서 높은 점수를 받았다. 여기서 영성이란 반드시 종교적 민족중심주의나 근본주의가 아니라 긍정적이고 관용적이며 남을 도우려는 성격을 의미한다(Leak, 2006a).

미국과 중국의 연구에서 사회적 관심이 높은 사람들은 주관적 안녕감, 희망과 낙관성, 우호성, 정체성, 결단력, 삶의 목적의식 수준이 높은 것으로 나타났다(Barlow, Tobin , & Schmidt, 2009; Foley, Matheny, & Curlette, 2008; Leak & Leak, 2006).

9~12학년의 중고생을 대상으로 한 연구에 따르면 사회적 관심이 높은 청소년은 사회적 관심이 낮은 청소년보다 전반적인 삶의 만족도와 친구 및 가족에 대한 만족도에서 유의하게 더 높은 점수를 받았다(Gilman, 2001). 18~40세 사이의 남성 범죄자를 대상으로 실시한 다른 연구에서 사회적 관심이 높은 사람은 사회적 관심이 낮은 사람보다 출소 후 범죄를 저지를 가능성이 훨씬 낮았

다(Daugherty, Murphy, & Paugh, 2001). 비행 청소년은 비행이 확인되지 않은 청소년보다 사회적 관심에서 낮은 점수를 받았다(Newbauer & Stone, 2010).

SII를 사용한 연구들을 살펴보면 사회적 관심 점수가 높은 여성은 매슬로가 설명한 건강한 성격 특징인 자기실현에서 유의하게 높은 점수를 받았다(9장 참조). 또 다른 연구는 사회적 관심이 남성보다 여성에서 더 높으며 남녀 모두 나이가 들수록 사회적 관심이 증가한다는 것을 보여 주었다(Greever, Tseng, & Friedland, 1973).

미국에 거주하는 라틴계 남성과 여성을 대상으로 한 연구에 따르면 두 문화 모두에 잘 적응한 사람들은 라틴계 생활 방식과 미국 생활 방식 중 한 가지 생활 방식에만 적응한 사람들보다 사회적 관심 척도에서 더 높은 점수를 받았다(Miranda, Frevert, & Kern, 1998).

높은 사회적 관심은 건강에도 유익할 수 있다. 사회적 관심은 소속감, 협동심, 사회적 지지의 제공 및 수혜에 대한 지각과 함께 신체적, 정신적 안녕감과도 정적인 관련이 있는 것으로 나타났다. 예를 들어 사회적 관심에서 높은

핵심 내용

아들러 이론에 대한 연구

방치를 경험한 아이들은 다음과 같은 상태를 발달시키는 경향이 있다.

- 무가치감과 수치심
- 우울
- 불안

응석받이로 자란 아이들은 다음과 같은 성향이 있다.

- 낮은 자존감
- 과도한 자기애 성향
- 타인에 대한 공감 부족

사회적 관심에서 높은 점수를 받은 사람들은 다음과 같은 경향이 있다.

- 우울, 불안, 적개심에서 낮은 점수를 받음
- 다른 사람에 대한 공감의 감정을 개발함
- 행복하고 호의적임

점수를 받은 사람들은 면역 체계가 더 강하고, 감기에 덜 걸리며, 혈압이 낮고, 주관적 안녕감이 높은 편이다(Nikelly, 2005).

출생 순위 가족 내 출생 순위의 영향에 대한 많은 연구가 수행되어 왔다(Eckstein & Kaufman, 2012). 200개의 출생 순위 연구를 조사하면서 연구자들은 첫째 아이들이 더 큰 성공과 더 높은 성취를 이루며, 회계사, 변호사, 건축가, 외과 의사, 대학 교수 또는 우주비행사가 될 가능성이 높다고 결론지었다. 반면 동생으로 태어난 이들은 소방관, 고등학교 교사, 음악가, 사진사, 사회복지사 또는 대역 배우가 될 가능성이 더 높았다(Eckstein, et al., 2010).

출생 순위가 다양한 방식으로 성격에 영향을 미칠 수 있음이 분명하다. 자신의 출생 순위와 상관없이 단순히 손위 또는 손아래 형제가 있다는 것만으로도 성격에 영향을 받을 수 있다. 예를 들어 잉글랜드, 스코틀랜드, 웨일스에 사는 약 2만 명과 미국에 사는 약 3,500명을 대상으로 수행한 연구에 따르면 남성에게 형이 몇 명 있는지에 따라 그의 성적 취향을 예측할 수 있었다. 형이 있는 남아는 형이 없는 남아에 비해 남성에게 성적 매력을 느끼는 경우가 더 많았다. 형이 많을수록 동성에 대한 끌림도 커졌다. 하지만 언니를 가진 것이 여성의 성적 지향을 예측하지는 않는 것으로 나타났다(Bogaert, 2003).

출생 순위는 친구 선택에도 영향을 줄 수 있다. 첫째 아이는 다른 집 첫째 아이와, 둘째 아이는 다른 집 둘째 아이와 친해질 가능성이 더 크다. 외동아이는 다른 집 외동아이와 잘 지내는 경향이 있다. 이러한 선호는 우정뿐만 아니라 연인 관계에서도 나타난다(Hartshorne, 2010; Hartshorne, Salem-Hartshorne, & Hartshorne, 2009).

첫째 아이 핀란드의 한 연구에 따르면 첫째 아이의 행동과 특성은 부모가 첫째 아이를 낳은 지 5년 이내에 다른 아이를 가질지 여부를 결정하는 데 영향을 미칠 수 있다. 첫째 아이가 높은 지능을 보이고, 행동 문제가 거의 없으며, 새로운 상황에 잘 적응하면, 부모가 아이를 더 낳을 가능성이 커졌다(Jokela, 2010).

아들러에 따르면 첫째 아이는 권력과 권위에 관심이 있다. 성인이 되어 이들이 권력과 권위를 얻을 수 있는 방법 중 하나는 일에서 성과를 내는 것이다. 대학 진학률에서 고위 관리자에 이르기까지 많은 영역에서 첫째 아이는 전체 인구 대비 비율에 비해 더 많이 대표되곤 한다. 첫째 아이들은 동생으로 태어난 이들보다 더 유명해지며, 학업 환경에서 더 큰 지적 성취를 달성하고, 직업에서 더 큰 권력과 명성을 얻는 경향을 보인다(Breland, 1974; Schachter, 1963).

미국과 폴란드의 연구에서 첫째 아이들은 동생으로 태어난 이들보다 지능검사 점수가 높았고, 더 오랫동안 정규 교육을 받았으며, 더 좋은 직업을 가진 것으로 나타났다(Herrera, Zajonc, Wieczorkowska, & Cichomski, 2003). 스웨덴의 성인을 대상으로 한 연구에 따르면 관리 또는 집행 기능 검사에서 첫째 아이들이 동생으로 태어난 이들보다 더 높은 점수를 받았다(Holmgren, Molander, & Nilsson, 2006). 노르웨이에서 24만 명 이상의 육군 신병을 대상으로 한 연구에서는 첫째 아이들이 동생으로 태어난 이들보다 IQ검사에서 더 높은 점수를 받았다(Kristensen & Bjerkedal, 2007).

영국 연구에서 대가족의 첫째 아이는 다섯째 이하의 아이보다 PTSD를 겪을 가능성이 훨씬 적었다. 동생으로 태어난 이들은 스트레스 및 적응장애에 더 취약한 것으로 나타났다(Green & Griffiths, 2014). 이러한 연구 결과는 일반적으로 아들러의 견해를 지지한다.

증거에 따르면 첫째 아이들은 동생으로 태어난 이들보다 지능이 더 높을 수 있어 보이지만, 모든 연구자가 동일한 결과를 보고하는 것은 아니다(Rodgers, 2001). 한편, 유럽 남성 40만 명의 IQ 점수가 출생 순위와 관련하여 분석되었는데(Belmont & Marolla, 1973), 그 결과 첫째 아이가 둘째 아이보다 IQ 점수가 더 높았고 둘째 아이가 셋째 아이보다 더 높은 점수를 받았다.

이러한 결과는 여러 국가의 남성과 여성에게서 동일하게 나타났다(Zajonc, Markus, & Markus, 1979). 이는 유전적 차이라기보다는 첫째 아이가 성인에게 배타적으로 노출되었던 것과 관련되어 있다고 볼 수 있다. 결과적으로 첫째 아이는 동생들보다 더 지적으로 자극받는 환경을 가진 것일 수 있다.

첫째 아이들이 동생으로 태어난 이들보다 더 지적일 수 있지만, 그렇다고 항상 학교에서 더 좋은 성적을 받는 것은 아니다. 미국 고등학생을 대상으로 한 연구에서 첫째 아이들은 IQ 점수가 더 높았지만, 동생으로 태어난 이들은 더 열심히 공부하여 더 좋은 성적을 얻는 경향이 있는 것으로 확인되었다 (Frank, Turenshine, & Sullivan, 2010; Rettner, 2010).

첫째 아이는 다른 사람의 영향을 받기 쉽고 다른 사람에게 의존하는 경향이 있다. 그들은 스트레스가 많은 상황에서 불안해하고 사회적 관계에 대한 욕구가 더 높다(Schachter, 1963, 1964). 이러한 결과는 아들러의 이론에서 예측되는 바이다. 그는 첫째 아이가 동생에게 폐위될 때 불안을 느끼고, 부모의 기대에 부응하여 지위를 되찾으려 한다고 지적했다. 따라서 첫째 아이는 행동을 결정하고 자기개념의 기초를 형성하는 데 있어 다른 사람의 기준에 더 많이 의존한다(Newman, Higgins, & Vookles, 1992).

다른 연구에 따르면 첫째 아이는 우울검사와 불안검사에서 동생으로 태어난 이들보다 낮은 점수를 받았고, 자존감에서는 더 높은 점수를 받았다 (Gates, Lineberger, Crockett, & Hubbard, 1988). 또한 첫째 아이는 더 외향적이고 성실할 수 있다(Sulloway, 1995). 그러나 이후 네덜란드의 연구에서는 반대로 동생으로 태어난 이들이 더 지배적이고 주장성이 강하다는 점에서 더 외향적인 것으로 나타났다(Pollet, Dijkstra, Barelds, & Buunk, 2010).

첫째로 태어난 여아는 나중에 태어난 여아보다 더 순종적이고 사회적 책임감이 크며, 부모를 더 가깝게 느끼는 것으로 나타났다(Sutton-Smith & Rosenberg, 1970). 프랑스, 크로아티아, 캐나다, 영국의 연구에 따르면 첫째 아이는 아동기에 더 엄격한 통제를 받았고, 어머니가 보기에는 겁이 적다고 평가되었다. 이들은 아동기에 무서운 꿈을 많이 꿨다고 보고했으며, 대학에서 실시한 지배성검사에서 상대적으로 높은 점수를 받았다(Beck, Burnet, & Vosper, 2006; Begue & Roche, 2005; Kerestes, 2006; McCann, Stewin, & Short, 1990).

둘째 아이 둘째 아이에 대한 연구는 상대적으로 수행한 사례가 적다. 3년에 걸쳐 진행한 첫째 아이 및 둘째 아이에 대한 연구에 따르면 둘째 아이의 태도, 성격, 여가 활동이 부모보다 첫째 아이의 영향을 더 많이 받는 것으로 나타났다 (McHale, Updegraff, Helms-Erikson, & Crouter, 2001). 메이저리그 야구 선수를 대상으로 수행한 연구에서는 동생으로 태어난 이들의 경우 동생이 있는 이들에 비해 경기 중 도루라는 위험 감수 행동을 시도할 가능성이 10배 더 높은 것으로 나타났다. 또한 그들은 동생이 있는 선수들보다 더 높은 타율을 보였다(Sulloway & Zweigenhaft, 2010).

막내 아이 지나친 응석받이로 자란 막내 아이는 성인기에 적응 문제를 더 많이 겪을 것으로 예측되었다. 알코올 중독에 대한 가장 널리 알려진 사실 중 하나는 일부 사람들이 일상생활의 요구 사항에 대처하지 못한다는 것이다. 아들러의 이론에서는 동생이 있는 이들보다 막내 아이가 알코올 중독자가 될 가능성이 높다. 이 예측은 알코올 중독과 출생 순위를 다룬 많은 연구들에 의해 지지되었다. 대학 시절 폭음은 첫째 아이들보다 막내 아이들 사이에서 훨씬 더 빈번한 것으로 나타났다(Laird & Shelton, 2006). 다른 연구에서는 막내 아이가 첫째 아이보다 형제에 대한 학문적 경쟁심을 더 많이 느낄 수 있다고 말한다(Badger & Reddy, 2009).

외동아이 아들러에 따르면 외동으로 자란 아이는 성인이 되어서도 아동기와 마찬가지로 관심의 중심이 되는 것에 과도하게 신경을 쓴다. 또한 아들러는 외동아이가 더 이기적이라고 보았다. 연구는 이 개념을 일관되게 지지하지 않았다. 한 연구에서는 외동아이가 첫째 아이나 막내 아이보다 더 협조적인 것으로 나타났다(Falbo, 1978). 또 다른 연구에서는 외동아이가 형제와 함께 자란 아이들보다 더 자기중심적이고 인기가 덜한것으로 나타났다(Jiao, Ji, & Jing, 1986).

외동아이에 대한 115개 연구를 분석한 결과 외동아이는 더 높은 수준의 성취와 지능을 보였고, 이들이 사회적, 정서적 적응 수준은 형제가 있는 사람들과 비슷한 수준인 것으로 나타났다(Falbo & Polit, 1986). 이후의 연구는 이러한 결과를 지지했으며, 외동아이가 더 높은 수준의 주도성, 포부, 근면성, 자존감을 보인다고 보고했다(Mellor, 1990). 또한 외동아이는 성취에 대한 동기가 강한 것으로 나타났으며, 자신감과 조직화 기술에서 높은 점수를 얻었다(Siribaddana, 2013).

여러 연구를 분석한 결과 한 가족의 형제 수가 교육적 성공의 예측 인자임이 일관되게 나타났다. 이에 따르면 형제가 적은 사람들이 학교에서 높은 수행 수준을 보인다(Downey, 2001). 또한 외동아이는 더 많은 교육 기회와 부모의 지원을 받을 수 있으므로, 형제가 있는 아동보다 더 나은 성과를 낼 수 있다.

출생 순위 효과: 신념의 문제인가

출생 순위에 따른 차이를 보여 주는 일련의 연구를 확인하였다. 마지막으로 이와 관련한 또 다른 연구를 살펴보자. 출생 순위의 영향을 믿는 사람들은 출생 순위의 영향을 믿지 않는 사람들과 몇 가지 점에서 차이가 있는 것으로 나타났다. 한 연구에서 출생 순위의 효과를 믿는 사람들은 출생 순위에 따른 차이를 믿지 않는 사람들보다 새로운 경험에 대한 개방성이 유의미하게 낮았

핵심 내용 ▶

출생 순위에 대한 연구

첫째 아이는 다음과 같은 경향이 있다.

- 지적이고 근면함
- 대학 생활과 직업 생활이 성공적임
- 우울·불안 척도에서 점수가 낮음
- 자존감이 높음

둘째 아이는 다음과 같은 경향이 있다.

- 첫째 아이의 영향을 많이 받음
- 야구를 할 때 위험 감수 행동을 할 가능성이 더 높음

막내 아이는 다음과 같은 경향이 있다.

- 사회적 관심과 우호성이 높음
- 반항적일 수 있음

외동아이는 다음과 같은 경향이 있다.

- 높은 수준의 성취와 지능을 보임
- 근면하고 학교성적이 좋음
- 자존감이 높음

고 신경증적 경향성은 유의미하게 높은 것으로 나타났다(Gundersen, Brown, Bhathal, & Kennedy, 2011).

아들러 이론에 대한 고찰

공헌

심리학 내에서 아들러의 영향력은 상당하다. 이후에 나오는 장들에서 우리는 다른 성격 이론가들의 이론에도 아들러의 이론이 반영되어 있다는 것을 알게 될 것이다. 이러한 기여로 인해 아들러의 성격 이론은 가장 오래 영향을 미치는 이론 중 하나가 되었다. 시대에 앞서 성격의 인지적·사회적 요인을 강조했던 그의 이론은 그 시대의 심리학보다 오늘날 심리학 경향과 더 잘 어울린다(LaFountain, 2009). 에이브러햄 매슬로는 아들러가 죽은 지 30년이 되었을 쯤 다음과 같이 썼다. "알프레드 아들러는 해가 갈수록 더 정확해지고 있다. 사실이 밝혀질수록 그가 제시한 인간상은 더욱 강력한 지지를 얻는다"(Maslow, 1970a, p. 13).

아들러는 성격에서 사회적 힘을 강조했는데, 이는 다음 장에 나오는 카렌 호나이(Karen Horney)의 이론에도 반영되어 있다. 전체로서의 사람과 통합적 성격에 대한 아들러의 강조는 고든 올포트(Gordon Allport)의 이론에 반영되었다. 창조적 힘을 통해 생활 양식을 만들어 간다는 주장과 과거의 사건보다 미래의 목표가 더 중요하다는 주장은 에이브러햄 매슬로의 이론에 영향을 미쳤다. 사회학습 이론가인 줄리언 로터(Julian Rotter)는 "인간 본성에 대한 아들러의 통찰력에 계속 깊은 감명을 받게 된다"라고 기술했다(Rotter, 1982, pp. 1-2).

아들러의 이론은 프로이트의 정신분석에도 영향을 미쳤다. 아들러는 프로이트가 성과 함께 공격성을 주요 동기 요인으로 포함시키기 12년 이상 전에 공격적 추동 개념을 제안했다. 무의식보다 의식적이고 이성적인 과정을 더 강조하는 신프로이트 학파 자아심리학자들은 프로이트보다는 아들러의 주장을 따른다.

아들러는 프로이트의 여성관을 반박하면서 여성이 열등감을 느낀다는 주장에 대해 남근 선망과 같은 생물학적 근거는 없다고 말했다. 아들러는 그러한 개념이 남성이 우월감을 유지하려고 고안한 신화라고 주장했다. 그는 여성이 열등감을 느낄 수 있다는 것을 인정했지만, 이는 사회적 조건과 성 역할 고정 관념 때문이라고 믿었다. 그는 성평등 개념과 당시의 여성 해방 운동을 지지했다.

아들러의 개념 중 신체 열등감은 신체화장애(psychosomatic disorder) 연구에 영향을 주었다. 그 밖에도 아들러가 제안한 열등 콤플렉스, 보상, 출생 순위 등의 개념이 여전히 심리학 연구에 영향을 미치고 있다. 또한 아들러는 사회심리학과 집단치료의 선구자로 여겨진다(그림 4.1 참조).

그림 4.1 아들러의 책은 미국에서 상당한 인기를 얻으며 자기계발서라는 거대한 장르를 탄생시켰다.
출처: Hoffman, E. (1994). *The drive for self: Alfred Adler and the founding of individual psychology.* Reading, MA: Addison-Wesley.

비판

아들러의 이론은 영향력이 큰 만큼 비판도 많이 받는다. 프로이트는 아들러의 심리학이 지나치게 단순하며 무의식의 복잡성을 제거하고 어려운 개념을 사용하지 않았으며 성의 문제를 간과했기 때문에 많은 사람들의 흥미를 끈 것이라고 비평했다. 프로이트는 정신분석을 배우는 데 2년 이상이 걸리지만, "아들러의 사상과 기술은 2주 만에 쉽게 배울 수 있다"라고 말했다(Sterba, 1982, p.156).

아들러의 이론이 프로이트나 융의 이론보다 단순해 보이는 것은 사실이지만, 아들러가 일부러 그렇게 만든 것은 아니다. 그는 자신의 심리학을 단순화하는 데 40년이 걸렸다고 적었다. 지나친 단순화라는 비판을 들을 수밖에 없었던 이유는 그가 일반 대중을 염두에 두고 책을 썼고, 대중 강연을 편집한 것들도 있어서 그의 책이 실제로 읽기가 쉬웠기 때문이다.

아들러 이론에 대한 또 다른 비판은 아들러의 개념이 일상생활의 상식적인 관찰에 크게 의존하는 듯하다는 것이다. 『뉴욕 타임스』의 한 도서 평론가는 다음과 같이 말했다. "[아들러]는 세계에서 가장 저명한 심리학자 중 한 명이지만, 심리학적 글에서 사용하는 언어의 단순성과 소박함의 측면에서 그에 필적할 사람은 없다"(Hoffman, 1994, p. 276).

비평가들은 아들러의 사고가 비일관적이고 비체계적이며, 그의 이론에는 많은 논리적 비약과 해답 없는 질문들이 포함되어 있다고 주장한다. 열등감이 인생에서 직면하는 유일한 문제인가? 모든 사람이 기본적으로 완벽을 추구하는가? 우리가 어느 정도 열등감을 수용하면 더 이상 열등감을 보상하려고 하지 않을 수 있을까? 아들러 이론은 이러한 질문에 적절한 답을 주지 않는다. 하지만 우리가 보았듯이 대부분의 이론가들은 우리에게 답할 수 없는 질문들을 남긴다.

일부 심리학자들은 결정론 대 자유의지 쟁점에 대한 아들러의 입장에 이의를 제기한다. 경력 초기에 아들러는 결정론 개념에 반대하지 않았다. 당시 결정론은 과학 분야에서 대체로 수용되고 있었고, 이는 프로이트의 정신분석 이론에서 두드러지게 나타났다. 나중에 아들러는 자기에 더 많은 자율성을 부여할 필요성을 느꼈고, 그의 최종 이론은 결정론을 거부하게 되었다.

창조적 자기에 대한 그의 개념에 따르면 우리는 5세 이전에 유전과 환경이 제공하는 재료를 사용하여 생활 양식을 구축한다. 그러나 아동이 어떻게 그런 중대한 결정을 내릴 수 있는지는 분명하지 않다. 아들러는 자유의지를 선호했고, 인간이 타고난 힘과 아동기 사건의 희생양이라는 생각에 반대했다는 것은 잘 알려져 있다. 이러한 입장은 분명하지만, 생활 양식을 형성하는 구체적인 단계나 내용에 대한 설명은 충분하지 않다.

나중의 인정과 영향

아들러의 생각이 널리 수용되긴 했지만, 그의 대중적 인지도는 1937년 그의 사후 쇠퇴했으며, 그의 공헌에 대한 찬사나 인정도 적었다. 사람들은 적절한 인용 없이 그의 이론에서 많은 개념을 차용하였다. 이렇게 인정이 부족했던 실태에 대한 전형적인 예는 런던의『타임스』신문에 실린 지그문트 프로이트의 사망 기사에서 찾을 수 있다. 이 기사는 프로이트를 열등 콤플렉스라는 용어의 창시자로 지목했다. 카를 융이 사망했을 때『뉴욕 타임스』는 융이 해당 용어를 만들었다고 했다. 어느 신문도 그 개념의 창시자인 아들러를 언급하지 않았다. 하지만 아들러는 독특한 영예를 얻기도 하였다. 한 영국 작곡가는 현악 4중주에 그의 이름을 붙였다.

아들러의 추종자들은 개인심리학이 심리학자, 정신과 의사, 사회복지사 및 교육자 사이에서 여전히 인기가 있다고 주장한다. 북미아들러심리학회(North American Society of Adlerian Psychology)는『개인심리학: 아들러 이론, 연구 및 실습 학술지(Individual Psychology: The Journal of Adlerian Theory, Research and Practice)』를 분기별로 발행하고 있다. 그 밖에 독일, 이탈리아, 프랑스에서도 아들러와 관련하여 여러 학술지가 출판되고 있다. 아들러식 훈련 기관은 뉴욕과 시카고를 비롯한 기타 여러 도시에 설립되어 있다.

요약

아들러의 아동기는 열등감을 보상하기 위한 치열한 노력으로 특징지을 수 있다. 그의 개인심리학은 개인의 독특성, 의식, 생물학적 힘보다는 사회적인 힘에 초점을 맞춘다는 점에서 프로이트의 정신분석과 다르다. 아들러는 성의 역할도 최소한으로 보았다.

열등감은 인간의 모든 노력의 근원이며, 노력은 열등감을 보상하려는 시도에서 비롯된다. 열등감은 보편적이며 유아의 무력감과 성인에 대한 의존성에 의해 결정된다.

열등 콤플렉스(삶의 문제를 해결할 수 없음)는 열등감을 보상할 수 없을 때 발생한다. 열등 콤플렉스는 아동기의 신체 열등, 응석받이, 방치에 기인할 수 있다. 우월 콤플렉스(자신의 능력과 성취에 대한 과장된 견해)는 과잉 보상에서 비롯된다.

우리의 궁극적인 목표는 우월 또는 완벽, 즉, 성격을 온전하게 또는 완전하게 만드는 것에 있다. 가상적 목적론은 우리의 행동을 안내하는 완벽과 같은 허구적 이상을 의미한다. 생활 양식은 우리가 완벽을 추구하게 하는 독특한 특성 및 행동 양상을 말한다. 자기창조력은 우리의 유전과 환경이 제공하는 재료로부터 우리 자신을 창조하는 능력을 의미한다. 네 가지 기본적인 생활 양식에는 지배형, 의존형, 회피형, 사회적 공헌형이 있다. 사회적 관심은 선천적이지만 그것이 실현되는 정도는 초기 사회적 경험에 달려 있다.

출생 순위는 아동기에 한 사람의 생활 양식의 형성에 영향을 미치는 주된 사회적 영향이다. 첫째 아이는 과거를 지향하고, 미래에 대해 비관적이며, 질서와 권위를 유지하는 데 관심을 둔다. 둘째 아이는 첫째 아이와 경쟁하며 야망을 품는 경향이 있다. 손위 형제를 능가해야 하는 욕구에 자극을 받은 막내 아이는 높은 수준의 성취를 이룰 수 있다. 외동아이는 일찍 성숙하지만, 학교생활을 하면서 자신이 더 이상 관심의 중심이 아니라는 사실을 알게 되면서 충격을 받기 쉽다.

인간 본성에 대한 아들러의 이미지는 프로이트의 것보다 더 희망적이다. 아들러의 관점에 따르면 사람들은 독특하고, 자유의지를 통해 자신을 개발할 수 있다. 아동기의 경험은 중요하지만 우리는 그 경험의 희생양이 아니다.

아들러의 평가 방법은 출생 순위, 초기 회상, 꿈 분석이다. 연구에 따르면 꿈, 초기 기억, 아동기 방치와 응석받이에 대한 아들러의 견해, 사회적 관심이 정서적 안녕감과 관련이 있다는 신념, 첫째 아이는 성취도가 높고 다른 사람에게 의존적이며 다른 사람의 견해에 쉽게 영향을 받고 스트레스 상황에서 불안이 높다는 생각, 그리고 막내 아이는 알코올 중독자가 될 가능성이 상대적으로 높다는 개념 등이 지지된다.

아들러가 성격에서 인지적·사회적 요인, 통합적 성격, 자기창조력, 목표의 중요성을 강조한 부분은 많은 성격 이론가들에게 영향을 미쳤다.

복습 문제

1. 아들러의 성격 이론은 어떤 면에서 그의 아동기 경험을 반영하는가?
2. 아들러는 프로이트와 어떤 점에서 달랐는가?

3. 열등감과 열등 콤플렉스의 차이점은 무엇인가? 각각 어떻게 발전하는가?

4. 우월 콤플렉스는 우월 추구와 어떻게 다른가? 아들러는 우월을 어떻게 정의했는가?

5. 가상적 목적론의 개념을 설명하고 그것이 우월 추구라는 개념과 어떻게 관련되는지 설명하라.

6. 아들러에 따르면 자기는 어떻게 발달하는가? 사람들은 자기의 발달에 능동적 역할을 하는가 아니면 수동적 역할을 하는가?

7. 아들러의 네 가지 기본 생활 양식은 무엇인가?

8. 자녀의 사회적 관심 발달을 촉진하는 데 도움이 되는 부모의 행동에는 어떤 것이 있는가? 어떤 기본적인 생활 양식이 사회적 관심과 동일시되는가?

9. 아들러가 제안한 가족 내 출생 순위의 영향으로 첫째, 둘째, 막내, 외동아이가 보이게 되는 성격 특성을 설명하라.

10. 아들러에 따르면 외동아이가 되는 것의 장점과 단점은 무엇인가?

11. 만약 선택이 가능하다면, 당신은 가족 내에서 어떤 출생 순위를 선택하겠는가? 그 이유는 무엇인가?

12. 첫째 아이와 외동아이의 성격에 관한 연구 결과를 요약하라. 결과가 아들러의 예측을 지지하는가?

13. 인간 본성에 대한 아들러의 이미지와 프로이트의 이미지가 어떻게 다른지 논하라.

14. 아들러는 어떻게 환자의 성격을 평가했는가?

15. 성격 평가에서 초기 회상은 어떤 의미를 갖는가? 아들러의 기억 중 하나가 그의 성격의 한 측면을 어떻게 보여 주는지 예를 들어 설명하라.

16. 꿈의 목적은 무엇인가? 수면과 꿈에 대한 현대 연구는 아들러의 견해를 지지하는가?

17. 사회적 관심에서 높은 점수를 받은 사람들은 낮은 점수를 받은 사람들과 어떻게 다른가?

18. 오늘날 심리학 분야에서 아들러 이론의 공헌에 대해 논하라.

읽을거리

Adler, A. (1930). Individual psychology. In C. Murchison (Ed.), *Psychologies of 1930* (pp. 395-405). Worcester, MA: Clark University Press.
아들러의 개인심리학의 기본 원리에 대한 명확한 설명을 제공한다.

Ansbacher, H. L. (1990). Alfred Adler's influence on the three leading cofounders of humanistic psychology. *Journal of Humanistic Psychology, 30*(4), 45-53.
아들러가 만남과 저술을 통해 미국의 인본주의 심리학 발전에 미친 영향을 추적한다. 특히 매슬로 및 로저스와의 만남이 부각된다.

Ansbacher, R. R. (1997). Alfred Adler, the man, seen by a student and friend. *Individual Psychology, 53*, 270-274.
저자는 아들러의 초기회상 기법을 사용하여 뉴욕과 빈에서 있었던 아들러의 강의와 치료 회기에 대한 저자 자신의 기억을 평가한다.

Carlson, J., & Maniacci, M. P. (Eds). (2011). *Alfred Adler revisited*. New York: Routledge/Taylor & Francis Group.
아들러 학파 학자들의 읽을거리 모음으로, 아들러 업적의 기본 요소를 자세히 소개하고 그의 개념 중 상당수가 심리학의 현대적 발전으로 연결된다는 것을 설명한다.

Ellenberger, H. F. (1970). *The discovery of the unconscious: The history and evolution of dynamic psychiatry*. New York: Basic Books.
산업화 이전 시기부터 프로이트의 정신분석 및 그 파생 이론들에 이르기까지 무의식에 대한 연구를

추적한다. (8장「알프레드 아들러와 개인심리학」 참조)

Fiebert, M. S. (1997). In and out of Freud's shadow: A chronology of Adler's relationship with Freud. *Individual Psychology, 53*, 241-269.

아들러와 프로이트가 7년간 주고받은 서신을 검토하면서 그들 간의 개인적·직업적 관계의 변화와 격렬한 이별에 대해 기술한다.

Grey, L. (1998). *Alfred Adler, the forgotten prophet: A vision for the 21st century*. Westport, CT: Praeger.

아들러 이론의 지속적인 영향에 대한 기록 및 평가.

Hoffman, E. (1994). *The drive for self: Alfred Adler and the founding of individual psychology*. Reading, MA: Addison-Wesley.

성격 이론, 정신분석, 대중심리학에 대한 아들러의 공헌을 다룬다. 열등 콤플렉스, 과잉 보상 및 생활양식과 같은 친숙한 개념의 기반이 되었던 그의 생활 사건을 되짚는다.

Sulloway, F. J. (1996). *Born to rebel: Birth order, family dynamics, and creative lives*. New York: Pantheon.

16세기로 거슬러 올라가 당시의 사회, 과학, 정치 사상에서의 혁명적 사건들을 분석하면서, 출생 순위가 성격 발달에 미치는 영향을 설명한다. 출생 순위의 영향은 성별, 사회 계급, 인종, 출신 국가 및 시간을 초월한다고 제안한다.

5장

카렌 호나이: 신경증적 욕구와 경향

Fair Use

"진정한 온정과 애정의 결핍이 근본적인
악이라는 것은 변함없는 사실이다."

— 카렌 호나이

카렌 다니엘센 호나이(Karen Danielsen Horney)는 정통 프로이트 학파 관점에서 보면 또 다른 탈선자였다. 그녀는 융과 아들러처럼 프로이트의 동료는 아니었지만, 정통 정신분석 학파 내에서 훈련을 받았다. 그러나 그녀는 프로이트 진영에 오래 머물지 않았다. 호나이는 프로이트의 여성 심리 묘사에 문제를 제기하면서 프로이트와 차이를 보이기 시작했다.

초기 여성주의자인 호나이는 정신분석이 여성보다 남성의 발달에 초점을 두고 있다고 주장했다. 그녀는 여성이 남근 선망에 의해 동기 부여된다는 프로이트의 주장에 맞서 남성이 여성의 출산 능력을 부러워한다는 견해를 제안했다. 그녀는 "자궁 선망이 있는 남성이 남근 선망이 있는 여성만큼 많은 것으로 알고 있다"라고 말했다(Cherry & Cherry, 1973, p. 75). 프로이트는 대부분의 남성 분석가들과 마찬가지로 그녀의 발언을 못마땅해했다.

호나이의 이론은 아동기와 청소년기 그녀의 개인적 경험뿐만 아니라 사회적·문화적 힘의 영향도 많이 받았는데, 이 점에서 프로이트의 이론에 영향을 미친 요인과 차별성을 보인다. 호나이는 프로이트가 있던 빈과는 근본적으로 다른 문화를 가진 미국에서 자신의 이론을 발전시켰다. 이뿐만 아니라 1930년대와 1940년대에는 성과 성 역할에 대한 대중의 태도에 커다란 변화가 일어났다. 이러한 변화는 유럽에서도 나타났지만 미국에서는 훨씬 더 큰 진보를 보였다.

호나이는 신경증 및 정상적 성격 모두에서 미국 환자들이 그녀의 초기 독일 환자들과 매우 다르다는 것을 발견했고, 그들이 노출된 사회적 힘만이 이러한 차이를 설명할 수 있다고 생각했다. 그녀는 프로이트가 제안한 것과 달리 성격이 전적으로 생물학적 힘에 의해 결정되지는 않는다고 결론지었다. 그녀는 만약 프로이트의 제안이 맞았다면, 문화 간에 그렇게 큰 차이가 발견 될 리가 없다고 말했다.

아들러와 마찬가지로 호나이는 성격 형성의 중요한 요소로서 사회적 관계와 상호작용을 프로이트보다 훨씬 더 강조했다. 그녀는 프로이트의 주장과 달리 성은 지배적인 요소가 아니라고 주장하며, 오이디푸스 콤플렉스, 리비도, 성격의 세 가지 기본 구조에 대한 그의 개념에 의문을 제기했다. 호나이는 성적 힘이나 공격적 힘이 아니라 안정과 사랑에 대한 욕구가 사람들에게 동기를 부여한다고 보았는데, 이러한 주장에는 그녀의 삶의 경험이 분명히 반영되어 있다.

호나이의 생애(1885~1952)

방치된 둘째 아이

호나이는 독일 함부르크 근처의 작은 마을에서 자랐다. 그녀는 둘째 아이로 태어나 어릴 때부터 오빠 베른트를 부러워했다. 그는 매력적이고 멋진, 사랑받는 장남이었지만, 그녀는 더 똑똑하고 활발했다. 그녀는 일기장에 이렇게 털어 놓았다. "베른트보다 학교 성적이 좋고, 베른트보다 나에 대한 흥미로운 이야깃거리가 더 많다는 점은 항상 내 자랑이었다"(Horney, 1980, p. 252). 또한 호나이는 베른트가 남자이고, 여자는 열등하게 여겨진다는 점 때문에 그를 질투했다. 그녀는 "나는 어렸을 때 오랫동안 남자가 되고 싶었고, 베른트가 나무 근처에 서서 오줌을 누는 것을 부러워했다"라고 회고했다(Horney, 1980, p. 252).

호나이의 아버지는 그녀에게 더 큰 영향을 미쳤다. 그녀가 태어날 당시 아버지는 노르웨이 출신의 50세 선장이었다. 어머니는 아버지보다 17살 어렸고 아버지와 기질이 매우 달랐다. 아버지는 종교적이고 지배적이고 오만하고 침울했으나, 어머니는 매력적이고 활기차고 자유분방했다. 호나이의 아버지는 바다에서 긴 시간을 보냈지만, 집에 있을 때면 아내와 기질이 달라서 자주 다투었다. 그녀의 어머니는 남편이 죽는 것을 보고 싶다는 소망을 숨기지 않았고, 어린 호나이에게 자신은 사랑 때문에 결혼한 것이 아니라 노처녀가 될까 봐 무서워서 결혼한 것이라고 말했다.

사랑을 찾아서

우리는 호나이의 이러한 경험과 기타 아동기 경험에서 그녀의 성격 이론의 뿌리를 발견할 수 있다. 아동기 대부분 동안 그녀는 부모님이 자신을 원했는지 의심했고 그들이 베른트를 더 사랑한다고 믿었다. 16세에 그녀는 일기장에 이렇게 적었다. "이 세상의 모든 아름다운 것이 나에게 주어지는데, 왜 가장 높은 것인 사랑은 주어지지 않는가!"(Horney, 1980, p. 30). 그녀는 아버지의 사랑과 관심을 간절히 원했지만, 아버지는 날카로운 눈빛과 엄하고 까다로운 태도로 그녀를 대했다. 그는 종종 그녀의 지성과 외모를 폄하하는 말을 했고, 호나이는 무시당하고 거부당한다고 느꼈다.

반항과 적대심

호나이는 어머니의 애정을 얻기 위해 사랑스럽고 순종적인 딸 역할을 수행했다. 그녀는 8세까지는 애정을 원하는 순종적인 모범생이었다. 하지만 이러한 노력에도 불구하고 자신이 충분한 사랑과 안정감을 얻고 있다고 생각하지 않았다. 자기희생과 선행이 효과를 보이지 않자, 호나이는 전술을 변경하고 고의로 야심적이고 반항적인 모습을 보였다. 사랑과 안정감을 얻지 못한다면, 다른 방식으로 매력 없고 부적절하다는 느낌을 보상하겠다고 결심했던 것이다. 호나이는 "아름다울 수 없다면 똑똑해지겠다고 결심했다"(Rubins, 1978, p. 14).

그녀는 성인이 되어 아동기 동안 자신이 얼마나 큰 적대감을 키워 왔는지 깨달았다. 그녀의 성격 이론은 아동기에 사랑이 부족한 경우 어떻게 불안과 적대감이 조장되는지 설명한다. 한 전기 작가는 다음과 같이 결론지었다. "카렌 호나이는 자신의 모든 정신분석 저술에서 자신을 이해하고 자신의 문제에서 벗어나고자 고군분투하고 있었다"(Paris, 1994, p. xxii).

여전히 사랑을 찾아서

14세에 호나이는 학교 선생님에 대한 풋사랑을 품게 되어 일기장에 그에 대한 감정을 적었다. 그녀는 많은 청소년들이 그렇듯 혼란스럽고 불행한 방식으로 남자 선생님들을 짝사랑했다(Seiffge-Krenke & Kirsch, 2002). 17세에 그녀는 성관계에 눈을 떴고 곧 첫 번째 진정한 사랑이라고 느낀 남성을 만났지만, 그 관계는 이틀밖에 지속되지 못했다. 또 다른 남성이 나타나자, 그녀는 76쪽에 걸쳐 영혼을 탐구하는 일기를 적었다. 호나이는 사랑에 빠지면 적어도 일시적으로나마 불안과 불안정감을 잊게 된다는 결론을 내렸다. 사랑은 그녀에게 탈출구였던 것이다(Sayers, 1991).

호나이는 사랑과 안정감을 찾아 헤매며 종종 좌절하였지만, 일에 있어서는 명확하고 성공적이었다. 그녀는 12세 때 친절한 의사에게 진료를 받은 일을 계기로 의사가 되기로 결심했다. 여성에 대한 의료계의 차별과 아버지의 반대에도 그녀는 열심히 공부하여 의대 진학을 준비했다. 첫 여성을 마지못해 입학시킨 지 불과 6년 만인 1906년, 프라이부르크 대학교 의과대학은 호나이의 입학을 허락하게 되었다.

결혼과 일

호나이는 의과대학에 재학 중 두 명의 남자를 만나, 그중 한 명과 결혼했다. 그녀의 남편 오스카 호나이(Oskar Horney)는 당시 정치학 박사 과정을 밟고 있었고, 결혼 후 성공적인 사업가가 되었다. 카렌 호나이는 의학 연구에서 탁월한 성과를 보였으며, 1913년 베를린 대학교에서 학위를 받았다.

결혼 초기 몇 년은 그녀에게 개인적으로 매우 고통스러운 시간이었다. 그녀는 세 딸을 낳았지만, 불행과 답답한 감정에 압도되었다. 그녀는 자주 울었고, 복통, 만성 피로, 강박 행동, 불감증, 불면증, 심지어 자살 충동까지 호소했다. 결혼은 17년 만에 끝났다.

결혼 생활 동안과 이혼 후에 호나이는 여러 번 연애를 했다. 한 전기 작가는 다음과 같이 썼다.

> 애인이 없거나 관계가 깨지면 그녀는 길을 잃었고, 외롭고 절망적이라고 느꼈으며, 때로는 자살 충동까지 경험했다. 병적으로 의존적인 관계에 빠졌을 때면 그녀는 관계에서 헤어나지 못하는 자신을 미워했다. 그리고 남성에 대한 절박한 욕구가 자신의 불행한 아동기 탓이라고 생각했다(Paris, 1994, p. 140).

이러한 애착 관계가 우울증 및 기타 정서적 문제를 완화하는 데 도움이 되지 않는다는 것을 깨달았을 때 그녀는 정신분석을 받기로 결심했다.

호나이의 정신분석

호나이를 치료했던 심리치료사 카를 아브라함(Karl Abraham; 프로이트의 추종자)은 그녀의 문제가 강력한 남자에게 끌리는 데 있다고 보았으며, 이것이 힘있는 아버지에 대한 아동기 오이디푸스적 갈망의 잔류물이라고 말했다. "아브라함은 그런 가부장적 인물에게 자신을 맡겨 버리려는 그녀의 마음이 그녀가 처음 자신을 방문했을 때 상담실에 핸드백[프로이트의 관점에서 여성 생식기의 상징물]을 두고 간 것으로 나타났다고 말했다"(Sayers, 1991, p. 88). 분석은 성공하지 못했다. 그녀는 프로이트식 정신분석이 자신에게 별로 도움이 되지 않는다고 생각했고, 대신 자기분석(self-analysis)에 눈을 돌려 평생 자신을 분석하였다.

호나이는 자기분석을 하는 동안 아들러가 말한 열등감 보상 개념에 크게 영향을 받았다. 그녀는 신체적으로 매력적이지 않은 것이 열등감의 원인이라는 아들러의 설명에 특히 감명받았다. 그녀는 자신이 "미모가 부족하고 여성으로서 열등감을 가졌기 때문에 우월감에 대한 욕구를 느껴 남성처럼 강력하게 저항하게 되었다"고 생각했고, 이러한 이유로 의학 같은 당시 남성 중심적 분야에서 두각을 나타내고자 노력하게 되었다고 결론을 내렸다(Paris, 1994, p. 63). 그녀는 의학 공부와 문란한 성행위를 통해 자신이 남성처럼 행동하고 있다고 믿었던 듯하다.

여전히 사랑을 찾아서

호나이는 미국으로 이주한 후에도 계속 사랑과 안정감을 찾아 헤맸다. 그녀의 가장 강력한 사랑은 15살 연하의 정신분석가 에리히 프롬(Erich Fromm)과의 관계였다. 그래서 20년 뒤에 그와 헤어졌을 때 그녀는 깊은 상처를 받았다. 그들의 관계는 그녀가 프롬에게 자신의 딸 마리안을 분석하게 한 사건을 계기로 끝나게 되었다. 마리안은 프롬의 도움으로 어머니에 대한 자신의 적대감을 이해하게 되었고, 처음으로 어머니에게 맞설 자신감을 얻었다(McLaughlin, 1998).

호나이는 계속해서 사랑을 찾아 헤맸다. 그녀는 점점 더 어린 남성과 사랑에 빠졌는데, 그들 중 다수는 그녀가 감독하는 훈련을 받은 분석가였다. 그들에 대한 그녀의 태도는 때로는 무심했다. 그녀는 친구에게 한 젊은 남성에 대해 이야기하며 그와 결혼해야 할지, 코커스패니얼을 들여야 할지 모르겠다고 말했다. 그녀는 결국 개를 선택했다(Paris, 1994).

호나이는 1932년부터 1952년까지 시카고와 뉴욕의 정신분석 연구소에서 교수로 재직했다. 그녀는 정신분석진흥협회(Association for the Advancement of Psychoanalysis)와 미국정신분석연구소(American Institute for Psychoanalysis)를 설립했고, 1941년에는 『미국 정신분석 학회지(American Journal of Psy-choanalysis)』를 창간했다. 그녀는 여러 해 동안 인기 있는 강사, 작가, 그리고 치료사로 일했다.

안전과 안정감에 대한 아동기 욕구

호나이는 성인의 성격 형성에 있어 초기 아동기가 중요하다고 보는 점에서는 프로이트와 의견을 같이했다. 그러나 성격이 어떻게 형성되는지에 대한 세부 사항에서는 그와 의견이 달랐다. 호나이는 생물학적 힘이 아니라 아동기 사회적 힘이 성격 발달에 영향을 미친다고 믿었다. 보편적 발달 단계나 불가피한 아동기 갈등은 없다. 대신 자녀와 부모 사이의 사회적 관계가 핵심 요소다.

호나이는 아동기에 안전 욕구(safety need)가 지배적이라고 믿었는데, 그녀가 말한 안전 욕구란 안정감과, 공포로부터의 해방을 향한 욕구를 의미한다(Horney, 1937). 영아가 안정감을 경험하고 공포를 경험하지 않는 것이 정상적인 성격 발달에 핵심적인 역할을 한다. 자녀의 안정감은 전적으로 부모가 자녀를 대하는 방식에 달려 있다. 부모의 온정과 애정의 부재는 안정감을 약화시키거나 저해하는 주된 요인이다.

이것이 호나이의 아동기 상황이었다. 그녀의 부모는 온정과 애정을 거의 제공하지 않았고, 그녀 역시 이후에 자신의 세 딸을 같은 방식으로 대했다. 그녀는 아이들이 자신이 필요한 존재이며 사랑받고 있고, 그러므로 안전하다고 느끼기만 한다면, 갑작스러운 젖떼기, 간헐적 체벌, 심지어 조기 성 경험과 같이 일반적으로 외상으로 간주되는 많은 사건을 견딜 수 있다고 믿었다.

아동의 안정감을 저해하는 방법

부모는 다양한 방법으로 자녀의 안정감을 저해하고 적대감을 유발할 수 있다. 여기에는 명백한 편애, 불공평한 처벌, 변덕스러운 행동, 약속을 지키지 않는 것, 조롱, 굴욕, 또래로부터 고립 등이 포함된다. 호나이는 아이들이 부모의 사랑이 진심인지 아닌지 알고 있다고 주장했다. 아동은 거짓된 모습과 진실하지 못한 애정 표현에 쉽게 속지 않는다. 그러나 아동은 무력감, 부모에 대한 두려움, 진정한 사랑에 대한 욕구 또는 죄책감을 이유로, 부모의 부정적 행동으로 인해 자신이 경험하게 되는 적대감을 억압해야 한다고 느낄 수 있다.

부모에 대한 적대감 억압

호나이는 부모의 행동에 전적으로 의존하는 영아의 무력감을 매우 강조하였다. 아동이 지나치게 의존적인 상태에 머물게 되면 무력감이 조장된다. 아동이 무력감을 심하게 느낄수록 감히 부모에게 반대하거나 반항하는 일은 줄어든다. 즉 아동은 사실상 "당신이 필요하기 때문에 적대감을 억압해야 한다"라고 생각하며 부모에 대한 적대감을 억압한다.

아동은 체벌, 신체적 학대 또는 더 미묘한 형태의 위협 속에서 부모를 두려워하기 십상이다. 아동이 겁을 많이 먹을수록 적대감을 더 강하게 억압할 것이다. 이 경우 아동은 "당신이 무서워서 적대감을 억압해야 한다"라고 말하고 있다고 볼 수 있다.

역설적이게도 사랑은 부모에 대한 적대감을 억압하는 또 다른 이유가 될 수 있다. 예를 들어 부모가 자녀에 대한 자신의 사랑과 희생이 얼마나 큰지 말하지만, 정작 자녀는 부모의 진실한 온정과 애정을 느낄 수 없을 경우 이런 일이 발생한다. 아이들은 이러한 언어적 표현과 행동이 진정한 사랑과 안정감을 대신할 수 없지만, 그것 외에 다른 것은 얻을 수 없다는 사실을 깨닫는다. 그 결과 이러한 만족스럽지 못한 사랑의 표현조차 잃을까 두려워 적대감을 억압하게 된다.

죄책감도 아동이 적대감을 억압하는 또 다른

Oleg Kozlov/Shutterstock.com

▶ 영아기에 경험하는 무력감이 신경증적 행동을 유발할 수 있다.

이유이다. 아동은 대개 적대감이나 반항심에 대해 죄책감을 느끼게 된다. 부모에 대해 원망을 표현하거나, 심지어 이를 품기만 해도 아동은 자신이 자녀로서 자격이 없으며, 사악하고 나쁜 일을 했다고 느낄 수 있다. 아동이 느끼는 죄책감이 클수록 적대감은 더 깊이 억압된다. 다양한 부모의 행동에서 비롯된 이 억압된 적대감은 아동기 안전 욕구를 약화시키고, 결국 호나이가 근본 불안이라고 불렀던 상태로 나타나게 된다.

근본 불안: 신경증의 토대

호나이는 근본 불안(basic anxiety)을 "적대적인 세상에서 서서히 증가하며 모든 곳에 스며드는 외로움과 무력감"으로 정의했다(Horney, 1937, p. 89). 근본 불안은 이후 발생하는 모든 신경증의 토대이며 적대감, 무력감, 공포와 불가분의 관계에 있다(Hjertass, 2009).

개인이 근본 불안을 어떻게 표현하든 그 감정은 우리 모두에게 비슷하게 존재한다. 호나이의 말에 따르면 우리는 "학대, 속임수, 공격, 굴욕, 배신으로 가득한 세상에서 작고, 하찮고, 무력하고, 버려지고, 위험에 처해 있다"고 느낀다(Horney, 1937, p. 92). 아동기에 우리는 애정과 사랑 구하기, 복종하기, 지배하기, 철수하기라는 네 가지 방법을 이용하여 근본 불안으로부터 자신을 보호하고자 한다.

애정 구하기

어떤 사람들은 다른 사람들로부터 애정과 사랑을 구함으로써 사실상, "당신이 나를 사랑한다면, 나를 해치지 않을 것이다"라고 말한다. 이들은 다른 사람이 원하는 대로 하려고 애쓰거나, 뇌물을 주거나, 애정을 달라고 협박하는 등 여러 방식으로 애정을 구할 수 있다.

근본 불안 외로움과 무력감이 스며드는 느낌; 신경증의 토대.

복종하기

자기보호기제로서 복종하기는 특정 개인이나 사회적 환경에 있는 모든 사람의 바람에 순응하는 것을 의미한다. 복종하는 사람들은 다른 사람들을 기분 나쁘게 할 수 있는 일이라면 어떤 일도 하지 않으려 한다. 그들은 감히 어떤 식으로든 타인을 비판하거나 불쾌하게 만드는 일을 하지 않는다. 개인적인 욕망을 언제나 억제하며, 그러한 방어적 태도가 학대자의 기분을 상하게 할지도 모른다는 두려움 때문에 학대에 맞서 자신을 보호하지 못한다. 복종하는 사람들 대부분은 자신이 이기적이지 않고 희생적이라고 믿는다. 이들은 "내가 져주면 다치지 않을 것이다"라고 말하는 것과 같다. 이는 8세 또는 9세까지 호나이의 아동기 행동을 설명한다.

지배하기

권력을 잡아 다른 사람을 지배함으로써 무력감을 보상하고, 성공이나 우월감을 통해 안정을 얻을 수 있다. 이런 사람들은 자신에게 권력이 있으면 아무도 자신을 해치지 않을 것이라고 믿는 듯하다. 이는 호나이가 학문적 성공을 추구하기로 결정했을 때의 아동기를 설명할 수 있다.

철수하기

앞에서 소개한 세 가지 자기보호기제는 다른 사람들과 상호작용하여 근본 불안에 대처하고자 한다는 공통점이 있다. 반면, 네 번째 자기보호기제는 물리적이 아니라 심리적으로 다른 사람들로부터 철수하는 것이다. 이러한 사람들은 내적 또는 외적 욕구를 충족시키기 위해 다른 사람에게 의존하지 않고 다른 사람들로부터 독립하려고 한다.

철수한 사람들은 다른 사람들로부터 초연한 태도를 취함으로써 내적 또는 심리적 욕구에 대한 독립성을 달성하며, 더 이상 감정적 욕구를 충족시키기 위해 다른 사람을 찾지 않는다. 이 과정에서 정서적 욕구를 최소화하고, 이에 둔감해진다. 철수한 사람들은 정서적 욕구를 포기함으로써 다른 사람에게 상처받지 않도록 자신을 보호한다.

자기보호기제의 특성

호나이가 제안한 네 가지 자기보호기제는 근본 불안으로부터 자신을 방어한다는 단일 목표를 가지고 있다. 이 기제들은 행복이나 쾌락보다는 안정감과 안심을 추구하도록 동기를 부여한다. 자기보호기제는 안녕이나 행복의 추구가 아니라 고통에 대한 방어이다. 자기보호기제의 또 다른 특징은 그 힘과 강도에서 나타난다. 호나이는 자기보호기제가 성적 욕구나 다른 생리적 욕구보다 더 강력할 수 있다고 믿었다. 그러나 이 기제가 불안을 감소시킬 수는 있지만, 그 대가로 개인은 성격의 결핍을 갖게 된다.

　신경증 환자는 대개 이러한 기제를 하나 이상 사용하면서 안전과 안정감을 추구할 것이다. 그러나 이 기제들 간의 불협화음은 추가적 문제를 일으킬 수 있다. 예를 들어 어떤 사람은 지배 욕구와 애정 욕구를 동시에 추구할 수 있다. 또 어떤 사람은 다른 사람에게 복종하기를 원하면서도 이들에 대한 권력을 원할 수도 있다. 이러한 불협화음은 해결되지 않고 더 심각한 갈등으로 이어질 수 있다.

신경증적 욕구

호나이는 자기보호기제가 영구적으로 성격의 일부가 될 수 있다고 생각했다. 이 경우 자기보호기제는 개인의 행동을 결정짓는 추동이나 욕구와 같은 특징을 갖게 된다. 그녀는 이러한 욕구를 열 가지로 나열했으며, 이 욕구가 문제에 대한 비합리적인 해결책이기 때문에 이를 신경증적 욕구(neurotic need)라고 명명했다. 열 가지 신경증적 욕구는 다음과 같다.

신경증적 욕구 영구적으로 성격의 일부가 되어 행동에 영향을 미치는 불안에 대한 열 가지 비합리적인 방어.

1. 애정과 인정

2. 지배적 파트너

3. 권력

4. 착취

5. 명성

6. 존경

7. 성취 또는 야망

8. 자급자족

9. 완벽성

10. 좁은 생활 반경

신경증적 욕구는 불안으로부터 자신을 보호하는 네 가지 방법을 아우른다. 애정 구하기는 애정과 인정에 대한 신경증적 욕구로 표현된다. 복종하기는 지배적 파트너에 대한 신경증적 욕구를 포함한다. 지배하기는 권력, 착취, 명성, 존경, 성취 또는 야망에 대한 욕구와 관련이 있다. 철수하기에는 자급자족, 완벽성 및 좁은 생활 반경에 대한 욕구가 포함된다.

호나이는 우리 모두가 이러한 욕구를 어느 정도 가지고 있다고 보았다. 예를 들어 누구나 한 번쯤은 애정을 갈구하거나 성취를 추구한다. 이러한 욕구는 일상적이고 일시적인 차원에서는 비정상적이거나 신경증적인 것이 아니다. 욕구가 신경증적이 되는 것은 개인이 근본 불안을 해결하는 '유일한' 방법으로 해당 욕구의 만족을 집중적이고 강박적인 방식으로 추구할 때이다. 이경우 신경증적 욕구가 점점 더 심각해지고, 폭군처럼 군림하여 성격을 압도하고 지배하게 된다(Hess & Hess, 2010).

이러한 욕구를 충족시킨다고 해서 우리가 안전과 안정감을 느끼는 것은 아니다. 다만 불안으로 인한 불편함을 잠시 피할 수 있을 뿐이다. 신경증적 욕구의 충족은 기저에 있는 불안을 해소하는 데 아무런 소용이 없다. 즉 증상에는 도움이 되지만 원인을 해소하는 데는 도움이 되지 않는다. 또한 오직 불안에 대처하기 위해 이러한 욕구의 충족을 추구할 때, 우리는 한 가지 욕구에만 집중하고 모든 상황에서 강박적으로 그 욕구를 충족시키려는 경향을 보인다.

신경증적 경향

후기 저작에서 호나이는 욕구의 목록을 재정비하였다(Horney, 1945). 그녀는 환자들을 연구하여 욕구를 세 가지 범주로 분류하였으며, 각 범주가 자신과 타인에 대한 태도를 보여 준다고 결론지었다. 그녀는 움직임의 방향성에 따른 세 가지 범주를 신경증적 경향(neurotic trend)이라고 불렀다(표 5.1 참조).

표 5.1 호나이의 신경증적 욕구와 신경증적 경향

욕구	경향
순응적 성격의 요소	
애정과 인정	타인을 향한 움직임(순응적 성격)
지배적 파트너	
공격적 성격의 요소	
권력	타인에 대항하는 움직임(공격적 성격)
착취	
특권	
존경	
성취	
냉담한 성격의 요소	
자급자족	타인에게서 멀어지는 움직임(냉담한 성격)
완벽성	
좁은 생활 반경	

신경증적 경향은 자기보호기제에서 발전하여 정교화된 것이기 때문에, 이전의 기술과 유사한 부분이 있다. 신경증적 경향에는 강박적인 태도와 행동이 포함된다. 즉, 신경증적인 사람은 하나 이상의 신경증적 경향에 따라 행동하게 되며, 모든 상황에서 무차별적으로 이러한 경향을 보인다. 신경증적 경향은 다음과 같다.

신경증적 경향 자신과 타인을 향한 행동과 태도의 세 가지 범주로, 개인의 욕구를 표현함; 호나이의 신경증적 욕구 개념을 재정비한 것.

- 타인을 향한 움직임 – 순응적 성격
- 타인에 대항하는 움직임 – 공격적 성격
- 타인에게서 멀어지는 움직임 – 냉담한 성격

순응적 성격

순응적 성격(compliant personality)은 타인을 향해 움직이는 욕구를 반영한 태도와 행동을 나타낸다. 이러한 사람들에게는 애정과 인정에 대한 강렬하고 지속적인 욕구, 즉 사랑받고, 자신이 필요하다고 느끼고, 보호받고자 하는 욕구가 있다. 순응적 성격의 사람들은 일반적으로 친구나 배우자와 같이 자신의 삶을 책임지고 보호와 지도를 제공해 주는 지배적 파트너를 필요로 하는 경우가 많긴 하지만, 이들은 모든 사람을 상대로 이러한 욕구를 보이는 편이다.

순응적 성격의 사람들은 자신의 목표를 달성하기 위해 다른 사람들, 특히 파트너를 조종한다. 그들은 대개 다른 사람들이 매력적이거나 사랑스럽다고 생각할 만한 방식으로 행동한다. 예를 들어 그들은 특별히 사려 깊고, 감사할 줄 알고, 반응을 잘하고, 이해심이 많고, 다른 사람들의 필요를 파악하는 데 민감한 것처럼 보일 수 있다. 순응적인 사람들은 다른 사람의 이상과 기대에 부응하는 데 관심이 있으며, 사심 없고 관대해 보이는 방식으로 행동한다.

순응적 성격의 사람들은 다른 사람을 대할 때 타협적인 모습을 보인다. 그들은 개인적인 욕망을 다른 사람의 욕망에 종속시킨다. 그들은 기꺼이 책임을 떠맡고 다른 사람에게 결정을 떠넘기며, 절대 자기주장을 강하게 내세우거나 비판적이거나 부담스럽게 하는 모습을 보이지 않는다. 또한 애정, 인정, 사랑을 얻기 위해 필요해 보이는 일은 무엇이든 하려고 한다. 자신에 대한 그들의 태도는 무력함이나 나약함 중 하나로 일관된다. 호나이는 순응적인 사람들이 "나를 보세요. 나는 너무 약하고 무력해서 당신이 나를 보호하고 사랑해 줘야 해요"라고 말하는 것과 같다고 설명했다.

순응적 성격의 사람들은 결과적으로 타인을 우월하게 보고, 심지어 자신이 유능한 상황에서도 자신이 열등하다 생각한다. 순응적 성격의 사람들

순응적 성격 애정과 인정에 대한 욕구와 같이 타인을 향해 움직이는 신경증적 경향과 관련된 행동과 태도.

에게 안정감은 자신에 대한 다른 사람의 태도와 행동에 달려 있기 때문에, 그들은 지나치게 의존적인 태도를 보이며 지속적인 인정과 안심을 필요로 한다. 실제이든 상상이든 거절의 징후는 어떤 것이든 그들에게 공포스럽게 느껴지며, 자신을 거절한 것 같은 사람의 애정을 되찾기 위해 많이 애쓴다.

이러한 행동의 원천은 개인의 억압된 적대감이다. 호나이는 순응적인 사람들이 반항과 복수심이라는 깊은 감정을 억압한다는 것을 발견했다. 그들은 자신의 행동과 태도가 표현하는 것과는 반대로, 다른 사람을 통제, 착취, 조종하려는 욕망을 가지고 있다. 적대적 충동을 억제해야 하기 때문에 순응적 성격의 사람은 항상 남을 기쁘게 하려 노력하고 아무 것도 요구하지 않으며 굽신거리는 모습을 보인다.

공격적 성격

공격적 성격(aggressive personality)의 사람들은 타인에 대항하여 움직인다. 그들의 세계에서는 모두가 적대적이며, 가장 환경에 적합하면서 가장 교활한 자만이 살아남는다. 삶은 패권주의, 힘, 치열한 경쟁이 가장 중요한 미덕인 정글이다. 그들의 동기는 순응적 성격의 사람들과 같지만 근본 불안을 완화하기 위한 노력에 있어 거절에 대한 두려움을 절대 드러내지 않는다. 그들은 거칠고 거만하게 행동하며 다른 사람들을 배려하지 않는다. 또한 삶에서 통제력과 우월감을 매우 중요시하기 때문에 이를 얻기 위해 지속적으로 높은 수준의 수행을 보이려 한다. 그들은 두각을 나타내고 인정을 받으면서 다른 사람들이 자신의 우월성을 우러러볼 때 만족감을 느낀다.

공격적 성격의 사람들은 다른 사람을 능가하려 하기 때문에, 관계에서 자신이 얻을 수 있는 혜택이라는 관점에서 모든 사람을 판단한다. 그들은 다른 사람의 요구를 들어 주기 위해 노력하지 않고, 우월성과 권력을 달성하고 유지하기 위해 필요한 것은 무엇이든 주장하고 비판하고 요구한다. 그들은 최고가 되기 위해 열심히 노력하며, 그 결과 일 자체가 내재적 만족을 주지 않더라도, 일에서 매우 높은 성과를 낼 수 있다. 그들에게 일이란 삶의 다른 모

공격적 성격 지배하고 통제하는 태도와 같이 타인에 대항하여 움직이는 신경증적 경향과 관련된 행동과 태도.

든 것과 마찬가지로 목적 자체가 아니라 목적을 위한 수단이다.

공격적 성격의 사람들은 능력에 자신감이 있어 보이고 자신을 주장하고 방어하는 데 거침이 없어 보일 것이다. 그러나 순응적 성격의 사람들과 마찬가지로 공격적 성격의 사람들은 불안정감, 불안, 적대감에 의해 움직인다.

냉담한 성격

냉담한 성격(detached personality)으로 묘사되는 사람들은 타인에게서 멀어지고자 하며, 타인과 정서적으로 거리를 두려는 경향이 있다. 그들은 다른 사람을 사랑하거나 미워하지 않으며, 협력 등과 같이 다른 사람과 연관되는 상황은 어떻게든 피하고자 한다. 완전한 냉담을 달성하기 위해 그들은 자급자족을 추구한다. 냉담한 성격으로 기능하려면 자신의 자원에 의존해야 하기 때문에 자원을 잘 개발해야 한다.

냉담한 성격의 사람들은 사생활에 대한 욕망이 간절한 편이다. 그들은 가능한 한 많은 시간을 혼자 보내야 하기 때문에, 음악 감상 같은 경험을 공유하는 것조차 방해가 된다고 느낀다. 독립에 대한 욕구 때문에 자신에게 영향을 미치려 하거나 뭔가를 강요하거나 의무를 부여하려는 모든 시도에 민감하게 반응한다. 냉담한 성격은 시간표와 일정, 결혼이나 담보 대출과 같은 장기 계약뿐 아니라 때로는 허리띠나 넥타이의 압박감까지 모든 형태의 제약을 피하고자 한다.

그들은 공격적 성격의 사람들과는 다른 방식으로 우월감을 느끼고자 한다. 냉담한 사람들에게 있어 다른 사람과 적극적으로 경쟁하는 것은 관계에 연관되는 것을 의미하기 때문에 그들은 우월성을 위해 경쟁할 수 없다. 따라서 그들은 자신의 위대함이 투쟁이나 노력 없이 자동으로 인정되어야 한다고 믿는다. 이러한 우월감은 자신이 독특하고 다른 사람과 다르다고 느끼는 데서 표현되기도 한다.

냉담한 성격은 다른 사람들을 향하는 모든 감정, 특히 사랑과 증오의 감정을 억제하거나 거부한다. 친밀감은 갈등을 만들 수 있기 때문에 피해야

냉담한 성격 사생활에 대한 강렬한 욕구와 같이 타인에게서 멀어지는 신경증적 경향과 관련된 행동과 태도.

한다. 이러한 정서적 제약으로 인해 냉담한 성격은 이성, 논리, 지성에 큰 가치를 둔다.

호나이가 제안한 세 가지 성격 유형과 아들러 성격 이론의 생활 양식 간에는 유사성이 있다. 호나이의 순응적 성격은 아들러의 의존형과, 공격적 성격은 지배형과, 냉담한 성격은 회피형과 유사하다. 이것은 아들러의 이론이 이후의 성격 이론에 미친 영향을 보여 주는 또 다른 예라 할 수 있다.

하나의 우세한 경향

호나이는 신경증이 있는 사람에게 이 세 가지 신경증적 경향 중 하나가 우세하게 드러나고, 다른 두 가지 경향은 약하게 나타난다는 것을 발견했다. 예를 들어 주로 공격적인 사람도 순응과 냉담에 대한 욕구를 어느 정도 가지고 있지만, 타인을 향한 개인의 행동과 태도를 결정하는 것은 지배적인 신경증적 경향이다. 이것이 근본 불안을 통제하는 데 가장 잘 작동하는 행동과 사고의 방식이며, 이 방식에서 벗어나는 것은 개인에게 위협이 된다. 이러한 이유로 나머지 두 경향은 적극적으로 억제되며, 이로 인해 추가적인 문제가 발생할 수 있다. 억압된 경향이 표현되려는 신호가 있을 때 개인이 내적 갈등을 경험하는 것이다.

갈등

호나이의 체계에서 갈등(conflict)은 세 가지 신경증적 경향의 기본적인 불협화음으로 정의된다. 이 갈등이 신경증의 핵심이다. 신경증이든 정상이든 우리 모두는 기본적으로 화해할 수 없는 양식들 사이에서 어느 정도 갈등을 겪는다. 정상적인 사람과 신경증적인 사람 사이의 차이는 갈등의 강도에 있다. 신경증적인 사람들의 경우 그 갈등이 훨씬 더 강렬하다. 신경증적인 사람은 지배적이지 않은 경향이 표현되는 것을 막으려고 고군분투한다. 이들은 경직되고 융통성이 없으며, 적절한지 여부를 고려하지 않고 지배적 경향을 특징짓는 행동과 태도로 모든 상황에 대처한다.

갈등 신경증적 경향의 기본적인 불협화음.

세 가지 경향의 표현

신경증이 아닌 사람의 경우 상황에 따라 세 가지 경향을 모두 표현할 수 있다. 개인은 때로는 공격적이고, 때로는 순응적이며, 때로는 냉담할 수 있다. 이러한 경향들은 상호 배타적이지 않으며, 성격 내에서 조화롭게 통합될 수 있다. 정상적인 사람은 행동과 태도가 유연하며 변화하는 상황에 적응할 수 있다.

이상화된 자기상

호나이는 정상적이든 신경증적이든 상관없이 우리 모두가 현실에 기반하여 또는 현실에 기반하지 않고 자신의 자기상을 구성한다고 주장하였다. 호나이는 오랫동안 힘겹게 자기를 탐색했다. 그녀는 21세에 다음과 같이 썼다. "아직도 내 안에는 커다란 혼돈이 있다. … 순간의 표현을 통해서만 형태를 취하는, 형태 없는 덩어리가 내 얼굴 같다. 우리 자신을 찾는 것은 가장 고통스러운 일이다"(Horney, 1980, p. 174).

정상적인 사람들의 자기상은 자신의 능력, 잠재력, 약점, 목표, 타인과의 관계에 대한 현실적인 평가를 기반으로 형성된다. 이 심상이 성격에 일체성과 통합성을 제공하며, 타인과 자신에게 접근할 때 사용하는 틀을 마련한다. 우리가 모든 잠재력을 발현하여 자기실현 상태에 이르려면, 자기상은 참 자기(true self)를 명확하게 반영해야 한다.

신경증적인 사람들에게는 불일치와 부조화로 특징지어지는 성격이 있으며, 이들은 양립할 수 없는 행동 양식 사이에서 갈등을 겪는다. 이들도 정상적인 사람과 같은 목적, 즉 성격의 통합을 위해 이상화된 자기상(idealized self-image)을 구성한다. 그러나 이들의 시도는 실패로 끝나는데, 이들의 자기상이 자신의 강점과 약점에 대한 현실적인 평가에 기반하지 않기 때문이다. 이들의 자기상은 절대적 완벽이라는 도달할 수 없는 이

> **이상화된 자기상** 정상적인 사람의 자기상은 자신의 능력에 대한 유연하고 현실적인 평가에 기반한 자신의 이상적 그림이지만, 신경증적인 사람의 자기상은 융통성이 없고, 비현실적인 자기 평가에 기반함.

상, 즉 환상에 기반하는 양상을 보인다.

당위성의 폭정

도달할 수 없는 이상을 실현하기 위해 신경증적인 사람은 호나이가 당위성의 폭정(tyranny of the should)이라고 명명한 전략을 사용한다. 이들은 자신이 최고의 학생, 배우자, 부모, 연인, 직원, 친구, 자녀가 되어야 한다고 자신에게 말한다. 이들은 실제 자기가 매우 바람직하지 않다고 생각하기 때문에 자신이 환상 속에서 이상화한 자기상에 따라 행동해야 한다고 믿는다. 이 이상화된 자기상에서 자신은 도덕적이고, 친절하고, 너그럽고, 사려 깊고, 용기 있는 등 매우 긍정적인 시각으로 그려진다.

이들은 당위성에 따라 행동함으로써, 즉 자신의 실제 모습을 부정하고, 자신이 행동해야 한다고 생각하는 대로 행동함으로써 이상적 자기와 일치하는 모습에 도달하려 한다. 그러나 비현실적인 자기상은 결코 성취될 수 없기 때문에 이들의 노력은 실패로 돌아갈 수밖에 없다. 그 결과 이들은 자신이나 타인을 용서하지 못하는 자기혐오 상태에 빠지게 된다(Kerr, 1984).

신경증적인 사람의 자기상

신경증적 자기상, 즉 이상화된 자기상은 현실과 일치하지 않지만, 이를 만든 사람은 그 자기상이 현실적이고 정확하다고 느낀다. 다른 사람들은 이 잘못된 그림 뒤의 진실을 쉽게 꿰뚫어 볼 수 있지만, 신경증적인 사람은 불완전하고 잘못된 자기상이 실제라고 믿는다. 이상화된 자기상은 신경증적인 사람이 자신이 어떤 사람이라고 생각하는지, 어떤 사람이 될 수 있다고 생각하는지 또는 어떤 사람이 되어야 한다고 생각하는지 보여 준다.

반면에 현실적 자기상은 유연하고 역동적이며 개인의 발전과 변화에 따라 조정된다. 현실적 자기상은 강점, 성장, 자기인식을 반영한다. 현실적 자기상은 목표이자 추구해야 하는 것이며, 그 사람의 있는 모습 그대로를 반

당위성의 폭정 참 자기를 부정하고 자신이 행동해야 한다고 생각하는 대로 행동함으로써 도달할 수 없는 이상화된 자기상을 실현하려는 시도.

영한 것이자 그의 방향성을 이끌어 주는 것이다. 이와 대조적으로 이상화된 자기상은 정적이고 융통성이 없으며 고집스럽다. 이상화된 자기상은 목표가 아니라 고정된 생각이며, 성장을 돕는다기보다 규정을 엄격하게 준수하도록 요구하며 성장을 방해한다.

이상화된 자기상은 현실에 기반한 자기가치감에 대한 만족스럽지 못한 대체물이다. 신경증적인 사람들은 불안정감과 불안 때문에 자신감이 거의 없으나, 이상화된 자기상은 이러한 결함을 교정해 주지 않는다. 이상화된 자기상은 단지 가상의 가치감을 제공하고 신경증적인 사람이 참 자기로부터 멀어지게 한다.

양립할 수 없는 행동 양식을 조화시키고자 개발된 이상화된 자기상은 그 갈등을 고조시키는 또 하나의 요소가 될 뿐이다. 문제를 해결하기는커녕 점점 더 무가치한 느낌을 준다. 이상화된 자기상은 거짓 우월감과 안정감을 제공하기 위해 건설된 건물과 같다. 신경증적인 사람의 이상화된 자기상에 아주 작은 균열이라도 생기면, 이 거짓 우월감과 안정감은 위협을 받는다. 이상화된 자기상이라는 건물 전체가 파괴되는 데는 약간의 균열로도 충분하다. 호나이는 이상화된 자기상은 언제든 폭발할 수 있는 자기 파괴의 폭탄으로 가득 찬 집과 같다고 설명했다.

외재화

외재화(externalization)는 신경증적인 사람이 이상화된 자기상과 실제 자기상 간의 불일치로 인한 내적 갈등으로부터 자신을 방어하는 방법 중 하나다. 이 과정은 갈등으로 인한 불안을 일시적으로 완화해 주지만 이상화된 자기상과 현실 사이의 간극을 줄이는 데는 아무런 효과가 없다.

외재화는 갈등이 외부에서 발생하는 것처럼 갈등을 경험하는 경향을 의미하며, 이 과정에서 갈등의 근원은 외부 세력으로 묘사된다. 예를 들어 실제 자기와 이상화된 자기 사이의 불일치 때문에 자기혐오를 경험하는 신경증 환자는 그 증오를 다른 사람이나 기관에 투사하고 증오가 자신이 아니라 외

> **외재화** 갈등을 외부 세계에 투사함으로써 이상화된 자기상과 실제 자기상 간의 불일치로 인한 갈등으로부터 자신을 방어하는 방법.

부에서 오는 것이라고 믿을 수 있다.

여성심리학

경력 초기에 호나이는 여성에 대한 프로이트의 견해에 동의하지 않음을 분명히 했다. 그녀는 1922년 여성심리학(feminine psychology) 이론을 만드는 작업을 시작했고, 같은 해에 여성으로서는 최초로 국제정신분석학회에서 해당 주제에 관한 논문을 발표했다. 베를린에서 열린 이 회의는 지그문트 프로이트가 주재했다.

호나이는 특히 프로이트의 남근 선망 개념을 비판했다. 그녀는 이것이 부적절한 자료(신경증 여성을 대상으로 한 프로이트의 임상 면접)에서 도출되었다고 생각했다. 프로이트는 여성이 열등한 시민으로 간주되었던 장소와 시대에 철저하게 남성의 관점에서 이 현상을 설명하고 해석했다.

프로이트는 여성이 신체 구조의 희생양으로서 남성의 남근 소유를 평생 부러워하고 질투한다고 주장했다. 또한 여성은 초자아를 온전히 발달시키지 못하며(오이디푸스 갈등을 적절하게 해결하지 못한 결과), 자신이 실제로 거세된 남성이라고 믿기 때문에 열등한 신체상을 발달시킨다고 결론지었다.

자궁 선망

호나이는 남성이 여성의 출산 능력 때문에 여성을 부러워한다고 주장함으로써 앞서 소개된 남근 선망 개념에 반대했다. 이 문제에 대해 호나이는 자신의 출산 경험과 그로 인한 기쁨에 근거하여 입장을 정립하였다. 그녀는 남성 내담자에게서 그녀가 자궁 선망(womb envy)이라 부른 것을 발견했다. 그녀는 자궁 선망 개념에 대해 다음과 같이 기술했다. "꽤 오랜 기간 동

여성심리학 여성성과 여성의 역할에 대한 전통적인 이상에 내재된 심리적 갈등을 포괄하기 위한 정신분석학의 개정.
자궁 선망 여성은 아이를 낳을 수 있지만 남성은 아이를 낳을 수 없기 때문에 남성이 여성에게 느끼는 선망; 프로이트의 남근 선망의 개념에 대한 호나이의 반응.

안 여성을 분석한 후 남성을 분석하다 보면, 분석가는 임신, 출산, 모성에 대한 남성의 선망을 알게 되고 그 강렬함에 크게 놀라게 된다"(Horney, 1967, pp. 60-61).

남성은 새 생명을 창조하는 데 기여하는 바가 매우 적기 때문에 자궁 선망을 승화시키고 일에서 성취를 추구함으로써 이를 과도하게 보상한다(Gilman, 2001). 자궁 선망과 이에 수반되는 원망으로 인해, 여성을 폄하하고 얕잡아 보고 여성의 지위를 더 열등하게 만들고자 무의식적으로 다양한 행동을 고안하여 수행한다. 여성의 평등권을 부정하고, 여성이 사회에 기여할 수 있는 기회를 최소화하며, 여성의 성취 노력을 경시함으로써 남성은 이른바 천부적 우월성을 유지한다. 이러한 전형적인 남성 행동의 기저에는 자궁 선망에서 비롯된 열등감이 자리 잡고 있다.

호나이는 많은 여성이 자신을 남성보다 열등하다고 생각한다는 사실을 부인하지 않았다. 그녀가 의문을 제기한 것은 이러한 감정에 대한 생물학적 근거에 대한 프로이트의 주장이었다. 그녀는 여성이 자신을 무가치하다고 느낀다면, 이는 남성이 지배하는 문화에서 그런 대우를 받았기 때문이라고 주장했다. 여러 세대에 걸쳐 사회적, 경제적, 문화적 차별을 겪었다는 것을 전제로 보면 많은 여성이 자신을 그런 관점에서 본다는 사실을 충분히 이해할 수 있다.

여성성으로부터의 도피

이러한 열등감의 결과, 여성은 자신의 여성성을 부정하고 무의식적으로 남성이 되기를 바랄 수 있다. 호나이는 이것을 여성성으로부터의 도피라고 불렀으며, 이 상태가 성적 억제로 이어질 수 있다고 보았다(Horney, 1926). 이 상태와 관련된 성적 공포의 일부는 성인 남성의 생식기와 여아의 질의 크기 차이에 대한 아동기 환상에서 비롯된다. 환상은 질 손상과 강제 삽입의 고통에 초점을 둔다. 이는 아기를 갖고자 하는 무의식적인 욕구와 성교에 대한 공포 사이의 갈등을 낳는다. 갈등이 충분히 강하면 남성과의 관계에서 정서적 혼란을 보일 수 있다. 이러한 여성들은 남성을 불신하고 원망하며 성적 접근을 거부하게 된다.

▶ 호나이는 남성과 여성의 성별 고정 관념에 대한 프로이트의 견해에 이의를 제기했다.

오이디푸스 콤플렉스

호나이는 오이디푸스 콤플렉스의 본질에 대해서도 프로이트의 의견에 동의하지 않았다. 그녀는 아동과 부모 사이에 갈등이 있다는 것을 부정하지는 않았지만, 그 갈등이 성적 기원을 가지고 있다고 보지 않았다. 그녀는 오이디푸스 콤플렉스에서 성을 제거함으로써 부모에 대한 의존과 부모에 대한 적대감 사이의 갈등으로 상황을 재해석했다.

앞부분에서 우리는 안전과 안정감에 대한 아동기 욕구 충족을 저해하고 적대감을 키우는 부모의 행동을 살펴보았다. 아동은 부모에게 의존해야 하기 때문에 적대감을 표현하는 것이 용납되지 않는다. 아동은 사실상 "당신이 필요하기 때문에 적대감을 억압해야 한다"라고 말하는 것이다.

그 결과 적대적인 충동은 계속 남아 있게 되고, 이는 근본 불안을 야기한다. 호나이에 따르면 "결과적으로 생겨나는 그림은 프로이트가 오이디푸스 콤플렉스로 묘사한 것과 똑같아 보일 수 있다. 즉 아동은 한쪽 부모에게 열정적으로 집착하고 다른 쪽 부모는 질투한다"(Horney, 1939, p. 83). 이렇듯 오이디푸스적 감정에 대한 호나이의 설명은 부모-자녀 간 상호작용에서 생겨나는 신경증적 갈등을 중심으로 한다. 이러한 감정은 성이나 다른 생물학적 힘에 근거한 것이 아니며 보편적인 것도 아니다. 부모가 자녀의 안전을 위협하는 행동을 할 때 비로소 이러한 감정이 발달한다.

프로이트의 반응

프로이트는 여성을 보는 자신의 견해에 대한 호나이의 도전에 직접적으로 반응하지 않았으며, 오이디푸스 콤플렉스에 대한 자신의 개념을 변경하지도 않았다. 그러나 호나이의 연구에 대해 다음과 같이 기술하여 약간의 암시를 남겼다. "자신의 남근 선망 정도를 충분히 깨닫지 못한 여성 분석가가 환자가 보이는 남근 선망의 중요성을 알지 못하는 것은 그리 놀랄 일이 아니다"(Freud, 1940). 또한 프로이트는 호나이를 "유능하지만 악의적"이라고 평했다(Blanton, 1971, p. 65). 호나이는 프로이트가 자신의 견해의 정당성을 인식하지 못한 것에 대해 씁쓸해했다.

여성성 또는 경력

호나이는 초기 여성주의자로서 심리학계에서 여성의 역할을 정의할 때 논의되는 갈등에 대한 우려를 표명하고, 전통적인 이상적 여성성과 보다 현대적인 관점에서의 여성성 사이의 차이점을 지적했다(Horney, 1967). 전통적인 관점에서 대부분의 남성이 장려하고 승인하는 여성의 역할은 남성을 사랑하고 존경하며 섬기는 것이었다. 이러한 관점에 따르면 여성의 정체성은 남편을 비추어 주는 것뿐이었다.

호나이는 여성이 자신의 능력을 개발하고 경력을 추구함으로써 정체성을 찾아야 한다고 주장했다. 그러나 여성의 전통적 역할과 현대적 역할이 상반되기 때문에 오늘날까지 상당수의 여성이 해결하기 어려운 갈등을 경험한다. 1980년대 여성운동이 정점에 달했던 시절, 한 여성주의자는 호나이의 이론을 인용하여 다음과 같이 썼다.

현대 여성은 남성에게 더 매력적인 사람이 되는 것과 자신의 목표를 추구하는 것 사이에 끼어 있다. 상충되는 목적은 유혹 대 공격, 존중 대 야심과 같은 상충되는 행동을 유발한다. 현대 여성은 사랑과 일 사이에서 갈등하며, 결과적으로 둘 모두에 불만족하게 된다(Westkott, 1986, p. 14).

1930년대 카렌 호나이가 그랬던 것처럼 21세기에도 상당수의 여성이 결혼, 모성, 경력을 병행하는 데 어려움을 겪는다. 자신의 능력을 개발하고 일에 집중하기로 한 결정은 호나이에게 엄청난 만족을 가져다 주었지만, 그녀는 평생 동안 계속 안정과 사랑을 찾아 헤맸다.

여성심리학에 대한 문화적 영향

호나이는 사회적·문화적 힘이 성격 발달에 미치는 영향을 인식했다. 또한 그녀는 다른 문화와 사회 집단이 여성의 역할을 다른 방식으로 바라보는 점에 주목했고, 따라서 다양한 여성심리학이 있을 수 있다고 보았다. 그녀는 "미국 여성은 독일 여성과 다르며, 둘 다 푸에블로 원주민 여성과 다르다. 뉴욕의 여성은 아이다호에 거주하는 농부의 아내와 다르다. … 특정한 문화적 조건은 남성과 마찬가지로 여성에게도 특정한 자질과 능력을 형성한다"라고 기술했다(Horney, 1939, p. 119).

여성의 삶과 기대를 형성하는 문화의 힘에 대한 한 가지 예는 전통 중국 사회 같은 곳에서 찾을 수 있다. 기원전 1000년으로 거슬러 올라가면, 여성은 남성에게 종속되어 있었다. 사회는 우주가 음과 양이라는 두 개의 대조적이면서 상호작용하는 요소를 포함하고 있다는 믿음에 의해 지배되었다. 양은 남성적 요소를 나타내며, 활기 있고 긍정적이고 강하고 활동적인 모든 것을 포함한다. 음은 여성적 요소를 나타내며, 어둡고 약하고 수동적인 모든 것을 포함한다. 시간이 지나면서 이러한 요소로 인해 남성을 우월하게, 여성을 열등하게 여기는 계층 구조가 형성되었다.

이 생각은 중국 철학자 공자(기원전 551~479)의 가르침의 일부가 되었으며, 그의 사상은 수 세기 동안 중국을 지배한 이념으로 자리매김했다. 여성에 대한 엄격한 행동 규칙이 설정되었으며, 여성은 고분고분하고, 순종적이고, 공손하고, 순결하고, 이타적이어야 했다. 여자에 대한 중국어 단어는 문자 그대로 '안사람'을 의미하며, 이는 가정의 경계에 국한된 여성의 지위를 나타낸다.

> 존경할 만한 중국 여성은 보이지도 들리지도 않는 여성이었다. 여성은 집에서는 아버지에게, 결혼 후에는 남편에게, 남편을 잃고 나면 큰아들에게 순종해야 했기 때문에 남성의 지배에서 결코 자유로울 수 없었다. 여성의 말을 들으면 재앙이 들이닥칠 수 있다는 말이 있어서, 남성은 여성의 말을 들어서는 안 된다는 권고를 받았다. 남성의 경우 의지와 야망을 발휘하는 것이 영웅적으로 간주되었지만, 여성의 경우 사악하고 타락한 것으로 여겨졌다(Loo, 1998, p. 180).

이러한 태도는 현대 미국 사회 및 급변하는 중국 사회의 여성의 지위에 대해 널리 받아들여지는 견해와 상반되며, 이러한 비교를 통해 우리는 문화적 힘이 여성의 정신에 영향을 미치며 심지어 이를 결정하기도 한다는 호나이의 입장을 쉽게 수용할 수 있다.

인간 본성에 대한 질문

호나이가 인간 본성에 대해 제시한 이미지는 프로이트의 것보다 훨씬 더 낙관적이다. 그녀가 낙관적이었던 이유 중 하나는 생물학적 힘이 우리의 갈등, 불안, 신경증적 경향성 또는 성격의 보편성을 결정하지 않는다는 그녀의 믿음이었다. 호나이에 따르면 각 사람은 독특하다. 신경증적 행동은 아동기 사회적 힘의 영향을 받는다. 부모-자녀 관계는 자녀의 안전 욕구를 만족시키거나 좌절시킬 수 있으며, 이러한 욕구가 좌절되면 신경증적 행동이 발생한다. 그러므로 아동이 사랑, 수용, 신뢰로 양육된다면 신경증과 갈등을 피할 수 있다.

우리 각자는 자기실현을 위한 잠재력을 가지고 태어나며, 이것이 인생의 궁극적이고 필수적인 목표이다. 우리의 고유한 능력과 잠재력은 도토리가 떡갈나무로 자라는 것처럼 필연적으로 그리고 자연스럽게 꽃을 피울 것이다. 우리의 발달을 방해할 수 있는 유일한 것은 안전과 안정감에 대한 욕구가 아동기에 좌절되는 것이다.

또한 호나이는 우리가 의식적으로 성격을 형성하고 변화시킬 수 있다고 믿었다. 인간의 본성은 유연하기 때문에 아동기에 불변의 형태로 결정되지 않는다. 모든 개인은 성장 능력을 가지고 있다. 따라서 성인기 경험은 아동기 경험만큼 중요할 수 있다.

호나이는 우리의 성장 능력을 확신했기 때문에 자신의 삶뿐만 아니라 치료 작업에서도 자기분석을 강조했다. 그녀는 『자기분석(Self-Analysis)』(Horney, 1942)이라는 제목의 책에서 문제를 해결하는 데 도움이 되는 개인의 능력을 언급했다. 자유의지 대 결정론 쟁점에서 호나이는 자유의지를 옹호했다. 우리는 모두 자신의 삶을 형성하고 자기실현을 이룰 수 있다.

호나이 이론에서의 평가

호나이는 기본적으로 프로이트가 선호했던 자유연상과 꿈 분석을 약간 수정한 방법을 사용하여 인간 성격 기능을 평가했다. 호나이와 프로이트의 기술에서 가장 기본적인 차이점은 분석가와 환자의 관계에 있었다. 호나이는 프로이트가 매우 수동적인 역할을 맡은 채로 너무 멀리 떨어져 지적으로 기능했다고 보았다. 그녀는 분석이 환자와 치료사 사이의 "절묘한 협력 작업"이어야 한다고 말했다(Cherry & Cherry, 1973, p. 84).

호나이는 사무실에 소파를 두긴 했지만 모든 환자를 소파에 앉은 채로 대하지는 않았다. 그녀는 스스로 건설적인 친근감(contructive friendliness)이라고 명명한 태도를 취했으며, 이에 대해 다음과 같이 썼다. "이것은 환자에게 소파에 눕는 게 나은지 똑바로 앉는 것이 나은지를 물어보면서 시행착오를 통해 접근해야 하는 것이다. 환자가 앉든 눕든 방을 돌아다니든 원하는 것은 무엇이든 자유롭게 하도록 격려하는 것이 특히 효과적이다"(Horney, 1987, p. 43).

자유연상

호나이 역시 자유연상을 사용하기는 했지만, 이를 통해 무의식적인 마음을 탐구하려 했던 프로이트의 지침을 따르지는 않았다. 그녀는 환자가 삶의 내적 측면을 쉽게 왜곡하거나 숨길 수 있으며, 기억하고 있는 사건에 대한 감정을 위조할 수 있다고 믿었다. 그래서 호나이는 자신을 향한 환자의 눈에 보이는 정서적 반응에 초점을 맞추며, 이것이 다른 사람에 대한 환자의 태도를 설명할 수 있다고 믿었다. 그녀는 유아의 성적 환상이라고 가정한 것을 탐구하지 않고, 현재의 태도, 방어, 갈등을 평가한 후에야 환자의 초기 생애에 대해 질문했다.

호나이는 각각의 태도나 감정이 더 깊은, 기존에 있던 태도에서 비롯되었으며, 이는 다시 더 깊은 태도에서 비롯된 것이라고 믿었다. 그녀는 자유연상을 통해 양파 껍질을 벗기는 것과 유사하게 환자의 초기 경험과 정서를 점차적으로 밝혀냈다.

꿈 분석

호나이는 꿈 분석이 개인의 참 자기를 드러내며, 꿈은 건설적이거나 신경증적인 방식으로 문제를 해결하려는 시도를 의미한다고 믿었다. 꿈은 우리의 자기상과 다를 수 있는 일련의 태도를 보여 줄 수 있다. 그녀는 보편적인 꿈 상징의 목록을 제공하지 않았지만, 각 꿈은 환자가 가진 갈등의 맥락에서 설명되어야 한다고 주장했다. 그녀는 꿈의 정서적 내용에 초점을 맞추면서, "꿈을 이해하는 가장 안전한 단서는 꿈에서 환자가 느끼는 감정에 있다"라고 결론지었다 (Horney, 1987, p. 61).

자기보고식 검사

호나이는 심리검사를 사용하지 않았으나, 이후 연구자들은 호나이 이론의 일부를 기반으로 몇 가지 검사를 개발했다.

　35개 항목의 자기보고식 검사인 CAD는 호나이의 세 가지 신경증 경향인 순응형(compliant), 공격형(aggressive), 냉담형(detached) 성격 유형을 측정하기 위해 고안되었다(Cohen, 1967). 57개 항목으로 구성된 자기보고식 검사인 호나이-쿨리지 성격 유형 검사(Horney-Coolidge Type Indicator, HCTI)는 호나이의 세 가지 신경증 경향에 대한 또 다른 척도다. 아동 및 대학생을 대상으로 수행된 연구는 HCTI가 순응형, 공격형, 냉담형을 측정하는 데 유효한 척도임을 확인해 주었다(Coolidge, Moor, Yamazaki, Stewart, & Segal, 2001; Coolidge, Segal, & Estey, 2010).

　대학생을 대상으로 HCTI를 사용한 다른 연구에서는 남성이 공격형과 냉담형 척도에서 더 높은 점수를 받는 경향이 있는 반면, 여성은 순응형에서 더 높은 점수를 받는 것으로 나타났다. 또한 연구는 호나이의 세 가지 신경증 유형이 다양한 성격장애와 관계가 있다는 것을 보여 주었다. 예를 들어 공격성과 냉담은 정신증과 높은 상관관계가 있었다. 순응은 신경증과 관련이 있었다(Coolidge et al., 2001; Shatz, 2004; 추가 연구에 대해서는 Coolidge, Segal, Benight, & Danielian, 2004 참조). 보다 최근에는 5~17세의 아동 및 청소년을 대상으로 HCTI의 새로운 버전인 호나이-쿨리지 삼차원 척도(Horney-Coolidge Tridimensional Inventory)가 개발되었다(Coolidge, Segal, Estey, & Neuzil, 2011).

호나이 이론에 대한 연구

호나이는 사례 연구 방법을 사용했다. 따라서 그녀의 접근 방식, 자료 및 해석은 이전에 프로이트, 융, 아들러의 작업과 동일한 비판을 받는다. 사례 연구 방법에 내재된 약점이 그녀의 작업에도 그대로 적용된다.

　호나이는 환자의 기억을 있는 그대로 기록하는 것에 반대했다. 그녀는 "나는 어떤 사람이 초조하게 모든 것을 써 내려가면서 전심전력으로 수용성과 생산성을 발휘할 수 있을지 모르겠다"라고 말했다(Horney, 1987, p. 30). 프로이트, 융, 아들러와 마찬가지로 그녀의 분석 회기와 그동안 수집된 자료에 대한 완전한 기록은 없다. 그러나 그녀는 임상적 관찰을 하고, 가설을 세우고, 치료 상황에서 이를 검증하는 데 있어 엄격하고 과학적이려고 노력했으며, 자신의 자료가 다른 분야의 과학자들이 자료를 검증하는 것과 동일한 방식으로 검증됐다고 주장했다.

신경증적 경향

연구자들은 호나이가 제안한 세 가지 신경증적 경향을 연구하여 다음과 같이 재정의했다(Caspi, Elder, & Bem, 1987, 1988).

- 타인에 대항하는 움직임 – 성마름
- 타인에게서 멀어지는 움직임 – 수줍음
- 타인을 향한 움직임 – 의존성

이러한 유형 중 하나를 보이는 사람의 후기 아동기 행동과 30년 후의 행동을 비교하여 어떤 연속성이 존재하는지 살펴보았다. 성마른 아동은 남녀 모두 성마른 성인이 되는 경향을 보였으며, 이혼을 하거나 직장에서 지위가 강등되는 경향이 있었다. 수줍음 유형과 의존성 유형에서는 성차가 발견되었다. 수줍음이 많은 남아는 결혼과 직업에서 불안정을 경험하면서 냉담한 성인이 되었다. 반면에 수줍음이 많은 여아는 나중에 그런 문제를 보이지 않았다. 의존적인 남아는 호감이 가고, 사회적으로 침착하고, 따뜻하고, 베풀 줄 아는, 안정된 결혼 생활과 직업을 가진 성인이 되었다. 의존적인 여아는 그 반대인 것으로 나타났다(Caspi, Bem, & Elder, 1989).

타인에 대항하여 움직이는(공격적) 신경증적 경향과 타인에게서 멀어지는(냉담한) 신경증적 경향을 다루는 연구에서는 7~13세의 공격형과 냉담형 아동을 대상으로 행동을 측정하고, 이를 5~7년 후 다시 평가한 측정치와 비교했다(Moskowitz & Schwartzman, 1989). 공격성이 높은 사람들은 학업 성취도가 낮았고 정신과적 문제가 있는 것으로 나타났다. 냉담하거나 철수하는 사람들은 부정확하고 부정적인 자기상을 가지고 있는 것으로 나타났다. 연구자들은 호나이가 제안한 성격 유형이 이후 행동을 예측하는 데 유의한 가치를 지닌다고 결론지었다.

CAD 검사를 사용한 연구에 따르면 간호사나 사회복지사와 같이 타인을 돕는 직업을 준비하는 대학생이 사업 또는 과학 분야의 직업을 고려하는 대학생보다 순응성에서 높은 점수를 보고했다. 보다 경쟁적인 진로를 택한 사업 분야 대학생은 공격성에서 더 높은 점수를 받았다. 과학 분야 대학생은 냉담성 척도에서 가장 높은 점수를 받았다. 이러한 결과는 세 가지 신경증 경향에 대한 호나이의 설명과 일치한다(Cohen, 1967; Rendon, 1987).

이란에서 수행한 연구에 따르면 공격성 점수가 높은 사람들이 공격성 점수가 낮은 사람들보다 자동차 사고를 훨씬 더 많이 경험하는 것으로 나타났다(Haghayegh & Oreyzia, 2009).

여성심리학

일부 연구는 여성심리학에 대한 호나이의 생각을 간접적으로 활용한다. 앞에서 오이디푸스 콤플렉스에 대한 연구를 살펴보며 프로이트의 남근 선망 개념을 지지하는 꿈에 대한 고전적인 연구를 언급한 바 있다(Hall & Van de Castle, 1965). 이 연구는 남근 선망 개념에 대해 호나이가 제기한 물음에 답하지 못한다. 그러나 여성이 초자아를 부적절하게 발달시키고 열등한 신체상을 가지고 있다는 프로이트의 생각을 반박하는 연구는 호나이의 견해를 지지한다고 볼 수 있다.

당위성의 폭정

대학생을 대상으로 한 연구에서 연구 참가자들에게 연구 참여 전 일주일 동안 했던 세 가지 일을 떠올리게 한 뒤, 그들이 그 일을 의무감으로 했는지, 아니면 자발적으로 했는지 표시하게 하였다. 의무감에 의해 한 일보다 자발적으로 한 일이 더 많은 학생은 의무감이 주요 동기였던 학생에 비해 전반적인 삶의 만족도에서 훨씬 더 높은 점수를 받았다(Berg, Janoff-Bulman, & Cotter, 2001).

신경증적 경쟁심

호나이는 신경증적 경쟁심(neurotic competitiveness)이 현대 문화의 주요 측면이라고 주장했다. 호나이에 따르면 신경증적 경쟁심은 무슨 수를 써서라도 이기려는 무차별적 욕구로 정의된다. 이러한 욕구를 보이는 사람의 태도는 "경주에서 자신이 다른 사람보다 앞서 있는지 여부만을 중요시하는 기수의 태도에 비유"될 수 있다(Horney, 1937, p. 189).

신경증적 경쟁심 개념을 측정하기 위해 과경쟁심 태도 척도(Hyper-competitive Attitude Scale, HCA)나 신경증적 경쟁심 척도(Neurotic Competitiveness Inventory, NCI) 같은 자기보고식 검사가 개발되었다(Deneui, 2001; Ryckman, Thornton, & Butler, 1994). 검사에는 "경쟁에서 이기는 것이 나를 더 강한 사람으로 느끼게 해 준다"와 같은 항목이 포함되어 있다. 피험자들은 '전혀 그렇지 않다'에서 '항상 그렇다'에 이르는 5점 척도로 각 문항을 평가한다.

경쟁심 점수가 높은 사람들은 자기애, 신경증, 권위주의, 독단주의, 불신 점수가 함께 높았고, 자존감과 심리적 건강 점수는 낮았다. 의도적으로 경쟁을 피하는 사람들은 신경증 수준이 높았고 경쟁 상황에서 자신을 증명하려는 욕구가 낮았다(Ryckman, Thornton, & Gold, 2009). 지나치게 경쟁적인 남성은 지나치게 남성적이거나 남성성을 과시하는 것으로 나타났으며, 이들은 여성이 존중도 배려도 받을 가치가 없는 성적 대상이라는 신념을 보였다.

미국과 네덜란드의 대학생을 비교한 결과, 미국인이 과경쟁심(hyper-competitiveness)에서 더 높은 점수를 받았는데, 이는 성격에서의 문화적 차이를 시사한다(Dru, 2003; Ryckman, Hammer, Kaczor, & Gold, 1990; Ryckman, Thornton, & Butler, 1994; Ryckman, Thornton, Gold, & Burckle, 2002). 이러한 발견은 신경증적 경쟁심에 대한 호나이의 설명을 지지한다.

> **신경증적 경쟁심** 무슨 수를 써서라도 이기려는 무차별적 욕구.

두 가지 유형의 경쟁심

연구자들은 다른 사람을 지배하기 위해 승리하려는 경쟁심(competing to win, CW)과 개인의 목표를 능가하기 위해 탁월하려는 경쟁심(competing to excel, CE)이라는 두 가지 유형의 경쟁심을 확인했다. CE는 고등학생 사이에서 높은 자존감과 낮은 우울증과 관련이 있었다. 일반적으로 10대 남아는 10대 여아보다 CW에서 더 높은 점수를 받았다. 그러나 CW에서 높은 점수를 받은 여아는 CW에서 낮은 점수를 받은 여아보다 더 심한 우울증과 외로움을 보였고 친한 친구가 적었다(Hibbard & Buhrmester, 2010).

핵심 내용

호나이 이론에 대한 연구

공격형 신경증적 경향 점수가 높은 사람들은 다음과 같은 경향이 있다.

- 학교에서 수행이 좋지 않음
- 정신 건강 문제가 있음
- 타인을 돕는 직업보다 경영 분야를 전공함

신경증적 경쟁심 점수가 높은 사람들은 다음과 같은 경향이 있다.

- 신경증적임
- 자기애가 높음
- 권위주의적임
- 자존감이 낮음

호나이 이론에 대한 고찰

호나이 이론의 공헌

호나이의 공헌은 인상적이지만, 프로이트, 융, 아들러의 공헌만큼 심리학 분야에서 잘 알려지거나 인정받지 못했다. 그러나 그녀의 업적은 많은 대중의 관심을 받았는데, 여기에는 그녀의 개인적인 자질도 한몫했다. 한 학생은 이렇게 회상했다.

호나이에게는 온전함, 확실함, 완전한 헌신과 결단이 느껴졌고, 그녀 주변에는 그녀의 생각이 가치 있고 동료들 및 학생들과 나눌 만하다고 확신하는 분위기가 있었다. 그녀의 이론을 알면 어려움에 처한 사람들을 돕는 데 기여할 수 있을 것 같았다(Clemmens, 1987, p. 108).

이러한 특성은 전문 분석 교육을 받지 않은 사람들도 쉽게 이해할 수 있게 작성된 그녀의 저서에도 분명하게 드러난다. 그녀의 이론은 상식적이며 호소력이 있고, 많은 사람들은 이를 자기 자신, 가족, 친구의 성격에 적용할 수 있다고 느낀다.

호나이의 이론은 프로이트, 융, 아들러의 이론에 비해 오늘날 미국 문화에 내재된 문제와 관련성이 더 깊을 수 있다. 많은 성격 연구자들이 신경증 경향에 대한 호나이의 개념을 일탈 행동을 분류하는 데 가치 있는 방법이라 여긴다. 또 다른 성격 연구자들은 호나이가 강조한 자존감, 안전과 안정감을 향한 욕구, 근본 불안의 역할, 이상화된 자기상의 중요성을 인정한다.

6장과 9장에서 보게 되겠지만 그녀의 연구는 에릭 에릭슨과 에이브러햄 매슬로가 개발한 성격 이론에 상당한 영향을 미쳤다. 매슬로는 실제 자기와 자기실현 개념을 사용했으며, 근본 불안 개념은 에릭슨의 기본 불신 개념과 유사하다.

호나이 이론에 대한 비판

호나이는 정통 프로이트 이론을 교육받았고 프로이트가 연구의 토대와 도구를 제공한 것에 경의를 표했지만, 그녀의 이론은 여러 면에서 정신분석에서 벗어났다. 당연하게도 프로이트의 입장을 고수하는 많은 사람들이 그녀를 비판했다. 프로이트 학파가 보기에 호나이가 생물학적 본능의 중요성을 부정하고 성과 무의식을 덜 강조한 것은 명백한 약점이었다.

또한 호나이의 성격 이론은 프로이트의 성격 이론만큼 완전하고 일관되게 발전하지 않았다는 이유로 비판받았다. 프로이트의 모형은 매우 우아하고 정확하게 구성되었기 때문에 호나이가 이를 거부하고 다른 방식으로 재구성하려고 시도하는 것보다는 새로 시작하는 것이 더 나았을 것이라는 주장이 제기되기도 했다.

또 다른 비판은 그녀의 관찰과 해석이 미국 중산층 문화의 영향을 너무 많이 받았다는 것이다. 호나이는 자신의 이론 중 상당 부분을 미국 중산층 문화에 기반하여 발전시켰다. 물론 우리가 이 책을 통해 보았고 앞으로도 계속 보게 될 것처럼, 모든 성격 이론가들은 자신이 속했던 계층, 문화, 시대의 영향을 받는다.

호나이 이론에 대한 관심의 재고

1960년대에 시작된 여성운동으로 인해 호나이의 책이 다시 주목받았다. 여성심리학과 성에 대한 호나이의 저술은 그녀가 사망한 지 50년이 넘게 지난 뒤 여성의 사회적 역할에 관심을 갖는 학자들에게 높은 평가를 받고 있으며, 이는 그녀의 공헌 중 가장 영향력이 크다고 할 수 있다(Gilman, 2001; Miletic, 2002). 한 전기 작가는 "그녀가 다른 어떤 것도 쓰지 않았다 하더라도, 이 글들이 호나이에게 정신분석의 역사에서 중요한 지위를 선사했을 것이다"라고 말했다(Quinn, 1987, p. 211).

뉴욕에 있는 카렌호나이클리닉(Karen Horney Clinic)과 카렌호나이정신분석연구소(Karen Horney Psychoanalytic Institute; 분석가를 위한 교육 센터)의 업적은 호나이 이론의 지속적 영향력을 증명한다. 1945년에 설립된 이 클리닉은 적당한 비용을 받고 경증에서 중등도의 신경증 문제를 가진 사람들을 계속 치료하고 있다(Paul, 2010). 규모는 작지만 충성스러운 제자들이 그녀의 연구를 이어가고 있으며, 그중 상당 부분이 『미국 정신분석 학회지』에 게재되고 있다.

요약

카렌 호나이는 여성심리학에 대한 프로이트의 견해에 동의하지 않았으며, 성격 형성 요인에서도 그와는 달리 생물학적 힘보다는 사회적 힘을 강조하였다. 그녀의 아동기 경험은 그녀로 하여금 평생 사랑과 안정감을 추구하게 하였고, 이것이 그녀가 성격 이론을 정립하는 동력이 되었다.

안전 욕구는 안정감과 공포로부터의 해방을 향한 욕구를 의미하며, 이는 아동이 자신이 필요한 존재이며 사랑받고 있다고 느끼는지 여부에 의해 결정된다. 안정감이 저하되면 적대감이 생겨난다. 아동은 무력감, 부모에 대한 공포, 부모의 애정을 받고 싶은 욕구, 또는 적대감을 표현하는 것에 대한 죄책감 때문에 이러한 적대감을 억압할 수 있다. 적대감을 억압할 경우 적대적인 세상에서 느껴지는 외로움과 무력감이라 정의되는 근본 불안이 발생한다.

근본 불안으로부터 자신을 보호하는 네 가지 방법은 애정 구하기, 복종하기, 지배하기, 철수하기이다. 이러한 보호기제는 신경증적 욕구나 추동이 될 수 있다. 호나이는 열 가지 신경증적 욕구를 제안했으며, 나중에 이를 타인을 향한 움직임(순응적 성격), 타인에 대항하는 움직임(공격적 성격), 타인에게서 멀어지는 움직임(냉담한 성격)이라는 세 가지 신경증적 경향으로 분류했다. 순응형은 애정과 인정을 필요로 하며, 다른 사람들이 원하는 대로 행동하려고 한다. 공격형은 다른 사람에게 적대적이며, 통제감과 우월감을 얻으려고 한다. 냉담형은 다른 사람과 정서적으로 거리를 두려 하고, 사생활에 대한 욕구가 강하다.

정상적인 사람의 이상화된 자기상은 자신의 능력과 목표에 대한 현실적인 평가에 기반하여 형성되며, 이는 개인이 자신의 잠재력을 최대한 개발하고 사용하여 자기실현을 달성하는 데 도움을 준다. 신경증적인 사람의 이상화된 자기상은 자신의 능력에 대한 비현실적이고 잘못된 평가에 근거한다.

호나이는 여성이 남근을 부러워하고, 초자아를 온전히 발달시키지 못하며, 열등한 신체상을 가지고 있다는 프로이트의 주장에 반대했다. 그녀는 남성이 출산 능력 때문에 여성을 부러워하고 결과적으로 자궁선망을 경험하며, 성취를 통해 이를 승화한다고 믿었다. 그녀는 오이디푸스 콤플렉스가 부모에 대한 의존과 적대감 사이의 갈등을 포함하고 있다고 말하며, 오이디푸스 콤플렉스를 성적 기제로 설명하는 것을 거부했다.

인간 본성에 대한 호나이의 이미지는 프로이트의 이미지보다 더 낙관적이다. 그녀는 각 사람은 독특하며, 누구도 갈등할 운명으로 태어나지 않았다고 믿었다. 성격 형성에 있어 아동기의 영향도 중요하지만, 이후의 경험도 중요하다고 보았다. 삶의 궁극적인 목표는 자기실현이라는 선천적 성장 욕구이며, 사회적 힘은 자기실현에 도움이 될 수도 있고 방해가 될 수도 있다. 호나이에 따르면 우리는 의식적으로 성격을 형성하고 변화시킬 수 있다.

호나이의 평가 방법은 자유연상과 꿈 분석이었고, 연구 방법은 사례 연구였다. 일부 심리학자들은 신경증적 경향, 안전 욕구, 불안의 역할 및 이상화된 자기상에 대한 그녀의 개념들이 가치 있다고 본다. 연구는 호나이 이론의 특정 측면, 즉 신경증적 경향, 여성 심리학, 당위성의 폭정, 신경증적 경쟁심을 지지한다. 그녀의 이론은 프로이트의 이론만큼 완전하게 발전되지 않았다는 점과 미국 중산층 문화에 과도한 영향을 받았다는 점에서 비판받았다.

복습 문제

1. 호나이의 아동기 경험은 그녀의 성격 이론에 어떤 방식으로 영향을 미쳤는가?
2. 아동기 안전 욕구를 설명하고, 아동의 안정감을 보장하기 위해 필요한 부모의 행동 유형에 대해 말하라.
3. 근본 불안은 무엇이며 어떻게 발생하는가?
4. 근본 불안으로부터 자신을 보호하기 위해 아동기에 사람들이 사용하는 네 가지 기본 행동 유형을 설명하라.
5. 세 가지 신경증적 경향 및 각 경향과 관련된 행동을 설명하라.
6. 순응적 성격의 사람들은 다른 사람들을 어떻게 대하는가? 그들은 왜 그렇게 행동하는가?
7. 공격적 성격의 사람들은 냉담한 성격의 사람들과 어떤 면에서 다른가? 각 유형은 어떤 종류의 직업에서 성공할 가능성이 높은가?
8. 신경증적 경향은 불안에 대한 자기보호기제와 어떻게 관련되어 있는가?
9. 신경증적 경향의 관점에서 정상인과 신경증적인 사람의 차이점을 설명하라.
10. 정상적이고 현실적인 사람의 자기상은 신경증적인 사람의 이상화된 자기상과 어떻게 다른가?
11. 당위성의 폭정을 외재화의 과정과 비교하여 설명하라.
12. 호나이는 이전 시대에 부적절감을 경험한 여성들에 대해 어떻게 설명했는가?
13. 호나이는 오이디푸스 콤플렉스에 대한 프로이트의 개념을 어떻게 재해석했는가?
14. 문화적 힘이 사회에서 여성의 역할에 미치는 영향을 예를 들어 설명하라.
15. 인간 본성에 대한 호나이의 이미지는 프로이트의 이미지와 어떤 면에서 다른가?
16. 호나이가 평가 방법으로 사용한 자유연상은 프로이트의 것과 어떻게 다른가?
17. 신경증적 경향, 신경증적 경쟁심, 당위성의 폭정에 대한 연구 결과를 설명하라.
18. 호나이의 성격 이론에 대해 어떤 비판이 제기되었는가?
19. 호나이가 성격 연구에 가장 크게 기여한 것은 무엇이라고 생각하는가?

읽을거리

Berger, M. M. (Ed.). (1991, September). Special issue commemorating the 50th anniversary of the founding by Karen Horney, M.D. (1885-1952), of the Association for the Advancement of Psychoanalysis; the American Institute for Psychoanalysis; and the *American Journal of Psychoanalysis*. *American Journal of Psychoanalysis, 51*(3).

호나이의 업적에 대한 개관과 평가, 그녀에 대한 헌사 및 개인적 회상을 다룬다.

Gilman, S. L. (2001). Karen Horney, M.D., 1885-1952. *American Journal of Psychiatry, 158*, 1205.

호나이의 삶과 업적을 논의하고, 그녀의 이론이 여성주의 이론의 시작에 미친 영향을 평가한다.

Horney, K. (1937). *The neurotic personality of our time*. New York: Norton.

성격 내 갈등과 불안의 발달을 기술하고, 신경증이 과거 경험 및 사회문화적 분위기와 어떤 연관성을 갖는지 설명한다.

Horney, K. (1980). *The adolescent diaries of Karen Horney*. New York: Basic Books.

호나이가 13~25세 사이에 쓴 일기로, 강렬한 감정 묘사와 지적 정직성이 특징적으로 나타난다.

Horney, K. (1987). *Final lectures*. New York: Norton.

호나이가 생애 마지막 해에 했던 강의를 다룬다. 자유연상 및 꿈 분석과 같은 정신분석 기술에 대한 그녀의 견해를 자세히 소개한다.

Mitchell, J. (2014). *Individualism and the moral character: Karen Horney's depth psychology*. Piscataway, NJ: Transaction Publishers.

성격에 대한 호나이의 접근법이 프로이트의 접근법과 어떻게 다른지 분석한다. 사람들이 아동기 경험의 희생양이 되지 않고 자신의 정체성을 확립하는 방법에 대한 호나이의 견해를 소개한다.

Paris, B. J. (1994). *Karen Horney: A psychoanalyst's search for self-understanding*. New Haven, CT: Yale University Press.

호나이의 삶과 업적에 대한 연구로, 자기이해를 위한 그녀의 투쟁과 그녀의 이론의 발전 사이의 관계를 탐색한다. 그녀의 후기 업적이 심리학, 정신분석, 성별과 문화 연구에 기여한 부분을 평가한다.

Quinn, S. (1987). *A mind of her own: The life of Karen Horney*. New York: Summit Books.

호나이의 삶, 여성심리학에서의 그녀의 업적, 정통 프로이트 학파와의 갈등에 대해 논한다.

Sayers, J. (1991). *Mothers of psychoanalysis: Helene Deutsch, Karen Horney, Anna Freud, Melanie Klein*. New York: Norton.

정신분석 이론이 프로이트 이후 가부장적 성격에서 가모장적 성격으로 수정되는 부분을 기술한다. 카렌 호나이, 안나 프로이트 등 영향력 있는 여성 정신분석가들의 경험을 통해 성격 연구의 초점이 성, 억압, 거세 불안에서 동일시, 투사, 분리 불안으로 어떻게 전환되었는지 보여 준다.

생애 접근법

대부분의 성격 이론가들은 시간에 따른 성격 발달 양상에 어느 정도 주의를 기울인다. 그러나 성격이 계속해서 성장하고 변화하는 기간이 어느 정도인지에 대해서는 의견을 달리한다. 예를 들어 프로이트는 성격이 5세까지만 발달한다고 본 반면, 융은 중년기가 가장 중요한 변화의 시기라고 주장하였다. 아들러와 호나이는 성격이 아동기 이후에도 계속 변할 수 있다는 데 동의했다.

이 책에서 에릭 에릭슨의 연구로 대표되는 성격에 대한 생애 접근법은 전체 생애에 걸친 성격 발달에 주목한다. 그의 이론은 인간의 행동과 성장을 출생에서 죽음까지 여덟 단계로 설명하고자 한다. 에릭슨은 성격의 모든 측면을 각 발달 단계에서 직면하고 해결해야 하는 개인의 위기 또는 전환점의 관점에서 설명할 수 있다고 믿었다.

에릭 에릭슨:
정체성 이론

"신체가 신진대사의 문제에 대처하는 것처럼
성격은 계속해서 존재의 위험에 관여한다."

— 에릭 에릭슨

에릭 에릭슨(Erik Erikson)의 업적은 일반 문화뿐만 아니라 정신분석에도 지대한 영향을 미쳤다. 그의 저서는 베스트셀러가 되었고, 그의 사진은 『뉴스위크(Newsweek)』와 『뉴욕 타임스 매거진(New York Times Magazine)』의 표지에 실렸는데, 이는 성격 이론가에게 이례적인 일이었다. 그는 어떤 학문의 대학 학위도 취득하지 않았음에도 대단한 명성을 얻었다.

에릭슨은 프로이트의 딸 안나 프로이트에게 프로이트식 훈련을 받은 뒤, 정통 프로이트 이론의 핵심은 유지하면서 연구 범위를 확장하여 성격에 대한 또 다른 접근법을 개발하였다. 그는 상당한 혁신을 추구했지만, 프로이트 학파에 대한 유대는 강하게 유지했다. 그는 "정신분석이 항상 출발점"이라고 말했다(Keniston, 1983, p. 29). 에릭슨은 "정통 정신분석 이론에서 상당히 벗어나게 되었을 때도 공개적으로 자신을 충실한 프로이트주의자로 정의했다"(Anderson & Friedman, 1997, p. 1063).

에릭슨은 프로이트 이론을 다음과 같은 세 가지 방식으로 확장했다.

1. 프로이트의 발달 단계를 더 정교하게 설명하면서, 성격이 전 생애에 걸쳐 계속 발달한다는 견해를 제안했다.
2. 원초아보다 자아를 더 강조했다. 에릭슨의 관점에 따르면 자아는 성격의 독립적인 부분이다. 프로이트가 말한 것과 달리, 자아는 원초아에 의존하거나 종속되지 않는다.
3. 문화적, 역사적 힘이 성격에 미치는 영향을 인식했다. 그는 우리의 아동기가 선천적인 생물학적 요인의 작동에 의해 완전히 지배되지는 않는다고 주장했다. 생물학적 요인은 중요한 역할을 하지만, 성격에 대해 완전한 설명을 제공하지는 못한다고 보았다.

에릭슨의 생애(1902~1994)

개인적 정체성 위기

정체성 위기라는 개념을 제시한 이론가 자신이 여러 번 정체성 위기를 겪었고, 이를 "평생에 걸쳐 해결할 수 없다"고 느꼈다는 사실은 그리 놀랄 일이 아닐 것이다(Wallerstein, 2014, p. 657). 에릭슨은 독일 프랑크푸르트에서 태어났다. 덴마크의 부유한 유대인 가정 출신 어머니는 그가 태어나기 몇 년 전에 결혼했지만, 당시 남편이 결혼식 몇 시간 만에 사라졌다. 그녀는 다른 남자의 아이를 임신했고, 혼외자를 낳는 사회적 수치를 면하기 위해 독일에 가서 출산을 했다. 에릭슨은 아버지가 누구인지 알려 달라고 수년간 간청했지만, 끝내 그녀는 아버지가 누구인지 말해 주지 않았다.

그녀는 에릭슨을 낳은 후 독일에 남아 영유아 전문 소아과 의사인 테오도르 홈부르거(Theodore Homburger) 박사와 결혼했다. 에릭슨은 한동안 홈부르거가 자신의 생물학적 아버지가 아니라는 것을 알지 못했고, 자신의 이름과 심리적 정체성에 대해 확신하지 못하며 자랐다고 말했다. 그는 홈부르거라는 성을 유지하다가 37세에 미국 시민이 되면서 에릭 홈부르거 에릭슨으로 이름을 변경했다.

　에릭슨이 학교에 다닐 때 또 다른 정체성 위기가 찾아왔다. 어머니가 덴마크 출신임에도 그는 자신이 독일인이라고 생각했다. 그러나 독일인 급우들은 그의 어머니와 계부가 유대인이라는 이유로 그를 거부했고, 유대인 급우들은 그가 키가 크고 금발이며 아리아인의 얼굴 특징을 가지고 있다는 이유로 그를 거부했다. 에릭슨의 성적은 평범했으나, 그는 예술에 약간의 재능을 보였다. 그래서 고등학교를 졸업한 후에는 그 능력을 사용하여 정체성을 확립하려고 노력했다.

사회로부터의 이탈

에릭슨은 평범한 사회생활에서 벗어나 유럽 곳곳을 여행하며 책을 읽고 생각을 공책에 기록하며 주변의 삶을 관찰했다. 그는 자신이 병적으로 민감하고 신경증적이며 심지어 정신병자에 가깝다고 묘사했다. 몇 년 후 그의 딸은 이렇게 말했다.

　　아버지는 당신의 친아버지가 자신을 버리고 자신에 대해 전혀 관심을 갖지 않았다는 생각에 몹시 괴로워했다. 아버지는 평생 동안 우울증과 씨름했으며, 버림받고 거절당했던 아동기의 경험으로 인해 자기의심에 시달렸다. 심리적으로 매우 불안정했고, 자신의 발자취에 대한 확신이 없었다. 아버지는 다른 사람에게서 지지, 지도 및 안심을 끊임없이 갈구했다(Bloland, 2005, pp. 52, 71).

　에릭슨은 두 곳의 미술 학교에서 공부하고 뮌헨의 미술관에서 작품을 전시하기도 했지만, 정규 교육을 마칠 때마다 방황하면서 정체성을 찾으러 떠났다. 그는 나중에 정체성 위기 개념을 논하면서 다음과 같이 썼다. "내 가장 친한 친구들은 분명, 내가 이 위기에 이름을 짓고 모든 사람 안에 이러한 위기가 존재하는 것을 직시해야 한다고, 그래야만 내 안의 정체성 위기를 진정으로 해결할 수 있다고 내게 말할 것이다"(Erikson, 1975, pp. 25-26).

많은 성격 이론가들과 마찬가지로, 특히 아동기와 청소년기 에릭슨의 인생 경험과 그가 성인이 되어 발전시킨 성격 이론 사이에 밀접한 관련성을 확인할 수 있다. 한 전기 작가는 에릭슨이 "보고 느낀 것이 이론, 논문, 저서로 이어지는 '연구'가 되었다(프로이트가 자신의 꿈, 기억, 환상을 고찰하였던 것과 마찬가지로)"라고 말했다(Friedman, 1999, p. 16).

프로이트주의자로서의 정체성

에릭슨은 25세에 빈의 작은 학교 교사 자리를 제안받았는데, 그 학교는 지그문트 프로이트의 환자들과 친구들의 아이들을 위해 설립된 곳이었다. 전 세계 환자들이 프로이트를 찾고 있었다. 그들은 부유했고, 정신분석을 받는 동안 가족과 함께 빈으로 이사하여 그곳에 머물렀다. 에릭슨은 나중에 자신이 프로이트에게 끌린 이유가 부분적으로는 아버지를 찾고 있었기 때문이라고 고백했다. 바로 그때 에릭슨의 전문가로서의 경력이 시작되었고 마침내 그는 정체성을 찾았다고 느꼈다.

에릭슨은 정신분석 훈련을 받았고 안나 프로이트에게 정신분석을 받았다. 비용은 한 달에 7불이었으며, 회기는 3년 동안 거의 매일 진행되었다. 안나 프로이트는 아버지와 달리 아동 정신분석에 관심이 있었다. 에릭슨의 교사 경험에 그녀의 영향이 더해져, 에릭슨은 성격에 대한 사회적 영향의 중요성을 인식하고 아동 발달에도 관심을 갖게 되었다. 그는 교육 프로그램을 마친 후 빈정신분석연구소(Vienna Psychoanalytic Institute)의 회원이 되었다.

세 번의 결혼식과 안정적인 기반

1929년 빈에서 열린 가장무도회에서 에릭슨은 프로이트의 제자 중 한 명에게 정신분석을 받은 캐나다 출신 예술가이자 무용가 조앤 서슨(Joan Serson)을 만났다. 그들은 사랑에 빠졌지만, 그녀가 임신했을 때 에릭슨은 그녀와 결혼하기를 거부했다. 그는 그녀에게 영속적인 약속을 하는 것이 두렵고, 어머니와 계부가 유대인이 아닌 며느리를 허락하지 않을 것이라고 말했다. 친구들은 조앤과 결혼하지 않으면 생물학적 아버지의 행동 양상을 반복하는 것이고, 아이에게는 사생아의 낙인이 찍힐 것이라고 말하며 그를 설득했다. 이는 에릭슨 자신이 몸소 체험하며 고통스러워했던 부분이었다.

에릭슨은 마침내 조앤과 결혼하기로 결심했고, 그들은 유대교 방식, 개신교 방식, 비종교적 방식으로 세 번의 결혼식을 치렀다. 유대교식 결혼식 날 조앤은 유대교에서 금지된 음식인 돼지고기와 베이컨 냄새가 나는 가방을 들고 회당에 도착했고, 에릭슨은 결혼반지를 잊어버렸다. 한 전기 작가는 그들의 결혼식이 실수를 담은 희극이자 에릭슨의 어머니와 계부가 따르는 엄격한 유대교 관습에 대한 조롱이었다고 말했다(Friedman, 1999). 결혼 후 조앤은 자신의 경력을 포기하고 평생 동안 에릭슨의 지적 동반자이자 편집자로 남았다. 그녀는 그의 삶에 안정적인 사회적·정서적 기반을 제공하였고, 그가 성격에 대한 이론을 개발하도록 도왔다. 에릭슨의 이복 여동생은 "조앤이 없었다면 에릭슨은 아무것도 아니었을 것이다"라고 말했고(Friedman, 1999, p. 86), 에릭슨도 여기에 동의했다.

에릭슨의 미국행

1933년 나치의 위협이 커지는 것을 인식한 에릭슨 가족은 덴마크로 이주한 다음 다시 미국으로 이주하여 보스턴에 정착했다. 에릭슨은 아동 치료를 전문으로 하는 개인 정신분석 진료소를 설립했다. 또한 그는 정서 문제가 있는 비행 청소년을 위한 지도 센터에서 일했으며, 매사추세츠 종합 병원의 직원으로도 근무했다.

에릭슨은 박사 학위를 받기 위해 하버드 대학교에서 대학원 공부를 시작했다. 심리학을 전공했지만 첫 과정에 낙제한 뒤에 대학원 과정을 중퇴했다. 1936년에는 학위도 없이 예일 대학교 인간관계연구소(Institute of Human Relations)에 초대되어 의과대학에서 강의를 진행했다. 그러는 동안에도 아동을 대상으로 정신분석 연구를 계속하는 한편, 예일 대학교의 한 인류학자와 협력하여 사우스다코타의 원주민인 수(Sioux)족의 자녀 양육 관행에 대한 연구를 수행했다.

이 연구를 통해 문화가 아동기에 미치는 영향에 대한 에릭슨의 믿음은 더 강해졌다. 에릭슨은 버클리에 있는 캘리포니아 대학교 인간개발연구소(Institute of Human Development)에서 그의 이론을 계속 확장했다. 많은 정신분석가와 달리 에릭슨은 가능한 한 광범위한 임상 경험을 원했기 때문에, 다양한 문화권의 환자들을 찾아다녔고, 정서 문제가 있는 사람들뿐만 아니라 정상으로 볼 수 있는 사람들도 만났다.

명예와 찬사는 있지만 정체성은 없다

에릭슨은 사우스다코타와 캘리포니아에서 아메리카 원주민을 관찰하면서 정통 프로이트 이론으로는 설명할 수 없는 심리적 증상에 주목했다. 이들의 증상은 문화적 전통으로부터의 소외감과 관련된 것으로 보였고, 이는 명확한 자기상의 결여 또는 자기정체성의 결여로 이어졌다. 에릭슨이 처음에 정체성 혼란이라고 불렀던 이 현상은 제2차 세계대전 이후 정서적 혼란을 경험한 참전 군인들에게서 관찰되었던 상태와 유사했다.

에릭슨은 아메리카 원주민들이 억압된 갈등이 아니라, 외상적인 전쟁 경험과 그들의 문화에서 일시적으로 뿌리 뽑혀서 초래된 혼란으로 고통받고 있다고 주장했다. 또한 그는 재향 군인의 상황을 그들이 누구이며 어떤 사람인지에 대한 정체성 혼란으로 설명했다.

1950년에 에릭슨은 매사추세츠 스톡브릿지에 있는 오스틴리그스센터(Austen Riggs Center)에 합류했는데, 그곳은 정서 문제가 있는 청소년을 위한 치료 시설이었다. 10년 후 그는 하버드로 돌아가 대학원 세미나와 인간의 생애주기에 관한 인기 있는 학부 과정을 가르치다가 1970년에 은퇴했다.

에릭슨은 84세에 노년기에 관한 책을 출판했다. 그는 일생에 걸쳐 많은 업적을 이루었고, 명예와 찬사를 받았지만, 에릭슨의 딸은 에릭슨이 자신이 성취한 것에 대해 여전히 실망감을 느꼈다고 썼다. 그녀에 따르면 "이 유명한 사람에게는 자신이 사생아였다는 사실이 변함없이 수치스러운 일이었다"(Bloland, 2005, p. 51).

심리사회적 단계에 따른 성격 발달

에릭슨은 성격의 발달 과정을 여덟 가지 심리사회적 발달 단계(psychosocial stages of development)로 구분했다. 처음 네 단계는 프로이트의 구강기, 항문기, 남근기, 잠복기와 유사하다. 주요 차이점은 프로이트가 생물학적 요인에 중점을 두었던 반면, 에릭슨은 심리사회적 요인을 강조했다는 것이다.

유전과 환경의 역할

에릭슨은 발달 과정이 그가 후성유전학적 성숙 원리(epigenetic principle of maturation)라고 명명한 것에 의해 지배된다고 제안했다. 이는 유전적 영향이 발달 단계를 결정짓는 특성임을 의미한다. 접두사 'epi'는 '~에 따른(upon)'이라는 의미이다. 에릭슨은 발달이 유전 요인에 따라 진행된다고 보았다.

그러나 유전적으로 미리 결정된 발달 단계가 실현되는 방식을 통제하는 것은 우리를 둘러싼 사회적·환경적 힘이다. 따라서 우리의 성격 발달은 생물학적 요인과 사회적 요인 모두의 영향을 받는다.

갈등과 위기

에릭슨의 이론에서 인간 발달은 일련의 개인적 갈등을 수반한다. 이러한 갈등의 가능성은 태어날 때부터 타고난 성향으로 존재하며, 이러한 성향은 우리가 각 발달 단계에서 환경에 특정한 방식으로 적응해야 할 때 드러나게 된다. 각 단계에서의 환경과의 대결을 위기(crisis)라고 부른다. 위기는 관점의 변화를 수반하며, 우리는 생애주기의 각 단계의 필요에 따라 본능적 에너지에 다시 집중하게 된다.

각각의 발달 단계에는 행동과 성격의 변화를 요구하는 특정한 위기, 즉 전환점이 있다. 우리는

> 심리사회적 발달 단계 에릭슨의 이론에서 전 생애에 걸친 여덟 개의 연속적인 단계; 각 단계에서 우리는 적응적이거나 부적응적인 방식으로 위기에 대처해야 함.
> 후성유전학적 성숙 원리 인간의 발달이 유전 요인에 의존하는 일련의 단계에 의해 지배된다는 생각.
> 위기 각각의 발달 단계에서 직면하는 전환점.

적응적(긍정적)이거나 부적응적(부정적)인 방식으로 위기에 대응할 수 있다. 성격은 각 갈등을 해결해야만 정상적인 발달 과정을 밟게 되고, 다음 단계의 위기에 대처할 수 있는 힘을 얻을 수 있다. 어떤 단계든 갈등이 해결되지 않은 채로 남아 있다면 이후의 문제에 적응적으로 대처할 가능성이 낮아진다. 성공적인 적응이 가능할 수는 있지만, 달성하기가 더욱 어려워지는 것이다.

적응적 대처

에릭슨은 자아가 부적응적 대처 방식과 적응적 대처 방식을 모두 통합해야 한다고 믿었다. 예를 들어 심리사회적 발달의 첫 번째 단계에서 우리는 신뢰나 불신을 발달시켜 무기력과 의존의 위기에 대응할 수 있다.

보다 적응적이고 바람직한 대처 방법인 신뢰는 분명히 더 건강한 심리적 태도다. 그러나 우리 각자는 보호를 위해 어느 정도의 불신을 키워야 한다. 우리가 너무 쉽게 타인을 신뢰한다면, 우리를 속이거나 오도하거나 조종하려는 타인의 시도에 취약해질 것이다.

발달의 모든 단계에서 자아가 주로 긍정적이거나 적응적인 태도를 취하면서도 어느 정도의 부정적 태도가 균형을 잡아 준다면 이상적일 것이다. 그럴 때 위기가 만족스럽게 해결됐다고 생각할 수 있다.

| 기본 강점

에릭슨은 심리사회적 8단계의 각 단계가 우리에게 기본 강점(basic strength)을 개발할 수 있는 기회를 제공한다고 주장했다. 이러한 강점 또는 덕목은 위기가 만족스럽게 해결되었을 때 생겨난다. 그는 이전 단계와 관련된 강점이 견고해질 때까지 다음 단계의 강점이 발전할 수 없다는 점에서 기본 강점들은 상호 의존적이라고 제안했다(표 6.1 참조).

기본 강점 동기를 부여하는 특성과 신념; 각 발달 단계에서 위기가 만족스럽게 해결되었을 때 파생됨.

표 6.1 에릭슨의 심리사회적 발달 단계와 기본 강점

단계	나이	적응적 대처 방식 대 부적응적 대처 방식	기본 강점
구강감각기	출생~1세	신뢰 대 불신	희망
근육항문기	1~3세	자율성 대 의심과 수치심	의지
운동생식기	3~5세	주도성 대 죄책감	목적
잠복기	6~11세	근면성 대 열등감	유능감
청소년기	12~18세	정체성 확립 대 역할 혼란	충실성
청년기	18~35세	친밀감 대 고립감	사랑
성인기	35~55세	생산성 대 침체감	배려
성숙노년기	55세 이상	자아통합 대 절망감	지혜

신뢰 대 불신

에릭슨의 심리사회적 발달 단계에서 구강감각기는 프로이트의 구강기와 유사하며, 인생의 첫 해, 즉 우리가 가장 무력한 시기에 해당한다. 영아는 생존, 안전, 애정을 위해 어머니나 일차 양육자에게 전적으로 의존한다. 이 단계에서는 입이 매우 중요하다. 에릭슨은 유아가 "입을 통해 살고, 입으로 사랑한다"라고 기술했다(Erikson, 1959, p. 57). 그러나 영유아가 세상과 생물학적으로만 관계를 맺는 것은 아니다. 아기와 세상의 사회적 관계, 즉 아기와 엄마의 상호작용은 앞으로 환경을 신뢰하는 태도와 불신하는 태도 중 어떤 태도가 아기의 성격에 통합될지 결정한다.

어머니의 중요성 어머니가 아기의 신체적 필요에 적절하게 반응하고 충분한 애정, 사랑, 안정을 제공한다면, 아기는 신뢰감을 발달시킬 것이며, 이는 성장하는 아기가 자신과 타인을 바라보는 관점을 특징짓는 태도가 될 것이다. 우리는 이런 식으로 우리의 환경에 있는 다른 사람과 상황으로부터 "일관성, 연속성, 동일성"을 기대하는 법을 배운다(Erikson, 1950, p. 247). 에릭슨은 이러한 기대로부터 우리의 자아정체성이 형성되기 시작한다고 말했다.

반면에 어머니가 거부적이거나 부주의하거나 일관성 없는 행동을 보인다면, 아기는 불신하는 태도를 발달시켜 의심하고 두려워하고 불안해할 것이다. 에릭슨에 따르면 어머니가 아기에게 배타적인 관심을 주지 않는 경우에도 불신이 생길 수 있다. 에릭슨은 어머니가 집 밖에 일하러 나가기 시작하면서 아기를 친척이나 어린이집에 맡기는 경우도 아기에게 불신을 조장할 위험이 있다고 주장했다.

이후 발달 단계에서의 신뢰 상실　성격의 차원으로서 신뢰 또는 불신의 양상은 유아기에 형성되지만, 이후의 발달 단계에서 이 문제가 재등장할 수 있다. 예를 들어 영아와 어머니의 이상적인 관계는 높은 수준의 신뢰를 제공하지만, 어머니가 사망하거나 집을 떠나면 이 신뢰는 파괴될 수 있다. 이런 일이 생기면 불신이 성격을 압도할 수 있다. 아동기의 불신은 이후 사랑과 인내를 보여 주는 교사나 친구와의 관계를 통해서 개선될 수 있다.

희망　희망이라는 기본 강점은 구강감각기에 위기를 성공적으로 해결하는 것과 관련이 있다. 에릭슨은 희망이란 우리의 바람이 충족될 것이라는 믿음이라고 설명했다. 희망은 지속적인 자신감, 즉 일시적인 좌절이나 어려움에도 불구하고 견딜 수 있을 것이라는 감정을 포함한다.

자율성 대 의심과 수치심

프로이트의 항문기에 해당하는 1~3세의 근육항문기 동안 아동은 다양한 신체적, 정신적 능력이 빠르게 발달하는 것을 경험하고, 스스로 많은 일을 할 수 있게 된다. 아동은 보다 효과적으로 의사소통하고, 걷고, 오르고, 밀고, 당기고, 물건을 붙잡거나 놓는 법을 배우며, 이러한 기술에 자부심을 갖고 대개 가능한 한 스스로 뭔가를 하고 싶어 하게 된다.

에릭슨은 이러한 모든 능력 중에서 가장 중요한 것은 붙잡고 놓는 것과 관련이 있다고 믿었다. 그는 이것이 차후 나타나는 행동과 태도의 갈등에 대한 반응의 원형이라고 보았다. 예를 들어 붙잡기는 사랑하는 방식 또는 적대적인 방식으로 나타날 수 있다. 놓아주기는 파괴적인 분노의 발산이나 이완된 수동성이 될 수 있다.

선택 이 단계에서 가장 중요한 것은 아동이 처음으로 무언가를 선택하여 자율적 의지의 힘을 경험할 수 있다는 점이다. 이들은 여전히 부모에게 의존하고 있지만, 자신을 권리를 가진 사람으로 여기기 시작하고 새로 발견한 강점을 행사하고자 한다. 여기서 중요한 질문은 아동이 자신을 표현하며 할 수 있는 모든 일을 하려 할 때, 부모라는 형태의 사회가 이를 어디까지 허용할 것인가이다.

배변 훈련의 위기 이 단계에서 부모와 자녀 사이의 주요 위기는 배변 훈련과 관련이 있는데, 이것은 일반적으로 사회가 아동의 본능적 욕구를 조절하려고 시도하는 첫 번째 사례로 간주된다. 아동은 적절한 시간과 장소에서만 붙잡고 놓도록 지도를 받는다. 부모는 아동이 자신의 속도로 배변 훈련을 진행하도록 허용할 수도 있고, 짜증을 낼 수도 있다. 후자의 경우 부모는 자녀가 올바르게 행동하지 않을 때, 조바심과 분노를 보이며 훈련을 강요함으로써 자녀의 자유 의지를 거부하는 것일 수 있다. 부모가 독립심을 발휘하려는 자녀의 시도를 좌절시키면 자녀는 타인을 대할 때 자기의심과 수치심을 갖게 된다. 배변 훈련의 위기 때문에 항문 부위가 이 단계의 초점이 되지만, 갈등의 표현은 생물학적이라기보다 심리사회적이라는 것을 알 수 있다.

의지 자율성에서 나오는 기본 강점은 의지이며, 이는 사회의 요구에 대해 선택의 자유와 자제력을 행사하려는 결단력을 의미한다.

주도성 대 죄책감

3~5세에 발생하는 운동생식기는 프로이트 체계의 남근기와 유사하다. 아동의 운동 능력과 정신 능력은 계속해서 발달하며, 아동은 스스로 더 많은 것을 성취할 수 있게 된다. 이들은 많은 활동에서 주도성을 발휘하고자 하는 강한

열망을 보인다.

오이디푸스 관계 이 단계에서 생겨날 수 있는 한 가지 주도성은 환상의 형태로, 즉 이성의 부모를 소유하고 동성의 부모와 경쟁 관계를 구축하려는 욕망으로 나타날 수 있다. 부모는 이러한 자기주도적 활동과 환상에 어떻게 반응해야 할까? 부모가 아동을 벌하고 이러한 주도성의 표현을 억제한다면, 아동은 평생 동안 자기주도적 활동에 지속적인 영향을 미칠 죄책감을 발달시킬 것이다.

오이디푸스 관계에서 아동은 필연적으로 실패하지만, 부모가 이 상황에서 아동을 사랑과 이해로 대할 경우 아동은 허용되는 행동과 허용되지 않는 행동을 인식하게 된다. 아동의 주도성은 성인의 책임감과 도덕성 발달에 대비하여 현실적이고 사회적으로 승인된 목표를 향해 발휘될 수 있다. 프로이트는 이것을 초자아라고 불렀다.

목적 목적이라는 기본 강점은 주도성에서 나온다. 목적은 목표를 구상하고 추구하는 용기를 의미한다.

근면성 대 열등감

에릭슨의 심리사회적 발달 단계에서 6~11세에 발생하는 잠복기는 프로이트의 잠복기에 상응한다. 아동은 학교생활을 시작하고 새로운 사회적 영향에 노출된다. 이상적인 경우 아동은 가정과 학교 모두에서 좋은 일과 학습 습관을 배우는데, 이러한 습관은 에릭슨이 근면성이라고 칭했던 것으로, 주로 과업을 성공적으로 완료함으로써 칭찬과 만족을 얻는 수단이다.

새로운 기술의 개발 연역적 추론과 규칙에 따라 놀이하는 능력이 성장한 결과 아동은 물건을 만드는 데 사용되는 기술을 정교하게 개발해 가게 된다. 에릭슨의 견해에 따르면 여기에는 그 시대의 성에 대한 고정 관념이 반영된다. 따라서 남아는 나무 위의 집과 모형 비행기를 만들고, 여아는 요리와 바느질을

▶ 아동은 새로운 기술과 능력을 개발하는 데 자부심을 느낀다.

하게 된다.

　　그러나 이 나이에 관련된 활동이 무엇이든, 아동은 주의 집중, 근면, 끈기를 발휘하여 과제를 완료하려고 진지하게 노력하는 모습을 보인다. 에릭슨의 말에 따르면, "첨단 기술을 발전시키는 데 사용되는 기본 기술은 아동이 성인이 사용하는 기구, 도구 및 무기를 다룰 준비가 되면서 발전한다"(Erikson, 1959, p. 83).

　　부모와 교사의 태도와 행동은 아동이 기술을 개발하고 사용하는 것을 스스로 인식하는 정도에 강하게 영향을 미친다. 아동은 꾸지람을 듣거나 조롱을 받거나 거부당하면 열등감과 부적절감을 느끼기 쉽다. 칭찬과 강화는 유능감을 키워 주고 지속적인 노력을 격려해 준다.

유능감　잠복기의 근면성에서 나오는 기본 강점은 유능감이다. 유능감은 과업을 추구하고 완수할 때 기술과 지능을 발휘하는 것을 포함한다.

마지막 네 가지 발달 단계　아동기 첫 네 단계에서 위기의 결과는 다른 사람들에게 달려 있으며, 위기의 해결 역시 아동이 스스로 할 수 있는 일보다는 아동에게 행해지는 일에 달려 있다. 아동의 독립성은 출생부터 11세까지 점점 증가하지만, 아동의 발달은 대부분 이 시기 그들의 삶에서 가장 중요한 사람인 부모와 교사의 영향을 받게 된다.

심리사회적 발달 단계 중 마지막 네 단계에서 우리는 환경에 대해 더 많은 통제력을 발휘할 수 있게 된다. 우리는 친구, 대학, 직업, 배우자 및 여가 활동을 의식적으로, 그리고 의도적으로 선택한다. 그러나 출생에서 청소년기에 이르는 단계를 통해 형성된 성격 특성은 이러한 의도적 선택에 분명히 영향을 미친다. 이때 우리의 자아가 주로 신뢰, 자율성, 주도성, 근면성을 발휘할지 또는 불신, 의심, 죄책감, 열등감을 발휘할지가 우리의 남은 삶의 행로를 결정하게 될 것이다.

정체성 확립 대 역할 혼란

12~18세의 청소년기는 우리가 기본적인 자아정체성(ego identity)의 위기를 만나고 해결하는 단계다. 이때 우리는 자신에 대한 생각과 우리에 대한 다른 사람들의 생각을 통합하여 자기상을 형성한다. 이 과정이 만족스럽게 이루어지면 일관되고 조화로운 자기상을 가지게 된다.

정체성을 형성하고 이를 수용하는 것은 종종 불안으로 가득 찬 힘든 작업이 되기도 한다. 청소년은 자신에게 가장 적합한 것이 무엇인지 결정하기 위해 다양한 역할과 이념을 실험한다. 에릭슨은 청소년기가 아동기와 성인기 사이의 공백기로, 개인에게 다양한 역할을 수행해 보고 다양한 자기상을 실험해 볼 수 있는 시간과 에너지를 주는 데 필수적인 심리적 유예 기간이라고 주장했다.

자아정체성 우리가 무엇이고 무엇이 되고 싶은지에 대한 우리의 생각을 통합하는, 청소년기에 형성된 자기상.
정체성 위기 청소년기에 자아정체성을 확립하지 못하는 것.

정체성 위기 이 단계에서 단단한 자기정체성을 갖게 되는 사람들은 확신과 자신감을 가지고 성인기를 맞이할 준비를 갖추게 된다. 에릭슨이 정체성 위기(identity crisis)라고 부른 것을 경험한 사람들,

즉 응집력 있는 정체성을 확립하지 못한 사람들은 역할 혼란을 보일 것이다. 이들은 자신이 누구인지, 어떤 사람인지, 어디에 속해 있는지, 어디로 가고 싶은지 모른다.

이들은 에릭슨이 한동안 그랬던 것처럼 정상적인 삶의 순서(교육, 직업, 결혼)에서 벗어나거나 범죄나 마약을 통해 부정적 정체성을 추구할 수 있다. 긍정적 정체성만큼 만족스럽지는 않지만, 사회가 정의하는 부정적 정체성조차 정체성이 없는 것보다는 선호할 만하다.

에릭슨은 청소년기 자아정체성 발달에 또래 집단이 강한 영향을 미

Anthony Redpath/Comet/Corbis

▶ 정체성 위기를 겪는 청소년은 자신이 어디에 속해 있고 무엇이 되고 싶은지 잘 모른다.

친다는 면에 주목했다. 그는 광신자 집단 및 사이비 집단에 과도하게 연관되는 것 또는 자신을 대중문화의 아이콘과 강박적으로 동일시하는 것이 자아의 발달을 제한할 수 있다고 지적했다.

충실성 청소년기에 개발해야 하는 기본 강점은 충실성으로, 이는 응집력 있는 자아정체성에서 나오는 덕목이다. 충실성은 다른 사람들과의 관계에서 보이는 성실성, 진정성, 의무감을 포함한다.

친밀감 대 고립감

에릭슨은 청년기를 청소년기 말에서 약 35세까지의 기간으로 확장했다. 이 기간에 우리는 부모 및 대학과 같은 소위 준부모 기관으로부터 독립성을 획득하고, 성숙하고 책임감 있는 성인으로서 보다 자율적으로 기능하기 시작한다. 우리는 생산적인 형태의 일을 하고, 우정이나 성적 결합과 같이 친밀한

관계를 맺는다.

배려와 헌신 에릭슨의 관점에서 친밀감은 성적 관계에 국한되지 않고 배려와 헌신의 감정도 포함한다. 이러한 감정은 자기보호기제 또는 방어기제에 의존하거나 자기정체성을 잃을까 봐 두려워하지 않고 공개적으로 표현될 수 있다. 우리는 그 과정에서 잠식되거나 자신을 잃어버리지 않으면서 정체성을 다른 사람과 연합할 수 있다.

청년기에 그러한 친밀감을 형성할 수 없는 사람들은 고립감을 발달시킬 것이다. 이들은 사회적 접촉을 피하고 다른 사람들을 거부하며 심지어 사람들을 공격적으로 대할 수도 있다. 이들은 친밀감이 자아정체성에 위협이 된다고 느끼고 두려워하기 때문에 혼자 있는 것을 선호한다.

사랑 청년기의 친밀감에서 나오는 기본 강점은 사랑으로, 에릭슨은 이를 모든 인간의 미덕 중 가장 위대한 것으로 간주했다. 그는 사랑이란 누군가와의 상호 헌신을 통한 정체성의 공유, 즉 다른 사람과의 융합이라고 설명했다.

생산성 대 침체감

대략 35~55세인 성인기는 다음 세대를 가르치고 인도하는 데 적극적으로 참여하는 성숙의 단계이다. 이러한 욕구는 직계 가족을 넘어 다른 사람에게로 확장된다. 에릭슨의 관점에 따르면 우리의 관심은 미래 세대와 그들이 살게 될 사회를 포함하면서 더 광범위하고 장기적인 것으로 발전한다. 생산성을 느끼려고 부모가 될 필요는 없으며, 자녀를 갖는다고 이러한 욕구가 자동으로 충족되는 것도 아니다.

에릭슨은 기업, 정부, 사회 서비스 또는 학계의 모든 기관이 우리에게 생산성을 표현할 기회를 제공한다고 믿었다. 따라서 우리는 어떤 조직이나 활동에 관여하고 있든 상관없이 사회 전반의 개선을 위해 젊은 사람들에게 멘토, 교사 또는 안내자가 되는 방법을 찾을 수 있을 것이다.

중년기에 생산성의 출구를 찾지 못했거나 찾으려 하지 않은 사람들은 "침체감, 지루함, 대인 관계 빈곤"에 압도될 수 있다(Erikson, 1968, p. 138). 중년의 정서적 어려움에 대한 에릭슨의 묘사는 융이 중년기 위기를 기술한 것과 유사하다. 이러한 사람들은 가짜 친밀감의 단계로 퇴행하여 어린아이 같은 방식으로 자신을 탐닉할 수 있다. 또한 이들은 자신의 욕구와 안락에 몰두하기 때문에 신체적으로 혹은 심리적으로 약해질 수 있다.

배려 배려는 성인기에 생산성에서 나오는 기본 강점이다. 에릭슨은 배려를 다른 사람들에 대한 광범위한 관심으로 정의했으며, 배려가 다른 사람들을 돕기 위해서만이 아니라 자신의 정체성을 이루어 가기 위해 교육의 욕구 형태로 나타난다고 믿었다.

자아통합 대 절망감

심리사회적 발달의 마지막 단계인 성숙노년기에 우리는 자아통합과 절망감 사이의 선택에 직면하게 된다. 이러한 태도는 우리가 일생을 평가하는 방식을 지배한다. 우리의 수고는 대부분 이미 완료되었거나 거의 완료된 상태이다. 우리는 삶을 돌아보고 성찰하며 마지막 조치를 취한다. 인생의 승리와 실패를 잘 다루어 왔다고 믿고 성취감과 만족감을 가지고 인생을 되돌아볼 때, 우리는 자아통합을 이루었다고 말할 수 있다.

간단히 말해서 자아통합은 자신의 현재 위치와 과거를 수용하는 것을 의미한다. 놓친 기회에 대한 분노, 고칠 수 없는 실수에 대한 후회와 같은 좌절감으로 삶을 되돌아보면 절망감을 경험하게 된다. 그 결과 자신을 혐오하고 다른 사람들을 멸시하며 과거에 놓친 기회를 원망하게 된다.

에릭슨 자신의 최종 단계 84세의 에릭슨은 80대 29명을 대상으로 1928년부터 생활사 자료를 수집한 종단 연구 결과를 보고했다.『노년기의 활발한 참여(Vital Involvement in Old Age)』라는 책은 자아통합을 달성하기 위한 에릭슨의 처방을 담고 있다(Erikson, Erikson, & Kivnick, 1986).

노인에게는 과거를 성찰하는 것 이상이 필요하다. 주변 환경에서 도전과 자극을 추구하면서 활동적이고 중요한 삶의 참여자로서의 삶을 유지해야 한다. 그들은 손자 양육, 공부, 새로운 기술 및 관심 개발과 같은 활동에 참여해야 한다. 노인이 된 에릭슨은 자신의 이론을 처음 개발할 때 생각했던 것보다 생산성(성숙한 성인기의 초점)이 훨씬 더 중요하다고 말했다. "[노인이 느끼는] 대부분의 절망감은 사실 계속되는 침체감 때문이다"(Cheng, 2009, p. 45). 인생의 일곱 번째 단계에서 발달하는 생산성은 여덟 번째 단계이자 마지막 단계에서 자아통합에 기여하는 가장 중요한 요소일 수 있다.

지혜 최종 발달 단계와 관련한 기본 강점은 지혜이다. 자아통합에서 나오는 지혜는 삶 전체를 관망하는 듯한 관심으로 표현된다. 유산(heritage)이라는 단어로 가장 잘 설명되는 경험의 통합이 다음 세대에게 전달된다.

기본 약점

심리사회적 발달의 각 단계에서 기본 강점이 나타나는 방식과 유사하게 기본 약점(basic weakness)이 나타날 수 있다. 우리는 삶의 각 단계에서 위기에 대처하는 적응적인 방법과 부적응적인 방법이 일종의 창조적 균형 속에서 자아 정체성에 통합된다는 것을 앞서 살펴보았다. 자아는 주로 적응적 태도로 구성되어야 하지만 부정적인 태도도 일부 포함한다.

부적응 상태와 악성 상태

불균형 발달에서 자아는 적응적이든 부적응적이든 오직 하나의 태도로 구성된다. 에릭슨은 이 상태를 발달부전(maldevelopment)이라고 명명했다. 갈등에 대처함에 있어 긍정적이고 적응적인 경향만이 자아에 존재하는 상태를 '부적응(maladaptive)'이라고 하며, 부정적인 경

기본 약점 발달적 위기가 만족스럽게 해결되지 못했을 때 생겨나는 동기적 특성.
발달부전 자아가 갈등에 대처함에 있어 오직 하나의 태도로 구성되어 있을 때 발생하는 상태.

향만 있는 상태를 '악성(malignant)'이라고 한다. 부적응 상태는 신경증을 유발할 수 있으며, 악성 상태는 정신병을 유발할 수 있다.

에릭슨은 부적응 상태와 악성 상태라는 두 가지 발달부전 상태가 심리치료를 통해 교정될 수 있다고 믿었다. 이 중 상대적으로 덜 심각한 장애인 부적응은 환경의 변화, 지지적인 사회적 관계 또는 후기 발달 단계에서의 성공적인 적응의 보조 속에서 이루어지는 재적응 과정을 통해 완화될 수 있다. 표 6.2에는 여덟 가지 심리사회적 발달 단계의 각 단계에서 나타나는 발달부전의 특징이 제시되어 있다.

표 6.2 에릭슨의 발달부전 경향

단계	대처 방식	발달부전
구강감각기	신뢰	감각적 부적응
	불신	철수
근육항문기	자율성	수치심 없는 고집
	의심, 수치심	강박
운동생식기	주도성	무자비함
	죄책감	위축
잠복기	근면성	좁은 범위의 기교
	열등감	활력 없음
청소년기	정체성 확립	광신주의
	역할 혼란	절연
청년기	친밀감	문란함
	고립감	배타성
성인기	생산성	과확장
	침체감	거절감
성숙노년기	자아통합	아는 척하는 태도
	절망감	업신여김

출처: Adapted from *Vital Involvement in Old Age*, by Erik H. Erikson, Joan M. Erikson, and Helen Q. Kivnick by permission of W. W. Norton & Company, Inc. Copyright © 1986 by Joan M. Erikson, Erik H. Erikson, and Helen Kivnick.

인간 본성에 대한 질문

인간의 기본 강점에 대해 기술한 에릭슨은 인간 본성에 대해 낙관적인 견해를 제시했다. 에릭슨은 모든 사람이 희망, 목적, 지혜 및 기타 미덕을 성공적으로 갖추게 되는 것은 아니지만 우리 모두에게 그렇게 할 수 있는 잠재력이 있다고 생각했다. 우리 본성의 어떤 것도 이를 막지 못한다. 또한 우리가 본능적인 생물학적 힘으로 인해 필연적으로 갈등, 불안, 신경증에 시달리게 되는 것도 아니다.

에릭슨의 이론이 위기에 초점을 두고 있기는 하나, 심리사회적 성장의 각 단계는 긍정적인 결과의 가능성을 제공하기 때문에 낙관론이 허용된다. 우리는 각 상황을 적응적이면서 강점을 강화하는 방식으로 해결할 수 있다. 한 단계에서 실패하고 부적응적인 반응이나 기본 약점이 생긴다 해도 나중 단계에서 변화할 수 있다는 희망이 있다.

에릭슨은 우리에게 평생 동안 의식적으로 성장을 추구하고, 이를 이루어갈 잠재력이 있다고 믿었다. 우리는 아동기 경험만의 산물이 아니다. 비록 발달의 첫 네 단계 동안에는 삶에 대한 통제력을 거의 갖지 못하지만, 시간이 지나면서 독립성이 증가함에 따라 우리는 위기와 사회의 요구에 대응하는 방법을 선택할 수 있는 능력을 갖추게 된다. 아동기의 영향은 중요하지만 이후 단계의 사건이 불행한 초기 경험을 상쇄할 수 있다.

에릭슨의 이론은 부분적으로만 결정론적이다. 심리사회적 발달의 처음 네 단계 동안 부모, 교사, 또래 집단 및 다양한 기회를 통해 우리에게 노출되는 경험은 대체로 우리의 통제를 벗어난다. 이전 단계에서 형성한 태도와 강점이 선택에 영향을 주긴 하지만, 마지막 네 단계에서는 자유의지를 행사할 기회를 더 많이 갖게 된다.

에릭슨은 일반적으로 성격이 유전보다 학습과 경험의 영향을 더 많이 받는다고 믿었다. 본능적인 생물학적 힘이 아니라 심리사회적 경험이 더 결정적인 요인이 되는 것이다. 우리의 궁극적이고 최우선적인 목표는 모든 기본 강점을 통합하여 긍정적인 자아정체성을 발달시키는 것이다.

에릭슨 이론에서의 평가

에릭슨은 프로이트의 이론적 공식에 동의했지만 성격을 평가하는 방법에서 프로이트와 달랐다. 에릭슨은 정신분석 때 환자를 눕히는 소파를 포함하여 일부 프로이트 기법의 유용성과 안전성에 의문을 제기했다.

에릭슨에 따르면 환자를 진료실 소파에 눕히는 것은 가학적 착취로 이어지거나 객관성에 대한 환상을 만들 수 있고, 무의식적인 내용을 과도하게 강조하거나 치료자의 비인격성과 냉담을 유발할 수 있다. 치료자와 환자 간에 보다 개인적인 관계를 촉진하고 서로가 서로를 동등하게 대하기 위해 에릭슨은 환자와 치료자가 편안한 의자에 앉아 서로 마주 보는 것을 선호했다.

환자를 대할 때 에릭슨은 프로이트보다 공식적인 평가 기법에 덜 의존했다. 에릭슨은 때때로 자유연상을 활용했지만 꿈을 분석하는 경우는 거의 없었다. 그는 꿈 분석이 시간 낭비이며 해롭다고 여겼다. 그는 평가 기술을 개별 환자의 고유한 요구 사항에 맞게 선택하고 수정해야 한다고 믿었다.

놀이치료

정서적으로 불안정한 아동과의 상담, 그리고 정상 아동 및 청소년을 대상으로 한 연구에서 에릭슨은 놀이치료를 사용했다. 그는 다양한 장난감을 제공하고 아동이 장난감과 어떻게 상호작용하는지 관찰했다. 놀이의 형태와 강도는 아동의 언어 표현 능력의 한계로 인해 언어로는 표현되지 않을 수 있는 성격의 측면을 드러냈다.

에릭슨은 성격 이론을 개발할 때 주로 놀이치료와 함께 인류학 연구 및 심리사 분석을 통해 수집한 자료를 사용했다.

심리사 분석

에릭슨의 가장 특이한 평가 기법인 심리사 분석(psychohistorical analysis)은 본질적으로 전기적 연구다. 에릭슨은 간디(Gandhi), 마르틴 루터(Martin Luther), 조지 버나드 쇼(George Bernard Shaw)와 같은 중요한 정치적, 종교적, 문학적 인물이 경험한 위기와 이들의 대처 방식을 설명하기 위해 자신의 생애 이론을 틀로 사용했다.

에릭슨의 심리사 분석은 주로 과거, 현재, 미래의 활동을 통합하는 삶의 주요 주제를 드러내는 심각한 위기에 초점을 맞춘다. 그는 자신이 '훈련된 주관성'이라고 명명한 것을 사용하여 분석 대상이 되는 사람의 눈을 통해 생활 사건을 이해하는 방식을 취하였다.

심리검사

에릭슨은 성격 평가에 심리검사를 사용하지 않았지만, 이후에 그의 이론을 기반으로 여러 도구가 개발되었다. 자아정체성 척도(Ego-Identity Scale)는 청소년기의 자아정체감 발달을 측정하기 위해 고안되었다(Dignan, 1965). 청소년을 위한 자아정체성 과정 질문지(Ego Identity Process Questionnaire)는 탐색과 몰입의 차원을 측정하는 32개의 항목으로 구성되어 있다(Balistreri, Busch-Rossnagel, & Geisinger, 1995). 로욜라 생산성 척도(Loyola Generativity Scale, 표 6.3 참조)는 20개 항목으로 이루어진 자기보고식 검사로, 성인기 생산성 또는 침체감 수준을 측정하기 위해 개발되었다(McAdams & De St. Aubin, 1992).

에릭슨 이론에 대한 연구

에릭슨의 주된 연구 방법은 사례 연구였다. 이제 당신은 이 방식의 약점, 즉 사례 자료를 복제하거나 타당화하기가 어렵다는 사실을 잘 알고 있을 것이다. 하지만 동시에 이 기술을 통해 많은 유용한 정보를 얻을 수 있다는 것도 알고 있을 것이다. 에릭슨은 사례 기록이 성격 발달에 대해 많은 통찰을 제공하

심리사 분석 에릭슨의 생애 이론을 정신분석학적 원리와 함께 역사적 인물 연구에 적용하는 것.

표 6.3 생산성 측정을 위한 척도 항목의 예

이 진술문이 당신이 아는 중년기의 성인에게 적용되는가?
1. 나는 경험에서 얻은 지식을 다른 사람들에게 전수하려고 노력한다.
2. 나는 다른 사람들이 나를 필요로 한다고 생각하지 않는다.
3. 나는 다른 사람들의 삶에 변화를 가져왔다고 믿는다.
4. 다른 사람들은 내가 생산적인 사람이라고 말한다.
5. 나는 내가 죽은 후에도 다른 사람들에게 영향을 끼칠 만한, 의미 있는 일을 했다고 생각하지 않는다.
6. 사람들은 나에게 조언을 구한다.
7. 나는 사회가 모든 노숙자들에게 생계와 쉼터를 제공할 필요는 없다고 생각한다.
8. 나는 중요한 기술을 다른 사람들에게 가르쳐 주려고 한다.
9. 나는 자선단체를 위해 봉사 활동을 하는 것을 선호하지 않는다.
10. 나는 평생 동안 사람, 집단, 활동에 많은 헌신을 약속하고 지켜 왔다.

출처: D. P. McAdams & E. de St. Aubin. (1992). A theory of generativity and its assessment through self-report, behavioral acts, and narrative themes in autobiography. *Journal of Personality and Social Psychology, 62*, 1003-1015.

고 환자의 문제 해결을 도울 수 있다고 주장했다.

놀이구조물

에릭슨은 자신의 이론에 기반한 연구를 수행하기 위해 놀이치료를 활용하였는데, 특히 자신이 놀이구조물(play construction)이라고 부른 것에 주목하였다. 10~12세의 남아와 여아를 대상으로 수행한 한 연구에서 그들에게 인형, 장난감 동물, 장난감 자동차, 나무 블록을 사용하여 가상 영화의 한 장면을 구성하도록 요청했다. 여아는 낮고 밀폐된 구조를 바탕으로 정적이고 평화로운 장면을 만드는 경향을 보였다. 그 장면에는 침입자(동물 형상 또는 남자 형상, 절대 여자 형상은 아님)가 내부로 침입하려는 설정이 있었다. 대조적으로 남아는 외형, 행동, 높이를 강조하였다. 남아의 구조물은 높이 우뚝 솟은 건물과 자동차로 구성되었고 사람들은 움직이는 행동을 취하는 경향이 있었다.

정통 프로이트주의자로 훈련받은 에릭슨은 이러한 구조물을 표준 정신분석 이론에 따라 해석했다. 그는 다음과 같이 썼다.

> 놀이구조물 아동이 인형, 블록 및 기타 장난감으로 조립한 구조물을 분석하는 성격 평가 기법.

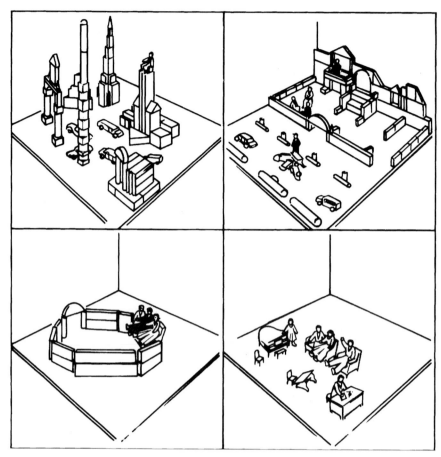

그림 6.1 남아(위)와 여아(아래)가 만든 놀이 구조물

출처: Redrawn from *Childhood and Society*, 2nd ed., by Erik H. Erikson, by permission of W. W. Norton & Company, Inc. Copyright 1950, © 1963 by W. W. Norton & Company, Inc. Copyright renewed 1978, 1991 by Erik H. Erikson, and reprinted by permission of The Random House Group Limited.

놀이 공간을 구성하는 데 나타나는 성차는 생식기 분화 형태와 유사한 것 같다. 남성의 경우, 외부에 생식기가 있고 발기 가능하며 침투하는 특성이 있다. 여성의 경우, 내부 생식기가 전정 입구(vestibular access)를 통해 정적인 상태에 있는 난자와 연결된다(Erikson, 1968, p. 271).

즉, 생물학적 차이가 결정적인 영향을 미쳐서 여아는 낮은 울타리를 만들어 그 안에 사람들이 들어갈 수 있도록 하고, 남아는 탑을 쌓는다는 것이다.

에릭슨은 여성이 신체 구조의 희생양이며 여성의 성격이 남근의 부재에 의해 결정된다는 식의 견해로 인해 비판을 받았다. 에릭슨은 놀이구조물의 차이가 사회적 성 역할 훈련에서 기인할 수도 있다는 점을 인정했으며, 이것을 통해 여아는 남아보다 행동, 공격성, 성취를 덜 추구하는 경향을 보인다고 설명하였다.

장난감에 대한 성별 선호 놀이구조물에 대한 에릭슨의 연구 이후 50년이 넘게 지났지만, 장난감과 놀이 행동에 대한 전통적인 성별 고정 관념은 지속되고 있다. 대부분의 아동은 여전히 성별 기반 장난감을 선호한다. 남아는 일반적으로 트럭, 군인, 총을 가지고 놀고, 여아는 주로 인형, 장신구, 장난감 주방 도구를 가지고 논다.

2~4세 아동을 대상으로 한 연구에 따르면, 남아는 인형보다 장난감 기차를 더 많이 가지고 노는 반면, 여아는 기차가 아닌 인형을 가지고 노는 것으로 나타났다(Wong & Hines, 2014). 대학생을 대상으로 했을 때도 비슷한 결과가 나왔다. 남자 대학생은 소위 남아용 장난감인 전투기 모형에 끌렸는데, 이들은 전투기 모형이 파란색으로 칠해져 있을 때만 그러한 선호를 보였으며, 일반적으로 여아의 색이라 여겨지는 분홍색으로 칠해진 물체는 거부했다(Dinella, Devita, & Weisgram, 2013). 컴퓨터 기반 문제에 대한 소프트웨어를 선택하도록 요청받은 10~11세 아동 집단에서도 같은 종류의 성별 선호가 발견되었다. 남아는 '해적(pirates)'이라고 표시된 소프트웨어를 선택한 반면, 여아는 '공주(princesses)'라고 표시된 소프트웨어를 선택했다(Joiner, 1998).

장난감에 대한 성별 선호를 결정하는 부모의 역할 장난감을 구입하는 부모 중 일부는 이러한 장난감 선호 양상을 가르치고 권장하기도 한다. 부모는 자녀가 성별에 맞는 장난감을 가지고 놀면 칭찬하고, 이성에게 더 적합할 것처럼 보이는 장난감을 가지고 노는 것은 말린다. 아동은 이러한 메시지를 빠르게 파악한다. 한 심리학자가 놀이 중인 남아를 관찰하였다. "그 아동은 경주용 자동차와 운전자를 가지고 놀고 있었다. 놀이 중 운전자의 헬멧이 벗겨졌는데, 긴 금발 머리가 드러났다. 운전사는 여자였다. 아동은 마치 뜨거운 감자를 집은 것처럼 경주용 차를 떨어뜨렸다"(Martin, 1999, p. 49).

아버지는 어머니보다 남아와 여아를 좀 더 전형적인 방식으로 대한다. 따라서 성별 기반 놀이를 가르치고 강화하는 것은 주로 아버지이다. 그들은 아들과 딸에게 여러 가지 성별에 따른 행동과 태도를 가르친다. 아버지는 여아에게는 수동적이고 순응적인 행동을, 남아에게는 독단적이고 공격적인 행동을 장려하고 보상하는 경향이 있다(Quiery, 1998).

신뢰와 안정감　에릭슨은 우리가 인생 후반에 안정감과 안녕감을 누리려면 초기에 신뢰를 형성하는 것이 중요하다고 강조했다. 이 입장은 연구를 통해 강력히 지지되었다(Jacobson & Wille, 1986; Londerville & Main, 1981; Sroufe, Fox, & Pancake, 1983).

생후 12~18개월 된 영아를 대상으로 한 연구에 따르면, 어머니와 강한 정서적 유대감(따라서 신뢰가 높은 것으로 추정됨)을 경험한 아동은 어머니와의 애착이 덜 안정적이었던 아동과 비교해 보았을 때, 3년이 지난 시점에도 더 높은 수준의 사회적, 정서적 기능을 보이는 것으로 관찰되었다.

또한 신뢰감이 잘 발달한 아동은 호기심이 많고 사교적이며 인기가 많았다. 그들은 게임에서 리더가 될 가능성이 더 높았고, 다른 사람들의 욕구와 감정에 더 큰 민감성을 보였다. 신뢰가 낮은 아동은 사회적으로나 정서적으로 더 위축되고, 다른 아이들과 노는 것을 꺼리고, 호기심이 덜 했으며, 목표를 추구하는 힘이 상대적으로 부족했다.

1945년에 제2차 세계대전이 끝나고 30~40년 후 홀로코스트 생존자를 면담했던 연구에 따르면, 생존자들은 심리사회적 발달의 첫 번째 단계인 신뢰 대 불신을 제외하고 에릭슨이 제안한 모든 심리사회적 발달 단계를 성공적으로 지나온 것으로 나타났다. 다른 사람들에 대한 그들의 관점에는 신뢰보다는 훨씬 더 많은 불신이 포함되어 있었다(Suedfeld, Soriano, McMurtry, Paterson, Weiszbeck, & Krell, 2005).

그러나 그들이 이후 발달 단계들의 위기에 잘 대처할 수 있었다는 사실은 후기 단계들에서의 긍정적인 사건이 초기 단계들에서의 부정적인 경험을 상쇄하거나 극복할 수 있다는 에릭슨의 개념을 확인해 준다.

심리사회적 단계

4세, 8세, 11세 아동에게 여러 검사 그림을 기반으로 이야기를 구성하게 한 후, 그 이야기를 통해 이들이 나타내는 심리사회적 발달 단계를 분석하였다. 결과는 에릭슨 이론에서 제안한 주제를 지지하였다. 예를 들어 4세 아동은 자율성에 관한 이야기(이들이 막 완료한 발달 단계)를 만들었다. 비슷한 맥락에서 나이가 많은 아동의 이야기도 그들의 발달 단계를 반영하였다(Ciaccio, 1971).

영국의 저명한 여성주의자이자 작가인 베라 브리튼(Vera Brittain, 1893~1970)이 21세부터 중년까지 쓴 일기, 편지, 소설에 대한 심리사 분석 결과, 초반부에서는 자아정체성에 대한 관심을 확인할 수 있었다. 에릭슨의 이론이 예측한 대로, 그녀의 관심은 시간이 지남에 따라 친밀감과 생산성에 대한 관심으로 바뀌었다(Peterson & Stewart, 1990).

적응적 발달과 부적응적 발달   에릭슨의 심리사회적 발달의 처음 여섯 단계에서의 적응적 발달과 부적응적 발달을 평가하기 위해 고안된 검사인 심리사회적 발달 목록(Inventory of Psychosocial Development)을 사용한 연구에 따르면, 각 단계의 행복과 적응적 발달 사이에 유의미한 관계가 발견되었다(Constantinople, 1969). 또 다른 연구는 첫 여섯 단계의 부적응적 발달과 소외감 및 단절감 사이에 높은 상관관계를 보여 주었다(Reimanis, 1974). 이러한 결과는 에릭슨의 이론을 뒷받침한다.

캐나다에서 18~25세의 성인을 대상으로 한 연구는 성인이 되어 가는 시기가 심리적 안녕감이 증가하는 시기임을 발견하였는데, 이러한 결과 역시 에릭슨의 이론을 지지한다(Galambos, Barker, & Krahn, 2006).

성장의 영향   심리학자들은 정체성 위기를 해결할 때의 긍정적인 결과가 이전 발달 단계의 긍정적인 결과와 관련이 있다는 에릭슨의 신념을 검증하였다(Waterman, Buebel, & Waterman, 1970). 심리사회적 발달의 초기 네 단계에서 신뢰, 자율성, 주도성, 근면성(적응적 대처 방식)을 발달시킨 청소년은 높은 수준의 응집력 있는 정체성을 보였다. 정체성 위기를 해결하지 못하고 역할 혼란을 경험한 청소년은 초기 단계에서 적응적 대처 방법을 개발하지 못했던 것으로 나타났다.

캐나다에서 연령별 세 집단(19~25세, 35~55세, 65~87세)에게 정체성, 자기가치감 및 심리적 고통에 대한 자기보고식 척도에 응답하도록 요청했다. 연구결과는 에릭슨의 이론을 지지했다. 상대적으로 어린 남성이 가장 높은 수준의 고통을 경험한 반면, 나이 든 남성은 가장 낮은 수준의 고통을 경험했다. 이는 이전에 심리적 어려움에 노출되고 이를 해결한 경험 덕분에 나이가 들수록 삶의 도전에 더 잘 대처할 수 있게 된다는 에릭슨의 견해와 일치한다(Beaumont & Zukanovic, 2005, p. 77).

62~89세의 영국 성인에게 이전의 기억을 회상하도록 요청한 연구 역시 심리사회적 발달 단계 이론을 뒷받침했다. 이들의 생애 첫 10년의 기억은 신뢰, 자율성, 주도성, 근면성에 초점이 맞춰져 있었다. 두 번째 10년(11~20세)의 기억은 정체성 문제를 다룬 반면, 청년기의 기억은 친밀감이 중심이 되었다. 따라서 각 기간의 회상은 에릭슨이 해당 단계에서 발달에 결정적인 역할을 한다고 보았던 주제를 중심으로 상황이 전개된다는 것을 알 수 있다(Conway & Holmes, 2004).

청소년 발달

청소년의 발달 단계에 대한 광범위한 연구 프로그램을 통해 해당 기간에 나타나는 다섯 가지 심리사회적 유형, 즉 상태를 확인하였다(Marcia, 1966, 1980). 여기에는 정체성 확립, 유예, 유실, 정체성 혼미, 소외된 성취가 포함된다.

정체성 확립 정체성 확립(identity achievement)은 청소년이 직업 및 이념 선택에 관여하는 경우를 설명한다. 대학생을 대상으로 한 연구에서 정체성 확립 상태와 관여에 대한 객관적 점수 사이에 정적인 상관관계가 있음이 발견되었다(Streitmatter, 1993). 이 학생들은 강한 자아정체성을 발달시켜 온 것이다.

이들은 안정적이고 현실적인 목표에 관심이 있었고 변화하는 환경의 요구에 대처할 수 있었다. 이들은 역할 혼란을 경험하는 청소년보다 힘든 과제를 더 잘 수행했다. 이 안정적인 청소년들은 대학에서 상대적으로 어려운 분야를 전공했고, 공학 및 물리학 수업에 흥미를 보였다(Marcia & Friedman, 1970).

청소년기에 보다 먼저 정체성을 확립한 10대 남녀는 20대가 되었을 때 안정적이고 친밀한 연애 관계를 가질 가능성이 더 높은 것으로 나타났다(Beyers & Seiffge-Krenke, 2010). 또한 그들은 정체성을 확립하지 못한 사람들보다 폭음, 불법 약물 사용 및 고위험 성행위에 가담할 가능성이 적었다(Schwartz et al., 2010).

미국, 중국, 튀르키예의 고등학생 및 대학생을 대상으로 한 연구에 따르면, 정체성 확립 상태는 자존감, 긍정적인 형태의 대처, 심리적 안녕감, 높은 자기감과 밀접한 상관관계가 있는 것으로 나타났다. 정체성 확립은 심리사회적으로 가장 성숙한 정체성 상태를 나타낸다(Cakir, 2014; Ickes, Park, & Johnson, 2012; Markstrom & Marshall, 2007; Meuss, 2011; Wang, Shi, & Chen, 2010). 120개 이상의 연구를 포함하는 대규모 연구 프로그램에 따르면, 정체성 확립 상태는 에릭슨의 이론과 일관되게 청소년기 후반과 성인기에 걸쳐 상승하는 것으로 나타났다(Kroger, Martinussen, & Marcia, 2010).

또한 자신의 삶에서 무엇을 하고 싶은지 진지하게 고민하는 청소년은 정체성을 확립할 가능성이 높은데, 이들은 사랑하고 배려하는 방식으로 지도하고 통제하는 부모를 두었다는 증거가 있다. 이는 그렇지 않은 청소년의 부모가 지나치게 허용적이거나 지나치게 권위적인 것과 대조된다(Berzonsky, 2004). 이러한 결과는 이란 대학생을 대상으로 한 연구에서도 발견되었다. 정체성을 확립할 가능성이 가장 낮은 청소년의 부모는 자녀 양육 행동에서 지나치게 권위적이거나 지나치게 허용적인 것으로 나타났다(Mohammadi, 2013).

유예 청소년의 두 번째 심리사회적 유형인 유예(moratorium)는 여전히 정체성 위기를 겪고 있는 사람들을 설명한다. 이들의 직업적, 이념적 관여는 모호하다. 이들은 권위적 인물에 대해 양가적 태도, 즉 권위적 인물에게 반항하는 모습과 그들의 지도를 필요로 하는 모습을 교대로 보인다. 유예 상태에 있는 청소년의 행동은 우유부단한 것부터 적극적이고 창의적인 것까지 다양하며,

이들은 높은 불안 점수를 보인다(Blustein, Devenis, & Kidney, 1989; Lillevoll, Kroger, & Martinussen, 2013; Podd, Marcia, & Rubin, 1968). 또한 이들은 자주 공상에 빠지고, 초자연적인 현상을 믿으며, 유치한 행동을 즐기는 경향이 있다(Bilsker & Marcia, 1991).

유실 유실(foreclosure)은 정체성 위기를 경험하지 않았지만, 직업과 이념에 대한 관여를 표현하는 경우를 설명한다. 그러나 이러한 관여는 대개 청소년이 의도적으로 선택한 결과가 아니라 부모에 의해 결정된 것이다. 이 10대들은 경직되고 권위적인 경향이 있으며, 변화에 대처하는 데 어려움을 겪는다(Marcia, 1967). 유실 상태에 있는 사람들은 성취 지향적인 경향이 있지만, 내적 목표보다는 외적 목표에 에너지를 집중한다(Stephen, Fraser, & Marcia, 1992).

정체성 혼미 정체성 혼미(identity diffusion)는 청소년기에 직업적 또는 이념적 관여는 없었지만 정체성 위기를 경험하지 않았을 수 있는 사람들을 특징짓는다. 그들이 선택한 생활 방식은 모든 종류의 관여를 적극적으로 거부하기도 하고, 에릭슨이 10대 후반에 그랬던 것처럼 목적 없는 표류와 극단적 방황의 형태로 나타나기도 한다. 이들은 무관심하고 거부적인 자신의 부모를 멀리 한다(Waterman, 1982).

그리스, 벨기에, 미국의 청소년을 대상으로 한 연구에서 정체성 혼미 상태에 있는 청소년은 심리적 적응과 주관적 안녕감이 낮고, 자기상과 대인 관계의 불안정성이 높은 것으로 나타났다. 또한 그들은 충동적이고, 자기파괴적인 행동을 하고, 과도한 관심을 필요로 하며, 과대망상을 보일 가능성이 큰 편이었다(Crawford, Cohen, Johnson, Sneed, & Brook, 2004; Luyckx, Goossens, Soenens, Beyers, & Vansteenkiste, 2005; Vleioras & Bosma, 2005).

소외된 성취 다섯 번째이자 마지막 상태인 소외된 성취(alienated achievement)는 정체성 위기를 경험했지만, 직업적 목표 없이 사회 및 경제 체계에 대해 비판적인 신념에 집착하는 경우를 설명한다. 이들은 이러한 이념에 강하게 관여하기 때문에 자신이 반대하는 체제에 자신을 얽매는 경력을 만들지 않으려 한다. 학생으로서 이들은 지적이고 철학적이며 냉소적인 경향이 있다(Marcia & Friedman, 1970; Orlofsky, Marcia, & Lesser, 1973).

자아정체성 통합 이 네 가지 상태(정체성 혼미, 유실, 유예, 정체성 성취)는 순서대로 정체성 문제에 대한 보다 성공적인 해결을 나타낸다. 에릭슨은 자아정체성을 통합한 사람들이 정체성 문제를 해결하지 못한 사람들보다 자아 강도가 높을 것으로 예측했다. 그 예측은 대학생을 대상으로 한 연구에 의해 지지되었다(Bourne, 1978a, 1978b).

기타 활동이 자아정체성에 미치는 영향 고등학생을 대상으로 한 연구에 따르면 비교과 활동 및 자원 봉사 활동에 더 많이 참여하는 학생들은 그렇지 않은 학생들보다 충실성에서 자아 강도가 더 높은 것으로 나타났다(Markstrom, Li, Blackshire, & Wilfong, 2005). 일본 학생과 미국 학생을 대상으로 한 연구에서도 신체 활동과 스포츠 및 운동 프로그램 참여가 유사한 결과를 가져왔다. 이런 종류의 활동에 더 많은 시간을 할애할수록 자아정체성이 더 강해지는 것으로 나타났다(Fukama & Mizuochi, 2011; Jones, Dick, Coyl-Shepherd, & Ogletree, 2014).

자아정체성의 성차

정체성 위기의 해결에서 성차가 발견되었다. 한 연구에서 남성은 다른 사람들로부터 분리되고 거리를 두는 것을 추구하는 경향을 보인 반면, 여성은 다른 사람들과의 연결 및 애착을 추구하는 경향을 보였다(Mellor, 1989). 다른 연구들에서도 남성의 정체성은 개인의 능력과 지식에 초점을 두고 여성의 정체성은 다른 사람과의 관계가 더 중심이 되는 것으로 나타나, 이러한 발견을 지지하고 확장하는 결과를 보여 주었다.

따라서 여성은 정체성을 확립할 때 사회적 관계에 크게 의존하는 반면, 남성은 자기와 개인적 기술 및 능력에 더 중점을 둔다(Curry, 1998). 네덜란드의 청소년을 조사한 자료에 따르면 여자 청소년이 남자 청소년보다 어린 나이에 정체성을 형성하지만, 대부분의 남자 청소년은 10대가 끝날 때쯤에 일정 수준의 정체성을 확립하게 된다(Klimstra, Hale, Raaijmakers, Branje, & Meeus, 2010).

정체성을 찾으며 스트레스를 받는 시기 잘 알려진 바와 같이 청소년기는 격동적이고 스트레스가 많은 시기일 수 있다. 이 발달 단계의 세 가지 핵심 요소는 다음과 같다.

- 성인의 권위에 대한 강력한 저항을 특징으로 하는 부모와의 갈등
- 변덕스러운 정서, 기분 변화, 우울 삽화를 특징으로 하는 기분 문제
- 자신과 타인에게 해를 끼칠 수 있는 형태의 무모하고 규칙에 위배되는 반사회적인 행동을 특징으로 하는 위험한 행위

155명의 청소년을 대상으로 2주 동안 매일의 상호작용을 일기에 기록하게 한 연구에 따르면, 이들의 상호작용 중 31%가 다른 사람과의 갈등인 것으로 나타났다. 10대 연구 참가자들은 부모와의 갈등이 또래와의 갈등보다 더 중요하고 정서적으로 강렬하다고 보고했다(Jensen-Campbell & Graziano, 2000).

아동기부터 청소년기에 이르기까지 개인을 추적한 연구에 따르면, 10대에 우울증 및 다른 정서 문제를 경험하는 많은 청소년은 아동기에도 어떤 형태로든 심리적 고통을 겪었던 것으로 나타났다. 이러한 결과는 청소년기에 보고된 어려움이 반드시 청소년기로 인해서 발생한 것은 아닐 수 있음을 시사한다(Steinberg & Morris, 2001).

가상적 정체성 컴퓨터 게임과 소셜 미디어 사이트는 청소년에게 에릭슨이 그 발달 단계에 꼭 필요하다고 한 것을 정확하게 수행할 수 있도록 돕는 독특한 첨단 기술 바탕의 기회를 제공한다. 그 예로는 '세컨드 라이프(Second Life, SL)', '던전 앤 드래곤(Dungeons and Dragons)'과 같은 롤플레잉 게임이 있으며, 이를 통해 청소년은 가상의 페르소나를 취하여 복잡한 환상을 실행해 볼 수 있다.

아동기 및 청소년기에 대한 연구

신뢰가 잘 발달한 아동은 다음과 같은 경향이 있다.

- 사회적, 정서적으로 잘 발달함
- 인기 있음
- 호기심이 많음
- 다른 사람의 욕구와 감정에 민감함

청소년기에는 다음과 같은 유형 또는 상태가 나타난다.

- 정체성 확립
- 유예
- 유실
- 정체성 혼미
- 소외된 성취

정체성 성취가 높은 청소년은 다음과 같은 경향이 있다.

- 자아정체성이 강함
- 현실적인 목표에 관심을 가짐
- 자존감 점수가 높음
- 청년기에 성숙한 연애 관계를 형성함

던전(dungeon)이라는 단어는 가상 장소를 나타내는 게임 용어이다. 여러 컴퓨터 사용자가 동시에 공유하는 가상 장소를 다중 사용자 던전(multi-user dungeons, MUD)이라고 한다. 플레이어는 MUD에서 다른 사람들과 상호작용할 수 있으며 가상의 인물로서 다른 사람들과 상호작용하는 개인의 가상 세계를 구축할 수도 있다.

온라인 페르소나 정립하기 MUD 참가자는 자신의 실제 모습을 드러내지 않고 자신의 선택에 따라 실제 모습과 같거나 다른 역할을 할 수 있다. 한 작가는 "당신은 당신이 원하는 누구든 될 수 있으며, 원한다면 자신을 완전히 재정의할 수도 있다"라고 말했다(Turkle, 1995, p. 184). 이것이 바로 에릭슨이 청소년기에 우리에게 촉구했던바, 즉 여러 정체성을 실험하는 것이다.

평균 연령 25세의 독일 MUD 플레이어에 대한 연구에 따르면, 게임을 오래 할수록 플레이어의 대인 간 매력이 증가하며, 가상 세계와의 사회적 동일시 강도도 증가하는 것으로 나타났다(Utz., 2003). 가상 세계와 동일시하는 정도는 현실 세계와 동일시하는 것만큼 강렬하고 만족스러운 것으로 여겨졌다(Calvert, Strouse, Strong, Huffaker, & Lai, 2009).

'세컨드 라이프' 사용자를 대상으로 한 온라인 연구에 따르면, 사람들은 자신의 실제 오프라인 삶의 일부를 온라인으로 가져오기 때문에 온라인에서 완전히 새로운 세컨드 라이프를 만들지 못할 수도 있다. 다시 말해 그들은 완전히 허구적이거나 가상의 페르소나를 온라인으로 제시하는 것이 아니라 실제 삶의 적어도 일부는 상황에 투사한다(Linares, Subrahmanyam, Cheng, & Guan, 2011).

온라인 페르소나의 장점과 단점 연구에 따르면 일부 10대 청소년의 경우 인터넷에 너무 많은 개인 정보를 공개하다 보면 청소년기가 연장되면서 건전한 자아정체성 정립이 지연될 수 있다(Jordan-Conde, Menneckem, & Townsend, 2014).

7~9학년(한국의 중학생에 해당)을 대상으로 한 연구에 따르면, 진정한 자기감이 아직 발달하지 않은 사람들은 자기감과 개인적 정체성이 강한 사람들보다 소셜 미디어를 더 많이 사용하는 경향이 있다(Israelashvili, Kim, & Buko-bza, 2012). 이로 인해 개인이 온라인 정체성에 지나치게 몰두하게 되면서 온라인 정체성이 진정한 자기의 발달을 대체하는 위험이 발생할 수 있다. 물론 현실에서도 다른 페르소나를 채택하다 보면 비슷한 어려움이 생길 수 있다.

오스트레일리아의 연구에 따르면 외로움과 사회적 불안이 높은 아동 · 청소년은 외로움과 불안이 낮은 아동 · 청소년보다 개인적이고 사적인 문제에 대해 온라인으로 다른 사람과 소통할 가능성이 훨씬 더 높은 것으로 나타났다(Bonetti, Campbell, & Gilmore, 2010).

다른 자료로 확인된 바에 따르면 개인 홈페이지가 정체성 형성에 중요하고 긍정적인 역할을 한다. 연구자들은 다음과 같이 결론 내렸다. "개인 홈페이지를 만드는 아동은 숙달의 기분을 뚜렷하게 경험하고, 개인 홈페이지를 통해 사람들과 직접 대면하는 것보다 더 편안하게 느낄 수 있는 방식으로 자신을 표현한다"(Schmitt, Dayanim, & Matthias, 2008, p. 504).

성별 및 자아정체성

시간에 따른 사회적 영향력의 효과 에릭슨은 사회적 요인 및 역사적 요인이 자아정체성 형성에 영향을 미치고, 이는 다시 성격의 본질에 영향을 미친다고 믿었다. 1960년대와 1970년대의 여성운동를 통해 실세계 실험실에서 변화하는 사회적 영향력의 효과를 검증해 볼 수 있었다. 심리학자들은 특히 자아정체성을 추구하는 심리사회적 발달에서 당시의 여자 청소년이 나이가 많은 성인 여성보다 여성운동의 영향을 더 많이 받는지 확인하고자 했다. 나이가 더 많은 여성의 경우 정체성이 이미 형성된 것으로 간주하였다.

두 가지 주요 연구에서 결과는 '그렇다'였다. 두 연구 모두 1940년대에서 1960년대 중반 사이에 대학을 졸업한 여성들을 대상으로 진행하였다. 면접, 설문 및 자기보고식 성격검사를 통해 자료를 수집하였다. 여성운동이 시작될 당시 대학에 다녔던 여성은 더 큰 야망을 보였다. 그들은 나이가 더 많은 여성들에 비해 자신의 독립을 더 중요시했으며, 결국 더 높은 수준의 교육을 받고 직업적으로 성공하여 더 많은 수입을 얻었다. 그들은 여성운동이 도래하기 전에 청소년기를 거친 여성보다 중년기에 자기주장성이 높고 더 자신감 있는 모습을 보였다(Duncan & Agronick, 1995; Helson, Stewart, & Ostrove, 1995).

경력 지향의 효과 여성운동의 영향으로 더 많은 청소년기 여성이 자아정체성의 일부로 경력 지향을 갖게 되었다. 이러한 관점은 결혼 연령뿐만 아니라 데이트 행동에도 영향을 미친 것으로 나타났다. 수백 명의 여자 대학생을 대상으로 한 설문조사에서 경력 지향적인 사람들은 상대적으로 늦은 나이에 결혼하는 경향이 있는 것으로 나타났다. 그들은 대학에 다니는 동안 데이트를 덜 했고 연애 관계에 대해 더 조심스러운 태도를 보였다.

남성의 경우 같은 연구에서 반대 결과가 나타났다. 남자 대학생을 대상으로 한 설문에 따르면, 직업 정체성이 강할수록 연인 관계에 더 헌신하는 것으로 나타났다. 실제로 그들은 직업에 대한 확고한 결단이 서고 나서야 연인 관계를 시작하는 편이었다.

시간에 따른 정서적 변화 1960년대에 대학을 졸업한 여성과 그들과 결혼한 남성을 대상으로 추가 종단 연구를 수행하였다. 연구는 시간에 따른 정서적 변화, 특히 다음 사항에 주목했다.

- 일과 사회적 환경에 대한 적극적이고 행복한 관여로 정의되는 긍정적 정서성(positive emotionality, PEM)의 변화
- 스트레스, 불안, 분노 및 기타 부정적인 감정을 특징으로 하는 부정적 정서성(negative emotionality, NEM)의 변화

20대 후반에서 50대 중반까지 다양한 연령대에서 이 두 가지 요인을 측정한 결과, 성인기 초반에 여성은 자신의 남편보다 NEM에서 더 높은 점수를 받았고, 중년기 후반에는 PEM에서 더 높은 점수를 받는 경향이 나타났다. 이것은 여성이 육아 기간을 마치면서 사회적 힘, 성취감, 관심의 폭이 증가하고, 이와 더불어 스트레스와 소외감은 감소한다는 것을 의미한다. 따라서 사회적 요인이 자아정체성의 정동적 차원에 영향을 미치는 것으로 볼 수 있다(Helson & Klohnen, 1998).

변화에 대한 적응 에릭슨은 정체성 강화(identity consolidation)를 성인 생활의 사회적 현실을 성공적으로 처리하는 과정으로 정의했다. 여기에는 사회적 세계가 변하면서 요구되는 것들에 대한 적응이 포함된다. 그는 사람들이 결혼, 가족, 직업에 대한 성인으로서의 책임을 떠맡기 시작하게 되는 20대에 일반적으로 정체성 강화가 일어난다고 믿었다. 한 연구는 21세와 27세의 여성 대학 졸업자를 대상으로 자아탄력성이 높고 결혼 생활에서 정체성을 찾은 사람들이 이러한 기준을 충족하지 못한 사람들보다 정체성 강화 수준이 더 높게 나타났다고 보고하였다(Pals, 1999).

22~60세 여성을 대상으로 한 연구는 다양한 발달 단계에서 변화에 대한 그들의 준비성 및 의지, 그리고 정체성 관여의 변화 사이에 정적인 관계가 있음을 발견했다. 앞을 내다보고 삶의 변화를 고려하는 것은 나중에 다른 정체성을 탐색할 가능성과 정적인 관련이 있었다(Anthis & LaVoie, 2006).

일부 여성은 수술 후 유방암 환자의 신체 변화와 같이 성인기에 실제로 변하는 신체를 다루어야 한다. 이러한 여성을 대상으로 영국에서 수행한 연구에 따르면, 신체 변화는 해결하기 어려운 정체성 위기를 초래하는 것으로 나타났다(Piot-Ziegler, Sassi, Raffoul, & Delaloye, 2010).

정체성 위기 에릭슨은 정체성 위기가 12세경에 시작되고 어떤 식으로든 대략 18세가 되면 해결된다고 주장했다. 그러나 어떤 사람들에게는 정체성 위기가 나중까지 발생하지 않을 수 있다. 한 연구에서는 연구 대상자의 최대 30%가 24세까지 여전히 정체성을 찾고 있는 것으로 나타났다(Archer, 1982).

또한 대학은 정체성 위기의 해결을 지연하면서 청년들이 다양한 역할과 이데올로기를 실험하는 기간을 연장해 주기도 한다(Cote & Levine, 1988). 비슷한 연령의 대학생과 전일제로 일하는 사람을 비교했을 때, 취업한 사람이 더 일찍 자아정체성을 획득한 것으로 나타났다. 대학생은 유예 상태에 더 오래 머물러 있었다(Adams & Fitch, 1982).

추가 연구에 따르면 개인의 정체성은 평생 동안 계속해서 만들어지는 것일 수 있다(McAdams, 2001). 인도의 청소년을 대상으로 한 대규모 연구에서는 여성이 남성보다 자아정체성이 더 높은 것으로 나타났다(Janarthanam & Gnanadevan, 2014).

생산성

생산성의 선행 사건 중년기 생산성은 아동기의 온정과 애정이 있는 양육 경험과 유의미한 연관성이 있어 보인다(Franz, McClelland, & Weinberger, 1991). 연구는 아동의 정서적 안녕감에 어머니와 아버지 모두가 중요하다는 것을 지지한다. 높은 생산성 점수를 받은 중년 성인은 낮은 점수를 받은 이보다 선함과 인간 삶의 가치를 믿으며 자신의 삶에 대해 더 행복해하고 만족하는 경향을 보였다(McAdams & De St. Aubin, 1992; Van de Water & McAdams, 1989).

남성과 여성에게 자신의 삶의 주요 주제를 기술하게 했을 때, 이전에 로욜라 생산성 척도에서 높은 점수를 받은 사람들은 낮은 점수를 받은 사람들과 다른 주제를 기술했다. 고득점자들의 공통된 주제에는 아동기의 행운, 타인의 고통에 대한 민감성, 안정적인 개인적 신념 체계, 자신과 사회를 위한 명확한 목표 등이 있었다. 낮은 점수를 받은 사람들은 이러한 주제 중 어느 것도 기록하지 않았다(McAdams, Diamond, De St. Aubin, & Mansfield, 1997).

중년 성인에게 고점, 저점, 전환점을 포함하여 과거에 개인적으로 의미 있었던 삽화를 작성하라고 요청했다. 그 결과 생산성에서 높은 점수를 받은 사람은 부정적인 삶의 경험이 긍정적인 회복 경험으로 변화된 장면을 훨씬 더 많이 묘사했다. 생산성이 낮은 사람은 반대로 긍정적인 삶의 경험이 부정적인 생활 사건으로 바뀌는 경험을 기술하는 경향이 있었다(McAdams, Reynolds, Lewis, Patten, & Bowman, 2001).

대학생 집단을 20년 후와 30년 후에 다시 연구했을 때, 젊은 시기에 자아 정체성을 느리게 형성했던 사람들 대부분은 중년기가 되면서 다른 사람의 속도를 따라잡고 생산성의 단계에 도달할 수 있었다(Whitbourne, Sneed, & Sayer, 2009).

생산성 관련 요인들 심리사회적 발달에서 성인기에 대한 연구는 중년의 생산성이 권력 및 친밀감 동기와 정적인 관계가 있음을 보여 주었다(McAdams, Ruetzel, & Foley, 1986). 따라서 에릭슨의 이론이 예측하는 바와 같이, 생산성은 다른 사람들에 대해 친밀감과 강한 관계성을 느끼고자 하는 욕구를 불러일으킨다. 또 다른 연구에서 생산성은 양육과 연관되는 것으로 나타났다(Van de Water & McAdams, 1989). 이 모든 것은 에릭슨이 중년기를 대처하는 적응적인 방식으로 설명한 특성이자 다음 세대를 가르치고 멘토링하는 데 필요한 특성이다.

생산성의 혜택 생산성이 높은 사람은 생산성이 낮은 사람보다 외향성, 자존감, 성실성, 이타성, 유능감, 의무감, 새로운 경험에 대한 개방성에서 더 높은 점수를 받았다(Cox, Wilt, Olson, & McAdams, 2010; Peterson, Smirles, & Wentworth, 1997; Van Hiel, Mervielde, & De Fruyt, 2006). 또한 생산성이 높은 사람은 만족스러운 사회적 관계에 관여하고, 공동체에 애착을 느끼며, 정서적으로 안정적일 가능성이 높다(McAdams, Hart, & Maruna, 1998). 나아가 그들은 성공적인 결혼 생활, 직장에서의 성공, 친밀한 우정을 경험할 가능성이 높다. 그들은 생산성이 낮은 사람보다 더 이타적인 행동을 보인다(Westermeyer, 2004).

생산성과 심리적 안녕감 사이에도 강한 정적인 관련성이 발견되었다. 이는 부모가 된 중년뿐만 아니라 자녀가 없는 중년에게도 적용되었다. 그런데 생산성과 안녕감 사이의 이러한 관련성은 부모로서의 만족과 성공을 경험한 사람들보다는 직업과 경력에서 만족과 성공을 보고한 사람들 사이에서 가장 높았다(Clark & Arnold, 2008; Rothrauff & Cooney, 2008).

여성의 생산성 31~48세의 대학 교육을 받은 여성을 대상으로 실시한 2개의 종단 연구에 따르면, 중년에 생산성이 높은 여성은 생산성이 낮은 여성보다 정서적 안녕감에서 유의하게 더 높은 점수를 받았다(Van de water, Ostrove, & Stewart, 1997). 대학 교육을 받은 여성에 대한 또 다른 종단 연구에 따르면, 사회적 인정과 성취를 중시하는 사람들은 그렇지 않은 사람들보다 40대에 정체성이 더 잘 발달하였고 생산성에서 유의하게 높은 점수를 보고했다(Helson & Srivastava, 2001).

대학 교육을 받은 40대 여성에 대한 추가 연구에 따르면, 에릭슨이 예측한 대로 20대 때보다 40대 때 생산성이 더 높은 것으로 나타났다. 그러나 에릭슨의 견해와 달리 이 연구에서는 이 여성들의 생산성이 60대까지 동일한 수준으로 유지되는 것으로 보고되었다(Zucker, Ostrove, & Stewart, 2002).

관련 연구에서 대학을 나온 여성 중 43세에 생산성에서 높은 점수를 받은 여성은 10년 후에도 같은 수준을 유지하였다. 그들은 43세에 생산성에서 낮은 점수를 받은 여성에 비해 연로한 부모나 배우자, 자녀를 더 잘 돌봐 주는 것으로 나타났다(Peterson, 2002).

과학 기술이 생산성에 미치는 영향 과학 기술의 대규모 변화는 젊은 세대가 노인을 대하는 태도에 부정적인 영향을 미쳐 유용한 멘토링 활동을 방해할 수 있다. 홍콩의 한 연구에 따르면 현대 과학 기술의 발전에서 동떨어졌다고 느끼는 노인의 생산성이 현저히 감소한 것으로 나타났다. 그들은 인터넷과 소셜 미디어 사용과 관련하여 자신이 뒤처졌다고 느꼈고, 그래서 젊은 세대와 관계를 맺거나 젊은 세대를 멘토링할 수 없다고 생각했다. 그들은 사람들이 자신을 귀하게 여기거나 존중하지 않을 거라고 믿게 되었고, 이로 인해 생산적 목표와 행동에서 이탈하게 되었다(Cheng, 2009).

성숙

삶에 대한 성찰　에릭슨은 심리사회적 발달의 성숙노년기에 있는 사람들은 자신의 삶을 회상하고 검토하며 과거의 선택을 수용하거나 후회하는 데 시간을 보낸다고 믿었다. 나이 든 심리학자를 대상으로 한 연구에 따르면, 그들의 기억 대부분은 대학 시절과 초기 성인 시절, 즉 삶의 과정에 영향을 미친 중요한 결정을 가장 많이 내린 시기에 대한 것이었다(Mackavey, Malley, & Stewart, 1991).

　　다른 연구에 따르면 자아통합에서 높은 점수를 받은 노인은 자아통합에서 낮은 점수를 받은 노인보다 문제를 해결하고 자신의 상황을 잘 이해하기 위한 목적으로 자신의 삶을 검토하는 데 훨씬 더 많은 시간을 할애했다(Taft & Nehrke, 1990). 65세 이상을 대상으로 포르투갈에서 수행한 연구에 따르면, 과거의 행복한 추억을 회상하면 심리적 안녕감과 함께 자아통합의 감정이 생긴다는 것이 확인되었다(Alfonso, Bueno, Loureiro, & Pereira, 2011).

　　50~60대 성인을 대상으로 한 연구에서는 에릭슨이 예측한 것처럼 후회스러운 일과 놓친 기회를 수용하는 것이 남성과 여성 모두의 삶의 만족도 및 신체 건강과 직접적인 관련이 있는 것으로 나타났다(Torges, Stewart, & Duncan, 2008; Torges, Stewart, & Miner-Rubino, 2005). 60~69세 사이의 성인에 대한 다른 연구에 따르면, 이 시기에 죽음에 대한 인식이 증가하고, 목표와 삶의 활동이 축소되는 것을 경험하면서, 많은 경우 자아통합에 대해 지속적인 고민을 하는 것으로 나타났다(Robinson & Stell, 2014).

자아통합에 관하여　벨기에에서 60~70대 성인을 대상으로 수행한 연구에 따르면, 자아통합의 달성은 높은 주관적 안녕감, 긍정적인 심리적 건강, 더 낮은 수준의 죽음에 대한 두려움, 더 적은 원통함 및 분노와 관련이 있었다(Van Hiel & Vansteenkiste, 2009).

자아정체성에 대한 연구

온라인 정체성은 다음과 같은 특징을 보인다.

- 다른 정체성을 시도해 볼 수 있게 함
- 현실 세계에서 정체성을 확립하는 것만큼 만족스러울 수 있음
- 정체성 형성에 긍정적인 역할과 부정적인 역할을 모두 수행할 수 있음
- 외롭고 사회적으로 불안한 사람들이 더 많이 사용할 가능성이 있음

여성의 자아정체성 형성은 다음과 같은 특징을 보인다.

- 1960~70년대 여성운동에 영향(당시를 살았던 사람들의 경우)을 받음
- 진로 고민에 더 많은 영향을 받음
- 변화하려는 의지와 관련이 있음
- 신체상의 변화에 영향을 받을 수 있음

생산성이 높은 사람은 다음과 같은 성향이 있다.

- 자신의 삶에 대해 만족하고 행복감을 느끼며, 결혼과 직업에서 성공적임
- 외향적이고 성실하며 새로운 경험에 개방적임
- 자존감이 높음

자아통합 수준이 높은 사람은 다음과 같은 경향이 있다.

- 과거를 살펴보며 양질의 시간을 보냄
- 후회스러운 일과 놓친 기회를 수용할 수 있음
- 원통함과 분노의 감정이 거의 없음

17~82세의 성인 표본에서 보다 젊은 단계에 있는 사람들과 보다 연배가 높은 단계에 있는 사람들을 비교한 결과, 나이 든 사람은 젊은 사람보다 생산성과 자아통합에 훨씬 더 관심이 많았고, 자아정체성에는 관심이 덜한 것으로 나타났다. 이러한 발견은 에릭슨의 견해를 지지한다. 또한 연령과 주관적 안녕감 사이에 유의미한 정적 상관관계가 있는 것으로, 즉 일반적으로 나이가 많은 사람이 젊은 사람보다 더 행복한 것으로 나타났다(Sheldon & Kasser, 2001). 55~93세 사이의 오스트레일리아 남녀 성인을 대상으로 한 연구에서는 가족 및 지역 사회 활동에 지속적으로 참여하면 노년이 되어서도 계속해서 생산성을 느낄 수 있는 것으로 밝혀졌다(Warburton, McLaughlin, & Pinsker, 2006).

젊은 성인(25~35세)과 노인(60~85세)을 비교했을 때, 보고된 삶의 성찰 빈도에서 집단 간에 유의미한 차이가 없었다. 그러나 생활 사건을 성찰하는 이유는 달랐다. 젊은 성인은 자기에 대한 통찰을 얻고 현재 문제에 대한 해결책을 찾기 위해 삶을 성찰한 반면, 노인은 자신의 삶을 평가하고 자아통합감을 얻기 위해 과거를 성찰하였다(Staudinger, 2001a, 2001b).

노화의 성차 에릭슨이 설명한 바와 같이 삶을 냉정하게 성찰하고 평가하는 데 있어, 여성은 노화의 성차로 인해 남성보다 큰 어려움을 겪을 수 있다. 이것은 60대 성인을 대상으로 한 연구에서 입증되었다. 남성은 여성보다 훨씬 더 높은 수준의 정체성, 확실성, 자신감, 권력을 보고하였다(Miner-Rubino, Winter, & Stewart, 2004).

사회의 이른바 이중 잣대는 노화가 여성에게 더 부정적이라는 인식을 주며, 여성을 남성보다 이른 나이에 '늙었다'고 보게 한다. 예를 들어 50세 남성 배우는 여전히 중요한 배역의 기회를 얻지만, 50세 여성 배우는 과부나 할머니 역할을 해야 한다는 편견이 있다.

또한 여성은 남성보다 더 오래 사는 경향이 있어서 질병 및 무능력, 사별, 사회적 지지의 상실, 소득의 감소와 같은 문제를 처리해야 할 가능성이 더 크다. 이러한 부분이 여성의 삶에 대한 회고가 남성보다 덜 긍정적인 편이며, 여성이 나중에 자아통합보다는 에릭슨이 절망감으로 표현한 상태에 이르게 될 가능성이 더 높다는 관찰과 관련이 있어 보인다(Rainey, 1998).

인종 및 민족정체성

에릭슨이 고려하지 않은 자아 발달의 한 측면은 인종정체성의 영향과 그것이 주는 긍정적 혜택에 대한 것이다.

인종정체성의 혜택 이 주제에 대한 연구들은 소수 집단에 있어 인종 또는 민족정체성을 개발하고 유지하는 것의 중요성을 일관되게 지지한다. 자신의 인종정체성을 부정하면 스트레스가 유발될 수 있다(Franklin-Jackson & Carter,

2007). 미국, 홍콩, 캐나다의 라틴계, 아시아계, 흑인 10대에 대한 많은 연구에 따르면, 강한 민족정체성은 심리적 안녕감, 높은 자존감, 강한 사회적 유대감, 삶에 대한 만족감, 긍정적 학업 동기와 관련이 있음이 분명히 나타난다(Chae & Foley, 2010; Kiang, Witkow, Baldomar, & Fuligni, 2010; Lam & Tam, 2011; Lee & Lee, 2014; Smith & Silva, 2011; Usborne & Taylor, 2010; Whittaker & Neville, 2010; Yap, Settles, & Pratt-Hyatt, 2011).

흑인 청소년을 대상으로 한 연구는 인종정체성과 심리적 건강 사이에 명확하고 일관된 강한 관련성을 보여 주었다. 인종정체성에서 높은 점수를 받은 사람은 주관적 안녕감, 삶에 대한 만족감, 자존감에서도 높은 점수를 받았다. 또한 그들은 불안과 우울을 포함한 정신 건강 문제를 겪을 가능성이 적었다(Constantine, Alleyne, Wallace, & Franklin-Jackson, 2006; Cross, Grant, & Ventunaec, 2012; Pillay, 2005).

흑인, 아시아인, 다문화 가정 출신 10대에 대한 연구에 따르면, 흑인이 자존감이 가장 높았고, 아시아인이 가장 낮았다. 다문화 가정 출신 청소년의 자존감은 흑인보다 유의하게 낮았고, 아시아인보다 유의하게 높았다(Bracey, Bamaca, & Umana-Taylor, 2004). 따라서 인종정체성은 다문화 가정 출신 아시아인 청소년보다 흑인 청소년의 자존감에 더 강력하고 중요한 요인이 되는 것으로 보인다.

집단 존중감(사람들이 인종 또는 민족 집단의 구성원이 되는 것에 대해 느끼는 방식)은 초기 및 중기 청소년기에 아프리카계 미국인 및 라틴계 미국인 10대에게서 증가하는 것으로 나타났다. 백인 학생의 집단 존중감은 연구의 시작과 종료 시점에서 모두 높게 측정되어, 안정적으로 유지되었다(French, Seidman, Allen, & Aber, 2006).

다른 연구에서는 인종정체성이 높은 흑인 청소년이 마약에 대해 더 부정적인 태도를, 학교에 대해 더 긍정적인 태도를 나타냈는데, 이는 학교에서의 긍정적인 행동과도 관련이 있었다. 그러나 반백인(anti-White) 태도 척도에서 높은 점수를 받은 사람들은 마약을 사용하고, 학교에 대해 부정적인 태도를 갖고, 학교에서 잘못된 행동을 할 가능성이 훨씬 더 높았다(Resnicow, Soler, Braithwaite, Ben Selassie, & Smith, 1999).

인종 차별을 많이 경험한 학생은 인종 차별을 거의 또는 전혀 경험하지 않은 학생보다 스트레스가 높고 심리적 기능이 낮은 것으로 보고되었다(Bynum, Burton, & Best, 2007). 흑인 청소년을 대상으로 한 또 다른 연구에서는 나이가 들수록 인종정체성 외에 성별정체성(gender identity)도 더욱 중요해진다는 사실이 발견되었다. 인종 및 성별정체성이 모두 높은 사람들은 정신 건강과 학교 적응에서 높은 점수를 받았다(Rogers, 2013).

멕시코에서 태어난 미국의 10대를 대상으로 수행한 연구에 따르면, 더 전통적이고 쉽게 알아볼 수 있는 라틴계 외모를 가진 사람들이 더 높은 인종정체성을 가진 것으로 나타났다(Santos & Updegraff, 2014).

여성과 인종정체성 흑인과 히스패닉 여성에 대한 연구에 따르면, 정체성 혼란(소수 문화와 주류 문화 간의 정체성 갈등)이 섭식장애로 이어질 수 있다. 일부 여성들은 극도의 날씬함을 강조하는 북미의 미인 모델과 자신을 동일시하면서 거식증과 같은 장애를 나타내는 경향이 있다. 연구자들은 이러한 상태가 대다수 백인 문화의 이상적인 여성의 외모 기준을 모방하려는 시도에서 비롯된 것이라고 주장했다(Harris & Kuba, 1997).

인종정체성과 자아정체성 아시아계 미국인 및 히스패닉계 미국인 청소년을 대상으로 한 연구에 따르면, 민족성은 자아정체성을 형성하는 데 핵심적 역할을 한다. 강한 민족정체성은 높은 자존감과 동료 및 가족과의 긍정적 관계와 관련이 있다(Phinney & Chavira, 1992). 히스패닉계 미국인 10대에 대한 연구에 따르면, 주로 백인 학교에 다녔던 청소년이 인종적으로 균형 잡힌 학교에 다녔던 사람들보다 훨씬 더 높은 수준의 민족정체성을 보고했다(Umana-Taylor, 2004). 다른 연구에서는 히스패닉 청소년의 강한 민족정체성이 스트레스에 대한 완충제 또는 보호제 역할을 하고, 주관적 안녕감과 학업 성취도를 향상시키는 것으로 나타났다(Chang & Le, 2010; French & Chavez, 2010; Torres & Ong, 2010). 높은 인종정체성을 가진 젊은 아시아계 미국인은 주류 문화에 더 많이 동화된 아시아계 미국인보다 알코올 섭취 및 마리화나 흡연에 대해 더 강한 저항을 보였다(Suinn, 1999). 비슷한 결과가 이민자 가정의 젊은 히스패닉 청소년에서도 발견되었다(Schwartz, Mason, Pantin, & Szapocznik, 2008).

캐나다에서는 아메리카 원주민의 구성원으로 확인된 청소년 중 자신과 자신의 문화를 더 강하게 동일시하는 청소년이 자신을 이중 문화에 속한 것으로 간주하는 청소년보다 정체성 강도 측정에서 더 높은 점수를 받았다(Gfellner & Armstrong, 2012).

인종정체성 발달 단계 아프리카계 미국인 청소년에 대한 인종정체성 모형 중 하나는 윌리엄 크로스(William Cross)가 제안한 개정된 인종정체성 모형(Revised Racial Identity Model)이다. 그는 자신의 모형이 제안하는 발달 단계를 측정하기 위해 64개 항목으로 구성된 크로스 인종정체성 척도(Cross Racial Identity Scale)를 출판했다. 연구에 따르면 해당 척도는 민족정체성에 대한 타당한 검사다(Vandiver, Cross, Worrell, & Fhagen-Smith, 2002). 크로스는 심리적으로 건강한 흑인정체성의 발달에 전조우, 조우, 잠입-재현, 내면화라는 네 단계가 관여한다고 가정한다(Cokley, 2002).

전조우 단계(pre-encounter stage)에는 세 개의 정체성 군집이 나타난다. 전조우 동화(assimilation) 정체성에는 인종에 대한 인식이나 인종정체성이 거의 포함되지 않는다. 전조우 오교육 정체성은 흑인에 대한 부정적인 고정 관념을 내면화한 것을 의미한다. 전조우 자기혐오 정체성은 흑인에 대해 매우 부정적인 견해를 갖는 것을 의미하며, 이는 반흑인(anti-Black) 및 자기혐오 태도로 이어진다.

조우 단계(encounter stage)는 인종주의나 차별을 겪으면서 이로 인해 청소년기 세계관에 변화를 경험하는 단계이다.

잠입-재현 단계(immersion-emersion stage)에서는 두 가지 정체성 상태가 나타날 수 있다. 잠입-재현 흑인 몰입 정체성은 모든 흑인과 관련된 것을 훌륭하고 바람직한 것으로 칭송한다. 잠입-재현 반백인 정체성은 백인과 관련된 모든 것을 악하고 그르다고 본다.

내면화 단계(internaliztion stage)도 두 개의 정체성으로 구성된다. 하나는 흑인 민족주의로, 친흑인 아프리카중심주의적 관점을 고수하는 입장이고, 다른 하나는 다문화주의적 포용적 정체성으로, 흑인정체성뿐만 아니라 다른 유형의 민족, 인종 및 성별 정체성도 수용하는 입장이다.

　평균 연령 20세의 흑인 남성을 대상으로 수행한 연구는 인종정체성의 전조우 단계에 있는 사람은 내면화 단계에 있는 사람보다 자존감이 현저히 낮고 심리적 고통이 크며 심리적 안녕감이 낮다고 보고했다(Pierre & Mahalik, 2005). 또한 흑인 대학생을 대상으로 한 연구에서는 인종정체성이 이 모형의 초기 단계에서 성숙한 단계로 진행됨에 따라 방어기제의 수준이 가장 덜 정교하고 미성숙한 방어에서 더 성숙한 방어로 바뀌는 것으로 나타났다. 이것은 개인의 인종정체성이 보다 충분히 발달하면서 나타날 것으로 예측되었던 결과다(Nghe & Mahalik, 2001).

　이러한 소수자의 자아정체성 발달 모형은 민족정체성을 자아정체성의 중요한 구성 요소로 인식하고, 민족정체성이 일련의 단계를 거쳐 발달한다는 에릭슨의 심리사회적 발달 단계 개념과 유사하다는 것을 보여 준 것에 의의가 있다. 우리가 언급했듯이 에릭슨은 인종정체성 개념을 직접 다루지 않았지만, 이 모형은 그가 제안한 발달 과정과 동일한 양상을 보여 준다.

성별 선호 정체성

에릭슨이 직접 고려하지 않은 자아정체성의 또 다른 측면은 성별 선호 정체성으로, 이는 전반적인 자아정체성에 영향을 미치며 민족정체성의 기능에 따라 다르게 나타날 수 있다. 예를 들어 평균 연령 11세의 백인, 흑인, 히스패닉 아동을 대상으로 한 연구에 따르면 흑인과 히스패닉 아동은 백인 아동보다 성별 순응에 대한 압박감을 훨씬 크게 보고하였다(Corby, Hodges, & Perry, 2007).

정체성 단계　연구자들은 에릭슨이 자아정체성이나 민족정체성의 발달을 설명하는 방식과 유사하게 LGBT, 즉 레즈비언(lesbian), 게이(gay), 양성애자(bisexual), 성전환자(transgender)의 정체성이 일련의 단계를 거쳐 발달한다고 주장했다. 한 모형은 성별 선호 정체성 발달을 다음의 4단계로 제안한다(Frable, 1997).

1. 민감화: 청소년기 이전에 발생하는 단계로, 자신이 동성 또래와 다르다는 초기 인식이 나타난다.
2. 정체성 혼란: 사춘기 단계로, 자신의 감정과 생각이 동성애자로 설명될 수 있다는 깨달음과 함께 혼란스러운(어쩌면 두려운) 감정을 경험한다.
3. 정체성 가정: 이 단계에서 개인은 자신이 동성애자라고 믿게 되고 게이정체성을 수용하기 시작한다.
4. 결단: 이 단계에서 개인은 게이정체성을 자신의 삶의 방식으로 완전히 수용한다.

게이정체성의 결과 성전환자의 정체성을 가진 사람들에 대한 사회적 수용이 상대적으로 높아지고 있음에도, 그들은 일상생활에서 중대한 도전에 직면할 때가 많다. 일반적으로 비전통적 성별 선호 정체성을 가진 사람들은 스트레스, 우울, 자살, 실패감과 죄책감, 신체적·정신적 건강 문제를 더 많이 경험한다(Blosnich, Brown, Shipherd, Kauth, Piegeri, & Bossarte, 2013; Budge, Adelson, & Howard, 2013; Glicksman, 2013; Liu, Rochlen, & Mohr, 2005).

그들은 특히 학교에서 따돌림, 괴롭힘, 차별의 대상이 되며, 이는 학교 성적뿐만 아니라 정서적 안녕감에도 영향을 미친다. 한편 이들을 괴롭히지 못하도록 개입하는 학생들이 있다면, 이러한 괴롭힘의 영향이 완화될 수 있고, 이를 목격한 다른 학생들도 용기를 얻어 상황에 개입하게 될 수 있다. 또한 가족과 친구로부터 강력한 사회적 지지가 있으면 괴롭힘의 영향이 크게 줄어들 수 있다(Wernick, Kulick, & Inglehart, 2014).

커밍아웃(coming out), 즉 공개적으로 자신의 성정체성을 드러내고, 자신의 정체성을 바꾸거나 숨길 마음 없이 정체성에 대한 자부심을 표현하는 사람들은 정신적, 정서적 안녕감 척도에서 보다 높은 점수를 받는다(Bockting, 2014). 이들은 자신의 정체성을 밝히지 않은 사람들보다 높은 자존감과 낮은 우울감을 경험하는 것으로 나타났다(Frable, 1997; Kosciw, Palmen, & Kull, 2014).

보안이 평범한 수준인 교도소에 있는 남성 수감자에 대한 연구에 따르면, 대인 관계에 대한 강한 욕구가 있는 성격 유형의 사람들이 성 역할 갈등을 덜 경험하는 것으로 나타났다. 교도소 문화에서는 동성애 공포증이나 여성스

에릭슨 이론에 대한 연구

인종 및 민족정체성에서 높은 점수를 받은 소수 민족은 다음과 같은 경향이 있다.

- 주관적 안녕감과 자존감에서 높은 점수를 받음
- 불법 약물에 대해 덜 긍정적인 태도를 보임
- 가족 및 또래와 잘 지냄
- 학교에서 더 나은 수행을 보임
- 스트레스를 덜 받음

성별 선호 정체성에 대한 연구는 다음과 같은 결과를 보여 준다.

- 흑인과 히스패닉계 아동은 성 역할 순응에 대해 큰 압박감을 느낌
- 성별 선호에 대한 갈등은 낮은 자존감, 죄책감, 스트레스와 관련이 있음
- 게이정체성이 강한 사람은 자존감이 높고 자신의 정체성을 바꾸고 싶어 하지 않음

럽게 보일 것에 대한 공포 때문에 친밀한 관계를 맺는 것을 경계하게 되는데, "이들의 관계 욕구가 그러한 공포 및 두려움을 넘어서게" 하는 것이다. 개인적인 접촉에 대한 욕구가 상대적으로 작은 사람들은 동성애 성향에 대한 성 역할 갈등을 더 크게 경험하는 것으로 나타났다(Schwartz, Buboltz, Seemann, & Flye, 2004, p. 63).

에릭슨 이론에 대한 고찰

기여 및 비판

에릭슨은 성격이 평생에 걸쳐 계속 발달한다는 인식, 청소년기 정체성 위기 개념, 문화적·사회적·역사적 힘의 영향을 이론에 통합한 것 등을 통해 심리학에 상당한 공헌을 하였다. 그러나 그의 체계에 대한 비판도 적지 않다. 여기에는 모호한 용어와 개념, 지지하는 자료가 없는 상태에서 도출된 결론, 전반

적인 정확성 부족에 대한 지적이 포함된다(Rosenthal, Gurney, & Moore, 1981; Waterman, 1982).

에릭슨은 이러한 비판이 유효하다는 데 동의하였고, 자신의 예술적 기질과 과학에 대한 정식 교육 부족을 탓하기도 했다. 그는 다음과 같이 적었다. "나는 예술을 하다가 심리학 분야로 왔는데, 정당하다는 것은 아니지만, 그것이 독자들이 내가 사실과 개념을 명확하게 설명하기보다는 맥락과 배경을 그리는 것처럼 느끼게 되는 부분을 설명해 줄 수 있을 것이다"(Erikson, 1950, p. 13).

성숙의 발달 단계에 대한 설명이 불완전한 부분에 대해서는 더 구체적인 비판이 있었는데, 에릭슨은 1986년 그의 책 『노년기의 활발한 참여(Vital Involvement in Old Age)』에서 이를 수정하려고 시도했다(Erikson et al., 1986). 한편 일부 심리학자들은 55세 이후의 성격 발달이 에릭슨이 자아통합의 개념을 통해 제안한 것처럼 긍정적일지 의문을 제기한다. 많은 사람들이 이 단계에서 고통, 상실, 우울을 경험하는데, 이는 지혜라는 기본 강점을 발달시키는 사람들도 마찬가지다.

놀이구조물 연구에 대한 해석에서 나타난 성차에 대한 에릭슨의 입장도 공격을 받아 왔다. 그가 남근 유무에 따른 생물학적 차이에 근거하여 설명한 남아와 여아의 성격 차이는 문화적 차이나 성 역할 훈련의 결과로도 설명될 수 있다. 에릭슨은 나중에 이러한 가능성을 인정했다.

에릭슨의 발달 단계는 여성에게 적용되지 않을 수 있다. 사회심리학자 캐럴 태브리스(Carol Tavris)는 에릭슨이 '인간(man)' 발달 단계라고 명명한 설명을 읽고는 다음과 같이 썼다. "염려가 된다. 나는 올바른 순서로 위기를 겪고 있지 않았다. 나는 더 이상 10대가 아니었지만, 결혼을 해야 할 때 결혼을 하지 않았기 때문에 정체성이 흔들리고 있었다. 이로 인해 친밀감과 생산성의 위기는 보류되고 있었다"(Tavris, 1992, p. 37).

일부 비평가들은 에릭슨의 성격 이론이 경제적 상황이 좋지 않아서 청소년기에 다양한 역할을 탐색하고 자아정체성을 개발하기 위한 유예 기간을 가질 수 없는 사람들에게는 적용되지 않는다고 비판한다. 이 단계는 대학에 다니는 사람들 또는 에릭슨처럼 7년 동안 자신을 찾고자 여행을 떠날 여유가 있는 사람들에게만 가능한 사치일 수 있다(Slugoski & Ginsburg, 1989).

에릭슨은 그의 비평가들에게 반응하는 데 별 관심을 보이지 않았다. 그는 성격 발달을 설명하는 데에는 여러 가지 방법이 있으며 단일한 견해로 이를 설명하는 것은 적절하지 않다고 생각했다. 그의 영향력은 그의 책과 다음 세대의 심리학자, 정신과 의사, 교사, 상담가들의 작업을 통해 증가하였다.

인정과 영향력

에릭슨의 이론은 전문가와 대중 모두에게 인정 받았다. 『타임지』는 그를 "현존하는 가장 영향력 있는 정신분석가"라고 불렀고(1975년 3월 17일), 『오늘의 심리학(Psychology Today)』은 그가 "진정한 지적 영웅"이라 기술했다(Hall, 1983, p. 22). 그의 개념은 교육, 사회사업, 직업 및 결혼 상담, 아동 및 청소년 임상 실습에 유용하게 사용된다. 그의 작업은 "계속해서 현대심리학과 사회사상에 유의미한 영향을 미치는 것으로 판명되고 있다"(Clark, 2010, p. 59). 1966년에는 시카고의 로욜라 대학교에 대학원 훈련 과정을 위해 에릭슨유아교육연구소(Erikson Institute for Early Childhood Education)가 설립되었다.

최근 몇 년 동안 생애발달심리학 분야의 연구와 이론이 폭발적으로 증가하였는데, 이는 에릭슨의 접근 방식에 빚진 바가 크다. 중년 및 노년의 발달 문제에 대한 최근의 관심 역시 에릭슨의 영향을 많이 받았다. 또한 에릭슨의 놀이치료 방법은 정서적으로 불안하고 학대당한 아동을 치료하기 위한 표준 진단 및 치료 도구로 사용되고 있다. 놀이치료 시 신체적 또는 성적인 공격의 세부 사항을 말로 표현할 수 없는 아동 및 청소년은 자신과 학대자를 나타내는 인형을 활용한 놀이를 통해 자신의 감정을 표현할 수 있다.

요약

에릭슨은 스스로 여러 개인적인 정체성 위기를 겪으며 정체성 탐색을 중요하게 다루는 성격 이론을 개발하였다. 그는 프로이트 이론에 기반하여 이론을 발달시키면서도 원초아보다 자아를 강조하고, 문화, 사회 및 역사가 성격에 미치는 영향을 인식하면서 발달 단계를 자세히 기술하였다.

에릭슨은 성격 발달 과정을 여덟 단계로 나누어 설명하였다. 각 단계의 갈등은 개인에게 적응적 또는 부적응적인 대처 방식으로 대처할 것을 요구한다. 발달은 후성유전학적 원리에 의해 지배된다. 즉 각 단계는 유전적 힘에 영향을 받지만, 환경은 유전적 힘이 실현될지 여부에 영향을 미친다.

구강감각기(출생~1세)는 신뢰 또는 불신을 초래할 수 있다. 근육항문기(1~3세)는 자율성 또는 의심과 수치심으로 이어진다. 운동생식기(3~5세)에는 주도성이나 죄책감이 발달된다. 잠복기(6~11세)는 근면성 또는 열등감을 유발한다.

청소년기(12~18세)는 자아정체성이 형성되는 단계(정체성 위기의 시기)로, 이는 정체성 확립이나 역할 혼란으로 이어진다. 청년기(18~35세)는 친밀감이나 고립감을 초래한다. 성인기(35~55세)는 생산성이나 침체감을 야기한다. 성숙기(55세 이상)는 자아통합 또는 절망감으로 표현된다.

각 단계에서 갈등에 적응적 방법으로 대처할 경우 기본 강점이 개발될 수 있다. 기본 강점은 희망, 의지, 목적, 유능감, 충실성, 사랑, 배려, 지혜이다. 자아가 적응적 경향이나 부적응적 경향으로만 구성되면 발달장애가 발생할 수 있다.

에릭슨은 인간 본성에 대한 고무적이고 낙관적인 이미지를 제시하였다. 우리는 기본 강점을 달성하고 각 갈등을 긍정적으로 해결하며 의식적으로 성장을 주도할 수 있는 능력을 가지고 있다. 우리는 생물학적 힘이나 아동기 경험의 희생양이 아니며, 유전보다는 학습과 사회적 상호작용의 영향을 더 많이 받는다.

에릭슨의 평가 방법은 놀이치료, 인류학 연구, 심리사 분석이었다. 그의 연구는 사례 연구에 의존했다. 심리사회적 발달의 처음 여섯 단계와 자아정체성 개념과 관련하여 상당한 연구가 이루어졌고, 연구 결과는 이 개념들을 지지하였다. 그러나 정체성 위기는 에릭슨이 생각했던 것보다 늦게 발생할 수 있으며, 대학에 진학하면 위기 해결이 지연될 수 있다.

다른 연구에서는 생애 초기 신뢰감 발달의 중요성과 중년기 생산성의 혜택이 확인되었다. 소수 집단 구성원들에게 청소년기 민족정체성의 형성은 자아정체성 발달에 영향을 주고 이후의 행동에도 영향을 미칠 수 있다.

크로스 인종정체성 모형은 심리적으로 건강한 청소년 흑인의 정체성 발달을 네 단계로 설명한다. 성별 선호 정체성은 자아정체성의 특성에도 영향을 미칠 수 있다. 성별 선호에 대해 갈등이 있는 사람은 그러한 갈등을 경험하지 않은 사람보다 심리적으로 덜 건강한 것으로 보인다.

에릭슨 이론은 모호한 용어, 심리사회적 발달 단계에 대한 불완전한 설명, 생물학적 요인에 기반한 남녀의 성격 차이에 대해 제대로 지지되지 않는 주장을 담고 있어 비판을 받는다.

복습 문제

1. 에릭슨은 아동기와 청소년기에 어떤 정체성 위기를 겪었는가? 이 경험은 그의 이론에 어떻게 반영되었는가?
2. 에릭슨의 이론은 프로이트의 이론과 어떤 점에서 다른가?
3. 에릭슨이 말한 정체성 혼란 개념을 설명하라. 그는 아메리카 원주민과 제2차 세계대전 참전 군인들에게서 어떤 증거를 발견했는가?
4. 에릭슨의 후성유전학적 성숙 원리는 유전 요인과 사회적 요인이 성격에 미치는 영향을 어떻게 설명하는가?
5. 심리사회적 발달 단계에서 갈등의 역할을 설명하라.
6. 성장의 각 단계에서 발생하는 위기에 대처하는 두 가지 방법은 무엇인가?
7. 심리사회적 발달 단계 중 네 가지 아동기 단계를 설명하라.
8. 청소년기의 적응적 대처와 부적응적 대처로서 정체성 확립과 역할 혼란을 비교하여 설명하라.
9. 처음 네 가지 발달 단계와 마지막 네 가지 발달 단계의 주요 차이점은 무엇인가?
10. 자아정체성의 발달에 영향을 미치는 요인은 무엇인가? 왜 일부 사람들은 이 단계에서 정체성을 확립하는 데 실패하는가?
11. 심리사회적 발달에서 성인 단계의 갈등은 어떻게 긍정적인 방식으로 해결될 수 있는가?
12. 생산성의 개념을 설명하고 이를 어떻게 달성할 수 있는지 예를 들어 보라.
13. 성숙노년기에 적응하는 두 가지 방법은 무엇인가? 개인은 어떻게 긍정적인 적응 방식을 달성할 수 있는가?
14. 심리사회적 발달 단계별 기본 강점을 설명하라.
15. 두 가지 유형의 발달 문제를 구별하여 설명하라. 이러한 조건을 어떻게 교정할 수 있는가?
16. 인간 본성에 대해 에릭슨이 제시한 이미지는 프로이트의 것과 어떻게 다른가?
17. 에릭슨이 이론을 개발할 때 사용한 평가 방법은 무엇인가?
18. 놀이구조물 연구의 결과에 기초하여 에릭슨은 성격의 성차에 대해 어떤 결론을 내렸는가? 당신은 그의 결론에 동의하는가?
19. 청소년기의 자아정체성 발달과 중년기의 생산성에 대한 연구 결과를 설명하라.
20. 소수 민족 청소년의 민족정체성이 자아정체성의 형성과 그에 따른 태도 및 행동에 어떻게 영향을 미칠 수 있는지 논하라.
21. 청소년들이 자아정체성을 확립하는 데 온라인 롤플레잉 게임이 어떤 도움을 줄 수 있는가?
22. 생산성이 높은 사람들은 생산성이 낮은 사람들과 어떤 면에서 다른가?
23. 에릭슨에 따르면 발달의 마지막 단계인 노년기에 생산성은 어떤 역할을 하는가?
24. 성별 선호 정체성 개발을 위해 제안된 단계는 무엇인가?
25. 성격에 대한 에릭슨의 접근 방식에 대해 어떤 비판이 있는가?
26. 이 과정에서 지금까지 공부한 다른 이론과 비교하여 에릭슨의 이론에 대한 당신의 의견은 무엇인가?

읽을거리

Erikson, E. H. (1950). *Childhood and society*. New York: Norton.

자녀 양육, 가족 생활, 사회 및 문화 구조를 다루는 에세이 모음으로, 이러한 요소들과 성격 발달의 관계를 설명한다. 이 책이 나왔을 당시 학자와 일반 대중 모두가 찬사를 보냈다.

Erikson, E. H. (1968). *Identity: Youth and crisis*. New York: Norton.

에릭슨의 고전적 저서로, 정체성 위기와 이 단계에서 갈등에 대처하는 방법을 다룬다.

Erikson, E. H. (1987). *A way of looking at things: Selected papers from 1930 to 1980*. New York: Norton.

에릭슨의 글 모음으로, 아동의 놀이구조물, 성인의 꿈, 비교문화적 연구 및 생애주기에 걸친 발달을 다룬다.

Erikson, E. H., Erikson, J. M., & Kivnick, H. Q. (1986). *Vital involvement in old age*. New York: Norton.

노년기의 자극 욕구와 도전 욕구에 대한 세심한 심리사회적 분석과 90세에 접어든 에릭슨에 대한 개인적인 관점이 담겨 있다.

Evans, R. I. (1967). *Dialogue with Erik Erikson*. New York: Harper & Row.

삶과 일에 대한 에릭슨과의 대화가 담겨 있다.

Friedman, L. J. (1999). *Identity's architect: A biography of Erik H. Erikson*. New York: Simon & Schuster.

정체성 위기와 생애주기 단계에 대한 에릭슨의 이론이 그 자신의 복잡한 삶에서 어떻게 나오게 되었는지를 공감적으로 다룬 작품이다.

Josselson, R. (1996). *Revising herself: The story of women's identity from college to midlife*. New York: Oxford University Press.

에릭슨 이론에 기반하여 면접으로 수집한 종단적 자료를 통해 20세기 후반 여성의 역할과 정체성에 나타난 문화적 변화를 추적한다.

유전학적 접근법

특질 은 개인의 뚜렷한 특성 및 자질이다. 우리는 종종 일상에서 다른 사람의 성격을 묘사하기 위해 특질 표현을 사용한다. 우리는 특정 사람이 어떤 사람이라 생각하는지 표현할 때, 그에게 두드러진 특징을 언급하는 경향이 있다. 이를테면 "보은이는 자신감 넘쳐", "수현이는 경쟁적이야", "서진이는 정말 강박적이야"와 같이 말할 수 있다.

특질에 따라 사람을 분류하는 것은 간단하고 일반적이므로, 특질 접근법은 오랜 시간 인기를 끌었다. 특질 분류는 이 책보다 2,000년 이상 앞선 그리스 의사 히포크라테스 시대(기원전 460~377)부터 이뤄졌다. 히포크라테스(Hipporates)는 행복(happy), 불행(unhappy), 변덕(temperamental), 냉담(apathetic)이라는 네 가지 유형으로 사람을 구별하였다. 이러한 다양한 유형은 내부 체액(humor)에 의해 분류된다. 즉 그는 이러한 성격 특질이 경험이나 학습보다는 생물학적 기능이라는 체질에 근거한다고 보았다.

1940년대 미국의 의사 윌리엄 셀던(Whilliam Sheldon, 1899~1977)은 신체 구조에 따른 성격 유형을 제안하였다(그림 7.1). 그는 각기 다른 기질과 관련되는 세 가지 신체 유형을 제시하였다(Sheldon, 1942). 히포크라테스가 취한 접근 방식과 마찬가지로 셀던도 성격 특질, 즉 특성이 대체로 고정되어 있으며, 상황에 관계없이 안정적이고 변화하지 않는다고 보았다.

오늘날 성격 연구의 핵심은 수십 년 전 고든 올포트가 시작한 성격에 대한 특질 접근법이며(이는 안정적이라는 점에서 유전학적 접근법이라고 표현하기도 함), 이어지는 장에서는 이와 관련된 내용을 다룬다.

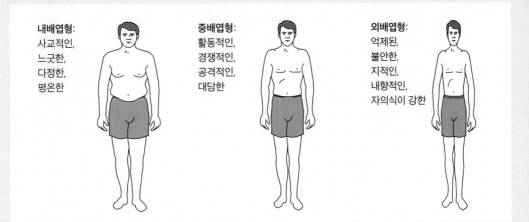

내배엽형: 사교적인, 느긋한, 다정한, 평온한

중배엽형: 활동적인, 경쟁적인, 공격적인, 대담한

외배엽형: 억제된, 불안한, 지적인, 내향적인, 자의식이 강한

그림 7.1 셀던이 제안한 신체 유형 및 성격 특성은 연구에 의해 뒷받침되지는 않았으나, 성격을 특질에 따라 분류하고자 했던 시도라고 할 수 있다.

고든 올포트:
동기 부여와 성격

"개인이 성숙해짐에 따라,
과거와의 인연은 끝난다."

— 고든 올포트

올포트, 성격을 교실과 심리실험실로 가져오다

고든 올포트(Gordon Allport)는 40년 이상의 성격 연구를 통해 학문적 주제로서 성격의 지위를 끌어올렸다. 이 책의 앞부분에서 지금까지 논의한 정신분석과 그로부터 파생된 성격 이론들의 경우, 과학적 심리학의 주류로 여겨지지 않았다.

심리학계는 1937년 올포트가 『성격: 심리적 해석(Personality: A Psychological Interpretation)』을 발표하고 난 뒤에야 성격에 대한 공식적이고 체계적인 연구를 인정하였다. 올포트의 저서는 출간하자마자 성공을 거두며 성격 연구의 고전이 되었다. 이를 통해 올포트는 두 가지 목적을 달성하였는데, 하나는 그가 성격을 주류 심리학의 연구 주제로 가져왔다는 점이고, 다른 하나는 특질이 성격 발달에 매우 중요한 역할을 한다는 내용의 성격 발달 이론을 공식화하였다는 점이다.

프로이트에 대한 도전

올포트는 몇 가지 점에서 프로이트의 정신분석에 도전장을 내밀었다. 첫째, 올포트는 무의식적 힘이 성숙한 정상 성인의 성격을 지배한다는 프로이트의 개념을 받아들이지 않았다. 그는 정서적으로 건강한 이들은 합리적이고 의식적으로 기능하며, 자신에게 동기를 부여하는 많은 힘을 인식하고 통제한다고 주장하였다. 올포트에 따르면 무의식은 신경증적, 즉 혼란스러운 상태의 사람들에게만 중요하다.

둘째, 올포트는 역사적 결정론(historical determinism; 현재의 결정에 대한 과거의 중요성)에 있어 프로이트와 의견을 달리했다. 그는 우리는 아동기 갈등과 과거 경험의 포로가 아니며, 그보다는 우리의 현재 혹은 미래에 대한 견해가 우리를 이끈다고 보았다. 올포트는 사람들은 "자신의 삶을 미래로 이끌어 가느라 바쁜 데 반해, 심리학은 그들의 과거를 추적하느라 바쁘다"라고 기술했다(Allport, 1955, p.51).

셋째, 올포트는 이상(abnormal) 성격으로부터 자료를 수집하는 것에 반대하였다. 프로이트는 정상과 비정상 간 연속성을 가정했으나, 올포트는 둘 사이에 명확한 차이가 있다고 보았다. 올포트에 따르면 이상 성격은 유아 수준으로 기능한다.

그는 성격 연구에서 유일하고 적절한 방법은 정서적으로 건강한 성인으로부터 자료를 수집하는 것이며, 신경증 환자, 아이, 동물 등과 같은 대상을 정상 성인과 비교해서는 안 된다고 믿었다. 올포트에 따르면 아이와 성인, 이상과 정상, 동물과 인간 간 성격에는 기능적 유사성이 존재하지 않는다.

개인의 독특성

올포트 이론의 또 다른 특징은 그의 이론이 개인 특질, 즉 성격의 독특성을 강조하였다는 점이다. 그는 보편적으로 적용되는 일반적 구조 및 법칙을 정립해야 한다는 전통적 과학주의에 반대하였다. 그는 성격이 일반적이거나 보편적이지 않고, 개인에 따라 독특하고 구체적이라고 주장하였다.

올포트의 생애(1897~1967)

제한이 많고, 도덕적이며, 밝은색이 금지된

올포트는 4형제 중 막내로, 인디애나 몬티주마에서 태어났다. 그의 어머니는 교사였고, 아버지는 영업직에 종사하다 후에 의사가 되었다. 올포트의 아버지가 볼티모어 의대를 다닐 적에 올포트 가족은 상당한 재정적 어려움을 겪었는데, 당시 올포트의 아버지는 가족을 부양하기 위해 캐나다에서 미국으로 마약을 밀수해서 팔았다.

어느 날 법 관계자가 현관을 두드리자, 올포트의 아버지는 뒷문으로 뛰쳐나와 울타리를 건너 도망쳤다. 그는 가족을 데리고 인디애나로 이사하여, 그곳에서 개인 진료를 시작했다. 올포트는 자신의 출생이 아버지의 첫 진료 사례라 생각했다.

올포트 어머니의 독실한 종교적 신념과 관습은 가정에 많은 영향을 미쳤다. 흡연, 음주, 춤, 카드놀이 등이 허용되지 않았고, 가족들은 밝은색의 독특한 옷을 입을 수 없었으며, 어떤 종류의 보석도 착용할 수 없었다. 올포트에 따르면 어머니는 "옳고 그름에 대해 강한 자각을 갖고 있었고, 도덕적 이상에 매우 엄격하였다"(Nicholson, 2003, p. 17).

고립과 거절

형들과 같이 놀기에 너무 어렸던 올포트는 가족에게서도 또래 아이들에게서도 고립되어 있었다. 이후에 그는 이 시절에 대해 다음과 같이 서술했다. "나는 일반적인 소년 집단에 적합하지 않았기에, 나만의 특별한 활동 집단을 만들었다"라고 서술했다(Allport, 1967, p. 4).

또한 그는 다음과 같이 말하기도 했다. "운동장에서의 시간은 괴로웠다. 나는 형제들과 도대체 잘 지내본 적이 없다. 그들은 나를 좋아하지도, 내게 친절하지도 않았고, 나는 도저히 그들과 경쟁할 수 없었다. 그들은 모두 나보다 좀 더 남성적이었다"(Nicholson, 2003, p. 25). 올포트는 언변에는 능했지만 스포츠 혹은 게임에는 서툴렀고, 몇 안 되는 친구들 안에서 관심의 중심이 되고자 열심히 노력했던 사람으로 자신을 묘사하였다.

올포트 성격 이론에서 주된 명제 중 하나는 심리적으로 건강한 성인은 더이상 아동기 사건에 영향을 받지 않는다는 점이다. 아마도 이러한 믿음을 반영하듯, 올포트는 자신의 아동기에 대해 거의 밝히지 않았다. 그러나 올포트의주장을 살펴보면, 그의 초기 경험과 이후에 그가 발전시킨 성격 이론 간에는관련성이 있어 보인다.

열등감

아동기에 경험한 고립과 거절은 올포트의 열등감을 키웠고, 이를 보상하기 위해 그는 뛰어난 사람이 되려고 노력하였다. 그는 형제와 다른 아이들에게 느낀 열등감으로 인해 자신의 정체성을 탐구하는 글을 쓰기도 했다. 올포트는나이가 들면서 형인 플로이드(Floyd)와 자신을 동일시하며 그의 성취를 부러워하기 시작했다. 성인이 되어서도 자신이 형에 비하면 열등하다고 느끼며, 형의 성취를 모방하려고 하였다. 그는 형을 따라서 하버드 대학교에 입학하여심리학 박사 학위를 받았다.

플로이드는 유명한 사회심리학자가 되었으며, 올포트 역시 심리학 분야에서 어느 정도 유명해졌지만, 그는 계속해서 자신이 형의 그림자 아래 있다고 느꼈다. 31세에 올포트는 자신이 "그다지 중요하지 않은 논문을 몇 편 발표했는데, 더욱 저명한 나의 형과는 혼동하지 말아 달라"라고 쓰기도 하였다(Nicholson, 2003, pp. 168-169).

플로이드를 모방하려는 시도는 올포트의 정체감을 위협했을 수 있다. 올포트는 자신의 성격 이론에서 성인의 동기와 관심사는 아동기 감정과 무관하다고 말한 바 있는데, 어쩌면 이렇게 말함으로써 자신의 개성을 지켜내고 플로이드와 자신의 정체성이 다르다고 주장하고 싶었을지도 모른다. 올포트는이후에 이 생각을 기능적 자율성(functional autonomy)이라는 개념으로 공식화했다.

대학 시절

올포트는 고교 졸업반 100명 중 2등으로 고등학교를 졸업했지만, 졸업 후 무엇을 해야 할지 몰랐다고 한다. 그는 1915년 늦여름에 하버드 대학교에 지원하여 합격하였다. 그는 "밤사이 나의 세계는 다시 만들어졌다"라고 적었다. 올포트에게 대학 시절은 새로운 지성과 문화의 장을 발견하는 위대한 모험이었다. 비록 첫 시험에서 낮은 점수를 받아 적잖은 충격을 받았지만, 올포트는 두 배로 노력했고, 그해 성적을 올(all) A로 마무리하였다.

부모로부터 비롯된 사회윤리와 봉사에 대한 관심은 하버드에서 더욱 강화되었다. 그는 청소년, 공장 노동자, 유학생을 위한 자원봉사 활동에 참여하였으며, 보호관찰관으로 일하기도 하였다. 그는 사람을 돕는 것을 진정으로 좋아했기 때문에 이러한 활동에서 큰 만족감을 느꼈다. "그것은 나의 열등감을 상쇄하여 유능감을 느끼게 해 주었다." 그는 이러한 종류의 봉사 활동이 그의 정체성 탐구를 반영한 것이라 믿었다(Allport, 1967, pp. 5-7).

그는 심리학과의 여러 학부 강의를 수강하기도 했으나, 당시에는 이 분야에서 경력을 쌓을 생각이 없었다. 1919년 플로이드가 박사 학위를 받은 날, 올포트는 학사 학위를 받았다. 졸업 후 그는 튀르키예 이스탄불의 로버트 대학에서 교수로 1년을 보냈고, 이후에 하버드 대학교에서 제공한 심리학 대학원 과정을 수락하였다. 한 전기 작가에 따르면 "심리학자가 되어 가면서 성공한 자신의 형과 더 닮아 간다는 생각은 올포트에게 매력적으로 다가왔다"(Nicholson, 2003, p. 67).

프로이트와의 만남

올포트는 미국으로 돌아가는 길에 형제 중 한 명을 만나기 위해 빈에 들렀다. 그는 빈에 있는 동안 프로이트에게 짧은 편지를 보냈고, 프로이트는 올포트를 자신의 사무실로 초대했다. 올포트가 프로이트의 사무실에 들어서 프로이트를 발견했을 때 프로이트는 올포트가 자신을 방문한 목적을 설명하길 기다리고 있었다.

어색한 침묵이 흐른 뒤, 불편했던 올포트는 치열하게 할 말을 찾아냈고, 프로이트의 사무실로 오는 전차에서 보았던 일화에 관한 이야기를 꺼냈다. 그는 더러운 것을 두려워하는 게 분명한 어떤 소년을 보았다고 말하였다. 아이에게는 모든 게 더러워 보이는 듯했다. 그는 심지어 어머니에게 더러운 사람이 자신의 옆자리에 앉지 못하게 해 달라며, 자리를 바꾸기도 하였다.

프로이트는 단정한 옷차림의 올포트를 살펴보더니 물었다. "그 소년이 당신인가요?" 프로이트는 올포트가 말한 일화가 사실은 올포트 자신의 무의식적 두려움과 갈등을 드러낸 것이라고 믿었다.

프로이트가 보기에 올포트는 "깔끔하고, 세심하며, 질서정연하고, 시간을 잘 맞추는 것과 같은 … 강박적 성격과 관련된 많은 특성을 지닌 것으로 보였다"(Pervin, 1984, p. 267). 어떤 심리학자는 "프로이트가 [올포트의] 머리, 코에 한 방씩 먹였다"라고 말하였다(Anderson, 1990, p. 326).

프로이트의 질문은 올포트를 흔들었다. 그는 남은 삶 동안 자신은 그 이야기 속 그렇게나 깔끔 떨던 어린 소년이 아니라고 부인했지만, 프로이트와의 만남은 분명 올포트에게 큰 인상을 남겼다. 몇 년 후 올포트는 "프로이트와의 단 한 번의 만남은 트라우마 같았다"라고 적었다(Allport, 1967, p. 22). 올포트는 프로이트가(자신에게 시도했듯이) 정신분석을 통해 무의식을 너무나 깊게 다루려는 데에 의구심을 가졌다. 올포트는 심리학은 의식 혹은 눈에 보이는 동기에 더 많은 관심을 기울여야 한다고 보았으며, 실제로도 이러한 방식으로 성격을 연구하였다.

참고로, 수년 후 두 명의 미국 심리학자가 이 프로이트 이야기를 자신의 연구에 사용했고, 이러한 일화를 사용하면 학생들이 수업과 교과서를 더 흥미롭게 느낀다는 것을 알게 되었다. 특히 이 연구자들은 사회 및 개인적 맥락에 대한 정보가 제시될 때, 학생들이 더 잘 학습하고 기억한다는 것을 발견하였다(Kaufman & Bristol, 2001).

성공하기까지

올포트는 대학원에서 2년간 공부하여 1922년 하버드 대학교에서 박사 학위를 받았다. 그의 학위 논문 「성격 특질에 대한 경험적 연구(An Experimental Study of the Traits of Personality)」는 미국에서 성격 특질에 대해 이루어진 최초의 연구였는데, 그는 이 논문을 통해 자신이 평생 동안 수행할 연구를 예고했다. 올포트는 해외 유학 장학금(traveling fellowship)을 받은 뒤 독일과 영국의 유명한 심리학자들과 2년간 함께 연구하였다. 하버드로 돌아온 올포트는 성격의 심리 및 사회적 측면에 관한 강의를 맡았는데, 이는 해당 주제에 대한 최초의 공식적 미국 대학 강의였다. 이후 그는 거의 40년 동안 하버드에서 성격과 사회심리학 연구를 수행하며 많은 학생을 가르쳤다.

올포트는 이 분야의 원로학자로서 미국심리학재단 금메달(American Psychological Foundation's Gold Medal), 미국심리학회 우수학술공로상(American Psychological Association's Distinguished Scientific Contribution Award) 등 많은 상을 받았고, 미국심리학회와 사회문제심리연구협회(Society for the Psychological Study of Social Issues)의 회장직을 역임했다.

성격의 본질

올포트는 『성격의 패턴과 성장(Pattern and Growth in Personality)』에서 자신의 이론을 제안하기 전, 성격에 대한 50여 가지 정의를 검토하였다. 그는 "성격은 역동적 조직이며, 개인은 이러한 심리신체적 체계 안에서 특유의 행동 및 사고를 결정한다"라고 말했다(Allport, 1961, p. 2).

역동적 조직(dynamic organization)이란, 비록 성격이 끊임없이 변화하며 성장하지만, 그러한 성장은 무작위적이지 않고 조직화되어 있다는 의미이다. 또한 심리신체적(psychophysical)이란 성격이 하나로 기능하는 몸과 마음으로 구성되어있다는 의미이다. 성격은 전적으로 정신적인 것도, 전적으로 생물학적인 것도 아니다.

결정한다(determine)는 것은 성격의 모든 측면이 특유의 행동 및 사고를 활성화시키고, 그 방향을 지시한다는 것을 뜻한다. 특유의 행동 및 사고(characteristic behavior and thought)라는 표현은 우리가 행동하고 사고하는 모든 것이 우리에게 있어 특징적이며 전형적이라는 의미이다. 즉 각 개인은 독특하다.

유전과 환경의 역할

올포트는 개인 성격의 독특성을 강조하기 위해 우리가 유전과 환경 모두의 영향을 받는다고 주장했다. 유전은 성격에 체격, 지능, 기질과 같은 원재료를 제공하며, 이는 이후 환경 조건에 의해 형성, 확장, 제한될 수 있다. 이처럼 올포트는 개인 변인과 상황 변인 모두를 언급하여 유전과 학습의 중요성을 나타냈다.

하지만 그는 유전적 배경이 독특성의 주요 부분을 차지한다고 보았다. 유전적 결합의 가능성은 무한하며, 일란성 쌍둥이를 제외하면 누군가의 유전적 특징이 다른 이와 중복될 가능성은 매우 희박하다.

올포트는 유전적 특징이 사회적 환경과 상호작용한다고 믿었으며, 심지어 같은 집에서 자란 형제조차도 정확히 같은 환경을 공유하지는 않는다고 보았다. 즉 독특한 성격은 필연적인 결과이다. 따라서 올포트는 성격 연구를 위해 심리학에서 집단 내 평균보다 개별 사례를 다뤄야 한다고 결론지었다.

아동기 성격과 성인기 성격의 불연속성

올포트는 성격이 분리된, 즉 불연속적인 것이라 간주하였다. 각 개인은 다른 사람과 구별될 뿐만 아니라, 각 성인은 자신의 과거와도 구분된다. 그는 아동기 성격과 성인기 성격 사이의 연속성을 발견하지 못하였다. 유아의 행동이 원시적인 생물학적 충동과 반사 반응에 의해 유발되는 반면, 성인의 기능은 본질적으로 보다 심리적인 것이다. 따라서 어떻게 보면 아동기 성격과 성인기 성격이라는 두 가지 성격이 존재한다고 할 수 있다. 성인이 된 이후의 성격은 아동기 경험의 제약을 받지 않는다.

올포트는 이러한 독특한 견해를 통해 무의식보다는 의식을, 과거보다는 현재와 미래를 강조하였다. 그는 많은 사람들의 일반적인 면이나 이들 간의 유사성을 제안하기보다 성격의 독특성에 중점을 두었다. 그리고 이상 성격보다는 정상 성격을 연구하고자 하였다.

성격 특질

올포트는 성격 특질(trait)을 각기 다른 자극에 동일하거나 유사하게 반응하려는 경향성으로 보았다. 즉 특질은 환경에 대한 일관되고 지속적인 반응 방식이다. 그는 특질에 대해 다음과 같이 요약하였다(Allport, 1937).

1. 성격 특질은 실재하며, 우리 안에 존재한다. 이는 행동을 설명하려고 만든 이론적 구조나 이름표가 아니다.
2. 특질은 행동을 결정하거나 유발한다. 이는 특정 자극에 대한 반응으로만 발생하는 것이 아니다. 특질은 우리가 적절한 자극을 찾게 만들기도 하며, 행동을 일으키기 위해 환경과 상호작용한다.
3. 특질은 경험적으로 증명될 수 있다. 오랫동안 개인의 행동을 관찰하면, 동일하거나 유사한 자극에 대한 개인의 일관된 반응 방식을 확인할 수 있다. 이를 통해 특질의 존재를 추론할 수 있다.
4. 특질은 서로 관련된다. 특질은 서로 다른 특성을 대표하는 것이지만, 서로 겹쳐질 수 있는 것이다. 예를 들어 공격성과 적대감은 구분되지만, 서로 관련된 특성이며, 흔히 한 사람의 행동에서 함께 나타난다.
5. 특질은 상황에 따라 달라진다. 예를 들어 한 사람이 어떤 상황에서는 깔끔함이라는 특질을, 다른 상황에서는 질서정연하지 않음이라는 특질을 나타낼 수 있다.

초기에 올포트는 개인 특질과 공통 특질이라는 두 가지 특질 유형을 제안하였다. 올포트에 따

> **특질** 행동을 유발하는 서로 구별되는 특성; 특질은 연속선상에서 측정되며, 사회, 환경, 문화적 영향을 받음.

르면 개인 특질(individual trait)은 사람마다 독특한 것으로, 그 사람의 성격을 규정한다. 공통 특질(common trait)은 같은 문화의 구성원 등 많은 사람들과 공유된다.

서로 다른 문화권 사람들은 서로 다른 공통 특질을 지닌다. 또한 공통 특질은 시간이 지나면서 사회 규준 및 가치의 변화에 따라 함께 변화할 가능성이 높다. 이는 공통 특질이 사회·환경·문화적 영향을 받는다는 것을 의미한다.

개인적 성향

이후에 올포트는 특질이라는 표현을 이 두 현상 모두에 대해 사용할 경우 혼란이 발생할 수 있음을 깨닫고 용어를 수정하였다. 그래서 공통 특질은 특질로, 개인 특질은 개인적 성향(personal disposition)으로 정정하였다. 개인적 성향이 모두 같은 정도의 강도 혹은 중요성을 지니는 것은 아니다. 이는 주특질, 중심 특질, 이차적 특질로 구분된다.

주특질(cardinal trait)은 광범위하고 영향력이 크므로, 개인의 삶 전반에 영향을 미친다. 올포트는 주특질을 지배적 열정, 즉 행동을 지배하는 강력한 힘이라 설명하며 가학적 성향(sadism)과 맹목적 애국주의(chauvinism)를 예로 들었다. 그러나 모든 사람에게 지배적 열정이 있는 것은 아니며, 이러한 열정이 없는 이들에게서는 어떤 상황에서도 그것이 드러나지 않을 수 있다.

중심 특질(central trait)은 모든 사람이 몇 가지씩 갖고 있는 것으로, 이는 우리 행동을 잘 설명하는 5~10가지 주제이다. 올포트는 공격성, 자기연민 그리고 냉소주의 등을 예시로 들었다. 이러한 특질은 친구의 성격에 관해 이야기하거나 추천서를 적을 때 언급되는 것들이다.

가장 영향력이 작은 특질은 이차적 특질(secondary trait)로, 이는 주특질과 중심 특질에 비해 일관적이지 않게 나타난다. 이차적 특질은 눈에 띄지 않고 약해서 아주 가까운 친구들만이 알아차릴 수 있다. 예를 들어 특정 음악 혹은 음식에 대한 사소한 선호 등이 이에 해당할 수 있다.

개인적 성향 많은 사람이 공유하는 특질과는 반대로, 개인에게 고유한 특질.
주특질 가장 지배적이고 강력한 특질.
중심 특질 개인의 행동을 잘 설명하는 두드러진 특질.
이차적 특질 가장 영향력이 작은 특질; 눈에 띄지 않고 일관되지 않게 보일 수 있음.

동기: 우리가 추구하는 것

올포트는 모든 성격 이론에서 가장 중요한 문제는 각 이론이 동기라는 개념을 어떻게 다루는지에 있다고 보았다. 올포트는 그의 성격 이론에서뿐만 아니라 동기에 대한 관점에서도 개인의 현재 상황이 지니는 영향력을 강조하였다. 무엇보다 중요한 것은 과거 배변 훈련, 학교생활 혹은 기타 아동기 위기 등 과거에 일어난 일이 아니라, 개인의 현재 상태이다. 과거에 무슨 일이 있었든, 그것은 과거이다. 과거는 더는 힘이 없으며, 현재 동력으로 작용하지 않기에, 개인이 성인이 되어서 하는 행동을 설명하지 못한다.

인지 과정, 즉 우리의 의식적 계획과 의도는 성격의 중요한 측면이다. 올포트는 프로이트가 의식적이고 합리적인 것을 희생시키면서 무의식의 비합리적 힘에 초점을 맞추었다고 비판했다. 신중한 의도성(deliberate intention)은 우리 성격의 핵심적인 부분이다. 우리가 원하고 추구하는 것이 무엇인지 아는 것은 행동을 이해하는 열쇠이다. 따라서 올포트는 과거보다는 미래의 관점에서 현재를 설명하고자 하였다.

기능적 자율성

올포트는 동기의 기능적 자율성(functional autonomy of motive) 개념을 통해, 성숙하고 정서적으로 건강한 성인의 동기는 이전의 경험과 기능적으로 연결되어 있지 않다고 제안하였다. 우리는 생애 초기에 동기 부여된 힘, 즉 원래의 상태로부터 자유롭고 독립적으로 발달해 나간다.

올포트는 나무를 예시로 들어 설명하였다. 나무가 그 씨앗으로부터 발달한다는 사실은 자명하다. 하지만 나무가 완전하게 자라면 영양공급원으로서 씨앗은 더 이상 필요하지 않다. 나무의 발달 방향은 씨앗과 상관없이 결정되며, 더는 씨앗과 기능적으로 관련이 없다.

이와 마찬가지로 우리는 자라서 부모로부터 독립하게 된다. 비록 부모와의 관계가 남아 있지만,

> **동기의 기능적 자율성** 정상적이고 성숙한 성인의 동기는 그 동기가 처음 나타났던 아동기의 경험과 무관하다는 생각.

우리는 더 이상 기능적으로 부모에게 의지하지 않으며, 부모는 더는 우리의 삶을 통제하거나 인도하지 않는다(해서도 안 된다).

대학을 갓 졸업한 이들이 사업으로 경력을 쌓으려 한다고 생각해 보자. 처음에 이들은 금전적 성공과 안정을 위해 열심히 일하도록 동기 부여되었을 수 있다. 마침내 그들의 시간과 에너지 투자가 성과를 내고, 이제는 은퇴해도 될 만큼 충분한 돈을 모았다고 가정하자. 그럼에도 어떤 이들은 시작했을 때처럼 여전히 열심히 일을 한다.

은퇴한 55세는 22세 때 가졌던 것과 같은 목표를 추구하지 않는다. 금전적 성공은 초과 달성되었다. 열심히 일하려는 동기는 한때 돈 같은 특정 목적을 위한 수단이었으나, 이제 그 자체로 목적이 되었다. 동기는 그 원천에서 독립하여 무언가 자율적인 것으로 변모하였다. 따라서 프로이트의 견해와 달리, 성인의 동기는 개인의 아동기를 탐색함으로써 이해될 수 없다. 올포트는 성인의 동기를 이해할 수 있는 유일한 방법은 그들이 왜 지금과 같은 행동을 하는지 조사하는 것이라고 강조하였다.

올포트는 기능적 자율성의 두 가지 수준으로 지속적 기능적 자율성과 고유자아의 기능적 자율성을 제안하였다.

지속적 기능적 자율성 보다 기초적인 수준인 지속적 기능적 자율성(perseverative functional autonomy)은 일상적인 행동을 수행하는 습관과 같은 중독적이고 반복적인 신체 행동과 관련된다. 이러한 행동은 외적 보상 없이 스스로 지속된다. 이 행동들은 한때 목적을 이루는 데 도움이 됐지만, 더 이상 그렇지 않으며 성격의 필수적 부분으로 여기기에는 너무 기본적이고 낮은 수준이다.

올포트는 인간과 동물의 예를 들어 지속적 기능적 자율성을 설명하였다. 미로로 들어가 먹이를 찾도록 훈련받은 쥐의 경우, 이미 충분한 먹이를 확보한 이후에도 계속해서 미로로 들어갈 수 있다. 그러나 이때 쥐에게는 분명 먹이가 아닌 다른 목적이 있을 것이다. 올포트는 인간이 일상적인 행동, 즉 외적 강화물이 없음에도 지속적으로 수행하는 익숙한 행동을 선호하는 것에 주목하였다.

지속적 기능적 자율성 낮은 수준의 일상적인 행동과 관련된 기능적 자율성의 수준.

고유자아의 기능적 자율성 고유자아의 기능적 자율성(propriate functional autonomy)은 지속적 기능적 자율성보다 더 중요하며, 성인의 동기를 이해하는 데 필수적이다. 'propriate'는 'proprium(고유자아; 고유성, 독특성)'에서 파생된 단어로, 올포트는 이를 자아 또는 자기(ego or self)라는 의미로 사용하였다.

고유자아 동기는 각 개인에게 독특하다. 자아는 어떤 동기를 유지하고 어떤 동기를 버릴지 결정한다. 우리는 자존감 혹은 자아상을 높이는 동기를 유지한다. 따라서 우리의 흥미와 능력 간에는 직접적인 관계가 존재한다. 즉 우리는 우리가 잘할 수 있는 것을 할 때 즐겁다.

피아노 연주와 같은 기술을 배우려는 원래의 동기는 우리의 흥미와 관련이 없을 수 있다. 가령, 아동기에는 부모의 강요로 피아노 레슨을 받고 연습을 할 수 있다. 그러나 연주에 능숙해질수록 우리는 피아노 연주에 더 전념하게 된다. 원래의 동기(부모의 불쾌감에 대한 두려움)는 사라지고, 피아노 연주를 지속하는 행위가 우리의 자아상에 필요해지는 것이다.

고유자아 기능 조직화 고유자아 기능은 자신의 정체감을 유지하는 조직화 과정이다. 이는 우리가 세상을 어떻게 인식할지, 경험에서 무엇을 기억할지, 어떻게 우리의 생각을 이끌어 갈지 정한다. 이러한 지각 및 인지 과정은 선택적이다. 즉 환경의 무수한 자극 중 우리의 흥미 및 가치와 관련 있는 것만이 선택된다. 이러한 조직화 과정은 에너지 수준 조직화, 숙달과 능력 그리고 고유자아 패턴화라는 세 가지 원리로 이루어진다.

첫 번째 원리인 에너지 수준 조직화(organizing the energy level)는 우리가 어떻게 새로운 동기를 얻는지 설명해 준다. 이는 우리가 초과된 에너지를 자칫 파괴적이고 해로운 방식으로 소비하지 않도록 돕기 위해 발생한다. 예를 들면 직장에서 은퇴한 이들은 여분의 시간과 에너지를 갖게 되는데, 이상적으로는 이 여분의 시간과 에너지를 새로운 흥미와 활동에 쏟는 것이 좋다.

두 번째 원리는 숙달과 능력(mastery and competence)이며, 이는 우리가 동기를 충족시키고자 선택하는 수준을 의미한다. 적당한 수준에서 성취하는 것은 충분하지 않다. 건강하고 성숙한 성인은 더 낫고 더 효율적으로 수행

고유자아의 기능적 자율성 우리의 가치관, 자아상, 생활 방식과 관련된 기능적 자율성 수준.
고유자아 자아 또는 자기에 대한 올포트의 용어.

하고, 새로운 기술을 숙달하고, 능력을 향상하고자 동기 부여된다.

세 번째 원리는 고유자아 패턴화(propriate patterning)로, 이는 우리가 성격의 일관성과 통합을 추구하는 것을 의미한다. 우리가 자아를 중심으로 지각 및 인지 과정을 조직화할 때, 우리는 자아상을 강화하는 동기는 채택하고, 그렇지 않은 것은 버리기를 지속한다. 따라서 고유자아 동기는 자아의 구조 혹은 패턴에 따라 달라진다.

올포트는 모든 행동과 동기가 이러한 기능적 자율성 원리로 설명되는 것은 아니라고 보았다. 반사 반응, 고착, 신경증 및 생물학적 추동에서 비롯되는 행동 등은 기능적 자율성 동기의 통제하에 있지 않다.

아동기 성격 발달: 독특한 자아

앞서 살펴본 바와 같이 올포트는 고유자아(proprium)라는 용어를 사용하여 자기 및 자아를 설명했다. 그는 자기 및 자아라는 표현은 다른 이론가들에 의해 다양한 의미로 사용된다는 이유로 이 단어들을 사용하지 않았다. 고유자아라는 용어를 이해하기 위해서는 이 단어의 형용사적 의미(appropriate, 고유한)를 고려해야 한다. 고유자아는 독특한, 따라서 개인의 정서적 삶에 고유한 성격 측면을 포함한다. 이 고유한 성격 측면이 개인의 태도, 인식, 의도를 통합한다.

발달 단계

올포트는 유아기부터 청소년기에 이르는 일곱 단계를 통해 고유자아 특성 및 발달을 설명했다(표 7.1).

고유자아가 나타나기 전, 유아는 자의식(self-consciousness), 즉 자기에 대한 인식(awareness of self)을 경험하지 못한다. 아직 '자신(me)'을 다른 것들과 분리하지 못하는 것이다. 유아는 외부 환경으로부터 감각적인 인상을 받아

표 7.1 고유자아의 발달

단계	발달
1. 신체적 자아	1~3단계는 생후 4년간 나타난다. 이 단계에서 유아는 자신의 실존을 인식하게 되고, 자신의 몸을 환경의 대상과 구별하기 시작한다.
2. 자아정체감	아이는 많은 변화에도 자신의 정체감이 그대로 유지됨을 깨닫는다.
3. 자아존중감	아이는 자신의 성취에 자부심을 갖는 법을 배운다.
4. 자아확장	4~5단계는 4~6세에 나타난다. 이 단계에서 아이는 주변 대상과 사람이 자신의 세계에 속한다는 것을 인식하게 된다.
5. 자아상	아이는 실제적 자아상과 이상적 자아상을 발달시키고, 자신이 부모의 기대를 만족시키는지 만족시키지 못하는지 알게 된다.
6. 합리적 적응체로서의 자아	6단계는 6~12세에 나타난다. 아이는 일상적 문제 해결을 위해 이성과 논리를 적용하기 시작한다.
7. 고유자아 추구	7단계는 청소년기에 발달한다. 청소년은 장기적 목표와 계획을 세우기 시작한다.
성인기	정상적이고 성숙한 성인은 아동기 동기와 무관하게 기능적으로 자율적이다. 그들은 현재에서 합리적으로 기능하고 의식적으로 자신의 생활 방식을 창조한다.

들이며, 자극과 반응 간을 매개할 자아가 없는 상태에서 자동적이고 반사적으로 반응한다. 올포트는 유아가 쾌락을 추구하고 파괴적이며 이기적이고 인내심이 없고 의존적이라고 묘사하였다. 그는 유아가 "사회화되지 않은 참상(unsocialized horrors)"이라 말했다. 유아는 '성격'이라 할 수 있는 것을 거의 가지고 있지 않다. 단지 긴장을 줄이고 즐거움을 극대화하기 위해 반사 작용으로 움직인다.

고유자아 발달의 첫 세 단계는 출생부터 약 4세까지의 기간이다. 올포트의 표현으로 말하자면 유아가 "신체적 나(bodily me)"를 인식하기 시작할 때, 신체적 자아(bodily self)가 발달한다. 예를 들어 유아는 자신의 손과 자신이 잡고 있는 물건을 구별하기 시작한다.

자아정체감(self-identity) 단계에서 아이는 정체감의 연속성을 느끼게 된다. 몸과 능력의 변화에도 자신이 동일한 사람으로 유지됨을 깨닫는 것이다. 자아정체감은 아이가 자신의 이름을 배우고, 자신이 타인과 구별됨을 알게 되

▶ 아이는 내가 보는 나와 내가 보고 싶은 나를 반영하여 실제적 자아상과 이상적 자아상을 발달시킨다.

면서 향상된다.

자아존중감(self-esteem) 단계는 아이가 자신의 힘으로 무언가를 성취할 수 있음을 경험하면서 발달한다. 아이는 무언가 만들고, 탐구하고, 조작하고, 때로는 파괴적으로 행동하도록 동기 부여된다. 부모가 이 단계에서 아이의 탐구 욕구를 좌절시키면, 자라나는 자존심이 꺾이며 굴욕감과 분노감으로 대체될 수 있다.

자아확장(extention-of-self) 단계에서는 주변 대상과 사람에 대한 인식이 확장되고, 아이는 그러한 것들이 자신의 것이라는 사실을 깨닫는다. 아이들은 '우리 집', '나의 부모님', '나의 학교'에 대해 이야기한다.

이어서 아이는 내가 보는 나와 내가 보고 싶은 나를 통합하며 자아상(self-image)을 발달시킨다. 이러한 실제적·이상적 자아상은 부모와의 상호작용을 통해 발달한다. 부모는 자녀에게 자신들의 기대를 인식시키며, 자녀가 그 기대를 얼마나 만족시키는지 혹은 만족시키지 못하는지 알게 한다. 자아확장과 자아상 단계는 전형적으로 4~6세에 나타난다.

합리적 적응체로서의 자아(self-as-a-rational-coper) 단계는 6~12세에 나타난다. 이 시기 아동은 일상 문제를 해결하는 데 이성과 논리가 적용될 수 있음을 깨닫는다. 이후 고유자아 추구 단계가 뒤따르는데, 이 시기 청소년은 미래에 대한 계획과 목표를 수립하기 시작한다. 이 단계 이전까지 자아감(고유자아)은 불완전한 상태로 남아 있을 것이다.

유아–어머니 간 유대감의 중요성

부모와의 사회적 상호작용은 고유자아 발달 단계 전체에서 매우 중요하다. 그러나 무엇보다 중요한 것은 애정과 안전감의 원천으로서 유아–어머니 간 유대감이다.

어머니 혹은 주 양육자가 충분한 애정과 안전을 제공하면, 고유자아는 점진적·지속적으로 발달하고, 아이는 긍정적인 심리적 성장을 이룰 것이다. 아동기 동기는 성인기 자율적 고유자아 추구로 자유롭게 변형될 것이다. 개인적 성향(dispositions)의 패턴이 만들어지고, 그 결과 성숙하고 정서적으로 건강한 성인이 될 것이다.

그러나 아동기 욕구가 좌절되면, 자아가 적절하게 성숙하지 못할 것이다. 아이는 불안정하고, 공격적이며, 요구적이고, 질투가 많고, 자기중심적이 된다. 심리적 성장이 저해되는 것이다. 그 결과 신경증적 성인이 되며, 아동기 충동 수준에서 기능하는 상태가 된다.

즉, 성인의 동기가 기능적으로 자율적이지 않고, 기존 상태에 얽매인 상태로 유지된다. 특질과 개인적 성향이 발달하지 않으며, 성격은 유아기 때와 마찬가지로 미분화 상태로 남게 된다.

건강한 성인의 성격

올포트에 따르면 건강한 성격은 유아기 생물학적 추동에 지배되는 유기체에서 성인기 성숙한 심리적 유기체로 변화하고 성장한다. 우리의 동기는 아동기와 분리되며 미래를 지향한다. 앞서 언급했듯이 애정과 안전에 대한 우리의 아동기 욕구가 충족되면, 고유자아는 만족스럽게 발달할 것이다. 성인의 성격은 아동기로부터 자라나지만 더는 아동기의 충동으로 지배되거나 결정되지 않는다.

올포트는 정상적이고 성숙하며 정서적으로 건강한 성인의 성격이 갖추어야 할 여섯 가지 기준을 제시하였다.

1. 성숙한 성인은 자아감(sense of self)을 자신을 넘어 타인과 외부 활동으로 확장한다.

▶ 정상적이고 성숙한 성인은 아동기 동기와 무관하게 기능적으로 자율적이다. 그들은 현재에서 합리적으로 기능하고 의식적으로 자신의 생활 방식을 창조한다.

2. 성숙한 성인은 친밀감, 자비, 관용을 보이며 다른 사람과 따뜻한 관계를 맺는다.
3. 성숙한 성인의 높은 수준의 자기수용을 지니며, 이는 정서적 안전감을 야기한다.
4. 성숙한 성인은 삶에 대한 현실적 인식을 토대로 자신의 기술을 개발하고, 주어진 일에 헌신한다.
5. 성숙한 성인은 유머감각과 자기객관화 능력(자기에 대한 이해 및 통찰력)을 가지고 있다.
6. 성숙한 성인에게는 통합된 삶의 철학이 있으며, 이는 미래 목표를 향해 자신의 성격을 이끄는 역할을 한다.

이 여섯 가지 기준을 충족할 때 정서적으로 건강하고, 자율적으로 기능하며, 아동기 동기로부터 독립한 사람이라 할 수 있다. 이러한 사람들은 아동기 경험에 희생되지 않은 채, 현재에 대처하고 미래를 계획한다.

인간 본성에 대한 질문

기능적 자율성과 성격 발달에 있어 올포트는 정서적으로 건강한 성인은 아동기 갈등에 묶이거나 이끌리지 않는다고 주장하였다. 따라서 그의 이론은 낙관적 인간관을 보이는데, 올포트는 인간이 자신의 삶을 의식적으로 통제하고, 현재 상황에 이성적으로 관여하며, 미래를 계획하고, 적극적으로 정체성을 형성한다고 여겼다. 항상 되어 가는(becoming) 과정에 있는 우리는 적절한 삶의 방식을 설계하고 실행해 나가며, 이 과정에서 과거보다 현재의 사건과 미래의 계획의 영향을 더 많이 받는다.

올포트는 자유의지 대 결정론 쟁점에 대해 중도적 입장을 취하였다. 그는 우리가 미래를 숙고하여 자유롭게 선택할 수 있다고 인정했지만, 어떤 행동은 특질과 개인적 성향으로 결정되기도 한다고 보았다. 이러한 행동은 한번 형성되면 변화하기 어렵다.

본성 대 양육 쟁점에 관해서, 올포트는 유전과 환경 모두가 성격에 영향을 미친다고 보았다. 유전적 배경은 기본적 체격, 기질, 지능 수준에 영향을 준다. 이러한 원재료는 이후 학습과 경험을 만나며 구체화된다. 올포트는 각 개인의 독특성을 믿었다. 비록 공통 특질이 어느 정도 행동 보편성을 보여 주기는 하나, 개인 특질, 즉 개인적 성향은 우리의 본성을 보다 정확하게 묘사한다.

올포트에게 삶의 궁극적이고 필수적인 목표는 긴장을 줄이는 것(프로이가 제안했던)이 아니라 오히려 긴장을 증가시켜 우리가 끊임없이 새로운 감각과 도전을 추구하도록 하는 것이다. 우리는 하나의 도전을 마주한 뒤, 새로운 도전을 찾도록 동기 부여된다. 이때 보상은 구체적 성취보다는 성취 과정에 있으며, 목표 달성보다는 목표를 위해 노력하는 데에 있다. 핵심은 '그곳으로 가는 과정이 그곳에 있는 것보다 훨씬 즐겁다'라는 점이다. 우리에게는 끊임없이 새로운 목표가 필요하며, 이는 우리에게 동기를 부여하고 성격에 있어 최적의 긴장 수준을 유지시킨다.

올포트의 낙관적 인간관은 그의 개인적인 자유주의 입장과 사회개혁에 대한 관심에 반영되었다. 그의 인본주의적 태도는 그 자신의 성격을 보여 준다. 올포트의 동료와 학생은 그가 진심으로 사람을 아꼈고, 그러한 마음을 서로 나누었다고 말하였다.

올포트 이론에서의 평가

올포트는 다른 이론가들보다 성격 평가 기법에 대해 많은 내용을 기술하였다. 그의 유명한 저서 『성격의 패턴과 성장(Pattern and Growth in Personality)』(Allport, 1961)에서 그는 성격 평가에 대한 많은 접근법이 있지만, 최고의 기법은 없다고 적었다.

그는 성격은 너무나 복잡해서 평가를 위해 많은 기법이 필요하다고 말하며 11가지 주요 방법을 나열하였다.

- 체질 및 생리적 진단
- 문화적 환경, 구성원, 역할
- 개인적 자료 및 사례 연구
- 자기평가
- 행동 분석
- 등급 평가 및 척도
- 투사법
- 심층 분석
- 표현적 행동
- 개요 절차(개요의 여러 자료로부터 정보를 결합)

올포트는 개인적 자료 기법과 가치 연구에 중점을 두었다. 또한 그는 표현적 행동 역시 관찰했는데, 이에 관해서는 그의 연구를 살펴보며 좀 더 논의해 보자.

개인적 자료 기법

개인적 자료 기법(personal-document technique)에서 평정자는 성격 특질의 수와 종류를 정하기 위해 일기, 자서전, 편지, 문학 작품, 서면 및 음성 기록 등을 조사한다.

올포트의 가장 유명한 사례는 제니(Jenny)로 알려진 중년 여성이 12년 동안 쓴 300여 통 이상의 편지를 수집해 분석한 것이다(Allport, 1965, 1966). 나중에 밝혀진 바에 따르면 제니는 올포트의 대학 룸메이트의 어머니였고, 편지는 제니가 올포트와 올포트의 아내에게 쓴 것이었다(Winter, 1993a).

개인적 자료 기법에서 평정자들은 피험자의 자서전 혹은 전기적 자료를 읽고, 그 안에서 발견한 특질을 기록한다. 평정자 간 합리적 수준으로 동의가 이루어지면, 평가 결과는 비교적 적은 수의 범주로 묶일 수 있다. 제니의 편지를 가지고 진행한 연구에서 36명의 평정자가 거의 200여 개 특질을 열거하였다. 이 중 많은 단어가 동의어였기에 올포트는 이것들을 여덟 가지 목록으로 줄일 수 있었다.

올포트의 학생 중 하나는 특정한 특질을 의미하는 단어 범주를 발견하기 위해 이 편지들로 컴퓨터 분석을 수행하였다(Paige, 1966). 예를 들어 화, 분노, 적개심, 공격성은 공격성(agression)이라는 특질을 구성하는 것으로 코딩되었다.

이 접근법은 주관적 판단을 최소화하였기 때문에 올포트의 원래 편지 분석보다 정교하고 정량적인 방법이다. 컴퓨터 분석은 올포트가 확인했던 범주와 유사하게 제니의 성격에서 여덟 가지 두드러진 특질을 산출하였다. 이러한 일관성으로 인해 올포트는 성격 평가에 대한 자신의 주관적 접근 방법이 더 객관적인 컴퓨터 분석만큼이나 타당하게 특질 정보를 제공한다고 결론지었다.

가치 연구

올포트와 두 동료는 가치 연구(Study of Values)라는 객관적 자기보고식 평가 검사를 개발하였다

> 개인적 자료 기법 개인의 서면 또는 음성 기록에 대한 연구를 포함하는 성격 평가 기법.

(Allport, Vernon, & Lindzey, 1960). 이들은 우리의 개인적 가치가 삶의 철학을 통합하는 데 기초가 된다고 보았다. 삶의 철학을 통합하는 것은 성숙하고 건강한 성격을 위한 여섯 가지 기준 중 하나이다.

우리의 가치는 성격 특질이며, 강한 흥미와 동기를 나타낸다. 올포트는 모든 이들이 각 유형의 가치를 어느 정도 지닌다고 믿었지만, 성격에 있어 그중 하나 혹은 두 가지가 더 지배적일 것으로 보았다. 가치의 범주는 다음과 같다.

1. 이론적 가치: 진리의 발견과 관련되며, 삶에 대한 경험적·지적·합리적 접근을 특징으로 한다.
2. 경제적 가치: 유용하고 실용적인 것과 관련된다.
3. 미적 가치: 예술적 경험과 형태, 조화, 우아함과 관련된다.
4. 사회적 가치: 인간관계, 이타주의, 박애주의를 반영한다.
5. 정치적 가치: 정치 활동뿐 아니라 모든 노력을 통한 개인적 힘, 영향력, 명성과 관련된다.
6. 종교적 가치: 신비적인 것과 전체로서 우주를 이해하는 것과 관련된다.

올포트 이론에 대한 연구

올포트는 일부 심리학자들이 실험 연구와 상관 연구만이 성격 연구에 적합한 유일한 방법이라고 주장하는 것을 비판하였다. 올포트는 그러한 방식으로 성격의 모든 측면이 평가되는 것은 아니며, 심리학자들이 연구 방법에 있어 보다 개방적이고 절충적이어야 한다고 주장하였다.

또한 그는 정서적으로 건강한 사람을 대상으로 하는 연구에서 정서적으로 불안정한 사람들에게 사용하는 사례 연구와 투사법을 적용하는 것에 반대하였다. 올포트는 과거에 초점을 맞추는 사례 연구는 정상 성인을 이해하는 데 아무런 가치도 없다고 보았다. 정상 성인의 성격은 아동기의 영향에서 분리되어 있기 때문이다.

또한 올포트는 주제 통각 검사나 로르샤흐 잉크반점 검사와 같은 투사법은 정상 성인의 성격에는 거의 영향을 미치지 않는 무의식적 힘과 관련되므로, 정상 성격에 대해 왜곡된 그림을 제시할 수 있다고 주장하였다. 올포트는 단순히 자신을 묘사해 보라는 질문을 통해 자신의 특질을 드러내게 함으로써 얻는 정보가 보다 신뢰할 만하다고 보았다.

올포트가 개인적 자료를 사용했던 점에서 알 수 있듯이, 그는 개별 사례에 대한 연구인 개별기술적 접근법(idiographic approach)을 선호하였다. 그러나 그는 때에 따라서 큰 표본의 피험자 사이의 차이에 대한 통계 분석을 포함하는 법칙정립적 방법(nomothetic method)을 사용하기도 하였다. 가치 연구와 같은 심리검사는 법칙정립적 접근법을 사용한다.

표현적 행동

올포트는 표현적 행동(expressive behavior)에 대해 상당한 연구를 수행하였다. 표현적 행동이란 우리의 성격 특질을 보여 주는 행동을 의미한다. 그는 표현적 행동과 특정 목적을 위해 의식적으로 계획되고 수행되는 대처 행동(coping behavior)을 구분하였다. 대처 행동은 상황에 따른 필요로 인해 결정되며, 일반적으로 환경에 변화를 가져오는 방식으로 수행된다.

표현적 행동의 본질 표현적 행동은 즉흥적이며 성격의 기본 측면을 반영한다. 대처 행동과 달리 표현적 행동은 잘 변하지 않으며, 특정한 목적이 없고, 별다른 인식 없이 나타난다. 올포트는 대중 연설을 예로 들었다. 연사는 청중과 두 가지 수준으로 소통한다.

공식적이고 계획된 수준(대처 행동)에는 연설 내용이, 비공식적이고 계획되지 않은 수준(표현적 행동)에는 연사의 움직임, 몸짓, 음조가 포함된다. 연사는 긴장하거나, 빠르게 말을 하거나, 앞뒤로 움직이거나, 귀걸이를 만지작거릴 수 있다. 이러한 자연스러운 행동은 연사의 성격적 요소를 보여 준다.

표현적 행동 별다른 인식 없이 나타나는, 즉흥적이고 목적 없어 보이는 행동.
대처 행동 상황에 따른 필요로 인해 결정되고 특정한 목적을 위해 의식적으로 계획된 행동으로, 일반적으로 환경에 변화를 가져오기 위한 행동.

올포트는 표현적 행동에 관해 획기적 연구를 진행한 적이 있다. 이 연구에서 올포트는 피험자들이 다양한 과업을 수행하게 한 뒤, 각기 다른 상황에 대한 피험자들의 표현적 움직임의 일관성을 평정하였다(Allport & Vernon, 1933). 그는 목소리, 필체, 자세와 몸짓에서 상당히 높은 일관성을 발견하였다. 이러한 행동으로부터 그는 내향성과 외향성이라는 특질이 존재함을 추론하였다.

얼굴과 목소리의 표현적 행동을 설명하는 상당히 이론적이며 경험적인 연구가 있다(Russell, Bachorowski, & Fernandez-Dols, 2003). 연구는 음성 녹음, 사진, 영상으로부터 성격을 평가할 수 있음을 보여 준다. 개인의 얼굴 표정, 음성, 특이한 제스처와 버릇은 훈련받은 관찰자에게 성격적 특질로서 드러날 수 있다. 특정 기질과 관련된 표현적 행동은 사진을 통해 평정되어 왔다(Allport & Cantril, 1934; Berry, 1990; De Paulo, 1993; Riggio & Friedman, 1986; Riggio, Lippa, & Salinas, 1990).

얼굴 생김새와 표정만으로 낯선 사람의 성격을 신뢰할 만한 수준으로 평가할 수 있는 사람들이 있다는 것을 보여 주는 인상적인 연구도 있다(Berry & Wero, 1993). 예를 들어 관찰자들은 30초도 안 되는 시간 동안 누군가에 관한 영상을 보고, 영상 속 주인공의 불안과 같은 성격 요인을 정확하게 평가해 냈다(Ambody & Rosenthal, 1992).

성별과 나이의 영향 연구 결과, 남성과 노인보다는 여성과 젊은 사람들이 얼굴 표정에서 정서를 정확하게 인식하는 것으로 나타났다(Sasson, Pinkham, Richard, Hughett, Gur, & Gur, 2010). 아동의 경우 이르면 5세부터 얼굴 표정을 정확하게 읽을 수 있게 되며, 이 능력은 이후 빠르게 향상된다(Gao & Maurer, 2010).

한 여자 대학교의 졸업 사진을 분석한 결과, 21세 때 졸업 사진에서 긍정 정서를 표현한 사람들은 27세, 42세, 52세 때 실시한 자기보고식 검사에서 높은 주관적 안녕감 점수를 보였다. 또한 그들은 21세 졸업사진에서 덜 긍정적인 정서를 드러낸 이들에 비해 더 나은 결혼 생활을 보고했으며, 친애, 유능감, 성취 지향에서도 더 높은 점수를 보였다(Harker & Keltner, 2001).

얼굴 표정 해석하기 개인적 경험은 때때로 다른 사람들의 얼굴 표정에서 정서를 인식하는 능력에 영향을 미친다. 예를 들어 8~10세의 신체적으로 학대받은 경험이 있는 아동을 대상으로 한 연구에서, 이들은 학대를 받지 않은 통제집단 아동보다 성인 여성의 사진에서 얼굴에 드러난 분노를 더 쉽게 식별할 수 있는 것으로 나타났다(Pollak & Sinha, 2002).

성인을 대상으로 한 또 다른 연구 결과, 개인의 정서 상태가 다른 사람의 얼굴 표정을 읽는 능력에 영향을 미칠 수 있는 것으로 나타났다. 주요우울장애로 진단받은 이들에게 인물 사진을 보여 주고, 사진 속 인물이 행복한지 슬픈지 식별하게 하였다. 그 결과 행복을 식별하기 위해서는 사진 속 인물의 얼굴 표정이 보다 분명해야 했던 반면, 슬픔을 식별할 때에는 표정이 분명하지 않아도 문제가 없었다(Joormann & Gotlib, 2006).

사회불안 점수가 높은 아동은 얼굴 표정을 정확하게 해석하는 데에 보다 능숙했다. 우울 점수가 높은 성인은 우울하지 않은 이들에 비해서 슬픈 표정을 더 잘 식별하였다(Ale, Chorney, Brice, & Morris, 2010; Gollan, McCloskey, Hoxha, & Coccaro, 2010).

일본인 아동을 대상으로 한 연구에 따르면, 비디오 게임을 하는 데 더 많은 시간을 소비한 아동은 그렇지 않은 아동보다 얼굴 표정을 더 정확하게 인식하는 것으로 나타났다(Tamamiya & Jiraki, 2013).

또한 친한 사이일수록 슬픔, 분노, 기쁨과 같은 정서를 더 정확하게 인식하는 것으로 나타났다(Zhang & Parmley, 2011). 이러한 연구 결과들은 표현적 행동이 개인의 성격 특질을 반영한다는 올포트의 제안을 강하게 지지한다.

얼굴 표정 코딩 폴 에크만(Paul Ekman)이 수행한 종단 연구 결과, 객관적이며 일관되게 서로 구별되는 일곱 가지 정서의 얼굴 표정이 확인되었다. 확인된 정서는 분노, 경멸, 혐오, 두려움, 슬픔, 놀람, 행복이다(Ekman, Matsumoto, & Friesen, 1997). 샌프란시스코 캘리포니아 대학교의 인간상호작용연구소(Human Interaction Laboratory) 소장인 에크만과 그의 동료들은 43개의 안면근육을 분석한 결과를 바탕으로 코딩 시스템을 개발하였다. 사용자는 이 시스템에서 사람의 얼굴에서 정서적 표현을 읽는 데 유용한 3,000가지 다양한 설정을 적용할 수 있다.

미국에서는 범죄 용의자와 테러리스트의 거짓말을 탐지하기 위해 경찰은 물론, CIA와 FBI에서도 이 얼굴 움직임 코딩 시스템(Facial Action Coding System, FACS)을 사용한다. FACS에 따르면 안면근육의 미세한 움직임을 분석하여 진실을 밝힐 수 있다(Kaufman, 2002). 2009년『타임지』는 에크만을 세계에서 가장 영향력 있는 100인에 선정하였다(Taylor, 2009).

다른 연구들에서도 얼굴 표정이 성격의 몇 가지 기본적 측면을 드러낸다는 것이 밝혀졌다. 예를 들어 신경증은 분노, 경멸, 공포의 표정에서 나타난다. 우호성은 웃음과 친근한 사회적 상호작용의 표현으로 드러난다.

외향성은 미소, 웃음 그리고 즐거움 및 기쁨과 관련된 그 밖의 표현에서 나타난다. 성실성은 당혹감의 표현으로 특징지어지는데, 여기에는 예를 들어 엄격하게 통제된 미소, 시선 회피, 바라보는 이로부터 멀리 혹은 아래로 향하는 머리 움직임 등이 포함된다(Keltner, 1997).

또 다른 연구에 따르면 우리는 무의식적으로 다른 사람의 표정을 따라함으로써 미소를 인식한다. 즉 우리가 보고 있는 사람과 같은 얼굴 근육을 사용할 때, 미소 짓는 사람에게서 활성화된 뇌 영역과 동일한 뇌 영역을 우리 또한 활성화하라는 메시지가 전달된다(Niedenthal, Mermillod, Maringer, & Hess,2010; Zimmer, 2011).

정서 상태와 얼굴 표정 A 유형(Type A) 행동은 심장질환 가능성과 관련이 있으며, 혐오감, 쏘아보기, 찡그리기, 찌푸리기와 같은 표정으로 대표되고, 이는 B 유형(Type B) 행동과 구별된다(Chesney, Ekman, Friensen, Black, & Hecker, 1997). 스위스의 우울증 환자를 대상으로 한 연구에 따르면, 추후 자살을 시도한 환자들과 자살을 시도하지 않은 환자들 간 얼굴 표정이 구분되었다(Heller & Haynal, 1997).

일본 대학생을 대상으로 한 연구 결과, 불안 점수가 높은 학생들은 불안 점수가 낮은 학생들과 비교하여 특히 입과 얼굴 왼쪽 주변에서 다른 표정을 보였다(Nakamura, 2002). 이러한 연구 결과는 올포트의 이론을 뒷받침한다.

얼굴 표정의 문화적 차이

얼굴 표정은 전 세계적으로 같은가, 아니면 문화에 따라 다른가? 미국과 중국의 유아와 성인을 대상으로 한 연구에 따르면, 기본 정서는 두 문화와 연령 집단 모두에서 동일한 얼굴 표정으로 드러났다(Albright et al., 1997; Camras, Oster, Campos, Miyake, & Bradshaw, 1998).

그러나 미국, 중국, 일본 유아의 얼굴 표정을 비교한 연구는 또 다른 결과를 보여 주는데, 중국 유아는 미국과 일본 유아에 비해 얼굴 표정이 일관되게 단조로웠다. 미국 유아는 정서 표현에 있어 중국 유아와 큰 차이를 보였지만, 일본 유아와 비교해서는 큰 차이가 없었다(Camras, 1998).

아프리카 나미비아 북서부의 외딴 부족의 얼굴 표정에 관한 연구 결과, 정서에 따른 그들의 얼굴 표정이 미국인의 얼굴 표정과 일치하지 않는 것으로 나타났다. 이러한 연구 결과는 정서 인식이 보편적이지 않다는 점을 시사한다(Gendron, Roberson, Van der Vyver, & Barrett, 2014).

3세 여아를 대상으로 한 추가 연구에 따르면, 백인 아동이 중국 본토 또는 중국계 미국인 아동보다 더 많이 웃는 것으로 나타났다. 어머니의 엄격함 정도와 가정 내 다른 아동이나 어른의 수 역시 이러한 문화권의 아동이 보이는 얼굴 표정 강도에 영향을 미쳤다. 여아가 자신의 정서를 얼굴에 표현하는 정도는 문화 및 가족 특성에 영향을 받는 것으로 나타났다(Camras, Bakeman, Chen, Norris, & Cain, 2006).

미국과 일본의 성인을 대상으로 한 연구에 따르면, 이들은 각자 자신의 문화권 사람들의 얼굴 표정을 훨씬 잘 인식하는 것으로 나타났다(Dailey et al., 2010). 이러한 동서양 간 문화적 차이는 피험자들이 로봇의 얼굴 표정을 다르게 보는 식으로도 나타났다(Trovato, Kishi, Endo, Zecca, Hashimoto, & Takanishi, 2014).

얼굴 사진을 중립적으로(정서를 나타내지 않도록) 디지털화한 연구에 따르면, 백인의 얼굴은 흑인의 얼굴에 비해 분노를 표현하고 있다고 평가되는 경우가 더 많았으며, 흑인의 얼굴은 행복이나 놀라움을 표현하고 있다고 평가되는 경향이 강했다(Zebrowitz, Kikuchi, & Fellous, 2010).

얼굴 표정을 보고 정서를 인식함에 있어 동서양 문화 간에 일관된 차이가 발견되었다. 심지어 얼굴로 정서를 표현하는 방식에서도 차이가 있었다. 한 연구에 따르면 정서를 표현할 때 동양 문화권 사람들은 주로 눈을 사용하는 반면, 서양 문화권 사람들은 주로 눈썹과 입을 사용하는 경향이 있다(Jack, Caldara, & Schyns, 2012). 또 다른 연구 결과 미국 사람이 홍콩, 싱가포르, 대만 사람에 비해 페이스북 사진에서 더 강렬한 얼굴 표정을 보였다(Huang & Park, 2013).

우울 점수가 높은 백인 미국인과 아시아계 미국인에게 유쾌한 영화를 보여 주었을 때, 백인 미국인은 아시아계 미국인에 비해 미소를 비롯한 얼굴 반응이 훨씬 적었다(Chentsova-Dutton, Tsai, & Gotlib, 2010).

컴퓨터의 얼굴 표정 인식

만약 어떤 사람들이 다른 사람들의 얼굴 표정을 정확하게 해석하게 된다면, 컴퓨터의 표정 인식은 이보다 훨씬 뒤처지게 될까? 아마도 그렇지 않을 것이다. 초당 30프레임 속도로 얼굴 이미지를 살피는 컴퓨터 프로그램이 개발되어 있다. 이 컴퓨터는 행복, 슬픔, 두려움, 혐오, 분노, 놀람을 비롯한 기본적 정서를 인식하는 데 높은 정확성을 보였다(Susskind, Littlewort, Bartlett, Movellan, & Anderson, 2007).

컴퓨터가 인간의 얼굴에 표현된 정서를 인식할 수 있다면, 컴퓨터가 감정 상태를 전달하는 데에도 사용될 수 있을까? 네덜란드에서 평균 나이 16세의 청소년을 대상으로 이모티콘을 통해 개인의 기분을 온라인으로 전송하는 것에 관한 연구가 이뤄졌다. 모의 채팅방에서 10대들은 과제 혹은 진로에 관한 상황보다 사회적 맥락에서 소통할 때 이모티콘을 더 많이 사용하는 것으로 나타났다.

10대들은 대면 접촉에서 하는 것과 마찬가지로 긍정적 상황에서는 스마일과 같은 긍정적 아이콘을, 부정적 상황에서는 슬픔을 표현하는 부정적 아이콘을 사용하였다. 따라서 연구자들은 사람들이 컴퓨터를 매개로 한 소통에서도 대면 상황과 비슷한 방식으로 감정을 표현한다고 결론지었다(Derks, Bos, & Von Grumbkow, 2007).

표현적 행동에 대한 연구

표현적 행동에 대한 연구는 다음과 같은 결과를 보여 준다.

- 얼굴 표정으로 성격 특질을 평가할 수 있음
- 여성과 아이가 남성과 노인보다 얼굴 표정을 더 잘 읽음
- 친한 사이일수록 얼굴에 표현된 정서를 해석하는 데 더 능숙함
- 얼굴 표정에서 일곱 가지 감정이 확인되었음
- 우리는 다른 사람의 미소를 무의식적으로 흉내 내며 그것이 미소임을 인식함
- 우울한 사람은 슬픈 표정을 더 잘 알아차림
- 컴퓨터는 기본적 정서를 인식하고 표현할 수 있음

올포트 이론에 대한 고찰

표현적 행동에 대해 상당한 연구가 수행되었지만, 이는 올포트의 전체 이론과 긴밀하게 관련되어 있지는 않다. 올포트의 개별기술적 접근법은 현대 심리학의 주된 경향인 법칙정립적 접근법(정교한 통계 기법을 통한 대규모 피험자 대상 연구)에 반하는 것이다. 또한 올포트는 정서적으로 건강한 성인에 초점을 맞췄기 때문에 신경증과 정신증을 다루는 임상심리학의 입장과도 차이가 있었다.

의문점과 비판

올포트의 개념을 구체적인 용어와 명제로 풀어내 실험 연구에 적합하게 하기는 어렵다. 예를 들어 어떻게 기능적 자율성 또는 고유자아 추구를 실험실에서 관찰할 수 있겠는가? 어떻게 이러한 개념을 조작하여 효과를 검증할 수 있을까?

　기능적 자율성 개념에 대한 비판이 제기되어 왔다. 올포트는 원래의 동기

가 어떻게 자율적 동기로 변모되는지 명확하게 밝히지 않았다. 예를 들어 재정적 안정을 확보한 뒤, 어떤 과정에 의해 재정적 이익을 위한 동기가 일 자체를 위한 동기로 변하는가? 이러한 변화의 기제가 설명되지 않는다면 아동기 동기가 성인기에는 자율적으로 될 것이라고 어떻게 예측할 수 있겠는가?

또한 성격의 독특성에 대한 올포트의 강조 역시 비판을 받아 왔다. 개인성을 지나치게 강조한 나머지 한 사람에서 다른 사람으로 일반화가 전혀 불가능하다는 이유에서였다. 심리학자들은 올포트가 제안한 아동과 성인 간, 동물과 인간 간, 정상과 이상 간 불연속성을 수용하기 어려웠다. 많은 심리학자는 아동, 동물 및 정서적 어려움이 있는 이들의 행동에 관한 연구가 정서적으로 건강한 성인의 기능성에 대한 상당한 지식을 제공했다고 본다.

인식과 영향력

이러한 비판에도 불구하고 많은 심리학자가 올포트의 이론을 받아들였다. 이는 올포트의 관점이 다른 이론가들의 관점에 비해 성격을 이해하는 데 더 나은 기반을 제공하기 때문이다(Piekkola, 2011). 올포트의 성격 발달에 대한 접근법, 독특성에 대한 강조, 목표의 중요성 등은 인본주의 심리학자인 에이브러햄 매슬로와 칼 로저스(Carl Rogers)의 연구에도 반영되어 있다(9장과 10장 참조).

올포트는 인본주의적 가치와 관심을 성격 분야로 가져온 최초의 심리학자 중 하나로 인식되기도 한다(Jeshmaridian, 2007). 현대 심리학계에서 성격 특질이 강조됨에 따라 올포트의 이론에 대한 관심이 되살아났으며, 경험적 연구들이 그의 이론을 지지하고 있다.

정서 표현에 대한 올포트의 연구는 인지신경과학 분야의 발전에서 매우 중요하다. 성격 연구를 위한 개인적 자료 기법에 대한 관심 역시 부활하였다(Barenbaum, 2008; Zunshine, 2010).

그의 책은 읽기 쉬운 문체로 쓰였고, 그의 개념에는 상식적 호소력이 있다. 행동을 결정하는 의식적이고 합리적 요인을 강조한 올포트의 이론은 인간을 통제할 수 없는 힘에 이끌리는 비합리적이고 무의식적 존재로 보는 정신분석의 입장에 대한 대안을 제시한다.

　인간은 과거 사건보다 미래에 대한 기대로 형성된다는 올포트의 희망적인 견해는 인본주의 철학과 일치한다. 심리학에 대한 올포트의 가장 지속력 있는 공헌은 성격이라는 주제로 학문적 존경을 받을 만한 연구를 수행하고, 성격에 대한 특질 접근법을 통해 유전 요인의 역할을 강조했다는 점이다.

고든 올포트는 무의식 대신 의식에 초점을 맞췄다. 그는 성격이 과거보다는 현재와 미래에 의해 이끌린다고 믿었다. 그는 정서적으로 불안정한 사람보다는 보통 사람들을 연구 대상으로 삼았다.

성격은 역동적 조직이며, 개인은 이러한 심리신체적 체계 안에서 특유의 행동 및 사고를 결정한다. 성격은 유전과 환경의 결과물이며, 아동기 경험과는 분리되어 있다.

특질은 일관된, 즉 각기 다른 자극에 동일하거나 유사하게 반응하려는 지속적 경향성이다. 개인 특질(개인적 성향)은 사람마다 독특한 반면, 공통 특질은 많은 사람들과 공유된다. 개인적 성향은 주특질, 중심 특질, 이차적 특질로 구분된다. 주특질은 강력하고 광범위한 영향을 미치며, 중심 특질은 좁은 범위에 영향을 미친다. 이차적 특질은 다른 특질에 비해 눈에 띄지 않고 일관적이지 않게 나타난다.

기능적 자율성에 따르면 정상 성인의 동기는 이전의 경험과 기능적으로 연결되어 있지 않다. 기능적 자율성의 두 가지 수준은 지속적 기능적 자율성(중독적이고 반복적인 신체 행동)과 고유자아의 기능적 자율성(성격적 핵심과 관련되는 흥미, 가치, 태도, 의도, 생활방식, 자아상)이다. 고유자아의 기능적 자율성에 있어, 세 가지 원칙은 에너지 수준 조직화, 숙달과 능력, 고유자아 패턴화이다.

고유자아(자기 혹은 자아)는 유아기부터 청소년기에 걸쳐 신체적 자아, 자아정체감, 자아존중감, 자아확장, 자아상, 합리적 적응체로서의 자아, 고유자아 추구라는 일곱 단계를 통해 나타난다. 유아는 충동과 반사로 통제되며, 성격이라 할 수 있는 것을 거의 가지고 있지 않다.

성숙하고 건강한 성인의 성격은 타인 및 외부 활동으로의 자아 확장, 다른 사람과 따뜻한 관계 맺기, 정서적 안전감, 현실적 인식, 기술 개발, 일에 대한 헌신, 자기객관화, 통합된 삶의 철학 등을 특징으로 한다.

올포트는 인간 본성에 대해 낙관적 태도를 보였으며, 개인의 독특성을 강조하였다. 우리는 아동기 사건에 이끌리지 않는다. 우리는 삶을 의식적으로 통제하며, 자신의 생활 방식을 창조하고, 자율성, 개별성, 자아에 대한 욕구를 통해 성장한다. 삶의 궁극적 목표는 긴장을 증가시켜 새로운 감각과 도전을 추구하도록 자극하는 것이다.

성격 평가에 대한 개인적 자료 기법은 성격 특질을 밝히기 위해 일기, 편지 및 기타 개인 기록을 조사하는 것이다. 가치 연구는 여섯 가지 유형의 가치를 평가하는 심리검사이다.

표현적 행동에 대한 연구는 표현적인 얼굴 움직임의 일관성을 보여 주며, 이는 다양한 정서 및 성격 패턴과 관련이 있다. 일부 연구들은 문화 간에 얼굴 표정이 일관됨을 보여 주며, 컴퓨터 프로그램은 얼굴 표정을 인식할 수 있고, 다른 사람들에게 감정을 전달하는 데에도 사용될 수 있다.

올포트 이론은 기능적 자율성과 같은 개념을 경험적으로 검증하기 어렵다는 이유로 비판을 받아 왔다. 올포트가 강조한 성격의 독특성, 아동기 성격과 성인기 성격 간의 불연속성 또한 의문의 여지가 있다.

복습 문제

1. 올포트가 아동기와 청소년기에 경험한 문제 중 성격에 대한 접근법에 영향을 미쳤을 수 있는 것은 무엇인가?
2. 올포트의 성격 이론은 프로이트의 성격 이론과 어떠한 면에서 다른가?
3. 성격에 대한 올포트의 정의를 설명하라. 올포트 이론에서 유전과 환경은 성격에 어떻게 영향을 미치는가?
4. 특질의 네 가지 특징을 설명하라.
5. 주특질, 중심 특질, 이차적 특질 간에는 어떤 차이가 있는가? 이 중 어떤 특질이 성격에 가장 큰 영향을 미치는가?
6. 올포트에 따르면 성격과 동기 부여 간에는 어떠한 관계가 있는가?
7. 기능적 자율성이란 무엇인가? 기능적 자율성을 지배하는 세 가지 원칙을 설명하라.
8. 성격 발달에서 인지 과정의 역할은 무엇인가?
9. 성인의 동기와 아동기 경험 간에는 어떤 관계가 있는가?
10. 올포트에 따르면 인간 발달에서 처음 나타나는 세 단계는 무엇인가? 각 단계에서 발생하는 변화를 간략하게 설명하라.
11. 고유자아 개념을 설명하라.
12. 아동의 긍정적인 심리적 성장을 위해 부모는 어떻게 행동해야 하는가?
13. 올포트 이론은 성인기 정서적 혼란을 어떻게 설명하는가?
14. 성숙하고 정서적으로 건강한 성인의 성격 특성은 무엇인가?
15. 올포트가 제안한 궁극적이고 필수적인 삶의 목표는 무엇이고, 이를 어떻게 달성할 수 있는가?
16. 표현적 행동이 어떻게 우리의 성격 측면을 드러내는지 연구 결과를 통해 설명하라.
17. 얼굴 표정은 문화와 관계없이 보편적인가 아니면 문화마다 다른가?
18. 컴퓨터를 매개로 하는 소통에서 어떻게 정서를 표현할 수 있는가? 자신의 감정을 인터넷에서 어떻게 표현하는가?

읽을거리

Allport, G. W. (1937). *Personality: A psychological interpretation*. New York: Holt.
올포트의 고전서로, 성격 연구를 (과학적 학문으로서) 심리학의 필수 분야로 확립하고, 성격심리의 초점이 독특한 개인에 있다고 정의하였다.

Allport, G. W. (1955). *Becoming: Basic considerations for a psychology of personality*. New Haven, CT: Yale University Press.
성장과 발전을 향하는 인간의 역량을 강조하며 성격에 대한 올포트의 접근법을 서술하였다.

Allport, G. W. (1967). Autobiography. In E. G. Boring & G. Lindzey (Eds.), *A history of psychology in autobiography* (Vol. 5, pp. 1-25). New York: Appleton-Century-Crofts.

올포트의 삶과 경력을 설명하였다.

Elms, A. C. (1994). *Uncovering lives: The uneasy alliance of biography and psychology*. New York: Oxford University Press.

1920년 올포트와 프로이트의 만남을 논한다. (5장「올포트와 프로이트의 만남」참조)

Evans, R. I. (1971). *Gordon Allport: The man and his ideas*. New York: Dutton.

올포트의 삶과 일에 대한 인터뷰.

Nicholson, I. (2003). *Inventing personality: Gordon Allport and the science of selfhood*. Washington, DC: American Psychological Association.

올포트의 (성격 이론을 정립하던) 초기 경력에 초점을 맞추며, 그의 연구를 1920년대와 1930년대 미국의 사회상과 연결 짓는다.

Rosenzweig, S., & Fisher, S. L. (1997). "Idiographic" vis à vis "idiodynamic" in the historical perspective of personality theory: Remembering Gordon Allport, 1897-1997. *Journal of the History of the Behavioral Sciences, 33*, 405-419.

성격의 독특성에 초점을 맞춘 올포트의 관점을 재평가한다. 그의 영성과 종교관이 인간 본성에 대한 관점에 어떠한 영향을 미쳤는지 살펴본다.

8장

레이먼드 커텔,
한스 아이젠크,
5요인 이론,
HEXACO,
다크 트라이어드

Fair Use

"성격은 개인이 주어진 상황에서
무엇을 할지 예측할 수 있게 한다."
― 레이먼드 커텔

행동 예측

레이먼드 커텔(Raymond Cattell)은 성격을 연구하여 사람이 주어진 자극 상황에 어떻게 반응하는지 예측하고자 하였다. 커텔은 다른 성격 이론가들과 달리 이상 행동을 정상 행동으로 바꾸거나 수정하는 것에는 관심이 없었다.

보다 임상 지향적 이론가들은 정서적으로 혼란하거나 불행하여 변화를 원하는 환자들의 사례에 기반을 두고 연구를 수행하였다. 이에 반해 커텔은 정상인을 대상으로 연구를 진행하였다. 그의 목표는 인간의 성격을 연구하는 것이지, 치료하는 것이 아니었다. 커텔은 성격을 완전하게 이해하기도 전에 성격을 변화시키려 시도하는 것은 불가능하거나, 적어도 현명하지 못하다고 보았다.

과학적 접근

성격에 대한 커텔의 접근법은 상당히 과학적이었다. 그는 행동 관찰과 광범위한 자료를 기반으로 연구를 진행하였으며, 피험자로 하여금 50가지 이상의 측정을 하도록 하는 것이 일반적이었다. "커텔의 성격 이론은 경험적 연구를 통해 도출된 증거에 대한 포괄성과 충실성에서 타의 추종을 불허했다"(Horn, 2001, p. 72).

요인 분석

커텔의 접근법에서 두드러진 점은 자료를 처리하는 방식이었다. 그는 요인 분석(factor analysis)을 활용하였는데, 이는 공통 요인(common factor)을 밝히기 위해 피험자들로부터 얻은 각 측정값 쌍 사이의 관계를 평가하는 것을 의미한다. 예를 들어 두 가지 다른 심리검사 혹은 한 검사의 두 하위 요인을 분석하여 상관관계를 확인할 수 있다.

커텔은 만약 두 측정값이 서로 높은 상관관계를 보인다면, 이는 유사하거나 서로 관련되어 있는 성격 측면을 측정한 것이라는 결론을 내렸다. 예를 들어 성격검사의 불안 척도와 내향성 척도가 높은 상관계수를 나타내는 경우, 두 척도가 동일한 성격 특성을 측정한다고 결론지을 수 있다. 따라서 한 사람에 대한 두 세트의 자료를 결합하여 단일 차원, 즉 요인을 형성한다.

요인 분석 몇 가지 측정 간 상관관계에 기반한 통계적 기법으로, 내재적 요인 측면에서 설명됨.

성격 특질

커텔은 이러한 방법을 통해 밝혀낸 요인을 특질이라 불렀으며, 특질을 성격의 정신적 구성 요소라고 정의했다. 누군가의 특질을 알고 있을 때에만 그 사람이 주어진 상황에서 어떻게 행동할지 예측할 수 있다. 따라서 누군가를 완전하게 이해하려면, 그 사람을 정의하는 전체 특질 패턴을 정확한 용어로 설명할 수 있어야 한다.

커텔의 생애(1905~1998)

형제 그리고 부상병들

커텔은 영국 스태퍼드셔에서 태어났다. 그의 부모는 자녀들에게 높고 엄격한 행동 기준을 제시했지만, 자녀들이 여가를 보내는 방식에 있어서는 관대했다. 커텔은 그의 형제 및 친구들과 함께 항해, 수영, 동굴탐험, 싸움놀이를 벌이며 야외에서 많은 시간을 보냈다. 심지어 그들은 "때때로 익사하거나 절벽에 떨어질 뻔할 때도 있었다."

커텔의 인생은 그가 9세가 되던 해에 극적으로 바뀌었다. 당시 영국은 제1차 세계대전에 참전하였으며, 커텔 가족이 살던 집 근처에 있던 저택은 병원으로 개조되었다. 커텔은 프랑스의 전장에서 돌아오는 부상병들이 탄 열차를 보았다. 그는 이후에 당시의 경험이 어린 자신을 유난히 진지하게 만들었고, "인생이 유한하다는 것과 할 수 있을 때 성취해야 한다는 것"을 깨닫게 해 주었다고 적었다.

커텔이 평생 동안 일에 전념한 것도 이러한 아동기 경험에서 비롯된 것일 수 있다. 또한 형에게 강한 경쟁심을 느꼈던 그는 "이길 수 없는" 형과 마주하면서 경험한 어려움에 대해서도 기록하였다(Cattell, 1974a, pp. 62-63).

심리학: 나쁜 선택

커텔은 16세에 물리학과 화학을 공부하기 위해 런던 대학교에 입학하여 3년 만에 우등생으로 졸업하였다. 그는 런던에서 시간을 보내며 사회 문제에 큰 관심을 갖게 되었다. 그러나 물리학에서 배운 지식이 사회적 해악을 다루는 데 별 도움이 안 된다는 것을 깨달았다. 그는 인간의 마음을 연구하는 것이 사회 문제에 대한 최선의 해결책이라 생각하여, 이를 연구하겠다고 결심했다.

이는 용감한 결심이었는데, 1924년 당시 영국의 심리학계는 전문적 일자리를 거의 제공하지 못했으며, 학계 관련 학술교수직도 여섯 개밖에 없었다. 심리학은 괴짜들을 위한 학문으로 여겨졌다. 커텔은 친구들의 만류에도 불구하고 런던 대학교 대학원 과정을 시작하였다. 커텔은 학위 과정에서 요인 분석을 개발한 저명한 심리통계학자, 찰스 스피어먼(Charles E. Spearman)과 함께 연구하였다.

1929년 박사 학위를 받은 커텔은 그의 친구들이 옳았다는 것을 새삼 느끼게 됐다. 심리학자를 위한 일자리는 거의 없었다. 그는 엑서터 대학교에서 강의하고, 영국 시골에 대한 글을 쓰고, 레스터에 있는 학교에 심리클리닉을 설립하면서 연구에 대한 관심을 이어나갔다. 커텔은 스피어먼이 정신 능력을 측정하기 위해 사용한 요인 분석을 성격의 구조에 적용해 보기로 하였다.

고난의 시간

커텔은 이 시기 과로와 영양 결핍, 아파트 지하실 생활의 결과로 만성 소화장애를 얻게 되었다. 그의 아내는 가난한 형편과 커텔의 일중독으로 인해 그를 떠났다. 그러나 커텔은 그 고난의 시간에 몇 가지 긍정적 이득이 있었다고 말했다.

당시의 경험은 그가 이론 개발이나 실험이 아닌 현실적 문제에 집중하게 했다. 만약 더 안전하고 편안한 상황이었다면 그렇게 하지 못했을 것이다. 커텔은 그 시기를 생각하며 다음과 같이 말했다. "그 세월은 나를 긴 겨울을 알고 있는 다람쥐처럼 신중하고 의심 많은 사람으로 만들었다. 이로 인해 나는 무자비할 정도로 고행했고, 중요하지 않은 일에 조급함을 느끼게 되었다"(Cattell, 1974b, p. 90).

미국에서의 성공

박사 학위를 취득한 지 8년 후, 커텔은 마침내 자신이 선택한 분야에서 전임으로 일할 기회를 얻는다. 저명한 미국 심리학자 에드워드 손다이크(Edward L. Thorndike)가 뉴욕 컬럼비아 대학교에 있는 자신의 실험실에서 1년을 보낼 수 있도록 커텔을 초청한 것이다. 다음 해 커텔은 매사추세츠 우스터에 있는 클라크 대학교의 교수가 되었고, 1941년에는 하버드 대학교로 옮겼다. 그는 하버드 대학교에서 자신의 "창의력이 샘솟았다"라고 말했다(Cattell, 1974a, p. 71).

당시 고든 올포트, 윌리엄 셸던을 포함한 그의 동료들은 성격과 신체 유형에 관한 이론을 개발하였다. 커텔은 수학자와 결혼하여 연구에 대한 관심사를 함께 나누었고, 40세에 일리노이 대학교 연구교수로 정착하였다. 그는 43권의 책과 500권 이상의 논문을 발표했는데, 이는 그의 연구에 대한 헌신과 인내가 반영된 기념비적 업적이다.

그 후 20년 동안 내 삶은 부드럽지만 강력한, 윙윙거리는 발전기와 같았다. 나는 보통 자정에 마지막으로 주차장에서 나왔다. 한번은 내가 실험실에 도착했는데 놀랍게도 아무도 없었다. [집에] 전화하자, 집에서는 "추수감사절 저녁식사를 하고 있다"라고 말했다. 나에게는 모든 날이 똑같았다(Cattell, 1993, p. 105).

70대의 커텔은 하와이 대학교 대학원에 교수로 합류하였고, 그곳에서 자신에게 매일 바다 수영을 하는 사치를 허락하였다. 그는 "불확실한 종신 재직권(tenure) 심사를 앞둔 조교수처럼 열심히" 일했다고 전해진다(Johnson, 1980, p. 300).

그는 "성격의 요인 분석을 포함하여 심리학에서 획기적이며 두드러진 공헌"을 인정받아, 미국심리학회에서 심리과학 분야 평생공로상을 수상하였다 (Gold Medal Award, 1997, p. 797). 그로부터 1년 후, 그는 92세의 나이로 호놀룰루에서 사망하였다.

성격 특질에 대한 커텔의 접근 방식

커텔은 특질(trait)을 비교적 영구적인 반응 경향성으로 정의하며, 이를 성격의 기본 구조 단위라고 보았다. 그는 특질을 여러 가지 방법으로 분류하였다 (표 8.1).

표 8.1 특질을 분류하는 방법

공통 특질	모든 사람은 어느 정도 공통 특질을 공유한다; 예를 들어 지능이나 외향성이 여기에 속한다.
독특한 특질	각자는 자신을 개인으로 구별하는 독특한 특질을 지닌다; 예를 들어 클래식 음악 혹은 야구에 대한 흥미 등이 여기에 속한다.
능력 특질	기술과 능력은 개인이 목표를 향해 얼마나 잘 수행해 나갈 수 있을지 결정한다.
기질 특질	정서와 느낌(예: 개인이 얼마나 독단적인지, 초조한지, 태평한지)은 주어진 환경에서 개인이 다른 사람 및 상황에 어떻게 반응할지 밝히는 데 도움이 된다.
역동적 특질	개인의 동기를 뒷받침하고 행동을 유도하는 힘이다.
표면 특질	몇 가지 원천 특질 혹은 행동 요소로 구성된다; 각기 다른 상황에 대응하여 약화되거나 강화되는 식으로 불안정하고 일시적일 수 있다.
원천 특질	행동을 야기하는 단일하고 안정적이며 영속적인 행동 요소이다.
체질 특질	술을 너무 많이 마셔서 나타나는 행동과 같이 생물학적 조건에 기원을 두는 원천 특질이다.
환경조형 특질	친구, 직장 환경, 주변인의 영향으로 인한 행동과 같이 환경적 조건에 기원을 두는 원천 특질이다.

특질 요인 분석 방법에 의해 유도된 반응 경향으로, 성격의 비교적 영구적인 부분.

공통 특질과 독특한 특질

특질을 분류하는 첫 번째 방법은 특질을 공통 특질과 독특한 특질로 구분하는 것이다. 공통 특질(common trait)은 모든 사람이 어느 정도 가지고 있는 특질이다. 예를 들어 지능, 외향성, 사교성 등이 여기에 해당한다. 이러한 특질은 누구에게나 있다. 그러나 어떤 사람들은 다른 사람들에 비해 특정 특질을 더 큰 정도로 가지고 있다. 커텔이 공통 특질이 보편적이라고 주장한 이유는, 모든 사람에게는 유사한 유전적 잠재력이 있으며, 이들이 적어도 같은 문화 안에서 비슷한 사회적 압력을 받기 때문이다.

앞서 언급했듯이, 사람들이 가진 공통 특질은 양적으로 또는 정도에 있어 다르다. 또한 사람들은 극소수의 사람들 간에 공유되는 독특한 특질(unique trait)에 의해 구별되기도 한다. 독특한 특질은 특히 우리의 흥미나 태도에서 분명하게 드러난다. 예를 들어 클래식 음악 혹은 야구에 대한 흥미 등이 여기에 속한다.

능력 특질, 기질 특질, 역동적 특질

특질을 분류하는 두 번째 방법은 특질을 능력 특질, 기질 특질, 역동적 특질로 나누는 것이다. 능력 특질(ability trait)은 개인이 목표를 위해 얼마나 효율적으로 일할 수 있는지를 결정한다. 지능은 능력 특질이며, 개인의 지능 수준은 목표를 위해 노력하는 방식에 영향을 미친다.

기질 특질(temperament trait)은 개인의 일반적인 행동 양식과 정서 상태(tone)를 설명한다. 예를 들어 개인이 얼마나 자기주장이 강한지, 태평한지, 짜증을 잘 내는지 등이 여기에 해당한다. 이러한 특질은 주어진 상황에 행동하고 반응하는 방식에 영향을 미친다.

역동적 특질(dynamic trait)은 행동의 원동력으로, 개인의 동기, 흥미, 야망을 정의한다.

공통 특질 모든 사람이 어느 정도 가지고 있는 특질.
독특한 특질 한 사람 또는 소수의 사람이 가지고 있는 특질.
능력 특질 목표를 위해 얼마나 효율적으로 일할 수 있는지 설명하는 특질.
기질 특질 환경에 반응하는 행동 양식을 설명하는 특질.
역동적 특질 동기와 흥미를 설명하는 특질.

표면 특질과 원천 특질

특질을 분류하는 세 번째 방법은 특질을 표면 특질과 원천 특질로, 즉 안정성과 영속성에 따라 분류하는 것이다. 표면 특질(surface trait)은 단일한 원천으로 결정되지 않는 성격 특성이기 때문에, 서로 관련되지만 하나의 요인을 구성하지는 못한다. 예를 들어 불안, 우유부단, 비합리적 두려움 등 몇 가지 행동적 요소가 결합하여 신경증이라는 표면 특질을 형성한다. 다시 말해 신경증은 하나의 원천에서 파생된 특질이 아니다. 표면 특질은 여러 요소로 구성되므로, 상대적으로 덜 안정적이며 덜 영구적이고, 따라서 성격을 묘사하는 데에도 덜 중요하다.

　　더 중요한 것은 원천 특질(source trait)인데, 이는 훨씬 안정적이고 영속적인, 단일한 성격 요인이다. 각 원천 특질은 특정 행동을 야기한다. 원천 특질은 요인 분석으로 도출된 개별 요인이며, 원천 특질들의 조합으로 표면 특질을 설명할 수 있다.

체질 특질과 환경조형 특질

원천 특질은 기원에 따라 체질 특질과 환경조형 특질로 분류된다. 체질 특질(constitutional trait)은 생물학적 조건에서 비롯되지만, 반드시 선천적인 것은 아니다. 예를 들어 술이나 약물을 복용한 경우, 부주의, 말이 많아지는 것, 불분명하게 발음하는 것과 같은 행동으로 이어질 수 있다.

　　환경조형 특질(environmental-mold trait)은 사회적·물리적 환경의 영향에서 파생된다. 이러한 특질은 학습된 특성과 행동으로, 개인의 성격에 패턴을 부여한다. 가난한 도심지역에서 자란 사람의 행동은 상류층 호화로운 환경에서 자란 사람의 행동과 다르다. 직업 군인의 행동 패턴은 재즈 음악가와는 다르다. 이처럼 커텔은 개인 변인과 상황 변인 간 상호작용을 인식하였다.

> **표면 특질** 단일한 원천으로 결정되지 않기 때문에, 서로 관련되지만, 하나의 요인만을 구성하지는 못하는 특질.
> **원천 특질** 요인 분석 방법으로 도출된 성격의 기본 요인으로, 안정적이고 영구적인 특질.
> **체질 특질** 생리적 특성에 따라 달라지는 원천 특질.
> **환경조형 특질** 사회적·환경적 상호작용으로부터 학습된 원천 특질.

원천 특질: 성격의 기본 요인

커텔은 20년 이상의 집중적인 요인 분석 연구 끝에 성격의 기본 요인으로서 16가지 원천 특질을 확인하였다(Cattell, 1965). 이 요인들은 객관적 성격검사인 다요인 인성검사(Sixteen Personality Factor, 16PF)에서 가장 많이 사용된다(표 8.2).

표 8.2 커텔의 성격 원천 특질(요인)

요인	낮은 점수	높은 점수
A	비사교적인, 냉정한, 무심한	사교적인, 다정한, 낙천적인
B	지능이 낮은	지능이 높은
C	자아 강도가 약한, 감정적인, 정서적으로 불안정한	자아 강도가 강한, 침착한, 정서적으로 안정된
E	복종적인, 순종적인, 유순한, 확신이 없는, 온건한	지배적인, 자기주장적인, 강압적인
F	신중한, 진지한, 우울한, 걱정이 많은	낙천적인, 정열적인, 쾌활한
G	자기편의적인, 초자아가 약한	성실한, 초자아가 강한
H	소심한, 수줍은, 냉담한, 절제된	대담한, 모험적인
I	강인한, 자립심이 강한, 요구가 많은	마음이 여린, 섬세한, 의존적인
L	신뢰하는, 이해하는, 수용하는	의심 많은, 질투하는, 거리 두는
M	실제적인, 현실적인, 구체적인	상상력이 풍부한, 공상을 즐기는
N	솔직한, 순진한, 잘난 체 하지 않는	약삭빠른, 세상 물정에 밝은, 한 수 앞을 내다보는
O	확신하는, 편안한, 후회 없는	걱정하는, 불안한, 자책하는
Q_1	보수적인, 관습적인, 변화를 싫어하는	진보적인, 자유분방한, 실험적인, 변화를 받아들이는
Q_2	집단 의존적인, 남의 의견을 따르는 것을 선호하는, 참여적인	자족하는, 자립적인, 독립적인
Q_3	통제력이 약한, 의지력이 약한, 충동적인	통제력이 강한, 강박적인, 엄격한
Q_4	이완된, 평온한, 침착한	긴장한, 의욕이 앞서는, 초조한

표 8.2에서처럼 이러한 특질과 관련되는 성격 특성들은 우리가 일상에서 친구나 자신을 묘사할 때 사용하는 단어들이다. 당연히 우리는 자신이 이러한 기본적 성격 요인에 대해 높은 점수를 받을지, 낮은 점수를 받을지, 중간 점수를 받을지 한눈에 파악할 수 있다.

커텔은 이후 추가적 요인을 확인하여, 이를 기질 특질로 지정했다. 이러한 요인이 일반적인 행동 양식 및 정서 상태와 관련이 있기 때문이다. 그는 흥분성, 열정, 자기수양, 공손함, 자기 확신 등을 예로 들었다(Cattell, 1973; Cattell & Kline, 1977).

커텔의 이론에서 원천 특질이 성격의 기본 요인이라는 점을 기억할 필요가 있다. 이는 원자가 물리적 세계의 기본 단위인 것과 같다. 커텔은 심리학자들이 이러한 요인의 본질을 정확하게 설명하지 않고서는 성격에 관한 법칙을 이해하거나 정립할 수 없다고 주장하였다.

역동적 특질: 동기를 부여하는 힘

커텔은 역동적 특질을 개인의 동기와 관련된 특질로 설명하였다. 동기는 많은 성격 이론에서 중요한 문제로 다뤄진다. 커텔은 역동적, 즉 동기를 부여하는 힘의 영향력을 고려하지 못한 성격 이론은 불완전하다고 믿었다. 커텔에 따르면 이는 엔진을 설명하려고 하면서 엔진을 작동시키는 연료의 종류는 언급하지 않는 것과 같다.

유전과 환경의 영향

커텔은 성격 형성에 있어 유전과 환경의 상대적 영향에 큰 관심을 가졌다. 그는 유전 요인과 환경 요인의 영향을 연구하기 위해 같은 가정에서 자란 쌍둥이, 다른 가정에서 자란 쌍둥이, 같은 가정에서 자란 쌍둥이가 아닌 형제, 다른 가정에서 자란 쌍둥이가 아닌 형제 간에 발견되는 유사성을 통계적으로 비교하였다. 이를 통해 그는 특질의 차이가 유전 또는 환경적 영향으로부터 기인할 수 있는 정도를 추정할 수 있었다.

분석 결과, 일부 특질에 대해서는 유전이 중요한 역할을 하는 것으로 나타났다. 예를 들어 지능(요인 B)의 80% 그리고 소심함 대 대담함(요인 H)의 80%는 유전 요인으로 설명할 수 있다. 커텔은 전반적으로 우리 성격의 3분의 1은 유전적 영향에 의해, 나머지 3분의 2는 사회적·환경적 영향에 의해 결정된다고 결론지었다.

성격 발달 단계

커텔은 전생애적 성격 발달을 여섯 단계로 구분하였다(표 8.3).

표 8.3 커텔의 성격 발달 단계

단계	나이	발달
유아기	출생~6세	젖을 뗌; 배변 훈련; 자아, 초자아, 사회적 태도 형성
아동기	6~14세	부모로부터의 독립과 또래와의 동일시
청소년기	14~23세	독립, 자기주장, 성과 관련된 갈등
성인기	23~50세	직업, 결혼, 가족에 대한 만족
성인 후기	50~65세	신체적, 사회적 환경에 반응한 성격 변화
노년기	65세 이상	친구, 경력, 지위 상실에 대한 적응

유아기

출생부터 6세까지의 유아기 기간은 주된 성격 형성 기간이다. 아이는 부모와 형제의 영향을 받으며, 젖을 떼고, 배변 훈련을 한다. 사회적 태도는 자아, 초자아, 안정과 불안정, 권위에 대한 태도, 신경증 경향성 등과 함께 발달해 간다. 커텔은 프로이트 추종자는 아니었으나, 프로이트의 생각 중 몇 가지를 자신의 이론에 통합하였다. 예를 들어 생애 초기가 성격 형성에 결정적인 시기이며, 구강기적 갈등과 항문기적 갈등이 성격에 영향을 미칠 수 있다는 생각이 이에 해당한다.

아동기

6~14세까지의 아동기에는 심리적 문제가 거의 없다. 이 단계에 아동은 부모로부터 독립하려는 움직임을 보이기 시작하고 또래와 자신을 동일시하는 정도가 점점 강해진다.

청소년기

아동기 이후 이어지는 14~23세까지의 청소년기는 문제와 스트레스가 많은 단계이다. 이 시기에 청소년들이 주로 독립, 자기주장, 성과 관련된 갈등을 경

▶ 청소년기는 스트레스가 많은 발달 단계이다.

험함에 따라, 정서장애와 비행이 뚜렷하게 나타날 수 있다.

성인기

발달의 네 번째 단계인 성인기는 약 23~50세까지 지속된다. 이 단계는 일반적으로 일과 결혼, 가족과 관련하여 생산적이고 만족스러운 시기이다. 성격은 발달 초기 단계와 비교해 유연성이 떨어지며, 안정성이 증가한다. 커텔은 이 기간에 흥미나 태도가 거의 변하지 않는다는 것을 발견하였다.

성인 후기

50~65세 사이의 성인 후기는 신체적, 사회적, 심리적 변화에 대응하는 성격 발달을 포함한다. 건강, 활력, 신체적 매력은 감소할 수 있고, 삶의 끝이 보이기 시작할 수 있다. 이 단계에서 사람들은 자신의 가치를 재검토하고 새로운 자기를 찾는다. 이 기간에 대한 커텔의 견해는 중년기에 대한 융의 견해와 다소 유사하다.

▶ 성인 후기, 자녀가 집을 떠난 후 개인은 종종 자기 삶의 가치를 재검토한다.

노년기

65세 이후의 노년기는 배우자, 친척, 친구의 죽음과 같은 여러 가지 상실에 대한 적응을 포함한다. 이와 더불어 은퇴로 인한 경력 상실, 젊음을 숭배하는 문화에서의 지위 상실, 외로움과 불안정한 느낌 등이 수반된다.

인간 본성에 대한 질문

커텔이 성격을 정의한 바에 따라 인간 본성에 대한 그의 견해를 예상할 수 있다. 그는 "성격은 개인이 주어진 상황에서 무엇을 할지 예측할 수 있게 한다"라고 기술하였다(Cattell, 1950, p. 2). 행동이 예측 가능한 것으로 간주되기 위해서는 행동에 규칙과 질서가 있어야 한다. 성격에 규칙성과 일관성이 없다면, 행동을 예측하기 어려울 것이다.

예를 들어 남편이나 아내는 배우자의 과거 행동이 일관되고 규칙성이 있었기 때문에 특정 상황에서 배우자가 무엇을 할 것인지 정확하게 예측할 수 있다. 따라서 인간 본성에 대한 커텔의 견해는 즉흥성(spontaneity)을 거의 인정하지 않는다. 즉흥성은 행동을 예측하기 어렵게 만들기 때문이다. 자유의지 대 결정론 쟁점에 있어 커텔은 결정론 측면에 보다 가깝다고 할 수 있다.

커텔은 행동을 지배하는 궁극적 혹은 필수적 목표를 제시하지 않았고, 우리를 미래로 이끄는 자아실현 동기도 우리를 떠미는 과거의 심리성적 갈등도 제안하지 않았다. 그는 초기 생활 사건의 영향력에 주목하기는 했지만, 아동기의 영향이 영구적으로 성격을 결정한다고 믿지는 않았다.

본성 대 양육 쟁점에 있어 커텔은 선천성과 후천성 모두 성격에 영향을 미친다고 보았다. 예를 들어 환경조형 특질은 학습되지만, 체질 특질은 선천적인 것이다. 보편성 대 독특성 쟁점과 관련하여 커텔은 한 문화에서 공통적으로 적용되는 공통 특질과 개인성을 설명해 주는 독특한 특질을 모두 언급하며 중립적 입장을 취했다.

인간 본성에 대한 커텔의 견해는 상당히 명확하다. 그는 젊은 시절 사회 문제를 해결하는 우리의 능력에 있어 낙관적이었으며, 우리가 환경에 대해 더 높은 인식과 통제력을 지닐 수 있다고 보았다. 커텔은 "창조적으로 나라를 운영한다면, 공동체의 유익한 발전과 더불어" 지적인 수준이 상승할 것이라 기대했다(Cattell, 1974b, p. 88). 하지만 현실은 그의 기대에 부응하지 못했고, 결국 그는 인간의 본성과 사회가 퇴보했다고 믿게 되었다.

커텔 이론에서의 평가

커텔은 객관적 성격 측정을 위해 생활기록법, 질문지법, 검사법이라는 세 가지 기본 평가 기법을 사용하였다.

생활기록법

생활기록법은 L-data(life record-data) 기법이라고도 불리며, 이는 교실 혹은 사무실과 같은 실제 생활 환경에서 개인이 보이는 특정 행동을 관찰자가 평정하는 것을 의미한다. 예를 들어 관찰자는 직장 결근 빈도, 학교 성적, 업무 수행에 있어 성실성, 축구 경기장에서의 정서 안정성, 사무실에서의 사교성 등을 기록할 수 있다.

중요한 점은 L-data가 관찰자에게 보이는 행동을 의미한다는 점과 심리학 실험실에서의 인위적 상황이 아닌, 자연스러운 환경에서 발생하는 행동을 반영한다는 점이다.

질문지법

L-data 교실이나 사무실과 같은 실제 생활 환경에서 관찰된 행동에 대한 생활기록 평정.
Q-data 우리의 성격, 태도, 관심사에 대한 자기보고 질문지 평정.

질문지법, 즉 Q-data(questionnaire-data) 기법은 질문지에 의존한다. L-data 기법에서 관찰자가 피험자를 평정하는 것과 달리, Q-data 기법에서는 피험자가 자신을 평정해야 한다. 커텔은 Q-data의 한계점을 인식했다. 첫째로 어떤 이들은 피상적 자기인식만을 하고 있을 수 있으므로, Q-data가 이들의 성격 본질을 반영하지 못할 수 있다.

둘째로 자신에 대해 잘 알고 있는 사람이라도 연구자들이 자신에 대해 알기를 바라지 않을 수 있다. 따라서 의도적으로 반응을 왜곡할 수 있다. 이러한 문제로 인해 커텔은 Q-data 기법이 무조건 정확하다고 가정해서는 안 된다고 경고하였다.

검사법

검사법, 즉 T-data(test-data) 기법에서 연구자는 커텔이 '객관적' 검사라 부른 것을 사용하며, 피험자는 행동의 어떤 측면이 평가되는지 모르는 채로 반응한다. 이 검사는 피험자가 검사에서 측정되는 것을 정확하게 알기 어렵게 함으로써 Q-data 기법의 단점을 보완한다.

연구자가 무엇을 알아내려 하는지 추측할 수 없다면, 피험자는 자신의 특질을 감추기 위해 반응을 왜곡할 수 없다. 예를 들어 피험자에게 잉크반점을 보여 주었을 때, 피험자는 아마도 연구자가 자신의 반응을 어떻게 해석할지(보수적이다, 느긋하다, 모험적이다, 걱정이 많다 등) 예측할 수 없을 것이다.

커텔은 왜곡이 어렵다는 이유로 로르샤흐 잉크반점 검사, TAT, 문장 완성 검사 등을 객관적 검사라고 보았다. 하지만 대부분 심리학자들은 객관적이라는 단어의 사용은 오해의 소지가 있다고 본다. 검사에 따른 채점과 해석이 편향을 일으킬 수 있으므로, 보통 이러한 검사는 주관적 검사라 불린다.

16PF 검사

커텔은 성격 평가를 위해 몇 가지 검사를 개발했다. 그중 가장 널리 알려진 검사는 16가지 주요 원천 특질을 기반으로 하는 16PF 검사이다. 이 검사는 16세 이상을 대상으로 하며,

T-data 왜곡이 어려운 성격 검사로부터 얻은 자료.

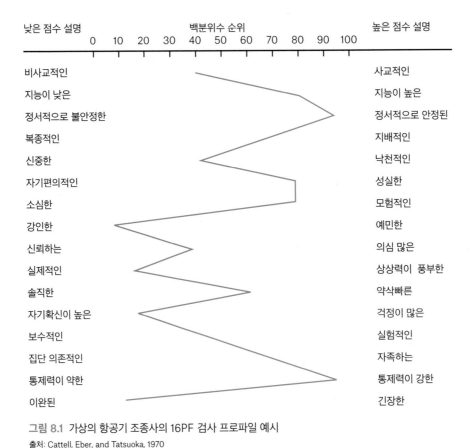

낮은 점수 설명	백분위수 순위	높은 점수 설명
	0 10 20 30 40 50 60 70 80 90 100	
비사교적인		사교적인
지능이 낮은		지능이 높은
정서적으로 불안정한		정서적으로 안정된
복종적인		지배적인
신중한		낙천적인
자기편의적인		성실한
소심한		모험적인
강인한		예민한
신뢰하는		의심 많은
실제적인		상상력이 풍부한
솔직한		약삭빠른
자기확신이 높은		걱정이 많은
보수적인		실험적인
집단 의존적인		자족하는
통제력이 약한		통제력이 강한
이완된		긴장한

그림 8.1 가상의 항공기 조종사의 16PF 검사 프로파일 예시

출처: Cattell, Eber, and Tatsuoka, 1970

16가지 척도 각각의 점수를 산출한다. 수검자의 응답은 객관식으로 채점되며, 전산화된 채점 및 해석이 가능하다. 16PF 검사는 연구, 임상 진단 및 직업에서의 성공을 예측하기 위해 널리 활용된다. 이는 약 40여 개 언어로 번역되었다.

그림 8.1에 가상의 항공기 조종사의 16PF 검사 프로파일을 제시하였다. 검사 점수의 높고 낮음을 고려하여, 우리는 이 사람이 정서적으로 안정되어 있고, 성실하고, 모험적이고, 강인하고, 실제적이고, 자기확신이 높고, 통제력이 강한, 이완된 사람이라는 것을 알 수 있다. 이 조종사는 긴장하거나, 걱정이 많거나, 소심하지는 않다.

커텔은 16PF 검사를 변형하여 여러 검사를 개발하였다. 불안, 우울, 신경증과 같은 특정 성격 측면을 측정하거나 부부 상담, 기업 임원의 성과 평가 등

특수한 목적으로 검사가 마련되었다. 또한 어린이 및 청소년을 대상으로 하는 검사 버전도 있다.

커텔 이론에 대한 연구

커텔은 성격 연구 방법을 논하면서 이변적 접근법, 임상적 접근법, 다변적 접근법이라는 세 가지 접근법을 나열하였다.

이변적 접근법

이변적 접근법(bivariate approach), 즉 이변량 접근법(two-variable approach)은 표준적인 실험실 연구 방법이다. 심리학자들은 독립 변인에 대한 조작이 피험자의 행동에 미치는 영향(종속 변인)을 검증한다.이변적 접근법을 사용한 연구에서 연구자는 한 번에 한 가지 변인만 연구할 수 있다. 이러한 이유로 이변적 접근법은 단일 변인(univariate) 접근법이라 불리기도 한다.

커텔은 이변적 연구가 과학적이고 엄격하며 정량적이라는 점에는 동의했으나, 해당 연구 방법이 성격의 제한적 측면만을 다룬다고 주장했다. 실제로 성격은 상호작용하는 여러 가지 변인의 영향을 받는다. 이뿐만 아니라 전형적인 실험실 상황에서는 주요한 정서 경험이 조작되고 복제될 수 없다. 따라서 커텔은 이변적 접근법으로 성격 특질에 대해 많은 것을 밝히기에는 한계가 있다고 생각했다.

임상적 접근법

임상적 접근법(clinical approach)은 사례 연구, 꿈 분석, 자유연상 등을 포함하는 접근법으로, 2장과 5장에서 살펴본 것과 같이 매우 주관적이다. 이러한 방법은 증명하거나 정량화할 수 있는 자료를 산출하지 않는다. 커텔은 다음과 같이 기술했다. "임상가는 근본 심성은 착해도, 머리는 좀 흐릿할 수 있다" (Cattell, 1959, p.45).

다변적 접근법

커텔은 성격을 연구하기 위해 매우 구체적인 자료를 산출해 내는 다변적 접근법(multivariate approach)을 사용하였다. 이는 요인 분석이라는 정교한 통계 절차를 포함한다. 커텔은 R 기법과 P 기법이라는 두 가지 형태의 요인 분석을 선호했다.

R 기법은 다수의 피험자에게서 많은 양의 자료를 수집하는 것으로, 점수 간 상관관계로 성격 요인 혹은 특질을 결정한다. P 기법은 단일 피험자에게서 오랫동안 많은 양의 자료를 수집하는 것을 의미한다.

연구 결과 예시

커텔과 동료들이 수행한 수백 개의 요인 분석 연구 중 일부와 16PF 검사를 사용해 진행한 보다 최근의 연구 사례를 살펴보자. 앞에서 우리는 커텔이 유전과 환경의 상대적 영향에 관심을 보였다는 점에 주목하였다.

커텔의 연구에서 12~18세의 3,000명의 남성을 대상으로 16PF 검사 자료를 요인 분석한 결과, 세 가지 원천 특질이 주로 유전에 의해 결정되는 것으로 나타났다(Cattell, 1982). 이러한 원천 특질은 요인 F(신중한 대 낙천적인), 요인 I(강인한 대 섬세한) 그리고 요인 Q_3(통제력이 약한 대 통제력이 강한)이다. 반면 요인 E(순종적인 대 지배적인)와 요인 G(자기편의적인 대 성실한), 요인 Q_4(이완된 대 긴장한)는 주로 환경적 영향으로 결정되는 것으로 나타났다.

커텔은 성격 특질과 결혼 생활 안정성 간의 관계를 검증하고자 16PF 검사를 활용하였다(Cattell & Nesselroade, 1967). 피험자들은 안정된 결혼 생활을 하는 부부들과 불안정한 결혼 생활을 하는 부부들을 대상으로 하였다. 안정의 기준은 부부가 이혼 절차를 밟은 적이 있는지 여부였다.

요인 분석 결과, 결혼 안정성은 검사 점수로부터 예측 가능했다. 안정된 결혼 생활을 하는 부부는 성격 특질이 유사한 데 반해, 불안정한 결혼 생활을 하는 부부는 성격 특질이 상당히 다른 것으로 나타났다.

또한 16PF 검사는 다른 성격검사와 마찬가지로 왜곡되거나 위조될 수 있는 것으로 밝혀졌다. 한 연구에서 대학생, 수감자, 약물 남용자를 대상으로 두 번씩 검사를 수행하였다. 이들은 첫 번째 검사에서는 정직하게 응답할 것을, 반면 두 번째 검사에서는 자신에게 좀 더 유리한 방향으로 응답할 것을 요구받았다. 그 결과 두 검사 결과 간 유의한 점수 차이가 나타났다(Simon, 2007).

남아프리카공화국에서 실시한 연구에 따르면, 벤다어(Tshivenda)로 번역된 검사는 문항의 의미가 원척도와 상당히 달라, 응답이 타당하지 않은 것으로 나타났다. 다른 성격검사 및 일부 언어에서도 문자 그대로의 번역은 불가능한 것으로 나타났다(Van Eeden & Mantsha, 2007).

16PF 검사의 그리스어 버전을 사용한 연구(이는 잘 번역된 검사였음)에 따르면, 그리스 초등학교 및 유치원 교사의 성격 특질이 그리스 전체 인구의 검사 표준과 명백하게 구분되는 것으로 나타났다(Roussi-Vergou, Angelosopoulou, & Zafiropoulou, 2009; Roussi-Vergou & Zafiropoulou, 2011). 또한 16PF 검사의 튀르키예어 버전 역시 성격 차이를 타당하게 측정할 수 있는 척도로 나타났다(Aksu, Sekercioglu, Ehtiyar, Yildiz, & Yimaz, 2010).

핵심 내용 ▲

커텔 이론에 대한 연구

16PF 검사에 대한 연구는 다음과 같은 결과를 보여 준다.

- 결혼 생활 안정성을 예측할 수 있음
- 자신에게 유리한 방향으로 검사 결과를 왜곡할 수 있음
- 많은 문화권에서 사용할 수 있으나, 일부 언어에 있어서는 기존 문항을 그대로 번역하여 사용하기는 어려움
- 일부 원천 특질은 주로 유전되는 반면, 다른 원천 특질은 주로 환경의 영향에 의해 결정되는 것으로 나타남
- 성격의 16가지 원천 특질을 확인할 수 있음
- 연구 장면, 임상적 진단, 직장에서의 성공을 예측하는 데 사용할 수 있음

커텔 이론에 대한 고찰

커텔은 요인 분석이 객관적이고 정확한 기법이라고 주장했으나, 비평가들은 주관성이 결과에 영향을 미칠 가능성을 제기하였다. 연구 과정의 여러 단계에서 개인의 선호가 영향을 미칠 수 있는 의사결정이 요구되기 때문이다.

자료 수집 초기 단계에서 연구자는 사용할 검사와 측정할 행동 측면을 결정한 뒤, 어떤 요인 분석 기법을 적용할지, 통계적 유의성 수준은 어느 정도를 적절하다고 받아들일지 확정해야 한다.

일단 요인 혹은 특질이 확인되면, 연구자는 그것에 이름을 붙인다. 이러한 이름이 어떤 식이든 모호하다면, 그 요인의 본질을 정확하게 표현할 수 없다. 이러한 비판이 커텔 이론 자체의 한계를 의미하지는 않지만, 이는 요인 분석 접근법에서 나타날 수 있는 주관적 오류의 가능성을 시사한다. 아마도 다른 연구자들이 커텔의 연구를 재검증하고, 16가지 기본 원천 특질을 확인하는 데 어려움을 겪는 이유가 이와 같은 상당한 주관성 때문일 것이다.

커텔은 다른 심리학자들이 자신의 견해를 받아들이지 않는 것을 이해하였고, 그럼에도 자신의 접근법이 성격 연구에 있어 유일하게 가치 있는 접근법이라고 옹호하였다. 커텔은 85세에 자신의 관점을 다시 강조하면서, 현대 심리학자들이 요인 분석을 숙달하고 적용하지 못한다며 비판하고, 자신의 성격 이론이 주류로부터 고립되고 있음을 비탄하였다. 그는 언젠가 자신의 연구가 천문학자들이 행성의 움직임을 예측하는 것과 같은 정확도로 인간 행동을 예측하게 할 것이라고 확신했다(Cattell, 1974a, 1974b, 1990, 1993).

현재 성격 심리학자들은 커텔의 접근법이 상당히 가치가 있다는 데 동의한다. 그는 일반적으로 '성격 특질 접근법의 아버지' 혹은 '20세기 가장 영향력 있는 심리학자 중 한 사람'으로 간주된다(Denis, 2009; Revelle, 2009; Tucker, 2009). 커텔의 구체적 가설의 결과가 어떻든지 간에, 커텔이 시작한 성격 특질 접근법과 유전적 영향에 관한 연구는 계속해서 현대 심리학자들의 관심을 사로잡고 있다. 이에 관한 내용은 이 장의 나머지 부분에서 확인할 수 있을 것이다.

행동유전학

유전 요인이 일부 특질에 영향을 준다는 것을 뒷받침하는 근거가 증가하고 있다. 유전학과 성격 간의 관계에 중점을 둔 연구 분야를 일컬어 행동유전학(behavioral genetics)이라 한다. 성격을 평가하고 조사하는 데 사용하는 방법과 관계없이, 유전 요인의 역할을 고려할 필요가 있다.

올포트와 커텔은 유전 요인이 성격을 형성한다는 점과 환경 요인만큼 유전 요인 역시 상당히 중요하다는 점을 처음으로 제안하였다. 지금부터 유전적 차원과 성격 간의 인과 관계를 탐구했던 또 다른 학자들에 대해 알아보자.

한스 아이젠크(1916~1997)

심리학: 체념했던 선택

한스 아이젠크(Hans Eysenck)는 베를린에서 태어나, 1934년 히틀러가 독일에서 집권한 후 영국으로 이주하였다. 아이젠크는 런던 대학교에서 물리학을 공부하길 원했으나, 이를 위한 학문적 준비가 부족하다는 이야기를 들었다. 그는 크게 낙담하여 대학 관계자에게 자신이 전공할 수 있는 다른 과학 전공이 있는지 물었다.

아이젠크는 "당시 나는 심리학은 가능하다는 이야기를 들었다. '그게 뭐지요?'라고 물을 정도로 나는 심리학에 대해 아는 게 없었다. 그들은 '네가 좋아할 거야'라고 말했다. 그래서 나는 전공에 대해 약간 의심을 품은 채 심리학을 전공하게 됐다"라고 당시를 회상하였다(Eysenck, 1980, p. 156). 40년 이상이 지나 크게 성공한 아이젠크는 자신의 직업 선택을 후회한 적 있는지 질문을 여러 차례 받았다. 그는 대개 당시에는 체념한 상태로 받아들인 선택이

> 행동유전학 유전 요인 또는 물려받는 요인과 성격 특질 간 관계에 대한 연구.

었다고 대답하였다.

다작의 기록

아이젠크는 심리학자로서의 경력 동안 대중서를 포함하여 79권의 책과 1,097편의 논문을 발표했다. 그의 사망 당시, 그는 가장 자주 인용되는 심리학자였다(Farley, 2000). 안타깝게도 아이젠크가 사망하고 난 뒤, 그의 아내는 그의 개인적 작업물과 전문적 작업물을 모두 파기해 버렸다(Harris, 2011).

그는 아이젠크 성격검사(Eysenck Personality Inventory), 아이젠크 성격 프로파일러(Eysenck Personality Profiler), 모즐리 질문지(Maudsley Medical Questionnaire), 모즐리 성격검사(Maudsley Personality Inventory) 등 여러 성격 평가 도구를 개발하였다. 그는 성격에서 유전의 영향을 강조하였고, 성격에 대한 과학적 연구를 심리학 전반으로 통합시키는 데 중추적 역할을 했다(Corr, 2007; Revelle & Oehlberg, 2008; Rose, 2010).

성격의 차원

아이젠크는 런던 대학교의 모즐리병원(Maudsley Hospital)과 모즐리정신의학연구소(Maudsley Institute of Psychiatry)에서 대부분의 경력을 쌓으며 성격 측정에 관한 연구를 수행하였다. 그는 성격이 요인 분석에서 도출된 특질 혹은 요인으로 구성되어 있다는 커텔의 의견에 동의하였다. 그러나 아이젠크는 요인 분석에 주관성이 반영될 수 있고, 커텔의 연구 결과는 재확인이 어렵다는 이유로 요인 분석과 커텔의 의견에 비판적인 태도를 보이기도 했다. 아이젠크역시 성격 특질을 밝히기 위해 요인 분석을 활용하긴 했으나, 다양한 변인을 고려한 성격검사 및 실험 연구 방법을 활용하여 이를 보완하였다.

공동의 노력

아이젠크와 그의 두 번째 부인인 시빌(Sybil, 런던 대학교 Ph.D.)은 연구에 사용되는 많은 설문지를 함께 개발하였다(Furnham, Eysenck, & Saklofske, 2010). 아이젠크 성격검사(Eysenck & Eysenck, 1963)는 12년에 걸친 공동 연구의 결과물로, 20여 번의 요인 분석 끝에 개발되었다. 한스 아이젠크는 다음과 같이 적었다. "비록 공동 연구로 게재되었으나, 이것은 주로 그녀의 기술, 인내, 끈기로 얻어 낸 결과다"(Eysenck, 1980, p. 172). 어떤 분야에서도 과학자가 이렇게 솔직히 배우자의 연구 기여를 인정했던 경우는 거의 없었다.

성격의 세 가지 차원

그들은 세 가지 차원(dimension)의 특질 혹은 요인으로 이루어진 성격에 관한 이론을 제시하였다. 이 세 가지 차원은 초요인(superfactor)이라고 할 수 있다 (Eysenck, 1990a, 1990b; Eysenck & Eysenck, 1985). 성격의 세 가지 차원은 다음과 같다.

E – 외향성(extraversion) 대 내향성(introversion)

N – 신경증(neuroticism) 대 정서 안정성(emotional stability)

P – 정신증(psychoticism) 대 충동 조절(impulse control; 혹은 초자아 기능)

아이젠크는 외향성과 신경증은 고대 그리스 철학자들의 시대부터 성격의 기본 요소로 인식되어 왔다고 언급하였다. 또한 이러한 차원이 거의 모든 성격 평가 도구에서도 발견된다고 주장하였다(Eysenck, 1997). 아이젠크 성격검사는 이후 이탈리아나 쿠웨이트 같은 다양한 국가를 포함한 40여 개국에서 번역되어 사용되며 큰 성공을 거두었다(Abdel-Khalek, 2012; Dazzi, 2011).

표 8.4는 아이젠크의 세 가지 성격 차원과 관련된 성격 특질 목록을 보여준다. 예를 들어 E 차원 특질에서 높은 점수를 받은 이들은 외향성으로 분류되며, 낮은 점수를 받은 이들은 내향성으로 분류된다.

표 8.4 아이젠크 성격 차원의 특질

외향성/내향성	신경증/정서 안정성	정신증/충동 조절
사교적인	불안한	공격적인
활기찬	우울한	냉담한
적극적인	죄책감을 느끼는	자기중심적인
독단적인	자존감이 낮은	비인간적인
감각을 추구하는	긴장한	충동적인
태평한	비이성적인	반사회적인
지배적인	수줍은	창의적인
모험적인	기분 변화가 심한	강인한

시간에 따른 안정성

아이젠크의 특질 및 차원은 다양한 사회적 경험과 환경적 경험에도 불구하고, 평생에 걸쳐 안정적으로 유지되는 경향이 있다. 다시 말해 우리의 상황은 바뀔 수 있지만, 성격 차원에는 일관성이 있다. 예를 들어 내향적인 아동은 청소년기와 성인기에도 내향적인 경향이 있다(Ganiban, Saudino, Ulbricht, Neiderhiser, & Reiss, 2008). 영국과 스칸디나비아의 여러 국가에서 진행한 다른 연구들에서도 아이젠크가 제안한 차원, 특히 외향성과 신경증은 오랜 기간 동안 안정적인 것으로 나타났다(Billstedt et al., 2014; Gale, Booth, Mottus, Kuh, & Deary, 2013).

지능의 역할

또한 아이젠크는 지능과 관련하여 상당한 연구를 수행하였다. 그는 지능을 성격 차원으로 나열하지는 않았지만, 지능이 성격에 중요한 영향을 미친다고 보았다. 그는 IQ 120 정도의 높은 지능을 가진 사람은 IQ가 80인 사람보다 더 복잡하고 다면적인 성격을 가질 수 있다는 점에 주목하였다. 또한 그는 연구를 통해 지능의 약 80%가 유전되며, 20%는 사회적·환경적 영향의 결과라고 제안하였다(Eysenck & Eysenck, 1985).

외향성

우리는 자신의 경험에 근거하여 외향적인 사람과 내향적인 사람의 특징을 상당히 정확하게 설명할 수 있을 것이다. 외향적인 사람은 외부 세계를 지향하고, 다른 사람들과 어울리기 좋아하고, 사교적이고, 충동적이며, 모험적이고, 독단적이며, 지배적인 경향이 있다.

또한 아이젠크 성격검사에서 외향성이 높은 사람은 낮은 사람보다 더욱 즐거운 정서를 많이 경험하며, 보다 행복한 것으로 나타났다(Fisher & Francis, 2013; Holder & Klassen, 2010; Lucas & Fujita, 2000). 외향적인 사업가는 내향적인 사업가보다 어려운 일을 더 잘해 내는 것으로 나타나기도 하였다(Campbell, Alana, Davalos, McCabe, & Troup, 2011).

아이젠크는 외향적인 사람과 내향적인 사람의 생물학적·유전적 차이에 관심을 갖고 있었다. 그는 외향적인 사람이 내향적인 사람에 비해 기본적인 대뇌 피질 각성 수준이 더 낮다는 것을 발견하였다. 외향적인 사람은 낮은 피질 각성 수준 때문에 흥분과 자극을 필요로 하며, 이를 적극적으로 찾는다. 대조적으로 내향적인 사람은 이미 피질 각성 수준이 높기 때문에 흥분과 자극을 피한다(Eysenck, 1990b).

그 결과 내향적인 사람은 외향적인 사람보다 감각 자극에 더 강하게 반응한다. 연구에 따르면 내향적인 사람은 외향적인 사람보다 낮은 수준의 자극에도 더 큰 민감성을 보이며, 통증 역치 또한 더 낮다. 다른 연구는 외향성/내향성에 따라 감각 자극에 대한 반응이 다르다는 것은 지지하지만, 그러한 차이가 피질 각성 수준의 차이에 기인한다는 점에서는 근거가 충분하지 않다고 보고한다(Bullock & Gilliland,1993; Hagemann & Naumann, 2009; Stelmack, 1997). 그럼에도 불구하고 이러한 차이는 아이젠크가 예측한 바와 같이 유전에 기반을 두고 있다.

신경증

표 8.4에서 알 수 있듯이, 신경증 점수가 높은 사람들은 불안, 우울, 긴장, 비이성, 심한 기분 변화를 특징으로 한다. 또한 그들은 자존감이 낮고 죄책감을 느끼기 쉽다. 아이젠크는 신경증은 대체로 유전되며, 학습이나 경험보다는 유전의 산물이라고 보았다.

16~70세 미국인을 대상으로 2년 동안 진행한 연구에 따르면, 직장과 사회적 관계에서의 만족도 증가는 낮은 신경증 및 높은 외향성과 관련되어 있는 것으로 나타났다(Scollon & Diener, 2006). 오스트레일리아의 연구에 따르면 아이젠크 성격검사에서 신경증 점수가 높은 사람은 빠르게 진행되는, 스트레스가 많은 업무 환경에서 신경증 점수가 낮은 사람보다 업무 수행 능력이 더 뛰어난 것으로 나타났다. 다시 말해 신경증이 높은 사람은 더 열심히 일해야 하는 바쁜 상황에서 더 잘 기능하는 것이다(Smillie, Yeo, Furnham, & Jackson, 2006).

영국에서 진행한 연구에서는 신경증이 높은 사람은 신경증이 낮은 사람보다 낮은 언어 능력을 보였다(Chamorro-Premuzic, Furnham, & Petrides, 2006). 스웨덴에서 진행한 연구에 따르면, 중년에 신경증 점수가 높았던 이들은 25년 후 인지장애를 보일 가능성이 컸다(Crowe, Andel, Pedersen, Fratiglioni, & Gatz, 2006).

신경증이 높은 사람의 경우 자율신경계 교감신경을 조절하는 뇌 영역이 더 크게 활성화된다. 이는 일종의 신체 경보 시스템으로, 가령 호흡수, 심박수, 근육으로의 혈류 및 아드레날린 방출을 증가시킴으로써 스트레스 상황 및 위험한 사건에 반응한다. 아이젠크는 신경증이 높은 사람의 경우 교감신경계가 경미한 스트레스에도 과민하게 반응하며, 이는 만성적 과민 반응을 야기한다고 주장하였다.

이 상태는 모든 어려운 상황에서 정서를 고양시킨다. 실제로 신경증이 높은 이들은 다른 사람이 대수롭지 않게 여기는 사건에 정서적으로 반응한다. 아이젠크에 따르면 신경증에 대한 생물학적 반응성의 이러한 차이는 선천적인 것이다. 신경증 혹은 정서 안정성에 대한 경향성은 유전적으로 결정된다.

정신증

정신증에서 높은 점수를 받은 사람은 공격적이고, 반사회적이고, 강인하고, 냉담하며, 자기중심적 특징을 보인다. 또한 그들은 잔인하고, 적대적이고, 다른 사람의 욕구나 감정에 무감각한 것으로 나타났다. 아울러 이들은 정신증에서 낮은 점수를 받은 사람들보다 정서적 안녕감이 낮고, 술, 약물 남용, 폭력 범죄 행동과 관련하여 더 심각한 문제를 경험하는 것으로 나타났다(Boduszek, Shevlin, Adamson, & Hyland, 2013; Ciarrochi & Heaven, 2007; Sher, Bartholow, & Wood, 2000).

역설적이게도 정신증 점수가 높은 사람이 높은 창의성을 보일 수 있다. 선행 연구는 정신증이 유전적 영향의 결과라고 제안하는 경향이 있다. 그러나 정신증에서 높은 점수를 받은 사람의 부모는 낮은 점수를 받은 사람의 부모보다 권위적이고 통제적이었다는 것이 밝혀졌다. 이는 아동기 환경의 잠재적인 영향에 대한 생각을 뒷받침한다(Heaven & Ciarrochi, 2006).

남성은 일반적으로 여성보다 정신증에서 더 높은 점수를 받는 경향이 있는데, 이로 인해 아이젠크는 정신증이 호르몬과 관련이 있다는 견해를 제안하였다. 또한 그는 세 성격 차원 모두에서 높은 점수를 받은 사람은 범죄 행동을 보이는 경향이 있다고 예측했지만, 이에 대해 충분한 경험적 증거를 제공하지는 못했다(Eysenck & Gudjonsson, 1989). 중국에서 진행한 연구에 따르면 범죄 행동은 정신증 및 신경증 점수가 높은 것과 정적 상관이 있는 것으로 나타났다(Huo-Liang, 2006).

아이젠크는 사회에 다양성이 필요하다고 믿었으며, 이는 세 성격 차원의 모든 측면을 특징으로 하는 다양한 사람에 의해 형성된다. 이상적 사회는 사람들에게 자신의 특질과 능력을 최대한 사용할 기회를 제공하는 사회이다. 그러나 어떤 사람은 다른 사람보다 사회 환경에 더 잘 적응할 것이다.

예를 들어 정신증이 높은 사람들은 적대적, 공격적 행동으로 대표되는데, 그들이 정서적 혼란이나 범죄 경향성을 보일 수 있지만, 자신의 공격적 특질을 사회적으로 용인되는 일(가령, 대학 축구팀 감독)로 돌릴 수도 있다.

유전의 주요 역할

연구 결과 유전 요인은 정신증보다 외향성 및 신경증에 더 강한 영향을 미치는 것으로 나타났다. 그러나 아이젠크에 따르면 특질과 차원은 주로 유전에 의해 결정된다. 아이젠크가 아동기 가족 간 상호작용과 같은 환경적·상황적 요인이 성격에 미치는 영향을 배제한 것은 아니나, 그는 이러한 영향은 제한적이라고 생각했다(Eysenck, 1990a).

그는 일란성 쌍둥이와 이란성 쌍둥이 간 비교 연구를 설계하였다. 연구에 따르면 일란성 쌍둥이는 이란성 쌍둥이에 비해 서로 유사한 성격을 보였으며, 심지어 일란성 쌍둥이가 아동기에 서로 다른 부모에 의해, 서로 다른 환경에서 양육되었을 때조차 동일한 결과가 나타났다. 입양아 연구 결과 아동이 생물학적 부모와 접촉이 없었던 경우에도 아동의 성격은 양부모보다 생물학적 부모의 성격과 더 유사한 것으로 밝혀졌다. 이러한 연구는 성격이 환경보다 유전에 의해 더 많은 영향을 받는다는 아이젠크의 가설을 지지하는 결과이다.

비교문화 연구 결과, 아이젠크의 세 가지 성격 차원이 미국, 영국, 오스트레일리아, 일본, 중국, 나이지리아, 스웨덴을 포함해 35개국 이상에서 일관되게 발견되는 것으로 나타났다(Bouchard, 1985; Eaves, Eysenck, & Martin, 1989;

핵심 내용 ▶

아이젠크 이론에 대한 연구

아이젠크 성격 세 차원에 대한 연구는 다음과 같은 결과를 보여 준다.

- 외향적인 사람은 즐거운 정서를 더 많이 경험함
- 외향적인 사람은 기본적인 대뇌피질 각성의 수준이 낮음
- 신경증이 높은 사람은 자존감이 낮고 죄책감을 느끼기 쉬움
- 신경증이 높은 사람은 빠르게 진행되는 스트레스가 많은 직업에서 잘 기능함
- 신경증이 높은 사람은 언어 능력이 낮음
- 정신증이 높은 사람은 잔인하고 적대적이고 무감각함
- 정신증이 높은 사람은 알코올 및 약물 남용과 관련하여 더 심각한 문제를 경험함
- 정신증이 높은 사람은 공격적이고 반사회적이며 자기중심적임
- 세 성격 차원은 모두 주로 유전에 의해 결정됨

Floderus-Myrhed, Pedersen, & Rasmuson, 1980; Hur, 2009; Martin & Jardine, 1986; Tellegen, Lykken, Bouchard, Wilcox, Segal, & Rich, 1988). 다양한 문화에서 동일하게 세 성격 차원이 확인된 것은 성격 형성에서 유전적 요소가 주된 역할을 한다는 것을 증명하는 것이기도 하다.

로버트 매크레이와 폴 코스타: 성격의 5요인 모형

커텔과 아이젠크 모두 요인 분석을 활용하였지만, 이들이 구분한 성격 특질의 수는 다르다. 이러한 차이는 요인 분석 자체의 한계라기보다, 각 연구자가 성격을 측정한 방식을 반영하는 것이다. 최근 성격 연구자들은 이 두 이론 모두에 비판적이며, 이는 아이젠크는 성격 특질을 너무 적은 차원으로(3개), 커텔은 너무 많은 요인으로(16개) 구분하였기 때문이다.

메릴랜드 볼티모어의 국립보건원(National Institutes of Health) 산하 노인학연구센터(Gerontology Research Center)에 근무하던 로버트 매크레이(Robert McCrae, 1949~)와 폴 코스타(Paul Costa, 1942~)는 1980년대부터 광범위한 연구 프로그램에 착수하여, 소위 빅 5 성격 요인(Big Five factors)이라 불리는 다섯 가지 분명한 성격 요인을 확인하였다. 빅 5 성격 요인이란 신경증(neuroticism), 외향성(extraversion), 개방성(openness, 경험에 대한 개방성), 우호성(agreeableness), 성실성(conscientiousness)을 의미한다. 이에 대해 25년 이상 수백 개의 연구가 진행되었으며, 이후 성격의 5요인 모형의 창시자 중 한 명인 매크레이는 이 모형이 "성격심리학 역사에서 큰 전환점"이라고 말하였다(McCrae, 2011, p. 210).

5요인 측정

다섯 가지 성격 요인은 자기평가, 객관적 검사, 관찰자 보고 등을 포함한 다양한 평가 기법으로 확인되었다. 매크레이와 코스타는 처음 확인한 세 요인의 머리글자에서 따온 약어를 사용하여, NEO 성격검사(NEO-Personality Inventory)를 개발하였다. 이 검사는 여러 개정판으로 사용되고 있다.

인터넷으로 진행하는 연구에 활용하기 위해 단축형 척도도 개발되었다 (Buchanan, Johnson, & Goldberg, 2005). 서로 다른 평가 절차에서 일관되게 같은 요인이 발견된다는 사실은 이러한 요인이 성격의 구별되는 측면들이라는 것을 의미한다. 다섯 가지 요인과 그 특징은 표 8.5에서 확인할 수 있다.

표 8.5 매크레이와 코스타의 빅 5 성격 요인

요인	설명
신경증	걱정 많은, 불안한, 긴장하는, 매우 예민한
외향성	사교적인, 말하기를 좋아하는, 즐거움을 추구하는, 살가운
개방성	독창적인, 독립적인, 창의적인, 과감한
우호성	온화한, 마음이 여린, 타인을 신뢰하는, 배려하는
성실성	주의 깊은, 믿음직한, 근면한, 체계적인

다른 연구자들은 매크레이와 코스타의 모형을 이어받아, 5요인을 더 빠르게 측정할 수 있도록 형용사 체크리스트를 개발하였다. 이 검사의 피험자는 자신을 가장 잘 설명하는 단어를 목록에서 선택한다. 다섯 가지 요인을 측정하기 위해 어떤 검사에서는 100개의 형용사를, 다른 검사에서는 40개의 형용사를 사용한다.

여러 검사들이 빅 5 요인을 측정하기 위해 제안되어 왔지만, 그중 NEO 성격검사가 가장 자주 사용되는 기법으로 남아 있다. 그러나 연구 결과에 따르면 다른 모든 자기보고식 검사와 마찬가지로, NEO 성격검사 역시 피험자가 긍정적 인상을 주고자 결과를 고의로 왜곡할 수 있는 것으로 나타났다.

요인의 기원과 중복

쌍둥이 연구에 따르면 다섯 가지 요인 중 신경증, 외향성, 개방성, 성실성의 경우 유전 요인이 더 큰 영향을 미치는 것으로 나타났다. 반면 우호성은 환경 요인의 영향을 더 크게 받는 것으로 밝혀졌다(Bergeman et al., 1993; Pedersen, Plomin, McClearn, & Friberg, 1988).

매크레이와 코스타가 제안한 외향성과 신경증은 아이젠크가 제안한 외향성과 신경증 차원과 유사하다. 아울러 매크레이코스타 모형(McCraeCosta model)의 우호성과 성실성은 아이젠크의 낮은 정신증 차원(충동 조절)과 관련된다. 개방성은 지능과 높은 상관이 있다. 마찬가지로 우호성은 4장에서 다룬 아들러의 사회적 관심 개념과 관련된다.

문화 간 일관성

다섯 가지 요인은 서양 문화뿐만 아니라, 동양 문화에서도 일관되게 관찰되는데, 이는 이러한 요인이 유전적 구성 요소라는 주장을 뒷받침한다. 매크레이와 코스타는 빅 5 성격 요인과 그 특질이 문화적 차이를 초월하여 인간의 공통적인 성격 구조를 나타낸다고 주장하였다(McCrae & Costa, 1997, p. 515).

빅 5 성격 요인과 그 특질은 영국, 독일, 포르투갈, 체코, 튀르키예, 이스라엘, 중국, 한국, 일본, 프랑스, 필리핀, 러시아, 인도, 덴마크, 이탈리아, 레바논, 캐나다, 루마니아, 미국 본토 출신자 및 히스패닉계 미국 거주자 등 50개 이상의 다양한 국가 및 민족에서 발견되었다(Allik, Realo, Mottus, Pullmann, Trifonova, & McCrae, 2009; Heine & Buchtel, 2009; Ispas, Iliescu, Llie, & Johnson, 2014).

단, 빅 5 성격 요인이 주로 글을 읽고 쓸 줄 아는 도시 사람들을 대상으로, 즉 교육 수준이 높은 사회에서 측정되었다는 점을 유의해야 한다. 볼리비아 외딴 지역에 거주하는 작고 고립된, 대체로 문맹인 부족 집단을 대상으로 진행한 다른 광범위한 연구에서는 빅 5 성격 요인에 대한 증거가 발견되지 않았다(Gurven, Von Rueden, Massenkoff, Kaplan, & Lero Vie, 2013).

문화에 따른 요인별 상대적 가치

거의 모든 도시 문화에서 동일한 성격 요인이 공통적으로 확인되었지만, 문화에 따라 각 요인의 상대적 중요성 및 사회적 바람직성(social desirability)에서 큰 차이가 발견되었다. 예를 들어 오스트레일리아인은 외향성과 우호성이 다른 세 가지 요인보다 더 바람직하다고 생각한다.

반면에 일본인은 성실성이 모든 요인 중 가장 중요하다고 생각한다. 즉 일본 사회에서는 한 개인이 외향적이거나, 우호적이거나, 개방적이거나, 심지어 정서적으로 안정되는 것보다 성실한 것이 더 중요하다.

홍콩과 인도에서는 우호성이 가장 중요한 요인으로 밝혀졌다. 싱가포르에서는 정서 안정성이 더 중요했고, 베네수엘라에서는 외향성이 가장 높게 평가됐다.

칠레, 핀란드, 독일, 네델란드, 노르웨이, 튀르키예, 미국에서는 보다 중요한 단일 요인이 확인되지 않았다. 전반적으로 유럽 및 미국 사람은 아시아 및 아프리카 사람보다 외향성, 경험에 대한 개방성에서 더 높은 점수를 받았고, 우호성 점수는 더 낮은 경향이 있었다(Allik & McCrae, 2004; McCrae & Terracciano, 2005).

성차

빅 5 성격 요인에서 성차가 일관되게 발견되었다. 동양과 서양의 55개국에서 진행한 연구 결과, 여성은 남성보다 신경증, 외향성, 우호성, 성실성에서 더 높은 점수를 보였다. 이러한 차이는 여성에게 교육 및 취업 기회가 많은 평등한 국가에서 가장 뚜렷하였다(Schmitt, Realo, Voracek, & Allik, 2008).

자신과 타인에 대한 관점

자신과 타인의 성격에 대한 관점은 문화 전반에 걸쳐 일관성이 있는 것으로 나타났다. 사람들은 자신을 다른 사람이 보는 것보다 더 신경증적이고 경험에 대해 개방적이라고 여기는 경향이 있다. 또한 다른 사람들을 볼 때, 그들이 자신보다 더 성실하다고 생각하는 경향이 있다(Allik, Realo, Mottus, Borkenau, Kuppens, & Hrebickova, 2010).

시간에 따른 요인의 안정성

많은 연구에서 시간에 따른 빅 5 성격 요인의 안정성을 검증하고자 하였다. 그러나 그중 일부는 모순된 결과를 제공하는 것처럼 보일 수 있으므로, 국가에 따라, 특히 이러한 연구에 포함된 연령 범위에 따라 연구 결과가 어떻게 달라질 수 있는지 주의 깊게 살펴봐야 한다. 어떤 연구는 다른 연구보다 더 긴 기간을 반영하였다.

빅 5 성격 요인은 어른뿐 아니라 아동에게서도 발견된다. 6년에 걸친 종단 연구 결과, 다섯 가지 특성 모두 안정성이 높은 것으로 나타났다(Costa & McCrae, 1988). 우호성이 높은 아동은 성인이 되어서도 높은 우호성을 유지하는 것으로 나타났다. 핀란드에서 18~59세 쌍둥이들을 대상으로 진행한 연구에 따르면, 40년 넘는 기간 동안 남성과 여성 모두 외향성 및 신경증 점수에서 높은 안정성이 확인되었다(Viken, Rose, Kaprio, & Koskenvuo, 1994)

청소년기 후반부터 성인기까지의 미국 남녀에 대한 연구 결과, 외향성 및 신경증 요인에는 보통 수준이지만 통계적으로는 유의한 수준의 안정성이 있는 것으로 나타났다(Carmichael & McGue, 1994). 4년 동안 미국과 벨기에 청소년을 대상으로 진행한 연구에 따르면, 외향성, 우호성, 성실성 요인은 안정적이었고, 경험에 대한 개방성은 4년 동안 남녀 모두에게서 증가하였다(McCrae et al., 2002).

남녀 대학생에게 외향성 검사를 받게 하고, 20년 뒤에 이들을 대상으로 동일한 검사를 다시 한번 진행하였다. 연구 결과 두 시기의 점수 간에 유의한 정적 상관관계가 발견되었으며, 이는 대학 시절 외향적이던 사람은 중년이 되어서도 외향적이라는 것을 시사한다. 또한 이 연구에 따르면, 외향성에서 높은 점수를 받았던 사람은 예상대로 이후에도 사교적이고 외향적으로 지내는 것으로 나타났다(Von Dras & Siegler, 1997).

미국 성인을 대상으로 40년에 걸쳐 진행한 대규모 연구 결과, 외향성과 성실성 요인이 연구 기간 동안 가장 안정적이었던 것으로 나타났다(Hampson & Goldberg, 2006).

체코와 러시아에서 진행한 연구에서 청년기부터 성인기까지의 짧은 기간 동안 이뤄지는 성격 변화를 살펴보았다. 이에 따르면 해당 기간 동안 신경증, 외향성, 경험에 대한 개방성이 감소하였고, 우호성과 성실성은 증가한 것으로 나타났다(McCrae et al., 2004a, 2004b). 독일에서 진행한 연구에서는 40대에서 60대로 갈수록 신경증이 감소하는 것을 확인하였다(Allemand, Zimprich, & Hertzog, 2007).

방대한 연구를 검토한 결과, 신경증, 외향성, 개방성은 60대가 되면서 감소하는 반면, 우호성과 성실성은 나이가 들수록 증가하는 것으로 밝혀졌다(Debast et al., 2014).

시간에 따른 변화 예측

유치원 교사를 대상으로 그들이 맡고 있는 3~6세 아동이 20년 후에 어떤 모습을 보일지 예측해 보게 하였다. 그 결과 아동의 행동 관찰을 바탕으로 한 교사의 기대는 빅 5 성격 요인에 대한 아동의 실제 점수와 일치했다. 이러한 결과는 교사가 아동기 행동이 성인이 된 후 행동과 상당히 관련이 있을 것이라고 가정하였다는 점을 시사한다(Graziano, Jensen-Campbell, & Sullivan-Logan, 1998).

해당 연구 결과는 이러한 기대가 교사와 부모로 하여금 아동의 유전적 성

핵심 내용

매크레이와 코스타 이론에 대한 연구

성격의 5요인에 대한 연구는 다음과 같은 결과를 보여 준다.

- 신경증, 외향성, 개방성, 성실성은 유전 요인의 영향을 더 크게 받음
- 우호성은 환경 요인의 영향을 더 크게 받음
- 다섯 가지 요인 모두가 다양한 문화권에서 발견됨
- 여성은 남성보다 신경증, 외향성, 우호성, 성실성에서 더 높은 점수를 보임
- 우리는 다른 사람을 볼 때, 그들이 우리보다 더 성실하고, 덜 신경증적이라고 보는 경향이 있음
- 대부분의 요인이 전 생애에 걸쳐 안정적으로 유지됨

격 특성을 강화하도록 행동하게 하는지 의문을 제기한다. 예를 들어 교사와 부모는 내향적인 아동과 외향적인 아동을 다른 방식으로, 즉 이들의 유전적 행동 경향 차를 강화하는 방식으로 대하는가?

정서와의 상관

정서적 안녕감과 행복 많은 연구에서 외향성은 정서적 안녕감과 정적 상관을 보였다(Heller, Watson, & Hies, 2004; Lischetzke & Eid, 2006). 신경증은 정서적 안녕감과 부적 상관이 있다. 유전적으로 외향성이 높고, 신경증이 낮은 사람은 정서적으로 안정적인 경향이 있다(Costa & McCrae, 1984; Watson, Clark, McIntyre, & Hamaker, 1992).

남녀 대학생을 대상으로 한 연구에 따르면 외향성이 높은 사람은 외향성이 낮은 사람보다 일상생활 스트레스에 더 잘 대처한다. 외향적인 사람은 스트레스를 다루는 데 도움이 되는 사회적 지지를 찾게 될 가능성이 더 높다(Amirkhan, Risinger, & Swickert, 1995). 또한 신경증의 우울 측면 그리고 외향성의 긍정정서/쾌활함 측면은 전반적인 삶의 만족감과 정서적 안녕감을 가장 일관되게 예측하는 요인인 것으로 나타났다(Schimmack, Oishi, Furr, & Funder, 2004).

미국과 브라질, 이탈리아 등에서 청소년을 대상으로 진행한 연구에 따르면, 외향성은 행복, 낙관성, 삶의 만족도와 관련이 있는 것으로 나타났다. 또한 경험에 대한 개방성, 성실성, 낮은 신경증 점수는 긍정정서와 관련이 있는 것으로 나타났다(Bassi, Steca, Monzani, & Fave, 2014; Suldo, Minch, & Hearon, 2014; Zanon, Bastianello, Pacico, & Huiz, 2014).

다른 연구에서 우호성과 성실성이 높은 사람은 이러한 특질이 낮은 사람보다 더 높은 정서적 안녕감을 보였다(McCrae & Costa, 1991). 우호성이 높은 사람은 협력적이고, 타인을 기꺼이 도우려 하고, 이타적이고, 정직하고, 이기심이 없는 것으로 나타났다(Digman, 1990; John, 1990). 중국 직장인 대상의 연구에 따르면, 외향성, 성실성, 낮은 신경증은 주관적 안녕감과 관련이 있는 것으로 나타났다(Zhai, Willis, O'Shea, Zhai, & Yang, 2013).

심리적 고통은 높은 신경증 요인과 관련이 있다(De Raad, 2000; Larsen & Kasimatis, 1991; Ormel & Wohlfarth, 1991). 높은 신경증은 우울, 불안, 약물 남용, 자기비난 경향성과 관련이 있는 것으로 밝혀졌다(Jorm, 1987; Kotov, Gamez, Schmidt, & Watson, 2010; Parkes, 1986).

독일에서 대규모 집단을 대상으로 한 연구에 따르면, 신경증과 개방성이 높은 사람은 자살 위험이 더 큰 것으로 나타났다. 자살 위험이 가장 낮은 사람은 높은 외향성 및 성실성을 보였다(Bluml, Kapusta, Doering, Brahler, Wagner, & Kersting, 2013).

유명세와 성공 미국 대학생을 대상으로 한 연구에서 외향성이 높은 사람은 외향성이 낮은 사람보다 또래 사이에서 더 높은 지위와 명성을 누리는 것으로 나타났다(Anderson, John, Keltner, & Kring, 2001). 외향성이 높은 사람은 사회적 상황이 즐거울 때만 그 상황을 긍정적으로 평가하는데, 이는 외향성 요인에서 긍정정서의 중요성을 보여 준다(Lucas & Diener, 2001).

미국의 5~8학년 학생(초등학교 5학년~중학교 2학년)을 대상으로 진행한 연구에 따르면, 성실성이 높은 학생은 또래들에게 더 잘 받아들여지며, 이들과 더 깊은 우정을 쌓는 경향이 있었다. 또한 성실성이 높은 학생은 학급 내에서 다른 학생들의 공격의 대상이 될 가능성이 낮았다(Jensen-Campbell & Malcolm, 2007).

대학생을 대상으로 4년간 종단 분석한 연구 결과, 외향적인 사람은 좋은 성적, 임금 인상, 결혼과 같은 긍정적 사건을 더 많이 경험하는 경향이 있었다. 또한 신경증 점수가 높았던 학생은 질병, 체중 증가, 신호 위반 딱지 받기, 대학원 불합격과 같은 부정적 사건을 더 많이 경험하는 경향이 있었다(Magnus, Diener, Fujita, & Pavot, 1993). 25~74세 미국 성인을 대상으로 한 연구에 따르면, 신경증 점수가 높은 사람들의 경우 일상생활 스트레스가 정서에 미치는 부정적 영향이 더 큰 것으로 나타났다(Mroczek & Almeida, 2004).

스웨덴에서는 함께 혹은 따로 길러진 여성 일란성 쌍둥이와 이란성 쌍둥이를 대상으로 연구를 진행하여, 여성의 성격 변인과 긍정적 생활 사건 간의 관계를 확인하였다. 연구 결과 외향성과 경험에 대한 개방성 점수가 높은 여성은 긍정적 생활 사건을 더 많이 경험하는 것으로 나타났다. 신경증 점수가 높은 여성은 부정적 생활 사건을 경험할 가능성이 더 높았다(Saudino, Pedersen, Lichtenstein, McClearn, & Plomin, 1997)

네덜란드의 10대를 대상으로 진행한 연구에 따르면, 외향성, 정서 안정성, 우호성에서 높은 점수를 받은 10대는 반에서 인기가 많았고, 친구들에게 호감이 간다는 평가를 받았다(Van der Linden, Scholte, Cillessen, Nijenhuis, & Segers, 2010). 미국에서 진행한 연구에서도 외향성과 우호성 점수가 높은 사람은 해당 요인의 점수가 낮은 사람보다 신체적으로 더 매력적이라는 평가를 받았다(Meier, Robinson, Carter, & Hinsz, 2010).

행동과의 상관

개인적 특성 개방성이 높은 사람은 다양한 지적 흥미를 갖고, 도전을 추구하는 경향이 있다. 그들은 직업을 바꾸고, 다른 진로를 시도하고, 다양한 경험을 기대할 가능성이 높다(McCrae & Costa, 1985a, 1985b). 개방성과 외향성 모두에서 높은 점수를 보인 사람은 자기 사업을 운용하는 경우가 많다. 외향적인 사람은 은퇴 후에도 보다 활동적이며, 은퇴 후 만족감 또한 높은 경향이 있다(Lockenhoff, Terracciano, & Costa, 2009; Robinson, Demetre, & Corney, 2010; Shane, Nicolaou, Cherkas, & Spector, 2010).

성실성이 높은 사람은 대체로 신뢰할 만하고, 책임감이 있고, 시간을 잘 지키고, 능률적이고, 믿을 만하며, 대개 학교 성적이 더 좋다는 점은 놀랍지 않을 것이다(Back, Schmukle, & Egloff, 2006; Chowdhury & Amin, 2006; Wagerman & Funder, 2007). 영국 대학생을 대상으로 한 연구에 따르면 성실성이 높은 사람은 미래 목표를 계획함에 있어 보다 체계적이고, 자제력이 있고, 성취 지향적인 것으로 나타났다(Conner & Abraham, 2001).

다른 연구에서 우호성, 성실성, 개방성은 대학에서의 학업 성적과 정적 상관을 보였다. 이 세 가지 요인 모두에서 점수가 높은 사람은 더 나은 성적을 받았다(Poropat, 2009). 또 다른 연구에 따르면 이 세 가지 요인에서 높은 점수를 받은 사람은 더 나은 부모라는 평가를 받았고, 스트레스에 더 잘 대처하는 것으로 나타났다(Carver & Connor-Smith, 2010; Prinzie, Stams, Dekovic, Reijntjes, & Belsky, 2009).

직장에서 실시한 연구에 따르면 성실성 점수가 높은 사람은 성실성 점수가 낮은 사람에 비해 목표를 높게 설정하고, 이를 달성하기 위해 노력하며, 바람직한 업무 행동을 주도하고, 높은 성과 등급을 받을 가능성이 높았다. 또한 성실성 요인은 전문직, 경찰, 관리직, 영업직, 숙련 노동직에 있어 업무 수행을 예측할 수 있는 것으로 나타났다(Barrick & Mount, 1996; Barrick, Mount, & Strauss, 1993; Stewart, Carson, & Cardy, 1996).

신체 건강 연구 결과, 성실성 점수가 높은 사람은 더 건강하고, 장수할 가능성이 높은 것으로 나타났다(Friedman & Martin, 2011). 성인 흡연자를 대상으로 진행한 연구에서 성실한 사람은 덜 성실한 사람에 비해 집에서 흡연을 할 가능성이 낮았다. 이는 성실성이 높은 흡연자가 실내 흡연이 건강에 미치는 위험성(자신과 동거인 모두에게)을 더 잘 알고 있으며, 그러한 위험을 줄이기 위해 행동한다는 것을 의미한다(Hampson, Andrews, Barckley, Lichtenstein, & Lee, 2000).

성실성이 높은 미국 대학생은 성실성이 낮은 대학생보다 안전벨트를 더 잘 착용하고, 운동을 자주 하고, 충분한 수면을 취하고, 과일 및 채소를 더 많이 먹는 경향이 있다(Raynor & Levine, 2009).

당뇨병 진단을 받은 청소년과 젊은 청년을 대상으로 한 연구에 따르면, 성실성 점수가 높은 사람은 성실성 점수가 낮은 사람보다 자신의 상태를 관리하기 위해 더 많은 정보를 찾아보았고, 자기 관리에 더욱 부지런하였다(Skinner, Hampson, & Fife-Schau, 2002).

영국에서 진행한 연구에 따르면 성실성이 높은 대학생일수록 건강염려증적 불만(즉, 자신이 아프다고 믿는 것)을 보일 가능성이 훨씬 적었다(Ferguson, 2000). 또한 미국 성인을 대상으로 한 전화 설문 조사 결과, 성실성 점수가 높은 사람은 건강한 행동을 실천하는 데 더 큰 책임을 보였다(Tucker, Elliott, & Klein, 2006).

주의력결핍 과잉행동장애(attention deficit/hyperactivity disorder, ADHD)

로 진단된 이들을 대상으로 한 연구에 따르면, 우호성 점수가 높은 사람의 경우 과잉행동, 충동성, 부주의, 인지 및 행동장애와 같은 증상이 유의한 수준으로 낮게 나타났다(Nigg et al., 2002).

남녀 만성 신부전증(신장장애) 환자를 대상으로 4년에 걸쳐 진행한 종단 연구에 따르면, NEO 성격검사에서 신경증 점수가 높았던 사람은 신경증 점수가 낮았던 사람에 비해 사망률이 37.5% 더 높았다(Christensen et al., 2002).

신경증과 관련하여 모순적인 연구 결과가 나타난 바 있다. 높은 신경증은 노년기 신체 건강과 주관적 안녕감을 감소시킬 것이라고 예상됐지만, 이는 오히려 장수와 관련이 있었다. 이는 신경증이 있는 사람이 더 오래 살 수는 있지만, 덜 행복하고, 건강 문제를 더 많이 경험한다는 의미이다(Eysenck, 2009; Friedman, Kern, & Reynolds, 2010). 또한 신경증 점수가 높은 사람의 경우 노년기 치매와 관련된 인지 기능 저하가 덜 나타나는 것으로 밝혀졌다(Williams, Suchy, & Kraybill, 2010).

미국인을 대상으로 한 여러 대규모 연구에 따르면, 외향성이 높을수록 뇌졸중, 즉 뇌혈관 사고(cerebrovascular accidents) 위험이 증가하는 것으로 나타났다. 또한 성실성이 높을수록 뇌졸중 및 관상 동맥 심장질환으로 인한 사망 위험이 낮았다. 신경증에서 높은 점수를 받은 사람은 심장질환에 걸릴 가능성이 더욱 높았다(Jokela, Pulkki-Rabach, Elovainio, & Kivimaki, 2014; Lee, Offidani, Ziegelstein, Bienvenu, Samuels, Eaton, & Nestadt, 2014).

건강과 관련된 두 가지 측면 즉, 체중과 수면은 성격 유형의 영향을 받을 수 있다. 오스트레일리아와 핀란드 연구에 따르면 외향성, 우호성, 성실성 점수가 높은 사람은 더 길고 질 좋은 수면을 취한 반면, 신경증 점수가 높은 사람은 보다 질 낮은 수면을 보고하였다(Hintsanen et al., 2014).

한국에서 진행한 연구에 따르면 과체중 및 비만으로 분류되는 남성의 경우 경험에 대한 개방성 점수가 높고, 성실성 점수가 낮은 것으로 나타났다. 과체중 여성의 경우 신경증 점수와 경험에 대한 개방성 점수가 낮았다(Shim et al., 2014).

중독 및 범죄 행동 성인을 대상으로 한 연구에 따르면, 성실성과 우호성에서 낮은 점수를 보인 사람은 이러한 요인에서 높은 점수를 받은 사람에 비해 알코올이나 불법 약물을 과용할 가능성이 훨씬 더 높았다(Walton & Roberts, 2004). 성 소수자(게이, 레즈비언, 트렌스 젠더) 중 외향성과 성실성이 높은 사람은 약물 및 알코올을 과용할 가능성이 높았다(Livingston, Oost, Heck, & Cochran, 2014).

젊은 청년을 대상으로 한 연구 결과, 신경증과 새로운 경험에 대한 개방성 점수가 높은 사람은 처방되지 않은 약을 사용할 가능성이 더 높았다(Benotsch, Jefers, Snipes, Martin, & Koester, 2013).

핀란드인을 대상으로 25년에 걸쳐 진행한 연구에서, 우호성이 높은 사람일수록 알코올에 중독되거나 경찰에 체포될 가능성이 낮았고, 낮은 우울감과 높은 직업 안정성을 보였다(Laursen, Pulkkinen, & Adams, 2002). 아일랜드 청소년에 대한 연구에 따르면 우호성, 성실성, 신경증, 외향성은 범죄 행동과 관련이 있었다(O'Riordan & O'Connell, 2014).

노르웨이 대학생을 대상으로 한 연구에서, 신경증은 인터넷 중독, 운동 중독, 강박적 구매, 학업 중독과 관련을 보였다. 외향성은 운동 중독, 강박적 구매뿐만 아니라 페이스북 및 스마트폰 사용 중독과도 관련이 있었다(Andreassen, Griffiths, Gjertsen, Krossbakken, Kvam, & Pallesen, 2013).

사회적 관계 독일 대학생들을 대상으로 그들이 입학한 날부터 18개월간 진행한 추적 연구에 따르면, 빅 5 성격 요인 중 외향성, 우호성, 성실성이 학생들의 사회적 관계에 유의한 영향을 미치는 것으로 나타났다. 외향성 점수가 높은 학생은 18개월간 더 많은 친구를 사귀는 경향이 있었으며, 연애를 할 가능성도 더 높았다. 우호성이 높은 학생은 성별이 다른 지인과 갈등을 빚는 경우가 덜했고, 성실성이 높은 사람은 부모 및 형제와 관계를 잘 유지할 가능성이 높았다. 개방성은 사회적 관계에 유의한 영향을 미치지 않았다(Asendorpf & Wilpers, 1998).

독일 고등학교 졸업생을 대상으로 한 연구에 따르면, 부모와 함께 사는 사람은 경험에 대한 개방성 점수가 낮은 것으로 나타났다. 또한 룸메이트와 사는 사람은 개방성이 증가한 반면, 연인과 사는 사람은 성실성이 증가하였다

(Jonkmann, Thoemmes, Ludtke, & Trautwein, 2013).

네덜란드 부부를 대상으로 진행한 연구에서, 신경증 점수가 낮고 외향성 점수가 높은 경우 결혼 만족도가 높은 것으로 나타났다(Barelds, 2005). 미국 신혼부부에 대한 연구에 따르면, 결혼 초기 2년 동안 자기보고로 측정한 우호성 및 성실성은 유의한 수준으로 증가하였고, 자기보고로 측정한 신경증은 감소하였다.

하지만 배우자의 평가에 따르면 각 개인의 성실성, 우호성, 외향성, 개방성은 2년에 걸쳐 감소한 것으로 나타났다(Watson & Humrichouse, 2006). 즉, 개인은 결혼 후 2년간 자신이 더 나은 사람으로 되고 있다고 믿었지만, 그들의 배우자는 이에 동의하지 않은 것이다.

미국 대학생에게 결혼, 즐거운 활동, 경력 추구 등 다양한 삶의 목표의 중요성을 평정하도록 하였다. 그 결과 높은 경제적, 사회정치적 지위를 원하는 사람은 외향성 점수가 높았고, 우호성 점수가 낮았다(Roberts & Robins, 2000).

5요인 모형은 소위 개를 선호하는 사람과 고양이를 선호하는 사람 간의 차이를 정확하게 보여 준다. 개를 선호하는 사람은 고양이를 선호하는 사람보다 외향성, 우호성, 성실성이 높았고, 신경증과 개방성은 낮았다(Gosling, Sandy, & Potter, 2010).

비평 앞에서 소개한 방대한 정서 및 행동에 관한 연구에 근거하여 성격 5요인 모형이 높은 예측력을 지닌다는 것을 확인할 수 있다. 대부분 연구에서 개별 특질이 아닌, 다섯 가지 요인이 독립적으로 사용되었다(표 8.5 참고).

다섯 가지 요인과 각 특질의 예측력을 비교한 연구에 따르면, 상위 수준 요인과 하위 수준 특질이 모두 높은 예측력을 보이나, 특질의 예측력이 요인의 예측력보다 높았다(Paunonen, 1998; Paunonen & Ashton, 2001).

매크레이와 코스타의 연구 결과는 재검증되어 오고 있으며, 지속적으로 상당한 연구에 영감을 주고 있다. 그들은 성격에 대해 흥미롭고 잘 검증된 연구 접근법을 제공하였고, 유전 및 환경의 상대적 중요성에 대한 이해를 마련하였다. 하지만 예상할 수 있듯이, 성격 5요인이 성격을 구성하는 유일한 요인이라는 데 모든 심리학자가 동의하지는 않는다.

성격 5요인에 대한 연구

외향성이 높은 사람은 다음과 같은 경향이 있다.

- 정서 안정성과 삶의 만족도가 높음
- 일상생활 스트레스에 잘 대처함
- 성적이 좋음
- 대학에서 높은 지위와 명성을 누림

성실성이 높은 사람은 다음과 같은 경향이 있다.

- 신뢰할 만하고, 능률적이고, 시간을 잘 지킴
- 성적이 좋음
- 체계적이며, 자제력이 있음
- 개인적 목표를 높게 설정함
- 또래에게 더 잘 받아들여지고, 친구가 많음
- 건강하고, 장수함
- 안전 벨트를 잘 착용하고, 운동을 자주 하고, 충분한 수면을 취하고, 과일 및 채소를 많이 먹음

성실성, 우호성, 개방성, 외향성이 높은 사람은 다음과 같은 경향이 있다.

- 더 유명하고, 매력적이라 평가됨
- 성적이 좋음
- 스트레스에 잘 대처함
- 좋은 연인이 될 가능성이 높음
- 고양이 보다는 개를 선호함

마이클 애슈턴과 이기범: HEXACO: 성격의 6요인 모형

캐나다 온타리오의 세인트캐서린에 위치한 브록 대학교 심리학과 마이클 애슈턴(Michael Ashton)과 캐나다 앨버타의 캘거리 대학교 심리학과 이기범(Kibeom Lee)은 성격의 6요인 모형을 제안하였다(Ashton & Lee, 2007, 2009). 여섯 가지 요인 중 두 요인은 외향성과 성실성으로, 기존 5요인 모형과 유사하다. 그러나 그 외 네 가지 요인은 이전 연구와 어느 정도 다른, 6요인 모형에

표 8.6 HEXACO 모형의 성격 6요인

요인	설명
정직/겸손 (honesty/humility)	성실한, 정직한, 충실한 vs. 탐욕적인, 가식적인, 위선적인, 자화자찬하는
정서성 (emotionality)	감정적인, 과민한, 불안한 vs. 용감한, 강인한, 자신감 있는, 안정적인
외향성 (extraversion)	외향적인, 활발한, 사교적인, 명랑한 vs. 수줍은, 수동적인, 고립된, 내성적인
우호성 (agreeableness)	관대한, 평화로운, 온화한, 상냥한 vs. 말다툼하기 좋아하는, 고집이 센, 괴팍한
성실성 (conscientiousness)	절제하는, 부지런한, 철저한, 정확한 vs. 무모한, 게으른, 무책임한, 어리바리한
경험에 대한 개방성 (openness to experience)	창의적인, 혁신적인, 비관습적인 vs. 깊이가 없는, 관습적인, 상상력이 부족한

출처: Hexaco Personality Inventory Revised. © 2007. Used by kind permission of Michael C. Ashton and Kibeom Lee.

서만 고유한 것이다(Ashton & Lee, 2008; Shepherd & Belicki, 2008). 6요인, 즉 HEXACO(요인의 첫 글자를 딴 약어) 모형이 표 8.6에 제시되어 있다.

6요인의 평가

성격의 6요인 모형은 두 가지 자기보고식 검사, 즉 100개의 문항으로 구성한 HEXACO 성격검사, 혹은 이를 수정하여 60개의 문항으로 구성한 HEXACO-60로 평가할 수 있다. 두 검사 모두 타당하며 신뢰할 수 있는 검사로 밝혀졌다(Ashton & Lee, 2009). 이 여섯 가지 요인은 네덜란드어, 프랑스어, 독일어, 헝가리어, 이탈리아어, 한국어, 폴란드어, 그리스어, 크로아티아어, 튀르키예어, 필리핀어 등 여러 문화권의 언어로 번역되었다(Ashton et al., 2006; Ashton et al., 2004; DeRaad & Barelds, 2008).

6요인 모형과 행동 및 정서 간 상관을 검증하기 위한 연구가 계속되고 있다. 예를 들어 이탈리아 성인을 대상으로 한 연구에 따르면, 6요인 모형의 성실성 요인에서 높은 점수를 받은 사람은 우파 정당에 투표하고, 정직과 우호성, 개방성에서 높은 점수를 받은 사람은 좌파 정당에 투표하는 경향이 있었다(Chirumbolo & Leone, 2010).

뉴질랜드 대학생을 대상으로 한 연구에서, 경험에 대한 개방성 및 정서성에서 낮은 점수를 받은 사람은 우익 권위주의와 반체제 단체에 대한 편견 점수가 높은 것으로 나타났다(Sibley, Harding, Perry, Asbrock, & Duckitt, 2010).

미국 직장인 대상 연구에 따르면 정직/겸손에서 높은 점수를 받은 사람은 낮은 점수를 받은 사람보다 높은 성과 등급을 받았다(Johnson, Rowatt, & Petrini, 2011). 이집트 연구에 따르면 정직/겸손 요인에서의 높은 점수는 신앙심과 높은 관련성을 보였지만, 행복과는 관련이 없는 것으로 나타났다(Aghababaei, 2012; Aghababaei & Arji, 2014). 그러나 포르투갈 대학생의 경우 정직/겸손 요인이 행복과 상관이 있는 것으로 나타났다(Oliveira, 2013). 영국의 성인 범죄자와 오스트레일리아에서 범죄로 유죄판결을 받은 사람은 정직/겸손 요인에서 낮은 점수를, 아이젠크의 정신증 차원에서는 높은 점수를 받았다(Dunlop, Morrison, Loenig, & Silcox, 2012; Rollison, Hanoch, & Gummerum, 2013).

델로이 폴러스와 케빈 윌리엄스: 다크 트라이어드

캐나다 밴쿠버의 브리티시컬럼비아 대학교의 델로이 폴러스(Delroy Paulhus)와 케빈 윌리엄스(Kevin Williams)는 다음과 같이 성격의 어두운 측면을 이해할 수 있는 세 가지 요인, 즉 다크 트라이어드(Dark Triad)를 제안하였다(Paulhus & Williams, 2002).

- 자기애(narcissism): 극단적인 이기심, 자신의 능력과 재능에 대한 과장된 느낌, 존경과 관심에 대한 끊임없는 요구
- 마키아벨리즘(machiavellianism): 다른 사람을 조종하려는 욕구, 교활하고, 기만적이며, 파렴치한 행동을 특징으로 함
- 사이코패스(psychopathy): 냉담하고, 무감각하고, 자기중심적이며, 매력

이나 때로는 폭력을 사용하여 다른 사람을 이용함

다크 트라이어드의 평가

다크 트라이어드(어두운 성격 3요인)를 평가하기 위해 개발된 자기보고식 검사인 12문항의 어두운 성격 척도(Dirty Dozen Scale)를 통해 이러한 특성을 보이는 사람을 더 잘 이해할 수 있다(Jonason & Webster, 2010, p. 429). 당신은 다음 문항에 어떻게 응답하겠는가?

- 나는 목적을 달성하기 위해 다른 사람을 조종하는 경향이 있다.
- 나는 목적을 달성하기 위해 속임수를 쓰거나 거짓말을 하곤 한다.
- 나는 목적을 달성하기 위해 아첨을 하곤 한다.
- 나는 목적을 위해 다른 사람을 착취하는 경향이 있다.
- 나는 양심의 가책이 없는 편이다.
- 나는 내 행동의 도덕성에 대해 무관심한 경향이 있다.
- 나는 냉담하거나 무감각한 경향이 있다.
- 나는 냉소적인 경향이 있다.
- 나는 다른 사람이 나를 존경하기를 바라는 경향이 있다.
- 나는 다른 사람이 나에게 관심을 가져 주기를 바란다.
- 나는 명성이나 지위를 추구하는 경향이 있다.
- 나는 다른 사람들로부터 특별한 호의를 기대하는 경향이 있다.

행동과의 상관

연구에 따르면 세 가지 특성 모두에 대해 높은 점수를 받은 사람은 그렇지 않은 사람에 비해 반사회적으로 행동하는 경향이 높은 것으로 나타났다. 또한 그들은 다른 사람의 불행으로부터 큰 만족감을 얻었다(James, Kavanagh, Jonason, Chonody, & Scrutton, 2014; Porter, Bhanwer, Woodworth, & Black, 2014).

그들은 강력한 자기제시(self-promotion) 행동을 보였고, 차갑고, 이중적이며, 공격적인 경향이 있었다(Paulhus & Webster, 2010). 또 다른 연구에서 피험자의 페이스북 게시물이 그들의 사이코패스 수준과 자기애 수준을 타당하게 예측하는 것으로 확인됐다. 그들이 게시한 내용은 정서적으로 냉담하고, 공격적이며, 매우 자기제시적인 경향이 있는 것으로 나타났다(Garcia & Silkstrom, 2014).

마키아벨리즘과 사이코패스에서 높은 점수를 받은 사람의 경우, 성격 5요인의 성실성, 우호성, 개방성 점수가 낮은 것으로 나타났다. 아울러 이들은 타인에 대한 공감 및 배려 결여, 높은 수준의 공격성, 복수심과 용서하지 않는 태도, 낮은 수준의 정서 안정성을 보였다(Giammarco & Vernon, 2014; Muris, Meesters, & Timmermans, 2013; Oliveira, 2013).

또한 다크 트라이어드는 단기적인 착취적 성관계와 연관이 있었다. 사이코패스는 높은 성적 추동과 관련되어 있었으며, 이들의 성적 추동은 강렬한 성적, 가학피학적 주제와 환상을 담고 있었다. 사이코패스와 자기애 점수가 높은 사람은 연인 관계를 맺을 의도 없이 여러 차례 단기적 성관계를 가지는 경향이 있었다(Adams, Luevano, & Jonason, 2014; Baughman, Jonason, Veselka, & Vernon, 2014).

성격 특질과 인터넷

1장에서 인터넷, 특히 소셜 미디어가 우리의 성격을 반영할 뿐만 아니라, 성격에 영향을 미칠 수도 있다는 점을 언급하였다. 이 장에서 언급한 성격 특질이 인터넷 사용에 어떻게 영향을 미치는지를 밝히기 위해 많은 연구가 이루어지고 있다.

아이젠크의 성격 차원

독일 대학생을 대상으로 한 연구에 따르면, 신경증 점수가 높고 자신에게 과도하게 몰두하는 사람일수록 인터넷 중독 가능성이 높은 것으로 나타났다 (Montag, Jurkiewicz, & Reuter, 2010). 튀르키예 대학생을 대상으로 한 연구에서 아이젠크의 정신증 점수가 높은 사람은 대면적 상호작용의 대체물로써 인터넷에 의존하는 경향이 있는 것으로 나타났다. 그들의 친구 관계는 주로 인터넷을 통해서만 유지되었다(Tosun & Lajunen, 2010).

5요인 모형

- 이스라엘 연구에 따르면 성실성 점수가 높은 사람일수록 페이스북 친구가 더 많았다. 신경증 점수가 높은 사람일수록 페이스북에 자신의 사진을 더 많이 올렸다(Amichai-Hamburger & Vinitzky, 2010).

- 핀란드 연구에 따르면 외향성 점수가 높은 사람은 페이스북 친구가 더 많았다(Lonnqvist, Itkonen, Verkasaio, & Poutvaara, 2014).

- 네덜란드 연구에 따르면 강박적이고 중독적인 모습에 가까운 인터넷 사용은 내성적이고 무뚝뚝하고 정서적으로 불안정한 외로운 청소년 사이에서 가장 높았다(Van der Aa, Overbeek, Engels, Scholte, Meerkerk, & Van den Eijnden, 2009).

- 독일 연구에 따르면 비디오 게임 중독은 신경증 점수가 높고 성실성 및 외향성 점수가 낮은 사람들에게서 가장 흔하게 나타났다(Muller, Beutel, Eg-loff, & Wolfling, 2014).

- 미국과 독일 대학생을 대상으로 한 연구에 따르면 성실성, 우호성, 정서 안정성이 높을수록 약물 남용이나 성 행위와 같은 개인적 문제를 페이스북에 올릴 가능성이 훨씬 적었다. 그러나 전반적으로 미국 대학생의 경우 독일 대학생에 비해 그러한 내용을 페이스북에 게시하는 경향이 강했으며, 이러한 경향은 성격 특질과는 관련이 없었다(Karl, Peluchette, & Schlaegel, 2010).

- 외향성이 높은 미국의 성인은 외향성이 낮은 성인보다 소셜 미디어를 사용할 가능성이 더 높았다(Mark & Ganzach, 2014). 정서 불안정성이 높은 미국 남성의 경우, 소셜 미디어를 이용할 가능성이 훨씬 높았다(Correa,

Hinsley, & De Zuniga, 2010).

- 대만 대학생을 대상으로 성격 특질과 온라인 쇼핑을 이용하는 동기 사이의 상관을 연구한 바에 따르면, 성실성이 높은 이들은 편의를 위해, 개방성이 높은 이들은 새로운 모험을 위해, 신경증이 높은 이들은 다른 사람을 피하기 위해 온라인 쇼핑을 하는 것으로 나타났다(Huang & Yang, 2010).
- 오스트레일리아에서는 외향성 점수가 높고, 성실성 점수는 낮으며, 자신이 사회적으로 외롭다고 보고하는 성인일수록 페이스북을 사용할 가능성이 높았다(Ryan & Xenos, 2011).
- 미국에서 11~16세를 대상으로 진행한 연구에 따르면, 새로운 경험에 대한 개방성이 높은 사람일수록 컴퓨터 사용과 비디오 게임에 더 많은 시간을 사용했다(Witt, Massman, & Jackson, 2011).
- 미국 대학생을 대상으로 한 연구에 따르면 선정적이고 성적인 사진을 보내는 음란채팅에 참여할 가능성이 높은 이들은 신경증이 높고 우호성이 낮은 것으로 나타났다(Delevi & Weisskirch, 2013).

특질 접근법에 대한 고찰

이 장에 제시된 이론과 이를 지지하는 연구에 따르면, 유전은 성격의 50%가량을 설명해 준다(Brody, 1997; Buss, 1988; Stelmack, 1997). 특히 외향성, 신경증, 정신증 요인과 관련된 근거가 가장 많지만, 다른 요인에 있어서도 강한 생물학적 구성 요소가 나타난다.

다수의 연구에 따르면 공유된 가족 환경(shared family environment)의 영향력은 미미하다. 일부 연구자들은 쌍둥이가 함께 양육되든 서로 떨어져 양육되든, 즉 그들이 양육된 가족의 상황과 관계없이 그들의 성격이 모든 측면에서 유사하다고 주장한다. 이는 유전적 효과가 환경적 효과보다 훨씬 더 크다는 것을 보여 준다.

이러한 연구 분야는 과거 아동기 가족 및 사회적 상호작용을 강조해 온

성격심리학자들에게 상당히 실용적이고 학문적인 시사점을 던져 준다. 행동
유전학의 연구 결과를 토대로 할 때, 성격 발달을 보다 완전하게 설명하기 위
해 향후에도 연구적 노력이 필요할 수 있다.

그러나 성격 형성 요인으로서 가족 및 기타 환경 요인을 완전히 무시해도
된다고 성급하게 결론을 내려서는 안 된다. 성격의 다양한 구성 요소는 유전
과 경험 모두의 산물이다. 심리학자의 과제는 각각의 상대적인 중요성을 밝히
는 것이다.

요약

커텔에 따르면 요인 또는 특질은 성격의 기본 구조 단위이다. 우리는 모두 어느 정도 공통 특질을 공유한다. 독특한 특질이란 한 사람 또는 소수의 사람에게 고유한 것이다. 능력 특질은 목표를 향해 얼마나 효율적으로 일할 수 있는지 설명한다. 기질 특질은 정서적 행동 양식으로 정의된다. 역동적 특질은 동기와 관련된다.

표면 특질은 서로 관련되지만, 단일한 원천으로 결정되지 않기 때문에 하나의 요인을 구성하지는 못한다. 커텔이 확인한 16가지 원천 특질은 단일 요인이며, 각각은 행동의 측면에 있어 단일한 원천이다. 원천 특질로는 내부 신체 조건에서 비롯되는 체질 특질과 환경적 영향에 기인하는 환경조형 특질이 있다.

커텔 연구에 따르면 성격의 3분의 1은 유전적으로 결정되며, 나머지는 환경적 영향에 의해 결정된다. 따라서 그는 성격에 있어 결정론적 관점을 가지고 있었다. 그는 어떤 궁극적인 삶의 목표도 제시하지 않았다. 아동기의 영향은 유전 및 환경과 마찬가지로 성격 발달에 중요하다.

커텔의 세 가지 주요 평가 기법은 생활기록법(L-data; 관찰자에 의한 평정), 질문지법(Q-data; 성격검사 및 태도 척도를 통한 자기보고), 검사법(T-data; 왜곡이 어려운 검사로부터 얻는 자료)이다.

커텔은 16PF 검사를 개발하였다. 그는 성격 연구에 두 가지 요인 분석을 사용하였다. R 기법은 다수의 피험자에게서 많은 양의 자료를 수집하는 방법이며, P 기법은 단일 피험자에게서 오랜 기간 동안 많은 자료를 종단적으로 수집하는 방법이다. 커텔의 연구 방식은 상당히 기술적이며, 방대한 자료로 근거를 마련하였다. 요인 분석은 잠재적 주관성으로 인해 비판을 받아 왔다.

행동유전학에 대한 연구는 유전 요인이 성격에 상당한 영향을 미친다는 것을 보여 준다. 아이젠크는 외향성, 신경증, 정신증 차원에 유전이 미치는 영향을 확인하였다.

매크레이와 코스타는 신경증, 외향성, 개방성, 우호성, 성실성이라는 다섯 가지 생물학적 기반의 요인을 제안하였다. 이 요인은 전생애에 걸쳐 안정적으로 유지되며, 많은 문화권에서 나타나고, 많은 상황에서 정서 및 행동을 타당하게 예측하는 변인이다. 또한 성격의 5요인은 우리 행동 여러 측면에 영향을 미칠 수 있다.

HEXACO, 즉 성격 6요인 모형은 기존 5요인 모형에 정직/겸손 차원을 추가한 것이다. 해당 요인은 12개국 이상의 다른 문화권에서도 적용되었다.

성격 특질은 인터넷 관련 행동들, 이를테면, 소셜 미디어에서 다른 사람과 소통하는 방식, 인터넷 중독 정도, 온라인 쇼핑 습관 등에도 영향을 미친다.

복습 문제

1. 커텔의 성격 특질 개념은 특질에 대한 올포트의 견해와 어떻게 다른가?
2. 요인 분석으로 어떻게 특질을 확인할 수 있는지 설명하라.
3. 특질을 분류하는 세 가지 방법을 설명하라.
4. 표면 특질과 원천 특질을 정의하고, 각각의 예를 들어 보아라.

5. 원천 특질과 환경조형 특질 간 차이는 무엇인가?

6. 커텔 연구에 따르면 어떤 원천 특질이 주로 유전으로 결정되는가?

7. 인간 본성에 있어 커텔과 프로이트의 인간관이 어떻게 다른지 설명하라.

8. 커텔이 자신의 성격 발달 단계 이론에 반영한 프로이트의 개념은 무엇인가?

9. 커텔이 수집한 세 가지 종류의 자료를 설명하고, 각각의 예를 들어 보아라.

10. 아이젠크가 제안한 세 가지 성격 차원을 설명하라. 아이젠크는 성격 특질이 유전 요인과 환경 요인 중 주로 어떤 요인으로 결정된다고 보았는가?

11. 아이젠크 성격검사에서 높은 외향성 점수를 보인 사람은 낮은 점수를 보인 사람과 어떠한 면에서 다른가?

12. 아이젠크 성격검사에서 정신증 점수가 높은 사람이 보이는 행동을 설명하라.

13. 아이젠크는 일란성 쌍둥이와 형제, 입양아에 대한 연구를 통해 성격에 있어 유전 요인의 역할에 대해 어떠한 결론을 내렸는가?

14. 매크레이와 코스타의 성격 5요인에 대해 설명하라. 각각의 요인에 대한 유전과 환경의 역할은 무엇인가?

15. 외향성 및 성실성에서 높은 점수를 받은 사람은 낮은 점수를 받은 사람과 어떠한 면에서 다른가?

16. 높은 신경증은 정서 및 행동에서 어떠한 면과 관련되는가?

17. HEXACO 모형에서 성격은 어떠한 차원으로 이루어져 있는가? 5요인 모형과의 차이는 무엇인가?

18. 다크 트라이어드를 구성하는 특질은 무엇인가? 이러한 특질이 행동으로 어떻게 드러나는지 예를 들어 설명하라.

19. 성격 특질은 인터넷상의 행동에 어떻게 영향을 미치는가? 성격과 온라인 행동 간 관계를 예를 들어 설명하라.

읽을거리

Buchanan, R. (2010). *Playing with fire. The controversial career of Hans Eysenck*. New York: Oxford University Press.

아이젠크의 성공적인 오랜 경력과 성격 차원에 대한 그의 이론을 심도 있게 논한다.

Cattell, R. B. (1974). Autobiography. In G. Lindzey (Ed.), *A history of psychology in autobiography* (Vol. 6, pp. 59-100). Englewood Cliffs, NJ: PrenticeHall; Travels in psychological hyperspace. In T. S. Krawiec (Ed.), *The psychologists* (Vol. 2, pp. 85-133). New York: Oxford University Press.

커텔의 삶과 일에 관한 두 편의 에세이.

Cattell, R. B. (1993). Planning basic clinical research. In E. C. Walker (Ed.), *The history of clinical psychology in autobiography* (Vol. 2, pp. 101-111). Pacific Grove, CA: Brooks/Cole.

커텔이 자신의 작품을 평가한 것으로, 이 책에서 그는 성격 구조와 과정을 측정하는 데 있어 자신의 접근법이 유일하게 추구할 만한 올바른 방법이라고 결론짓는다.

Eysenck, H. J. (1976). H. J. Eysenck. In R. I. Evans (Ed.), *The making of psychology: Discussions with creative contributors* (pp. 255-265). New York: Alfred A. Knopf.

아이젠크와의 인터뷰로, 정신분석에 대한 비판과 지능의 유전적 기반에 대한 논쟁적 견해를 담고 있다.

Eysenck, H. J. (1990). Genetic and environmental contributions to individual differences: The three major dimensions of personality. *Journal of Personality, 58*, 245-261.

아이젠크가 제안한 성격(외향성, 신경증, 정신증)에 대한 유전 및 환경의 상대적 영향을 설명하고, 심리학에 있어 행동유전학 연구의 중요성을 강조한다.

Eysenck, H. J. (1997). *Rebel with a cause: The autobiography of Hans Eysenck*. London: Transaction Publishers.

아이젠크의 삶과 일에 대한 성찰로, 성격 차원에 대한 자신의 생각 중 일부가 시간이 흐름에서 어떻게 견뎌 왔는지 말하고, 성격에 있어 유전 대 환경의 상대적 중요성을 제안한다.

Farley, F. (2000). Hans J. Eysenck (1916-1997). *American Psychologist, 55*, 674-675.

아이젠크가 심리학에 기여한 바를 설명하는 부고 기사이다.

Horn, J. (2001). Raymond Bernard Cattell (1905-1998). *American Psychologist, 56*, 71-72.

심리학에 대한 커텔의 공헌을 설명하는 부고 기사이다.

Lee, K., & Ashton, M. (2012). *The H factor of personality: Why some people are manipulative, selfentitled, materialistic, and exploitive and why it matters for everyone*. Waterloo, Canada: Wilfred Laurier University Press.

성격의 HEXACO 모형 중 H 요인(정직/겸손)을 다루고, 그것이 사람들에게 선과 악, 바람직함과 바람직하지 않음이라는 두 가지 면에서 어떻게 영향을 미치는지 설명한다.

Tucker, W. (2009). *The Cattell controversy: Race, science, and ideology*. Chicago: University of Illinois Press.

커텔의 경력을 비롯하여 그의 요인분석 방법과 개인적 철학을 다룬다.

인본주의 접근법

성격 에 대한 인본주의 접근법은 1960년대와 1970년대에 성행했으며 오늘날에도 여전히 심리학에 영향을 미치고 있다. 이 접근법의 목표는 심리학의 방법과 주제를 근본적으로 바꾸는 것이었다. 인본주의 심리학은 당시 미국 심리학의 두 가지 주요 흐름이었던 정신분석과 행동주의가 인간 본성에 대해 지나치게 제한적이고 비하적인 이미지를 보여 준다고 주장하며 이를 거부하였다.

인본주의 심리학자들은 프로이트를 비롯한 다른 정신분석학자들이 인간 본성의 정서적으로 불안한 측면만을 연구했다고 비판했다. 그들은 만약 우리가 신경증과 정신증에만 집중한다면 도대체 어떻게 인간의 긍정적인 특성과 자질을 배울 수 있을지 의문을 가졌다. 이러한 이유로 인본주의 심리학자들은 인간의 강점과 미덕, 즉 최악이 아니라 최상의 인간 행동을 연구하자고 제안했다.

인본주의 심리학자들은 행동주의 심리학자들이 의식적인 힘과 무의식적인 힘을 부인하고 겉으로 드러나는 행동에 대한 객관적 관찰만을 다루기 때문에, 그들의 관점이 너무 편협하고 빈약하다고 생각했다.

그러나 자극에 대한 조건적 반응을 근간으로 한 심리학은 인간을 이미 결정된 방식으로 사건에 반응하는 기계화된 로봇에 지나지 않게 묘사했다. 인본주의 심리학자들은 인간은 단순히 실험실의 거대한 쥐 또는 느린 컴퓨터가 아니라고 주장했다. 인간의 행동은 너무나 복잡해서 행동주의자의 방법만으로는 설명될 수 없다.

9장과 10장에서는 에이브러햄 매슬로와 칼 로저스의 연구에 따라 성격에 대한 인본주의 접근법을 소개한다. 그들의 이론은 인간의 힘과 열망, 의식적인 자유의지, 인간 잠재력의 성취를 강조한다. 그들은 인간 본성의 장점을 살펴보고 이에 대해 낙관적인 이미지를 제시하며 인간을 성장과 자기실현에 관심이 있는 능동적이고 창의적인 존재로 묘사한다.

에이브러햄 매슬로:
욕구-위계 이론

Fair Use

"인간은 될 수 있는 것이라면,
그것이 되어야 한다.
자신의 본성에 진실해야 한다."

— 에이브러햄 매슬로

에이브러햄 매슬로는 인본주의 심리학 운동의 선구자이자 영적 지도자로 불린다. 그는 행동주의와 정신분석을 모두 거부하였으며, 특히 성격에 대한 프로이트의 접근법에 반대했다. 매슬로에 의하면 심리학자들이 비정상이거나 정서적으로 혼란스러운 인간의 사례만을 연구할 때 행복, 만족, 마음의 평화와 같은 모든 긍정적 인간성은 간과된다.

매슬로는 가장 훌륭한 사람들, 즉 가장 창의적이고 건강하며 성숙한 개인들을 연구하지 않으면 인간의 본성을 과소평가하게 된다고 지적했다. 따라서 매슬로는 성격에 대한 접근에서, 사회를 대표하는 훌륭한 인물들을 평가하기로 결정했다. 인간이 얼마나 빨리 달릴 수 있는지 확인하려면 평균적인 속도로 달리는 사람이 아니라, 우리가 찾을 수 있는 한 가장 빠르게 달리는 사람을 연구해야 한다.

이러한 방법만이 인간 가능성의 최고치를 밝혀낼 수 있다. 그의 이론은 임상 환자의 사례 기록이 아니라 창의적·독립적이고 자기충족적이며 성취감으로 충만한 성인에 대한 연구에서 비롯된다. 그는 모든 개인이 동일한 본능적인 욕구를 타고나며, 이로 인해 우리가 성장하고, 발전하고, 잠재력을 발휘할 수 있다고 결론지었다.

매슬로의 생애(1908~1970)

불행한 아동기

매슬로는 1908년 뉴욕 브루클린에서 일곱 남매 중 첫째로 태어났다. 부모님은 교육을 거의 받지 못했고 지독한 가난을 벗어날 가망이 거의 없는 이민자였다. 매슬로의 아동기는 즐겁지 않았다. 그는 한 인터뷰에서 "내 아동기를 생각하면, 정신병에 걸리지 않았다는 게 놀랍죠"라고 말했다(Hall, 1986, p. 37). 매슬로가 죽은 지 몇 년 후에 미발간된 연구물에서 그가 "나의 가족은 불행한 가족이었고 어머니는 끔찍한 생명체였다"라고 기록한 문구가 발견되었다(Hoffman, 1996, p. 2).

그는 가까운 친구나 부모의 사랑 없이 외롭고 불행하게 성장했다. 냉담한 아버지는 주기적으로 아내와 자식들을 버리고 집을 나갔다. 매슬로는 자신의 아버지가 "위스키와 여자와 싸움을 사랑했다"라고 말했다(Wilson, 1972, p. 131). 매슬로는 결국 아버지와 화해했지만, 아동기와 청소년기에는 아버지에 대한 분노와 적개심으로 가득 차 있었다.

매슬로와 어머니의 관계는 훨씬 더 나빴다. 한 전기 작가는 매슬로가 "[어머니]를 향한 끝없는 증오로 성숙했고 일말의 화해도 없었다"라고 기록했다(Hoffman, 1988, p. 7). 그녀는 대놓고 동생들을 편애했고 매슬로에게는 작은 애정도 표현하지 않았으며 아주 사소한 잘못에 대해서도 끊임없이 처벌했다. 그녀는 신이 그의 나쁜 행실에 대해 보복할 것이라고 말했다.

매슬로가 길 잃은 고양이 두 마리를 집에 데려왔을 때, 어머니는 그의 앞에서 고양이의 머리를 벽에 내려쳐 죽였다. 매슬로는 어머니를 절대 용서하지 않았고 수년 후 그녀가 사망한 후에도 장례식에 가지 않았다. 이 경험은 그의 정서적 삶뿐만 아니라 심리학적 연구에도 영향을 주었다. "내 인생 철학, 나의 연구와 이론의 모든 핵심은 … 어머니가 상징했던 모든 것들에 대한 증오와 혐오에 뿌리를 둔다"(Hoffman, 1988. p. 9).

세상에 혼자

매슬로는 어머니 외에도 또 다른 문제에 부딪혔다. 매슬로는 도드라지는 코 때문에 자신이 못생겼다고 확신했고 뼈만 앙상한 체구로 인해 열등감을 느꼈다. 그의 부모는 그의 외모를 조롱하며 그가 얼마나 못생기고 이상한지 자주 말했다. 대가족이 모였을 때 그의 아버지는 그를 가리키며 "너희가 본 아이들 중에 에이브가 제일 못생기지 않았니?"라고 말했다(Hoffman, 1996, p. 6.).

매슬로는 극심한 열등감 콤플렉스로 상처 난 자신의 10대 시절을 기억하며 "나는 세상에 혼자였어요"라고 인터뷰에서 말했다. "내가 이상하다고 느꼈어요. 나는 정말 그렇게 태어났구나, 내가 어딘가 잘못된 존재라는 아주 깊고 어두운 느낌. 내가 우월한 존재라는 느낌은 단 한 번도 없었어요. 그저 크고 쓰라린 열등감뿐이었죠"(Milton, 2002, p. 42). 다른 곳에서 그는 다음과 같이 썼다. "나는 운동에서 성취하는 방향으로 나를 발달시켜 내가 심각한 [신체적] 결함이라고 생각했던 것을 보상하려 애썼다"(Hoffman, 1988, p. 13). 이후에 매슬로는 알프레드 아들러의 연구에 흥미를 느끼게 됐다. 그는 아들러의 열등감에 대한 보상 개념의 생생한 사례였다.

새로운 생활 양식을 찾아서

운동을 통해 관심과 인정을 얻어 열등감을 보상하려는 초기 시도가 실패하자, 매슬로는 책으로 눈을 돌렸다. 도서관이 아동기와 청소년기 놀이터가 되었고, 독서와 교육이 가난과 외로움의 빈민가에서 빠져나갈 길을 안내해 주었다.

매슬로의 초기 기억은 그가 스스로 만든, 학문의 삶이라는 생활 양식을 보여 준다는 점에서 의미가 있다. 그는 아침 일찍 이웃 도서관에 가서 문이 열릴 때까지 계단에서 기다렸던 것을 회상했다. 그는 보통 수업 한 시간 전에 학교에 도착했고 선생님은 그가 빈 교실에서 선생님이 빌려준 책을 읽을 수 있게 해 주었다.

매슬로의 성적은 비록 중위권이었으나, 뉴욕 시립대학교에 입학하기에는 충분했다. 그는 첫 학기에 한 과목에서 낙제했고 1학년 말에는 학사경고를 받았지만, 끈기 있게 성적을 올렸다. 그는 아버지의 요구에 따라 법을 공부하기 시작했지만, 2주 후에 자신이 그것을 좋아하지 않는다고 판단했다. 그가 정말 하고 싶었던 것은 '모든 것'을 공부하는 것이었다.

행동주의자가 되다

배우고자 하는 매슬로의 바람은 사촌 버사(Bertha)를 향한 열렬한 감정과 일치했다. 그는 집을 떠나 코넬 대학교로, 이어서 위스콘신 대학교로 갔는데, 그곳에서 그녀를 만났다. 그들이 결혼했을 때 그는 20세, 그녀는 19세였다. 이 결합은 매슬로에게 소속감과 방향감을 주었다. 이후에 그는 버사와 결혼하고 위스콘신에서 공부를 시작하기 전에는 자신의 삶에 거의 의미가 없었다고 말했다. 매슬로는 코넬 대학교에서 심리학 과정에 등록했으나, 심리학이 "끔찍하고 냉혹하다"고 느꼈다. 그는 심리학이 "인간과는 전혀 상관이 없었기 때문에 몸서리치고 도망쳤다"라고 말했다(Hoffman, 1988, p. 26).

그러나 위스콘신 대학교에서 그는 심리학을 행동과학으로 만든 혁명의 리더인 존 B. 왓슨(John B. Watson)의 행동주의 심리학을 발견했다. 1930년대 초반의 많은 사람이 그러했듯, 매슬로는 행동주의가 세상의 모든 문제를 해결할 것이라 믿으며 도취되었다. 그는 실험심리학 교육을 받을 당시 영장류의 지배와 성 행동에 대해 연구하기도 했다. 이는 행동주의에서 인본주의 심리학으로(원숭이에서 자기실현으로) 전환하는 거대한 발걸음이었다.

원숭이에서 자기실현으로

매슬로의 이 엄청난 생각의 전환에는 여러 영향이 있었다. 그는 제2차 세계대전의 발발과 첫 아이의 출생에서 깊이 영향을 받았다. 그는 아이에 대해 이렇게 말했다. "나는 신비로움과 정말 어떤 것도 통제할 수 없음에 깜짝 놀랐다. 나는 이 모든 것 앞에서 작고 약하며 미미하다고 느꼈다. 아기를 키우는 어떤 사람도 행동주의자가 될 수 없다고 말할 수 있다"(Hall, 1968, p. 56).

매슬로는 1934년에 위스콘신 대학교에서 박사 학위를 받고, 뉴욕으로 돌아가 콜롬비아 대학교에서 손다이크 밑에서 박사 후 과정을 밟은 뒤, 브루클린 대학에서 1951년까지 강의했다. 매슬로는 여러 지능 및 학습 능력 검사를 수행하였다. 검사 결과 그의 IQ는 195점이었고, 손다이크는 이것이 천재의 범위에 해당한다고 설명했다. 매슬로는 처음에는 놀랐지만, 곧 그 의미를 받아들이고 이후에는 승리감을 만끽했다. 그는 종종 대화 중에 자신의 높은 IQ에 대해 이야기했다.

매슬로의 삶을 바꾼 퍼레이드 1930년대 후반과 1940년대 초반에 뉴욕에서 강의하던 매슬로는 카렌 호나이와 알프레드 아들러를 비롯하여 나치 독일로부터 도주하는 이주 지식인의 물결을 만나게 되었다. 버사 매슬로의 회상에 따르면, 매슬로는 "늘 아들러에 대해 이야기했고 그의 이론에 엄청나게 고무되어 있었다"(Hoffman, 1988, p. 304). 또한 매슬로는 게슈탈트 심리학자 막스 베르트하이머(Max Wertheimer)와 미국 인류학자 루스 베니딕트(Ruth Benedict)를 만나기도 했다. 베르트하이머와 베니딕트를 향한 그의 존경심은 이후 자기실현에 대한 생각에 불을 붙였다.

1941년 하와이 진주만 미해군 기지에 대한 일본의 갑작스런 공격 직후에 매슬로는 미군의 제2차 세계대전 참전을 촉구하는 퍼레이드를 목격하였다. 이 경험으로 그의 생각은 변했고 가장 이상적인 인간을 다루는 심리학을 발달시키는 데 헌신하기로 결심하게 되었다. 그는 인간의 성격을 개선하고 인간에게 편견, 증오, 공격성보다 더 좋은 행동을 할 능력이 있음을 보여 주는 연구를 하기로 마음먹었다.

영예와 명성 1951년부터 1969년까지 매슬로는 메사추세츠 브랜다이스 대학교에서 강의했다. 그는 재단 보조금 덕분에 캘리포니아로 옮겨 인본주의 심리학에 토대를 둔 정치, 경제, 윤리학에 대한 그의 철학을 연구할 수 있었다. 그는 심리학 분야와 일반 대중에게 엄청나게 유명한 인물이 되었다. 그는 많은 상과 영예를 받았고, 1967년에는 미국심리학회의 회장으로 선출되었다.

그의 명성이 최고에 달했을 때 그는 위장장애, 불면증, 우울증, 심장질환 등 여러 질병을 앓게 되었다. 신체적 제약이 늘어남에도 그는 심리학을 보다 인간적으로 만들겠다는 목표를 달성하기 위해 자신을 더 몰아붙여 연구에 몰두했다. 그는 1968년 인터뷰에서 "내가 점점 더 좁아지는 것을 느꼈어요"라고 말했다. "연극과 시, 새로운 친구를 사귀는 것을 포기해 왔죠. … 나는 내 일을 무척 사랑하고 내 일에 몰두하고 있어서, 다른 것들은 점점 더 작게 보이기 시작해요"(Frick, 2000, p. 135).

매슬로는 1970년에 자신의 심장전문의가 추천한 대로 수영장 주위를 달리다가 심장마비로 사망했다.

성격 발달: 욕구의 위계

매슬로는 인간 행동을 활성화하고 행동의 방향을 설정하는 선천적인 다섯 욕구의 위계(hierarchy of five innate needs)를 제안했다(Maslow, 1968, 1970b). 선천적인 다섯 욕구란 그림 9.1에 제시된 생리적 욕구, 안전 욕구, 소속과 사랑 욕구, 존중 욕구, 자기실현 욕구이다. 매슬로는 이 욕구들을 본능적 욕구(instinctoid need)라고 설명하면서 이 욕구들에 유전적 요소가 있음을 시사했다. 우리가 이 욕구들을 가지고 태어나기는 하나, 욕구들을 충족시키기 위한 행동은 학습되기 때문에 사람마다 행동은 다양하다.

욕구들은 가장 강한 것은 아래로, 가장 약한 것은 위로 하여 순서대로 배열된다. 아래쪽 욕구들은 위쪽 욕구들이 영향력을 갖기 전에 적어도 부분적으로라도 충족되어야 한다. 예를 들면 배가 고픈 사람들은 상위 욕구인 존중 욕구를 충족시키려는 충동을 느끼지 않는다. 그들은 음식을 구하고자 하는 생리적 욕구에 사로잡혀 있을 뿐, 다른 사람으로부터 승인과 존중을 구하려 하지 않는다. 사람들은 충분한 음식과 쉴 곳을 갖고 있을 때, 그리고 나머지 하위 욕구들이 충족되었을 때에만 위계의 상위에 있는 욕구에 의해 동기 부여된다.

따라서 우리는 동시에 모든 욕구로 움직이지

선천적인 다섯 욕구의 위계 가장 강한 것부터 가장 약한 것까지, 행동을 활성화하고 행동의 방향을 설정하는 선천적인 욕구의 배열.
본능적 욕구 욕구 위계 이론에서 선천적인 욕구에 대한 매슬로의 용어.

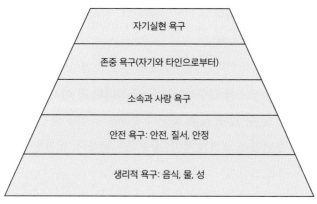

그림 9.1 매슬로가 제안한 욕구의 위계

않는다. 일반적으로 한 시점에 하나의 욕구만이 우리의 성격을 지배한다. 그것이 어떤 욕구일지는 다른 욕구들 중 어떤 것이 충족되었는지에 달려 있다. 예컨대 직업적으로 성공적인 사람들은 더 이상 생리적 욕구와 안전 욕구로 움직이지 않는다. 이 욕구들은 충분히 충족되었기 때문이다. 성공적인 사람들은 존중 욕구 또는 자기실현 욕구에 의해 동기 부여될 가능성이 더 크다.

　　그러나 욕구의 순위는 바뀔 수 있다. 만약 경제 불황으로 어떤 사람들이 직업을 잃는다면, 안전 욕구와 생리적 욕구가 다시 우선순위가 될 것이다. 이 경우 대출을 갚을 수 있게 되는 것이 동료들 사이에서 인기를 얻거나 시민단체에서 상을 받는 것보다 더 중요한 일이 된다.

욕구의 특성

- 하위 욕구일수록 힘과 효과가 더 크고 더 우선시된다. 상위 욕구는 더 약한 욕구이다.
- 상위 욕구는 인생에서 더 나중에 나타난다. 즉 생리적 욕구와 안전 욕구는 유아기에, 소속 욕구와 존중 욕구는 청소년기에 나타난다. 자기실현 욕구는 중년기까지 나타나지 않는다.
- 상위 욕구는 실제 생존에 덜 중요하기 때문에 만족이 지연될 수 있다. 상위 욕구를 충족하지 못한다고 해도 위기가 오는 것은 아니다. 그러나 하위 욕

구를 충족하지 못하면 위기가 초래된다. 이러한 이유로 매슬로는 하위 욕구들을 결핍 욕구(deficit need; deficiency need, 결함 욕구)라 칭했다. 이 욕구를 충족하지 못하면 개인에게 결핍 또는 결함이 초래된다.

- 상위 욕구가 생존에 필수적이지 않다 하더라도, 이는 우리의 개인적 성장에 도움을 줄 수 있다. 상위 욕구의 충족은 건강을 증진하고, 더 큰 행복과 만족감, 충만감을 느끼게 하며, 장수에 기여한다. 이러한 이유로 매슬로는 상위 욕구를 성장 욕구(growth need; being need, 존재 욕구)라 칭했다.

- 상위 욕구를 충족하려면 하위 욕구를 충족할 때보다 더 좋은 사회적, 경제적, 정치적 상황이 필요하다. 예컨대 자기실현을 추구하기 위해서는 안전 욕구를 추구할 때보다 더 많은 표현의 자유와 기회가 필요하다.

- 하위 욕구가 완전히 충족되지 않은 상태에서도 위계의 다음 욕구가 중요해질 수 있다. 매슬로는 욕구별로 만족의 비율이 감소한다고 말했다. 그는 가설적 사례를 통해 생리적 욕구의 85%, 안전 욕구의 70%, 소속과 사랑 욕구의 50%, 존중 욕구의 40%, 그리고 자기실현 욕구의 10%를 차례로 충족한 한 사람을 묘사했다.

생리적 욕구

만약 당신이 수영을 하면서 물속에서 공기를 마시려고 허우적거린 적이 있거나 굶은 채로 상당히 먼 거리를 이동한 적이 있다면, 신체가 생리적 결핍을 경험할 때 사랑이나 존중 또는 다른 어떤 것에 대한 욕구가 얼마나 하찮게 느껴지는지 이해할 수 있을 것이다. 굶어 죽어 가는 사람은 음식만을 갈구한다. 그러나 한 번 해당 욕구가 충족되면, 그 사람은 더 이상 동일한 욕구로 움직이지 않는다. 그 욕구가 더 이상 행동을 지시하거나 통제하지 않는 것이다.

이것이 산업화된 부유한 문화에 속한 사람들 대부분의 상황이다. 중산층에 속한 사람이 기본적인 생존 욕구를 염려하는 일은 드물다. 생존이 매일의 근심거리로 남아 있는 문화권에서는 생리적 욕구(physiological need)가 동기를 부여하는 힘으

결핍(결함) 욕구 하위 욕구; 이 욕구를 충족하지 못하면 신체에 결핍이 초래됨.
성장(존재) 욕구 상위 욕구; 성장 욕구는 결핍 욕구처럼 생존에 필수적인 것은 아니나, 인간 잠재력의 실현 및 성취와 연관되어 있음.

로서 개인에게 큰 영향을 미칠 것이다. 그러나 이미 충족된 욕구는 행동의 동기로 작용하지 않기 때문에 우리 대부분에게 생리적 욕구의 영향은 미미하다.

안전 욕구

매슬로는 안전과 안정에 대한 욕구가 유아와 신경증이 있는 성인의 주요한 추동이라고 믿었다. 정서적으로 건강한 성인의 경우 안정되고 공포와 불안이 없는 상태로 안전 욕구(safety need)가 대부분 충족된다. 유아와 아동의 경우 안전에 대한 어떠한 위협에도 분명하고 즉각적으로 반응하기 때문에 그들의 행동에서 안전 욕구를 명확히 발견할 수 있다. 반면 성인은 위험한 상황에 대한 반응을 억제하는 방법을 학습한 상태이다.

아동의 안전 욕구에 대한 또 다른 명백한 증거는 그들이 구조와 루틴을, 즉 정돈되고 예측 가능한 세상을 선호한다는 것이다. 너무 많은 자유와 허용은 구조나 질서의 부재로 이어진다. 이 상황은 안정감을 위협하여 아동에게 불안과 불안정을 초래할 수 있다. 아동에게 어느 정도의 자유는 보장되어야

▶ 먹을 것과 쉴 곳에 대한 기본적인 욕구가 충족되지 않을 때, 존중과 자기실현과 같은 상위 욕구들은 중요하지 않게 된다.

하지만, 이는 그들이 감당할 수 있는 범위 내에서여야 한다. 아동은 아직 행동의 방향을 설정하고 결과를 예측할 능력이 부족하기 때문에 이 자유는 지도하에 제공되어야 한다.

신경증적이고 불안정한 성인의 성격에는 여전히 안전 욕구가 지배적이므로, 이들에게도 안내와 정돈이 필요하다. 신경증 환자는 새로운 경험을 강박적으로 피한다. 이들은 시간을 계획하고 물건을 정돈하면서 자신의 세상을 예측 가능하도록 처리한다. 연필은 하나도 어긋나지 않도록 순서대로 깨끗하게 줄지어 놓아야 하고 셔츠는 같은 방향을 향해 옷장에 걸어야 한다.

매슬로에 따르면 정상적인 성인의 경우 대부분 안전 욕구를 충족하였으나, 그럼에도 안전 욕구는 여전히 행동에 중요한 영향을 미칠 수 있다. 우리 중 다수는 잘 모르는 것보다는 예측 가능한 것을 선택하고 혼돈보다는 정돈을 선호한다. 그렇기 때문에 미래를 위해 저축하고 보험에 가입하고 새로운 사업에서 위험을 감수하기보다 안정적인 직장에 남고자 한다. 그러나 안전 욕구는 정상적인 성인에게는 아동이나 신경증 환자들에게서처럼 압도적인 추동으로 작용하지는 않는다.

Nancy Honey/Cultura/Riser/Getty Images

▶ 소속과 사랑의 욕구는 친구 관계를 통해 충족될 수 있다.

소속과 사랑 욕구

생리적 욕구와 안전 욕구가 합리적으로 잘 충족되면, 우리는 소속과 사랑 욕구(belongingness and love need)로 주의를 돌린다. 이러한 욕구는 친구나 연인, 동료와 같은 가까운 관계 또는 집단으로 형성된 사회적 관계를 통해 표현될 수 있으며, 다양한 형태의 소셜 미디어를 통해서도 발전되고 유지될 수 있다.

사랑을 주고받고 싶은 욕구는 다른 사람과의 친밀한 관계에서 충족될 수 있다. 매슬로는 사랑을 생리적 욕구인 성행위와 동일시하지는 않았지만, 성행위가 사랑 욕구를 표현하는 방법

중 하나임을 인지했다. 그는 사랑 욕구를 충족시키지 못하는 것이 정서적 부적응의 근본적 원인이라고 제안했다.

존중 욕구

소속과 사랑 욕구가 충족되면, 우리는 두 가지 형태의 존중 욕구(esteem need)를 추구하게 될 것이다. 첫 번째는 자존감, 즉 자신으로부터의 존중과 존경이며, 이는 자기가치감의 형태로 나타난다. 두 번째는 다른 사람으로부터의 존중과 존경이며, 이는 지위, 인정, 사회적 성공의 형태로 나타난다. 자존감 욕구가 충족되면 자신의 힘, 가치, 타당성에 자신감을 느끼게 되고, 이는 우리가 삶의 모든 측면에서 더 유능하고 생산적으로 기능하도록 돕는다. 자존감이 부족할 때 우리는 대처 능력에 자신감을 잃고 열등감과 무력감을 느끼며 낙담하게 된다.

자기실현 욕구

매슬로의 위계에서 가장 상위 욕구인 자기실현 욕구(self-actualization need)는 우리의 잠재력, 재능, 능력을 최대한으로 실현하고 성취하려는 욕구를 말한다. 위계의 모든 다른 욕구들을 충족했다 하더라도 자기실현을 하지 못한다면, 그 사람은 편안함을 느끼지 못한 채 좌절하며 불만을 품게 될 것이다. 매슬로는 "궁극적으로 평안하기 위해서 … 음악가는 음악을 만들고, 화가는 그림을 그리며, 시인은 시를 써야 한다."라고 썼다(Maslow, 1970b, p. 46).

　많은 형태의 자기실현 과정이 있을 수 있지만, 매슬로는 직업이나 흥미와 무관하게 모든 사람은 개인의 능력을 최대화하고 완전한 성격 발달에 도달할 수 있다고 믿었다. 자기실현은 음악가, 화가, 작가와 같은 창의적이고 지적인 슈퍼스타에게만 국한되는 것이 아니다. 중요한 것은 자기 자신의 잠재력을, 그것이 무엇이든, 가능한 한 가장 높은 단계까지 충분히 펼치는 것이다. 매슬로는 다음과 같이 설명했다. "일류 수프는 이류 그림보다 더 창의적이다. … 시는 창의적일 필요가 없더라도,

자기실현 욕구 자기를 최대한 계발하려는 욕구.

요리나 육아나 가정을 꾸미는 것은 창의적일 수 있다"(Maslow, 1987, p.159).

자기실현을 위한 조건

자기실현 욕구를 충족하기 위해서는 다음과 같은 조건이 필요하다.

- 사회와 자신이 부과하는 제약으로부터 자유로워야 한다.
- 더 낮은 단계의 욕구에 주의를 빼앗겨서는 안 된다.
- 자기상 및 다른 사람과의 관계가 안정적이어야 하며, 사랑을 주고받을 수 있어야 한다.
- 우리의 강점과 약점, 미덕과 악행에 대한 현실적인 지식을 가져야 한다.

비전통적인 방식의 자기실현

매슬로가 제안한 욕구의 위계가 우리 대부분에게 적용되더라도 예외는 있을 수 있다. 어떤 사람들은 자신의 삶을 이상에 바치고 그것을 위해 모든 것을 기꺼이 희생한다. 신념을 위해 목숨을 잃을 때까지 금식하며, 생리적 욕구와 안전 욕구를 거부하는 이들도 있다. 종교인들은 가난의 맹세를 지키기 위해 모든 세속적인 물질을 버리고 하위 욕구를 외면하면서 자기실현 욕구를 충족할 것이다. 역사적으로 예술가들은 작품을 위해 건강과 안전을 위험에 빠트려 왔다. 위계에서 더 자주 발견되는 반전은 존중 욕구를 사랑 욕구보다 우선시하는 경우인데, 이는 사람들이 우선 자신감을 느껴야만 소속과 사랑 욕구가 충족될 수 있다고 믿으면서 발생한다.

인지 욕구

이후에 매슬로는 두 번째 선천적 욕구 세트인 인지 욕구(cognitive need)를 제안했다. 인지 욕구는 알고 이해하려는 욕구로, 앞에서 설명한 위계의 바깥에 존재한다. 앎에 대한 욕구

인지 욕구 알고 이해하려는 선천적 욕구.

는 이해에 대한 욕구보다 강하므로 이해에 대한 욕구가 생겨나기 전에 최소한 부분적으로라도 앎에 대한 욕구가 충족되어야 한다.

인지 욕구의 증거 매슬로에 따르면 여러 증거들이 인지 욕구의 존재를 지지한다(Maslow, 1970b).

- 여러 실험 연구자들은 동물이 환경을 탐색하고 조작하는 데에는 호기심, 즉 알고 이해하려는 욕구 외에는 명확한 이유가 없다고 보고하였다.
- 역사적으로 인간은 종종 생명의 위험을 무릅쓰고 지식을 갈구하며, 알고 이해하려는 욕구를 안전 욕구보다 우선시해 왔다.
- 여러 연구에 따르면 정서적으로 건강한 성인은 신비롭고 설명이 안 되는 사건들에 매료되고 이에 대한 지식을 쌓으려 동기 부여된다.
- 매슬로는 임상 현장에서 정서적으로 건강한 성인들이 삶에서 지루함을 느낄 뿐, 열정과 흥분을 느낄 일이 없다고 호소하는 것을 목격했다. 매슬로는 그들을 "멍청한 직장에서 멍청한 삶을 살고 있는 지적인 사람들"로 묘사했고 그들이 더 도전적인 활동에 참여함으로써 알고 이해하려는 욕구를 충족시키려 할 때 그들의 증상이 호전되는 것을 발견했다.

인지 욕구가 성격에 미치는 영향 알고 이해하려는 욕구는 후기 유아기와 초기 아동기에 나타나며, 아동의 자연스러운 호기심으로 표현된다. 이 욕구는 선천적이기 때문에 가르칠 필요가 없고, 부모와 교사의 행동은 아동의 자발적인 호기심을 억제할 수 있다. 인지 욕구가 충족되지 않을 경우 성격이 완전히 발달하고 기능하지 못하게 될 수 있다.

이 두 욕구의 위계는 기존의 다섯 욕구 위계와 중첩된다. 앎과 이해, 즉 우리의 환경에서 의미를 찾는 것은 생리적 욕구, 안전 욕구, 소속과 사랑 욕구, 존중 욕구, 자기실현 욕구를 충족하기 위해 정서적으로 건강하고 성숙한 방법으로 환경과 상호작용하는 데 본질적으로 기본적인 것이다. 알고 이해하려는 욕구를 충족하지 못한다면 자기실현을 할 수 없다.

자기실현을 한 사람들에 대한 연구

매슬로의 이론에 따르면 자기실현을 한 사람들은 그렇지 않은 사람들과 기본적인 동기 측면에서 다르다. 매슬로는 자기실현을 한 사람들은 특별한 유형의 동기를 가졌다고 제안하면서, 이를 메타동기(B-동기 또는 존재동기라고도 불림)라 칭했다. 접두사 '메타(meta)'는 '이후' 또는 '너머'를 뜻한다. 즉 메타동기는 동기에 대한 심리학의 전통적인 관점을 넘어선다는 것을 의미한다.

메타동기

메타동기(metamotivation)란 동기가 우리가 알고 있는 동기로서의 역할을 하지 않는 상태를 뜻한다. 자기실현을 한 사람들은 특정 목표를 향해 동기 부여되지 않는다. 대신, 그들은 내부로부터 발전한다. 매슬로는 자기실현을 하지 않은 사람들의 동기를 D-동기 또는 결핍(deficiency) 상태라고 설명하였다. D-동기는 우리 안에 부족한 것을 보완하기 위해 특정한 것을 추구하는 것과 관련되어 있다. 예들 들어 배고픔은 신체에 결핍을 유발하여 불편감을 준다. 이 불편감은 이렇게 유발된 긴장을 감소시키는 행동을 하도록 우리에게 동기를 부여한다.

따라서 특정한 목표 대상(음식)을 필요로 하는 특정한 생리적 욕구(배고픔)는 우리가 부족한 것을 얻기 위해 행동할(음식을 찾음) 동기를 유발한다. B-동기와 D-동기의 발달에 대한 매슬로(1971)의 글은 불완전하지만, D-동기는 이 예시에서처럼 생리적 욕구에만 해당하는 것이 아니라 안전 욕구, 소속과 사랑 욕구, 그리고 존중 욕구에도 적용된다.

잠재력 발휘 반면, 자기실현을 한 사람들은 자신의 잠재력을 발휘하며 자신의 환경을 알고 이해하는 데 관심을 둔다. 메타동기 상태에서 이들은 긴장을 감소시키거나 결핍을 채우거나 특정 목적을 추구하는 데 몰두하지 않는

메타동기 자기실현을 한 사람들의 동기로, 특정한 목표를 위해 노력하기 보다는 개인의 잠재력을 극대화하는 것.

다. 이들의 목표는 다양하고 자극적이고 도전적인 사건을 경험하기 위하여 긴장을 증가시키는 행동을 함으로써 자신의 삶을 풍요롭게 하는 것이다. 더 낮은 단계의 결핍 욕구들은 충족되었기 때문에, 자기실현을 한 사람들은 결핍을 충족시키기 위한 특정 목표 대상을 추구하는 수준 너머에서 기능한다. 그러므로 그들은 자발적으로, 자연스럽게, 즐겁게 자신의 완전한 인간성을 표현하는 '존재(being)'의 상태에 있다.

메타욕구 그러므로 매슬로는 자기실현을 한 사람들은 어떤 의미에서는 동기부여되어 있지 않다고 설명하면서, 자기실현을 한 사람들이 진화하는 방향인 메타욕구(metaneed) 목록을 제시하였다(표 9.1). 메타욕구는 특정한 목표 대상이라기보다 선, 고유성, 완전과 같은 존재 상태들이다.

메타욕구를 충족하지 못하는 것은 해가 되고, 성격의 완전한 발달을 좌절시키는 일종의 메타병리(metapathology)를 유발한다. 메타병리는 자기실현을 한 사람들이 잠재력을 표현하고 사용하고 완전히 꽃피우는 것을 막는다. 메타병리 상태에 있는 사람은 무력하고 우울해지며, 이러한 기분의 원인을 정확히 짚어 내거나 고통을 완화할 수 있는 목표를 찾지 못하게 될 것이다.

표 9.1 매슬로의 메타욕구와 메타병리

메타욕구	메타병리
진실	불신, 냉소, 회의
선	증오, 혐오, 역겨움, 자신을 위해 자신에게만 의존
미	상스러움, 차분하지 않음, 미각 상실, 음침함
일치, 완전성	분열
이분법 초월	흑백 사고, 양자택일, 삶에 대한 단순한 관점
생기, 과정	생기 없음, 로봇화, 자신이 완전히 결정되어 있다고 느낌, 삶에서 정서와 열정 상실, 경험적 공허함
독특성	자기와 개인성에 대한 느낌 상실, 자신이 대체 가능하거나 특색 없는 사람이라 느낌
완벽	무망감, 헌신하여 일할 대상이 없음
필요	혼돈, 예측 불가능

완료, 완결	미완성, 무망감, 분투와 대처 중단
정의	화, 냉소, 불신, 무법, 완전한 이기주의
질서	불안정, 경계심, 안전과 예측 가능성 상실, 마음 놓지 못함
소박함	과잉 복잡성, 혼란, 어리둥절함, 지향 상실
풍요, 전체, 포괄적임	우울, 걱정, 세상에 대한 흥미 상실
수월	피로, 혹사, 서투름, 어색함, 완고함
장난기	엄격함, 우울, 극단적인 유머 감각 상실, 삶의 열정 상실, 생기 없음
자기충족	책임 전가
의미 있음	의미 없음, 절망, 삶의 무의미

출처: *The Farther Reaches of Human Nature*, by A. H. Maslow. Copyright © 1971 by Bertha G. Maslow.

자기실현을 한 사람들의 특징

매슬로는 정서적으로 건강한 사람들을 연구하여 이를 자신의 성격 이론의 근간으로 삼았다(Maslow, 1970b, 1971). 그는 자기실현을 한 사람의 예를 많이 찾지 못했고 그들이 전체 인구의 1% 이내로 구성된다고 추정했다. 그러나 그는 그들에게 공통된 특징이 있다고 결론지었다(표 9.2 참조).

- 현실에 대한 명확한 지각: 자기실현을 한 사람들은 타인을 포함한 세상을 명확하고 객관적으로, 예단이나 선입견 없이 편향되지 않게 지각한다.
- 자신, 타인, 본성에 대한 수용: 자기실현을 한 사람들은 자신의 강점과 약점을 수용한다. 그들은 자기상을 왜곡하거나 위조하지 않고, 실패에 대한 죄책감을 느끼지 않는다. 그들은 일반적으로 타인과 사회의 약점 역시 수용한다.
- 자발성, 단순함, 자연스러움: 자기실현을 한 사람들의 행동은 개방적이고 직접적이며 자연스럽다. 다른 사람에게 해가 될 수 있는 경우를 제외하면, 감정이나 정서를 숨기거나 사회를 만족시키기 위한 역할을 꾸며 내는 일이 거의 없다. 자기실현을 한 사람들은 개성이 강한 생각과 이상

메타욕구 자기실현을 한 사람이 진화하는 방향을 향해 성장 또는 존재하는 상태.
메타병리 메타욕구 충족에 실패한 것과 관련된 자기계발의 좌절.

표 9.2 자기실현을 한 사람들의 특징

현실에 대한 명확한 지각
자신, 타인, 본성에 대한 수용
자발성, 단순함, 자연스러움
이상에 대한 몰입
독립성과 프라이버시 욕구
신선한 감탄
절정 경험
사회적 관심
깊은 대인 관계
창조성과 창의성
사회적 압력에 대한 저항

을 갖고 있지만, 그들의 행동이 언제나 비관습적인 것은 아니다. 그들은 겉으로 주장하지 않더라도 자신의 모습 그대로 충분히 안정감을 느낀다.

- 이상에 대한 몰입: 자기실현을 한 사람들은 몰입감, 즉 자신의 에너지를 바칠 사명감을 갖고 있다. 어떤 이상이나 소명에 몰입하는 것은 자기실현의 필요조건이다. 자기실현을 한 사람들은 열심히 일하는 데서 기쁨과 흥미를 발견하며, 이러한 몰입을 통해 메타욕구를 충족할 수 있다. 이들은 몰입함으로써 능력의 한계를 만나고 발전하며, 자기에 대한 감각을 명확히 할 수 있게 된다.

- 독립성과 프라이버시 욕구: 자기실현을 한 사람들은 해롭지 않게 고립을 경험할 수 있다. 이들은 자기실현을 하지 않은 사람들에 비해 더 고독을 바라는 듯하다. 자기실현을 한 사람들의 만족은 타인이 아닌 자신에게 달려 있다. 이 독립성은 그들이 냉담하고 불친절한 듯 보이게 할 수 있지만, 이는 그들의 의도가 아니다. 그들은 단지 대부분의 사람들에 비해 더 자율적이고, 사회적 지지를 갈구하지 않을 따름이다.

- 신선한 감탄: 자기실현을 한 사람들은 주위 세상을 신선해하고 궁금해하며 경이롭게 지각하고 경험할 능력이 있다. 자기실현을 하지 않은 사람에

게 경험은 진부해질 수 있지만, 자기실현을 한 사람들은 각 경험을 마치 처음인 것처럼 즐길 것이다. 그들은 일출, 그림, 교향곡, 야구 경기, 생일 선물 등 모든 경험을 기쁨으로 바라볼 수 있다. 자기실현을 한 사람들은 가진 것에 감사하며 이를 당연하게 생각하지 않는다.

- 절정 경험(신비로운 경험): 자기실현을 한 사람들은 깊은 종교적 경험과 유사한, 거의 모든 활동에서 일어날 수 있는, 극도의 환희의 순간을 안다. 매슬로는 이러한 사건들을 절정 경험(peak experience)이라고 칭했는데, 이 경험 동안 자기는 초월되고 개인은 자신이 극도로 강력하고 자신감 있고 결단력이 있다고 느낀다.

- 사회적 관심: 매슬로는 자기실현을 한 사람들이 모든 인간에게 갖는 연민과 공감을 가리키기 위해 알프레드 아들러의 개념인 사회적 관심을 사용했다. 자기실현을 한 사람들은 다른 사람들의 행동이 종종 성가시더라도 그들을 돕고자 하는 마음을 갖고 있을 뿐 아니라, 그들에게 연대감을 느끼고 그들을 이해한다.

- 깊은 대인 관계: 친구 관계가 넓지는 않더라도, 자기실현을 한 사람들에게는 깊고 오랜 우정이 있다. 우리 모두가 자신과 어울리는 사람들을 친구로 삼는 것과 마찬가지로, 그들은 유사한 인간적 자질을 가진 사람들을 친구로 선택하는 경향이 있다. 자기실현을 한 사람들은 종종 팬들이나 제자들을 매료시킨다. 이러한 관계는 주로 일방적이다. 팬들은 자기실현을 한 사람들이 줄 수 있거나 주고 싶어 하는 것보다 더 많은 것을 요구한다.

- 창조성과 창의성: 자기실현을 한 사람들은 매우 창조적이고 자신의 일과 삶의 다른 영역에서 풍부한 창의력과 독창성을 보인다. 그들은 유연하고 자발적이며, 기꺼이 실수하고 실수에서 배운다. 그들은 개방적이고 소박한데, 이는 마치 멍청한 짓을 할지도 모를 때 당황하고 부끄러워하도록 사회로부터 배우기 전의 아이들과 같다.

- 사회적 압력에 대한 저항: 자기실현을 한 사람들은 자율적이고 독립적이며 자기충족적이다. 그들은 특정한 방식으로 생각하고 행동하도록 하는 사회적이고 문화적인 압력에 마음껏 저항한다. 그들은 사회적 규준이나 사회적 강령에 드

절정 경험 종교적 또는 신비로운 경험과 유사한, 자기가 초월되는 동안의 강렬한 황홀감의 순간.

러내고 저항하지는 않지만, 사회의 제한보다 자신의 본성의 지배를 받는다.

이것은 꽤 놀라운 자질들이다. 매슬로의 연구에 의하면 자기실현을 한 사람들은 거의 완벽하다. 그러나 그들 역시 흠을 가진 불완전한 인간이기 때문에 가끔씩 무례하거나 심지어 무자비할 수 있으며, 의심, 갈등, 긴장을 경험하기도 한다. 그럼에도 이러한 일들은 거의 일어나지 않거나 자기실현을 하지 않은 사람들에 비하면 강도가 약하다.

자기실현 실패

만약 자기실현 욕구가 선천적이고, 그러므로 가르치거나 배울 필요가 없다면, 왜 모든 사람이 자기실현을 하지는 않을까? 왜 1% 미만의 사람들만이 이러한 상태에 도달하는 것일까? 한 가지 이유는 매슬로가 제시한 위계에서 더 높은 단계의 욕구일수록 더 약하다는 점이다. 자기실현은 가장 상위 욕구로서, 가장 약하다. 즉 쉽게 억제될 수 있다. 예컨대 적대적이고 자녀의 욕구를 거부하는 부모는 자녀가 사랑 욕구와 존중 욕구를 충족하기 어렵게 한다. 이 경우 자기실현 욕구는 전혀 발생하지 않을 것이다. 더 낮은 단계에서, 경제적인 어려움은 생리적 욕구와 안전 욕구를 충족하기 어렵게 하고, 따라서 자기실현은 덜 중요한 것으로 간주된다.

자기실현에서 아동기의 중요성 부족한 교육이나 부적절한 양육은 아동기에 자기실현에 대한 욕구를 좌절시킨다. 매슬로는 부드러움과 다정다감함을 억제하도록 가르치는 남아에 대한 전형적인 성 역할 교육을 언급했다. 이는 그들의 본성에 존재하는 부드럽고 다정다감한 측면들이 충분히 발달하지 못하게 한다. 만약 아동이 과잉보호되고, 새로운 행동을 시도하거나 새로운 아이디어를 탐색하거나 새로운 기술을 연습할 기회를 얻지 못한다면, 그들은 억제된 성인이 되고 자기실현에 필수적인 활동들에서 자신을 충분히 표현하지 못하게 될 것이다.

반대의 행동인 부모의 과도한 허용 역시 해로울 수 있다. 아동기에 지나

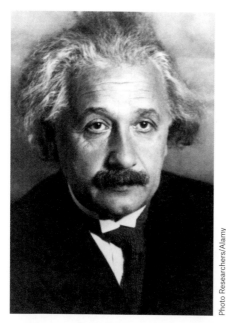

Photo Researchers/Alamy

Lindsley, H. B/Library of Congress Prints and Photographs Division

▶ 매슬로는 전기 및 기타 문헌을 분석하여 자기실현을 한 사람들을 연구하였다. 사진은 그중 저명한 물리학자 알베르트 아인슈타인(왼쪽)과 미국 남북전쟁 당시 노예제도 반대 운동의 지도자 해리엇 터브먼(오른쪽)이다.

친 자유를 갖는 것은 불안과 불안정으로 이어져, 안전 욕구의 근간을 흔들 수 있다. 매슬로에게 아동기의 이상적인 상황은 허용과 규제의 균형이다.

아동기의 충분한 사랑은 자기실현은 물론, 생애 초기 2년간의 생리적 욕구 및 안전 욕구의 충족을 위한 전제조건이다. 초기 아동기에 안정감과 자신감을 느낀다면, 그들은 성인기에도 그렇게 남을 것이다. 이러한 입장은 에릭 에릭슨이 초기 아동기의 신뢰 발달을 강조한 것, 그리고 카렌 호나이가 아동의 안전 욕구를 제시한 것과 유사하다. 아동기에 충분한 부모의 사랑, 안전, 존중을 경험하지 못한다면, 성인기에 자기실현을 추구하기 어렵다.

요나 콤플렉스   매슬로는 자기실현을 실패하는 또 다른 이유로 요나 콤플렉스(Jonah complex)라는 개념을 제안했다. 이 개념은 성경의 요나 이야기에 바탕을 둔 것으로, 매슬로는 이를 다음과 같이 설명했다. "예언을 하도록 신의 부름을 받았지만, [요나는] 그 일을 두려워했다. 그는 그 일로부터 도망가려

요나 콤플렉스 잠재력을 극대화함으로 인해 대처할 수 없는 상황에 처할 것이라는 두려움.

했으나 어디로 도망가든 숨을 곳은 없었다. 마침내 그는 자신의 운명을 받아들여야 한다는 것을 이해했다"(Hoffman, 1996, p.50).

즉, 요나 콤플렉스는 자신의 능력에 대한 의심을 뜻한다. 우리는 잠재력을 극대화하는 행동을 취했다가는 대처할 수 없는 새로운 상황에 처할 것이라고 겁을 먹는다. 우리는 가능성을 두려워하면서도 가능성에 마음이 설레기도 한다. 그러나 너무 자주 공포에 압도된다.

자기실현을 위한 용기 자기실현을 위해서는 용기가 필요하다. 하위 욕구가 충족된다 하더라도, 우리는 느긋하게 앉아서 환희와 충만함을 향하는 꽃길이 저절로 앞에 펼쳐질 것이라 기대할 수 없다. 자기실현 과정에는 노력과 훈련, 자기절제가 필요하다. 많은 사람은 삶을 있는 그대로 받아들이는 것이 새롭게 도전하는 것보다 더 쉽고 안전하다고 여길 것이다. 그러나 자기실현을 한 사람들은 안전하고 반복되는 삶과 익숙한 행동 및 태도를 버림으로써 끊임없이 자신을 시험할 것이다.

인간 본성에 대한 질문

성격에 대한 매슬로의 관점은 인본주의적이고 낙관적이다. 그는 정신질환보다는 심리적 건강에, 부진보다는 성장에, 약점과 한계보다는 미덕과 잠재력에 초점을 두었다. 그는 우리의 삶과 사회를 만드는 우리의 능력에 대해 강한 자신감을 보였다.

우리는 자유의지를 발휘하여 욕구를 충족하고 잠재력을 실현할 최선의 방법을 선택할 수 있다. 우리는 실현하는 자기를 창조할 수도 있고, 이처럼 우수한 성취 상태를 추구하지 않을 수도 있다. 따라서 우리는 궁극적으로 우리가 도달하거나 도달하지 않을 성격 발달 수준에 책임이 있다.

매슬로의 위계에서 욕구가 선천적이긴 하지만, 욕구를 충족시키는 행동은 학습된다. 그러므로 성격은 유전과 환경, 개인적 요인과 상황적 요인의 상호작용으로 결정된다. 매슬로의 저서에 표면적으로 드러나지는 않지만, 그는 개인의 성격이 독특하다고 생각한 듯하다.

동기와 욕구는 보편적이지만, 행동하는 방식은 학습되기 때문에 욕구가 충족되는 방법은 사람마다 다양하다. 자기실현을 한 사람들은 일정한 특징을 공유하지만, 그들의 행동 역시 서로 동일하지는 않다.

매슬로는 성인 발달을 촉진하거나 억제함에 있어 초기 아동기 경험의 중요성을 인정했지만, 우리가 이러한 경험의 희생양이라고 믿지는 않았다. 우리는 삶과 사회를 운영하는 데 생각보다 많은 잠재력을 갖고 있으며, 만약 이 잠재력을 개발한다면 더 행복하고 생산적으로 살게 될 것이다.

매슬로는 자기실현이 궁극적이고 필수적인 목표라고 보았는데, 여기에는 적절한 조건이 주어진다면 우리가 인간 기능의 가장 높은 수준에 도달할 수 있다는 매슬로의 신념이 반영되어 있다.

매슬로는 인간의 본성이 기본적으로 선하고 고귀하며 친절하다고 주장했지만, 악의 존재를 부정하지 않았다. 그는 어떤 사람들은 손쓸 수 없을 만큼 악하다고 믿었고, "궁극적으로 [그들은] 사살하는 것 말고는 방법이 없다"라고 기술한 바 있다(Maslow, 1979, p.631).

그는 사악함은 유전되는 특질이 아니라 부적절한 환경의 결과라고 제안했다. 인간 본성에 대한 매슬로의 연민은 그의 글에 명확히 드러나며, 그의 낙관성은 각자가 엄청난 잠재력을 발휘할 수 있다는 그의 신념에 나타난다.

매슬로 이론에서의 평가

자기실현에 대한 매슬로의 작업이 처음부터 정식 성격 평가 및 연구 과정을 통해 진행된 것은 아니다. 그는 단순히 인류학자 루스 베니딕트와 게슈탈트심리학자 막스 베르트하이머라는 인상적인 두 유명인에 대한 호기심으로 조사를 시작했다. 매슬로는 그들을 매우 존경했고 무엇이 그들을 그토록 독보적으로 다른 사람들과 다르게 만드는지 이해하고자 했다. 그는 매우 신중한 관찰 끝에 그들이 일반인들과 구분되는 공통적인 특징을 갖고 있다고 결론지었다.

매슬로는 다른 사람들에게서 이 특징들을 평가하고자 시도하였다. 첫 연구 대상은 대학생들이었는데, 3,000명의 대학생 중 자기실현을 했다고 볼 수 있는 사람은 1명뿐이었다. 그는 베니딕트와 베르트하이머에게서 발견했던 자기실현을 한 사람의 성격 특징이 젊은이들에게는 아직 발달하지 않았다고 판단했다. 다음 단계는 중년 이상의 사람들을 연구하는 것이었다. 그러나 이 집단에서조차 매슬로가 제시한 자기실현의 기준을 충족하는 사람은 1% 미만으로 나타났다.

결국 그가 찾은 자기실현을 한 사람들은 확실하거나 가능성이 높은 사례, 부분적인 사례, 잠재적인 사례로 선정한 수십 명뿐이었다. 몇몇은 매슬로와 동시대의 인물들이었고, 다른 사람들은 토마스 제퍼슨(Thomas Jefferson), 알베르트 아인슈타인, 조지 워싱턴 카버(George Washington Carver; 20세기 초기의 아프리카계 미국인 과학자), 해리엇 터브먼(Harriet Tubman; 노예 출신으로서 남북전쟁 이전부터 활동한 아프리카계 미국인 노예폐지론자), 엘리너 루스벨트(Eleanor Roosevelt; 대통령의 부인이자 뛰어난 사회 활동가)와 같은 역사적 인물들이었다.

매슬로는 그들의 성격을 평가하기 위해 다양한 기법을 사용했다. 역사적 인물에 대해서는 전기물에 기록된 자료를 활용하여 개인적 특성의 유사성을 분석했다. 동시대 사람들에게는 면접, 자유연상, 투사 검사를 사용했다. 그는 이들 중 다수가 질문을 받으면 의식적으로 답을 하는 것을 발견했고, 이 때문에 대개 간접적으로 이들을 연구해야 했다. 그러나 정확히 어떤 방법으로 연구했는지는 설명하지 않았다.

개인지향 검사

150쌍의 진술문으로 구성된 자기보고식 검사인 개인지향 검사(Personal Orientation Inventory; POI)는 심리학자인 에버렛 쇼스트롬(Shostrom, 1964, 1974)이 자기실현 정도를 측정하기 위해 개발하였다. 이 검사를 하는 사람들은 각 진술문 쌍에서 어떤 진술문이 자신을 더 잘 설명하는지 선택해야 한다(표 9.3 참조).

POI는 2개의 주요 척도와 10개의 하위 척도로 채점된다. 주요 척도는 현재를 살고 있는 정도를 측정하는 '현존 능력(time competence)'과 판단 및 가치관에 있어 타인보다 자신을 신뢰하는 정도를 평가하는 '내적 지향(inner directedness)'이다.

표 9.3 개인지향 검사 문항 예시

나는 사회의 규칙과 규준대로 산다.
내가 항상 사회의 규칙과 규준대로 살 필요는 없다.

내 감정을 정당화하기 위한 이유들이 필요하다.
내 감정을 정당화하기 위한 이유들은 필요하지 않다.

내 친구들에게 따뜻한 느낌만을 자유롭게 표현한다.
내 친구들에게 따뜻한 느낌과 적대적인 느낌 모두를 자유롭게 표현한다.

나는 사회적으로 허용된 목표를 높게 잡는 선에서만 성장을 계속할 것이다.
나는 나 자신으로서 최고로 성장을 계속할 것이다.

사람들은 항상 화를 다스려야 한다.
사람들은 자신이 느낀 화를 정직하게 표현해야 한다.

출처: "An Inventory for the Measurement of Self-Actualization," by E. L. Shostrom, 1964, *Educational and Psychological Measurement, 24*, pp. 207-218.

스마트폰 기본 욕구 척도

스마트폰 기본 욕구 척도(Smartphone Basic Needs Scale)는 20문항으로 구성된 자기보고식 검사로, 스마트폰 사용이 매슬로 체계상의 욕구들을 충족시키는 정도를 측정하기 위해 사용된다. 미국과 한국의 대학생들을 연구 대상으로 하여 개발되었고, 개발자는 높은 타당도와 신뢰도를 보고하였다(Kang & Jung, 2014). 예를 들면 다음 문항들이 매슬로의 소속 욕구를 측정하는 데 사용된다(응답자들은 자신에게 해당하는 진술문을 하나 이상 선택하도록 안내받는다).

스마트폰을 사용함으로써 나는 …
1. 내 주변의 중요한 사람들과 가까워질 수 있다.
2. 좋은 사람들을 만날 수 있다.
3. 사람들과의 관계를 발전시킬 수 있다.

4. 사람들과 잘 지낼 수 있다.

5. 함께 일하고 소통할 수 있다.

매슬로 이론에 대한 연구

매슬로는 사례 연구, 실험 연구, 상관 연구를 하지 않았다. 비평가들은 매슬로
가 자기실현을 연구한 방법이 엄격하지도, 통제되지도 않았다고 비판해 왔으
며, 매슬로도 이에 동의했다. 자신의 연구가 과학적 연구의 조건을 충족시키지
못했다는 사실을 알았던 것이다. 그는 "일반적인 기준의 실험실 연구로 보면,
이것은 전혀 연구가 아니다"라고 기록한 바 있다(Maslow, 1971, p.42). 그렇지
만 납득할 만한 과학적 절차로는 자기실현이 연구될 수 없기에, 대안은 적절
한 기술이 개발될 때까지 기다리거나 이 주제를 전혀 연구하지 않는 것이라고
생각했다. 매슬로는 연구를 미루려 하지 않았고, 자신이 인간을 도울 수 있다
는 확신으로 가득 차 있었다. 그는 신중한 실험을 하기에는 시간이 충분하지
않다며 다음과 같이 기술했다. "나에게 남은 시간과 내가 하고자 하는 일의 양
에 비해 그것들은 너무 긴 시간이 소요된다"(Maslow, 1979, p.694).

매슬로는 자신이 한 과정들이 예비연구일 뿐이라고 말했다. 그는 자신의
결과들이 타당하다고 믿었으며, 다른 연구자들이 자신의 이론을 차차 확인해
줄 것을 기대했다. 또한 매슬로는 자신이 옳다고 믿는 결론들을 지지하고 타
당화하기 위해 다른 이론가들의 데이터에 비해 적은 데이터라도 어떻게든 수
집해야 한다고 생각했다.

욕구의 위계

남녀 대학생을 대상으로 한 연구는 안전, 소속, 존중에 대한 욕구의 충족이 신
경증 및 우울과 부적으로 관련된다고 밝혀 매슬로의 이론을 지지했다(Wil-
liams & Page, 1989). 또한 이 연구는 존중 욕구가 소속 욕구보다 강함을 보여

주었다. 대학에 갈 수 있을 정도의 사람들에게서 기대할 수 있는 바와 같이, 이 연구의 참가자들은 안전 욕구에는 관심이 덜했다.

욕구 만족 검사(Need Satisfaction Inventory)는 매슬로 개념에 따른 욕구들을 얼마나 잘 충족하고 있는지 측정하는 자기보고식 검사이다. 이를 사용한 연구에서 대학생의 욕구 만족 검사 점수와 아이젠크 성격검사 점수 간 연관성을 보여 주었다. 이 연구에서도 욕구 만족 점수가 높을 때 신경증이 낮다는 결과가 보고되었다(Lester, 1990).

일반 대중을 대상으로 위계에 대해 정교한 검사를 실시한 결과, 다섯 욕구의 순서가 검증되었다(Graham & Balloun, 1973). 또한 이 연구는 낮은 단계에서 높은 단계로 갈수록 각 욕구에 대해 사람들이 관심을 보이는 정도가 증가함을 보여 주었다. 이들에게 이미 잘 충족되었을 것으로 예상되는 생리적 욕구에 대해 이들은 거의 관심을 두지 않았다. 자기실현 욕구가 가장 높은 관심을 받았는데, 아마도 자기실현 욕구가 그리 쉽게 충족되지 않는 욕구이기 때문일 것이다.

미국 중서부의 경제적 어려움을 겪고 있는 젊은이들에 대한 연구에서는 그들이 안전 욕구 충족을 최우선으로 추구하며, 더 상위 욕구에는 관심이 거의 없다는 것을 발견했다(Noltemeyer, Bush, Patton, & Bergen, 2012). 이것은 매슬로 이론과 일맥상통한다. 123개국 4만 명 이상을 대상으로 한 연구는 사람들이 성취와 행복을 달성하기 전에 기본적인 생리적 욕구와 안전 욕구가 충족되어야 한다는 매슬로의 관점을 지지했다(Tay & Diener, 2011).

또 다른 연구들은 기본적인 욕구들이 잘 충족될수록 상위 욕구들 역시 충족될 가능성이 증가하며, 36세 이상의 사람들이 더 젊은 사람들에 비해 자기실현을 이룰 가능성이 훨씬 더 높다는 것을 발견했다(Taormina & Gao, 2013; Ivtzan, Gardner, Bernard, Sekhon, & Hart, 2013).

소속 욕구

매슬로가 제안한 소속 욕구는 다른 사람들과의 연결감, 그리고 무엇보다 다른 사람들로부터의 수용을 통해서만 충족될 수 있다. 어떤 심리학자들은 소속 욕구를 음식과 물에 대한 생리적 욕구만큼 강력한 추동으로 간주한다.

미국 대학생을 대상으로 한 연구에서 연구 참가자들이 인터넷 채팅방에서 다른 사람들과 상호작용하고 있다고 믿게 하였다. 그 뒤 그들의 말에 누구도 답하지 않음으로써 그들이 다른 참가자들(이라고 믿었던 사람들)로부터 소외되고 거절당했다고 느끼게 하였다. 다른 사람들은 모두 즐거운 온라인 대화에 참여하고 있는 것처럼 보였지만 이 연구의 참가자들은 사회적으로 소외되어 있었다.

이 경험 후 그들에게 동료 학생이 쓴 것이라고 설명하며 일기를 읽게 했다. 그런 다음 일기에 언급된 활동 중 그들이 기억하는 내용을 가능한 한 많이 적어 달라고 요청했다. 온라인 경험에서 소속 욕구가 좌절된 학생들은 가짜로 꾸며진 대화방에서 소속 욕구가 충족되었던 학생들에 비해 일기 내용 중 사회적 사건들을 유의미하게 더 많이 회상했다.

연구자들은 소속 욕구가 충족되지 않은 것이 기억과 같은 인지적 활동과 개인이 회상하는 사건의 유형에 영향을 미친다고 결론지었다(Gardner, Pickett, & Brewer, 2000).

또 다른 연구에서는 대학생들이 인터넷 채팅방의 구성원들로부터 제외 또는 거절당했다고 믿게 했는데, 이들은 따돌림을 당하도록 조작된 경험을 하지 않은 학생들에 비해 자존감, 통제감, 소속감 수준을 낮게 보고했다(Smith & Williams, 2004). 이러한 부정적 정서들은 그들이 제외되었다고 알려진 후 단 8분 이내에 발생했다.

네덜란드와 미국에서 소속 욕구가 높은 사람들은 다른 사람들 역시 틀림없이 소속 욕구가 높을 것이라 지각하며, 소속 욕구가 이들에게 (적어도 그들의 기억 속에서) 강한 소속감을 느꼈던 과거에 대한 향수를 촉발하는 것으로 밝혀졌다(Collisson, 2013; Seehusen et al., 2013).

소속감을 느끼는 미국 10대들은 소속감을 표현하지 않는 10대들보다 신체적으로 더 건강한 것으로 밝혀졌다(Begen & Turner-Cobb, 2012). 따라서 소속 욕구의 충족은 행동과 감정에 중요한 결과를 초래할 수 있을 것으로 보인다.

자존감

매슬로가 언급한 자존감 욕구는 우리 모두 어느 정도 갖고 있는 특성이다. 이에 대한 수많은 연구가 이루어졌다.

높은 자존감 연구는 자존감이 높은 사람들은 자기가치감과 자신감이 높다는 매슬로의 입장을 지지한다. 또한 그들은 자신이 자존감이 낮은 사람들보다 더 유능하고 생산적이라고 느낀다. 자존감이 높은 사람들은 많은 상황에서 더 잘 기능한다. 직장을 구하는 대학생들 중 자존감이 높은 사람들은 자존감이 낮은 사람들보다 취업 제안을 더 많이 받았고 인사권자들로부터 더 호의적인 평가를 받았다(Ellis & Taylor, 1983).

자존감이 높은 사람은 자존감이 낮은 사람보다 실직의 어려움에 더 효과적으로 대처할 수 있다(Shamir, 1986). 또한 자존감이 높은 사람들은 자존감이 낮은 사람들보다 자신의 지적 기능, 우호성, 도덕성이 두드러지게 높고 자신이 더 외향적이라고 지각한다(Campbell, Rudich, & Sedikides, 2002).

미국과 캐나다에서 자존감 점수가 높은 청소년들은 자존감 점수가 낮은 청소년들보다 학교 스포츠에 훨씬 더 활발하게 참여할 가능성이 높았고, 불안 및 방어적 행동의 수준도 낮은 경향을 보였다(Bowker, 2006; Pyszczynski, Greenberg, Solomon, Arndt, & Schimel, 2004).

자존감이 불안정한(높은 자존감과 낮은 자존감 사이에서 왔다 갔다 하는) 여자 대학생과 자존감이 보다 안정적인 여자 대학생들을 비교한 연구에 따르면, 전자의 경우 유명해지고 싶은 욕구가 훨씬 더 강한 것으로 나타났다(Noser & Zeigler-Hill, 2014).

낮은 자존감 미국, 아이슬란드, 캐나다, 중국, 노르웨이, 뉴질랜드를 포함한 많은 나라에서 진행한 광범위한 연구 프로그램에서는 낮은 자존감이 불안, 우울, 흡연, 학업중단율, 형사상 유죄판결, 경제적 문제, 부정적 결과에 대한 강한 정서적 반응, 직무상 어려움과 관련된다고 보고하였다(Brown, 2010; Cai, Wu, & Brown, 2009; Donnellan, Trzesniewski, Robins, Moffitt, & Caspi, 2005; Jonsdottir,

Arnarson, & Smari, 2008; Moksnes, Moljord, Espnes, & Byrne, 2010; Trzesniewski, Donnellan, Moffitt, Robins, Poulton, & Caspi, 2006).

캐나다와 중국의 연구에서는 자존감이 낮은 사람들은 자존감이 높은 사람들에 비해 신체 건강 문제와 죽음에 대한 불안을 더 많이 경험하는 것으로 보고되었다(Routledge, Ostafin, Juhl, Sedikides, Cathey, & Jiangqun, 2010; Stinson et al., 2008). 자존감이 낮게 평정된 대학생들은 자존감이 높게 평정된 대학생들보다 적응 및 다른 사람들과의 관계에서 더 많은 사회적 문제를 경험했다(Crocker & Luhtanen, 2003).

캐나다 청소년 연구에서는 7, 9, 11학년 청소년의 3분의 1 이상이 자신의 외모에 대한 생각(자신이 얼마나 매력적이라고 생각하는지)이 자존감을 결정한다고 보고하였다. 또한 외모에 더 많이 신경을 쓰는 청소년은 외모에 신경을 덜 쓰는 청소년보다 자존감이 낮은 것으로 나타났다. 이러한 변인에서 남자 청소년과 여자 청소년 사이의 차이는 발견되지 않았다(Seidah & Bouffard, 2007).

자존감이 낮게 평정된 사람들을 대상으로 한 실험에서, 그들이 실험 집단의 다른 참가자들에게 의도적으로 제외된다고 느끼도록 상황을 조작하였다. 그 결과 그들은 자존감이 높은 사람들에 비해 유의미하게 큰 거절감을 보고했다(Nezlek, Kowalski, Leary, Blevins, & Holgate, 1997).

학교에서 높은 성적을 얻거나 직장에서 성공하는 등의 자존감 목표를 달성하지 못할 경우 화, 수치심, 슬픔, 무가치감이 증가할 수 있다(Crocker & Park, 2004). 따라서 자존감 수준은 지속적으로 개인에게 영향을 미칠 수 있다. 자존감이 낮은 사람은 "자기 삶의 질을 깎아내리는" 자기패배적 방법으로 생각하고 행동할 것이다(Swann, Chang-Schneider, & McClarty, 2007, p.92).

자존감이 낮다고 보고한 대학생들은 자존감이 높은 사람들에 비해 페이스북과 기타 소셜 미디어에 더 많은 시간을 할애했다(Kalpidou, Costin, & Morris, 2011; Mehdizadeh 2010; Vogel, Rose, Roberts, & Eckles, 2014). 또한 대학생들은 좋아하는 음식 먹기, 술 마시기, 친구와 시간 보내기, 임금 받기, 성 관계하기보다 상이나 높은 성적과 같이 자신의 자존감을 높일 수 있는 활동에 훨씬 더 많은 가치를 부여했다(Bushman, Moeller, & Crocker, 2011; Salamon, 2011).

자존감이 다른 행동에 미치는 영향 자존감은 우리의 정치적 견해와 투표 행동에도 영향을 미칠 수 있다. 벨기에와 미국에서 수행한 연구에서는 노인들(평균 71세)의 보수적 정치적 신념은 높은 자존감과 관련된 것으로 나타났다. 다시 말해 나이가 들어 감에 따라 사람들은 더 보수적이 되고 자신에 대해 더 긍정적으로 느낀다(Van Hiel & Brebels, 2011).

2008년 미국 대통령 예비선거 및 본선거에서 사람들은 자존감이 더 높다고 생각되는 후보에게 투표할 가능성이 훨씬 높았다(Ziegler-Hill & Myers, 2009).

시간에 따른 자존감 안정성 자존감은 생애주기에 따라 변하는 경향이 있는데, 청소년기와 성인기 동안 증가하다가 60세경에 정점을 찍고 감소한다(Gentile, Twenge, & Campbell, 2010; Orth & Robins, 2014; Orth, Trzesniewski, & Robins, 2010). 그러나 타이완에서 수행한 연구에서는 자존감이 아동기, 청소년기, 초기 성인기 동안 증가하다가 30세 이후로는 거의 변하지 않는 것으로 나타났다(Huang, 2010b).

독일에서 진행한 연구에서는 결혼(일반적으로 청소년기가 지나기 전에는 일어나지 않는 사건)이나 높은 주관적 안녕감이 높은 자존감과 관련이 있다고 보고하였다(Wagner, Lang, Neyer, & Wagner, 2014).

자존감의 민족적·문화적 차이 여러 연구에서 흑인 10대가 백인 10대보다 더 높은 자존감을 보고하였다. 흑인의 경우 성인기를 지나면서 자존감이 증가하지만 60세 이후에는 백인보다 급속히 감소하는 것으로 보였다(Shaw, Liang, & Krause, 2010).

흑인 여자 대학생의 자존감은 자신을 흑인 문화에 강하게 동일시한 경우에 훨씬 더 높은 것으로 나타났다(Eaton, Livingston, & McAdoo, 2010). 그러나 자신이 무능하거나 부족하다고 느끼는 흑인 대학생들은 그 반대의 증거가 있음에도 스트레스 점수가 높고 자존감 점수가 낮았다(Peteet, Brown, Lige, & Lanaway, 2014).

50개국 이상을 대상으로 한 비교 연구에서 자존감과 관련하여 문화적·민족적 차이가 보고되어 왔다. 일본 대학생은 조사에 포함된 모든 나라 중 일관되게 자존감 점수가 가장 낮았다(Schmitt & Allik, 2005; Tafarodi, Shaughnessy, Yamaguchi, & Murakoshi, 2011; Yamaguchi et al., 2007).

미국 대학생 중 동양계 미국인은 유럽계 미국인에 비해 일반적으로 낮은 자존감을 보고하였다. 그러나 기숙사나 생활관에서 사회적 연결이 강하다고 느끼는 동양계 미국인 학생들은 그렇지 않은 학생들에 비해 자존감이 높게 나타났다(Fong & Mashek, 2014).

멕시코계 미국인 10대 소년들의 사례에서 보고된 바와 같이, 높은 자존감은 비행률과도 상관이 있는 것으로 나타났다(Caldwell, Beutler, Ross, & Silver, 2006; Swenson & Prelow, 2005). 멕시코에서 미국으로 이주한 첫 세대 중, 미국 문화에 적응해야 한다는 압박을 크게 받은 사람들은 이러한 압박을 받지 않은 사람들보다 더 낮은 자존감을 보였다(Kim, Hogge, & Salvisberg, 2014).

네덜란드에서 수행한 연구에서는 튀르키예와 모로코 이민자들 중 자신의 민족적 배경에 강하게 동일시된 사람들은 그렇지 않은 사람들보다 자존감이 높은 것으로 나타났다(Verkuyten, 2009). 푸에르토리코에서 미국으로 이민한 사람들에게서도 유사한 결과가 발견되었는데, 이에 따르면 민족정체성이 강할수록 자존감이 높았다(Lopez, 2008).

자기실현 POI에서 자기실현 점수가 높은 것은 정서적 건강, 창의성, 치료 후 안녕감, 학업 성취, 자율성, 인종적 관용 등 여러 요인과 정적인 관련이 있다. 다른 연구들은 높은 자기실현 점수가 알코올 중독, 정신질환으로 인한 보호시설 수감, 신경증, 우울, 건강염려증과 부적 상관이 있음을 보고한다.

이러한 연구들은 매슬로가 자기실현을 한 사람에 대해 설명한 것과 일치한다. 19~55세 여성을 대상으로 한 POI 연구에서는 자기실현이 생애주기를 따라 점차적으로 나타난다는 매슬로의 관점을 확인했다.

절정 경험 40~65세 미국인을 대상으로 한 연구에서는 타인과의 즐거운 경험, 성취감, 개인적 성장이 가장 빈번하게 보고된 세 가지 절정 경험으로 확인되었다(Hoffman, Kaneshiro, & Compton, 2012).

비교문화 연구에 따르면 중국 본토에 사는 중국인들은 절정 경험으로 평온과 관련된 경험을 더 많이 보고한 반면, 홍콩에 사는 중국인들은 대인 관계 즐거움과 외적인 성취와 관련된 경험을 더 많이 보고하였다. 브라질과 포르투갈에서는 대학을 졸업하거나 결혼을 하거나 첫 직장을 찾는 것과 같은 발달적 주요 사건 성취가 가장 빈번한 절정 경험으로 나타났다(Ho, Chen, & Hoffman, 2012; Ho, Chen, Hoffman, Guan, & Iversen, 2013).

자기결정성 이론

매슬로의 자기실현 이론이 현대에 남긴 결과물은 자기결정성 이론이다. 이에 따르면 사람들은 흥미를 표현하고, 능력과 잠재력을 연마·개발하며, 도전을 극복하려는 선천적인 경향성을 갖고 있다(Deci & Ryan, 2009; Ryan & Deci, 2000; Deci & Ryan, 2012).

오스트레일리아의 축구선수, 인도와 나이지리아의 10대, 미국의 여성 노인과 같은 다양한 집단을 대상으로 자기결정성을 지지하는 여러 연구를 진행하였다. 이에 따르면 자기결정성이 높게 측정된 사람들은 전반적인 행동과 주관적 안녕감에서 가장 큰 향상을 보였다(Deci, 2011; Podlog & Eklund, 2010; Sheldon, Abad, & Omoile, 2009; Stephan, Boiche, & LeScanff, 2010).

보다 최근에 미국, 벨기에, 중국, 페루, 오스트레일리아, 멕시코, 베네수엘라, 필리핀, 말레이시아, 일본에서 진행한 연구는 자기결정성이 긍정적 성장 욕구와 자기실현을 촉진하는 역할을 한다는 주장에 더 많은 근거를 제공했다(Chen et al., 2014; Church et al., 2013).

내적 동기

자기결정성은 개인이 내적 동기(intrinsic motivation)에 집중할 때, 예를 들면 단지 어떤 활동 자체에 대한 흥미나 도전정신만으로 해당 활동을 수행할 때

매슬로 이론에 대한 연구

자존감이 높은 사람들은 다음과 같은 경향이 있다.

- 자신이 유능하고 생산적이라고 느낌
- 취업 제안을 더 많이 받고, 실직의 어려움에 잘 대처함
- 불안이나 우울을 앓거나 학업을 중단할 가능성이 낮음
- 다른 사람들과 잘 어울림
- 정서적으로 건강하고 창의적임
- 민족정체성이 강할 가능성이 높음
- 자기가치감과 자신감이 큼
- 페이스북과 기타 소셜 미디어에 시간을 덜 할애함

자존감이 낮은 사람들은 다음과 같은 경향이 있다.

- 쉽게 우울해짐
- 학업을 중단하거나 형사상 유죄 판결을 받음
- 사회적 문제 및 건강 문제를 겪음
- 삶의 질과 심리적 안녕감이 낮음
- 소셜 미디어에 더 많은 시간을 할애함

자기결정성이 높은 사람들은 다음과 같은 경향이 있다.

- 유능감, 자율성, 관계성 욕구를 충족하였음
- 자존감과 자기실현 수준이 높음
- 도전을 극복하고 자신의 능력을 개발하려는 선천적인 경향을 갖고 있음

촉진된다. 반면 외적 동기(extrinsic motivation)는 칭찬, 승진이나 임금 인상, 높은 점수와 같이 외적인 보상을 위해서만 어떤 활동을 수행하는 것과 관련되어 있다.

내적 동기 및 자기결정성 개념과 매슬로의 자기실현 개념 사이에는 기본적 유사성이 있다. 양쪽 모두 외적 보상이 아닌 내적 만족이라는 목표를 위해 개인의 재능과 능력을 발휘하거나 깨닫는 것을 중요시한다.

세 가지 기본 욕구 자기결정성 이론은 세 가지 기본 욕구를 명시하는데, 개인은 이러한 욕구를 충족하여 안녕감을 얻는다.

1. 유능감: 어려운 과제를 능숙하게 해낼 수 있다고 느끼고 싶은 욕구
2. 자율성: 자신의 흥미와 욕구, 가치관을 토대로 일련의 행동을 할 수 있는 자유
3. 관계성: 다른 사람들과 친밀하게 연결되었다고 느끼고 싶은 욕구

미국, 프랑스, 러시아와 같은 다양한 문화권의 젊은 층과 노년층에 있어 이러한 욕구의 충족은 높은 자존감, 자기실현, 그리고 심리적 안녕감과 정적으로 관련되어 있다(Ferrand, Martinent, & Dumaz, 2014; Milyavskaya & Koestner, 2011; Ryan & Deci, 2000, Strizhitskaya & Davedyuk, 2014).

매슬로 이론에 대한 고찰

매슬로 이론에 대한 비평의 핵심은 그의 연구 방법이 타당하지 않다는 점과 실험을 통해 이론을 지지할 데이터가 부족하다는 점이다. 자기실현을 한 사람들의 사례가 데이터로 제공되었지만 매슬로가 직접 인터뷰한 사람들은 그들 중 절반 이하였고, 이는 일반화하기에는 너무 적은 수였다. 또한 비평가들은 매슬로가 처음에 자기실현을 한 사람들의 정보를 모은 방식이 비일관적이고 모호하다고 지적한다. 그는 어떻게 검사 결과를 해석하고 전기물을 분석했는지 설명하지 않았고, 특정 인물을 자기실현을 한 사람이라고 판단한 근거도 명시하지 않았다. 그렇지만 다른 이론가들을 보아서도 알 수 있듯이, 과학적 방법론이라는 약점은 매슬로에게만 해당하는 것은 아니다.

매슬로는 자기실현에 대한 자신의 개인적인 기준에 따라 자신이 존경하는 사람들을 연구 대상으로 선택했다. 이러한 기준은 당시에 명료화되지 않았고, 이후에 그는 자기실현이 정확하게 설명하기 어렵다고 인정했다. 그가 제시한 자기실현을 한 사람들의 특징은 자료에 대한 그의 임상적 해석에서만 비롯되었으므로, 개인적 철학과 도덕적 가치의 영향을 쉽게 받았을 것이다. 그러므로 이 설명은 사실상 훌륭하고 정서적으로 건강한 개인에 대한 매슬로 자신의

생각을 반영하고 있을 수 있다.

다른 비평은 매슬로의 메타욕구, 메타병리, 절정 경험, 자기실현과 같은 다양한 개념의 정의에 대한 것이다. 그의 용어 사용은 비일관적이고 애매하다고 할 수 있었다. 비평가들은 무슨 근거로 자기실현이 선천적이라고 보는지도 의문이었다. 왜 그것은 학습된 행동, 즉 아동기 경험의 어떤 독특한 조합의 결과일 수는 없는 것일까?

이러한 비판에 대해 매슬로는 비록 그의 이론이 실험 연구로 널리 지지되지는 않았지만 사회적, 임상적, 개인적 측면에서는 성공적이었다고 해명했다. 그는 다음과 같이 말했다. "그것은 대부분의 사람들의 개인적 경험에 매우 잘 부합했으며, 잘 짜인 이론으로서 사람들이 내적인 삶에 대해 더 좋은 감각을 가질 수 있도록 도왔다"(Maslow, 1970b, p.xii).

부분적으로는 매슬로의 낙관성과 헌신 덕분에, 그의 이론, 그리고 심리학 일반에 대한 인본주의 접근법은 1960년대와 1970년대에 엄청난 인기를 얻었다. 이후에는 의례적으로 학파가 벌이는 일들이 한껏 벌어졌다. 학술지와 기관들이 만들어졌고, 인본주의 심리학 분과가 미국심리학회 내에 설립되었다. 인본주의 심리학자들의 고민은 긍정심리학 운동에서 다시 태어났다(14장). 이 운동의 지도자들은 인본주의 심리학을 긍정심리학의 전신으로 여긴다.

이처럼 매슬로의 유산은 성격, 사회심리학, 발달심리학, 조직 행동에 영향을 미치면서 오늘날에도 여전히 번창하고 있다(Kenrick, Griskevicius, Neuberg, & Schaller, 2010). 해당 분야를 넘어 이처럼 광범위한 영향을 미치는 이론은 매우 드물다. 교사, 상담자, 산업과 정부 지도자, 건강 관리 전문가, 그리고 매일의 골칫거리들에 대처하려 애쓰는 많은 일반인은 매슬로의 관점이 자신들의 욕구를 잘 설명하며 자신들의 문제를 해결하는 데 유용하다는 것을 확인했다.

요약

매슬로는 각 개인이 성장, 발달, 실현을 향한 본능적인 욕구를 갖고 태어난다고 주장했다. 욕구의 위계에는 생리적 욕구(음식, 물, 공기, 수면, 성), 안전 욕구, 소속과 사랑 욕구, 존중 욕구, 자기실현 욕구가 있다.

상위 욕구가 발생하기 전에 하위 욕구가 충족되어야 하며, 위계가 낮은 욕구일수록 강도는 더 강하다. 하위 욕구는 충족되지 않으면 신체에 결핍을 유발하기 때문에 결핍 욕구라 한다. 상위 욕구(성장 또는 존재 욕구)는 생존에 필수적이지 않지만, 신체적·정서적 안녕감을 향상시킨다.

안전 욕구(안전, 안정, 질서, 공포나 불안 없음)는 유아와 신경증이 있는 성인에게 가장 중요하다. 소속과 사랑 욕구는 일반적으로 집단과의 연결이나 한 사람 또는 여러 사람과의 친밀한 관계를 통해 충족된다. 존중 욕구는 자존감과 다른 사람들로부터의 존중을 포함한다. 자기실현은 자신의 잠재력을 깨닫는 것을 수반하며, 자신의 강점과 약점에 대한 현실적인 지식을 필요로 한다. 알고 이해하려는 욕구는 후기 유아기와 초기 아동기에 발생하는 인지 욕구의 위계를 구성한다.

자기실현을 한 사람들의 동기(메타동기)는 결핍을 보완하거나 긴장을 감소시키는 것이 아니라 삶을 풍요롭게 하고 긴장을 증가시킨다. 메타욕구는 자기실현을 한 사람들이 향하는 성장의 상태이다. 메타욕구의 좌절은 특정한 원인을 밝힐 수 없는 형체 없는 질병인 메타병리를 유발한다.

자기실현을 한 사람들은 인구의 1% 이내에 해당한다. 그들은 현실에 대한 명확한 지각, 자신과 타인에 대한 수용, 자발성과 단순함, 이상에 대한 몰입, 독립성과 프라이버시, 신선한 감탄, 절정 경험, 사회적 관심, 깊은 대인 관계, 창의성, 사회적 압력에 대한 저항 등의 특징을 공유한다. 자기실현은 위계에서 가장 약한 욕구이며 간섭받기 쉽기 때문에 모든 사람이 자기실현을 하는 것은 아니다. 아동기에 지나친 자유가 주어지거나 안전이 위협받을 경우 자기실현이 저해된다. 또한 어떤 사람들은 잠재력을 최대한 발휘하는 것을 두려워하는데, 매슬로는 이를 요나 콤플렉스라고 하였다.

매슬로는 자유의지, 의식적 선택, 독특성, 아동기 경험을 극복하는 능력, 타고난 선을 강조하면서 인간 본성에 대해 낙관적인 태도를 보였다. 성격은 유전과 환경 모두의 영향을 받는다. 우리의 궁극적 목표는 자기실현이다.

매슬로는 성격을 평가하기 위하여 면접, 자유연상, 투사 검사, 전기물을 사용했다. 개인지향 검사는 자기실현을 측정하는 자기보고식 검사이다. 스마트폰 기본 욕구 척도는 스마트폰 사용이 어떻게 매슬로의 욕구 위계상의 욕구를 충족시키는지 측정하려는 시도이다. 자기실현을 한 사람들의 특징, 자존감, 자신감, 자기선호 간의 관계, 욕구 위계의 순서, 하위 욕구보다 상위 욕구에 더 관심을 갖는 현상을 지지하는 연구들이 보고되었다. 자존감이 높은 사람들은 자존감이 낮은 사람들보다 자신을 더 긍정적으로 느끼고, 과제에 더 열심히 임하고, 자신을 더 지적이고 수용적이며 도덕적이라고 여긴다. 자존감 수준은 아동기에 높다가 청소년기에 낮아지고, 성인기에 들어 다시 높아지다가 중년기와 노년기에 떨어진다. 매슬로의 연구가 현대에 남긴 결과물은 자기결정성 이론인데, 이는 유능감, 자율성, 관계성이라는 세 가지 욕구를 제시한다.

매슬로는 자신의 이론의 근거로 너무 적은 사례를 사용했고 자기실현을 한 사람을 선택한 기준을 명시하지 않았다는 점에서 비판받아 왔다. 그러나 그의 이론은 교육, 상담, 보건, 산업, 정부에 광범위한 영향을 미쳤을 뿐만 아니라 주관적 안녕감을 강조하는 긍정심리학 운동의 시작을 자극한 것으로 확인되었다.

복습 문제

1. 인본주의 심리학자들은 행동주의와 정신분석에 대해 어떤 비판을 하였나?
2. 매슬로의 아동기는 어떤 면에서 아들러 성격 이론의 일례가 되었나?
3. 매슬로의 아동기는 그가 성인이 되어 발전시킨 이론에 어떻게 영향을 주었나?
4. 매슬로가 제안한 욕구의 위계를 설명하라.
5. 상위 욕구와 하위 욕구의 차이는 무엇인가?
6. 결핍 동기와 성장 동기를 구분하라. 매슬로가 더 관심을 가진 것은 어느 쪽인가?
7. 매슬로의 욕구의 특징을 설명하라. 우리는 이 욕구들을 항상 일정한 우선순위에 따라 만족시키려 하는가? 왜 그런가, 또는 왜 그렇지 않은가?
8. 안전 욕구와 소속과 사랑 욕구의 차이를 설명하라.
9. 자기실현 욕구를 충족시키기 위해 어떤 조건들이 필요한가?
10. 우리는 몇 살에 알고 이해하려는 욕구를 발전시키는가? 둘 중 어떤 욕구가 더 강한가?
11. 메타욕구와 메타병리를 정의하라.
12. 자기실현을 한 사람들의 특징을 설명하라.
13. 절정 경험은 무엇인가? 절정 경험은 자기실현에 필수적인가?
14. 극소수의 사람들만이 자기실현 욕구를 만족시킬 수 있는 이유는 무엇인가?
15. 어떤 양육 방식이 자기실현 욕구를 좌절시키는가?
16. 인간 본성에 대한 매슬로의 이미지는 프로이트와 어떻게 다른가?
17. 상관 연구가 자기실현과 특정 성격 특성의 관계에 대해 밝혀낸 것은 무엇인가?
18. 자존감과 관련하여 발견된 문화적·민족적 차이는 무엇인가?
19. 자존감이 높은 사람들은 자존감이 낮은 사람들과 어떻게 다른가?
20. 아동기부터 노년기까지 자존감의 발달적 변화를 설명하라. 당신 자신의 자존감은 당신이 성숙하면서 변화했는가?
21. 자기결정성 이론의 특성을 설명하라. 이 이론이 제시한 세 가지 욕구를 명시하라.
22. 자기실현에 대한 매슬로의 연구가 비판을 받는 이유는 무엇인가? 이러한 비판에 대해 그는 어떻게 반응했는가?

읽을거리

Frick, W. B. (2000). Remembering Maslow: Reflections on a 1968 interview. *Journal of Humanistic Psychology, 40,* 128-147.
매슬로의 인터뷰 발췌 및 논평으로, 연구에서 느낀 개인적 어려움, 자기실현과 제3의 심리학의 미래에 대한 매슬로의 생각을 다룬다.

Hall, M. H. (1968, July). A conversation with Abraham H. Maslow. *Psychology Today*, pp. 35-37, 54-57.

매슬로와의 인터뷰로, 그의 연구 범위를 다룬다.

Hoffman, E. (1988). *The right to be human: A biography of Abraham Maslow*. Los Angeles: Jeremy Tarcher.

출판된 자료와 출판되지 않은 자료를 바탕으로 한 매슬로의 전기로, 매슬로의 힘든 아동기를 묘사하고, 영장류와의 초기 작업부터 인간잠재력운동에 관여하기까지 그의 경력을 추적한다.

Maslow, A. H. (1968). *Toward a psychology of being* (2nd ed.). New York: Van Nostrand Reinhold.

인간은 사랑스럽고, 고귀하고, 창조적일 수 있으며, 최고의 가치와 열망을 추구할 수 있다는 매슬로의 관점을 보여주는 책으로, 이 책에서 매슬로는 프로이트의 무의식 개념의 중요성을 인정한다.

Maslow, A. H. (1970). *Motivation and personality* (2nd ed.). New York: Harper & Row.

심리적 건강과 자기실현을 강조하면서, 동기와 성격에 대한 매슬로의 이론을 소개한다. 로버트 프래거와 제임스 패디먼에 의해 수정 및 편집된 3판(Harper & Row, 1987)은 매슬로의 생애, 그의 업적의 역사적 중요성, 그리고 경영, 의료, 교육에서의 자기실현 적용을 포함하고 있다.

Maslow, A. H. (1996). *The unpublished papers of Abraham Maslow*. Edited by E. Hoffman. Thousand Oaks, CA: Sage.

기존에 미출판된 에세이, 연구물, 논문을 주석 및 전기적 스케치와 함께 엮은 책이다.

Milton, J. (2002). *The road to malpsychia: Humanistic psychology and our discontents*. San Francisco, CA: Encounter Books.

매슬로의 전기로, 인본주의 심리학 운동의 흥망을 문화사적 맥락에서 살펴본다.

10장

칼 로저스:
자기실현 이론

"유기체는 하나의 기본적 경향성을 가지고 있는데,
이는 유기체적 경험을 실현하고, 유지하고, 향상하는 것이다."

— 칼 로저스

칼 로저스(Carl Rogers)는 비지시적 상담 혹은 내담자중심치료(client-centered therapy)라고 알려진 대중적인 심리상담 접근법을 정립하였고, 이는 이후 인간중심치료라는 이름으로 불리게 되었다. 이러한 형태의 심리치료는 많은 연구를 이끌었으며, 오늘날 상담 장면에서 활발하게 활용된다(Cain, 2014; Kirschenbaum, 2009).

로저스의 성격 이론은 매슬로의 이론과 마찬가지로 인본주의 심리학에 근거한다. 로저스는 내담자와 치료자 간 관계를 강조하였다. 그는 자신의 이론을 연구실의 실험적 전통이 아닌, 환자, 즉 내담자(로저스는 내담자라는 표현을 선호하였다)를 치료한 경험을 바탕으로 발전시켰다. 치료 장면에서 로저스의 태도는 인간 본성에 대한 그의 관점을 보여 준다.

인간중심치료(person-centered therapy)라는 표현은 성격을 변화·개선시키는 능력이 그 사람에게 내재되어 있다는 의미이다. 다시 말해 변화를 가져오는 주체가 치료자가 아닌 내담자 자신임을 뜻한다. 치료자의 역할은 이러한 변화를 돕거나 촉진하는 것이다(Bozarth, 2012).

로저스는 인간이 자신과 경험적 세계를 의식적으로 지각하는 합리적 존재라고 믿었다. 그는 무의식의 힘 혹은 프로이트의 여러 개념에는 중요성을 두지 않았다. 또한 과거 사건이 현재 행동에 지배적 영향을 미친다는 설명을 거부하였다. 로저스 역시 아동기 경험이 우리가 환경을 인식하는 방식에 영향을 미친다고 보기는 했으나, 현재의 정서와 감정이 성격에 더 큰 영향을 미친다고 주장하였다.

이처럼 로저스는 의식과 현재를 강조하며, 성격을 주관적 경험, 즉 개인의 관점을 토대로 이해해야 한다고 보았다. 로저스는 각 개인이 지각하는 주관적 현실을 중시하였고, 이것이 객관적 현실과 항상 일치하는 것은 아님에 주목하였다.

로저스는 인간에게 선천적이고 우선적인 한 가지 동기, 즉 자신의 능력과 잠재력을 최대한 개발하려는 자기실현 경향성이 있다고 보았다. 로저스에게 삶의 궁극적 목표는 자기실현이며, 그는 자기실현을 한 사람을 온전히 기능하는 사람(fully functioning person)이라 불렀다. 그의 상담 및 이론적 접근, 긍정적이고 인본주의적 인간관은 심리학, 교육학, 가족학 등의 분야에서 열렬한 지지를 받았다.

로저스의 생애(1902~1987)

자신의 경험에 의지할 것

로저스는 1902년 미국 시카고 근교 일리노이 오크파크에서 6남매 중 넷째로 태어났다. 그의 부모는 종교적으로 매우 보수적이었으며, 도덕적 행동, 감정 표현 억제, 근면의 미덕을 강조하였다. 이후에 로저스는 부모의 근본주의적 가르침이 아동기와 청소년기 내내 자신을 옭아맸다고 말했다. 부모는 로저스가 그 자신의 세계관이 아닌 부모의 세계관을 따르게 하였다. 그의 부모는 교묘하고 애정 어린 방식으로 자녀들에 대한 영향력을 키워 갔다. 자녀들은 "춤을 추거나, 카드놀이를 하거나, 영화를 보거나, 담배를 피우거나, 술을 마시거나, 어떠한 성적 관심도 보여서는 안 되었다"(Rogers, 1967, p. 344). 그러한 모습은 신앙을 저버리는 것이었다.

형 그리고 외로웠던 아동기 로저스는 가족 밖에서의 사회 활동이 거의 없었다. 그는 부모가 형을 편애한다 생각했고, 그 결과 형제 사이에는 상당한 경쟁심이 있었다. 로저스는 자신을 수줍음 많고, 외롭고, 몽환적이고 종종 공상에 빠지던 아이로 묘사하였다. 한 전기 작가에 따르면, "로저스는 어머니의 사랑에 굶주린 채, 내내 형의 놀림의 대상이었던 쓰라린 기억을 안고 자랐다"(Milton, 2002, p. 128).

로저스는 외로움에서 벗어나고자 잡히는 대로, 심지어 사전과 백과사전까지 가리지 않고 끊임없이 책을 읽었다. 고독은 로저스로 하여금 자신이 지닌 자원, 경험, 세계관에 의지하도록 하였다. 이러한 면은 로저스의 일생 동안 남아 그의 성격 이론의 기초가 되었다. 이후에 그는 외로움이 그의 성격뿐 아니라 이론에도 얼마나 강하게 영향을 미쳤는지 깨달았다.

돌이켜 보면, 면접이나 치료에 대한 나의 관심은 나의 초기 외로움에서 비롯되었다. 여기에서 나는 사회적으로 수용되는 방식으로 누군가와 진정 가까워지고 내가 느꼈던 허기짐을 채울 수 있었다(Rogers, 1980, p. 34).

나방과 기이한 환상 로저스가 12세 때, 로저스 가족은 시카고에서 약 50km 떨어진 농장으로 이사하였다. 로저스는 시골 생활로 인해 과학에 흥미를 붙였다. 처음에는 숲에서 발견한 나방의 한 종에 매료되어 여러 달 동안 나방을 관찰하고, 잡고, 사육하였다. 또한 아버지의 영향으로 현대적이고 과학적인 방식의 농업에 관심을 갖게 되었다.

로저스는 농업 실험 책을 읽고, 통제 집단을 활용한 과학적 접근의 가치, 연구를 위한 변인 처리, 데이터 통계 분석을 알게 되었다. 이는 청소년에게는 흔치 않은 일이었다. 동시에 그의 정서적 혼란은 계속되었는데, 그는 이 혼란의 본질을 결코 완전하게 설명하지 못했다. 그는 "그 시기 나의 환상은 분명 기괴했고, 진단을 받았다면 아마 정신분열로 진단되었을 것이다. 다행인 건 당시 심리학자와 접촉이 없었다는 점이다"라고 기록하였다(Rogers, 1980, p. 30).

중국에서 찾은 자유 로저스는 그의 부모와 형제들이 다닌 위스콘신 대학교에서 농업을 공부하기로 결심했다. 그러나 대학교 2학년 때에 목사가 되기로 하고, 과학적 농업 연구를 포기했다. 3학년 때는 중국 베이징에서 열린 국제 기독교 학생 총회에 참석하였다. 로저스는 6개월간 여행하며 부모에게 삶에 대한 자신의 철학이 변하고 있다는 내용의 편지를 보냈다. 종교적 견해에 있어 로저스는 근본주의자에서 자유주의자로 바뀌었다.

로저스가 부모로부터 자유로워짐으로써 부모에게는 슬픔을 남겼으나, 로저스 자신은 정서적·지적 독립을 이루었다. 그는 "온전하게 자신이 생각하고, 자신의 결론에 도달하고, 스스로 믿는 입장을 취할 수 있다"는 것을 깨달았다(Rogers, 1967, p. 351). 이러한 해방감, 그리고 거기서 비롯된 자신감과 방향성은 모든 인간은 자신의 경험과 생각, 신념을 따르는 방법을 배워야 한다는 그의 견해를 강화하였다. 그러나 로저스는 이러한 결론에 도달하기까지 어려운 시간을 보내며 심한 감정적 대가를 치렀다. 그는 스트레스성 궤양으로 5주간 입원하였고, 대학에 돌아오기 전까지 1년간 가족 농장에 머무르며 회복해야 했다.

고유의 상담 접근법

로저스는 1924년에 위스콘신 대학교를 졸업하였고, 어린 시절부터 알던 친구와 결혼하였다. 그는 목사가 되기 위해 뉴욕의 유니언 신학교에 입학하였으나, 2년 뒤 임상 및 교육심리학을 공부하고자 길 건너의 컬럼비아 대학교 사범대학으로 옮겼다. 1931년에는 박사 학위를 받고, 뉴욕 로체스터의 아동학대예방협회 연구부서 직원으로 일하게 되었다. 그의 주 업무는 비행 아동이나 소외 아동을 진단하고 치료하는 일이었다.

로저스는 1940년에 오하이오 주립대학교의 심리학 교수로 임명되면서 임상 현장에서 대학으로 옮겨 갔다. 그곳에서 정서적으로 혼란스러운 이들을 위한 상담에 있어 인간중심적 견해를 공식화하기 시작하였다. 그는 임상심리학을 현대 심리사상의 주류로 끌어오기 위해 노력하였다. 로저스는 1945년부터 1957년까지 시카고 대학교에서 학생들을 가르치며 상담센터를 운영하였다.

실패와 치료 로저스는 상태가 심각한 내담자의 경우 자신이 도울 수 없음을 인식한 뒤, 좌절감을 느꼈으며 신경쇠약이라 불리는 고통을 겪게 되었다. 그의 자신감은 산산조각 났다. 그는 "치료사로서 나는 부적절하며, 인간으로서 무가치하고, 심리학 분야에서 내게 어떠한 미래도 없다"라고 생각했다(Rogers, 1967, p. 367).

로저스와 그의 아내는 시카고를 떠나 뉴욕 북부의 오두막으로 향했고, 그후 6개월간 이 외딴곳에 머물렀다. 다시 대학으로 돌아갈 수 있을 만큼 상태가 좋아지자, 그는 자신의 불안이 얼마나 깊은지 자각하고 치료를 받기 시작하였다. 그는 "다른 사람들은 내가 한 일을 좋아할 수는 있으나, 결코 나를 사랑할 수는 없을 것이다"라고 생각했다(Milton, 2002, p. 131).

결국, 그 자신을 찾다 로저스의 치료법은 성공을 거두었으며, 내담자를 비롯한 타인과 애정을 주고받으며, 깊이 있는 정서적 관계를 만드는 그의 능력도 함께 거듭났다.

그는 1957년부터 1963년까지 위스콘신 대학교에서 학생을 가르치며 많은 논문과 저서를 발표했고, 대중에게 자신의 성격 이론인 인간중심치료를 널리 알렸다. 그는 주로 상담센터 대학생 내담자를 대상으로 임상 경험을 쌓았다. 즉 로저스가 당시 치료했던 이들은 젊고 지적이며 고도의 언어 능력을 지닌, 일반적으로 심각한 정서장애보다는 적응 문제에 직면한 이들이었다. 따라서 로저스의 내담자는 프로이트 학파 혹은 개인 진료실을 둔 임상심리학자들이 치료한 이들과는 다르다.

로저스는 1964년부터 캘리포니아의 서부행동과학연구소(Western Behavioral Sciences Institute) 전임연구원으로 지냈다. 그는 북아일랜드의 개신교 신자들과 가톨릭 신자들 간의 갈등 및 중동의 유대인과 아랍인 간의 긴장 완화와 같은 국제 문제에도 자신의 인간중심 철학을 적용하고자 노력하였다. 그는 1964년 미국심리학회 회장을 역임하였으며, 우수학술공로상(Distinguished Scientific Contribution Award) 및 우수전문공로상(Distinguished Professional Contribution Award)을 수상하였다.

자기 그리고 실현 경향성

로저스는 중국을 여행하는 동안 자율적 자기(autonomous self)의 중요성을 인식하게 되었고, 이에 초기 연구에서 성격 형성 시 자기의 중요성을 강조하였다. 그는 1930년대에 아동의 특정 행동이 건강하고 건설적인지 아니면 건강하지 않고 파괴적인지를 측정하는 방법을 개발하였다. 로저스는 아동의 배경 환경을 조사하였고, 아동에게 자신의 행동에 영향을 미칠 것으로 보이는 요인을 평가하게 하였다. 이러한 요인에는 가족 환경, 건강 상태, 지적 발달, 경제 상황, 문화 요인, 사회적 상호작용, 교육 수준 등이 포함된다. 모든 요소들은 외부, 즉 아동이 처한 환경에 해당된다.

또한 로저스는 잠재된 내적 영향, 즉 아동의 자기이해 혹은 자기성찰 능력을 연구하였다. 로저스는 자기성찰 능력을 자기와 현실을 수용하고 자기에 대해 책임감을 느끼는 것이라고 설명하였다. 그러나 그는 여전히 외부 요인이 개인의 성격 형성에 더 중요하다고 보았다.

자기성찰

10년 후, 로저스의 지도학생 윌리엄 켈(William Kell)은 아동의 비행 행동을 예측하는 변인을 알아보고자 하였다. 로저스는 가족 환경 및 사회적 상호작용(외부 요인)이 비행 행동과 가장 높은 상관이 있을 것이라 예상했지만, 연구 결과는 그렇지 않았다. 비행 행동을 가장 정확하게 예측하는 요인은 아동의 자기성찰 능력이었다.

로저스는 아동의 가족 환경이 추후 비행 행동과 큰 상관이 없다는 점에 상당히 놀라 다음과 같이 적었다. "나는 이 결과를 받아들일 준비가 되어 있지 않았기에 연구 결과는 선반에 놓이게 되었다(Rogers, 1987, p. 119)". 2년 뒤, 헬렌 맥닐(Helen McNeil)은 다른 집단을 대상으로 이 연구를 반복 수행하여 켈의 연구 결과와 유사한 결과를 얻었다. 즉 행동을 예측하는 데 가장 중요한 요인은 개인의 자기성찰 능력이었다.

당시 누적된 연구 결과를 마주한 로저스는 고민 끝에 이러한 결과를 받아들이며, 그 중요성을 인식하게 되었다. 아동에게 미치는 영향이 크다고 널리 알려진 외부 요인보다도 아동의 태도가 행동 예측에 더욱 중요하다면, 상담가 및 사회복지사는 비행 아동과 청소년을 치료함에 있어 그간 잘못된 것을 강조하던 셈이다!

전통적으로 상담가는 불우한 가정 환경과 같은 외부 요인에 초점을 맞추며, 아동이 위협적 가정 상황에서 벗어나 안전하게 보호받도록 상황을 변화시키는 데 주의를 기울인다. 하지만 이제 아동이 자기성찰 능력을 향상시키도록 도와야 한다. 이러한 깨달음은 로저스 개인에게도 상당히 중요하였다.

이 경험은 내가 심리치료 개발에 더 집중하게 했다. 이는 사회환경 변화에 초점을 맞추기보다 자기이해, 자기결정, 그리고 개인적 책임에 대한 인식을 높이는 방향이다. 즉 나는 자기 그리고 어떻게 자기가 변하는지에 중점을 두고 연구하게 됐다(Rogers, 1987, p. 119).

이처럼 자기는 로저스의 성격 이론과 삶의 핵심이라 할 수 있다.

실현 경향성

로저스는 인간이 자기를 실현하고, 유지하고, 향상하려는 선천적 경향에 의해 동기 부여된다고 보았다. 자기실현을 향한 이러한 동기는 우리의 모든 생리적 욕구와 심리적 욕구를 아우르는 실현 경향성(actualization tendency)의 일부이다. 실현 경향성은 음식, 물, 안전에 대한 욕구 같은 기본적 욕구와 함께 생존, 즉 유기체를 유지하는 역할을 한다.

로저스는 인간의 실현 경향성이 자궁에서 시작되며, 이는 신체 기관을 분화시키고 생리 기능이 발달하게 함으로써 인간의 성장을 촉진한다고 보았다. 즉 실현 경향성은 성숙(maturation)을 담당하며, 유전적으로 결정되는 신체의 발달을 비롯해 태아의 성장부터 사춘기 2차 성징 출현에 이르는 과정을

실현 경향성 자기를 실현하고, 유지하고, 향상하려는 인간의 기본적인 동기.

아우른다. 우리의 유전자 구성에 프로그래밍된 이러한 변화는 모두 실현 경향성에 의해 열매 맺는 것이다.

비록 그러한 변화가 유전적으로 결정되더라도 완전한 인간 발달은 자동으로 이루어지는 일도, 쉬운 일도 아니다. 로저스는 이 과정에 투쟁과 고통이 수반된다고 보았다. 이를테면 아동은 첫걸음을 뗄 때 넘어져 다칠 수 있다. 즉 기어 다니는 단계에 머무는 게 덜 고통스러울 수 있음에도 대부분의 아동은 고통을 견딘다. 실현 경향성이 더 크기 때문에 성장 과정이 힘들다는 이유로 퇴행하지 않고 다시 넘어지는 고통을 참아 내는 것이다.

유기체적 가치화 과정

로저스에 따르면 전 생애에 걸쳐 유기체적 가치화 과정(organismic valuing process)이 이루어진다. 우리는 이 과정을 통해 삶의 모든 경험이 실현 경향성에 얼마나 부합하는지 평가한다. 실현 경향성을 촉진한다고 여겨지는 경험은 좋고 바람직한 것으로 평가하며, 그러한 경험에 긍정적 가치를 부여한다. 반면 실현 경향성을 방해한다고 여겨지는 경험, 즉 바람직하지 않다고 평가하는 경험에는 부정적 가치를 부여한다. 이러한 인식은 행동에 영향을 미치는데, 우리는 바람직하지 않은 경험은 피하고 바람직한 경험을 반복하고자 하기 때문이다.

경험적 세계

로저스는 자신의 이론을 발전시키며, 우리가 매일 겪는 경험적 세계가 갖는 영향력에 주목하였다. 경험적 세계는 성장에 영향을 미치는 기준이나 맥락의 틀을 제공한다. 우리는 매일 무수한 상황을 마주한다. 일부는 사소하고 일부는 중요하며, 일부는 위협적이고 일부는 보람을 준다. 로저스는 끊임없이 마

> **유기체적 가치화 과정** 우리의 실현과 성장을 촉진하는지 방해하는지에 따라 경험을 평가하는 과정.

주하는 이러한 다면적 경험 세계를 우리가 어떻게 인식하고, 이에 반응하는지 알고자 하였다.

로저스는 우리가 환경을 어떻게 지각하는지가 중요하며, 이는 객관적 현실과 항상 일치하지는 않을 수 있다고 말했다. 우리는 특정 상황에서 친한 친구와는 다른 방식으로 반응할 수 있다. 또한 룸메이트의 행동을 보고, 이에 대해 수십 살 많은 사람과는 확연히 다른 방식으로 판단할 수 있다. 우리의 인식은 시간과 환경에 따라 변한다. 룸메이트의 행동이 대학생에게 용인될 수 있는 행동이라고 현재 생각하더라도, 이 견해는 70세가 되면 바뀔 수 있는 것이다.

실현 경향성은 유아기에 성장과 발달을 이끌며, 이에 따라 우리의 경험적 세계는 점차 넓어진다. 유아는 점점 더 많은 자극에 노출되고, 이 자극들을 주관적으로 인식하며 이에 반응한다. 따라서 우리가 경험한 것만이 판단과 행동의 기준이 된다. 로저스는 "경험은 나에게 최고의 권위자이다. 어떤 것이 타당한지 여부는 나의 경험에 달려 있다"라고 말하였다(Rogers, 1961, p. 23). 더 높은 수준의 발달은 우리의 경험적 세계가 더 분명해지게 하며, 이는 궁극적으로 자기의 발달로 이어진다.

아동기 자기의 발달

사회적 접촉이 확장되면서 유아는 점차 좀 더 복잡한 경험적 장을 발달시킨다. 이에 따라 경험 중 일부가 다른 경험들로부터 분화된다. 이 분화된 부분이 '나'라고 불리는 자기 혹은 자기개념(self-concept)이다. 자기개념 형성은 자기 밖의 타인, 외부 대상, 사건과 자기를 구별하는 것을 의미한다. 또한 자기개념은 자신이 어떤 사람인지, 무엇이 되어야 하고, 무엇이 되고 싶은지에 대한 우리의 자아상이다.

이상적으로 말하자면, 자기는 일관된 패턴, 즉 조직화된 전체이다. 자기의 모든 측면은 일관성을 추구한다. 예를 들면 공격적 감정을 품는 것에 불편감을 느껴 이를 부인하는 사람은 명백한 공격 행동을 취하지 못한다. 이들은 자신이 공격적이면 안 된다고 믿기에, 공격 행동은 자기개념과 불일치하는 방식의 행동을 의미할 것이다.

긍정적 존중

자기가 나타나면서 유아는 긍정적 존중(positive regard)에 대한 욕구를 발달시킨다. 이는 타인, 특히 유아기 어머니로부터의 수용, 사랑, 인정을 포함한다. 로저스는 이러한 욕구가 아마도 학습되는 것이라고 보았으나, 그 출처는 중요하지 않다고 말했다. 긍정적 존중에 대한 욕구는 보편적이며 지속된다.

유아는 긍정적 존중을 받을 경우 만족하고, 긍정적 존중이 철수되거나 이를 받지 못할 경우 좌절한다. 긍정적 존중은 성격 발달에 결정적이므로, 유아의 행동은 부여된 애정 및 사랑의 양으로 결정된다. 어머니가 긍정적 존중을 제공하지 않으면, 유아의 타고난 실현 경향성 및 자기개념 발달이 저해될 것이다.

유아는 자신의 행동을 부모가 거부하는 경우, 이를 자기에 대한 거부로 받아들인다. 만약 이러한 경우가 자주 발생하면, 유아는 실현화 및 발달을 위한 노력을 멈출 것이다. 대신 자기개념과 일치하지 않더라도 타인의 긍정적 존중을 불러일으킬 행동을 취하게 된다.

무조건적 긍정적 존중 유아가 충분한 수용, 사랑, 인정을 받더라도, 어떤 특정한 행동에 대해서는 처벌이 있을 수 있다. 그러나 바람직하지 않은 행동에도 긍정적 존중이 지속되는 경우를 무조건적 긍정적 존중(unconditional positive regard)이라고 한다. 로저스에 따르면 이는 어머니의 사랑이 아이에게 대가 없이 완전하게 부여되는 것이다. 이것은 무조건적이며, 아이의 행동에 따라 달라지지 않는다.

중요한 것은 긍정적 존중에 대한 욕구가 상호적 성격을 지닌다는 점이다. 즉 사람들은 자신이 누군가를 긍정적 존중으로 대한다고 인식할 경우, 자신의 긍정적 존중 욕구도 채워짐을 경험한다. 따

> 긍정적 존중 타인의 수용, 사랑, 인정.
> 무조건적 긍정적 존중 개인의 행동에 관계없이 받게 되는 인정; 로저스의 인간중심치료에서, 상담자는 내담자에게 무조건적 긍정적 존중을 제공함.

▶ 이상적으로, 부모는 자녀에게 무조건적 긍정적 존중을 제공한다.

라서 누군가의 긍정적 존중 욕구를 충족시키는 것은 보람 있는 일이다.

유아기에는 긍정적 존중 욕구를 충족하는 것이 특히 중요하므로, 타인의 태도와 행동에 민감하다. 우리는 타인으로부터 받는 피드백(수용함 혹은 수용하지 않음)을 해석함으로써 스스로 자기개념을 정제해 간다. 다시 말해 자기개념을 형성함에 있어 우리는 다른 사람들의 태도를 내면화한다.

긍정적 자기존중　시간이 지나면서 긍정적 존중은 다른 사람들보다 우리 내부로부터 더 많이 나오는데, 로저스는 이를 긍정적 자기존중(positive self-regard)이라고 하였다. 긍정적 자기존중은 타인으로부터의 긍정적 존중에 대한 욕구만큼 강하며, 같은 방식으로 충족될 수 있다. 예를 들어 자신이 행복할 때 애정과 인정, 사랑으로 보상받은 아이들은 자신이 행복할 때마다 자신에게 긍정적 자기존중을 줄 것이다. 따라서 어떤 의미에서 우리는 자신에게 보상을 주는 법을 배운다.

긍정적 자기존중은 자신에 대한 만족감으로 정의될 수 있으며, 정신 건강과 관련된다(Leising, Borkenau, Zimmermann, Roski, Leonhardt, & Schutz, 2013). 긍정적 존중과 마찬가지로 긍정적 자기존중은 상호적이다. 사람들이 긍정적 존중을 얻으며 스스로도 긍정적 자기존중을 개발해 갈 때, 타인에게도 긍정적 존중을 제공할 것이다.

가치의 조건화

가치의 조건화(conditions of worth)는 긍정적 존중의 발달 단계에서 나타나며, 긍정적 존중은 긍정적 자기존중으로 이어진다. 긍정적 자기존중은 프로이트가 말한 초자아의 로저

긍정적 자기존중　자신에게 승인과 인정을 주는 상태.

스 버전이며, 이는 조건적 긍정적 존중(conditional positive regard)에서 파생된다. 앞에서 살펴본 바와 같이 무조건적 긍정적 존중은 부모가 조건 없이, 즉 아이의 행동과 상관없이 아이를 사랑하고 수용하는 것을 의미한다.

조건적 긍정적 존중은 이와 반대이다. 부모는 아이가 하는 모든 일에 긍정적 존중으로 반응하지는 않을 수도 있다. 어떤 행동은 부모를 귀찮게 하거나 놀라게 하거나 질리게 할 수 있고, 아이의 이러한 행동에 부모는 애정과 인정을 제공하지 않을 수 있다. 따라서 유아는 부모의 사랑에 대가가 따른다는 것, 즉 자신의 행동이 수용될 만한 행동일 때에만 사랑받을 수 있다는 사실을 알게 된다. 유아는 때로는 자신이 소중히 여겨지고, 때로는 그렇지 않다는 것을 이해하게 된다.

만약 유아가 침대에서 물건을 떨어뜨릴 때마다 부모가 성가셔하는 마음을 표현한다면, 유아는 그런 방식으로 행동하는 자신은 받아들여지지 않는다는 것을 배운다. 외부의 판단 기준은 점차 내부적이고 개인적인 것이 된다. 즉 어떤 의미에서 아이는 자신의 부모가 했던 방식으로 자신을 벌한다. 아이는 부모의 인정을 얻는 상황에서만 자기존중을 발전시키고, 시간이 지남에 따라 자기개념은 부모의 대리자로서 기능하게 된다.

그 결과 아이는 가치의 조건화를 발달시킨다. 아이는 특정 조건하에서만, 즉 부모의 긍정적 존중과 개인적인 긍정적 자기존중을 가져다주는 경우에만 자신이 가치 있는 존재라 믿는다. 부모의 규범과 기준을 내면화한 아이는 부모가 정의하는 방식에 따라 자신이 가치 있는 사람인지, 좋은 사람인지 판단하게 된다.

청소년을 대상으로 한 연구에 따르면 어머니가 좋은 성적에는 보상으로, 나쁜 성적에는 처벌로 조건적 긍정적 자기존중을 사용하면, 자녀의 자기가치감이 불안정해지는 것으로 나타났다. 예를 들어 자녀들은 자신의 성적이 좋으면 자기팽창적으로 행동하고, 성적이 좋지 않으면 수치심을 느끼며 자기가치를 경시하거나 평가절하하였다(Assor & Tai, 2012).

따라서 아동은 특정 행동을 피하는 법을 배우며 더는 자유롭게 행동하지 않는다. 자신의 행동과

> **가치의 조건화** 바람직한 행동과 태도를 표현하고 다른 사람들로부터 불신을 가져오는 것들을 표현하는 것을 자제할 때에만 인정받을 가치가 있다는 믿음; 프로이트의 초자아와 비슷함.
> **조건적 긍정적 존중** 바람직한 행동을 표현할 때에만 허용되는 인정, 사랑 또는 수용.

태도를 신중하게 평가하고 특정 행동은 삼갈 필요성을 느끼기에, 자신을 완전하게 개발하거나 실현하지 못하게 된다. 그들은 가치의 조건화 범위 안에서 살아감으로써 자신의 발전을 억압한다.

불일치

아동이 수용될 수 없는 행동을 참아야 한다는 사실을 배우는 것은 이상적이지만, 그 결과 경험적 세계를 받아들임에 있어, 수용되지 않는 것을 완전히 부정하거나 왜곡하게 될 수 있다. 특정 경험에 대한 부정확한 인식으로 인해 진정한 자기로부터 멀어질 위험이 있는 것이다. 즉 경험을 평가하고 받아들이거나 거부하는 법을 배우는 데 있어, 그러한 경험이 실현 경향성에 기여하는지가 아니라, 타인에게 긍정적 평가를 받을지에만 초점을 맞춘다. 이것은 자기개념과 경험 세계(우리가 인식하는 환경) 간 불일치(incongruence)를 초래한다.

자기개념과 불일치하거나 양립할 수 없는 경험은 위협이 되어 불안으로 나타난다. 예를 들어 자기개념에 모든 인류를 사랑해야 한다는 믿음이 포함되어 있다면, 증오를 느끼는 사람을 만났을 때 불안해질 수 있다.

증오는 타인을 사랑하는 존재로서의 자기상과 일치하지 않는다. 자기개념을 유지하기 위해 우리는 증오를 부정해야 한다. 불안은 위협적이므로 우리는 불안을 왜곡함으로써 자신을 보호한다. 따라서 우리 경험적 장의 일부는 폐쇄되고, 인식의 일부는 경직된다.

일치와 정서적 건강

심리적 적응 및 정서적 건강 수준은 우리의 자기개념과 경험 간 일치 혹은 양립 정도에 달려 있다. 심리적으로 건강한 사람은 자신, 타인, 그리고 세계 속 사건을 실제 그대로 인식할 수 있다. 그들의 자기개념에 위협이 될 것은 아무것도 없기에 그들은 새로운 경험에 개방적이다. 그들은 아동기에 무조건적 긍정적 존중을 받아 왔고,

불일치 개인의 자기개념과 경험 세계 사이의 불일치.

가치의 조건화를 내면화하지 않았기에 자신이 받아들이는 경험을 부정하거나 왜곡할 필요가 없다.

심리적으로 건강한 사람은 모든 상황 및 조건에서 자신이 가치 있다고 느끼고, 자신의 모든 경험을 활용할 수 있다. 그들은 자기의 모든 측면을 발달시키고 실현할 수 있으며, 온전히 기능하는 사람이 된다는 목표를 향해 나아가, 로저스가 말한 좋은 삶(good life)에 도달할 수 있다.

온전히 기능하는 사람의 특성

로저스에 따르면 온전히 기능하는 사람(fully functioning person)은 심리적 발달과 사회적 진화의 가장 바람직한 최종 결과이다(Rogers, 1961). 그는 온전히 기능하는(자기실현을 하는) 사람의 몇 가지 특성을 설명하였다(표 10.1).

표 10.1 온전히 기능하는 사람의 특성

모든 경험을 인식함; 긍정정서뿐 아니라 부정정서에도 개방적임
모든 경험에 새롭게 참여함
자신의 행동과 감정을 신뢰함
억압 없이 자유롭게 선택함
창의성과 자발성을 결합함
잠재력을 최대화하기 위해 지속해서 성장하고자 함; 자기실현화 상태에 있음

온전히 기능하는 사람은 모든 경험을 인식한다 온전히 기능하는 사람은 어떠한 경험도 왜곡하거나 부정하지 않는다. 모든 경험이 자기를 통해 지나가는 것이다. 방어할 것도 자기개념을 위협할 것도 없기에 온전히 기능하는 사람에게는 방어성이 없다. 온전히 기능하는 사람은 용기, 부드러움 같은 긍정정서뿐 아니라, 두려움이나 공포와 같은 부정정서에도 개방적이다. 그들은 긍정정서와

온전히 기능하는 사람 자기실현에 대한 로저스의 용어로, 자기의 모든 측면을 발전시키는 사람.

부정정서를 더 폭넓게 받아들이고 강렬하게 느낀다는 점에서 보다 정서적이다.

온전히 기능하는 사람은 매 순간 충만하고 풍요롭게 살아간다 모든 경험은 잠재적으로 신선하고 새롭다. 경험이 예측되거나 예상될 수 없지만, 온전히 기능하는 사람은 경험을 단순히 관찰만 하지 않고 경험에 온전하게 참여한다.

온전히 기능하는 사람은 자신의 유기체를 신뢰한다 로저스에 따르면 이 표현은 온전히 기능하는 사람은 다른 사람의 의견, 사회규범, 지적 판단에 이끌려 가기보다 자신의 경험 반응을 신뢰한다는 의미이다. 우리는 스스로 옳다고 느끼는 방식으로 행동할 때 만족한다. 그러나 로저스는 온전히 기능하는 사람이 자신의 지성 혹은 다른 사람이 제공한 정보를 무시한다고 보지 않았다. 이는 오히려 온전히 기능하는 사람이 모든 것을 자기개념과 일치하는 방식으로 수용한다는 것을 의미한다.

　온전히 기능하는 사람에게 위협적인 것은 없으며, 이들은 모든 정보를 받아들이고 정확하게 평가할 수 있다. 따라서 특정 상황에서 이들이 어떻게 행동할지는 모든 경험적 데이터를 숙고한 결과로 결정된다. 다만 온전히 기능하는 사람은 자기개념과 경험 간의 일치성으로 인해 그러한 숙고를 인식하진 못한다. 따라서 그들의 의사결정은 지적이기보다 보다 직관적이고 감정적인 것으로 보인다.

온전히 기능하는 사람은 제약 혹은 억압 없이 자유롭게 선택한다 그들은 자신의 미래가 현재 상황이나 과거 사건, 다른 사람이 아니라 자신의 행동에 달려 있다는 것을 알기에 통제력이 있다. 그들은 한 가지 방식으로만 행동하도록 자신 혹은 다른 사람에게 강요받지 않는다.

온전히 기능하는 사람은 창의적이며, 환경변화에 건설적이고 적응적으로 살아간다 온전히 기능하는 사람은 창의성과 자발성을 결합하여 유연하며, 새로운 경험과 도전을 추구한다. 그들은 예측 가능성, 안전성, 긴장 없는 상태에 몰두하지 않는다.

▶ 온전히 기능하는 사람은 자유를 느끼며, 매 순간 풍부하고 창의적으로 살아갈 능력을 지니고 있다.

온전히 기능하는 사람은 자기실현화 상태에 있다 로저스는 온전히 기능하는 사람의 특성에 있어 '실현화된(actualized)'이 아닌, 실현화하는'(actualizing)'이라는 표현을 사용하였다. 전자는 로저스의 의도와 달리 완성된 혹은 변화하지 않는 성격을 의미한다. 반면 자기개발(self-development)은 언제나 진행 중인 상태이다. 로저스는 온전히 기능하는 사람은 목적지가 아닌 지향할 방향에 있다고 말했다(Rogers, 1961, p. 186). 만약 노력과 성장이 멈추면, 그 사람은 자발성과 유연성, 개방성을 잃게 된다. 로저스가 강조한 변화와 성장은 그의 책 제목『진정한 사람 되기(On Becoming a Person)』(1961)의 '되기(becoming)'라는 단어에서도 포착된다.

온전히 기능하기가 항상 쉬운 것은 아니다 온전히 기능한다는 것은 끊임없이 시험하고, 성장하고, 노력하며, 모든 잠재력을 활용하는 것을 의미하며, 복잡성과 도전을 일으키는 삶의 방식이다. 로저스는 비록 온전히 기능하는 사람이 종종 그렇게 느끼더라도, 그들을 행복한 혹은 만족하는 사람이라 표현하진 않았다. 더욱 적절하게 표현하자면, 그들의 성격은 풍부하고(enriching), 흥미롭고(exciting), 의미 있다(meaningful)고 묘사될 수 있다.

인간 본성에 대한 질문

자유의지와 결정론에 대한 로저스 입장은 분명하다. 온전히 기능하는 사람은 자기를 창조하는 데 자유로운 선택권을 지닌다. 다시 말해 성격의 어떤 측면도 미리 정해져 있지 않다. 선천성과 후천성 쟁점에 있어 로저스는 환경의 역할을 강조했다. 비록 실현 경향성은 타고나는 것이지만, 실현 과정 자체는 생물학적 영향보다 사회적 영향을 더 많이 받는다.

아동기 경험이 성격 발달에 일정 부분 영향을 미치기는 하지만, 이후의 경험이 성격 발달에 더 큰 영향을 미친다. 즉 우리의 현재 감정이 아동기에 발생한 사건보다 성격 발달에 더욱 중요하다.

로저스는 온전히 기능하는 사람의 공통적 특징을 언급했는데, 이는 성격에 보편적인 면이 있음을 인정하는 것이다. 하지만 이러한 특질이 표현되는 방식에 있어서는 독특성이 존재한다. 삶의 궁극적이고 필수적인 목표는 온전히 기능하는 사람이 되는 것이다.

자신을 이해하고 개선하기 위한 능력과 동기, 책임을 강조하는 성격 이론가들은 인간을 낙관적이고 긍정적인 시각으로 바라본다. 로저스 역시 인간이 기본적으로 건강한 본성, 즉 잠재력을 향상시키고 성취하려는 선천적 경향성을 가지고 있다고 믿었다. 로저스는 이러한 낙관성을 결코 잃지 않았다. 그는 85세에 인터뷰에서 "나의 긍정적 인간관은 개인 및 집단과 함께 일을 하며 지속적으로 강화된다"라고 말하였다(Rogers, 1987, p. 118).

로저스에 따르면 우리는 자신 혹은 사회와 갈등할 운명에 처해 있지 않다. 우리는 본능적·생물학적 힘에 지배되거나 생애 첫 5년의 경험에 통제되지 않는다. 우리는 퇴행하기보다는 진보하며, 정체보다 성장을 지향한다. 방어적이기보다 개방적으로 세상을 경험하며, 안전과 익숙함 대신 도전과 자극을 추구한다. 정서장애가 발생할 수도 있지만, 이는 드문 경우이다.

로저스의 인간중심치료는 우리로 하여금 내적 자원, 즉 타고난 실현화 동기를 활용하게 하며, 이를 통해 우리는 어려움을 극복할 수 있다.

나는 인간이 방어성과 내면의 두려움으로 믿을 수 없게 잔인하고, 끔찍하게 파괴적이며, 미성숙하고, 퇴행적이고, 반사회적이고, 상처를 주는 방식으로 행동할 수 있다는 것을 잘 안다. 그러나 내 경험 중 가장 생기 있고 고무적인 것은 그러한 개인들과 같이 일했던 것, 그리고 우리 모두에게서와 마찬가지로 그들 안에도 존재하는 강한 긍정성을 발견한 것이다(Rogers, 1961, p. 27).

온전히 기능하는 사람이 되고 싶은 욕구는 사회에도 도움을 준다. 더 많은 이들이 자기실현을 하게 되면, 사회는 자연스럽게 개선될 것이다.

로저스 이론에서의 평가

로저스는 오직 개인의 주관적 경험, 즉 개인이 인식하고 현실로 받아들인 생활 사건에 관해서만 성격을 평가했다. 로저스는 내담자가 자신이 가진 문제의 근원을 스스로 알 수 있으며, 자기개념과 경험 간의 불일치로 인해 방해받아 왔다 하더라도, 그들에게는 성격적 성장을 이룰 능력이 있다고 보았다.

인간중심치료

인간중심치료(person-centered therapy)에서, 로저스는 자신과 타인을 향한 내담자의 정서 및 태도를 탐색하였다. 그는 내담자가 하는 말을 선입견 없이 들었으며, 내담자가 보는 방식으로 내담자의 경험 세계를 이해하려고 노력하였다. 로저스는 인간중심치료가 성격 평가에서 유일하게 가치 있는 접근법이라 보기는 했으나, 이것만이 절대적인 것이라고 생각하지는 않았다. 주관적 경험에 초점을 맞춤으로써, 상담자는 내담자가 의식적으로 언급하는 사건에 대해서만 알게 된다.

의식적으로 인식되지 않는 경험은 숨겨져 있다. 그러나 이러한 비의식(non-conscious) 경험을

> **인간중심치료** 로저스의 치료적 접근법으로, 자신의 성격을 변화시킬 책임이 내담자에게 있다고 가정함.

너무 많이 추론하려고 시도한다면, 상담자가 추론하는 가설이 내담자의 실제 경험보다 상담자 자신의 관점을 나타낼 수 있다.

또한 상담자가 내담자에 대해 알게 되는 것은 내담자의 의사소통 능력에 달려 있다. 모든 형태의 소통은 불완전하므로, 상담자가 보는 내담자의 경험 세계는 충분하지도, 완전하지도 않을 수밖에 없을 것이다. 이러한 한계가 있지만, 로저스는 모든 심리 평가 및 치료적 접근보다 인간중심치료가 개인의 경험 세계에 대해 더욱 명확한 시각을 제공한다고 주장하였다. 로저스에 따르면 인간중심치료의 장점 중 하나는, 상담자가 내담자의 문제를 이론적 구조에 맞춰야 하는 프로이트의 정신분석처럼, 사전에 결정된 이론적 구조에 의존하지 않는다는 점이다.

인간중심치료 상담자에게 사전에 결정된 유일한 신념은 내담자의 고유한 가치에 대한 존중이다. 내담자는 있는 그대로 받아들여져야 한다. 상담자는 그들에게 무조건적 긍정적 존중을 보이고, 내담자 행동을 판단하거나 어떻게 행동할지 조언하지 않는다. 행동 변화와 관계 재평가에 대한 책임을 포함해 모든 것은 내담자 중심으로 이루어진다.

로저스는 자유연상, 꿈 분석, 사례 기록 등의 평가 기법에 반대하였다. 그는 이러한 방법이 내담자를 전문지식과 권위의 분위기를 풍기는 상담자에게 의존하게 한다고 보았다. 로저스에 따르면 이는 상담자가 내담자에 대해 모든 것을 알고 있다는 인상을 줌으로써 내담자의 개인적 책임을 제거한다. 이 경우 내담자는 상담자가 자신의 문제를 해결해 줄 것이므로 자신은 앉아서 전문가의 지시를 따르기만 하면 된다고 생각하게 될 수 있다.

참만남 집단

로저스는 인간중심치료가 자신의 감정과 접촉하지 않고 삶의 경험에 폐쇄적인 개인을 도울 수 있다고 보았다. 그는 보다 많은 이들이 더 나은 심리 건강 및 기능 상태를 경험하기를 바랐다. 그래서 사람들이 자신을 이해하고, 타인과 관계 맺는 방법, 즉 진정으로 타인을 만나는 방법을 배울 수 있는 집단상담 기법을 개발하였다. 그는 이러한 접근을 참만남 집단(encounter group)이라고 불렀다(Rogers, 1970).

집단은 8~15명 사이로 다양하게 구성되었으며, 보통 여러 번의 회기에 걸쳐 총 20~60시간 동안 만남이 이루어졌다. 회기는 형식적 구조나 주제 없이 시작되었다. 회기를 진행하는 사람들은 일반적인 의미의 리더가 아니었다. 그들은 구성원들이 자신을 표현하고 타인이 자신을 어떻게 보는지에 집중할 수 있는 분위기를 조성하였다. 진행자의 임무는 구성원의 자기 통찰을 도와, 이들이 더 온전하게 기능하도록 하는 것이었다. 로저스는 대부분(모두는 아니더라도)의 참가자들이 더 온전하게 기능하게 될 것이라 믿었다.

모든 심리학자가 이에 동의하는 것은 아니다. 그럼에도 대규모 연구 분석 결과, 참만남 집단이 전통적 심리치료에 필적할 만한 효과를 지닌 것으로 드러났다(Faith, Wong, & Carpenter, 1995). 또한 만남이 잦았던 대규모의 집단일수록 만남이 드물었던 소규모의 집단보다 상담 효과가 긍정적인 것으로 확인되었다.

오늘날 참만남 집단은 로저스가 직접 이를 홍보했을 때만큼 인기가 있지는 않다. 그러나 로저스를 따르는 상담자들은 내담자의 잠재력을 향상시키고, 이들이 보다 온전하게 기능하도록 돕고자 여전히 참만남 집단을 운영하고 있다.

심리검사

로저스는 성격을 평가하기 위해 심리검사를 사용하지 않았으며, 어떠한 검사도 개발하지 않았다. 그러나 다른 심리학자들이 경험적 세계 측면을 측정하고자 검사를 개발하였다. 자기보고식 경험 설문지(Experience Inventory, Coan, 1972)는 온전히 기능하는 사람의 특성인 경험에 대한 개방성 또는 수용성을 평가하는 검사이다. 아울러 경험 척도(Experiencing Scale, Gendlin & Tomlinson, 1967)는 자기신뢰 수준을 측정한다.

이 검사에서 수검자는 직접 답변을 작성하지 않는다. 수검자는 자신이 결정한 것들에 대해 이야기하고, 이후 그 기록이 자기신뢰(self-trust) 정도에

참만남 집단 사람들이 자신의 감정을 이해하고, 타인과 관계 맺는(진정으로 타인을 만나는) 방법을 배우는 집단상담 기법.

따라 평정된다. 예를 들면 자신의 감정이 행동의 기초가 되는 중요한 원천이라 믿는 정도 또는 자신의 감정이 결정에 미치는 영향을 부인하는 정도 등이 여기에 해당된다.

경험 척도는 인간중심치료에서 사용되어 왔다. 예를 들어 한 연구에 따르면, 치료에서 가장 큰 성과를 보인 이들은 치료 전부터 치료 후까지 자기신뢰가 증가한 것으로 나타났다. 반면 치료에서 거의 개선을 보이지 못한 이들은 이 기간 중 자기신뢰가 소폭 증가했거나 전혀 증가하지 않았다. 보다 가벼운 정서장애를 앓고 있는 이들은 더 심각한 정서장애를 앓고 있는 이들보다 더 큰 자기신뢰를 보였다(Klein, Malthieu, Gendlin, & Kiesler, 1969).

로저스 이론에 대한 연구

로저스는 실험 연구보다 실제 내담자의 자기보고에 근거하는 인간중심 면접에 더 큰 가치가 있다고 믿었다. 로저스의 관점에 따르면 전통적인 과학적 접근법은 그의 임상적 접근법에 비해 성격의 본질에 대해 정보를 밝히는 바가 적다. 그는 "나는 연구를 통해서 배운 게 아무것도 없다. 내 연구의 대부분은 내가 이미 진실이라 느꼈던 것을 확인하는 것이었다"라고 말했다(Bergin & Strupp, 1972, p. 314).

로저스는 성격에 관한 데이터를 수집함에 있어 실험실 연구 방법을 거부하였으나, 그의 임상 관찰을 검증하고 확인하는 데에는 이를 사용하기도 하였다. 그는 치료 회기의 본질에 대한 연구에 열정적이었는데, 많은 임상가들은 로저스의 치료 회기 연구를 사생활 침해라 간주하여, 이를 받아들이지 않았다.

로저스의 방식은 당시에는 급진적이었다(Goldfried, 2007). 그는 연구자들이 내담자-상담자 간 상호작용을 연구할 수 있도록 치료 회기를 녹음하고 촬영하였다. 로저스 이전에 상담 회기로부터 얻을 수 있던 유일한 정보는 상담자의 사후 재구성, 즉 회기가 끝난 뒤 상담자가 작성한 기록뿐이었다. 서면 기록의 경우 시간이 지나면서 기억이 왜곡된다는 사실 외에도 내담자의 정서적 상태, 신체적 언어 등을 놓치게 된다는 문제가 있다. 그러나 때때로 얼굴 표정이나 목소리 톤이 더 많은 것을 나타낼 수 있다. 이러한 이유로 회기를 녹음하고 촬영함으로써 회기와 관련된 모든 것을 연구할 수 있게 되었다.

로저스는 이를 '성격 변화의 분자'를 검사하는 현미경에 비유하였다 (Rogers, 1974, p. 120). 그는 상담 회기를 촬영하는 것에 대해 언제나 내담자의 동의를 받았고, 촬영 장비가 치료 과정을 방해하지는 않음을 발견하였다.

인간중심치료에 대한 평가

로저스와 그의 동료들은 상담 과정에서 어떻게 자기개념이 변화하는지 연구하였다. 그들은 과학적 전통에 따라 질적·양적 접근을 활용하여(로저스 자신은 과학자가 아니라 하였지만), 상담 회기를 분석하는 한편, 내담자 반응에 대한 평가 척도와 내용 분석을 적용해 자기개념에 변화가 있는지 조사하였다.

대부분의 연구에 윌리엄 스티븐슨(William Stephenson, 1953)이 개발한 Q분류 기법(Q-sort technique)이 적용됐다. 이 기법을 사용한 평가에서 내담자는 자기개념에 대한 진술문을 자신을 가장 잘 설명하는 것에서 가잘 설명하지 못하는 것 사이의 범주로 분류한다. 즉 Q분류는 내담자의 자기상을 경험적으로 정의하는 방법이다. 일반적인 Q분류 진술문은 다음과 같다.

- 나는 혼자 있는 것을 즐긴다.
- 나는 무력감을 느낀다.
- 나는 정서적으로 성숙하다.

Q분류 기법은 여러 방식으로 사용된다. 예를 들어 자기를 어떻게 인식하는지에 따라 진술문을 정렬한 뒤, 내담자는 이상적 자기, 즉 가장 되고 싶은 모습의 관점에서 다시 진술문을 정렬하도록 지시받을 수 있다. 로저스는 상관연구를 적용해 내담자의 자기상, 즉 내담자가 지각하는 자기(perceived self)가 이상적 자기(ideal self)와 얼마나 일치하는지 Q분류 반응을 사용하여 알

> **Q분류 기법** 자기개념의 측면을 평가하기 위한 자기보고 기법.

아보았다.

또한 로저스는 상담 전후 내담자의 자기개념이 얼마나 크게 변화하는지에 주목하였다. '오크 부인(Mrs. Oak)'이라고 명명한 한 내담자의 경우, 상담전 지각하는 자기와 이상적 자기 간 상관계수는 0.36이었다. 상담 1년 후, 상관계수는 0.79로 증가해, 지각하는 자기가 이상적 자기와 일치하는 정도가 훨씬 증가한 것을 확인하였다(Rogers, 1954). 로저스는 이러한 극적인 변화가 더 건강해진 정서 상태를 의미한다고 보았다.

오크 부인은 치료 전후 자신을 설명하기 위해 다양한 Q분류 진술문을 분류하였다. 로저스와 상담 전 그녀는 자신이 의존적이고 수동적이라 보았다. 그녀는 다른 사람이 자신을 거부할 것이라고 생각하였다. 상담 후 오크 부인은 자신이 정말 되고자 하는 자기에 더 가까워졌다고 생각했다. 그녀는 더 안정적이고, 덜 두려워하며, 타인과 더 잘 지낼 수 있게 되었다고 느꼈다(표 10.2).

표 10.2 오크 부인의 지각하는 자기에 대한 상담 전후 Q분류 진술문

상담 전 자기	상담 12개월 후 자기
나는 대개 의욕이 넘친다.	나는 감정을 자유롭게 표현한다.
나는 내 문제에 책임이 있다.	나는 정서적으로 성숙하다 느낀다.
나는 정말 자기중심적이다.	나는 자립심이 강하다.
나는 체계적이지 못하다.	나는 자신을 잘 알고 있다.
나는 불안정함을 느낀다.	나는 내가 괜찮은 사람이라고 느낀다.
나는 변명과 합리화로 자신을 보호해야 한다.	나는 타인과 따뜻한 정서적 관계를 맺고 있다.

출처: Rogers, C. R. (1954). The case of Mrs. Oak: A research analysis. In C. R. Rogers & R. F. Dymond(Eds.), *Psychotherapy and personality change*. Chicago: University of Chicago Press.

로저스와 동료들은 25명의 내담자를 대상으로 지각하는 자기와 이상적 자기 간 불일치를 측정하였다(Butler & Haigh, 1954). 연구 결과 불일치는 상담 중 그리고 후에 걸쳐 시간이 지남에 따라 감소하는 것으로 밝혀졌다. 지각하는 자기와 이상적 자기 간 평균 상관계수는 상담 전에는 −0.01로, 상담 후에는 0.31로 나타났다.

최근 연구에 따르면 인간중심치료는 내담자가 자신의 상담자를 다음과

같이 인식할 때 더 성공적인 것으로 나타났다.

1. 공감적이며 이해해 주는
2. 무조건적 긍정적 존중을 보이는
3. 치료적 관계에서 진실하다는 것을 나타냄으로써 일치성을 보이는(Cain, 2013).

최근에는 성적 만족감 Q분류 기법(Sexual Satisfaction Q-Sort technique)이 개발되었다. 이를 통한 평가에서 내담자는 성적 만족 중 자신의 행동, 감정, 경험에 대한 63개 진술문을 분류한다. 초기 연구에 따르면 대부분의 성적 경험은 '정서적 및 남성적, 관계적 및 여성적, 파트너 중심의, 절정경험 중심의'라는 네 가지 범주 중 하나 혹은 여럿으로 분류된다(McClelland, 2014a, 2014b).

무조건적 긍정적 존중 3세대에 걸친 여성 및 대학생 대상의 연구에 따르면, 부모의 조건적 긍정적 존중은 자녀에게 바라는 행동을 끌어내는 데에는 성공적이었다. 하지만 부모가 조건적 존중을 보인 자녀들은 낮은 대처 기술, 자존감의 변동, 낮은 자기가치감, 부모가 자신을 비난했던 느낌, 부모에 대한 분노를 보고하는 것으로 나타났다. 부모가 조건적 존중을 보이지 않았던 자녀들은 이러한 부정적 결과를 보고하지 않았다(Assor, Roth, & Deci, 2004).

유기체적 가치화 과정 로저스의 유기체적 가치화 과정에 대한 개념을 지지하는 몇 가지 근거가 있다. 또한 연구에 따르면 긍정적 자기존중은 미국과 같은 개인주의 문화에서와는 달리, 일본과 같은 집단주의 문화에서는 일반적이지 않을 수 있다(Heine, Lehman, Markus, & Kitayama, 1999; Joseph & Linley, 2005; Sheldon, Arndt, & Houser-Marko, 2003).

경험에 대한 개방성

한 고전적 연구에서는 로저스의 가설을 검증하기 위해 대학생들을 대상으로

Q분류 기법을 실시하였다. 가설은 온전히 기능하는 사람은 모든 경험에 열려 있으며, 심리적으로 건강하지 않은 사람은 자기상을 위협하는 경험으로부터 자신을 지키고자 방어책을 세운다는 것이었다(Chodorkoff, 1954). 주제별 개별 Q분류 진술문은 주제 통각 검사(TAT), 로르샤흐 잉크반점 검사 등 다양한 자료를 토대로 평가 보고서를 작성하는 임상심리학자에 의해 이루어졌다. 이러한 임상적 측정을 바탕으로, 학생들은 좋은 적응 집단과 나쁜 적응 집단으로 나뉘었다.

위협이 된다고 인식되는 상황에서 방어의 정도는 탁자와 같은 중립적 단어부터 음경과 같은 위협적 단어에 걸쳐 피험자 반응으로 측정되었다. 연구 결과 모든 피험자가 중립적 단어보다 위협적 단어를 느리게 지각하는 것으로 나타났으며, 이러한 반응은 나쁜 적응 집단의 방어적 피험자에게서 더 두드러졌다. 심리적으로 더 건강하다고 추정되는 좋은 적응 집단의 학생들은 지각적 방어의 정도가 현저히 낮았다. 학생들의 자기기술과 임상가의 기술 간 일치에 있어서, 연구자들은 둘 간의 Q분류 진술문이 유사할수록 더 좋은 적응 집단이라고 보았다.

자기수용

56명의 어머니를 대상으로 자기수용 정도와 부모로서 자녀를 있는 그대로(자신이 원하는 자녀의 모습보다) 수용하는 정도 간의 관계를 살핀 연구가 있다(Medinnus & Curtis, 1963). 이 초기 연구는 자신의 본성을 있는 그대로 받아들이는(지각하는 자기와 이상적 자기가 일치하는) 사람이 다른 사람들을 있는 그대로 받아들일 가능성이 높다는 로저스의 생각에 기반을 두고 있다.

연구 결과 자기수용적 어머니와 비자기수용적 어머니 간에 유의한 차이가 있었다. 자기수용적 어머니는 자녀의 타고난 특성을 더 잘 받아들였다. 또한 자녀의 자기수용 정도는 어머니의 자기수용 정도에 영향을 받는 것으로 나타났다.

인종정체성 미국 내 다양한 인종의 성인을 대상으로 한 연구 결과, 인종정체성에 대해 높은 자기수용을 지닌 이들이 낮은 자기수용을 지닌 이들에 비해 더 긍정적인 성장을 보였다(Pedrotti & Edwards, 2010).

부모 행동 자녀를 무조건적으로 수용하고 민주적 양육 태도를 보이는 부모의 자녀는, 자녀를 덜 수용하고 권위적인 양육 태도를 보이는 부모의 자녀에 비해 자존감 및 정서 안정성이 높았다(Baldwin, 1949).

자존감이 높은 아동의 부모는 자녀의 행동을 지도하기 위해 처벌보다는 애정을 표현하며, 보상을 더 많이 활용하는 것으로 나타났다. 자존감이 낮은 아동의 부모는 보다 냉담하고, 애정 표현에 인색하며, 처벌을 사용할 가능성이 더 높았다(Coopersmith, 1967).

부모로부터 무조건적 긍정적 존중을 받고 제약 없이 자신을 표현하도록 허용받은 청소년들은 부모가 그러한 조건을 제공하지 않은 청소년들보다 더 큰 창조적 잠재력을 개발하였다(Harrington, Block, & Block, 1987).

또한 부모로부터 무조건적 긍정적 존중을 받은 청소년들은 미래에 다른 사람들로부터 지지를 받을 수 있다는 자신감과 희망을 갖는 것으로 나타났다. 또한 그들은 자신의 관심과 재능에 대한 인식과 일치하는 행동에 더 많이 관여하는 것으로 나타났다.

부모로부터 조건적 긍정적 존중을 받은 청소년들의 경우 그러한 자신감과 희망이 부족하였다. 그들은 부모로부터 지지와 승인을 받고자 노력하기에 진정한 자기 모습과 불일치하는 활동에 더 많이 몰두하였다(Harter, Marold, Whitesell, & Cobbs, 1996). 교사로부터 무조건적 긍정적 존중을 받은 고등학생들은 그렇지 않은 학생들보다 더 높은 자기존중감을 보고하였다(Nolan, 2008).

나이 나이가 들수록 분노 및 불안이 감소할 뿐 아니라, 자기조절 수준이 높아지는 것으로 나타났다(Shallcross, Ford, Floerke, & Mauss, 2013).

정서적 적응

몇몇 연구 결과에 따르면 로저스가 제안한 바와 같이, 지각하는 자기와 이상적 자기 간의 불일치는 심리적 부적응을 야기한다. 연구자들은 이러한 불일치가 클수록 불안, 불안정, 자기의심, 우울, 사회적 무능 및 기타 심리장애의 위험성이 높다고 결론지었다.

또한 지각하는 자기와 이상적 자기 간의 불일치는 낮은 수준의 자기실현 및 자기존중감과 관련되는 것으로 나타났다(Achenbach & Zigler, 1963; Gough, Fioravanti, & Lazzari, 1983; Mahoney & Hartnett, 1973; Moretti & Higgins, 1990; Straumann, Vookles, Berenstein, Chaiken, & Higgins, 1991). 지각하는 자기와 이상적 자기 간의 불일치가 큰 사람은 다른 사람들에 의해 어색하고, 혼란스러워 하는, 비우호적인 사람이라고 평가받는 경향이 있었다(Gough, Lazzari, & Fioravanti, 1978).

로저스는 자신의 내적 실현 경향성을 깨닫지 못할 경우, 이는 부적응으로 이어질 수 있다고 보았다. 이 생각을 확인하기 위해 한 연구자는 남녀 대학생을 대상으로 버스(Buss)와 플로민(Plomin)이 제안한 타고난 기질인 정서성(emotionality), 활동성(activity), 사회성(sociability) 연구, 즉 EAS 연구를 수행하였다(Ford, 1991). EAS 기질 설문지(EAS Temperament Survey)를 활용한 행동 평가에서 대학생 자녀를 둔 부모에게 자녀의 아동기 기질을 떠올리며 응답하도록 요청하였다.

이러한 기질 프로파일을 해당 대학생의 세 가지 기질에 대한 현재의 자기 인식과 비교하였다. 연구 결과는 로저스의 견해를 지지하는데, 기질에 있어 아

핵심 내용

로저스 이론에 대한 연구

로저스의 접근법에 대한 연구는 다음과 같은 결과를 보여 준다.

- 긍정적 자기존중은 개인주의 문화에서 더 중요할 수 있음
- 온전히 기능하는 사람은 모든 경험에 개방적임
- 아동의 자기수용은 부분적으로 어머니의 자기수용 정도에 달려 있음
- 부모가 무조건적으로 수용하는 아이들은 자존감이 높음
- 지각하는 자기와 이상적 자기 간 불일치가 클수록 정서적으로 부적응적이며 낮은 자기존중감과 자기실현을 보임
- 타고난 잠재력을 깨닫지 못할 경우, 이는 부적응으로 이어질 수 있음

동기(잠재력)와 성인기(현실) 간의 불일치가 클수록 부적응 수준이 높았다.

로저스 이론에 대한 고찰

비판점

로저스에 따르면 성격을 탐구하는 유일한 방법은 인간중심치료를 통해 개인의 주관적 경험을 살피는 것이며, 실제로 로저스는 내담자의 자기보고를 통해 이를 수행하였다. 하지만 이러한 로저스의 접근법은 내담자가 의식적으로 인식하지 못해도 행동에 영향을 주는 요소가 있을 수 있다는 점을 간과하였다고 비판받는다. 사람들은 자신의 본성을 숨기고 이상화된 자기상을 보여 주고자 주관적 경험을 왜곡하여 보고할 수 있다. 즉 특정 사건은 억압하고 다른 사건은 정교히 하거나 새로이 만들어 낼 수 있는 것이다.

제2차 세계대전이 인간중심치료에 미친 영향

로저스의 인간중심치료는 순식간에 큰 인기를 끌었다. 이러한 빠른 수용은 부분적으로는 미국 내 사회적 상황으로 촉진되었는데, 당시는 제2차 세계대전 말기(1945)였다. 해외에서 복무 후 돌아온 재향 군인들은 민간인 생활에 재적응하는 데 도움이 필요했다. 그 결과 심리학자의 역할이 주목을 받으며, 그들이 빠르게 습득하고 실천할 수 있는 상담 기법의 필요성이 대두되었다.

전통적 정신분석 훈련을 위해서는 의학 학위와 긴 전문수련 기간이 필요하였다. 그러나 한 학자의 표현을 빌리자면, "인간중심치료는 보다 단순하고 비격식적이며 간략하여 많은 훈련이 필요하지 않았다"(De Carvalho, 1999, p. 142).

제2차 세계대전 후, 로저스의 가르침을 기반으로 400개 이상의 대학 상담 센터가 설립되었다. 이는 재향 군인이 민간인 생활에 적응하는 것을 돕기 위한 재향군인관리국(Veterans Administration)의 후원하에 이루어졌다. 내담자 중심 치료는 엄청난 관심을 받았고, 수백 개 대학이 자체 상담센터를 설립하였다. 추후 로저스는 제2차 세계대전으로 인한 미국인의 스트레스에 힘입어 자신의 치료법과 이름이 세계적 명성을 얻게 된 점을 인정하였다. 로저스가 성격을 이해하고 치료하는 새 접근법의 리더가 된 것이다(Barrett-Lennard, 2012; McCarthy, 2014).

로저스 이론의 수용

이후 로저스의 치료법은 정서장애 치료 목적뿐 아니라 내담자의 자기상을 향상시킬 목적으로도 광범위하게 적용되었다. 경영 분야에서는 관리자를 위한 훈련법으로도 활용되며, 누군가를 돕는 직업들, 가령 임상심리학자, 사회복지사, 상담가를 훈련하는 데에도 활발하게 활용된다.

아울러 다양한 상담적 지향(orientation)을 지닌 심리치료자들이 내담자와의 치료 작업에 로저스 핵심 개념의 일부를 수용하였다. 따라서 인간중심 접근법은 상담 및 심리치료에 여전히 영향력을 미친다(Bohart, 2014; Hazler, 2011; Kirschenbaum & Jourdan, 2005; Patterson & Joseph, 2007).

200개 이상의 훈련센터(대부분 유럽에 있음)가 로저스의 치료 방식을 중요하게 다룬다. 또한 수십 종의 학술지가 로저스의 개념을 연구하고 이를 적용하는 데 초점을 맞춘다(Murdock, 2008). 가령 2002년 출간되기 시작한『인간중심 심리치료 & 경험적 심리치료(Person-Centered & Experiential Psychotherapies)』는 오늘날까지 영향력 있는 학술지이다.

로저스의 성격 이론

로저스의 성격 이론은 그의 심리치료에 비하면 영향력이 작지만, 이 또한 자기개념을 중심으로 널리 인정을 받았다. 그러나 로저스는 자신이 학업적 혹은 과학적 심리학에 영향을 미쳤다고 보지 않았다. 그럼에도 그의 이론과 치료는 심리치료의 본질, 내담자-상담자 상호작용, 자기개념 등과 관련한 연구를 자극하였다. 그의 생각은 자기에 대한 심리학 이론 및 경험적 정의에 영향을 미쳤다.

로저스의 이론은 임상 클리닉, 강의실 그리고 실험실이라는 독특한 조합에 기반한다. 그는 정서적으로 혼란한 내담자에 대한 상담한 경험을 바탕으로 동료 및 학생들에게 많은 지적 자극을 제공하였다. 수많은 로저스의 추종자가 임상 장면과 실험 연구를 통해 그의 생각을 검증하고자 계속해서 노력하고 있다.

요약

로저스의 인간중심 이론에 따르면, 인간은 무의식 및 과거 경험으로 통제되지 않는, 의식적이고 합리적인 존재이다. 성격은 현상론적 접근법, 즉 주관적 경험(자신의 경험적 장)에 기초한 개인의 관점을 통해서만 이해된다.

우리의 삶의 목표는 자기실현이며, 이는 성장과 발전을 지향하는 타고난 경향성이다. 유기체적 가치화 과정은 삶의 경험이 실현 경향성에 얼마나 부합하는지에 따라 평가된다. 실현 경향성을 촉진하는 경험은 추구되며, 이를 방해하는 경험은 기피된다.

긍정적 존중은 유아기에 타인(특히 어머니)으로부터 수용, 사랑, 인정을 받고자 하는 욕구이다. 무조건적 긍정적 존중은 자녀의 행동에 대해 어머니의 사랑과 인정이 대가 없이 완전하게 부여되는 것을 의미한다. 사랑과 인정이 조건적일 때는 조건적 긍정적 존중 상태이다. 타인의 태도가 내면화되면, 긍정적 존중이 우리 자신(긍정적 자기존중)에서 비롯된다.

가치의 조건화(프로이트 초자아와 유사함)란 개인이 자신을 부모가 받아들일 조건에서만 가치 있다고 여기는 것이다. 우리는 부모의 조건에 반대되는 행동 및 생각은 피한다.

불일치는 자기개념과 자기상을 위협하는 행동으로부터 발생한다. 우리는 경험적 장을 위협하는 측면을 부정함으로써 불안을 방어한다.

온전히 기능하는 사람은 심리적 발달의 정점을 보여 준다. 온전히 기능하는 사람은 모든 경험을 인식하고 방어하지 않으며, 매 순간 충만하게 살아가고 자신을 신뢰하고 제약 혹은 억압 없이 자신의 행동을 통제하며, 창의성 및 자발성을 발휘한다.

로저스는 인간 본성에 대해 낙관적 태도를 보였는데, 이는 자유의지에 대한 믿음, 유전을 넘어선 환경의 중요성, 성격의 보편성을 포함한다. 개인과 사회는 과거 사건에 방해받지 않고 성장할 수 있다.

성격은 스스로 보고하는 주관적 경험으로 평가될 수 있다. 인간중심 접근법에서 상담자는 내담자에게 무조건적 긍정적 존중을 제공한다. 로저스는 자유연상과 꿈 분석에 반대했는데, 이러한 기법이 내담자로 하여금 상담자에게 의지하게 하기 때문이다. 로저스는 치료 회기를 녹음·녹화함으로써 내담자-상담자 간 상호작용의 본질을 탐구할 수 있도록 하였다.

Q분류 기법은 자기상을 수치화하는 방법으로, 이 기법을 사용한 평가에서 내담자는 자기개념에 대한 진술문을 자신을 가장 잘 설명하는 것에서 가잘 설명하지 못하는 것 사이의 범주로 분류한다. Q분류 연구에 따르면 심리치료 후, 지각하는 자기와 이상적 자기 간 일치성이 증가한다. 더 잘 적응하는 사람일수록 자기가 보는 자기와 타인이 보는 자기 간에 일치성이 높다. 지각하는 자기와 이상적 자기 간의 불일치는 심리적 부적응을 의미한다.

로저스 연구는 무의식적 힘의 영향을 간과하고 주관적 경험에 있어 내담자의 왜곡된 자기보고를 받아들일 가능성이 있기 때문에 비난을 받아 왔다. 그럼에도 그의 인간중심 접근법은 상담 및 심리치료 분야에서 여전히 영향력을 지닌다.

복습 문제

1. 로저스의 아동기가 그의 면접 및 치료적 관심에 어떠한 영향을 미쳤는가?
2. 임상 경험에 있어 로저스와 프로이트는 어떠한 차이가 있는가?
3. 비행 아동 연구는 자기의 역할에 대한 로저스의 견해에 영향을 미쳤다. 이에 관해 설명하라.
4. 실현에 대한 욕구가 어떻게 생물학적·심리적 성장을 촉진하는지 설명하라.
5. 유기체적 가치화 과정은 무엇이며, 이는 행동에 어떠한 영향을 미치는가?
6. 경험적 장은 무엇이며, 우리의 경험적 장은 나이에 따라 어떻게 변화하는가?
7. 긍정적 존중과 긍정적 자기존중의 차이를 설명하라.
8. 부모의 어떠한 행동이 자녀의 긍정적 자기존중 발달에 영향을 미치는가?
9. 로저스의 가치의 조건화 개념과 프로이트의 초자아 개념을 비교하여 설명하라.
10. 로저스의 불일치 개념을 설명하라. 불일치는 어떻게 불안과 관련되는가?
11. 온전히 기능하는 사람이 되는 데 있어 (a) 지성, (b) 긍정정서 및 부정정서, (c) 자발성의 역할을 설명하라.
12. 온전히 기능하는 사람의 특성은 무엇인가? 온전히 기능하는 사람이 자기실현을 한 것이라 말할 수 있는가?
13. 인간 본성에 대한 로저스와 프로이트의 견해는 어떻게 다른가?
14. 인간 본성에 대한 로저스의 관점을 토대로 할 때, 그는 낙관론자인가, 비관론자인가?
15. 로저스의 임상 면접은 정신분석에서의 임상 면접과 어떻게 다른가?
16. 로저스는 자신의 접근법을 무엇이라 불렀는가? 그 이유는 무엇인가?
17. Q분류 기법은 자기상을 어떻게 측정하는가?
18. Q분류 연구를 통해, 심리치료 전과 후 자기개념과 관련해 무엇을 알 수 있는가?
19. 부모의 조건적 긍정적 존중의 결과에 관한 연구 결과는 어떠한가?
20. 부모의 행동이 자녀의 행동에 어떠한 영향을 주는지 로저스 견해를 바탕으로 설명하라.
21. 성격 발달에 있어 아동기 경험과 성인기 경험의 중요성에 대한 로저스의 입장은 무엇인가?
22. 로저스의 성격 이론에는 어떠한 비판이 제기되었는가?
23. 로저스의 인간중심치료가 빠르게 받아들여진 이유는 무엇인가?

읽을거리

Barrett-Lennard, G. (2013). Origins and evolution of the person-centered innovation in Carl Rogers lifetime. In Cooper, M., O Hara, M., Schmid, P., Bohart, A. (Eds.), *Handbook of person-centered psychotherapy and counseling* (2nd ed.). New York: Palgrave Macmillan, pp. 32-45.

로저스의 생애 초기와 가정 환경을 개관하는 책으로, 그의 여행 경험과 제2차 세계대전 시기(로저스의 명성과 치료적 접근이 수용되는 데 영향을 미친)에 대한 설명을 포함한다.

Cornelius-White, J. (2013). *Carl Rogers: The China diary*. Las Vegas: CreateSpace Independent Publishing.

로저스가 20세에 중국에서 기록한 일기(그의 독특한 철자법과 문법을 포함)로, 로저스의 딸이 자신의 견해를 담아 서문을 썼다.

Evans, R. I. (1975). *Carl Rogers: The man and his ideas*. New York: Dutton.

로저스와의 인터뷰로, 자기의 진화, 인간중심치료 기법, 그의 이론을 교육에 적용하는 법을 담고 있다. 로저스의 인본주의 관점과 스키너의 행동주의 관점을 대조한다.

Kirschenbaum, H. (1979). *On becoming Carl Rogers*. New York: Delacorte Press. (2009). *The life and work of Carl Rogers*. Alexandria, VA: American Counseling Association.

로저스의 전기로, 인본주의 심리학과 심리치료에 미친 그의 공헌을 다룬다.

Milton, J. (2002). *The road to Malpsychia: Humanistic psychology and our discontents*. San Francisco: Encounter Books.

로저스의 공헌을 평가하고, 인본주의 심리학의 문화적·사회적 역사를 다룬다.

Rogers, C. R. (1961). *On becoming a person: A therapist's view of psychotherapy*. Boston: Houghton Mifflin.

심리치료(특히 의사소통과 대인 관계 문제)에 대한 로저스의 견해를 요약한 것으로, 개인의 성장이 자신 및 가정생활에 미치는 영향에 대해 논한다.

Rogers, C. R. (1967). Autobiography. In E. G. Boring & G. Lindzey (Eds.), *A history of psychology in autobiography* (Vol. 5, pp. 341-384). New York: Appleton-Century-Crofts.

로저스의 업적에 대한 평가와 그의 생애 초기 경험의 영향을 다룬다.

Rogers, C. R. (1974). In retrospect: Forty-six years. *American Psychologist, 29*, 115-123.

상담, 심리치료, 교육, 리더십, 국제 관계, 주관적 현상에 대한 경험적 조사에 로저스의 업적이 미친 영향을 평가한다.

Rogers, C. R. (1980). *A way of being*. Boston: Houghton Mifflin.

개인 및 집단 상담, 직업적 전문성, 과학적 성취와 개인적 성장에 관한 로저스 생애 후기의 업적을 보여 준다.

Rogers, C. R. (1989). *The Carl Rogers reader*. Boston: Houghton Mifflin.

하워드 커셴바움과 밸러리 핸더슨이 편집한 60여 년에 걸친 로저스의 글 모음집으로, 개인 회상과 사례 연구를 비롯하여, 성격 변화, 심리치료, 교육, 결혼 나이 듦, 국제 관계 등에 관한 에세이가 담겨 있다.

인지적 접근법

'인지' 라는 용어는 앎의 활동이나 과정을 의미한다. 성격에 대한 인지적 접근법은 인간이 자신의 환경과 자신에 대해 알게 되는 방법에 초점을 둔다. 인지적 접근법은 우리가 어떻게 지각하고, 평가하고, 학습하고, 사고하고, 결정하고, 문제를 해결하는지에 대한 질문을 다룬다.

인지적 접근법은 오로지 의식적인 정신 활동에 초점을 맞추기 때문에 성격에 대한 진정한 '심리학적' 접근법이다. 인지적 접근법에서 우리는 욕구나 추동, 정서를 성격의 별개의 활동으로 여기지 않을 것이다. 그보다 이것들은 인지 과정의 통제하에 있는 성격의 측면들이다.

현대 정신분석학자들은 인지 과정의 중요성을 인정한다. 앞에서 살펴본 바와 같이 자아와 인지 기능에 큰 자율성을 부여했던 에릭슨도 그러했다. 인본주의 심리학자 매슬로와 로저스 역시 우리가 어떻게 경험을 평가하고 이를 정신적으로 처리하는지 다루었다. 올포트는 인간의 사고에 대해 기술했고, 아들러는 경험에 대한 지각이나 해석에 기인한 창조적 자기를 제안했다. 사회 학습 이론가들(13장) 역시 인지 과정을 거론한다.

이 접근법들과 성격에 대한 조지 켈리의 인지 이론의 차이점은 켈리는 정서적 요소를 포함하여 성격의 모든 측면을 엄격히 인지적 처리의 관점에서 설명하려 시도했다는 점이다.

11장

조지 켈리:
개인적 구성개념 이론

Fair Use

"나 자신에게 진실인 듯 보이는 것이
다른 사람들에게도 마찬가지라는 생각이 들었다.
내가 행동을 시작했다면, 그들도 그러하다."

— 조지 켈리

심리학에서의 인지주의 운동

성격에 대한 조지 켈리(George Kelly)의 개인적 구성개념 이론(personal construct theory)은 이 책에서 논의된 다른 접근법들과 상당히 다르다. 켈리는 자신의 체계에서 무의식, 자아, 욕구, 추동, 자극과 반응, 강화(심지어 동기나 정서)와 유사한 개념을 찾을 수 없을 것이라고 경고했다. 인간 성격을 이러한 개념들, 특히 동기와 정서 없이 어떻게 이해할 수 있는지는 명백한 의문점이다.

켈리의 대답은 각 개인이 환경에 대한 일련의 인지적 구성개념을 창조한다는 것이다. 이는 우리가 삶에서 일어나는 사건과 사회적 관계를 체계나 패턴 속에서 해석하고 조직화한다는 것을 뜻한다. 이 패턴을 토대로 우리는 자신과 타인과 사건을 예측하고, 이러한 예측을 통해 우리의 반응을 만들어내고 행동을 안내한다. 따라서 성격을 이해하기 위

> **개인적 구성개념 이론** 인지 과정의 관점에서 성격에 대한 켈리의 설명; 우리는 행동과 사건을 해석할 수 있고, 우리의 행동을 안내하고 다른 사람의 행동을 예측하기 위해 이 해석을 이용할 수 있음.

해 먼저 우리의 패턴, 즉 우리가 세상을 조직화하거나 구성하는 방식을 이해해야 한다. 켈리에 의하면 사건에 대한 우리의 해석은 사건 그 자체보다 중요하다.

매슬로와 마찬가지로 켈리는 성격 연구에 대한 행동적 접근법과 정신분석 접근법에 반대했다. 그는 두 접근법 모두가 자신의 삶에 책임을 지고 자신만의 선택을 하고 자신이 선택한 행동의 과정을 추구하는 인간 능력을 부정한다고 보았다.

그는 행동주의는 인간을 환경 속 자극에 대한 수동적인 응답자로만 보고, 정신분석은 인간을 무의식적 힘의 수동적인 응답자로 본다고 주장했다. 반면, "켈리에게 [인간은] 움직임의 형태이며, 우리를 나아가게 하는 것은 우리 자신일 뿐, 다른 어떤 이나 어떤 것이 아니다"(Fransella & Neimeyer, 2003, p.25).

경험에 기반한 이론

켈리가 제시한 성격 이론은 임상가로서의 그의 경험에서 유래했다. 그는 여러 이유로 자신의 임상 경험을 프로이트나 환자를 다루는 다른 치료자들과는 다르게 해석했다. 켈리는 자신의 임상 작업으로부터 인간 본성에 대한 독특한 모형을 개발했다. 그는 인간이 과학자들이 일하는 방식과 같은 방식으로 기능한다고 결론지었다.

과학자들은 이론과 가설을 구성하고, 연구실에서 실험을 통해 이를 현실과 비교하여 검증한다. 실험 결과가 이론을 지지한다면, 해당 이론은 유지된다. 그러나 실험 결과가 해당 이론을 지지하지 않는다면, 그 이론은 버려지거나 수정 후 재검증되어야 한다.

앞서 살펴본 바와 같이 이것은 성격을 연구하는 심리학자들이 일반적으로 수행하는 절차이다. 그러나 켈리가 보기에 심리학자들은 연구 대상들이 자신들만큼 지적이고 이성적인 능력을 갖고 있다고 간주하지 않았다. 이는 마치 심리학자들이 인간 본성에 대해 두 가지 이론, 즉 과학자들과 그들이 세상을 보는 방식에 적용되는 이론과 그 외 다른 모든 사람에게 적용되는 이론을 가진 것과 같다.

이 경우 논리적인 가정은 심리학자들이 그들의 연구 대상자를 이성적으로 기능할 수 없는 존재로, 즉 온갖 추동에 의해 동기 부여되거나 걷잡을 수 없는 무의식적 힘에 희생된 존재로 간주한다는 것이다. 이 가정에 따르면 인간은 주로 정서적 수준에서 기능하며, 학습하거나 사고하거나 경험을 평가하거나 문제를 해결하는 데 있어 인지 과정을 사용할 가능성은 낮다고 여겨진다. 이는 확실히 심리학자들이 기능하는 방식과는 상당히 다르다.

심리학자들은 더 우월한 존재들인가

심리학자들은 정말 다른 사람들보다 우월한 존재들인가? 켈리와 마찬가지로 당신도 그 답을 알고 있다. 그는 심리학자들이 그들이 연구하는 사람들과 다르지 않다고 말했다. 한 집단에 적용되는 것은 다른 집단에도 적용된다. 한 집단을 설명하는 것은 다른 집단도 설명한다. 양쪽 모두 인생에서 일어날 법한 사건을 예측하고 통제하는 데 관심이 있으며, 양쪽 모두 합리적으로 미래를 예측·통제할 수 있다.

우리 모두는 과학자들과 마찬가지로 이론을 구성한다. 켈리는 이를 개인적 구성개념이라 칭했다. 우리는 이를 통해 인생에서 일어날 법한 사건들을 예측하고 통제하려 한다. 그는 누군가의 성격을 예측하기 위해서는 그 사람의 개인적 구성개념을 검토해야 한다고 제안했다.

켈리와 인지주의 운동

1960년대에 시작하여 이제는 주류 실험 실험심리학을 지배하고 있는 인지주의 운동과 켈리의 인지 이론은 어떻게 관련될까? 용어의 유사성에도 불구하고, 인지주의 운동은 켈리의 연구를 받아들이지 않아 왔다. 켈리의 이론이 연구 주제와 방법론에서 인지주의 운동과 일치하지 않기 때문이다.

켈리의 접근법은 임상가의 접근법으로서, 사람들이 자신의 삶을 꾸리는 방식인 의식적 구성개념을 다룬다. 반면 인지심리학자들은 인지적 변인과 외현적 행동 변인 모두에 관심이 있으며, 이 변인들을 주로 임상 장면이 아닌 실험실에서 연구한다. 또한 인지심리학자들은 성격에만 관심을 두지 않는다. 그들은 사회적 상황에서의 외현적 행동과 학습을 연구하며, 학습과 같은 인지 과정이 주어진 자극 상황에 대한 개인의 반응에 영향을 준다고 믿는다.

켈리가 성격에 대한 자신의 설명을 제시하고 어느 정도 시간이 흐른 후에 인지주의 심리학이 자리를 잡았지만, 그의 이론은 인지주의 심리학에 거의 영향을 미치지 않았다. 그렇기 때문에 현대 인지심리학에서 켈리의 이론은 기껏해야 선구자 정도의 위치에 있다고 볼 수 있다. 두 접근법은 의식적 활동에 관심을 둔다는 것을 의미하는 '인지'라는 용어를 공유하지만, 그럼에도 둘 사이에는 약간의 차이가 있다. 인지 과정의 중요성에 대한 켈리의 인식은 주목할 만하지만, 그의 이론은 전체적인 관점에서 생각해 보아야 한다. 켈리의 이론은 실험심리학자들이 정의한 미국 심리학의 주류에 속하지 않으나, 그렇다고 성격 연구에 대해 그의 이론이 갖는 유용성이 손상되는 것은 아니다.

켈리의 생애(1905~1967)

켈리는 캔자스에 있는 농장에서 태어났다. 그는 외동아들로서 부모님의 큰 관심과 사랑을 받았는데, 부모님은 종교적으로 근본주의자였고 가난한 사람들을 돕는데 헌신적이었다. 그들은 춤이나 카드놀이 같은 모든 시시한 오락에 반대했다. 켈리가 4세였을 때, 가족들은 농사를 지으러 마차를 타고 콜로라도로 이사했지만 곧 캔자스로 돌아왔다.

불규칙한 교육

켈리는 어린 시절 학교가 아닌 가정에서 교육을 받았다. 그의 부모는 학교 교사와 동일한 방식으로 켈리를 가르쳤다. 그는 13세에 위치토의 고등학교에 진학했고, 그 후로는 좀처럼 본가로 돌아가지 않았다. 1926년에는 미주리 파크빌의 파크 대학에서 물리학과 수학 학사 학위를 받았다. 그러나 그의 관심은 과학에서 사회 문제로 옮겨 갔다. 켈리의 미래는 불안정했다.

켈리는 잠시 엔지니어로 일하다가 미니애폴리스의 노동자 대학에서 강사로 일했다. 이후 미국은행협회에서 스피치 강사가 되었고, 이민자를 위한 시민권 강좌를 맡기도 했다. 이후에는 대학원에 입학하여 로렌스의 캔자스 대학교에서 교육사회학 석사 학위를 받았다. 켈리는 아이오와의 단기대학에서 제안한 일자리를 받아들여 다양한 과목을 가르치는 한편, 드라마 프로그램을 지도하기도 했다.

심리학에 대한 무관심

켈리의 진로를 보면 심리학을 하려는 의향은 확실히 보이지 않았다. 그는 대학에서 심리학 강의에 흥미를 느끼지 않았다.

> 첫 심리학 강의에서, 나는 대형 강의실의 마지막 줄에 최대한 편안한 자세로 의자를 벽에 기댄 채 앉았고, 재밌는 일이 없을까 하면서 한쪽 귀를 기울이고 있었다. 교수는 심리학이 진지하게 받아들여져야 한다고 확신하려 애쓰는 것처럼 보이는 아주 훌륭한 분이었는데, 하루는 그가 칠판에 돌아서서 'S', 화살표, 그리고 'R'이라고 썼다. 그러자 곧 나는 허리를 곧게 펴고 귀를 기울이며, 우리가 이제 2, 3주간의 예비 단계를 거쳐 본론에 들어갈 것이라고 생각했다. (Kelly, 1969, p.46)

켈리는 수업에 몇 차례 더 관심을 가졌으나, 이내 그의 관심은 사그라들었다. 그는 자극(S)과 반응(R)을 연결하는 화살표가 무엇을 위한 것인지 이해할 수 없었다고 말했다. 전통적인 행동주의자의 심리학에 대한 실험적 접근법은 그의 흥미를 유발하지 못했다. 그는 정신분석도 공부했으나, 이 역시 성공적이지 않았다. 켈리는 "내가 읽은 프로이트 책의 내용 중 어떤 것도 기억나지 않는다. 하지만 누구라도 그런 말도 안 되는 글을 쓸 수는 있으나 이를 출판할 수 있는 사람은 드물 것이라는 불신의 감정이 쌓인 것은 기억한다"라고 기술했다(Kelly, 1969, p.47).

심리학에 대한 관심

켈리는 1929년에 스코틀랜드의 에든버러 대학교에서 연수 장학금을 받으면서 전문적 훈련의 방향을 틀었다. 그는 그곳에 있는 동안 교육학 학사 학위를 받았고 결국 심리학에 관심을 갖게 되었다. 그는 아이오와 주립대학교에서 박사 연구를 하기 위해 미국으로 돌아와 1931년에 박사 학위를 받았다.

상담에 대한 지적 접근법

학자로서 켈리의 경력은 경제 불황이 한창이던 1930년대에 포트헤이스 캔자스 주립대학에서 시작됐다. 그는 자신의 전공인 생리심리학 연구를 할 돈이 없었기 때문에 임상심리학으로 전환해야 했다. 그는 지역 공립학교 시스템과 자신의 대학 학생들을 위한 임상심리학 서비스를 개발했다. 학교와 학교를 오가는 이동 클리닉을 만들었고, 이를 통해 다양한 문제를 다루며 치료에 대한 다양한 접근법을 시도할 수 있었다.

켈리는 특정한 치료 기법이나 성격의 본질에 대한 특정한 이론에 전념하지 않았다. 그는 자신이 직접 설계한 방법뿐 아니라 평가나 측정에 대한 전통적인 방법도 자유롭게 사용했다. 그는 모든 새로운 환자가 자신만큼이나 과학적으로 사고할 수 있다는 가정을 통해 치료법을 거의 독학했다(Routh, 2011).

이러한 임상 경험은 그의 개인적 구성개념 이론의 본질에 강한 영향을 미쳤다. 그가 치료한 사람들은 정신 병원에 있는 환자들처럼 심각한 정신증 환자나 고질적인 정서 문제를 가진 신경증 환자가 아니었다. 그의 환자들은 교사가 상담을 의뢰한 학생들이었다.

그러므로 정신 병동이나 정신분석가 상담실의 정서적으로 부적응적인 환자들과 달리, 켈리의 내담자들은 자신의 걱정에 대해 이성적으로 논의하고, 자신의 문제를 학교 장면에 걸맞은 수준의 지적인 용어로 표현할 수 있었다.

교실에서 우리는 분석하고 사고하고 정보를 논리적으로 처리하는 방법을 배운다. 이러한 지적인 태도는 교실에서 상담실 상황으로 이어진다. 전문성이 형성되는 기간 동안 켈리가 정신 병원에서 조현병 환자와 일하는 상황에 있었다면, 그의 이론이 인지적 정보처리 능력을 그토록 비중 있게 다루지는 않았을 것이다.

켈리의 생각에 대한 관심

켈리는 제2차 세계대전으로 인해 잠시 학자로서의 경력을 중단하고, 미 해군에 입대하여 워싱턴 DC의 내·외과국 심리학자로 복무했다. 1945년에 전쟁이 끝나자, 그는 메릴랜드 대학교에서 1년간 강의한 뒤, 칼 로저스를 대신해 오하이오 주립대학 교수진에 합류했다.

그는 그곳에서 학생을 가르치고 자신의 성격 이론을 다듬고 연구를 수행하면서 19년을 보냈다. 또한 켈리는 성격에 대한 자신의 개인적 구성개념 이론이 국제적인 긴장을 해결하는 데 어떻게 사용될 수 있는지에 대해 전 세계 대학에서 강의했다. 1965년에는 브랜다이스 대학교의 석좌교수로 와 달라는 에이브러햄 매슬로의 초대를 수락했지만, 얼마 지나지 않아 사망했다.

켈리는 제2차 세계대전 이후 임상심리학 분야가 급격히 성장하는 동안 발전을 이끈 주요 인물이었다. 그는 미국심리학회 임상 및 자문 분과 회장직과 미국전문심리학심사위원회 회장직을 비롯하여 심리학 분야의 수많은 명예로운 직위를 역임했다.

개인적 구성개념 이론

켈리는 모든 사람이 과학자들이 일하는 방식과 같은 방식으로, 즉 환경에 대해 가설을 설정하고, 이를 일상의 현실과 비교하여 검증함으로써 자신의 경험 세계를 지각하고 구성한다고 주장했다. 다시 말해 우리는 생활 사건들(우리 경험에 따른 사실 또는 자료)을 관찰하고, 이를 자신의 방식으로 해석한다. 경험에 대한 이러한 개인적 해석, 설명, 이해는 사건에 대한 우리의 독특한 관점이며(Winter & Proctor, 2014), 이 독특한 관점은 우리가 사건들을 배열하는 패턴이다. 켈리는 우리가 "세상을 구성하는 현실에 맞는 명료한 패턴"을 통해 세상을 본다고 말했다(Kelly, 1955, pp.8-9).

이 패턴은 주변의 모든 것에 특정한 색조나 색깔을 더하는 선글라스와 비교할 수 있다. 어떤 사람의 선글라스는 푸르스름한 색조를, 어떤 사람의 선글라스는 연초록 색조를 띨 것이다. 그 결과 사람들은 자신의 관점에 틀을 제공하는 렌즈의 색조에 따라 동일한 장면을 보고 다르게 지각할 수 있다. 우리가 세상을 이해하기 위해 구성한 가설이나 패턴 역시 이와 마찬가지이다. 이 특별한 관점, 즉 개인이 창조한 독특한 패턴을 캘리는 구성개념 체계라 불렀다.

삶은 구성개념이다

구성개념(construct)은 삶을 바라보는 개인의 독특한 방식이며, 사건을 설명하거나 예측하기 위해 고안된 지적 가설이다. 우리는 구성개념이 세상의 현실을 예상하고 설명한다는 기대에 따라 행동하며, 과학자들과 마찬가지로 이 가설들을 거듭 검증한다. 우리는 구성개념을 토대로 행동하고, 결과를 평가한다.

심리학 개론 과목에 낙제할 위기에 처해 교수에게 학점을 달라고 설득하려는 학생을 떠올려 보자. 학기 내내 교수를 관찰한 결과, 그 학생은 교수가 수업에서 우월감을 가진 채 권위적으로 행동하며 자신의 중요성을 과장되게 지각한다고 판단한다. 이 관찰을 토대로 학생은 교수의 부풀려진 자기상을 강화하는 행동이 자신에게 원하는 결과를 가져올 것이라는 가설, 즉 구성개념을 형성한다.

학생은 교수가 쓴 논문을 읽고 교수 앞에서 논문을 칭찬함으로써 자신의 생각을 현실과 비교하여 검증한다. 만약 교수가 칭찬에 기분이 좋아져 학생에게 좋은 성적을 준다면, 학생의 구성개념은 확증된다. 학생은 이 구성개념이 유용하다고 판단하고, 다음에 그 교수 혹은 비슷하게 행동하는 다른 교수의 수업을 수강할 때 이를 적용할 수 있다. 그러나 만약 학생이 낙제 점수를 받는다면, 이 구성개념은 부적절한 것으로 밝혀진다.

구성개념 우리가 생활 사건들을 해석하거나 설명하기 위해 고안하고 사용하는 지적 가설; 구성개념은 긴 것 대 짧은 것 또는 정직 대 부정직과 같이 양극적, 즉 이분법적임.

이 경우 학생은 그 교수에게 적용할 새로운 구성개념을 형성해야 할 것이다.

구성개념적 대안주의: 세상에 적응하기

우리는 삶 전반에 걸쳐 우리가 만나는 거의 대부분의 사람이나 상황에 적용되는 많은 구성개념을 개발한다. 또한 우리는 새로운 사람과 상황을 만나면서 구성개념 목록을 확장할 뿐 아니라, 상황의 변화에 맞춰 정기적으로 구성개념을 바꾸거나 버린다. 구성개념을 수정하는 것은 필수적·지속적인 과정이다. 우리에게는 언제나 상황에 적용할 대안적인 구성개념이 필요하다.

만약 우리의 구성개념이 유연하지 않고 수정될 수 없다면(아동기의 영향으로 성격이 완전히 고정되었을 때 일어나는 일), 우리는 새로운 상황에 대처할 수 없을 것이다. 켈리는 우리가 구성개념에 지배되지 않으며 구성개념을 자유롭게 수정하거나 대체할 수 있다는 관점을 표현하기 위해 이러한 적응을 구성개념적 대안주의(constructive alternativism)라 불렀다.

생활 사건을 예측하는 방법

켈리의 개인적 구성개념 이론은 기본 가정과 11개의 필연적 결론(귀결)으로 조직화된 과학적 형식으로 제시된다(표 11.1). 기본 가정은 '우리의 심리적 과정은 우리가 사건을 예측하는 방식에 의해 규정된다'는 것이다.

켈리는 '과정'이라는 단어를 사용함으로써 성격이 지속적으로 흐르는, 움직이는 과정이라고 제안했다. 우리의 심리적 과정은 우리 각자가 세상을 구성하는 방식인 우리의 구성개념의 안내를 받는다. 기본 가정에서 또 다른 핵심어는 '예측(anticipate)'이다. 캘리에 따르면 구성개념은 예측적이다. 우리는 행동의 결과, 즉 특정 방식으로 행동할 경우 어떤 일이 발생할 수 있을지를 가늠하기 위해 구성개념을 사용한다.

구성개념적 대안주의 필요에 따라 구성개념을 자유롭게 수정하거나 대체할 수 있다는 관점.

표 11.1 개인적 구성개념 이론의 귀결

구성	반복되는 사건들은 유사하기 때문에, 우리는 미래에 이러한 사건을 어떻게 경험하게 될지 예측 또는 예상할 수 있다.
개별성	사람들은 같은 사건을 서로 다르게 지각한다.
조직화	우리는 개별 구성개념 간 유사성과 차이점에 대한 우리의 관점을 토대로 이를 패턴화한다.
이분법	구성개념은 양극적이다; 예컨대 정직에 대한 의견이 있다면, 그 의견은 부정직에 대한 개념 역시 포함한다.
선택	우리는 미래 사건의 결과를 예상 또는 예측할 수 있도록, 각 구성개념에 대해 가장 적절한 대안을 선택한다.
범위	어떤 구성개념은 많은 상황이나 사람들에게 적용될 수 있지만, 다른 구성개념은 한 사람이나 한 가지 상황에 국한될 수 있다.
경험	우리는 우리의 구성개념이 여전히 유용한지 확인하기 위해 삶의 경험에 기대어 지속적으로 그것을 검증한다.
조절	우리는 새로운 경험의 영향으로 구성개념을 조절할 수 있다.
분열	우리는 가끔 전체 구성개념 체계 안에서 모순되거나 비일관적으로 종속된 구성개념을 가질 수 있다.
공통성	비록 우리의 개별 구성개념들은 개인에 따라 독특하지만, 유사한 집단이나 문화의 사람들은 유사한 구성개념을 가질 수 있다.
사회성	우리는 다른 사람들이 어떻게 생각하는지 이해하고 그들이 무엇을 할지 예측하려고 노력하며, 그에 맞추어 우리 행동을 조정한다.

구성 귀결

반복되는 사건들 사이의 유사성   켈리는 어떠한 생활 사건이나 경험도 처음 나타난 것과 완전히 동일하게 재현될 수 없다고 생각했다. 특정 사건이 반복될 수는 있으나, 우리가 이를 완전히 같은 방식으로 경험하지는 않을 것이다. 예컨대 만약 당신이 지난달에 처음 본 영화를 오늘 다시 본다면, 이 경험은 첫 번째 경험과 다를 것이다.

이는 당신의 기분이 그날과 같지 않고, 그동안 발생한 사건이 당신의 태도나 정서에 영향을 미쳤기 때문이다. 예를 들어 당신은 그 영화에 출연한 배우에 대해 불쾌한 내용을 읽었을 수도 있고, 성적이 올라 영화에 대해 더 큰 만족감을 느끼게 됐을 수도 있다.

그러나 반복되는 사건이 동일하게 경험되지 않음에도 사건마다 되풀이되는 특성이나 주제가 있다. 그러므로 상황의 어떤 측면들은 이전 경험의 측면들과 유사할 것이다. 이러한 유사성을 근거로 그런 유형의 사건을 미래에 어떻게 다룰지 예측하거나 예상할 수 있다. 우리는 미래 사건이 과거 사건과 완전히 같지는 않더라도, 두 사건이 어느 정도는 유사할 것이라는 생각에 기초하여 미래를 예상한다.

예를 들어 영화의 어떤 장면들은 매번 같은 방식으로 당신에게 영향을 줄 것이다. 만약 당신이 처음에 자동차 추격 장면을 좋아했다면, 다음에도 그 장면을 좋아할 것이다. 당신의 행동은 당신이 그 추격전을 좋아한다는 예측에 근거하며, 이는 당신이 그 영화를 다시 보게 된 이유를 설명한다. 과거의 주제는 미래에 재현되고, 우리는 이 반복되는 주제를 근거로 우리의 구성개념을 구성한다.

개별성 귀결

사건 해석에 대한 개인차 켈리는 개별성 귀결을 통해 개인차 개념을 설명했다. 그는 사람들이 같은 사건을 서로 다르게 지각하고 해석하며, 그렇기 때문에 각자가 다양한 구성개념을 형성한다고 말했다. 우리의 구성개념은 사건의 객관적 현실을 반영하는 것이 아니라, 각자가 사건에 부여하는 독특한 해석을 구성한다.

조직화 귀결

구성개념들 사이의 관계 우리는 개별 구성개념 간의 상호 관계와 유사성, 차이점에 대한 우리의 관점을 토대로 이를 패턴화한다. 유사한 구

Comstock Images/Stockbyte/Getty Images

▶ 사람들은 같은 사건을 서로 다르게 지각하고 해석한다.

성개념을 가진 사람들이라 하더라도 구성개념들을 다른 패턴으로 조직화한다면 이들은 여전히 서로 다를 수 있다.

우리는 일반적으로 어떤 구성개념을 다른 구성개념의 하위에 놓는 위계적 형태로 구성개념을 조직화한다. 구성개념은 하나 이상의 하위 구성개념을 포함할 수 있다. 예를 들면 '좋은'이라는 구성개념은 하위 구성개념으로 '똑똑한'과 '도덕적인'이라는 구성개념을 포함할 수 있다. 따라서 만약 좋은 사람이라는 우리의 개념에 부합하는 어떤 사람을 만나면 우리는 그 사람이 똑똑하고 도덕적인 사람일 것이라고 예상한다.

구성개념들 사이의 관계는 일반적으로 특정 구성개념 자체보다는 더 오래 지속되지만, 이 관계 역시 변할 수 있다. 똑똑해 보이는 어떤 사람에게 모욕을 당한 사람은 '똑똑한'이라는 구성개념을 '좋은'이라는 구성개념의 하위 구성개념에서 '나쁜'이라는 구성개념의 하위 구성개념으로 바꿀 수 있다. 구성개념 체계에 대한 타당성을 검증하는 유일한 방법은 예측 효율성이다. 만약 어떤 구성개념 조직이 사건을 예측하는 데 더 이상 유용하지 않다면, 우리는 이를 수정할 것이다.

이분법 귀결

두 개의 상호 배타적인 대안 모든 구성개념은 양극적이거나 이분법적이다. 미래 사건을 정확하게 예측하기 위해서는 두 개의 상호 배타적인 대안이 필요하다. 우리는 사람들이나 사건들 간의 유사성뿐 아니라, 그들 간의 비유사성에도 주목해야 한다. 예컨대 친구에 대해 '정직'이라는 개인적 특성을 설명하는 구성개념을 갖는 것으로는 충분하지 않다. 우리는 정직한 사람이 정직하지 않은 사람과 어떻게 다른지 설명할 수 있도록 그 반대인 '부정직' 역시 고려해야 한다.

만약 이러한 구분을 하지 않는다면(모든 사람이 정직하다고 가정한다면), 정직에 대한 구성개념은 앞으로 만날 사람들에 대해 예측하거나 예상하는 데 도움이 되지 않을 것이다. 부정직한 사람과 비교하지 전까지는, 누군가를 정직한 사람이라고 예상할 수 없다. 따라서 이 사례에서 적절한 개인적 구성개념은

'정직 대 부정직'이다. 우리의 구성개념은 항상 상호 배타적인 대안 쌍의 측면에서 구성되어야 한다.

선택 귀결

선택의 자유　사람들에게 선택의 자유가 있다는 개념은 켈리의 저술 곳곳에서 발견된다. 앞서 설명한 이분법 귀결에 따르면, 각 구성개념은 두 개의 반대되는 극단을 갖는다. 우리는 미래 사건의 결과를 예상 또는 예측할 수 있도록, 모든 상황에 대해 가장 적절한 대안을 선택해야 한다.

켈리는 우리에게 대안을 결정할 자유가 있다고 말했다. 그에 따르면 이 자유는 안전과 모험 사이의 선택이다. 당신이 다음 학기에 두 과목 중 한 과목을 선택해야 한다고 가정하자. 한 과목은 쉬운 과목이다. 이 과목은 당신이 이전에 수강했던 과목과 크게 다르지 않고 과제가 적으며 성적을 잘 주는 교수가 가르친다.

사실상 그 과목을 선택하는 데에는 어떠한 위험도 없다. 그러나 선택에 따른 보상 역시 없을 것이다. 당신이 알기로 그 교수의 수업은 지루하고, 당신은 이미 그 과목에서 다루는 내용의 대부분을 배운 상태이다. 그러나 그 과목을 선택한 결과에 대해 매우 정확한 예측을 할 수 있기 때문에 그것은 안전한 선택이다.

다른 과목은 보다 모험적이다. 교수가 낯설고 깐깐하다는 소문이 있으며, 당신은 그 과목에 대해 잘 모르지만, 당신이 궁금해하는 학문 영역을 접하게 될 것이다. 이 경우 당신은 선택의 결과를 정확히 예측할 수 없다. 더 모험적인 선택은 더 위험하지만 잠재적 보상과 만족은 더 크다.

저위험 대 고위험　당신은 저위험과 고위험 사이에서, 즉 보상이 적고 안전한 선택지와 보상이 많고 모험적인 선택지 사이에서 선택을 해야 한다. 전자는 예측 효율성이 높고, 후자는 예측 효율성이 낮다. 켈리는 우리가 삶 전반에 걸쳐 이처럼 개인적 구성개념 체계를 확고히 하거나 확장하는 선택지를 마주한다고 생각했다. 과거의 선택과 비슷한, 안전한 선택은 경험과 사건을 반복함으로써 구성개념 체계를 확고히 하고 제한한다. 모험적인 선택은 새로운 경험과 사건을 아우름으로써 구성개념 체계를 확장한다.

저위험을 선택하는 일반적 경향성은 어떤 사람들이 보상이 없는 행동을 고수하는 이유를 설명할 수 있다. 예를 들어 왜 어떤 사람들은 계속해서 퇴짜를 맞을 때조차도 다른 사람들에게 공격적으로 행동할까? 켈리에 따르면 그들은 공격적인 행동에 대해 다른 사람들이 어떻게 반응할지 알고 있으므로 저위험 선택을 하는 것이다. 적대적인 사람들은 우호적인 행동에 대해 다른 사람들이 어떻게 반응할지 모른다. 이를 시도해 본 적이 없기 때문이다. 우호적인 행동에 대한 잠재적 보상은 더 클 수도 있으나 불확실하다.

꼭 무엇이 최선인지가 아니라, 그것이 사건을 얼마나 잘 예측하고 예상하도록 하는지 측면에서 선택이 이루어진다는 점을 기억하자. 또한 켈리는 우리 각자에게 가장 과학적인 전통에 따라 미래를 가능한 한 확실하게 예측하려는 욕망이 있다고 주장한다.

범위 귀결

편의성 범위 모든 상황에 적합하거나 언제나 의미 있는 개인적 구성개념은 거의 없다. '키가 큰 대 키가 작은'이라는 구성개념을 생각해 보자. 이는 명백히 제한적인 편의성 범위(range of convenience)를 가진다. 즉 제한된 범위 내에서만 적용 가능하다. 이 구성개념은 건물, 나무, 또는 농구선수에 대해서는 유용할 수 있지만, 피자나 날씨를 설명할 때는 가치가 없다.

어떤 구성개념은 많은 상황이나 사람들에게 적용될 수 있는 반면, 다른 구성개념은 한 사람 또는 한 가지 상황에 국한될 수 있다. 구성개념의 편의성 또는 타당성 범위는 개인적 선택의 문제이다. 예컨대 우리는 '충실한 대 불충실한'이라는 구성개념이 우리가 만나는 모든 사람에게 적용된다고 생각할 수도 있고, 가족 구성원 혹은 반려견에게만 적용된다고 생각할 수도 있다. 켈리에 따르면 우리가 성격을 충분히 이해하려면 구성개념의 편의성 범위에서 무엇이 제외되는지 아는 것은 무엇이 포함되는

편의성 범위 구성개념이 적용될 수 있는 사건의 스펙트럼; 어떤 구성개념은 제한된 수의 사람이나 상황에 국한되는 반면, 다른 구성개념은 더 광범위하게 적용됨.

지 아는 것만큼이나 중요하다.

경험 귀결

새로운 경험에 대한 노출 앞 부분에서 구성개념이 과거 경험을 토대로 미래 사건을 예상 또는 예측하기 위해 발생한 가설임을 살펴보았다. 우리는 각 구성개념이 주어진 사건을 얼마나 잘 예측하는지 판단하여, 이를 현실과 비교하여 검증한다. 우리 대부분은 매일 새로운 경험에 노출되므로, 구성개념이 사건을 얼마나 잘 예측하는지 판단하는 검증 과정은 계속된다. 만약 어떤 구성개념이 상황의 결과를 타당하게 예측하지 못한다면, 이는 재구성되거나 대체되어야 한다.

결과적으로 우리는 환경이 변화함에 따라 우리의 구성개념을 평가하고 재해석한다. 16세에는 유용했던 구성개념들이 40세에는 쓸모없거나 심지어 해로울 수 있다. 그동안 우리의 경험은 우리가 구성개념 체계를 수정하도록 이끌었을 것이다. 만약 우리가 어떤 새로운 경험도 하지 않는다면, 구성개념 체계는 결코 바뀌지 않을 것이다. 그러나 우리 대부분은 새로운 사람을 만나고 새로운 도전에 대처하는 삶을 산다. 따라서 우리는 경험을 재해석하고 이에 따라 구성개념을 재구성해야 한다.

조절 귀결

새로운 경험에 대한 적응 구성개념은 투과성(permeability)에 따라 다양하다. 투과한다는 것은 무언가를 관통하거나 뚫고 지나가는 것을 뜻한다. 투과성이 있는 구성개념은 새로운 요소가 편의성 범위를 뚫고 들어가거나 인정되게 한다. 이러한 구성개념은 새로운 사건이나 경험에 개방적이며, 이로 인해 수정되거나 확장될 수 있다.

새로운 경험과 학습의 영향으로 구성개념 체계가 조절 혹은 조정될 수 있는 정도는 개별 구성개념의 투과성에 달려 있다. 경험이 우리에게 무엇

투과성 구성개념이 새로운 경험에 비추어 수정되고 확장될 수 있다는 개념.

을 알려주더라도, 투과성이 없거나 경직된 구성개념은 변할 수 없다.

예를 들어 편견이 아주 심한 사람이 '지능이 높은 대 지능이 낮은'이라는 구성개념을 고정되거나 투과성이 없는 채로 특정 소수 인종 집단의 사람들에게 적용하여 이 집단의 모든 구성원들이 지능이 낮다고 믿는다면, 새로운 경험이 이 믿음을 뚫고 들어가거나 변화시키지 못할 것이다. 그 사람이 그 인종 집단의 구성원 중 지능이 높은 사람을 아무리 많이 만나더라도, 편견을 가진 사람은 그 구성개념을 조절하지 않을 것이다. 이러한 구성개념은 변하거나 수정될 수 없기 때문에 학습과 새로운 생각의 장애물이다.

분열 귀결

구성개념들 사이의 경쟁　캘리는 어떤 구성개념의 경우 구성개념 체계의 전체적인 패턴 안에 공존하기는 하지만, 우리 구성개념 체계 내부에서 양립할 수는 없다고 보았다. 새로운 경험을 평가하면서 구성개념 체계가 변할 수 있다는 사실을 떠올려 보면 이를 이해할 수 있을 것이다. 그렇지만 새로운 구성개념이 언제나 기존 구성개념에서 파생되는 것은 아니다. 새로운 구성개념이 특정 상황에서 기존 구성개념과 양립 가능하고 일관될 수 있으나, 상황이 변할 경우 이 구성개념들은 일관성을 잃을 수 있다.

다음 상황을 생각해 보자. 한 남성이 심리학 수업에서 만난 여성에게 반했다. 그녀 역시 심리학을 전공하며, 그와 관심사가 비슷한 듯하다. 이 경우 그녀는 '친구 대 적'이라는 구성개념에서 '친구'라는 개념에 부합하므로, 그가 좋아하고 존중할 수 있는 사람이다. 다음날 그는 정치적인 집회에서 보수적인 견해를 크게 외치는 그녀를 발견한다. 그녀와 반대되는 자유주의적 견해를 갖고 있는 그는 그녀에게 실망한다. 이제 그녀는 '친구'라는 구성개념의 반대 개념에도 부합한다. 이 상황에서 그녀는 그의 '적'이 된다.

그녀에 대한 그의 구성개념에서 이러한 비일관성은 그의 전체적인 구성개념 체계의 부수적인 수준에 존재한다. 그에게 있어 그녀는 어떤 상황에서는 친구이지만, 또 다른 상황에서는 적이다. 그러나 자유주의자는 친구이며 보수주의자는 적이라는 그의 더 넓은 구성개념은 흔들리지 않고 남아 있다. 캘리

▶ 사람들은 보드게임을 하는 것과 같은 상황에서는 서로를 친구로 받아들일 수 있지만, 정치적 논쟁과 같은 또 다른 상황에서는 서로를 적대할 수 있다.

에 의하면, 이것이 우리가 전체적인 구성개념 체계를 해치지 않으면서 부수적인 비일관성을 견디는 과정이다.

공통성 귀결

사건 해석에 있어 사람들 사이의 유사성 사람마다 사건을 해석하는 방법이 다르기 때문에 각 개인은 독특한 구성개념을 발달시킨다. 그러나 사람들은 사건을 해석하는 방법에서 유사성을 보이기도 한다. 켈리는 만약 여러 사람이 한 경험을 유사하게 해석한다면, 그들의 인지 과정이 유사하다고 판단할 수 있다고 주장했다.

　동일한 문화적 규범과 이상을 공유하는 사람들의 집단을 생각해 보자. 서로에 대한 그들의 예상과 기대는 상당히 공통적일 것이며, 그들은 대개 자신들의 경험을 같은 방식으로 해석할 것이다. 같은 문화의 사람들은 서로 다른 개별적인 생활 사건들에 노출되더라도 행동과 특성에서 닮은 점을 보일 수 있다.

사회성 귀결

대인 관계 앞서 언급한 것처럼, 같은 문화의 사람들은 사건을 비슷하게 해석하는 경향이 있다. 이것이 사람들 사이의 어떤 공통성을 설명하긴 하지만, 그 자체가 긍정적인 사회적 관계를 야기하지는 않는다. 긍정적인 사회적 관계를 위해 우리는 다른 사람과 같은 방식으로 경험을 이해하고 해석해야 할 뿐만 아니라, 다른 사람의 구성개념 역시 이해해야 한다. 다시 말해 다른 사람이 사건을 어떻게 예측할지를 예상하려면 우리는 그 사람이 어떻게 생각하는지 이해해야 한다.

우리는 일상적으로 다른 사람의 구성개념을 이해하려 한다. 자동차 운전을 생각해 보자. 우리는 다른 운전자가 길 위에서 어떻게 행동할지 예측하는 능력에 목숨을 건다. 우리는 그들이 빨간불에 서고 초록불에 갈 것이라고 예측한다. 우리는 운전자, 친구, 직장 상사, 또는 선생님이 무엇을 할지 어느 정도 확신을 갖고 예측할 수 있을 때에만 그들에게 맞추어 행동을 조정할 수 있다. 그리고 우리가 그들에게 맞추는 동안, 그들도 우리에게 맞춰 행동을 조정한다.

각 개인은 타인에 대한 역할을 담당한다. 우리는 파트너에 대한 역할, 자녀에 대한 역할, 직장의 감독자에 대한 역할을 수행한다. 각 역할은 다른 사람이 사건을 어떻게 해석할지 이해하는 데서 발달하는 행동 패턴이다. 그러므로 어떤 의미에서 우리는 우리를 다른 사람의 구성개념에 맞춰 행동한다.

인간 본성에 대한 질문

켈리의 성격 이론은 인간 본성에 대해 낙관적이고 심지어 우리로 하여금 자부심을 느끼게 하는 이미지를 보여 준다(Kelly, 1969). 그에 따르면 인간은 세상을 보는 구성개념의 틀을 형성할 능력이 있는 이성적인 존재이다. 그는 인간이 운명의 희생양이 아니라 운명을 써 나가는 저자라고 믿었다.

그는 우리에게 삶의 방향을 선택할 능력인 자유의지가 있다고 생각했다. 우리는 낡은 구성개념을 수정하고 새로운 구성개념을 형성하여 필요할 때 변화할 수 있다. 우리는 아동기나 청소년기에 닦여진 길에 헌신하지 않는다. 우리가 사건을 예측하고 예상할 구성개념을 형성하기 때문에 우리의 방향은 명백히 미래로 향한다.

따라서 켈리는 결정주의 개념을 거부했다. 그는 과거 사건이 우리 현재 행동의 결정인자라고 보지 않았다. 우리는 배변 훈련이나 아동기 성적 경험, 또는 부모의 거부에 얽매여 있지 않으며, 생물학적 본능이나 무의식적 힘의 포로가 아니다. 우리는 살아 있다는 사실 자체로 동기 부여되기 때문에 내적 추동이나 욕구에 의해 떠밀릴 필요가 없다. 켈리는 다른 어떤 설명도 더 언급할 이유가 없다고 보았다.

켈리는 성격에 있어 유전의 역할을 논하지 않았지만, 우리가 완전히 환경의 영향으로 결정되지는 않는다고 말했다. 우리는 사건에 대한 해석에 기초한 구성개념에 따라 산다. 그러므로 성격 형성에 영향을 미치는 것은 우리의 이성적인 정신 과정의 작용이지 특정 사건이 아니다.

켈리는 궁극적이고 필수적인 삶의 목표를 상정하지 않았지만, 사건을 예측할 수 있도록 하는 구성개념 체계를 확립하는 것이 켈리가 생각하는 인간의 목표라 추론할 수 있다.

독특성 대 보편성의 쟁점에 있어 켈리는 중도적인 입장을 취했다. 개별성 귀결은 많은 구성개념과 이에 따른 자기의 독특성을 강조하는 반면, 공통성 귀결은 같은 문화의 사람들이 유사한 구성개념을 발달시킨다고 말한다.

켈리 이론에서의 평가

면접

켈리는 주로 면접을 통해 성격을 평가했다. 그는 "만약 어떤 사람의 마음속에서 무슨 일이 일어나는지 모르겠다면, 물어봐라. 그는 말해 줄 것이다!"(Kelly, 1958, p.330)라고 서술했다. 켈리는 '잘 믿는 태도'를 적용하여 내담자의 말을 액면 그대로 수용하면서, 이것이 사람의 구성개념을 판단하는 최고의 방법이라 믿었다. 또한 그는 사건을 보고하는 이가 의도적으로 거짓말을 하거나 왜곡할 수 있다는 점을 인지했다. 그러나 상담자는 내담자의 말을 언제나 완전히 신뢰하지 않더라도, 이를 존중해야 한다.

자기성격묘사 스케치

구성개념 체계를 평가하는 또 다른 도구는 자기성격묘사 스케치(self-characterization sketch)이다. 켈리는 내담자에게 다음과 같이 지시했다. "연극의 주요 인물인 것처럼 [내담자 이름]의 성격을 간략하게 묘사해 보세요. 당신을 아는 어떤 사람들보다 당신을 정말 더 잘 알고 당신과 아주 친밀하고 당신에게 아주 공감하는 친구가 쓴 것처럼 쓰세요"(Kelly, 1955, p.323). 켈리는 이 기법이 내담자가 다른 사람들과의 관계에서 자신을 어떻게 지각하는지 아는 데 유용하다는 것을 발견했다.

역할 구성개념 목록 검사

켈리는 우리 삶에서 중요한 사람들에게 적용하는 구성개념을 밝히기 위해 역할 구성개념 목록(Role Construct Repertory; REP) 검사를 창안했다. 이 검사에서 상담자는 내담자에게 어머니, 아버지, 배우자, 가까운 친구, 자신이 아는 가장 지적이거나 흥미롭다고 생각하는 사람과 같이 자신의 삶에서 중요한 역할을 한 사람들의 이름을 나열하도록 요청한다(표 11.2).

상담자는 한 번에 세 개의 이름을 제시하고, 내담자는 매번 세 명 중 가장 비슷한 두 사람을 선택해서 그들이 나머지 세 번째 사람과 어떻게 다른지 설명한다. 예를 들어 내담자에게 가장 두려운 사람, 성공한 사람, 매력적인 사람의 이름이 주어지면, 내담자는 행동이나 성격의 어떤 측면에서 그들 중 어

자기성격묘사 스케치 개인의 구성개념 체계(자신을 다른 사람과의 관계에서 어떻게 지각하는지)를 평가하기 위해 고안된 평가 도구.

표 11.2 REP 검사의 역할 목록

1. 당신이 좋아했던 선생님
2. 당신이 싫어했던 선생님
3. 당신의 아내/남편 또는 현재의 여자 친구/남자 친구
4. 당신이 같이 잘 지내기 힘들다고 생각한 고용주, 감독관, 또는 임원
5. 당신이 좋아했던 고용주, 감독관, 또는 임원
6. 당신의 어머니 또는 당신 인생에서 어머니 역할을 했던 사람
7. 당신의 아버지 또는 당신 인생에서 아버지 역할을 했던 사람
8. 당신과 가장 가까운 연령의 남자 형제 또는 형제/남매 같았던 사람
9. 당신과 가장 가까운 연령의 여자 형제 또는 자매/남매 같았던 사람
10. 함께 일할 때 잘 지내기 쉬웠던 사람
11. 함께 일할 때 이해하기 어려웠던 사람
12. 잘 지내는 이웃
13. 이해하기 힘든 이웃
14. 고등학교 때 잘 지냈던 남자 아이
15. 고등학교 때 잘 지냈던 여자 아이
16. 고등학교 때 마음에 들지 않았던 남자 아이
17. 고등학교 때 마음에 들지 않았던 여자 아이
18. 동성 중 여행을 같이 가고 싶은 사람
19. 동성 중 여행을 같이 가고 싶지 않은 사람
20. 최근에 가까운 관계가 되었는데 당신을 싫어하는 것 같은 사람
21. 당신이 가장 도움이 되고 싶거나 안쓰럽게 느끼는 사람
22. 개인적으로 아는 사람 중 가장 똑똑한 사람
23. 개인적으로 아는 사람 중 가장 성공한 사람
24. 개인적으로 아는 사람 중 가장 흥미로운 사람

출처: *The Psychology of Personal Constructs*, by George A. Kelly. Copyright © 1991 by Routledge, Chapman & Hall, Inc. Reproduced by permission of Taylor & Francis Books UK.

떤 두 사람이 비슷하고 나머지 사람과 어떻게 다른지 설명해야 한다.

목록 격자판 이 정보는 목록 격자판이라는 도표에 제시된다. 각 열 마다 내담자는 동그라미로 표시된 세 사람을 평가하고 '행복한 대 슬픈'과 같이 그들에 대한 구성개념을 표시한다. 내담자는 두 사람을 설명하는 단어나 구절을 '드러나는 극'이라고 적힌 열에 쓴다. 내담자는 그 집단의 세 번째 사람을 설명하는 반대 표현('슬픈')을 '암묵적 극'이라고 적힌 열에 쓴다. 다른 사람 중 '드러나는 극'의 특징을 가진 사람(내담자의 인생에서 행복하다고 설명될 수 있는 중요한 사람)이 있다면 격자판 안의 그 사람의 칸에 체크 표시를 한다.

전 남자 친구 / 여자 친구

분류 번호	드러나는 극	암묵적 극
1	신을 믿지 않음	매우 신실함
2	같은 종류의 교육을 받음	다른 교육을 받음
3	운동을 못함	운동을 잘함
4	여자	남자
5	부모님	생각이 다름
6	나를 잘 이해함	나를 전혀 이해하지 못함
7	좋은 것을 알려 줌	틀린 것을 알려 줌
8	성취한 게 많음	성취한 게 적음
9	교육을 많이 받음	교육을 못받음
10	다른 사람을 좋아하지 않음	다른 사람을 좋아함
11	더 신실함	신실하지 않음
12	높은 수준의 교육을 신뢰함	높은 수준의 교육을 신뢰하지 않음
13	더 사교적임	사교적이지 않음
14	젊은 여자	젊은 여자가 아님
15	젊은 여자	젊은 여자가 아님
16	도덕적 수준이 높음	도덕적 수준이 낮음
17	생각이 비슷함	생각이 다름
18	나이가 같음	나이가 다름
19	나에 대한 생각이 같음	나에 대한 생각이 다름
20	친구	친구가 아님
21	이해심이 많음	이해심이 적음
22	음악을 즐김	음악을 이해 못함

요소(왼쪽 세로 항목):

1	자기
2	어머니
3	아버지
4	남자 형제
5	여자 형제
6	뽀아자
7	남자 친구
8	여자 친구
9	예전 친구
10	거부하는 사람
11	안쓰러운 사람
12	위협적인 사람
13	매력적인 사람
14	좋아했던 선생님
15	싫어했던 선생님
16	더 영향
17	성공한 사람
18	행복한 사람
19	얄미운 사람

그림 11.1 REP 검사를 위한 격자판

출처: Reprinted from *The Psychology of Personal Constructs*, by George A. Kelly. Copyright © 1991 by Routledge, Chapman & Hall, Inc. Reproduced by permission of Taylor & Francis Books UK.

이분법의 역할

REP 검사의 기본 가정은 이분법 귀결에 따라 사람들은 사건을 '좋은 대 싫은', 또는 '비슷한 대 다른'과 같은 관점에서 이분법적으로 이해한다는 것이다. 내담자가 자신의 사회적 관계를 반복적으로 판단하게 함으로써 켈리는 그들의 예측이나 기대를 밝힐 수 있다고 믿었다. 우리 삶을 안내하는 이분법이나 대안들은 개인적 구성개념의 패턴을 보여 줄 것이다.

REP 검사 해석 REP 검사 해석은 검사를 사용하는 심리학자의 기술과 훈련 수준에 달려 있다. 켈리는 REP 검사가 표준화된 객관적 자기보고식 검사가 되는 것에 반대했다. 그는 REP 검사를 심리치료에서 필요한 단계로서, 구성개념을 평가하고 내담자가 자신의 세상을 조직화하는 구성개념을 드러내도록 유도하는 방식으로 설계하였다. 그렇지만 이후에 개인의 목록 격자판을 더 객관적으로 분석할 수 있도록 컴퓨터 프로그램이 개발되었다(Grice, 2002).

고정역할치료

켈리는 내담자의 개인적 구성개념 체계를 평가한 뒤, 바람직하지 않거나 효과적이지 않은 구성개념을 변화시키려 했다. 그는 고정역할치료(fixed role therapy)라는 일종의 심리치료를 고안했다. 고정역할치료에서 켈리는 내담자가 새로운 구성개념을 형성하고 기존의 구성개념을 버리는 것을 돕기 위해, 내담자에게 자신을 연극의 주인공으로 묘사하는 자기성격묘사 스케치를 작성하도록 요청했다.

역할 연기하기 고정역할치료에서 치료자는 내담자의 자기성격묘사 스케치에 드러난 부정적인 자기지각과는 다른 구성개념을 담은 고정역할 스케치를 준비한다. 치료자는 이 스케치가 가상의 인물에 대한 것임을 설명한 뒤, 내담자가 먼저 치료실에서, 이후 일상에서도 계속 이

> **고정역할치료** 내담자가 가상의 인물에게 적합한 구성개념을 실제로 수행하는 심리치료 기법; 내담자에게 새로운 구성개념이 자신이 이전에 사용해 왔던 것보다 얼마나 더 효과적일 수 있는지 보여 줌.

가상의 인물을 연기하게 한다. 이 역할 연기를 통해 내담자는 개인적 욕구와 가치를 가상의 인물에게 투사할 것이다.

치료자는 내담자가 고정역할 스케치에 담긴 새로운 구성개념이 내담자가 살면서 사용하던 기존의 구성개념보다 사건들을 예측하는 데 더 효과적이라는 사실을 깨닫기를 기대한다. 내담자가 이를 깨닫고 나면, 그는 새로운 구성개념을 전반적인 구성개념 체계에 포함시켜 더 만족스럽고 효과적인 방식으로 기능할 수 있다.

켈리는 한 친구가 대학 연극에서 맡았던 역할대로 살기 시작하는 것을 관찰하면서 고정역할치료를 개발했다. 그 친구는 해당 배역에 매우 큰 영향을 받아서, 무대 뒤에서도 점점 더 그 인물과 비슷하게 행동하게 되었다. 이처럼 고정역할치료의 목표는 우선 역할을 연기해 본 뒤, 정말로 그 역할대로 살게 되는 것이다.

고정역할치료 사례 로이 테일러라는 남성 내담자와의 면접과 그의 자기성격묘사 스케치 및 REP 검사 결과를 토대로, 한 치료자는 그가 여성 동반자를 찾는 데 과도한 관심을 갖고 있다고 판단했다. 이를 위한 그의 노력은 그의 다른 사회적 관계에 부정적인 영향을 미치고 있었다.

로이 테일러의 구성개념 체계에서 주장성과 외향성은 부정적인 성격 특성이었기 때문에 그는 개방적이고 자기주장이 강한 태도를 갖는 데 어려움이 있었다. 그럼에도 그는 다른 사람들을 대할 때 자신의 의견이 옳고 다른 모든 사람의 의견은 틀렸다고 확신하고 있었다. 그는 직장에서 자신이 동료들보다 더 높은 사회적 지위에 속한다고 믿으며 고립감을 느꼈다.

이 내담자를 위한 고정역할치료에서 치료자는 여성과 친밀한 관계를 갖고자 하는 내담자의 바람에 대해 어떠한 언급도 하지 않았다. 대신 치료자는 내담자의 테니스 기술을 기본 틀로 삼아 가상의 인물을 통해 내담자가 다른 유형의 사람들과 그들의 관점에 더 호기심을 갖고 인내하도록 독려하였다 (Winter, 1992, pp.270-271).

로이 테일러의 삶의 철학은 그가 좋아하는 스포츠인 테니스에서 매우 잘 드러난다. 중요한 것은 이기거나 지는 것이 아니라 자신의 최상의 능력으로 경기하는 것이다. 일에서나 경기에서 그는 할 가치가 있는 일이라면 잘할 가치가 있다고 믿고, 그가 하는 모든 일에 열정과 확신을 갖기 때문에 상대의 존경을 얻는다. 이런 이유로 그가 너무 심각하거나 긴장한 것처럼 보일 것이라고 생각할 수 있다. 그러나 그를 알게 되면 그의 주 관심사가 삶을 온전히 사는 것이며, 여기에는 열심히 일하는 것뿐만 아니라 즐기는 것도 포함된다는 것을 곧 깨닫는다. 물론 삶이 그에게 항상 순조로운 것은 아니지만, 그는 실망하게 되면 언제나 그것으로부터 무언가를 배우고, 현재나 과거의 불행을 곱씹기보다는 미래를 바라보는 듯하다.

테니스에서 그의 최대 강점 중 하나는 상대 선수든 복식 파트너든 다른 선수의 움직임을 예측할 수 있는 능력이다. 그는 삶의 다른 영역에서도 언제나 다른 사람의 눈을 통해 세상을 보려 노력한다. 이는 아마도 그가 사회 각계각층의 수많은 사람들과 어울려 왔기 때문일 것이다. 다른 사람들의 마음을 끄는 것에 대한 그의 적극적인 호기심은 주로 좋은 반응을 얻고, 그가 거의 알아차리기도 전에 아주 뜻깊은 관계를 맺도록 이끈다. 물론 그 역시 다른 사람과 의견이 일치하지 않는 경우가 있지만, 그런 경우 비록 다른 사람의 관점을 수용하지 않더라도 그들의 관점을 이해하려 노력한다. 이 때문에 그를 아는 사람들은 그가 자신이 믿는 대의명분에 헌신할 뿐 아니라 다른 사람들이 다른 의견을 가질 권리에 너그럽다고 말한다.

치료자의 역할 치료자는 고정역할 스케치를 로이 테일러와 함께 검토하고 그 인물에 대해 알고 싶은지 그에게 물었다. 그는 치료실에 있는 동안 스케치 속의 인물처럼 행동해 볼 것에 동의했다. 이후 치료자는 내담자에게 2주 동안 그 인물처럼 행동하고 생각하고 말해 보도록 요청했다. 고정역할치료로 주입된 행동적 변화는 2주의 역할 연기 기간을 훨씬 지나서도 유지된다고 보고되었다.

그러나 이와 같은 개인 내담자의 긍정적인 치료 결과에 대한 사례 보고들은 이 기술의 효과성에 대해 통제된 연구가 거의 없었다는 사실을 고려하여 균형 있게 다루어야 한다. 몇 안 되는 연구 중 하나는 소수의 일본 내담자를 대상으로 한 고정역할치료가 사회불안을 실제로 감소시켰다고 보고했다(Abe, Imai, & Nedate, 2011).

켈리 이론에 대한 연구

시간에 따른 구성개념의 안정성

REP 검사를 사용한 여러 연구에 따르면 구성개념은 시간이 흘러도 안정적으로 유지된다. 연구 참가자들에게 두 차례 검사를 실시하였다. 각각의 검사에서 역할 인물로 매번 다른 사람의 이름을 사용하였다. 결과를 살펴보니, 역할 모델이 변했음에도 연구 참가자들에게 중요한 구성개념은 동일하게 남아 있었다. 그렇지만 연구는 REP 검사의 타당도는 결과를 해석하는 심리학자의 기술에 매우 크게 좌우된다고 보고하였다.

한 REP 검사 연구에서는 개인의 구성개념 체계의 복잡성을 살펴보았다. 구성개념 체계는 생애주기에 따라 점점 더 차별화되고 통합되며, 구성개념 체계가 더 추상적으로 기능할 수 있게 됨에 따라 더 많은 정보를 처리할 수 있다는 결과가 나타났다(Crockett, 1982). 또 다른 연구는 개인 간 개인적 구성개념이 유사할수록 친구가 되기 쉽다고 제안하였다.

대학생을 대상으로 한 연구에서 학생들에게 대학에서의 첫째 주에 REP 검사를 실시하고 6개월 후에 다시 검사를 실시했다. 친구들 간에 6개월 동안 구성개념이나 태도의 유사성이 발달하지는 않았지만, 친구 관계가 형성되기 전에 유사성이 존재했다는 결과가 나타났다.

연구자들은 우리가 구성개념이 유사한 사람을 친구로 찾는다고 결론지었다(Duck & Spencer, 1972). 또한 기혼자 대상 연구에서 구성개념이 더 유사한 부부가 그렇지 않은 부부보다 결혼 생활에서 더 큰 행복감을 보고하였다(Neimeyer, 1984).

정서 상태의 영향

다른 연구에서는 개인의 성격 특성과 다른 사람을 이해하는 방식 사이의 유사성을 보여 주었다. 예를 들면 간호 실습생 집단에서 불안이 높은 사람들은 '불안한 대 불안하지 않은'을 다른 사람을 평가하는 구성개념으로 사용하는 경향이 있었다. 또래들로부터 친절하다고 평가된 사람들은 다른 사람을 '친절한 대 불친절한'이라는 구성개념으로 평가하는 경향이 있었다(Sechrest, 1968).

REP 검사는 조현병, 신경증, 우울, 기질적 뇌손상 환자 연구에 사용되어 왔다. 정상적인 연구 참가자에 비해 조현병 환자는 타인을 불안정하고 비일관적으로 이해한다고 밝혀졌다. 그러나 사물에 대한 조현병 환자의 이해는 안정적이고 일관적이어서, 그들의 사고장애가 사회적 상황에만 적용됨을 시사하였다. 또한 그들의 사고 과정에는 편집적 망상 및 구성개념들 간 비합리적 연결이 특징적으로 나타났다(Bannister, Fransella, & Agnew, 1971; Bannister & Salmon, 1966; Winter, 1992).

수정된 버전의 REP 검사를 사용한 연구에서 정신 병원에 반복 입원한 환자와 처음 입원한 환자의 개인적 구성개념 체계를 비교하였다. 반복 입원한 환자는 자신의 사회적 연결망이 자신이 의지할 수 있다고 믿는 소수의 사람들로 제한되어 있다고 생각한 반면, 처음 입원한 환자들은 자신의 사회적 연결망이 유의미하게 더 크다고 생각했다(Smith, Stefan, Kovaleski, & Johnson, 1991).

청소년과 성인 범죄자를 대상으로 한 REP 검사 연구에서는 범죄를 저지르는 사람들이 현실의 성인보다 행동 지향적인 텔레비전 영웅들에게 자신을 동일시하는 경향이 있음을 확인했다. 출소한 지 얼마 되지 않은 이들은 낮아진 자존감과 미래에 대한 빈약한 포부를 보였다. 강간범들은 자신이 부족하고 미성숙하다고 느꼈고, 개인적 실패에 사로잡혀 있었다(Needs, 1988).

현실 세계 적용

REP 검사는 소비자들이 상품을 평가할 때 사용하는 기준을 평가하기 위해 시장 조사에 사용되어 왔다. 산업 및 조직 심리학자들은 직업 상담, 사원 선발, 직장에서의 수행 평가, 훈련 프로그램 평가에 REP 검사를 사용한다(Benjafield, 2008).

개인적 구성개념 연구

비치료적 상황 연구에서 개인적 구성개념의 영향을 받는 다양한 행동을 다루었다. 호주 연구에서는 자동차 운전자의 난폭 운전이 그들이 가진 구성개념과 관련될 수 있다고 밝혔다(McNally & Bradley, 2014). 파리에서 강의하는 미국인 교수는 여러 통계 연구 방법을 학생들의 개인적 구성개념과 관련지음으로써, 통계를 처음 배우는 학생들이 통계를 더 잘 이해하고 그 과목에 열의를 갖도록 지도할 수 있었다(Clayson, 2013).

유죄 선고를 받은 인도의 이슬람 테러리스트의 개인적 구성개념에 대해 영국 심리학자들이 실시한 획기적인 연구에 따르면, 테러리즘과 관련되지 않은 방식으로 자신들의 미래 삶을 재해석할 수 없는 사람들은 미래에도 테러 행위에서 벗어날 가능성이 매우 희박했다(Canter, Sarangi, & Youngs, 2014).

인지적 복잡성과 인지적 단순성

개인적 구성개념에 대한 켈리의 연구는 인지 양식, 즉 우리가 환경 내 사람과 사물, 상황을 지각하거나 이해하는 방식의 차이를 다룬다. 인지 양식 연구는 REP 검사에서 파생되었으며, 인지적 복잡성(cognitive complexity) 개념에 초점을 맞춘다.

인지적 복잡성은 개인적 구성개념을 다른 사람에게 적용하는 과정에서의 식별 능력으로 정의된다. 인지적 복잡성이 높은 사람들은 사람들 사이에서 다양함을 발견할 수 있고 한 사람을 많은 범주에 쉽게 배치할 수 있다.

다른 극단인 인지적 단순성(cognitive simplicity)은 다른 사람을 판단할 때 차이점을 인식하는 능

인지적 복잡성 사람들 사이의 차이를 인지하는 능력으로 특징지어지는, 환경을 해석하는 인지 양식 또는 방법.
인지적 단순성 사람들 사이의 차이를 인지하는 능력의 부족으로 특징지어지는, 환경을 해석하는 인지 양식 또는 방법.

력이 낮은 것을 뜻한다. 인지적 단순성이 높은 사람들은 다른 사람들의 다양한 면을 발견하지 못하고 그들을 하나 또는 두 개의 범주에 배치할 가능성이 있다.

성격과 행동에 미치는 영향 인지 양식 측면에서의 성격 차이를 발견한 연구가 있다. 인지적 복잡성이 높은 사람들은 다른 사람의 행동을 더 잘 예측할 수 있다. 그들은 인지적 단순성이 높은 사람들보다 자신과 다른 사람의 차이를 더 손쉽게 알아차리고, 타인에게 더 잘 공감하고, 다른 사람을 이해함에 있어 비일관된 정보를 더 잘 다룬다(Crockett, 1982).

미국과 캐나다 대학생 연구에서는 인지적 복잡성이 높은 사람들은 불안과 불안정성 점수가 낮고, 대학 생활 스트레스에 더 잘 적응하며, 전통적인 성격의 5요인보다 더 많은 요인을 가진 것으로 나타났다. 인지적 복잡성이 낮은 사람들은 성격의 5요인보다 더 적은 수의 요인을 보였는데, 이는 이들이 정서적으로 덜 복잡함을 시사한다(Bowler, Bowler, & Phillips, 2009; Lester, 2009; Pancer, Hunsberger, Pratt, & Alisat, 2000).

미국과 영국 정치인을 대상으로 한 연구에서 보수주의자들은 인지적 단순성이 높은 반면, 중도 성향을 가진 사람들과 자유주의자들은 인지적 복잡성이 높은 것으로 나타났다(Tetlock, 1983, 1984). 훈련과 실무 경험이 더 많은 정신 건강 상담자들과 치료자들은 훈련 경험이 적고 실무 연한이 짧은 이들보다 인지적 복잡성이 더 높게 나타났다(Granello, 2010; Owen & Lindley, 2010).

켈리의 이론에서 인지적 복잡성은 보다 긍정적이고 유용한 인지 양식이다. 구성개념 체계를 발달시킴에 있어 우리의 목표는 사람들이 무엇을 할 것인지 예측하거나 예상할 수 있게 됨으로써 불확실성을 줄이는 것이다. 이러한 예측 혹은 예상이 우리의 행동을 안내한다. 복잡한 인지 양식을 가진 사람들은 단순한 인지 양식을 가진 사람들보다 이 과제에 성공적일 것이다. 따라서 인지 양식은 성격의 중요한 차원이다.

시간에 따른 변화 일반적으로 아동에 비해 성인이 더 높은 인지적 복잡성을 보이므로 인지적 복잡성은 연령에 따라 증가하는 듯하다. 그러나 연령만으로 인지적 복잡성을 완전히 설명할 수는 없다. 많은 성인들은 여전히 인지적 단순성을 보인다. 많은 것이 우리 아동기 경험의 복잡성 수준에 달려 있다.

인지적 복잡성이 높은 성인은 일반적으로 아동기에 더 다양한 경험을 했다. 또한 그들의 부모는 인지적 단순성이 높은 성인의 부모보다 덜 권위적이며, 더 큰 자율성을 인정했을 가능성이 높다(Sechrest & Jackson, 1961).

비슷해짐 또는 비슷함 40쌍의 커플을 연구한 결과, 여성의 인지적 복잡성이 남성에 비해 유의미하게 높음에도 파트너인 남녀 사이의 인지적 복잡성에는 높은 상관이 있었다. 연구자는 커플들이 이전부터 인지적 복잡성 수준이 유사했기 때문에 서로를 선택했거나 그들이 함께 산 결과 이러한 유사성이 발달한 것으로 제언하였다. 어떤 경우이든 이들은 자신들의 세상을 비슷한 방식으로 해석하는 경향이 있었다(Adams-Webber, 2001).

문화적 요인들 단일 문화에서 자란 미국계 미국인 대학생과 이중 문화에서 자란 중국계 미국인 대학생을 비교하였다. 중국계 미국인 학생들은 중국에서 태어난 뒤 적어도 5년간 미국에서 살았다. 연구 결과 단일 문화에서 자란 학생들보다 이중 문화에서 자란 학생들의 인지적 복잡성 점수가 높은 것으로 나타났다(Benet-Martinez, Lee, & Leu, 2006).

귀인 복잡성 귀인 복잡성은 인지적 복잡성에서 변형된 것으로, 사회적 행동에 대한 단순한 설명보다 복잡한 설명을 선호하는 정도를 말한다. 다시 말해 귀인 복잡성이 높은 이들은 다른 사람들의 행동을 복잡하고 다면적이며 더 정교한 원인에 귀인한다.

귀인 복잡성이 높게 측정되는 사람들은 인종 차별에 대한 미묘한 단서에 민감하고 이를 더 잘 알아차리는 것으로 나타났다. 또한 그들은 다른 사람에 대한 공감과 이해가 뛰어났다(Foels & Reid, 2010; Reid & Foels, 2010). 귀인 복잡성이 높은 기업가는 귀인 복잡성이 낮은 기업가보다 관리 행동에 있어 더 효율적이다(Sun & Anderson, 2012).

켈리 이론에 대한 연구

REP 검사를 이용한 연구는 다음과 같은 결과를 보여 준다.

- 개인적 구성개념은 시간이 흘러도 안정적으로 유지됨
- 우리는 우리와 구성개념이 유사한 친구를 선택함
- 구성개념이 유사한 부부들이 더 행복함
- 조현병 환자들은 사물에 대해서는 안정적인 구성개념을 갖지만 사람에 대해서는 그렇지 않음
- 범죄자들은 실제 인물보다 액션 영웅과 자신을 동일시함

인지적 복잡성 점수가 높은 사람은 다음과 같은 경향이 있다.

- 불안 점수가 낮음
- 전통적인 성격의 5요인보다 더 많은 요인을 보임
- 다른 사람들이 어떻게 행동할지 예측하는 데 능함
- 중립적이거나 자유주의적인 정치적 견해를 가짐
- 아동기에 더 다양한 경험을 함
- 대학 생활 스트레스에 더 잘 적응함

귀인 복잡성이 높은 사람은 다음과 같은 경향이 있다.

- 다른 사람의 행동을 복잡한 원인에 귀인함
- 다른 사람에 대한 공감과 이해가 뛰어남
- 인종 차별에 대한 미묘한 단서에 민감함

켈리 이론에 대한 고찰

켈리는 다른 이론에서 유래하지도, 이를 근간으로 하지도 않은 독특하고 급진적인 성격 이론을 발전시켰다. 그의 이론은 임상 실습에서 수집된 자료에 대한 그의 해석, 즉 그 자신의 구성개념에서 발현되었다. 이는 개인적인 관점이며, 그 독창성은 우리가 자신의 삶에 대한 틀을 구성할 수 있다는 켈리 이론의 메시지와 유사하다.

켈리의 체계는 몇 가지 점에서 비판받아 왔다. 그의 이론은 인간 기능에

서 정서적 측면을 배제하고 지적이고 이성적인 측면에 초점을 두었다. 현재와 미래를 이성적으로 이해하고, 가설을 수립·검증하고, 미래에 대한 예측에 근거하여 행동하는 인간에 대한 켈리의 이미지는 더 극단적인 인간 행동의 사례를 보는 임상심리학자들의 일상적인 경험과 일치하지 않았다. 그들에게 켈리가 말한 이성적 존재는 현실이 아닌 관념 속에 존재하는 것처럼 보였다. 켈리는 정서를 명시적으로 다루지는 않았으나, 정서를 개인적 구성개념으로, 즉 그 형성 과정에 있어 다른 구성개념과 유사한 것으로 보았다.

2장에서 우리는 성격에 대한 지그문트 프로이트의 관점이 인간 본성의 왜곡되고 비전형적인 사례를 제공한 빈의 중산층 신경증 환자들에게서 비롯된 것을 보았다. 다른 이론들도 프로이트의 이론과 비슷한 비판을 받아 왔다. 켈리의 관점 역시 비전형적이었다. 대학 생활 적응을 돕는 구성개념 체계를 개발하는 과정에서 그의 연구 대상은 주로 미국 중서부 젊은이들로 국한되어 있었다.

많은 다른 이론들과 마찬가지로 켈리의 이론은 해결되지 않은 질문들을 남긴다. 우리 각자는 독특한 방식으로 사건을 이해할 수 있지만, 왜 어떤 사람은 사건을 이런 방식으로 이해하는 반면 다른 사람은 같은 사건을 다른 방식으로 이해할까? 어떤 절차나 기제가 이런 차이를 설명할까? 개인은 구성개념 체계를 정의하거나 확장하는 선택을 한다. 안정을 선택할지 모험을 선택할지 혹은 안전한 대안을 선택할지 위험한 대안을 선택할지는 무엇이 결정할까?

개인적 구성개념 이론은 광범위하고 성장하는 지지 기반을 누리고 있으며, 미국보다는 유럽, 캐나다, 호주에 훨씬 널리 퍼져 있다. 1980년대 중반, 영국에는 켈리 이론의 적용을 촉진하고, 임상심리학자들이 켈리의 심리치료 기법을 훈련할 수 있도록 개인적구성개념심리학센터(Centre for Personal Construct Psychology)가 설립되었다. 이 외에도『국제 개인적 구성개념 심리학 학술지(International Journal of Personal Construct Psychology)』와『구성주의자 심리학 학술지(Journal of Constructivist Psychology)』가 1980년대 후반에 처음으로 출간됐고, 1990년에는『개인적 구성개념 심리학의 발달 시리즈(Advances in Personal Construct Psychology)』의 첫 권이 발간되었다.

켈리의 연구는 몇 가지 이유에서 미국에서는 많은 인기를 얻지 못했다.

첫째, 많은 심리학자가 켈리의 이론이 널리 퍼져 있는 생각들과 너무 다르다고 보았다. 성격심리학자들은 전형적으로 동기와 정서, 무의식적 힘, 추동, 욕구라는 친숙한 개념의 측면에서 생각하는데, 켈리의 체계에는 이것들이 포함되어 있지 않다. 둘째, 켈리는 임상 작업과 대학원생 훈련에 주로 시간을 보내면서 서적, 논문, 사례 연구를 거의 출간하지 않았다. 그의 두 편의 주요 저서는 학술적인 문체로 쓰였는데, 이는 인간의 열정과 정서, 사랑과 미움, 공포와 꿈에 대한 설명을 찾는 대중이나 치료자들을 염두에 둔 것이 아니었다. 켈리는 물론, 그의 이론 역시 이러한 설명과는 거리가 있었다.

켈리는 자신의 프로그램의 한계를 인지했고, 완성된 이론을 발표하는 척 가식을 부리지 않았다. 새로운 경험에 따라 개인의 구성개념이 변화하는 것과 마찬가지로, 켈리는 개인적 구성개념 이론도 추후 연구와 적용을 통해 변화하기를 기대했다. 그의 공헌은 심리학계와 학생들로부터 명예롭게 인정받아 왔다.

인간 성격의 본질에 대한 이론이 만들어진 지난 한 세기에 나타난 이론을 통틀어, 그의 이론은 가장 이례적이다. 켈리의 이론을 지지하는 사람들은 다방면에서 행동을 조절하고 예측하는 방법으로서 임상심리학, 산업심리학, 인류학, 범죄학, 도시계획 문제에 이 이론을 계속해서 적용하고 있다(Butt, 2008; Walker & Winter, 2007).

요약

켈리는 인간을 가설을 설정하고, 이를 현실과 비교하여 검증하는 과학자와 같다고 보았다. 개인적 구성개념은 개인이 미래 사건을 설명하고 예측하기 위해 생활 사건들을 바라보는 독특한 방식이다. 켈리의 기본 가정은 심리적 과정은 우리가 사건을 예측하고 우리 세상을 이해하는 방식에 의해 규정된다는 것이다. 이 이론은 11개의 필연적 결론(귀결)을 포함한다.

켈리는 인간이 자유의지를 가진 이성적인 존재이며 운명을 선택할 능력을 가졌다고 설명하면서 인간 본성에 대한 낙관적인 이미지를 보여 준다. 우리는 삶의 한 단계나 과거 경험으로 발달한 구성개념, 무의식적 갈등, 생물학적 본능에 얽매여 있지 않다. 우리의 목표는 사건을 예측할 수 있도록 하는 구성개념 체계를 확립하는 것이다.

켈리는 개인의 말을 액면 그대로 수용하는 한편, 자기성격묘사 스케치와 역할 구성개념 목록(REP) 검사를 사용하여 성격을 평가했다. REP 검사는 개인의 삶에서 중요한 이분법을 드러내고, 개인적 구성개념의 패턴을 보여 준다.

인지적 복잡성이 높은 사람들은 다른 사람들의 행동을 더 잘 예측할 수 있다. 그들은 자신과 다른 사람의 차이를 더 손쉽게 알아차린다. 그들은 인지적 단순성이 높은 사람들보다 더 잘 공감하고, 불안과 불안정성 점수가 낮고, 다른 사람을 이해함에 있어 비일관된 정보를 더 잘 다루며, 아동기에 더 복잡한 경험을 한다.

귀인 복잡성이 높은 사람들은 귀인 복잡성이 낮은 사람들보다 타인의 행동을 더 복잡하고 다면적으로 본다.

켈리의 연구는 동기, 정서와 같은 친숙한 개념을 생략했고, 감정적인 측면을 배제하면서 인간 기능의 이성적 측면만을 강조했으며, 대표성을 띠지 않는 연구 대상에 기댔다는 비판을 받는다.

복습 문제

1. 켈리는 우리 모두가 생활 사건들을 예측하고 통제하려 노력한다는 점에서 과학자처럼 기능한다고 제안했다. 이것은 무엇을 의미하는가?

2. 성격에 대한 켈리의 접근법은 앞서 소개된 다른 접근법들과 어떻게 다른가?

3. 켈리의 인지 이론과 근대 인지심리학의 관계는 어떠한가?

4. 켈리가 치료한 유형의 내담자들이 켈리의 이론에 어떤 영향을 미쳤을 거라고 생각하는가?

5. 구성개념이라는 용어에 대한 켈리의 정의는 무엇인가? 구성개념은 왜 이분법적이어야 하는가?

6. 켈리는 어떠한 이유로 우리가 항상 우리의 구성개념을 수정해야 한다고 믿었는가?

7. 우리가 과거 사건과 유사한 사건들을 예측하는 방식에 영향을 미치는 요인은 무엇인가?

8. 우리는 구성개념이 제공하는 두 개의 대안들 사이에서 어떻게 선택하는가?

9. 사건이나 다른 사람들의 행동에 대한 우리의 예측은 우리 성격에 어떻게 영향을 미치는가?

10. 개별성 귀결과 조직화 귀결의 차이를 설명하라.

11. 구성개념의 편의성 범위란 무엇인가?

12. 당신의 구성개념 체계에서, '쾌활한 대 슬픈' 구

성개념의 편의성 범위는 어떠한가?

13. 구성개념의 편의성 범위 변화를 설명하기 위해 켈리가 제안한 기제를 설명하라.

14. 양립할 수 없거나 비일관된 구성개념을 수용하는 것이 어떻게 가능한가?

15. 일상에서 다른 사람의 구성개념을 이해하는 것은 어떤 의미에서 중요한가?

16. 자유의지 대 결정론에 대한 켈리의 입장은 무엇인가?

17. 자기성격묘사 스케치는 무엇인가? 치료에서 이는 어떻게 사용되는가?

18. 역할 구성개념 목록 검사가 내담자에게 어떻게 적용되는지 설명하라.

19. 고정역할치료는 무엇인가? 이것은 역할 연기와 어떻게 관련되는가?

20. 인지적 복잡성이 높은 사람은 인지적 단순성이 높은 사람과 어떻게 다른가?

21. 귀인 복잡성이 낮은 사람들과 비교할 때 귀인 복잡성이 높은 사람들은 주위 사람들의 행동을 어떻게 보는가?

22. 성격에 대한 켈리의 접근법에 대한 비판들에 대해 논의하라.

읽을거리

Butler, R. (Ed.). (2009). *Reflections in personal construct theory*. New York: Wiley.
다양한 국가에서 켈리의 접근법을 사용하는 의사들이 이를 적용한 치료법에 대해 쓴 에세이로, 개인적 구성개념 심리학을 사용하여 환자와 치료적 관계를 맺는 방법에 대한 조언을 제공한다.

Butt, T. (2008). *George Kelly and the psychology of personal constructs (mind shapers)*. New York: Palgrave Macmillan.
우리에게 일어나는 일에 의해서가 아니라, 일어나는 일에 대한 우리의 매우 상이한 해석에 의해 성격이 형성된다는 켈리의 개념을 탐구하는 책으로, 역사적·철학적 맥락에서 이론을 설명한다.

Caputo, P., Viney, l., Walker, B., & Crittenden, N. (Eds.). (2012). *Personal construct methodology*.
켈리의 접근법을 따르는 사람들의 글로, 임상적 상황과 비임상적 상황에서의 개인적 구성개념 심리학 적용에 대한 설명 및 예시를 제공하고, 데이터를 수집하고 분석하기 위한 기법을 자세히 설명한다.

Epting, F. R. (1984). *Personal construct counseling and psychotherapy*. New York: Wiley.
켈리의 성격 이론과 임상적 적용의 원리에 대한 첫 번째 주요 교과서이다.

Fransella, F. (1995). *George Kelly*. London: Sage.
켈리의 생애와 개인적 구성개념 이론의 발달 및 적용을 설명하는 글로, 켈리의 성격을 예로 들어 구성개념적 대안주의의 개념을 개관한다.

Jancowicz, A. D. (1987). Whatever became of George Kelly? Applications and implications. *American Psychologist, 42*, 481-487.
켈리의 업적의 영향력을 검토하고 평가하는 글로, 켈리의 사망 20주년을 기념하며 출판되었다.

Kelly, G. A. (1969). *Clinical psychology and personality: The selected papers of George Kelly*. New York: Wiley.
브렌던 마허가 편집한 켈리의 글 선집으로, 자신의 개인적 경험이 이론의 발달에 미친 영향에 대한 켈리의 설명이 담겨 있다.

Thompson, G. G. (1968). George Alexander Kelly: 1905-1967. *Journal of General Psychology, 79,* 19-24.

켈리의 생애와 그의 업적을 검토하고 평가한다.

행동적 접근법

행동 주의의 창시자인 존 B. 왓슨에 대해서는 다른 심리학 과목에서 이미 배웠을 것이다. 그의 행동주의 심리학은 오로지 외적 행동, 즉 인간이 외부 자극에 어떻게 반응하는지에만 초점을 두었다. 이처럼 신중한 실험 연구와 자극 및 반응 변인의 정확한 수량화에 기초한 심리학에 대한 자연 과학적 접근법은 1920년대에 대단한 인기를 얻었고 60년 이상 심리학의 주요 흐름으로 남았다.

의식적 또는 무의식적 힘은 실험 조건에서 관찰하거나 조작하거나 측정할 수 없기 때문에 왓슨의 행동주의는 의식과 무의식적 힘을 고려하지 않았다. 왓슨은 사람이든 동물이든, 자극과 반응 사이에 유기체 안에서 일어나는 일에 대해서는 과학에서 할 수 있는 역할이 없다고 믿었다. 과학자들은 내부의 관찰 불가능한 조건에 대해서는 실험을 할 수 없기 때문이다.

따라서 심리학에 대한 행동적 접근법에서 우리는 불안, 추동, 동기, 욕구, 방어기제등 대부분의 다른 성격 이론가들이 제시한 내적 과정의 유형들은 찾아볼 수 없다. 행동주의자들에게 성격은 단지 다양한 자극에 대해 학습된 반응의 축적일 뿐이다. 이들에게 성격이란 객관적으로 관찰되고 조작될 수 있는 것만을 의미한다.

이 책에서 성격에 대한 행동적 접근법은 B. F. 스키너의 연구로 대표된다. 왓슨의 접근법을 계승한 스키너는 어떠한 내적인 힘이나 과정도 중요하지 않다며 이것들을 거부했다. 그의 유일한 관심은 외적 행동과 이를 조성하는 외부 자극이었다.

스키너는 우리가 성격이라 부르는 것을 환자를 대상으로 한 임상 작업보다는 쥐와 비둘기를 대상으로 한 실험 연구를 통해 이해하려 했다. 그러나 그의 생각은 행동 수정 기법을 적용함으로써 임상 현장에서 대단히 유용해졌다.

B. F. 스키너:
강화 이론

"바뀌어야 하는 것은 환경이다."

— B. F. 스키너

쥐, 비둘기, 그리고 텅 빈 유기체

B. F. 스키너(B. F. Skinner)는 이 책에서 다룬 다른 이론들과 쉽게 비교되고 대조될 수 있는 성격 이론을 제시하지 않았다. 사실, 그는 어떤 성격 이론도 제공하지 않았으며, 그의 연구가 특히 성격을 다룬 것도 아니다. 그의 연구는 성격뿐 아니라 사실적이고 기술적인 측면에서 '모든' 행동을 설명하려는 시도였다. 스키너는 심리학자의 연구는 실험실에서 관찰하고 조작하고 측정할 수 있는 사실에만 제한되어야 한다고 주장했다. 이는 오로지 연구 대상의 외현적 반응만을 강조하는 것이었다. 스키너는 심리학이 행동, 즉 유기체가 무엇을 하는지에 대한 과학이라고 주장했다. 행동에 대한 그의 연구는 정신분석 접근법, 특질 접근법, 생애 접근법, 인지적 접근법, 인본주의 접근법과 정반대였으며, 연구 주제뿐 아니라 방법론과 목적에서도 달랐다.

성격을 설명할 때 대부분의 다른 이론들은 인간의 내면에서 단서를 찾는다. 원인, 동기, 추동(우리의 발달과 행동을 안내하는 힘)은 우리 각자의 안에서 비롯된다. 이와 반대로, 스키너는 행동을 설명하기 위해 내적이고 주관적인 상태를 참고하지 않았다. 그는 무의식적 영향, 방어기제, 특질, 그리고 기타 추동의 힘은 보이지 않으므로, 과학적 심리학에 그것들이 설 곳은 없다고 주장했다.

과학에서 그것들은 영혼이라는 낡고 이론적인 개념 이상의 가치를 갖지 못한다. 스키너는 내적인 힘의 존재가 아니라 과학에서 내적인 힘의 유용성만을 부정했다. 그는 생리적 과정에 대해서도 유사한 논리를 적용했다. 생리적 과정은 외적으로 관찰할 수 없으므로 과학과 관련이 없다는 것이다. 그는 "유기체의 내면은 생리적 과정의 장소로서도 정신적 활동의 소재로서도 중요하지 않다"라고 말했다(Evans, 1968, p. 22). 그는 어떤 형태의 내적 활동을 연구하기 위해 유기체의 내면을 들여다볼 필요가 없다고 생각했다. 스키너에게 인간은 "텅 빈 유기체"이며, 이는 우리 안에 행동을 과학적 용어로 설명할 수 있는 어떠한 것도 없음을 의미한다.

인간은 어디에?

스키너는 실험 대상을 선정하는 방식에 있어서도 다른 이론가들과 구분됐다. 어떤 성격 이론가들은 정서적으로 혼란스러운 사람들에, 또 다른 이론가들은 정상적이거나 평균적인 사람들에 초점을 둔다. 적어도 한 사람, 에이브러햄 매슬로는 가장 뛰어난 사람들을 이론의 근간으로 삼았다. 행동에 대한 스키너의 이론은 인간에게 적용되기는 하지만, 그는 행동적 접근법으로 이루어진 연구에서 쥐와 비둘기를 사용하였다. 비둘기로부터 인간 성격에 대해 무엇을 알 수 있을까? 스키너는 아동기 경험이나 성인의 정서가 아니라 자극에 대한 행동적 반응에 관심을 두었다는 점을 기억하자.

자극에 반응하는 것은 동물이 잘 하는 일이며, 동물은 때로 인간보다 자극에 더 잘 반응한다. 스키너는 인간의 행동이 동물의 행동보다 더 복잡하다는 점은 인정했지만, 이는 정도의 차이이지 종류의 차이는 아니라고 말했다.

그는 양쪽 행동의 근본적인 과정은 유사하다고 믿었다. 과학은 단순함에서 복잡함으로 진행되어야 하기 때문에 더 기본적인 과정이 우선 연구되어야 한다. 따라서 그는 동물의 행동이 인간의 행동보다 더 단순하다는 이유로 동물의 행동을 선택했다.

스키너의 연구는 동물의 행동에 초점을 두었음에도 인간 행동 변화를 위해 실질적으로 광범위하게 적용되고 있다. 그의 연구에 기반한 행동치료와 같은 기술들은 임상 장면에서 정신증, 정신지체, 자폐증을 포함한 다양한 장애를 치료하는 데 사용된다. 그의 행동 수정 기법 또한 학교, 산업체, 교정시설, 병원에서 널리 사용된다.

스키너의 생애(1904~1990)

엄격한 아동기

B. F. 스키너는 펜실베이니아의 서스쿼해나에서 두 아들 중 장남으로 태어났으나, 그의 동생은 16세에 사망했다. 부모님은 근면한 사람들이었고 그에게 올바른 행동에 대한 규칙들을 끊임없이 말했다. "나는 신, 경찰, 그리고 사람들이 어떻게 생각할지 두려워하도록 배웠다"(Skinner, 1967, p. 407). 그의 어머니는 자신의 엄격한 기준에서 절대 벗어나는 일이 없었다. 그녀가 누군가를 통제하는 방법은 "쯧쯧" 하고 혀를 차는 것이었다.

스키너의 할머니는 응접실 난로의 붉게 달아오른 석탄을 가리키며 그에게 지옥의 형벌을 주지시켰다. 스키너의 아버지는 범죄자들에게 어떤 일이 생기는지 알려줌으로써 아들의 도덕 교육에 기여했다. 그는 스키너에게 카운티 감옥을 보여 주고 악명 높은 뉴욕 주립 감옥의 생활에 대한 강연에 데려갔다.

스키너는 자서전에서 아동기에 받은 이러한 경고들이 성인이 된 그의 행동에 어떠한 영향을 미쳤는지에 대해 여러 차례 언급했다. 그는 성인이 되어 성당에 방문해서 바닥의 묘비를 밟지 않으려 조심하던 일을 썼다. 어렸을 때 그는 그러한 행동이 올바르지 않다고 수도 없이 들어 왔다.

이러한 경험으로 인해 스키너는 자신의 성인기 행동이 어렸을 때 받았던 보상과 처벌('강화')로 결정되었다고 확신하게 됐다. 이처럼 스키너의 심리학 체계를 비롯하여 인간을 "법칙에 따라 행동하는 복잡한 체계"로 보는 그의 관점에는 명백히 그의 생애 초기 경험이 반영되어 있다(Skinner, 1971, p. 202).

기계와 동물

스키너는 어린 시절 마차, 시소, 회전목마, 새총, 모형 비행기, 이웃집에 감자와 당근 조각을 쏘는 증기 대포와 같은 기계 장치를 만들며 오랜 시간을 보냈다. 이를 고려하면 그가 인간을 예측대로 작동하는 기계로 보게 된 것은 예견된 일이었다. 또한 스키너는 영구 기관을 연구했다가 실패한 바 있다. 동물 행동에 대한 그의 관심 역시 아동기에 기인했다.

그는 거북이, 뱀, 두꺼비, 도마뱀, 다람쥐를 반려동물로 키웠다. 카운티 박람회에서 공연하는 한 무리의 비둘기 떼는 스키너를 매료시켰다. 그는 비둘기들이 무대에서 경주하고, 불타는 건물을 향해 장난감 소방차를 끌고, 사다리를 벽으로 미는 것을 보았다. 소방관 모자를 쓴 비둘기 한 마리는 위층 창문까지 사다리를 타고 올라가 갇혀 있는 비둘기를 구해 냈다. 이후에 스키너는 비둘기가 탁구를 치고 미사일을 목표점까지 안내하도록 훈련시켰다. 또한 그는 딸의 고양이가 피아노를 치고 애견 비글이 숨바꼭질을 하도록 가르쳤다.

어둠의 1년

스키너는 뉴욕 북부의 해밀턴 대학에서 영어를 전공했고, 졸업 후에 소설가가 되려 했다. 펜실베이니아 스크랜턴의 부모님 집 다락방에 서재를 갖추고 글을 쓰려고 앉았으나, 결과는 처참했다. 그는 영감이 떠오르기를 기다리며 글을 읽고, 라디오를 듣고, 피아노를 치고 모형 배를 만들었지만, 결코 영감이 떠오르지 않았다. 심리치료를 받을까 고민했으나, 그의 아버지는 심리치료가 돈 낭비라고 말했다. 스키너는 22세에 그가 하고 싶었던 유일한 일에 실패했다.

이후에 그는 당시를 자신의 어둠의 1년이라고 칭했다. 에릭슨이라면 이를 정체성 혼란이라 불렀을 것이다. 대학 시절 동안 조심스럽게 형성되었던 작가라는 스키너의 직업적 정체성은 무너졌고 자기가치감도 함께 떨어졌다. 그는 스크랜턴을 떠나 뉴욕의 그리니치빌리지로 갔지만 자신이 그곳에서도 글을 쓸 수 없다는 사실을 깨달았다. 불행히도 그는 여성 몇 명에게 사랑을 고백했다가 외면당했고, 너무 상심한 나머지 한 여성의 이니셜을 팔에 새겼는데, 이는 몇 년간 남아 있었다(Skinner, 1983).

새로운 정체성

스키너가 모든 희망을 잃었다고 생각한 바로 그때, 그는 자신에게 적합한, 여생을 바칠 만한 새로운 정체성을 발견했다. 그는 글쓰기가 그에게 실망을 안겨 주었으므로, 문학의 방법보다 과학의 방법으로 인간 행동을 연구하기로 결심했다. 그는 파블로프와 왓슨을 읽고 생각과 행동 모든 면에서 행동주의자가 되었다. 마침내 그의 자기상과 정체성은 적어도 한동안은 안정되었다.

스키너는 1928년에 심리학을 공부하기 위해 하버드 대학교에 입학했다. 그는 전에 심리학 강의를 들은 적이 없었음에도 3년 만에 박사 학위를 받았다. 그는 행동주의자가 되기로 함으로써 그가 작가로서 가지려 했던 모든 느낌과 정서를 거부하게 됐다. 한 심리학 역사가는 이렇게 적었다.

시와 소설을 쓰는 데 전념하는 진로와 행동주의 운동을 촉진하는 데 전념하는 진로 사이에는 본질적인 차이점이 있다. 전자는 환상과 느낌을 인간 존재의 중요한 부분으로 고려해야 할 뿐만 아니라, 영감, 직관, 자유연상, 의식의 흐름, 무의식의 참여와 같은 정신 내적 과정에도 집중해야 한다. 후자는 그 모든 것을 부정하고, 환상이나 느낌을 비롯하여 사실상 모든 정신 내적 영역을 (스키너가 애용하던 용어인) '전-과학적' 개념이라는 배경으로 물러나게 하며, 관찰할 수 있는 행동과 그 행동을 기록, 예측, 통제하는 데 필요한 조작에 초점을 둔다(Mindess, 1988, p. 105).

스키너의 글에서 정신 과정은 오로지 조롱의 대상으로만 등장했다.

우울기

스키너는 1936년까지 하버드 대학교에서 박사 후 과정에 있었다. 그 후 미네소타 대학교와 인디애나 대학교에서 강의했고, 1947년에 하버드로 돌아왔다. 스키너는 40대에 우울한 시기를 겪었다. 그는 실패한 정체성인 작가로 돌아감으로써 이 시기를 극복했다. 그는 자신의 모든 정서적·지적 불만족을 소설 『월든 투(Walden Two)』의 주인공에 투사하여 주인공이 개인적·직업적 좌절감을 터트리게 했다(Skinner, 1948).

이 책은 200만 부 이상 판매되었으며, 지금도 인쇄되고 있다. 책에는 생활의 모든 면이 스키너 심리학 체계의 기본 원칙인 정적 강화에 의해 통제되는 사회가 묘사된다(Altus & Morris, 2009). 『월든 투』는 보다 최근의 학문인 긍정심리학에서 다루는 주요 주제들의 전조로 볼 수 있다고 여겨진다(Adams, 2012; 14장).

유별나고, 성실하고, 다소 신경증적인

스키너는 심리학자가 되고 얼마 지나지 않아 로르샤흐 검사와 주제 통각 검사를 받아 보았다. 2012년에 일군의 노르웨이 심리학자들이 이를 분석해 스키너의 성격에 대한 몇 가지 결론을 도출했다(Gronerod, Overskeid, & Hartmann, 2013; Koren, 2013; Overskeid, Gronnerod, & Simonton, 2012).

그들은 스키너가 성실성과 경험에 대한 개방성이 높으며, 다소 외향적이고 신경증적인 것으로 평가했다. 또한 그는 유별났고, 긴장된 사회적 관계 속에서 활력이 부족한 채 일에 몰두하였다. 그러나 딸들 중 하나는 그가 자녀들과 아주 많은 시간을 보내는 훌륭한 아버지라고 말했다(Freeman, 2013).

스키너는 80대가 되어서도 계속해서 열정적으로 일에 몰두했다. 그는 매일의 작업 성과와 출간 원고를 집필하는 데 단어당 소요되는 시간(2분)을 기록하면서 습관을 조절하였다. 이처럼 그는 자신이 정의한, 법칙에 따라 행동하는 복잡한 체계로서의 인간의 살아있는 예가 되었다.

그는 언젠가 친구에게 자신이 프로이트보다 더 자주 심리학 문헌에 인용된다고 말했다. 친구는 그것이 스키너의 목표였는지 물었고, 스키너는 "해낼 수 있다고 생각했어"라고 대답했다(Bjork, 1993, p. 214).

강화: 행동의 기본

행동에 대한 스키너의 이론은 개념상 단순하나, 수천 시간에 걸친 잘 통제된 연구를 토대로 하고 있다. 그의 기본 개념은 행동은 그 결과, 즉 행동에 뒤따르는 것에 의해 통제될 수 있다는 것이다. 스키너는 동물이나 인간은 거의 모든 행위를 수행하도록 훈련될 수 있으며 훈련의 성공을 책임지는 것은 행동에 뒤따르는 강화물의 종류라고 믿었다. 이는 연구자가 실험실 쥐의 행동을 통제할 수 있는 것과 마찬가지로, 강화물을 통제하는 사람은 누구든지 인간 행동을 통제할 힘을 가짐을 시사한다.

반응 행동

스키너는 행동을 반응 행동과 조작적 행동으로 구분했다. 반응 행동(respondent behavior)은 특정한 자극에 대한 또는 특정한 자극에 의한 반응이다. 무릎 경련과 같은 반사적 행동이 반응 행동의 예다. 자극이 주어지고(무릎 치기) 반응이 나타난다(무릎 경련). 이 행동은 자동적이고 불수의적이며, 학습되지 않는다. 이 경우 우리는 적절한 반응을 하기 위해 훈련받거나 조건화될 필요가 없다.

조건형성 학습된 반응 행동은 더 높은 수준에 있다. 조건형성(conditioning)이라 불리는 이 학습은 한 자극을 다른 자극으로 대체하는 것이다. 이 개

> **반응 행동** 특정한 환경적 자극에 대한 또는 자극에 의한 반응.

넘은 1900년대 초반 러시아 생리학자 이반 파블로프(Ivan Pavlov)의 연구에서 유래되었다. 이후에 존 B. 왓슨은 행동주의의 기본적인 연구 방법으로 조건형성에 대한 파블로프의 개념을 사용하였다.

파블로프는 개를 대상으로 연구하면서 개가 관리인의 발자국 소리와 같은 중성 자극에 타액을 분비하는 것을 발견하였다. 이전에 타액 분비 반응은 눈앞의 먹이라는 오직 한 가지 자극에 대해서만 나타났었다. 이것을 발견하고 흥미를 느낀 파블로프는 이 현상을 체계적으로 연구하였다.

그는 개에게 먹이를 준 직후에 종소리를 들려주었다. 처음에는 종소리가 개에게 아무 의미도 없었기 때문에 개는 먹이에 대해서만 타액을 분비하고 종소리에 대해서는 반응하지 않았다. 그러나 먹이를 준 뒤 종소리를 들려주는 일을 수차례 반복하자, 개는 종소리만 듣고도 타액을 분비하기 시작했다. 이처럼 개는 종소리에 반응하도록 조건형성, 즉 훈련되었다. 개는 이전에는 중성 자극이었던 자극에도 반응하게 된 것이다.

강화 파블로프의 고전적인 실험은 강화(reinforcement)의 중요성을 보여 준다. 만약 파블로프가 실험한 개들이 행동에 대해 보상을 받지 않았다면 개들은 종소리에 반응하는 것을 학습하지 않았을 것이다. 이 예에서 보상은 먹이다. 이어서 파블로프는 학습의 기본 법칙을 공식화했다. 강화 없이는 조건반응이 성립할 수 없다. 반응을 강화하는 행동은 조건형성을 강하게 만들고 반응이 반복될 가능성을 증가시킨다.

소거 그러나 조건형성된 반응은 강화 없이 유지되지 않는다. 종소리에 반응하도록 조건형성된 개를 생각해 보자. 종이 울릴 때마다 그 개는 타액을 분비한다. 그러다가 연구자는 종소리 후 먹이 주기를 멈춘다. 개는 종소리를 듣지만 아무 일도 일어나지 않는다. 먹이도, 강화물도, 보상도 없다. 이처럼 아무런 강화 없이 종소리만 계속 들린다면, 개의 타액 분비 반응의 빈도와 강도가 감소하다가, 결국 반응이 나타나지 않게 된다.

이 과정을 소거(extinction)라 한다. 반응에 대한 강화물이나 보상이 더 이상 제공되지 않을 경

강화 보상을 주어 반응이 반복될 가능성을 증가시켜 조건형성을 강하게 만드는 행위.
소거 강화가 철회되면서 행동이 사라지는 과정.

▶ 동물이 목표하는 행동을 할 때 이를 먹이로 강화하여 동물이 조건형성되게 할 수 있다.

우, 그 반응은 사라지거나 소멸된다. 많은 연구들이 훈련 중 제공된 강화물이 클수록 조건반응이 소거되는 데 저항도 더 크다고 보고하였다(Shull & Grimes, 2006). 그렇지만 결국 소거는 나타난다.

조작적 행동

반응 행동은 강화물 없이 일어나지 않으며 생리적 자극과 직접적으로 관련된다. 모든 반응은 특정한 자극에 의해 나타난다. 스키너에게는 반응 행동보다 조작적 행동(operant behavior)이 더 중요했다. 우리는 환경 내 많은 자극에 직접적으로 반응하도록 조건화되지만, 모든 행동이 이러한 방법으로 설명되지는 않는다. 인간의 많은 행동은 자발적으로 일어나고 특정 자극과 직접적으로 연결될 수 없다. 조건형성된 자극에 어쩔 수 없이 반응하기보다 자발적인 것처럼 보이는 방식으로 행동하기도 한다.

조작적 행동의 성격과 빈도는 행동에 뒤따르는 강화에 의해 결정되거나 조절될 것이다. 반응

조작적 행동 환경을 조작하여 이를 변화시키는 자연스러운 또는 자발적인 행동.

행동은 환경에 영향을 주지 않는다. 파블로프의 실험에서 종소리에 대한 개의 타액분비 반응은 종소리나 뒤따라오는 강화물(먹이)에 아무런 영향을 미치지 않는다. 반면 조작적 행동은 환경을 조작하고, 결과적으로 환경을 변화시킨다.

조작적 조건형성과 스키너 상자

조작적 조건형성(operant conditioning) 과정을 설명하기 위해 스키너 상자(그림 12.1)로도 알려진 스키너의 조작적 조건형성 장치 안에 있는 쥐의 행동을 따라가 보자. 배고픈 쥐를 상자 안에 놓으면, 처음에 쥐의 행동은 즉흥적이고 무작위적이다. 쥐는 돌아다니고, 냄새 맡고, 쿡쿡 찌르면서 환경을 탐색한다. 이러한 행동은 그냥 나타나는 것이지 유도된 것이 아니다. 다시 말해 쥐는 환경 내의 어떤 특정 자극에 반응하지 않는다.

이러한 무작위적 활동이 어느 정도 일어나다가 쥐가 우연히 스키너 상자의 한쪽 벽에 있는 레버를 누르게 되면, 먹이통 속으로 먹이가 떨어진다. 쥐의 행동(레버 누르기)이 환경을 조작했고, 그 결과 환경이 변했다. 먹이가 레버를 누르는 행동에 대한 강화물로서 환경에 속하게 된 것이다.

Photo Researchers/Science Source

그림 12.1 간단한 조작적 조건형성 장치

조작적 조건형성 반응 결과의 변화가 반응이 나타나는 비율에 영향을 미치는 절차.

쥐는 이제 더 자주 레버를 누르기 시작한다. 그 결과 쥐는 더 많은 먹이(더 많은 강화)를 얻고, 이에 따라 레버를 더 빈번하게 누른다. 쥐의 행동은 이제 강화물의 통제하에 있다. 상자 안에서의 쥐의 행동은 덜 무작위적이고 덜 즉흥적이다. 쥐가 레버를 누르고 먹이를 먹으면서 대부분의 시간을 보내기 때문이다.

만일 우리가 다음날 그 쥐를 같은 상자에 넣는다면, 쥐의 행동을 예측할 수 있을 뿐만 아니라 강화물을 제시하거나 철회하거나 강화물을 제시하는 비율을 달리하여 쥐의 레버 누르기를 통제할 수도 있다. 먹이를 철회할 경우, 반응 행동이 소거된 것과 마찬가지로 조작 행동이 소거된다. 만약 강화되지 않은 행동이 더 이상 효과가 없다면(즉, 보상을 가져오지 않는다면), 얼마 후 행동은 멈출 것이다. 따라서 강화물을 통제하는 사람이 대상의 행동을 통제한다.

스키너 상자에서 현실 세계까지

조작적 조건형성을 통해 다양한 동물이 아주 많은 행동을 수행하도록 학습해 왔다. 개는 마약이나 폭발물을 탐지하도록 조건형성되었고, 모잠비크의 거대한 아프리카 쥐는 묻힌 지뢰를 찾도록 훈련되었으며, 바닷가재는 음식을 받기 위해 발톱으로 막대를 잡는 것을 배웠고, 고래와 돌고래는 해양공원 같은 곳에서 여러 가지 재주를 부리도록 훈련되었으며, 송아지는 지정된 장소에서만 소변을 보도록 배웠다(Gillaspy, Brinegar, & Bailey, 2014; Poling, Weetjens, Cox, Beyene, Bach, & Sully, 2010; Tomina & Takahata, 2010; Vaughan, De Passille, Stookey, & Rushen, 2014).

환경을 조작하기

스키너는 대부분의 인간 행동과 동물 행동이 조작적 조건형성으로 학습된다고 믿었다. 아기들이 어떻게 학습하는지 생각해 보자. 유아는 처음에는 무작위적이고 즉흥적인 행동을 보인다. 그러던 중 유아의 몇 가지 행동이 부모, 형제, 또는 양육자에 의해 강화된다(예: 음식이나 포옹, 장난감으로 보상을 받는다). 유아가 자라면서 더 긍정적으로 강화된 행동, 즉 부모가 승인한 행동은 유지되는 반면, 부모가 승인하지 않은 행동들은 소거되거나 중단될 것이다.

이 개념은 스키너 상자 속의 쥐와 동일하다. 효과가 있는 행동(예: 음식을 얻기 위한 레버 누르기)은 자주 나타나고, 효과가 없는 행동은 반복되지 않는다. 따라서 유기체의 행동이 환경을 조작하고, 그 결과 환경은 강화의 형태로 유기체의 행동을 조작한다.

▶ 인정의 표시인 부모의 미소는 아동의 행동을 강화할 수 있다.

당신은 강화가 얼마나 강력하게 행동을 결정하고 통제하는지 알 수 있다. 스키너는 "조작적 조건형성은 조각가가 찰흙 덩어리를 조형하듯 행동을 조성한다"라고 썼다(Skinner, 1953, p. 91). 만일 그 찰흙 덩어리, 즉 유기체가 강화물을 절실히 원한다면, (먹이를 가진 실험자, 비스킷을 가진 개 주인, 미소 지어 주는 어머니, 등을 두드려 주는 직장 상사, 약속을 제시하는 정부 등에 의해) 유기체의 행동이 조성되는 정도에는 사실상 제한이 없다.

성격: 조작적 행동의 모음

유아기 이후 우리는 많은 행동을 수행한다. 우리의 행동 중 강화된 행동들은 더 강력해져 패턴을 형성할 것이다. 스키너는 이러한 조작적 행동의 패턴 또는 모음이 성격이라고 생각했다. 다른 심리학자들이 신경증적 또는 비정상적 행동이라고 불렀던 행동 역시 스키너에게는 어떻게든 강화된, 바람직하지 않은 행동의 지속적인 수행일 뿐이었다.

스키너는 지속적 강화, 즉 모든 반응에 대해 강화물을 제공함으로써 행동이 어떻게 조절되는지 보여 준 후, 행동이 강화되는 비율을 다양화할 경우 행동이 어떻게 변화하는지 살펴보기로 했다.

강화 계획

스키너는 심리학 실험실 밖의 일상 생활을 살펴보면, 행동이 발생할 때마다 강화되는 경우가 거의 없다는 점을 지적했다. 아기들이 울 때마다 엄마가 안아 주지는 않는다. 뛰어난 야구 선수도 방망이를 휘두를 때마다 홈런을 치지는 못하며, 당신이 좋아하는 가수가 신곡을 발표할 때마다 시상식에서 상을 받는 것도 아니다. 이처럼 단지 몇 차례 강화를 받았을 뿐임에도 지속되는 행동의 예는 무수히 많다.

　쥐가 막대를 누를 때마다 강화되지 않았을 때조차도 꽤 일정한 비율로 막대를 계속 누르는 것을 발견한 후, 스키너는 다양한 강화 계획(reinforcement schedule)을 연구하여 행동 통제에 대한 효과성을 알아보기로 했다. 강화 비율 중 스키너가 검증한 것은 다음과 같다.

- 고정 간격
- 고정 비율
- 변동 간격
- 변동 비율

고정 간격 강화 계획

고정 간격 강화 계획(fixed-interval schedule of reinforcement)은 일정한 시간이 흐른 후에 처음 나타나는 반응에 이어서 강화물을 제공하는 것을 의미한다. 이때 강화물을 제공하는 시간 간격은 1분, 3분 또는 기타 일정 기간이 될 수

> 강화 계획 강화물을 제공하거나 철회하는 패턴 혹은 비율.

있다. 강화의 타이밍은 반응의 횟수와 관련이 없다. 쥐가 일정한 시간 동안 1분에 3번 반응하든 20번 반응하든, 강화물은 정해진 시간이 지난 후에 정확한 반응을 할 때에만 제공된다.

고정 간격 강화 계획으로 작동하는 상황은 다양하다. 당신의 급여는 고정 간격 계획에 따라 한 주 또는 한 달에 한 번 지급된다. 당신은 물품 생산 개수 또는 판매 수(반응의 횟수)에 따라서가 아니라 일을 한 시간이나 일 또는 주 수에 따라 급여를 받는다.

스키너의 연구는 강화물이 제공되는 간격이 짧아질수록 반응의 빈도는 높아짐을 보여 주었다. 강화 간격이 길수록 반응률은 감소했다. 강화물이 얼마나 빈번하게 나타나는지 역시 반응이 얼마나 빠르게 소거되는지에 영향을 미쳤다.

쥐가 연속적으로 강화될 경우 반응이 더 빠르게 중단되었고, 간헐적으로 강화될 경우 강화 자체가 중단되었다. 고정 간격 강화 계획은 특수교육 교실에서 파괴적 행동을 감소시키는 등 현실에서 매우 효과적인 것으로 나타났다 (Tomlin & Reed, 2012).

고정 비율 강화 계획

고정 비율 강화 계획(fixed-ratio schedule of reinforcement)에서는 반응이 특정 횟수만큼 일어난 후에만 강화물이 제공된다. 예를 들면 실험자는 매 10번째 또는 20번째 반응 후에 강화할 수 있다. 고정 간격 강화 계획과 달리 이 계획에서 강화물이 제공되는 것은 대상이 얼마나 자주 반응하는지에 달려 있다. 쥐는 필요한 횟수만큼 반응하기 전에는 먹이를 얻지 못할 것이다. 이 강화 계획은 고정 간격 계획보다 반응 속도가 더 빠르다.

고정 비율 강화 계획으로 인한 높은 반응률은 인간에게도 적용된다. 작업량을 토대로 임금이 결정되는 직업에서 당신의 수입은 당신의 생산량에 달려 있다. 생산하는 품목이 많을수록 임금이 높아진다. 당신이 받는 보상은 직접적으로 당신의 반응률을 기반으로 한다. 수수료를 받는 판매원의 경우도 마찬가지이다. 판매한 제품의 수에 수입이 달려 있다. 더 많이 팔수록 더 많이 버는 것이다. 반면 주급(고정 간격 강화 계획)을 받는 판매원의 수입은 판매량과 관계없이 매주 동일하다.

변동 간격 강화 계획

일상생활에서 고정 간격 강화 계획이나 고정 비율 강화 계획이 항상 가능하지는 않다. 때때로 강화물은 가변적으로 제시된다. 변동 간격 강화 계획(variable-interval schedule of reinforcement)에서는 강화물이 처음에는 2시간 후에 제시되고 다음에는 1시간 30분 후에 제시되었다가 세 번째에는 2시간 15분 후에 제시될 수 있다. 낚시를 하며 하루를 보낸 사람은 변동 간격에 기초하여 보상을 받을 것이다. 변동 간격 강화는 미끼를 무는 물고기의 무작위적인 출현으로 결정된다.

변동 비율 강화 계획

변동 비율 강화 계획(variable-ratio schedule of reinforcement)은 강화물들 사이의 평균 반응 횟수를 토대로 하지만, 이 평균을 중심으로 큰 변동이 있다. 스키너는 변동 비율 강화 계획이 높고 안정적인 반응률에 효과적임을 발견하였는데, 이는 카지노를 운영하는 사람이 기꺼이 증명할 수 있다.

슬롯머신, 룰렛, 경마, 복권은 행동을 통제하는 데 극도로 효과적인 변동 비율 강화 계획을 따른다. 변동 비율 강화 계획은 소거가 잘 일어나지 않는 지속적인 반응 행동을 초래한다. 대부분의 일상적인 학습은 변동 간격 강화 계획 또는 변동 비율 강화 계획으로 일어난다.

강화 계획에 대한 스키너의 연구는 강화 계획이 행동을 통제하고 수정하고 조성하는 데 유용함을 보여 준다. 만약 당신이 쥐, 판매원, 또는 생산직 노동자를 책임지고 있거나, 당신의 반려동물 혹은 아이에게 무언가를 가르치려 한다면, 이러한 조작적 조건형성 기법을 통해 당신이 원하는 행동을 유도할 수 있다.

행동 조성

스키너의 원조 조작적 조건형성 실험에서, 조작적 행동(레버 누르기)은 실험실 쥐가 그 환경을 무작위로 탐색하는 과정에서 우연히 발생할 수 있는 단순한 행동이다. 따라서 실험자가 충분히 인내한다면 이러한 행동이 발생할 확률은 높다.

그러나 동물과 인간은 정상적인 사건 속에서 발생할 확률이 훨씬 더 낮은, 보다 복잡한 조작적 행동을 한다. 이러한 복잡한 행동은 어떻게 학습될까? 실험자나 부모는 비둘기나 자녀가 우연히 발생할 가능성이 없는 행동을 수행하도록 어떻게 강화하고 조건형성할까?

계기적 근사

스키너는 이러한 질문에 계기적 근사(successive approximation) 방법, 즉 '조성' 방법으로 답했다(Skinner, 1953). 그는 비둘기가 새장 안의 특정한 점을 쪼도록 아주 짧은 시간 안에 훈련시켰다. 비둘기가 스스로 정확히 그 점을 쫄 확률은 낮았다. 맨 처음 비둘기는 단지 지정된 점을 향해 방향을 돌린 것만으로도 먹이, 즉 강화를 받았다. 이후 비둘기가 그 점을 향해 아무리 사소하더라도 어떠한 움직임을 보일 때까지 강화는 보류되었다.

다음으로 비둘기가 그 점에 가까워지도록 움직일 때에만 강화가 주어졌다. 그런 뒤에 비둘기는 그 점을 향해 머리를 앞으로 밀었을 때에만 강화를 받았다. 마지막으로 비둘기는 부리가 그 점에 닿았을 때에만 강화되었다. 이것이 시간이 많이 걸리는 과정처럼 들리겠지만, 스키너는 3분 안에 비둘기를 조건형성시켰다.

실험 절차는 그 자체로 계기적 근사라는 용어를 설명한다. 실험에서 유기체는 행동이 목표하는 최종 행동에 근접한 연속적인 단계로 나타날 때 강화된다. 스키너는 아동이 이런 방식으로 복잡한 말하기 행동을 학습한다고 제안했다. 유아는 우연히 무의미한 소리를 내는데, 부모는 미소, 웃음, 대화로 그

계기적 근사 복잡한 행동의 습득에 대한 설명; 말하기 학습과 같은 행동은 목표하는 최종 행동에 대략적으로나마 근접할 때 강화됨.

소리를 강화한다.

얼마 후 부모는 실제 단어에 근접한 소리에 대해 더 강력한 강화물을 제공하여 이 재잘거림을 강화한다. 이 과정이 계속됨에 따라 부모는 적절한 단어 사용과 적절한 발음에 대해서만 강화를 주게 되고, 그 결과 강화가 더 엄격해진다. 이와 같이 유아의 언어 기술 획득이라는 복잡한 행동은 단계별로 차별화된 강화를 통해 조성된다.

5분 만에 인간의 행동 조성하기

스키너는 저명한 정신분석가인 에리히 프롬을 조성한 적이 있다. 강연 중 프롬의 의견이 그를 화나게 했기 때문이다.

Brand X Pictures/Stockbyte/Getty Images Plus/Jupiter Images

▶ 부모는 자녀에게 바람직한 최종 행동에 근접한 행동을 강화함으로써 바람직한 행동을 가르친다.

프롬은 거의 모든 것에 대해 할 말이 있지만 깨우침은 거의 없는 것으로 판명되었다. 그가 인간은 비둘기가 아니라며 논쟁하기 시작했을 때, 나는 무언가 해야겠다고 결심했다. 나는 종이 조각에 [동료에게] 이렇게 썼다. "프롬의 왼손을 보게. 자르는 동작을 하도록 조성할거야." … [프롬은] 말을 하면서 몸짓을 많이 했고, 왼손이 올라갈 때마다 나는 그를 똑바로 쳐다보았다. 그가 손을 내리면 나는 고개를 끄덕이며 미소 지었다. 5분 후, 그가 공기를 너무 세게 잘라대던 탓에 그의 손목시계는 손 위로 계속 미끄러지고 있었다(Skinner, 1983, pp. 150-151).

미신적 행동

삶이 심리학 실험실 안의 사건들처럼 항상 정돈되거나 잘 통제되지는 않는다.

우리는 가끔 어떤 행동을 한 후 우연히 강화되기도 한다. 그 결과 그 행동이 사실상 동일한 강화로 이어지거나 이를 유발하지 않더라도, 해당 행동은 유사한 상황에서 반복될 수 있다.

풋볼에서의 예를 생각해 보자. 미국의 한 풋볼 선수는 선수 생활 초기에 최악의 시즌을 치르고 있었다. 그는 룸메이트에게 자신이 욕실 가까이에서 잘 수 있도록 침대를 바꿔 달라고 요청했고, 그 후 그의 경기력이 향상되었다. 그는 남은 선수 생활 동안 팀이 머무는 모든 숙소에서 욕실에 가장 가까운 침대를 고집했다.

또 다른 예로 매 경기에 앞서 골대를 껴안던 미국프로풋볼리그(NFL) 키커가 있었다. 그는 이전에 한 번 골대를 껴안은 뒤 성공적인 킥을 한 적이 있었는데, 그때 효과를 본 뒤 계속해서 킥에 앞서 골대를 껴안았다. 그는 인터뷰에서 골대들에게 자신의 사랑을 전하고, 킥을 할 때 가만히 있어 주기를 간청하는 것이라고 말했다.

미신적 행동을 조성하는 방법

스키너는 이러한 현상을 미신적 행동(superstitious behavior)이라 불렀고, 이를 실험실에서 보여 주었다. 그는 배고픈 비둘기 한 마리를 조작적 조건형성 장치에 넣고 고정 비율 강화 계획에 따라 매 15분 간격으로 강화하였다. 강화용 먹이가 제공되었을 때 그 비둘기는 어떤 행동이나 활동을 하고 있을 가능성이 높았다. 빙글 돌거나, 머리를 들거나, 거들먹거리며 걷거나, 폴짝 뛰거나, 또는 가만히 서 있었을 것이다. 보상의 순간에 어떤 행동을 하고 있었든 상관없이 그 행동은 강화되었을 것이다.

스키너는 비둘기가 우연히 강화된 행동을 한동안 더 자주 하게 하기 위해 단 한 번의 강화로도 충분하다는 것을 발견했다. 또한 이는 같은 행동을 하는 동안 또 다른 먹이가 제공될 가능성을 높인다. 강화물과 강화물 사이의 짧은 시간 동안 미신적 행동은 빠르게 학습된다.

앞서 언급했던 풋볼 선수들의 예와 같이, 비둘기가 보여 준 미신적 행동은 강화물과 기능적으로

미신적 행동 우연히 강화와 관련되었으나 기능적으로 관련이 없는 지속적 행동.

관련이 없다. 이 연결성은 우연적이다. 인간의 경우 이러한 행동은 평생 지속될 수 있고, 이를 유지하기 위해서는 간헐적인 강화로도 충분할 것이다.

　　미국과 일본의 메이저리그 야구 선수들을 대상으로 한 연구에서는 선수 중 74%가 미신적 행동을 하고 있다고 답했다. 미국 선수들이 일본 선수들보다 더 미신적인 것으로 나타나, 문화적 차이가 이러한 행동의 정도에 영향을 미칠 수 있음을 시사하였다(Burger & Lynn, 2005).

행동에 대한 자기통제

스키너에 의하면 행동은 유기체의 외적 변인들에 의해 통제되고 수정된다. 우리 내부에는 행동을 결정짓는 과정이나 추동 등 기타 내적 활동이 존재하지 않는다. 그러나 이러한 외적 자극과 강화물이 행동 조성과 통제를 맡고 있음에도 우리는 스키너가 자기통제(self-control)라 칭한 능력을 발휘할 수 있다. 스키너는 자기통제를 외적 사건의 효과를 바꾸는 행동이라고 설명했다. 그러나 그는 어떤 신비한 '자기'의 통제하에 있는 행동을 의미하지는 않았다.

　　스키너는 우리가 행동을 결정하는 외적 변인을 다음과 같은 자기통제 기술로 어느 정도 통제할 수 있다고 주장했다.

- 자극 회피
- 포화
- 혐오 자극
- 자기강화

자극 회피

예를 들어 만일 당신의 룸메이트가 너무 시끄러워, 내일 아침에 볼 시험을 준비하는 데 방해가 된

자기통제 행동을 결정하는 변인을 통제하는 능력.

다면, 당신은 자극 회피(stimulus avoidance) 기술을 사용할 수 있다. 방을 떠나 도서관으로 가서 행동에 영향을 미치는 외적 변인을 회피하는 것이다. 당신은 당신을 화나게 하는 사람이나 상황을 회피하여 사람이나 당신의 행동에 대한 상황의 통제력을 감소시킬 수 있다. 이와 마찬가지로 알코올 중독자는 술을 집에 두지 않음으로써 그들의 행동을 통제하는 자극을 피할 수 있다.

포화

포화(self-administered satiation) 기술을 통해 우리는 과도하게 행동하여 나쁜 습관으로부터 자신을 치료하는 통제력을 행사한다. 담배를 끊으려는 흡연자는 구역질이 나거나, 불편하거나, 질려서 끊고 싶어질 때까지 한동안 줄담배를 피울 수 있다. 이 기술은 담배를 끊기 위해 고안된 공식 치료 프로그램에서 성공적이었다.

혐오 자극

혐오 자극(aversive stimulation) 자기통제 기술은 불쾌하거나 혐오스러운 결과와 관련된다. 살을 빼려는 비만인들은 친구들에게 개인적으로 또는 SNS를 통해 공개적으로 살을 빼려는 의도를 알린다. 만약 그들이 자신의 결의를 지키지 않는다면, 개인적 실패감, 당혹감, 비난이라는 불쾌한 결과를 맞는다.

자기강화

자기강화(self-reinforcement)를 통해 우리는 좋거나 바람직한 행동에 대해 자신에게 보상을 준다. 좋은 성적을 받으려 노력하거나 어린 동생을 돌보기로 한 청소년은 콘서트 티켓이나 새 옷을 삼으로써 자신에게 보상을 줄 수 있다. 그런데 스키너에게 중요한 것은 외적 변인이 행동을 조성하고 통제한다는 점이다. 하지만 우리는 때때로 우리 자신의 행위를 통해 이러한 외적인 힘의 효과를 수정할 수 있다.

자기통제의 이점

미국 대학생을 대상으로 한 대규모 연구에서 자기통제 점수가 높은 사람들은 성적이 좋고, 심리적 적응 수준이 뛰어나며, 자기수용과 자존감이 높다고 밝혔다. 또한 그들은 자기통제 점수가 낮은 사람들에 비해 분노 수준도 낮을 뿐 아니라 대인 관계 기술과 가족 관계도 좋았다(Tangney, Baumeister, & Boone, 2004). 또한 높은 자기통제 수준은 삶의 만족도, 행복, 잦은 갈등을 회피하는 것과도 관련된다(Hofmann, Luhmann, Fisher, Vohs, & Baumeister, 2014).

평균 연령 11.2세의 아프리카계 미국인 아동을 대상으로 한 연구에 따르면, 아동을 더 잘 보살피고 가정 교육에 적극적인 부모의 자녀가 아동을 덜 보살피고 가정 교육에 소극적인 부모의 자녀보다 자기통제 수준이 높았다(Wills et al., 2007).

사회심리학자 로이 F. 바우마이스터(Roy F. Baumeister)는 자기통제가 "핫 토픽"이 되었는데, "현대인을 괴롭히는 대부분의 문제(중독, 과식, 범죄, 가정폭력, 성병, 편견, 빚, 원치 않는 임신, 학교와 직장에서의 저조한 성과, 저축 부족, 운동 실패)는 어느 정도 자기통제 실패를 핵심 측면으로 한다"라고 지적했다(Weir, 2012, p. 36).

조작적 조건형성의 적용

심리학자들은 임상, 산업, 교육 장면에서 인간 행동을 수정하는 데 스키너의 조작적 조건형성 기법을 적용했다. 행동 수정(behavior modification)은 아동과 성인, 정신적으로 건강한 사람과 정신적으로 어려움이 있는 사람, 그리고 개인과 집단의 행동에 성공적으로 사용되었다.

토큰 경제 프로그램

행동 수정을 고전적으로 적용하는 방법은 토큰 경

> 행동 수정 바람직한 행동 변화를 가져오기 위해 강화 원리를 적용하는 치료의 한 형태.

제(token economy)이다. 선행 연구에서 미국 주립 정신 병원의 한 여자 정신 병동은 거대한 스키너 상자처럼 운영되었다(Ayllon & Azrin, 1968). 이 병원의 환자들에게 기존의 치료는 더 이상 도움이 되지 않았다. 그들은 오래 지속된 병원 생활에 익숙해져 자활 능력을 잃었고, 자신을 보살피지 못했다.

이렇게 완전히 절망적인 상황에서 환자들에게 일을 할 기회가 제공되었다. 환자들은 일반적으로 병원 직원이 하던 일을 대신 수행하였고, 그 대가로 토큰을 받았다. 토큰이 돈과 같은 기능을 하므로 토큰 경제라는 용어가 사용되었다. 환자들은 지급받은 토큰을 통해 시설 밖의 사람들처럼 삶의 질을 높일 물건과 특혜를 살 수 있었다.

그들은 일정 수의 토큰으로 사탕, 담배, 립스틱, 장갑, 신문 등을 사거나 병동 내 영화관에 가거나, 병원 주변을 산책하거나, 더 좋은 방으로 옮길 수 있었다. 토큰 100개가 필요한 가장 비싼 특혜는 동행자와 함께 시내를 구경하고 사회복지사와 개인적으로 만나는 것이었다. 심리학자와 개인적으로 만나기 위해서는 고작 토큰 20개면 충분했다.

토큰을 받기 위해 환자들은 어떤 행동을 해야 했을까? 그들은 정해진 시간에 목욕을 하고, 양치질을 하고, 침구를 정리하고, 머리를 빗고, 적절하게 옷을 입으면 각 활동에 대해 토큰을 얻었다. 병원 식당이나 세탁실에서 일을 하거나, 병동 청소를 돕거나, 심부름을 하거나, 다른 환자를 산책시킬 때도 보상으로 토큰 10개를 받았다. 이러한 과제들이 우리에게는 단순해 보이지만, 토큰 경제 프로그램이 시작되기 전, 환자들은 무기력하고 목표가 없으며, 스스로 할 수 있는 일이 거의 없다고 간주되었다.

조건형성은 극적인 효과를 발휘했다. 환자들은 자신을 꾸미고 주변을 정돈했을 뿐만 아니라, 분주히 다양한 일을 하였다. 그들은 서로 간에는 물론, 의료진과도 사회적으로 상호작용하기 시작했고, 환자를 보살피는 책임을 맡기까지 했다. 그들의 자존감은 눈에 띄게 상승했고 의존성은 감소했다.

토큰 경제 프로그램은 다양한 시설에서 문제 행동을 줄이는 방법으로 사용되어 왔다. 예를 들면 한 정신 병원에서 9개월 동안 토큰 경제 프로그램을 실시한 결과, 인지장애 환자들 사이에서 발생하는 공격적 행동이 79% 감

토큰 경제 바람직한 행동에 대한 보상으로 중요한 물건이나 권한과 교환할 수 있는 토큰이 지급되는 행동 수정 기법.

소하였다(De Philippis, Quintieri, Noble, Reyes, & Akundi, 2008).

토큰 경제 접근법은 일본의 자폐 아동의 행동을 바꾸는 데에도 높은 효과성이 검증되었다(Ogasahara, Hirono, & Kato, 2013).

온라인 토큰 경제 행동 변화를 위한 토큰 경제 접근법은 인터넷에서도 효과적이다. 이는 극심한 흡연자를 대상으로 한 연구에서 잘 나타났다. 흡연자는 4주간 하루 두 번 집에서 자신을 녹화했다. 여기에는 일산화탄소 샘플을 측정하는 웹 카메라도 사용되었으며, 그 결과는 컴퓨터로 금연 클리닉에 전송되었다.

연구 참가자는 4일 동안 일산화탄소 수준을 낮추고, 이를 비흡연자 수준으로 유지하여 쿠폰을 얻었다. 쿠폰은 인터넷에서 판매되는 다양한 물품과 교환할 수 있었다. 그 결과 연구 참가자들은 연구 기간 동안 지속적으로 금연했고, 참가자들의 이산화탄소 수준은 유의미하게 감소하였다. 이를 통해 이 기법의 효과가 증명되었다(Dallery, Glenn, & Raiff, 2007).

토큰이 멈추면 어떻게 될까 이 놀라운 결과에 대해 주의할 점이 있다. 바람직한 행동 변화가 지속되려면 강화가 계속되어야 한다. 토큰이 더 이상 제공되지 않을 때, 일반적으로 강화된 행동은 원래 상태로 되돌아간다(Kazdin & Bootzin, 1972; Repucci & Saunders, 1974). 그러나 만약 보호자가 바람직한 행동에 대해 미소, 칭찬, 안아주기, 여타의 애정 표시와 같은 강화물로 보상을 준다면, 기관의 토큰 경제 상황에서 조건형성된 행동들은 가정에서도 계속될 가능성이 더 높다(Kazdin, 1989).

행동 수정 프로그램

행동 수정 프로그램은 교육 장면에 성공적으로 적용되어 교실 내 학업 수행 및 사회적 행동을 향상시키고, 행동적·정서적·발달적 문제를 감소시켰다(Lang & Rispoli, 2015). 조작적 조건형성 기술은 사업장과 산업의 문제에도 적용되었다. 또한 행동 수정 프로그램은 제조업체, 금융기관, 정부기관에서 잦은 결근, 지각, 병가 남용을 감소시키고 업무 수행과 안전을 향상시키는 것으로 밝혀졌다.

이 기법은 간단한 직업 기술을 가르치는 데에도 사용할 수 있다. 산업에서 사용되는 강화물은 급여, 직업 안정, 감독관의 인정, 회사 내 복지와 지위, 그리고 개인적 성장 기회이다. 확인할 수 없는 불안, 억압된 트라우마 또는 무의식적 동기 등은 다루지 않는다. 그보다는 행동 수정을 위해 어떤 강화물이 적절할지 규명하고 이를 어떤 비율로 제공할지 결정하여 외현적 행동을 변화시키는 데 초점을 둔다.

처벌과 부적 강화

조작적 조건형성을 적용할 때는 대부분 처벌(punishment)보다 정적 강화를 사용한다. 토큰 경제 환자들은 적절하게 행동하지 못한 것에 대해 벌을 받지 않았다. 대신 그들은 행동이 긍정적으로 변했을 때 강화되었다. 스키너는 처벌이 바람직하지 않은 행동을 바람직하게 바꾸거나 비정상적 행동을 정상적으로 바꾸는 데에 효과가 없다고 말했다. 바람직한 행동에 적용된 정적 강화가 처벌보다 훨씬 더 효과적이다.

> 처벌이 즉각적인 효과가 있지만 장기적인 결과를 초래하지 않는다는 것은 틀린 말이다. 처벌에 대한 반응은 탈출이나 반격, 고질적 냉담 중 하나로 나타난다. 이것들은 감옥이나 학교 또는 처벌이 사용되는 어디에서나 나타날 수 있는 악영향이다(Goleman, 1987).

부적 강화(negative reinforcement)는 처벌과 다르다. 부적 강화물은 혐오스럽거나 유해한 자극이다. 부적 강화에서의 보상은 이러한 혐오 자극을 제거하는 것이다. 예를 들어 실험실이나 교실에서 시끄러운 소리나 전기 충격 같은 불쾌한 자극이 연구 참가자가 바람직한 반응을 할 때까지 계속되는 조작적 조건형성 상황을 만들 수 있다. 정적 강화와 마찬가지로 행동의 결과로 환경이 변하는 것인데, 이 경우 환경의 변화는 유

처벌 반응이 다시 일어날 가능성을 낮추기 위해 반응에 이어 혐오 자극을 적용하는 것.
부적 강화 혐오 자극을 제거하여 반응을 강화하는 것.

해한 자극이 사라지는 것이다

우리는 일상생활에서도 부적 강화의 예를 찾을 수 있다. 배우자나 동료의 불평과 같은 불쾌한 자극을 피하기 위해 흡연을 멈출 수 있다. 혐오 자극(불평)은 바람직한 행동(집이나 사무실에서 담배 피우지 않기)이 나타날 때 중단되어야 한다. 스키너는 혐오 자극을 사용했을 때 결과가 정적 강화만큼 예측 가능하지는 않다고 지적하면서, 행동 수정을 위해 혐오 자극을 사용하는 것에 반대했다. 또한 부적 강화가 항상 효과가 있는 것은 아닌 반면, 정적 강화의 효과는 보다 일관적이다.

인간 본성에 대한 질문

본성 대 양육 쟁점에 대한 스키너의 입장은 명확하다. 사람은 일차적으로 학습의 산물이며, 유전 요인보다는 외적 요인에 의해 조성된다. 우리의 기본적인 행동이 아동기에 형성되기 때문에 스키너의 관점에 따르면 아동기 경험이 이후 경험보다 더 중요하다고 추론할 수 있다. 그렇지만 이것이 성인기에 행동이 변하지 않는다는 의미는 아니다.

아동기에 학습된 것은 수정될 수 있으며, 어떤 연령에도 새로운 행동 패턴이 습득될 수 있다. 행동 수정 프로그램의 성공은 이러한 주장을 확인해 준다. 행동이 학습에 의해 조성된다는 스키너의 신념은 인간은 각자 독특하다는 결론에 이른다. 우리는 경험에 의해 조성되기 때문에(우리는 모두, 특히 아동기에 서로 다른 경험을 하기 때문에) 우리 모두는 완전히 동일하게 행동하지 않을 것이다.

스키너는 궁극적이고 필수적인 목표를 다루지 않았다. 그는 열등감 극복, 불안 감소, 자기실현을 위한 노력에 대해서도 말하지 않았다. 이러한 동기들은 내적·주관적 상태를 가정하는데, 스키너는 이러한 개념을 수용하지 않았기 때문이다.

스키너의 연구에서 삶의 목표를 나타내는 모든 것은 개인적이라기보다 사회적인 것으로 보인다. 그는 소설 『월든 투』를 비롯한 여러 저술에서 이상적인 인간 사회에 대한 생각을 나타냈다. 이에 따르면 그는 개인의 행동은 생존 가능성이 가장 높은 사회 유형을 향해야 한다.

자유의지 대 결정론 쟁점과 관련하여 스키너는 인간이 기계와 같이 법칙에 따라 질서정연하게 미리 정해진 방식대로 기능한다고 믿었다. 그는 행동 방침을 정하거나 자유롭고 자발적으로 행동하는 내적 존재나 자율적 자기와 같은 모든 제안을 거부했다.

학술 저서에서 조작적 조건형성을 토대로 한 유토피아 사회에 대한 대중 소설까지 스키너의 메시지는 한결같다. 행동이 강화로 통제된다는 것이다. 어떤 의미에서 보면 이는 잘못된 행동에 대한 비난이나 처벌이 무의미하다는 것을 의미한다. 이러한 관점에서 볼 때, 수천 명을 학살하라고 명령한 독재자 또는 수십 명을 죽인 연쇄살인범은 운전자 없이 언덕을 굴러 내려가는 자동차처럼 자신의 행동에 책임을 질 수 없다. 둘 다 법칙에 따라 예측 가능한 방법으로 외적 변인에 의해 통제되어 작동하기 때문이다.

그렇다면 우리에게 인간이란 무력하고 수동적인 로봇처럼 자신의 행동을 결정하는 데 어떠한 능동적인 역할도 할 수 없는 존재라는 비관적인 개념만 남아 있을까? 이는 스키너의 견해를 온전히 이해한 것이라 볼 수 없다. 행동이 외적 자극과 강화로 통제된다는 스키너의 신념에도 불구하고, 분명한 것은 우리는 환경의 희생양이 아니라는 사실이다. 환경이 우리를 통제하기는 하지만, 우리는 환경을 디자인한다.

건물, 도시, 상품, 공장, 미디어, 정부기관은 인간이 만든 산물이다. 사회 체계, 언어, 법, 풍습, 오락도 그렇다. 우리는 지속적으로, 대개 우리에게 유리하게 환경을 바꾼다. 우리는 통제하는 문화를 디자인할 뿐 아니라, 그 문화에 의해 만들어지기도 한다. 스키너는 다음과 같이 말했다. "우리는 자유로운 주체가 아닐 수 있지만, 우리가 행동에 영향을 미치는 통제들을 재정렬한다면, 우리는 우리 삶에 대해 무엇인가 할 수 있습니다. … 나는 사람을 바꾸려 하지 않습니다. 내가 하려는 것은 우리가 사는 세상을 바꾸는 것입니다"(Bjork, 1993, pp. 16, 233).

스키너 이론에서의 평가

스키너는 다른 이론가들이 선호하는 전형적인 기법을 사용하지 않았다. 그의 연구에는 자유연상, 꿈 분석, 또는 투사법이 들어설 여지가 없었다. 그는 성격을 직접 다루지 않았기 때문에 성격을 측정하는 데 관심이 없었다. 대신 그는 행동을 측정했다.

스키너의 행동 수정 기법을 사용할 때, 우선 바람직한 행동과 바람직하지 않은 행동 모두를 구체적으로 측정할 필요가 있다. 또한 강화물로서 작용하고 행동을 바꾸기 위해 조작할 수 있는 환경 요인을 측정해야 한다. 이러한 사전 측정 없이는 어떠한 행동도 적절하게 수정할 수 없다. 스키너의 행동 측정 접근법을 기능적 분석(functional analysis)이라고 하는데, 이는 다음과 같은 행동의 세 가지 측면을 포함한다.

1. 행동의 빈도
2. 행동이 발생하는 상황
3. 행동과 연합된 강화물

이러한 요인들이 평가되지 않는다면, 행동 수정 프로그램을 계획하고 시행할 수 없다.

흡연 습관을 고치고 싶은 흡연자를 위해 기능적 분석을 적용한다고 생각해 보자. 이 경우 흡연자에게 매일 피우는 담배의 정확한 개수와 흡연하는 상황을 기록하게 한다. 흡연자가 자주 흡연을 하는 특정한 장소나 시간대가 있는가? 다른 사람들과 함께 있는 경우와 혼자 있는 경우 중 어떤 상황에 더 자주 흡연을 하는가? 식사 후 혹은 운전 중 흡연을 하는가? 강화물은 무엇인가? 대부분의 흡연자들은 특정한 자극이 있을 때 더 자주 흡연한다. 자극을 수정하는 것이 흡연 행동의 변화로 이어지기 때문에 이러한 자극을 반드시 확인해야 한다.

기능적 분석 행동의 빈도, 행동이 발생하는 상황, 행동과 연합된 강화물을 평가하는 행동 연구 접근법.

행동 직접 관찰

행동을 측정하는 세 가지 접근법은 직접 관찰, 자기보고, 그리고 생리적 측정이다. 많은 행동이 직접 관찰로 측정될 수 있다. 일반적으로 정확성과 신뢰성을 확보하기 위하여 둘 이상의 사람이 관찰한다. 행동 수정 상황에 대한 고전적인 보고서를 예로 들면, 한 여성이 제멋대로 구는 자신의 4세 아들을 위한 치료를 요청했다(Hawkins, Peterson, Schweid, & Bijou, 1966). 두 명의 심리학자가 아동의 바람직하지 않은 행동이 어떤 성격을 띠고 있으며 얼마나 자주 발생하는지, 이러한 행동이 언제 어디서 나타나는지, 이러한 행동에 대해 아동이 어떠한 강화물을 받는지 평가하기 위해 어머니와 아동을 이들의 집에서 관찰하였다.

발로 차기, 물건 던지기, 물기, 형제를 밀치기와 같은 9개의 바람직하지 않은 행동들이 확인되었다. 심리학자들은 아동이 나쁜 행동을 할 때 어머니가 아동에게 장난감이나 음식을 줌으로써 이러한 행동을 강화하는 것을 관찰하였다. 어머니의 의도는 나쁜 행동을 멈추는 것이었다. 그러나 그녀는 아동에게 강화물을 주어 나쁜 행동을 오히려 강화하고 있었다. 직접 관찰 측정은 16시간 동안이나 이루어졌지만, 이 과정이 없었다면 심리학자들은 정확히 어떤 바람직하지 않은 행동이 제거되어야 할지 또는 아동이 어떤 강화물을 기대하는지 알 수 없었을 것이다.

충분한 직접 관찰 프로그램으로 행동 수정 계획을 세울 수 있다. 이 사례에서 심리학자들은 어머니에게 아동이 긍정적인 방식으로 행동할 때 관심과 인정을 강화물로 제공하고 아동이 관찰된 9개의 바람직하지 않은 행동 중 하나를 보일 때 절대 보상을 주지 않도록 지시하였다. 직접 관찰 측정에서 확인된 바람직하지 않은 행동의 빈도를 기준으로 하여 이를 치료 중 행동 및 치료후 행동과 비교하였다.

행동 자기보고

행동을 측정하는 또 다른 방법은 면접이나 질문지를 통한 자기보고 기법이다.

개인은 자신의 행동을 관찰하고 그 결과를 보고한다. 예컨대 운전할 때, 치과에 갈 때, 또는 사람들 앞에서 말할 때와 같은 상황에서 자신이 두려움을 느끼는 정도를 질문지로 측정할 수 있다. 행동 측정을 위한 질문지는 성격을 측정하는 자기보고식 검사지와 형식이 유사하다.

행동에 대한 생리적 측정

행동을 생리적으로 측정할 때에는 심박, 근육 긴장, 그리고 뇌파를 측정한다. 이러한 측정값을 기록하여 다양한 자극의 생리적 효과를 평가할 수 있다. 이는 다른 측정 방법으로 얻은 정보의 정확성을 확인하는 데 사용되기도 한다. 예컨대 엘리베이터를 타는 것에 대한 공포를 면접이나 질문지에 드러내기 수치스러워하는 사람의 경우, 엘리베이터에 대한 질문을 받을 때 심박이나 근육 긴장도가 변할 것이다.

다양한 자극 상황에서 행동을 측정하기 위해 어떤 측정 기법을 선택하든지 간에, 무엇이 사람들로 하여금 그 행동을 하게 하는지가 아니라 사람들이 어떤 행동을 하는지에 초점을 둔다. 궁극적인 목표는 행동 수정이지 성격 변화가 아니다.

스키너 이론에 대한 연구

스키너의 측정 방법은 우리가 살펴본 다른 이론가들이 사용한 방법과 근본적으로 다르다. 또한 그의 연구 방법은 주류 실험심리학에서 벗어나 있다. 일반적인 절차는 대규모의 동물 또는 인간 피험자를 연구하고 그들의 평균적인 반응을 통계적으로 비교하는 것이다. 반면 스키너는 단일 대상을 집중적으로 연구하는 것을 선호했다. 그는 집단의 평균적인 수행에 대한 데이터는 특정 사례를 다루는 데 가치가 거의 없다고 주장했다. 평균을 다루는 과학은 독특한 개인을 이해하는 데 유용한 정보를 거의 제공하지 못한다.

스키너는 잘 통제된 실험 조건에서 단일 피험자로부터 충분한 데이터를 수집한다면 통계적 분석 없이도 타당하고 신뢰할 만한 결과를 얻을 수 있다고 생각했다. 그러나 다수의 피험자를 대상으로 실험할 경우 연구자는 평균적인 행동을 다루게 된다. 이렇게 얻은 결과 데이터는 개인의 반응 행동과 행동의 개인차를 반영하지 못한다.

스키너와 그의 추종자들은 강화 계획, 언어 습득, 행동 조성, 미신 행동, 그리고 행동 수정 등을 주제로 수천 번의 조작적 조건형성 실험을 했다. 결과는 스키너의 생각을 강하게 지지했다.

스키너 이론에 대한 고찰

스키너의 접근법은 여러 측면에서 비판받아 왔다. 결정론을 반대하는 사람들은 스키너의 관점에 대해 못마땅한 점이 많았다. 인간이 기계나 쥐, 비둘기보다 훨씬 복잡하다고 믿는 인본주의 심리학자들은 인간 본성에 대한 스키너의 이미지에 반대한다. 그들은 외현적 행동을 과도하게 강조하는 것은 의식적 자유의지와 같은 인간의 고유한 특성을 무시한다고 주장한다.

스키너 실험의 연구 대상과 상황의 단순성에 대해서도 비판이 제기되어 왔다. 그는 상당한 자신감을 가지고 인간 행동과 사회(사회적, 경제적, 종교적, 문화적 이슈들)에 대해 광범위한 주장과 예측을 펼쳤다. 그렇지만 일부 비평가들은 디스크를 쪼는 비둘기를 기반으로 현실에서 기능하는 인간의 행동을 추론할 수 있는지 묻는다. 널리 일반화하기에는 차이가 너무 커 보이기 때문이다. 이들은 인간 행동의 많은 측면은 스키너의 연구 수준으로 의미 있게 축소할 수 없다고 말한다.

스키너의 제자 중 두 명이 모든 행동은 학습된다는 스키너의 생각에 도전한 바 있다. 이들로 인해 38종, 6,000마리 이상의 동물이 조건형성되어 텔레비전 광고에 출현하거나 관광지에 배치되었다. 여기에는 돼지, 너구리, 닭, 햄스터, 돌고래, 고래, 소 등이 포함되어 있었다. 이 동물들은 강화된 대로 행동하지 않고 다시 본능적으로 행동하려는 향본능 표류(instinctive drift) 경향성을 보였다. 이는 본능적 행동으로 인해 먹이를 얻지 못하게 되는 경우에도 마찬가지였다.

예를 들어 돼지와 너구리는 동전을 집어 일정 거리를 옮긴 후 장난감 은행(돼지저금통)에 넣도록 조건형성되었다. 일정 수의 동전을 넣으면 먹이가 강화물로 제공되었다. 동물들은 바람직한 행동을 빠르게 학습했다.

> 그러나 이 일련의 행동을 몇 차례 멋지게 해내고 나서, 동물들은 훈련사가 보기에 바람직하지 않은 행동을 하기 시작했다. 돼지들은 [은행에 가던] 길을 멈추고, 동전을 모래에 파묻고 이를 주둥이로 꺼냈다. 너구리들은 잘 알려진 대로 동전을 씻는 듯한 동작을 하며 오랫동안 동전을 만지작거렸다. 이는 처음에는 재미있었으나 너무 많은 시간이 소요되었고, 그 결과 관객의 입장에서는 전체 쇼가 불완전해 보였다. 상업적인 면에서 볼 때, 이는 재앙이었다 (Richelle, 1993, p. 68).

돼지가 코로 땅을 파고 너구리가 손을 씻는 듯이 발을 비비는 것 같은 본능적 행동이 학습된 행동에 우선했던 것이다. 비록 강화물(먹이)을 늦게 받게 되더라도 말이다. 훈련사들은 '유기체의 나쁜 행동'이라고 불리는 이 현상에 대한 저서를 출간했다(Breland & Breland, 1961). 이것은 스키너의 획기적인 책 『유기체의 행동(Behavior of Organisms)』(Skinner, 1938)을 패러디한 것으로, 전해지는 바에 따르면 스키너는 이에 대해 불쾌해했다고 한다(Gillaspy, 2009).

스키너는 자신의 연구에 대한 비판을 대부분 무시했다. 그는 인터뷰에서 한 비평가의 책 리뷰에 대해 "제가 조금 읽어 봤는데 그 비평가가 요점을 놓쳤더군요. … 제 시간은 그분들의 오해를 풀어 드리는 것보다 더 좋은 것에 쓰려고요"라고 말했다(Rice, 1968). 상당히 자주 오해를 받는 것에 대해 어떤지 물었을 때, 그는 "1년에 서너 번만 이해를 받으면 된다는 것을 알았습니다"라고 대답했다(Blackman, 1995, p. 126).

스키너는 20세기 미국 심리학계에 강한 영향력을 발휘했다. 그는 아마도 이 분야를 형성하는 데

향본능 표류 본능적 행동이 강화된 행동을 대체하는 것.

다른 어떤 인물보다도 더 크게 기여했을 것이다. 1958년에 시작된 『행동 실험 분석 학술지(Journal of the Experimental Analysis of Behavior)』는 인간을 대상으로 한 행동 연구를 출판한다. 1968년에는 행동 수정 기법에 대한 연구를 전문적으로 출판하기 위해 『응용 행동 분석 학술지(Journal of Applied Behavior Analysis)』가 발간되었다.

스키너는 미국심리학재단 금메달과 미국심리학회 우수학술공로상을 수상했다(Skinner, 1958). 인용문은 다음과 같다. "어떤 미국 심리학자도 심리학의 발전과 유망한 젊은 심리학자들에게 끼친 영향력이 이처럼 심오하지 않았다."

행동주의에 대한 스키너의 첫 저서, 『유기체의 행동: 실험적 분석(The Behavior of Organisms: An Experimental Analysis)』(Skinner, 1938)은 진정으로 이 분야의 성격을 바꾼 몇 안 되는 책들 중 하나로 묘사된다. 또한 스키너는 미국 국립과학훈장을 받았고, 세계에서 가장 유명한 미국 심리학자라는 헤드라인과 함께 『타임지』의 표지에 등장했다. 논란이 많은 그의 1971년 저서 『자유와 존엄을 넘어서(Beyond Freedom and Dignity)』는 베스트셀러가 되었고, 이로 인해 그는 유명인이 되었다.

스키너는 짧은 기간 동안 전국 및 대도시 단위에서 진행된 토크쇼의에서 가장 인기 있는 소재였다. … 한 달 동안 수백만 명의 미국인이 B. F. 스키너와 『자유와 존엄을 넘어서』에 대해 읽고 들었다. 그는 우편, 전화, 방문 등으로 "완전히 눈코 뜰 새 없이" 바빴다. … 식당에서는 낯선 이들이 종종 악수를 청했다. 한 작가가 지적한 바와 같이, 그는 "영화배우나 TV 스타 수준의 명성을 획득했다"(Bjork, 1993, p. 192).

현 지위

스키너의 급진적인 행동주의적 입장은 실험실, 임상, 조직 환경에 계속해서 적용되었으나, 그 영향력은 1960년대에 심리학계에서 시작된 인지주의 운동에 의해 흔들리게 됐다. 스키너는 자신의 심리학 이론이 인지적 접근법에 의해

스키너 이론에 대한 연구

행동주의에 대한 연구는 다음과 같은 결과를 보여 준다.

- 훈련 중에 제공된 강화물이 클수록 조건형성된 반응이 소거되는 데 저항도 더 큼
- 조작적 조건형성을 통해 인간과 동물의 대부분의 행동 양식을 조성할 수 있음
- 바닷가재조차도 조건형성될 수 있음
- 미국 메이저리그 야구 선수들이 일본 야구선수들보다 미신적 행동을 더 많이함
- 자기통제 점수가 높은 대학생은 성적이 좋고, 심리적 적응 수준이 뛰어나며, 자존감이 높음
- 토큰 경제 프로그램은 인지장애 환자의 공격적 행동을 79% 감소시킨 바 있음

기반을 잃은 것을 인정했다. 다른 심리학자들은 스키너식 행동주의가 "이 분야에서 활발하게 활동하는 대부분의 사람들 사이에서 총애를 잃고 대개 과거시제로 언급된다"라고 지적하면서 이에 동의했다(Baars, 1986, pp. viii, 1).

그러나 인지주의 심리학의 등장에도 불구하고 스키너의 입장은 교실에서 생산직 현장까지, 스키너 상자에서 행동장애를 위한 치료 프로그램까지 많은 영역에 여전히 영향을 미친다. 스키너는 자신이 조작적 조건형성으로 인간 본성과 사람들이 디자인한 사회를 발전시킬 기술을 제공했다고 믿었다.

스키너는 성격이라는 실체의 존재를 부정하고 행동의 원인을 유기체 내에서 찾으려 하지 않았다. 스키너에 따르면 정신적·생리적 과정은 외적으로 관찰할 수 없으므로 과학과 관련이 없다. 행동의 원인은 유기체의 외부에 있다. 행동은 그 결과, 즉 행동에 뒤따르는 강화물에 의해 통제될 수 있다. 반응 행동은 특정한 환경 자극에 의한 반응이다. 조건형성(학습된 반응 행동)은 한 자극을 다른 자극으로 대체하는 것이다.

조건형성은 강화물 없이 일어나지 않는다. 조작적 행동은 그것을 뒤따르는 강화물에 의해 나타나고 결정되고 수정된다. 조작적 행동은 환경을 조작하고 바꾼다. 성격은 단지 조작적 행동의 패턴이다. 강화 계획에는 고정 간격 강화 계획, 고정 비율 강화 계획, 변동 간격 강화 계획, 변동 비율 강화 계획이 있다. 조성(계기적 근사)이란 유기체의 행동이 목표하는 행동에 근접할 때, 이를 강화하는 것이다. 미신적 행동은 고정 간격 계획 혹은 변동 간격 계획으로 강화가 주어질 때 발생한다. 강화의 순간에 어떤 행동을 하고 있었던 간에 그 행동은 더욱 자주 나타나게 된다.

행동에 대한 자기통제 기술 중 자극 회피는 어떤 외적 자극과 강화물을 바꾸거나 피하는 것을 뜻한다. 다른 자기통제 기술로는 포화, 혐오 자극, 바람직한 행동에 대한 자기강화가 있다.

행동 수정은 조작적 조건형성 기법을 현실 문제에 적용하는 치료이다. 바람직한 행동은 정적으로 강화되고, 바람직하지 않은 행동은 무시된다. 토큰 경제 기법은 바람직한 행동을 가치 있는 물건을 얻는 데 사용할 수 있는 토큰으로 보상한다. 행동 수정은 외현적 행동만을 다루며, 처벌이 아닌 정적 강화를 사용한다. 부적 강화는 혐오스럽거나 유해한 자극을 제거하는 것으로, 정적 강화보다 덜 효과적이다.

인간 본성에 대한 스키너의 이미지는 결정론, 독특성, 환경의 중요성, 그리고 생존 가능성을 최대화하는 사회 디자인을 강조한다. 사람들은 환경에 의해 통제되지만, 그 환경을 적절히 디자인함으로써 환경에 대해 통제력을 발휘할 수 있다.

스키너는 행동의 빈도, 행동이 발생하는 상황, 행동과 연합된 강화물을 확인하는 기능적 분석을 사용하여 행동(성격이 아니라)을 평가했다. 행동을 평가하는 세 가지 방법은 직접 관찰, 자기보고, 그리고 생리적 측정이다.

스키너의 체계는 상당한 경험적 지지를 받지만 결정론적 관점과 실험 상황의 단순성, 행동에서 반응률 이외에는 관심을 두지 않은 점, 그리고 인간을 쥐나 비둘기와 구분하는 인간의 특성에 대해 고려하지 않은 점 때문에 비판받아 왔다. 조작적 조건형성을 사용하여 행동을 수정하는 스키너의 기법들은 여전히 인기가 있지만, 그의 행동주의적 입장은 심리학 내의 인지주의 운동에 추월당했다.

복습 문제

1. 성격에 대한 스키너의 접근법은 우리가 다룬 다른 접근법들과 어떻게 다른가?

2. 행동 연구의 대상으로 인간이 아닌 쥐와 비둘기를 사용한 것에 대해 스키너는 어떻게 설명하는가?

3. 스키너의 아동기 경험은 이후 그의 행동 연구 접근법에 어떻게 영향을 미쳤는가?

4. 조작적 행동과 반응 행동을 구분하고, 각각의 예시를 들어 보아라.

5. 파블로프가 개를 대상으로 한 고전적 조건형성 실험을 설명하라. 파블로프는 조건형성된 반응을 어떻게 소거했는가?

6. 정적 강화, 부적 강화, 처벌을 구분하라.

7. 스키너의 관점에서, 행동을 변화시키는 데 있어 정적 강화가 처벌에 비해 더 효과적인 이유는 무엇인가?

8. 고정 간격 강화 계획과 변동 간격 강화 계획을 구분하여 설명하라.

9. 컴퓨터 소프트웨어를 판매하고 수수료를 받는 사람에게는 어떤 강화 계획이 적용되는가? 착한 행동을 할 때 때때로 아이스크림을 먹을 수 있는 아동에게는 어떤 강화 계획이 적용되는가?

10. 말하기 학습과 같이 복잡한 행동이 계기적 근사로 어떻게 습득되는지 설명하라.

11. 개가 빙빙 돌도록 훈련시키려면 계기적 근사법을 어떻게 사용해야 할지 설명하라.

12. 강화의 개념이 미신적 행동의 습득을 어떻게 설명하는가?

13. 나쁜 습관을 없애기 위한 포화를 설명하라.

14. 행동에 대한 자기통제 기법들은 무엇인가?

15. 행동 수정을 위한 토큰 경제 기법을 예시를 들어 설명하라.

16. 스키너가 집단이 아닌 개인을 대상으로 연구하는 것을 선호한 이유는 무엇인가?

17. 본성과 양육에 대해, 자유의지와 결정론에 대해 스키너는 어떤 입장을 취하는가?

18. 인간 행동을 측정하기 위해 스키너의 추종자들은 어떤 기법을 사용하는가?

19. 인지심리학이 스키너의 행동주의에 미친 영향을 논하라.

20. 지금까지 우리가 다룬 다른 접근법들에 비해 스키너의 행동주의가 갖는 가치는 무엇인가?

읽을거리

Antony, M., & Roemer, L. (2011). *Behavior therapy*. Washington, DC: American Psychological Association.

행동치료의 역사와 특성에 대한 읽기 쉽고 간결한 개요로, 이론적·실제적 측면 모두에 초점을 두고 있다.

Baumeister, R., & Tierney, J. (2012). *Willpower: Rediscovery of the greatest human strength*. New York: Penguin.

자기통제에 대한 광범위한 연구와 실생활 적용에 대한 개관으로, 심리학에서 자기통제의 현주소와 일상생활에서 자기통제에 성공하고 이를 강화하는 방법을 다룬다.

Miltenberger, R. (2015). *Behavior modification: Principles and procedures* (6th ed.). San Francisco: Cengage.

행동 수정 및 일상생활에서 행동 수정 기업의 광범위한 적용에 대한 교과서로, 행동 수정과 그 사용법에 대해 필요한 모든 것을 담고 있다.

Nye, R. D. (1992). *The legacy of B. F. Skinner: Concepts and perspectives, controversies and misunderstandings*. Pacific Grove, CA: Brooks/Cole.

스키너의 기본 개념과 그 개념이 오늘날 세계에서의 행동과 어떻게 관련되는지를 다룬 입문서로, 스키너의 관점을 둘러싼 논란과 오해를 조사하고 그의 체계를 프로이드 및 로저스의 체계와 비교한다.

O'Donohue, W., & Ferguson, K. E. (2001). *The psychology of B. F. Skinner*. Thousand Oaks, CA: Sage.

행동주의, 인지, 언어적 행동, 응용 행동 분석에 대한 스키너의 연구를 둘러싼 논쟁에 대해 명확하게 작성된 균형 잡힌 견해를 제시한다. 사회 전반을 개선하기 위한 스키너의 생각과 간단한 전기를 포함한다.

Pryor, K. (2006). *Don't shoot the dog: The new art of teaching and training*. (3rd ed.). Lydney, England: Ringpress Books.

개, 아동, 학생, 직원을 가르치는 데 있어 행동 수정 기법의 실용적 가치를 보여 준다.

Skinner, B. F. (1948). *Walden Two*. New York: Macmillan.

행동주의 원리에 입각한 유토피아 사회에서의 인간의 가치와 행동에 대한 스키너의 소설.

Skinner, B. F. (1976). *Particulars of my life*; (1979). *The shaping of a behaviorist*; (1983). *A matter of consequences*. New York: Alfred A. Knopf.

스키너가 쓴 세 권의 자서전.

Skinner, B. F. (1987). *Upon further reflection*. Englewood Cliffs, NJ: Prentice-Hall.

인지심리학, 언어적 행동, 교육, 노년기 자기관리에 대한 에세이.

사회학습 접근법

이 책 에서 앨버트 밴듀라의 연구로 대표되는 성격에 대한 사회학습 접근법은 스키너의 행동적 접근법의 결과이자 이에 대한 반항이다. 스키너와 마찬가지로 밴듀라 역시 내적 욕구, 특질, 동기, 또는 방어기제보다는 외적 행동에 초점을 두었다. 그러나 스키너와 달리 밴듀라는 자극과 반응을 매개하는 내적인 인지적 변인들을 허용했다. 밴듀라에게 있어 유기체는 텅 비어 있지 않다.

밴듀라는 실험실 안의 행동에 대한 세심한 관찰로부터 추론을 이끌어 내는 고도의 실험적 정교함과 엄격함으로 인지적 변인들을 연구했다. 스키너가 단일한 환경에서의 동물을 다루었다면, 그는 사회적 환경에서의 인간 피험자의 행동을 관찰했다. 밴듀라는 행동이 학습되며 강화가 학습에 절대적이라는 스키너의 의견에는 동의했지만, 강화의 본질에 대한 해석에 있어서는 스키너와 견해를 달리했다.

밴듀라와 스키너는 모두 임상 작업보다는 실험 연구를 통해 성격을 이해하려 했지만, 그들의 법칙은 행동수정 기법을 통해 임상 장면에 널리 적용되어 왔다. 밴듀라가 인지적 변인을 사용했기 때문에 그의 연구는 심리학에서 인지주의 운동을 반영하고 강화했다. 이러한 점을 고려하여 그의 접근법은 인지행동적 접근법이라고도 불린다.

13장

앨버트 밴듀라:
모델링 이론

Fair Use

"직접 경험에 의해 나타나는 거의 모든 현상은 대리로도,
즉 다른 사람들의 행위와 그 결과를 관찰함으로써도
나타날 수 있다."

— 앨버트 밴듀라

앨버트 밴듀라(Albert Bandura)는 행동이 학습된다는 점에서 스키너의 의견에 동의했지만, 그들의 유사성은 거기까지였다. 밴듀라는 스키너가 서로 영향을 주고받는 인간이 아니라 개별 동물을 대상으로 연구할 것을 강조한 점을 비판했다. 밴듀라의 접근법은 사회적 맥락에서 형성되고 수정되는 행동을 살피는 사회학습 이론이다. 그는 사회적으로 고립된 채 사는 인간은 거의 없기 때문에, 일상에서 일어나는 사회적 상호작용을 고려하지 않은 실험에서는 유용한 데이터를 기대할 수 없다고 주장했다.

대리 강화

밴듀라는 강화에 의해 많은 학습이 일어난다는 스키너의 주장에 동의했다. 그러나 그는 사실상 모든 형태의 행동이 직접적인 강화 없이도 학습될 수 있다는 점을 강조했다. 밴듀라의 접근법은 관찰학습(observational learning)이

> **관찰학습** 다른 사람의 행동을 관찰하여 새로운 반응을 학습함.

라고도 하는데, 이는 다른 사람들의 행동을 관찰하는 학습 과정의 중요성을 나타낸다.

우리가 모든 행동을 직접 강화로 학습하는 것은 아니다. 그보다는 대리 강화(vicarious reinforcement)를 통해, 즉 다른 사람들의 행동과 그 행동의 결과를 관찰함으로써 행동을 학습한다. 학습이 항상 직접 강화에 의해 일어나는 것이 아니라 관찰이나 사례에 의해 일어나기도 한다는 점을 강조한 것이 밴듀라 이론의 독특한 특징이다.

인지 과정의 역할

밴듀라의 관찰학습 접근법의 또 다른 특징은 그의 이론이 내적인 인지 과정, 즉 사고 과정을 다룬다는 점이다. 밴듀라는 스키너와 달리 인지 과정이 관찰 학습에 영향을 준다고 믿었다. 우리는 우리가 본 다른 사람의 행동을 자동적으로 모방하지 않는다. 그보다는 그들과 같은 방식으로 행동할지 신중하게, 의식적으로 결정한다. 사례와 대리 강화를 통해 학습하기 위해서는 관찰한 행동의 결과를 예측하고 인식할 수 있어야 한다.

우리는 직접 경험 없이도 행동의 결과를 시각화하거나 상상함으로써 행동을 조절하고 안내할 수 있다. 스키너가 주장한 자극과 반응 혹은 행동과 강화물 사이의 직접적인 연결은 존재하지 않는다. 이 둘을 매개하는 것은 우리의 인지 과정이다.

덜 극단적인 행동주의

밴듀라는 스키너보다 덜 극단적인 행동주의를 제안하였다. 그는 학습 방법으로 다른 사람에 대한 관찰을 강조하였으며, 인지 과정을 통해 학습이 일어난다고 주장하였다. 밴듀라의 이론은 상자 속에 있는 쥐나 진료실 소파 위의 신경증적 개인이 아니라, 사회적 상호작용 속의 보통 사람들을 대상으로 한 철저한 실험 연구에 기반을 두고 있다.

대리 강화 강화나 결과를 직접적으로 경험하기보다, 다른 사람들의 행동과 그 행동의 결과를 관찰함으로써 행동을 학습하거나 강화하는 것.

밴듀라의 생애 (1925~)

취해서 살거나 교육을 받거나

밴듀라는 캐나다 앨버타의 작은 마을에서 태어났다. 그가 다닌 고등학교에는 교사가 2명, 학생이 20명 있었다. 그의 부모는 교육의 가치를 강조하는 폴란드 이민자였다. 그가 어릴 때 어머니가 말했다. "선택하거라. 농장에서 일하면서 술집에서 취해서 살거나, 교육을 받거나"(Foster, 2007, p. 3). 그는 교육을 선택했다.

밴듀라는 고등학교를 졸업하고 여름 동안 유콘 지역의 황무지에서 알래스카 고속도로의 구멍을 메우는 일을 했다. 밝고 호기심 많은 젊은이에게 이는 독특한 경험이었다.

밴듀라는 주로 채권자나 이혼 수당 청구, 보호관찰관에게서 도망친 이들과 함께 일했다. 그는 이들의 흥미로운 성격을 관찰하며 일상생활의 정신병리에 대한 예리한 인식을 빠르게 발달시켰다. 이는 마치 엄숙한 툰드라에서 피어나는 것 같았다(Distinguished Scientific Contribution Award, 1981, p. 28).

심리학을 찾아서

밴듀라는 밴쿠버의 브리티시컬럼비아 대학교에 학부생으로 입학했다. 그와 매일 함께 차를 타고 통학하던 두 친구는 이른 아침에 수업을 들었는데, 같은 시간에 심리학 수업이 개설되어 있었다. 밴듀라는 심리학에 대한 관심이 아닌, 그 시간이 편리하다는 이유로 심리학 수업을 신청했다. 그러나 그는 곧 심리학에 매료되었고, 1952년에 아이오와 대학교에서 박사 학위를 취득했다.

밴듀라는 캔자스 위치토의 상담센터에서 1년을 보낸 뒤 스탠퍼드 대학교에 교수로 부임했고, 그곳에서 심리학에 새로이 접근하게 되었다. 그 분야의 선두(스키너의 행동주의)에 도전하는 것은 이름 없는 젊은 심리학자로서는 위험한 일이었다. 그는 2011년에 다음과 같이 썼다. "50년도 더 전에, 심리학자로서 내 경력을 시작했을 때, 행동주의는 심리학 분야를 꽉 잡고 있었다. … 이러한 살아남기 힘든 개념적 풍토에서 나는 관찰학습의 결정 요인에 대한 연구 프로그램을 시작했다"(Bandura, 2011).

그는 곧 크게 성공하여 광범위한 출판기록을 세웠다. 1973년, 밴듀라는 박사 학위를 받은 지 겨우 21년 만에 미국심리학회의 회장으로 선출되었다. 그는 1980년에 미국심리학회의 우수학술공로상을, 2006년에는 미국심리학재단의 생애성취금메달을 수상했다.

밴듀라는 종종 자신을 희화화했다. 그가 출퇴근을 도보로 하는지 자가용으로 하는지 질문을 받았을 때, 그는 "가끔 하루에 두 방법을 다 사용해요"라고 말했다. 그는 차를 타고 출근했다가, 대학 주차장에 차를 버려두고 자기 생각에 빠져 멍하니 집으로 걸어가곤 했다.

모델링: 관찰학습의 기초

밴듀라 이론에서 기본적인 개념은 학습이 오직 직접 강화를 통해 일어난다기보다 관찰이나 본보기를 통해서도 일어날 수 있다는 것이다. 밴듀라는 행동에 영향을 미치는 방식으로서 직접 강화의 중요성을 부정하지 않았다. 그러나 그는 행동이 '오직' 직접 강화를 통해서만 학습되거나 변화한다는 개념에는 이의를 제기했다. 그는 인간이 우연히 적절한 반응을 보일 때까지 시행착오를 계속한다는 조작적 조건형성은 수영이나 운전과 같은 특정한 기술을 배우기에 비효율적이고 잠재적으로 위험한 방법이라고 주장했다.

인간은 정적 강화를 가져올 일련의 올바른 행동을 찾기 전에 물에 빠지거나 벽을 들이받을 것이다. 밴듀라에게 대부분의 인간 행동은 의도적이든 우연적이든 사례를 통해 학습된다. 우리는 일상에서 단지 다른 사람들을 관찰하고 그들의 행동을 따라함으로써 광범위하고 다양한 행동을 학습한다(Gaskins & Paradise, 2010; Oates, 2012).

풍선 인형 보보

모델의 행동을 관찰하고 그 행동을 스스로 따라하는 모델링(modeling)을 통해 새로운 반응 방식을 익히고 지금의 반응 방식을 강하게 하거나 약하게 할 수 있다. 이제는 고전이 된 밴듀라의 모델링 연구에서는 약 122cm의 풍선 인형 보보가 사용되었다(Bandura, Ross, & Ross, 1963).

밴듀라의 연구에서 미취학 아동은 성인이 보보 인형을 때리고 발로 차는 것을 보았다. 인형을 공격하면서 성인 모델은 "코에 한 방 먹여라!", "공중으로 던져버려!"라고 소리쳤다. 아동이 인형과 함께 홀로 남겨졌을 때, 그들은 자신들이 직전까지 목격한 성인의 행동을 모델링했다. 그들의 행동은 보보 인형을 공격하는 모델을 보지 않은 통제 집단과 비교되었다. 실험 집단은 통제 집단에 비해 두 배의 공격성을 보였다.

모델을 실제로 보든, 텔레비전을 통해 보든, 만화 캐릭터로 보든 상관없이 연구 참가자가 보인 공격성은 동일했다. 어떤 매체를 통해서든, 폭력적인 모델을 본 아동은 모델을 보지 않은 아동보다 공격적으로 행동했다.

기타 모델링 연구

모델링이 학습에 미치는 효과에 대한 초기 연구에서 밴듀라는 두 아동 집단의 부모의 행동을 비교했다(Bandura & Walters, 1963). 한 집단의 아동은 공격성이 높았고, 다른 집단의 아동은 행동이 억제되어 있었다. 밴듀라의 이론에 따르면 아동의 행동은 부모의 행동을 반영한다. 연구 결과 행동이 억제된 아동의 부모는 억제되어 있고, 공격적인 아동의 부모는 공격적인 것으로 나타났다. 아동이 부모가 제공한 예시를 모델링한 것이다.

관련 활동이 충분하고 정확하게 설명된다면, 언어적 모델링은 특정 행동을 유도할 수 있다. 지시나 설명을 통해 운전과 같은 기술을 가르치는 데 언어적 모델링이 종종 사용된다. 운전 강사가 운전과 관련된 행동을 수행하는 모델 역할을 하는 경우와 같이, 언어적 설명은 주

> **모델링** 다른 사람(모델)의 행동을 관찰하여 이를 모방하는 것; 행동 수정 기법에서는 바람직한 행동을 하는 모델을 관찰하게 하여 바람직하지 않은 행동을 바람직한 행동으로 수정함.

로 행동적 시연으로 보완된다.

탈억제

연구에 따르면 우리가 자주 억제하거나 제약하는 행동이 모델의 영향을 받을 경우 더 쉽게 표출될 수 있다(Bandura, 1973, 1986). 탈억제(disinhibition)라 불리는 이 현상은 모델에 노출되어 억제나 제약이 약해지는 것을 말한다. 예를 들어 군중 속의 사람들은 혼자서는 절대 하지 않을 신체적·언어적 행동을 표출하면서 창문을 깨고 소리를 지르며 폭동을 일으킬 수 있다. 이들은 주위 사람들이 공격적으로 행동하는 것을 볼 경우, 공격적인 행동에 대한 억제력을 버릴 가능성이 더 높다.

탈억제 현상은 성 행동에 영향을 미칠 수 있다. 모델에 의해 성적 반응이 어떻게 탈억제될 수 있는지 보여 준 실험에서, 남자 대학생들은 나체 남녀의 성적인 장면이 담긴 영화를 보았다(Walters, Bowen, & Parke, 1963). 실험에서 제시된 영화의 화면 위에는 움직이는 빛이 한 점 있었다. 학생들에게는 그 빛이 이전 피험자의 안구 움직임을 의미하며 이전 피험자가 화면의 어느 부분을 응시했는지 보여 준다고 설명했다. 이전 피험자의 안구 움직임이라 소개된 이 빛은 모델을 대신할 목적으로 제시되었다. 연구 참가자 중 절반의 경우 빛이 가슴과 성기에 집중되었고, 다른 절반의 경우 마치 모델이 나체를 보는 것을 피한 것처럼 빛이 배경에 머물렀다.

영화를 본 후 학생들의 안구 움직임을 기록하면서 학생들에게 영화의 스틸 사진을 보여 주었다. 억제하지 않은(신체의 성적인 부분을 직접 응시한) 것으로 간주된 모델을 접한 피험자들은 모델과 똑같이 행동했다. 나체를 보는 것을 피한 모델을 접한 피험자들은 유의미하게 더 긴 시간 동안 사진의 배경을 살펴보았다. 연구자들은 모델링이 자극에 대한 피험자의 지각 반응에 영향을 미친다고 결론지었다. 다시 말해 모델링은 피험자가 무엇을 할지뿐만 아니라 무엇을 보고 지각할지도 결정한다.

탈억제 모델의 행동을 관찰함으로써 억제나 제약이 약해지는 것.

트롤링 인터넷에서 다른 사람의 게시글을 보고 그들을 모델이나 예시로 따르며 댓글을 다는 행위는 대중 속에 있을 때와 같은 익명성이 보장된다. 이는 트롤링(개인이나 집단에 대한 선동적, 경멸적 또는 혐오적 메시지를 게시하는 행위)이라는 온라인상의 탈억제로 이어진다. 몇몇 청소년들은 자신의 실명이 언급된 잔인한 댓글이 널리 퍼지면서 자살로 내몰렸다(Zhuo, 2010).

비디오 게임을 자주 하는 사람들을 대상으로 한 연구 결과, 트롤링에 가장 열중하는 사람들은 상대적으로 젊고, 남성인 경우가 많다는 사실이 밝혀졌다. 그들이 트롤링을 하는 이유는 다양했다. 어떤 사람들은 다른 사람에게 복수할 의도를 갖고 있었고, 또 다른 사람들은 단지 심심해서 혹은 별다른 목적 없이 재미로 트롤링을 하였다(Thacker & Griffiths, 2012).

기쁜 소식은 탈억제 효과가 연령에 따라 감소한다는 사실이다. 18~25세 사이의 젊은 미국인을 대상으로 한 연구에서 탈억제는 18~19세 사이에 가장 강하고 22~25세 사이에 급격히 감소하는 것으로 나타났다(Vaidya, Latzman, Markon, & Watson, 2010).

사회적 모델의 효과

밴듀라는 광범위한 연구를 바탕으로 우리 행동(좋거나 나쁜, 정상적이거나 비정상적인)의 상당 부분은 다른 사람들의 행동을 모방함으로써 학습된다고 결론지었다. 유아기 이후부터 우리는 사회가 제공하는 모델들에 반응한다. 우리는 가장 먼저 부모라는 모델로부터 언어를 학습하고, 문화적 관습과 수용될 만한 행동을 배우며 사회화된다. 문화적 규준에서 벗어나는 사람 역시 다른 모든 사람과 같은 방식으로 행동을 학습한다. 그러나 문화적 규준에서 벗어난 사람은 다른 사회 구성원들이 바람직하지 않다고 생각하는 모델을 따랐다는 차이가 있다.

나쁜 모델 밴듀라는 아동에게 나쁜 모델을 제공하는 유형의 사회, 특히 텔레비전과 영화, 비디오 게임의 일반적인 소재인 폭력적 행동의 사례를 소리 높여 비판했다. 밴듀라의 연구는 모델이 행동에 미치는 효과를 명백히 보여 주었다. 만약 우리가 보는 것이 우리의 행동을 결정한다면, 공격적으로 행동하는 캐릭터를 보는 것과 스스로 폭력을 사용하는 것 사이의 간격은 그리 크지 않다.

비이성적인 공포는 아동이 모델링을 통해 습득하는 많은 행동 중 하나이다. 천둥이 칠 때 두려워하거나 낯선 사람과 있을 때 불안해하는 부모를 본 아동은 이러한 불안을 쉽게 받아들이고 그 기원을 알지 못한 채 성인기까지 갖고 간다. 물론, 강인함, 용기, 낙관성과 같은 긍정적 행동 역시 부모나 다른 모델들로부터 학습된다. 스키너의 체계에서는 강화물이 행동을 통제하는 반면, 밴듀라의 체계에서는 모델이 행동을 통제한다.

모델링 상황의 특징들

밴듀라와 동료들(Bandura, 1977, 1986)은 모델링에 영향을 미치는 세 가지 요인을 연구하였다.

- 모델의 특징
- 관찰자의 특징
- 행동과 관련된 보상 결과

모델의 특징

우리와 유사한 모델 모델의 특징이 그들을 모방하는 경향성에 영향을 미친다. 현실에서 우리는 중요한 면에서 명백히 우리와 다른 사람보다는 우리와 유사해 보이는 사람의 영향을 더 많이 받을 것이다. 밴듀라는 실험실에 있는 아동 피험자가 같은 방에 있는 아동 모델, 영화 속 아동, 만화 캐릭터를 모방하는 것을 관찰하였고, 그 결과 모델과 아동 피험자의 유사성이 감소할수록 모델링의 정도도 감소한다는 사실을 발견하였다.

아동은 만화 캐릭터보다 실제 모델을 더 많이 모방했다. 그러나 전자의 경우에도 모델을 관찰하지 않은 대조 집단보다 모델링된 행동을 더 많이 나타냈다.

모델의 성별과 연령 모방에 영향을 미치는 모델의 또 다른 특징은 성별과 연령이다. 우리는 이성의 행동보다는 동성의 행동을 모델링할 가능성이 크며, 유사한 연령의 모델에게 더 큰 영향을 받을 것이다. 우리가 당면한 문제를 성공적으로 해결한 듯한 또래는 영향력이 매우 큰 모델이다.

모델의 지위와 명성 지위와 명성 또한 중요한 요소들이다. 예를 들어 옷차림이 남루한 사람보다는 잘 차려 입은 사람이 무단 횡단을 할 때, 다른 보행자가 이를 보고 덩달아 무단 횡단을 할 가능성이 훨씬 더 크다. 텔레비전 광고는 특정 상품을 사용한다고 주장하는 운동선수나 유명인사와 같은 높은 지위와 명성의 모델을 효과적으로 사용한다. 여기에는 소비자들이 그들의 행동을 모방하고 광고 상품을 구매할 것이라는 기대가 반영되어 있다.

모델이 보여 주는 행동의 유형 모델이 보여 주는 행동의 유형은 모방의 정도에 영향을 준다. 매우 복잡한 행동은 단순한 행동만큼 즉각적이고 쉽게 모방되지 않는다. 아동은 특히 적대적이고 공격적인 행동을 적극적으로 모방하는 경향이 있다.

한 연구에서 16개월 된 유아가 도구를 사용하는 모델의 행동을 모방했다. 이러한 학습은 유아가 이전에 그 도구를 사용하는 목적이나 의도를 본 적이 있었던 경우에만 나타났다. 유아들은 모델이 갈퀴를 사용하여 손이 닿지 않는 곳에 있는 장난감을 끌어오는 것을 본 후, 모델의 행동을 성공적으로 모방했다(Esseilly, Rat-Fischer, O'Regan, & Fagard, 2013).

미국 대학생 연구에서 양육자와 아동 사이의 긍정적 관계를 관찰한 피험자는 현재 진행 중인 연애 관계에서 그 행동을 성공적으로 모델링하였다(Kuhn & Kinsky, 2013).

모델의 크기와 무게 모델의 크기와 무게 역시 행동에 영향을 준다. 캐나다의 9~10학년 학생을 대상으로 한 연구에 따르면 과체중이거나 심지어 비만인 상급 학생이 많은 학교에 다니는 학생들의 경우 그렇지 않은 학교의 학생들에 비해 몸무게가 더 많이 늘었다(Leatherdale & Papadakis, 2011).

관찰자의 연령 유아기에 모델링은 즉각적인 모방에 국한되어 있다. 유아의 경우 모델의 행동을 관찰하고 일정 시간이 흐른 후 모방하는 데 필요한 인지 능력(상상적 및 언어적 표현 체계)이 아직 발달되어 있지 않다. 학습이 이루어지려면 유아는 모방을 처음 시도한 이후 모델링된 행동을 여러 차례 반복해야 한다. 또한 모델링된 행동이 유아의 감각 운동 발달의 범위 내에 있어야 한다. 관찰하고 어느 정도 시간이 흐른 뒤 행동을 모방하기에 충분한 주의력과 유지력, 재생 과정은 약 2세 경에 발달한다.

우리가 강화를 경험하여 모방하게 되는 행동들은 연령에 따라 달라진다. 연령이 낮은 아이들은 일차적으로 음식, 애정, 또는 처벌과 같은 물리적 자극에 의해 강화된다. 연령이 높은 아이들은 긍정적인 물리적 강화물을 중요한 모델이 주는 인정 징후와 연관시키고 불쾌한 강화물을 불인정 징후와 연관시킨다. 그 결과 우리는 이러한 상벌을 스스로 집행하게 된다.

관찰자의 속성 관찰자의 속성 또한 관찰학습의 효과성을 결정한다. 자신감과 자존감이 낮은 사람들은 자신감과 자존감이 높은 사람들에 비해 모델의 행동을 훨씬 더 잘 모방한다. 행동을 모방하는 것에 대해 강화를 받아 온 아동(예: 손위 형제처럼 행동하는 것에 대해 보상을 받아 온 아동)은 그렇지 않은 아동보다 모델의 영향에 민감하다.

▶ 아동은 지위가 높은 것으로 보이는 같은 성별의 성인 모델의 행동을 모방하는 경향이 있다.

행동과 관련된 보상 결과 특정 행동과 관련된 보상 결과는 모델링 정도에 영향을 미치며, 이는 심지어 모델의 특징이나 관찰자의 특징이 주는 영향을 무시할 수 있다. 예컨대 지위가 높은 모델의 행동을 모방할 경우, 모방으로 인한 보상이 만족스럽지 않다면, 우리는 모방 행동을 중단하고, 이후에는 그 모델에게 별다른 영향을 받지 않게 될 것이다.

모델이 특정 행동에 대해 보상이나 처벌을 받는 것을 보는 것은 모방에 영향을 준다. 보보 인형 연구에서 일부 아이들에게는 보보 인형을 때린 모델이 칭찬과 음료, 사탕을 받는 것을, 다른 아이들에게는 모델이 동일한 행동에 대해 언어적·신체적 처벌을 받는 것을 보여 주었다. 모델이 처벌받는 것을 관찰한 아이들은 모델이 보상을 받는 것을 관찰한 아이들에 비해 보보 인형에게 유의미하게 낮은 공격성을 보였다(Bandura, 1965).

관찰학습의 과정

밴듀라는 관찰학습의 본질을 분석하여, 관찰학습이 주의집중 과정, 파지 과정, 재생 과정, 유인 및 동기화 과정이라는 네 가지 관련 메커니즘(표 13.1)에 의해 통제된다는 것을 발견했다.

표 13.1 관찰학습 과정

주의집중 과정	모델에게 충분한 주의를 기울일 수 있도록 인지 과정과 지각적 기술을 발달시키고, 모델의 행동을 모방하기 위해 명확하게 모델을 인식하는 과정(예: 운전자 교육 수업 때 깨어 있기).
파지 과정	모델의 행동을 기억(저장)하여 이후에 해당 행동을 모방(반복)할 수 있도록 하는 과정; 이를 위해 인지 과정을 사용하여 모델의 행동에 대한 심상적 표상과 언어적 표상을 형성함(예: 강의 자료나 운전 중인 사람의 영상을 보며 메모하기).
재생 과정	모델 행동의 심상적 표상과 언어적 표상을 외현적 행동으로 옮김으로써, 즉 신체적 움직임을 연습함으로써 행동의 정확성을 높이는 과정(예: 강사와 함께 차에 탄 채로 실제 운전을 연습하기).
유인 및 동기화 과정	모델의 행동이 보상으로 이어짐을 인식하고, 이에 따라 모델의 행동을 학습하고 이를 성공적으로 수행함으로써 유사한 결과를 기대하는 과정(예: 운전 기술을 익힘으로써 운전면허 시험에 합격하여 운전면허증을 받게 될 것이라 기대하기).

주의집중 과정

피험자가 모델에 주의를 기울이지 않는다면 관찰학습, 즉 모델링은 일어나지 않는다. 피험자를 단순히 모델에 노출시킨다고 해서 피험자가 관련 단서와 자극 사건에 주의를 집중하거나, 상황을 정확하게 인식하게 된다는 보장은 없다. 피험자는 모델의 행동을 모방하기 위해 필요한 정보를 얻는 데 충분할 만큼 명확하게 모델을 인식해야 한다.

주의집중 과정(attentional process)에는 여러 변인들이 영향을 미친다. 실험실에서와 마찬가지로 현실에서 우리는 어떤 사람이나 상황에는 더 주의를 집중하고 반응하는 반면, 다른 것들에는 그렇지 않다. 따라서 우리가 모델의 행동에 더 많은 주의를 기울일수록 해당 모델을 모방할 가능성이 커진다.

앞부분에서 우리는 연령, 지위, 성별, 그리고 모델과 피험자 간의 유사성 정도와 같은 특징들을 살펴보았다. 이러한 요인들은 피험자가 모델에 얼마나 더 주의를 기울일지에 영향을 준다. 유명인, 전문가, 자신감 있고 매력적인 사람들이 이러한 특징이 부족한 사람들에 비해 더 많은 주의를 끌고 모방을 유발하는 것으로 밝혀졌다. 오늘날 가장 효과적인 모델 중 몇몇은 텔레비전, 유튜브, 그리고 기타 인터넷 사이트에 등장한다. 시청자들은 강화가 안 된 상황에서도 그들에게 집중하는 경우가 많다.

모델링되는 행동에 주의를 기울이는 정도는 관찰자의 인지 능력과 지각적 기술, 모델링되는 행동의 가치에 따라 달라진다. 인지 능력이 발달하고, 모델링되는 행동에 대한 지식이 많은 사람일수록, 더 신중하게 모델에 주의를 기울이고 해당 행동을 지각할 것이다.

관찰자는 자신과 전혀 관련이 없는 행동을 하는 모델을 볼 때보다 자신이 할 법한 행동을 하는 모델을 볼 때 더 많은 주의를 기울인다. 또한 관찰자는 중립적인 결과보다 긍정적이거나 부정적인 결과를 가져오는 행동에 더 주의를 집중한다.

파지 과정

모델의 행동을 나중에 따라 하기 위해서는 파지 과정(retention process)이 필요하다. 즉 그 행동의 상당 부분을 기억할 수 있어야 한다. 우리는 주의집중을 통해 인식한 정보를 저장하기 위해, 이를 부호화하고 표상화해야 한다. 모델의 행동에 대한 정보는 심상적 표상 체계와 언어적 표상 체계라는 두 가지 내적 표상 체계로 저장될 수 있다.

심상적 표상 체계에서 우리는 모델을 관찰하는 동안 명료하고 인출하기 쉬운 이미지를 형성한다. 이로 인해 우리는 지난주에 데이트한 사람이나 지난여름에 방문한 장소의 이미지를 불러올 수 있다. 관찰학습에서 우리는 모델의 행동에 대한 정신적 이미지를 형성하고, 이후에 이를 모방의 토대로 사용한다.

언어적 표상 체계도 이와 유사하게 작동한다. 우리는 관찰한 행동을 언어적으로 부호화한다. 예를 들어 우리는 모델을 관찰하며 모델이 무엇을 하고 있는지 자신에게 설명할 수 있다. 이러한 설명 혹은 부호는 외적인 행동으로 나타나지 않은 채 소리 없이 시연될 수 있다.

또 다른 예로 우리는 나중에 수행할 일련의 행동을 머릿속으로 시연하면서 자신에게 복잡한 기술을 단계별로 설명할 수 있다. 우리가 해당 행동을 수행하려 할 때, 언어적 부호는 힌트와 조언, 단서를 제공할 것이다. 이러한 심상적 상징과 언어적 상징은 모두 우리가 이후에 행동을 하기 위해 관찰한 상황들을 저장하고 시연하는 수단을 제공한다.

재생 과정

심상적 상징 표상과 언어적 상징 표상을 외현적 행동으로 옮기려면 재생 과정 (production process), 즉 실천이 필요하다. 비록 우리가 모델 행동의 상징 표상에 주목하고, 이를 저장하여 머릿속에서 시연하더라도, 그것만으로는 그 행동을 올바르게 수행할 수 없을 것이다. 이러한 문제는 많은 행동 요소를 숙달해야 가능한 고난도 행위를 하려 할 때 발생할 가능성이 가장 높다.

자동차 운전을 학습한다고 생각해 보자. 우리는 모델의 운전을 보면서 기본적인 동작을 배운다. 머릿속에서 모델 행동의 상징 표상을 여러 번 되뇔 수 있지만, 이러한 상징들을 처음으로 실제 행위로 옮길 때는 서투를 수밖에 없을 것이다. 브레이크를 너무 빨리 또는 너무 늦게 밟거나, 핸들을 지나치게 많이 돌릴 수 있다. 그 행위를 즉각적으로 능숙하게 수행하기에 우리의 관찰은 충분하지 않을 것이다. 해당 행동을 원활하게 수행하기 위해서는 적절한 신체적 움직임을 연습하여, 행동의 정확성을 높여야 한다.

유인 및 동기 부여 과정

어떤 행동을 수행할 능력을 가진 채로 해당 행동에 세심한 주의를 기울여 이를 저장했다 하더라도, 유인(incentive)이나 동기 부여 과정이 없다면 우리는 관찰한 행동을 수행하지 않을 것이다. 유인이 있을 때, 관찰은 더 빠르게 행동으로 이어진다. 유인은 주의집중 과정과 파지 과정에도 영향을 준다. 우리는 유인 없이는 주의를 크게 기울이지 않을 것이고, 주의를 덜 기울인다면 저장되는 것도 적을 것이다.

강화에 대한 예측 어떤 행동을 했을 때의 강화나 처벌에 대한 예측은 학습을 유인하는 데 영향을 준다. 예를 들어 모델의 행동이 보상을 유발하거나 처벌을 피하는 것을 본다면, 우리는 모델과 동일한 행동에 주의를 기울이고, 이를 기억하고 올바르게 수행하도록 강하게 유인될 수 있다. 우리는 모델을 관찰하는 동안 간접적으로 강화되고, 이후에는 모델과 동일한 행동을 수행함으로써 우리가 모델에게서 본 결과와 같은 결과를 얻을 것이라 기대한다.

강화가 언제나 필요하지는 않다 밴듀라는 비록 강화가 학습을 촉진할 수 있지만, 학습이 일어나는 데 항상 강화가 필요하지는 않다는 점도 지적했다. 행동에 대한 보상 결과 외에도 많은 요인들이 우리가 무엇에 주의를 기울이고, 무엇을 저장하고 시연할지를 결정한다. 예를 들어 시끄러운 소리, 밝은 빛, 신나는 영상은 우리에게 어떠한 강화도 제공하지 않지만, 그 자체로 우리의 관심을 끌 수 있다.

밴듀라의 연구에 따르면 텔레비전이나 비디오 게임에서 모델을 지켜본 아동은 자신이 보상을 받는지 여부와 상관없이 모델의 행동을 모방하는 것으로 나타났다. 따라서 강화가 모델링에 도움을 줄 수는 있으나, 이에 필수적이지는 않다. 다른 사람이 강화를 줄 수도 있고, 대리 강화를 경험할 수도 있으며, 스스로 강화를 부여할 수도 있다.

자기강화와 자기효능감

성격에 대한 밴듀라의 접근법에서 자기는 행동을 결정하거나 유발하는 정신적인 주체라기보다는 사고 및 지각과 관련된 인지 과정과 구조의 집합이다. 자기의 두 가지 중요한 측면은 자기강화와 자기효능감이다.

자기강화

자기강화(self-reinforcement)는 특히 나이 든 아동과 성인에게 있어 다른 사람이 제공하는 강화만큼 중요하다. 우리는 행동과 성취에 대한 개인적인 기준을 설정하여, 이러한 기대나 기준을 충족하거나 초과하는 것에 대해 자신에게 보상하고, 이에 미치지 못하는 것에 대해 자신을 처벌한다. 자체관리강화(self-administered reinforcement)는 자신에게 새 운동화나 차를 사주는 것처럼 물리적일 수도 있고, 일을 잘 마친 것에 대해 자부심이나 만족감을 느끼는 것처럼 정서적일 수도 있다.

자체관리처벌(self-administered punishment)은 우리가 원하는 방식으로 행동하지 않은 것에 대해 수치심이나 죄책감 또는 우울감을 느끼는 것으로 표현될 수 있다. 자기강화는 다른 이론가들이 '양심' 또는 초자아라고 부른 것들과 개념적으로 유사해 보이지만, 밴듀라는 이들을 동일하게 보지 않았다.

계속되는 자기강화 과정은 우리의 행동을 조절한다. 자기강화 과정에는 수행에 대한 내적 기준, 주관적 준거, 기준점이 필요하며, 이는 우리의 행동을 평가하는 데 적용된다. 과거의 행동은 현재의 행동을 평가할 기준점이 될 수 있으며, 이는 아마도 우리가 미래에 더 나은 행동을 도모하게 할 것이다. 그러나 일정 수준의 성취를 이루면 이 기준점은 더 이상 우리의 도전 정신을 북돋거나 우리에게 동기를 부여하거나 우리를 만족시키지 못할 수 있다. 이에 따라 우리는 기준을 높이고 자신에게 더 많은 것을 요구하게 될 것이다. 반면 성취에 실패하면 보다 현실적인 수준으로 기준을 낮추게 될 수 있다.

자기강화 자신의 기대나 기준을 충족하거나 초과하는 것에 대해 자신에게 보상하고, 이에 미치지 못하는 것에 대해 자신을 처벌하는 것.

비현실적인 수행 기준 수행 기준을 비현실적으로 설정한 사람들(예: 비정상적으로 재능 있고 성공적인 모델로부터 행동 기대를 관찰하고 학습한 사람들)은 반복되는 실패에도 불구하고 자신이 설정한 지나치게 높은 기대를 충족시키려 계속해서 애쓸 것이다. 그들은 정서적으로, 즉 무가치감과 우울감으로 자신을 벌할 수 있다. 스스로 만들어 낸 이러한 감정들은 알코올과 약물 남용 또는 상상의 세계로의 철수와 같은 자기파괴적인 행동으로 이어질 수 있다.

우리는 일반적으로 부모나 교사 같은 모델의 행동에서 수행 기준을(현실적이든 비현실적이든) 처음으로 학습한다. 그러나 유명인의 블로그나 소셜 미디어 같은 인터넷 정보원을 통해 수행 기준을 학습하는 경우가 증가하고 있다. 일단 주어진 행동 양식을 채택하면, 우리는 자신의 행동을 그들의 행동과 비교하는 평생의 과정을 시작한다.

자기효능감 또는 '할 수 있다는 믿음'

자신의 수행 기준을 얼마나 잘 충족하는지가 자기효능감(self-efficacy)을 결정한다. 밴듀라의 체계에서 자기효능감은 삶에 대처하는 데 있어 적절성, 효율성, 역량에 대한 느낌을 뜻한다. 수행 기준을 충족하고 유지할 경우 자기효능감이 증가하지만, 그렇지 못할 경우 자기효능감이 감소한다(Bandura, 2012, 2013).

또한 밴듀라는 우리가 삶에 대해 가지고 있는 통제에 대한 인식의 관점에서 자기효능감을 설명하기도 했다.

> 사람들은 삶에 영향을 미치는 사건에 통제력을 발휘하려 애쓴다. 그들은 통제할 수 있는 영역에 영향력을 행사함으로써, 원하는 미래를 더 잘 실현하고 원하지 않는 미래를 미리 막을 수 있다. 삶의 환경을 통제하려는 노력은 사람들이 하는 거의 모든 일에 퍼져 있다(Bandura, 1995, p. 1).

자기효능감 삶에 대처하는 데 있어 적절성, 효율성, 역량에 대한 느낌.

또 다른 심리학자는 자기효능감을 "할 수 있다는 믿음의 힘"이라고 상당히 간단하고 효과적으로 정의하며, "성취하고 싶은 것을 이룰 수 있다고 믿는 것은 ⋯ 성공의 비법에서 가장 중요한 요소 중 하나이다"라고 덧붙였다(Maddux, 2002, p. 277). 따라서 당신이 성공할 능력이 있다는 믿음은 성취를 향해 노력할 강력한 자산이 된다.

낮은 자기효능감과 높은 자기효능감 자기효능감이 낮은 사람은 자신이 생활 사건을 통제할 수 없다고 생각하며 무력감을 느낀다. 이들은 어떤 노력도 헛되다고 믿으며, 장애물을 만나도 문제를 해결하려는 초기 시도가 효과가 없을 경우 쉽게 포기한다. 자기효능감이 매우 낮은 사람은 자신이 하는 일은 어떤 소용도 없다고 확신하기 때문에 문제에 대처하려는 시도조차 하지 않을 것이다. 이들은 왜 시도를 해야 하냐고 묻는다. 낮은 자기효능감은 동기를 파괴하고 열망을 꺾고 인지 능력에 지장을 주며 신체 건강에 악영향을 미칠 수 있다.

자기효능감이 높은 사람들은 사건과 상황에 효과적으로 대처할 수 있다. 이들은 장애물을 극복하려 하기 때문에 과업을 끈기 있게 해내고 종종 높은 수준의 수행을 보여 준다. 또한 자기효능감이 낮은 사람에 비해 자신의 능력에 대단한 자신감을 갖고 있으며, 자기의심을 거의 표현하지 않는다. 이들은 어려움을 위협이 아닌 도전으로 보고 적극적으로 새로운 상황을 찾는다. 높은 자기효능감은 실패에 대한 공포를 줄이고 열망을 강화하는 한편 문제 해결 및 분석적 사고 능력을 향상시킨다.

자기효능감의 정보 원천 자기효능감에 대한 판단은 다음과 같은 네 가지 정보 원천에서 비롯된다.

- 수행 성과
- 대리 경험
- 언어적 설득
- 생리적·정서적 각성

수행 성과 자기효능감 판단에 가장 큰 영향을 미치는 원천은 수행 성과(performance attainment)이다. 이전의 성공적 경험은 우리의 숙달과 역량 수준에 대한 직접적인 지표를 제공한다. 이전의 성취는 우리의 능력을 증명하고 자기효능감을 강화한다. 이전의 실패, 특히 아동기의 반복적인 실패는 자기효능감을 감소시킨다.

과제나 발표 같은 수행에 대해 피드백을 받는 것은 성과 달성의 중요한 지표이다. 대학생을 대상으로 한 연구에서 그들에게 복잡한 퍼즐을 맞추게 한 결과, 수행에 대해 긍정적인 피드백을 받은 사람들이 부정적인 피드백을 받은 사람들보다 해당 과제에 대한 자신의 역량을 더 높게 지각하는 것으로 나타났다(Elliot, Faler, McGregor, Campbell, Sedikides, & Harackiewicz, 2000). 중국 태극권 훈련 프로그램을 6개월 동안 수료한 노인들은 훈련 프로그램에 참여하지 않은 노인들에 비해 자기효능감이 크게 증가한 것으로 보고되었다(Li, McAuley, Harmer, Duncan, & Chaumeton, 2001).

16시간의 호신술 훈련 과정을 수료한 여자 대학생은 신체적 역량, 일반적 대처 기술, 대인 관계에서의 자기주장을 포함한 다양한 영역에서 자기효능감 수준이 유의미하게 더 높았다. 호신술 과정을 수강하지 않은 통제 집단에서는 자기효능감 변화가 발견되지 않았다(Weitlauf, Cervone, Smith, & Wright, 2001). 따라서 간단히 말하자면, 성취가 계속될수록 더 많이 성취할 수 있다고 믿고, 자신이 더 유능하고 통제력이 있다고 느끼게 된다.

대리 경험 대리 경험(vicarious experience), 즉 성공적으로 수행하는 다른 사람을 보는 것은 자기효능감을 강화하는데, 이는 특히 우리가 관찰한 사람이 우리와 유사한 능력을 갖고 있을 때 그렇다. 실제로 우리는 "그들이 할 수 있다면, 나도 할 수 있다"라고 말한다. 반면 다른 사람의 실패는 자기효능감을 낮춘다. 우리는 "그들이 할 수 없다면, 나도 할 수 없다"라고 말한다. 따라서 효과적인 모델은 우리의 적절성과 역량에 대한 감정에 매우 큰 영향을 미친다. 또한 이러한 모델들은 우리가 어려운 상황을 다루는 데 참고할 만한 적절한 전략을 보여 준다.

언어적 설득 언어적 설득(verbal persuasion), 즉 달성하고자 하는 것은 무엇이든 달성할 능력이 있다고 상기시켜 주는 것만으로도 자기효능감을 향상시킬 수 있다. 이것은 정보의 네 가지 원천 중 가장 일반적이며 부모, 교사, 배우자, 코치, 친구, 심리치료사들이 사실상 "할 수 있어"라는 말로 빈번하게 사용하곤 한다. 언어적 설득이 효과적이기 위해서는 현실적이어야 한다. 키가 152cm인 사람에게 프로 농구 선수가 될 수 있다고 용기를 북돋는 것은 그다지 좋은 조언이 아닐 것이다. 이들에게는 무술과 같은 다른 스포츠가 더 적절할 수 있다.

생리적·정서적 각성 자기효능감에 대한 정보의 네 번째이자 마지막 원천은 정서적·생리적 각성(physiological and emotional arousal)이다. 스트레스 상황에서 우리는 얼마나 두려워하는가, 혹은 얼마나 차분한가? 우리는 종종 이러한 유형의 정보에 근거하여 우리의 대처 능력을 판단한다. 우리는 동요하거나 긴장하거나 두통에 시달리지 않는 경우 문제를 성공적으로 해결할 수 있을 거라고 믿는 경향이 있다. 자신이 차분하고 침착하다고 느낄수록 자기효능감이 커지는 것이다. 반면 생리적·정서적 각성 수준이 높을수록 자기효능감은 낮아진다. 주어진 상황에서 느끼는 공포나 불안, 긴장이 심할수록 대처할 수 있다는 느낌은 감소한다.

자기효능감을 높이는 방법 밴듀라는 다음과 같은 조건이 자기효능감을 높인다고 결론지었다.

1. 실현 가능한 목표를 설정하여 성공 경험을 하도록 함으로써 수행 성과를 높인다.
2. 성공적인 수행을 보이는 모델에 노출시킴으로써 대리 성공 경험을 높인다.
3. 언어적 설득을 통해 성공적으로 수행할 수 있다고 믿도록 격려한다.
4. 적절한 식이요법, 스트레스 감소 조치, 운동 프로그램을 통해 생리적 각성을 강화하여 힘, 체력, 대처 능력을 향상시킨다.

밴듀라는 자기효능감을 높이는 이러한 조건을 다양한 상황에 적용하여, 피험자들이 악기 연주를 배우고, 이성과 더 잘 지내고, 컴퓨터 기술을 익히고, 금연하고, 공포증과 신체적 통증을 이겨 내도록 도왔다.

자기효능감의 발달 단계

아동기

자기효능감은 시간에 따라 점차적으로 발달한다. 유아는 자신의 물리적·사회적 환경에 더 큰 영향을 미치려고 시도하면서 자기효능감을 발달시키기 시작한다. 유아는 신체 능력, 사회적 기술, 언어 능력과 같은 자신의 능력의 결과를 학습한다. 유아는 이러한 능력들을 거의 끊임없이 사용하며, 주로 부모에게 영향을 미침으로써 이를 환경에 적용한다. 이상적인 경우 부모는 자라나는 아동의 활동과 의사소통 시도에 반응하고, 아동이 성장하고 탐색할 자유가 주어지는, 자극이 되는 환경을 제공할 것이다.

이렇듯 초기 아동기 자기효능감 형성에는 부모의 역할이 중요하다. 아동의 자기효능감을 높이는 부모의 행동은 아동의 성별에 따라 다르다. 자기효능감이 높은 남성은 대개 아동기에 아버지와 따뜻한 관계를 맺어 왔으며, 아버지보다는 어머니가 높은 수행과 성취를 기대하며 더 많은 것을 요구하였다. 반면 자기효능감이 높은 여성은 아동기에 아버지로부터 높은 수준의 성취에 대한 압력을 경험하였다(Schneewind, 1995).

부모 영향의 감소 아동의 세상이 확장되고 아동이 형제, 또래, 다른 성인과 같은 모델을 추가로 받아들이면서, 부모의 영향력은 감소한다. 아들러와 마찬가지로 밴듀라는 가족 내의 출생 순위를 중요하게 고려했다. 그는 첫째 아이와 외동아이는 자신의 능력을 평가하는 기준이 동생으로 태어난 아이와 다르다고 주장했다.

또한 동성 형제들은 이성 형제들보다 더 경쟁적인데, 이 역시 자기효능감 발달과 관련된 요인이다. 아동은 또래에서 과제나 게임에 대한 경험이 가장 많고 성공적인 다른 아동을 모델로 삼고 높은 효능감의 기준으로 설정한다. 또래는 자신의 성취 수준을 평가하기 위한 기준점을 제공한다.

교사는 인지 능력과 문제 해결 능력 발달에 영향을 미침으로써 자기효능감 판단에 영향을 주는데, 이는 이후 아동이 성인으로서 효율적으로 기능하는 데 필수적이다. 아동은 종종 자신을 평가하는 교사의 관점에서 자신의 역량을 평가한다. 밴듀라의 관점에 따르면 수준별 수업을 실시하는 학교는 소위 말하는 열등반에 편성된 학생들의 자기효능감과 자신감을 약화시킨다.

청소년기

청소년기에는 성에 대한 인식이 증가하고 대학과 직업 선택 등 새로운 요구와 압박에 대처해야 한다. 이 과도기적 경험 속에서 청소년은 새로운 역량을 확립하고 자신의 능력을 평가해야 한다. 밴듀라는 이 단계의 성공이 일반적으로 아동기 동안 확립된 자기효능감 수준에 달려 있다고 말했다.

성인기

밴듀라는 성인기를 젊은 성인기와 중년기로 구분하였다. 젊은 성인은 결혼, 양육, 직장 생활 같은 새로운 적응을 하게 된다. 이러한 경험에서 성공적인 결과를 얻기 위해서는 높은 자기효능감이 필요하다. 자기효능감이 낮은 사람들은 이러한 상황에 적절히 대처하지 못하고 적응에 실패할 수 있다.

양육 기술에 대한 자기효능감이 높은 여성은 자녀의 자기효능감을 증진할 가능성이 높다. 자신이 좋은 부모라고 믿는 여성의 경우 자기효능감이 낮은 여성에 비해 부모로서의 역할에서 낙담하거나 정서적 부담을 느낄 가능성이 낮다(Olioff & Aboud, 1991; Teti & Gelfand, 1991). 자녀가 있는 여성 중 집밖에서 일하며, 자기효능감이 높은 여성들은 자기효능감이 낮은 여성들에 비해 일과 가정 간의 갈등으로 인한 신체적·정서적 부담이 현저히 적었다(Bandura, 1995).

또한 중년에는 사람들이 자신의 직업과 가족, 사회생활을 재평가하게 되면서 스트레스를 받는다. 한계에 부딪히고 목표를 재정립함에 따라, 우리는 자신의 능력을 재평가하고 자기효능감을 높일 새로운 기회를 찾아야 한다.

노년기

노년기의 자기효능감 재평가는 어렵다. 정신적·육체적 능력의 저하, 활동적인 일에서의 은퇴, 사회생활에서의 철수 등은 새로운 자기평가를 강요할 수 있다. 자기효능감의 저하는 일종의 자기충족적 예언의 형태로 신체적·정신적 기능에까지 영향을 미칠 수 있다. 예를 들어 성 행동에 대한 자신감 감소는 성적 활동의 감소로 이어질 수 있다.

신체적 효능감이 떨어지면 피로가 쌓이고 신체 활동이 위축될 수 있다. 우리가 즐기고 잘하던 어떤 것을 더 이상 할 수 없다고 믿게 된다면, 나이가 듦에 따라 이를 더 이상 시도조차 하지 않게 될 것이다. 밴듀라에게 자기효능감은 전 생애를 통틀어 성공과 실패를 결정하는 단 하나의 가장 중요한 요인이다.

행동 수정

사회인지 이론 발달에서 밴듀라의 목적은 학습된 행동 중 사회가 바람직하지 않거나 비정상적이라고 보는 행동을 수정하거나 변화시키는 것이었다. 치료에 대한 스키너의 접근법과 마찬가지로, 밴듀라는 외적 측면, 즉 부적절하거나 파괴적인 행동에 초점을 두었다. 그는 다른 모든 행동과 마찬가지로 이러한 행동도 학습된다고 믿었다. 밴듀라는 행동의 기저에 있다고 가정되는 무의식적 갈등을 다루려 하지 않았다. 사회학습 접근법의 대상은 어떤 추정된 내적 신경증이 아니라 행동 혹은 증상이다.

밴듀라는 모델링, 안내된 참여, 그리고 내현적 모델링이라는 행동치료의 세 가지 형태를 발전시켰다. 두려움, 공포증, 불안을 다루는 이러한 접근법의 예를 살펴보자.

두려움과 공포증

모델링이 본래 우리가 행동을 배우는 방식이라면, 이는 행동을 재학습하거나 바꾸는 데에도 효과적인 방법이어야 한다. 밴듀라는 모델링 기술을 두려움 등 다른 강렬한 정서적 반응을 제거하는 데 적용했다. 한 초기 연구에서 개를 무서워하는 아동들이 개와 놀고 있는 같은 나이의 아동을 관찰하였다(Bandura, Grusec, & Menlove, 1967). 피험자들이 안전한 거리를 두고 바라보는 동안, 모델은 개를 향해 점점 더 대담하게 움직였다. 모델은 울타리의 창살을 통해 개를 쓰다듬은 다음, 울타리 안에 들어가 개와 놀았다. 이러한 관찰학습 상황의 결과, 개에 대한 관찰자의 두려움은 상당히 줄어들었다.

뱀 공포증에 대한 고전적인 연구에서 밴듀라와 동료들은 성인의 극심한 뱀 공포를 제거했다(Bandura, Blanchard, & Ritter, 1969). 피험자들은 아동, 청소년, 성인이 점점 더 뱀과 가까이 접촉하는 영상을 봤다. 영상 속 모델들은 처음에는 플라스틱 뱀을 만지다가 이내 실제 뱀을 만졌고, 마지막으로 큰 뱀이 자신들의 몸 위로 기어가게 했다. 뱀 공포증이 있는 피험자들은 영상이 너무 위협적으로 느껴지면 언제든 영상을 멈출 수 있었다. 이들은 점차적으로 뱀 공포증을 극복했다.

안내된 참여(guided participation)라 불리는 기법을 사용한 행동치료에서 참가자는 실제 모델의 활동을 관찰한 뒤, 모델과 함께 활동에 참여한다. 예컨대 피험자는 뱀 공포증을 극복하기 위해 실제 모델이 뱀을 만지는 모습을 관찰 유리를 통해 본다. 다음으로 피험자는 모델과 함께 방에 들어가서 모델이 뱀을 만지는 것을 가까이에서 관찰한다. 모델이 머리와 꼬리를 들고 있는 동안 장갑을 끼고 뱀의 가운데를 만지도록 피험자를 구슬린다. 피험자는 결국 장갑을 끼지 않고 뱀을 만지게 된다.

모델링은 관찰 가능한 모델이 없을 때조차도 효과적이다. 내현적 모델링(covert modeling)에서는 피험자가 두렵거나 위협적인 상황에 대처하는 모델을 상상하게 한다(그들은 실제로 모델을 보지 않는다). 내현적 모델링은 뱀 공포증과 사회적 억제를 성공적으로 치료하기 위해 사용되어 왔다.

당신은 뱀에 대한 공포를 그다지 끔찍하게 생각하지 않을 수 있다. 그렇지만 이 공포를 극복하는 것은 많은 사람들의 삶에, 심지어 뱀을 마주치지 않는 사람들의 삶에도 큰 변화를 가져왔다. 뱀 공포증 제거는 자존감과 자기효능감을 높일 뿐 아니라 개인적·직업적 습관을 바꿀 수도 있다. 한 여성은 모델링치료 이후에 처음으로 목걸이를 할 수 있었다. 이전에 그녀는 목걸이가 뱀을 떠올리게 한다는 이유로 목걸이를 할 수 없었다. 뱀 공포증을 성공적으로 극복한 부동산 중개인은 시골 사유지 방문을 더 이상 두려워하지 않게 되어 수입을 늘릴 수 있었다. 이 외에도 많은 환자들이 모델링치료를 통해 뱀에 대한 악몽에서 해방되었다.

공포증은 일상생활을 제한한다. 예컨대 거미를 두려워하는 많은 사람들의 경우 거미 그림을 보는 것만으로 심박수가 올라가고 숨이 가빠지며, 구토 반응을 보인다. 공포증 환자들은 공포의 근원을 다룰 능력에 대한 자신감이 거의 없으며, 이러한 공포 유발 상황에서 자기효능감을 의심하게 된다. 사람들에게서 이러한 공포를 덜어 주는 것은 그들의 환경을 확장하고 자기효능감을 증대시킨다.

모델링치료의 이점

모델링치료, 특히 온라인 비디오 기술을 이용한 치료에는 몇 가지 실용적인 이점이 있다. 복잡한 행동을 전체적으로 보여 줄 수 있으며, 피험자가 관련된 행동만 볼 수 있도록 관련 없는 행동을 편집할 수 있다. 또한 동일한 비디오를 많은 환자들에게 반복해서 보여 줄 수 있고 동시에 많은 치료자들이 사용할 수 있다. 모델링 기술은 집단에도 적용 가능하기 때문에, 같은 문제를 가진 사람들을 치료하는 데 시간과 비용을 절감할 수 있다.

모델링 접근법은 공포증, 강박장애, 성기능장애 치료에 효과적으로 사용되어 왔으며, 치료 후 긍정적 효과가 수년간 지속된다고 보고되었다. 행동수정치료 도중과 치료 후의 자기효능감에 대한 수많은 연구가 이루어졌다. 연구 결과는 치료 중 자기효능감이 향상됨에 따라 피험자가 두려움의 원천을 점점 더 잘 다룰 수 있게 됨을 보여 주었다. 자기효능감을 높인 것은 치료 절차 자체였다.

불안

앞부분에서 우리는 많은 행동이 모델링 접근법을 통해 수정될 수 있다는 데 주목하였다. 여기서는 병원 치료에 대한 두려움과 시험 불안이라는 두 가지 예를 살펴보자.

병원 치료에 대한 두려움 어떤 사람들은 병원 치료에 대한 강렬한 공포감 때문에 치료를 받지 않으려 한다. 한 초기 연구에서는 수술 일정이 잡혀 있으나, 이전에 병원에 간 적이 없는 여러 아동을 살펴보았다. 그들은 한 소년의 병원 치료 경험을 다룬 영화를 본 실험 집단과 한 소년의 여행에 대한 영화를 본 통제 집단으로 나뉘었다(Melamed & Siegel, 1975).

병원 영화 속 아동은 모범적인 모델이었다. 처음의 불안에도 불구하고 아동은 치료 절차에 잘 적응했다. 모델링 영화는 불안 감소에 효과적이었다. 또한 병원 영화를 본 아동들은 통제 집단의 아동들보다 입원 후 문제 행동이 적었다.

성인을 대상으로 입원 및 치과 치료에 대한 공포를 줄이는 데도 유사한 절차가 사용되었다. 한 연구는 너무 힘들다는 이유로 환자의 80% 이상이 처음부터 거부하거나 일찍 중단한 치료 절차를 다루었다(Allen, Danforth, & Drabman, 1989). 해당 절차를 거치면서 고통에 어떻게 대처했는지 설명하는 모델의 영상을 본 사람들의 경우 덜 불안해하고, 병원 생활을 더 짧게 하면서 치료를 완수할 가능성이 더 높았다.

시험 불안 어떤 대학생들에게 시험 불안은 너무 심각한 문제여서 시험 점수가 시험 과목에 대한 그들의 지식을 정확히 반영하지 못한다. 한 고전적인 연구에서 대학생 피험자들은 성격검사 결과를 토대로 시험 불안이 높은 집단과 시험 불안이 낮은 집단으로 나뉘었다(Sarason, 1975).

몇몇 학생은 모델이 시험을 볼 때의 불안과 불안을 다루는 방법에 대해 이야기하는 영상을 보았다. 다른 학생들은 같은 모델이 시험 불안에 대해 이야기하지만, 이를 다루는 기제에 대해서는 이야기하지 않는 영상을 보았다. 세 번째 조건에서 학생들은 모델이 기타 대학 활동에 대해 이야기하는 영상을 보았다.

다음으로 피험자들에게 무의미한 음절이 적혀 있는 목록을 주고, 이를 암기하게 한 뒤 피험자들의 기억력을 시험했다. 그 결과 시험 불안이 높은 피험자들은 대처기제를 이야기한 모델의 영향을 가장 크게 받았다. 그들은 마찬가지로 시험 불안이 높은 다른 두 조건의 피험자들보다 기억력 시험에서 유의미하게 좋은 수행을 보였다.

행동 수정에서 윤리적 문제

행동 수정의 결과가 인상적임에도 불구하고 이 기술은 교육자, 정치인, 심지어 심리학자들에게서까지 비판을 받는다. 그들은 행동 수정이 인간을 자신의 의지에 반하게 조종하고 통제하여 착취한다고 주장한다. 밴듀라는 이러한 혐의에 오해의 소지가 있다고 주장했다. 행동 수정은 내담자의 자각 없이 일어나지 않는다. 실제로 자기인식과 자기조절은 모든 종류의 행동 변화 프로그램 및 행동 재학습 프로그램의 효과성을 위해서도 필수적이다. 다시 말해 행동 수정 기법은 당사자가 어떤 행동이 강화되고 있는지 이해할 수 없다면 성공하지 못할 것이다. 그들은 그들의 의지에 반해서 치료되는 것이 아니다.

더 나아가 내담자 스스로 무엇을 바꾸고자 하는지 결정한다. 그들은 다른 사람에 의해 통제되지 않는다. 사람들은 기능하거나 매일의 삶에 대처할 능력을 억제하는 특정한 공포와 불안을 제거하기 위해 치료자를 찾는다. 밴듀라는 내담자-치료자 관계는 합의한 두 사람 사이의 계약이지 사악한 조종사와 줏대 없는 꼭두각시 사이의 관계가 아니라고 말했다.

또한 밴듀라는 모델링 기술은 조종이나 노예화는커녕 개인의 자유를 실제로 증가시킨다고 설명했다. 집을 떠나는 데 두려움을 느끼는 사람이나 강박적으로 손을 씻는 사람은 진정으로 자유롭지 않다. 그들은 공포증이나 강박적 행동에 의해 강요된 제약 안에서 살고 있다. 이러한 제약은 선택의 여지를 제한한다. 행동 수정 기법을 통해 제약을 없애는 것은 자유롭다는 느낌과 개인적 성장의 기회를 증대시킨다.

행동 수정 기법 중 상당수가 밴듀라의 연구에서 파생되었으며, 이는 정신분석 및 다른 치료적 접근법에 대한 대안으로 널리 사용되고 있다.

인간 본성에 대한 질문

자유의지 대 결정론 쟁점에 대한 밴듀라의 입장은 명확하다. 행동은 한편으로는 인지 과정을 통해 개인에 의해, 다른 한편으로는 외적인 사회적 상황을 통해 환경에 의해 통제된다. 밴듀라는 이 관점을 상호적 결정론(reciprocal determinism)이라 불렀다. 그는 사람들은 "환경의 힘에 통제되는 무기력한 대상도, 선택한 것은 무엇이든 될 수 있는 자유로운 주체자도 아니며, 사람과 환경은 서로에 대한 상호간의 결정인자"라고 지적했다(Bandura, 1977, p. vii).

밴듀라 이론에서의 평가

밴듀라는 스키너와 마찬가지로 내적 동기 변인보다 외적 행동에 초점을 두었다. 그는 자유연상이나 꿈 분석, 투사법과 같은 측정 방법을 사용하지 않았다. 그러나 밴듀라는 스키너와 달리 행동뿐만 아니라 인지적 변인도 평가했다.

예를 들면 앞에서 설명한 수술을 앞둔 아동을 대상으로 한 모델링 연구에서는 측정 기법으로 행동 직접 관찰, 자기보고식 검사, 생리적 측정법이 사용되었다. 자기효능감 연구에서 행동적·인지적 변인들은 양적으로 측정되었다. 공포증에 대한 자기효능감은 행동적 회피 검사에서 피험자가 자신이 완수할 것으로 예상하는 과제의 수를 자기평정함으로써 측정되었다. 대학생의 시험 불안은 성격검사로 측정되었다. 따라서 성격에 대한 사회학습 접근법에서는 행동적·인지적 변인을 측정하는 것이 중요하다.

> 상호적 결정론 행동은 한편으로는 인지 과정을 통해서 개인에 의해, 다른 한편으로는 외적인 사회적 자극 사건을 통해 환경에 의해 통제되거나 결정된다는 개념.

밴듀라 이론에 대한 연구

밴듀라는 엄격한 실험심리학 전통에 따라 잘 통제된 실험 연구를 선호했다. 우리는 앞부분에서 밴듀라가 실험 집단과 통제 집단을 사용하고 독립 변인과 종속 변인을 정확하게 측정한 데 주목했다. 그는 대규모 피험자 집단을 연구하고 통계적 분석을 사용하여 그들의 평균 수행을 비교했다. 밴듀라의 이론과 관련하여 진행되었던 연구의 종류를 더 알아보기 위해 자기효능감, 집단효능감, 그리고 공격적 행동에 텔레비전 모델이 미치는 효과에 대한 연구들을 살펴보자.

자기효능감

연령과 성차 자기효능감은 성별과 연령에 따라 다르다. 평균적으로 남성이 여성보다 더 높은 자기효능감 점수를 보이나, 이러한 성차는 20대에 정점에 이른 후 감소한다. 남성과 여성 모두에 있어 자기효능감은 아동기부터 초기 성인기까지 증가하다가 중년에 정점에 이르고 60세 이후 감소한다(Gecas, 1989; Lachman, 1985).

자기효능감이 연령에 따라 감소하는 것으로 나타남에도 불구하고, 자신의 능력에 대한 믿음에는 광범위한 개인차가 존재한다. 예컨대 평균 연령 66세의 네덜란드 성인 연구에서 자신의 기억력이 점점 나빠진다고 믿는 사람들은 자신의 기억력이 뛰어나다고 믿는 사람들에 비해 6년 후 기억 기능 검사에서 유의미하게 낮은 수행을 보였다(Valentijn et al., 2006). 100개 이상의 연구를 대규모 분석한 결과 기억자기효능감, 말하자면 자신의 기억이 얼마나 좋은지에 대한 신뢰 수준이 기억검사 수행에 영향을 미칠 수 있음이 확인되었다(Beaudoin & Desrichard, 2011). 이 연구는 자신의 능력에 대한 믿음이 실제로 해당 능력에 영향을 미친다는 제안에 대한 추가적인 근거를 제공한다. 우리가 무엇인가를 할 수 있다고 믿을수록 이를 할 수 있게 될 가능성이 높아지는 것이다.

부모효능감의 역할 우리는 앞에서 부모, 형제, 동료, 그리고 다른 사람들이 자기효능감에 미치는 영향에 주목하였다. 이탈리아 연구에서 부모효능감 점수가 높은(자신이 유능한 부모라고 믿는) 부모의 청소년 자녀는 부모효능감 점수가 낮은 부모의 자녀에 비해 자기효능감 점수가 높게 나타났다. 또한 자기효능감이 높은 부모의 10대 자녀는 자기효능감이 낮은 부모의 자녀보다 행동 문제가 적고 불안 수준이 낮았고 학교에서의 수행도 좋았으며, 부모와의 의사소통에서 개방적이고 정직했다(Steca, Bassi, Caprara, & Fave, 2011).

공공주택사업에 참여한 흑인 남자 청소년에 관한 연구에서 부모효능감이 높고 지지적이며 통제 수준이 높은 부모의 청소년 자녀는 그 자신 역시 높은 자기효능감을 보였다. 반면 부모의 부모효능감이 낮고, 부모의 지지와 지도가 부족한 청소년의 경우 약물 남용을 비롯한 기타 비행 행동을 보일 가능성이 높았다(Nebbitt, 2009).

시카고 청소년 연구에서는 부모의 지지가 학생의 자기효능감과 정적으로 관련됨을 밝혔다. 부모가 지지적일수록 아이들의 자기효능감이 높았다(McCoy & Bowen, 2014). 멕시코계 미국인 가정에 대한 연구에 따르면 부모효능감이 높을수록 남녀 청소년의 자기효능감이 높으며, 행동 문제도 적은 것으로 나타났다(Dumka, Gonzales, Wheeler, & Millsap, 2010).

부모의 엄격한 통제하에 자란 미국의 젊은 성인은 부모가 덜 통제적이었던 이들에 비해 자기효능감이 낮았다(Givertz & Segrin, 2014). 말레이시아 청소년 연구 결과 아버지의 양육 참여는 자기효능감 발달과 전반적인 행복에 있어 어머니의 양육 참여만큼 중요한 것으로 나타났다(Yap & Baharudin, 2015).

외모 밴듀라에 따르면 외모는 사람들이 타인에게 받는 강화물에 영향을 미치므로, 사람들이 자신에 대해 어떻게 느끼는지에 영향을 줄 수 있다. 25~76세 성인 남녀를 대상으로 한 연구에서는 자존감이나 건강 수준보다 외모가 자신의 삶에 대한 통제감에 더 큰 영향을 미치는 것으로 나타났다(Andreoletti, Zebrowitz, & Lachman, 2001).

예를 들어 둥근 얼굴과 큰 눈, 작은 콧날과 작은 턱('동안')은 성인기 초기와 중기의 낮은 통제감과 큰 관련이 있다고 밝혀졌다. 더 높은 연령의 동안 성인의 경우에는 통제감이 더 컸는데, 아마도 그들이 동일 연령의 동안 성인에 비해 더 젊어 보이는 덕분에 사람들이 그들을 다르게 대하기 때문인 듯하다. 이러한 현상은 여성에게서 더 두드러졌다. 생애 후반에는 어려 보이는 외모가 사회적으로는 물론, 일과 관련해서도 확실한 이점이 있는 것으로 나타났다.

이 연구의 또 다른 주요 결과는 매력적인 외모가 통제 신념에 유의미한 효과를 미친다는 것이었다. 덜 매력적이라고 평정된 사람들은 일이나 사회적 상황 모두에서 더 낮은 통제감을 보고했다. 또한 키가 작은 사람들은 키가 크거나 평균인 사람들에 비해 낮은 통제감을 보고했다.

학업 수행 자기효능감과 학업 수행 간에는 유의미한 정적 관계가 있다. 교수 능력과 관련하여 자기효능감이나 자신감이 높은 교사들은 학생들의 수행 수준을 향상시킬 가능성이 더 높았다. 또한 학생의 자기효능감은 교실 상황에서의 동기, 노력 수준, 열망 수준, 인내력과 정적으로 관련이 있었다(Bassi, Steca, Fave, & Caprara, 2007; Gibson & Dembo, 1984; Multon, Brown, & Lent, 1991; Zimmerman, 1995).

독일 학생들은 자기효능감이 높은 교사를 자기효능감이 낮은 교사에 비해 더 유능한 교사로 평가하였다. 또한 학생들이 수업의 질이 높다고 평가한 교사는 자기효능감을 더 발달시켰다. 다시 말해 학생에게 긍정적인 피드백을 받는 것이 교사로 하여금 더 자신감을 느끼게 했다(Holzberger, Philipp, & Kunter, 2013).

또한 밴듀라는 학교가 학생들의 자기효능감을 키워 주는 방식의 차이를 발견했다. 성취가 높은 학교에서는 교장이 정책이나 규정 시행보다 교육에 더 관심이 있었고, 학생들에 대한 교사들의 기대와 기준이 높았다. 성취가 낮은 학교에서 교장은 교육자로서보다 관리자나 규율주의자로서 기능했고, 교사들은 학생들의 학업적 수행에 대해 기대가 거의 없었다(Bandura, 1997).

아동의 자기효능감에 영향을 미치는 문화적 차이가 연구되었다. 1990년 통일 전 동독과 서독의 2~6학년 초등학생을 대상으로 연구가 이루어졌다. 동독 공산주의-집단주의 문화의 학생들은 서독 자본주의-개인주의 문화의 학생들에 비해 자기효능감 점수가 낮았다. 서독 학생들에 비해 동독 학생들은 학교에서의 수행 능력에 대한 자신감이 낮았고 자신을 덜 지적이라고 평가했다(Oettingen & Maier, 1999). 이란 연구에서 민족정체성이 높은 고등학생은 민족정체성이 낮은 고등학생에 비해 자기효능감이 높았다(Hejazi & Hasany, 2014).

진로 선택과 업무 수행 자기효능감의 성차가 진로 선택에 영향을 줄 수 있다. 연구에서 남성은 소위 전통적인 '여성적' 직업뿐만 아니라 '남성적' 직업에서도 자기효능감을 더 높게 인식하는 것으로 나타났다. 반면 여성은 소위 여성적 직업에서 자기효능감을 높게 인식했지만 전통적인 남성적 직업에서는 자기효능감이 낮았다.

이 연구의 남녀 피험자들은 언어 및 수리 능력에 대한 표준화된 검사에서 비슷한 수준의 수행을 보였다. 따라서 그들은 유사한 수준의 능력을 가졌음에도 각자 자신의 능력을 다르게 인식했다. 다양한 직업에 필요한 자신의 역량에 대한 느낌은 성별에 따라 상이했다(Hackett, 1995).

자기효능감은 향후 직업적 성공뿐만 아니라 구직 기간에도 영향을 줄 수 있다. 자기효능감이 높은 사람은 자기효능감이 낮은 사람에 비해 개인적 목표를 높게 설정하고 이를 달성하는 데 더 몰입한다. 자기효능감이 높은 사람은 업무상 문제를 분석하고 해결하는 데 집중하는 경향이 있다. 자기효능감이 낮은 사람은 개인적 결핍과 실패에 대한 두려움에 집중하는데, 이는 생산성을 감소시킬 수 있다(Locke & Latham, 1990). 또한 컴퓨터 기반 과제 수행에서의 실패는 개인의 자기효능감을 감소시키는 것으로 나타났다(Hardy, 2014).

21,600명의 피험자가 포함된 114개 연구에 대한 메타분석이 자기효능감과 업무 수행 간의 유의미한 정적 관계를 지지했다. 자기효능감이 높을수록 업무 수행이 좋았다(Stajkovic & Luthans, 1998). 이 연구의 후속 연구에 따르면 자기효능감은 복잡성이 중간 또는 높은 업무보다 복잡성이 낮은 업무 수행 능력을 더 잘 예측한다(Judge, Jackson, Shaw, Scott, & Rich, 2007). 또한 자기효능감이 높은 사람은 일에 더 충분히 몰입할 가능성이 월등히 높은 반면, 업무에서 소진을 경험할 가능성은 훨씬 더 낮다(Ventura, Salanova, & Llorens, 2015).

자기효능감이 높은 사람은 업무 수행에 대해 긍정적인 피드백을 받을수록 수행이 좋아진다. 그들은 종종 피드백이 거의 없거나 적은 상황에서 수행을 잘하지 못한다. 다시 말해 자신이 잘하고 있는지를 모르는 것은 자기효능감이 높은 사람에게 부정적인 요인이 될 수 있다(Schmidt & De Shon, 2010). 다른 연구에서는 자기효능감이 높은 사람이 그렇지 않은 사람보다 직업 훈련 프로그램에서 더 성공적이며 직업 만족도, 조직 몰입도, 업무 수행이 더 높은 것으로 나타났다(Gupta, Ganster, & Kepes 2013; Salas & Cannon-Bowers, 2001).

신체 건강 자기효능감은 통증 내성, 건강한 생활 양식, 질병으로부터의 회복 등 다양한 측면의 신체적 안녕감에도 영향을 미친다.

통증 내성 한 연구에 따르면 출산 시 통증을 줄이는 이완 운동과 호흡법을 배운 임산부는 이를 배우지 않은 임산부에 비해 자신이 통증에 대해 더 큰 통제감을 가졌다고 믿었다. 자기효능감과 통제감을 더 많이 가질수록 진통제를 요구할 때까지 출산 동안 경험하는 불편감을 더 오래 참을 수 있었다. 또한 자기효능감을 더 많이 인식할수록 진통제를 덜 요구했다(Manning & Wright, 1983).

또 다른 연구가 자기효능감과 통증 내성의 정적 관계를 지지했다. 중국의 환자 15,000명 이상을 대상으로 한 연구에서 자기효능감이 높은 사람은 그렇지 않은 사람에 비해 손상, 정서적 고통, 통증의 심각성이 덜하다고 느꼈다(Jackson, Wang, Wang, & Fan, 2014).

자기효능감을 향상시키는 대처 기술은 인체의 천연 진통제인 엔도르핀을 상당히 증가시킨다. 만성 통증 연구에서 요통 환자들에게 통증 평정 척도와 자기효능감 평정 척도를 주며, 3주간의 재활 프로그램 진행 상황을 모니터링했다. 6개월 후, 자기효능감이 높은 환자들은 자기효능감이 낮은 환자들에 비해 신체적 기능이 더 좋고 요통이 덜한 것으로 보고되었다(Altmaier, Russell, Kao, Lehmann, & Weinstein, 1993).

건강한 생활 양식 자기효능감은 건강한 생활 양식을 유지하는 것과도 관련된다. 밴듀라는 다음과 같이 썼다.

생활 습관은 건강을 증진하거나 해칠 수 있다. 이는 사람들이 행동을 통해 자신의 건강을 어느 정도 통제할 수 있음을 의미한다. 효능감은 개인 변화의 모든 장면에 영향을 미친다. 즉 효능감이 높을 경우 생활 습관을 바꾸는 것을 고려할 수 있고, 이에 필요한 동기와 끈기를 얻을 수 있으며, 변화된 습관을 잘 유지할 수 있다(Bandura, 1995, p. 28).

예를 들어 60세 이상 성인이 자기효능감을 향상시키는 기술을 사용했을 때 신체 활동 수준이 증가하였다. 자기효능감이 낮은 사람들은 좀처럼 몸을 움직이지 않는 채로 덜 건강한 삶을 살았다(French, Olander, Chrisholm, & McSharry, 2014).

아메리카 원주민과 알래스카 원주민 성인에 대한 연구는 자기효능감과 알코올 사용의 명확한 관련성을 보여 주었다. 자기효능감이 낮을수록 알코올 소비량이 증가했다(Taylor, 2000). 청소년 흡연에 대한 연구에 따르면 자기효능감이 높을수록 흡연을 권하는 또래의 압력에 더 잘 저항하는 것으로 나타났다(Schwarzer & Fuchs, 1995; Stacy, Sussman, Dent, Burton, & Floy, 1992).

병에서의 회복 자기효능감은 신체적 질병에서 회복하는 데 영향을 미칠 수 있다. 한 연구에 따르면 자기효능감이 높은 환자는 자기효능감이 낮은 환자에 비해 폐질환에 대한 인지적·행동적 치료에 더 잘 반응했다. 심장마비를 겪은 남성들의 경우 자신과 배우자가 모두 자신의 심장이 건강하다고 믿을 때 일상생활로 복귀하는 비율이 더 높았고, 두려움과 우울 수준이 덜했다.

환자의 자기효능감이 높을수록 처방된 운동 프로그램을 따를 가능성이 높았고 이들의 상태도 더 많이 호전되었다(Kaplan, Atkins, & Reinsch, 1984; McLeod, 1986). 이러한 발견은 이탈리아의 심장질환 환자들을 대상으로 한 대규모 연구에서 확인되었다. 높은 자기효능감은 그들에게 미치는 질병의 영향을 완화시켰고 건강에 대한 전반적인 만족감을 높였다(Greco, Steca, Monzani, Malfatto, & Parati, 2015).

이스라엘의 당뇨병 환자 연구에서는 자기효능감이 높은 사람이 자기효능감이 낮은 사람보다 자기관리 치료 프로그램을 지속할 가능성이 훨씬 높았다(Mishali, Omer, & Heymann, 2011).

정형외과 수술(고관절 또는 무릎인공관절 치환술)에서 회복 중인 성인 환자 중 자기효능감이 높은 사람은 자기효능감이 낮은 사람에 비해 재활 치료 프로그램에서 유의미하게 나은 수행을 보였다(Waldrop, Lightsey, Ethington, Woemmel, & Coke, 2001). 유방암 환자 연구에서는 미래에는 암이 치료될 것이라는 기대가 높을수록 정서적으로 유방암에 더 잘 적응했다(Carver et al., 2000).

정신 건강　자기효능감은 사회적 관심과 자기효능감뿐만 아니라 우울, 불안을 포함한 정신 건강의 여러 측면에 영향을 주는 것으로 밝혀지고 있다.

우울과 불안　이탈리아의 평균 연령 11.5세 남녀 아동을 대상으로 한 연구에서는 자신의 사회적·학업적 효능감을 낮게 평가한 아동은 자기효능감을 높게 평가한 아동에 비해 우울을 경험할 가능성이 유의미하게 높았다. 낮은 사회적 효능감은 미국의 청소년 표본 집단에서도 우울과 유의미한 관련이 있었다 (Bandura, Pastorelli, Barbarelli, & Caprara, 1999).

네덜란드 청소년 연구에서 낮은 사회적 효능감은 심한 불안, 신경증, 우울 증상과 관련이 있었다(Muris, 2002). 중국과 나이지리아와 같이 다양한 문화에서 이루어진 연구에서는 자기효능감이 높은 사람의 경우 업무 중 스트레스와 시험 불안이 낮은 것으로 나타났다(Li, 2010; Onyeizugbo, 2010).

성인에게서도 유사한 관련성이 보고되었다. 낮은 사회적 효능감은 우울감을 유발하는데, 부분적으로는 대처 기술 부족이 사회적 지지망 발달을 저해했다(Holahan & Holahan, 1987). 이러한 발견들은 단순한 인과가 아닌 순환적 관계를 시사하는 것으로 보인다.

낮은 자기효능감은 우울로 이어질 수 있고, 우울은 이후 자기효능감을 감소시킬 수 있다. 우울한 사람은 자신이 삶의 많은 영역에서 효과적으로 수행하는 사람들에 비해 훨씬 무능하고, 자신에게 상황에 대한 통제력이 거의 없다고 믿는다(Bandura, 1997).

사회적 관심과 자존감　미국 대학생을 대상으로 자기효능감과 아들러가 제안한 정신 건강의 여러 특성의 관계를 연구했다. 자기효능감 점수가 높은 학생은 자기효능감 점수가 낮은 학생에 비해 사회적 관심, 완벽 추구 욕구, 소속감 점수 역시 높았다(Dinter, 2000).

캐나다, 이란, 미국 연구에 따르면 자기효능감 척도에서 높은 점수를 받은 고등학생과 성인은 자존감 점수도 높게 나타났다. 그들은 자기효능감이 낮은 피험자에 비해 장애물을 마주쳤을 때 망설이거나 포기할 가능성이 낮았다(Hoseinzadah, Azizi, & Tavakoli, 2014; Lightsey, Burke, Ervin, Henderson, & Yee, 2006; Steel, 2007).

스트레스 대처 능력 생활 사건들에 대한 향상된 자기효능감과 통제감은 스트레스 대처 능력 및 스트레스가 생물학적 기능에 미치는 해로운 효과를 최소화하는 능력과 정적인 관련이 있다. 밴듀라는 "강한 대처 효능감은 매우 힘든 상황에서 스트레스와 우울에 대한 취약성을 감소시킨다"라고 썼다(Bandura, 2001, p. 10). 높은 자기효능감은 신체 면역 체계 강화, 스트레스 관련 호르몬 분비 감소, 호흡기 감염 민감성 감소와 관련된다.

높은 자기효능감은 여성이 임신 중절 스트레스에 대처하는 데 도움을 주는 것으로 나타났다. 자기효능감이 높은 여성은 자기효능감이 낮은 여성에 비해 유의미하게 낮은 우울과 긍정적인 정서 상태를 보이며 상황에 더 잘 대처했다(Cozzarelli, 1993). 첫 출산에 따른 스트레스를 다룬 또 다른 연구 결과, 자기효능감이 높은 여성은 자기효능감이 낮은 여성에 비해 힘든 일에 더 잘 대처했다(Ozer, 1995).

1990년 베를린 장벽이 무너진 후 동독에서 서독으로 이주한 독일인에 대한 연구에서는 자기효능감이 높은 사람들이 공산주의 체제하의 경제적으로 불리한 생활 방식에서 자본주의 체제하의 풍요로운 생활 방식으로의 변화에 유의미하게 더 잘 적응하는 것으로 나타났다.

지각된 자기효능감은 이민 스트레스가 심리적·신체적 건강 및 인지적 평가에 미치는 효과와 관련된 강력한 개인 자원임이 입증되었다. … 자기효능감이 높은 이민자는 새로운 삶의 요구들을 위협이라기보다 도전으로 인식했다. 그들은 자기효능감이 낮은 이민자에 비해 불안이 낮고, 건강하며, 건강상의

자기효능감 연구

자기효능감에 대한 연구는 다음과 같은 결과를 보여 준다.

- 젊었을 때 남성이 여성보다 자기효능감에서 더 높은 점수를 보임
- 자기효능감은 성인기까지 증가하다가 중년에 정점에 이르고 60세 이후 감소함
- 부모효능감이 높은 부모의 자녀는 그 자신 역시 자기효능감이 높음
- 부모효능감이 높은 부모의 자녀는 학교에서의 수행이 좋고, 불안 수준이 낮고, 행동 문제가 적음
- 개인주의 문화에서 자기효능감이 더 높음

자기효능감이 높은 사람은 다음과 같은 경향이 있다.

- 학교 성적이 좋음
- 진로 목표를 높게 설정하고 이를 달성하는 데 더 몰입하며, 업무 수행이 좋음
- 건강하고 통증 내성이 높으며 병에서 빠르게 회복함
- 음주와 흡연을 할 가능성이 낮음
- 우울, 시험 불안, 업무 중 스트레스를 경험하거나 신경증을 앓게 될 가능성이 낮음
- 자존감 점수가 높음; 자신에 대해 긍정적으로 느낌

불평이 적었다(Jerusalem & Mittag, 1995, p. 195).

두경부암(머리나 목의 암) 치료의 결과로 안면이 손상된 네덜란드의 성인들 중 자기효능감이 낮게 측정된 사람들은 다른 사람들이 불쾌해하거나 거절하는 행동에 대해 더 큰 스트레스를 경험했다. 자기효능감이 높게 측정된 사람들의 경우 다른 사람들이 자신들에게 어떻게 반응하는지에 대해 어느 정도 통제력을 갖고 있다고 믿기 때문에 스트레스가 덜했다(Hagedoorn & Molleman, 2006).

집단효능감

개인이 자기효능감을 발달시키는 것과 마찬가지로, 특정 목표를 달성하기 위해 함께 일하는 사람들의 집단은 집단효능감을 발달시킬 수 있다(Dithurbide & Feltz, 2012). 예를 들어 스포츠 팀, 큰 조직의 부서, 군 전투 부대, 또는 마약

상과 싸우기 위해 뭉친 이웃들은 그들이 장애물을 극복하고 목표를 달성할 수 있을 것이라는 강한 느낌을 불러일으킬 수 있다.

집단효능감의 가치는 대학 농구 팀을 대상으로 연구되었다. 높은 집단효능감은 시즌 초반 매우 유능한 리더가 소속되어 있으며 이전 시즌 대부분의 경기에서 승리한 팀들에서 발생하는 것으로 나타났다. 새 시즌 초반에 집단효능감이 가장 높은 팀은 집단효능감이 낮은 팀에 비해 시즌 종료 때 더 높은 순위를 차지했다(Watson, Chemers, & Preiser, 2001).

가정과 학교에서의 집단효능감 가정에서의 높은 집단효능감은 가족 구성원 간 개방적인 의사소통을 유도하고, 청소년 자녀가 부모에게 자신을 더 솔직하게 드러내게 하며, 부모와 자녀 모두 가족생활에서 더 큰 만족감을 느끼게 하는 것으로 나타났다(Bandura, Caprara, Barbaranelli, Regalia, & Scabini, 2011).

네덜란드 교사들의 높은 집단효능감은 학생들의 성취 및 성적을 향상시켰다(Moolenaar, Sleegers, & Daly, 2012). 미국의 5학년, 8학년, 11학년을 대상으로 한 대규모 연구에서 높은 집단효능감은 집단 괴롭힘 감소로 이어졌다(Williams & Guerra, 2011). 그리스의 11~14세 청소년 중 집단효능감이 높은 학급에 속한 학생들은 집단효능감이 낮은 학급의 학생들에 비해 같은 학급 학생을 괴롭히거나 같은 학급 학생에게 괴롭힘당하는 경우가 훨씬 적었다(Sapouna, 2010).

이웃과 조직에서의 집단효능감 이웃에 대한 높은 집단효능감은, 심지어 험한 빈민가에서도, 알코올 중독, 약물 사용, 폭력, (살인을 포함한) 범죄 행동 감소와 관련이 있었다(Ahern, Cerda, Lippnnan, Tardiff, Vlahov, & Galea, 2013; Fagan, Wright, & Pinchevsky, 2014; Maxwell, Garner, & Skogan, 2011).

고용된 회사에 대한 집단효능감은 업무 수행을 향상시키고 동료 간 도움을 주고받는 빈도를 증가시켰으며 직장 내 스트레스를 감소시켰다. 이러한 결과는 서양 문화권 국가와 중국에서 나타났다(Du, Shin, & Choi, 2015; Esnard & Roques, 2014).

이탈리아 공군에서 집단효능감이 높은 군인들은 집단효능감이 낮은 군인들보다 조직에 대한 헌신과 만족도에서 더 높은 점수를 받았다(Borgogni, Petitta, & Mastrorilla, 2010).

자기효능감과 인터넷

대만의 8학년 학생을 대상으로 인터넷 자기효능감(인터넷을 효과적으로 사용하는 능력에 대한 자신감)을 연구한 결과, 성별에 따른 차이는 발견되지 않았다. 그러나 온라인 의사소통에 대한 자신감 수준은 여학생이 남학생보다 높았고 남학생은 온라인 검색에 더 높은 자신감을 보였다(Tsai & Tsai, 2010). 미국 대학생 연구에서는 남자 대학생이 여자 대학생에 비해 컴퓨터 자기효능감을 더 높게 평가했다(Buse, 2010).

튀르키예 대학생 대상의 연구에 따르면 사회적 자기효능감(사회적 만남을 시작하고 새로운 친구를 사귀는 능력에 대한 자신감)이 높은 사람은 사회적 자기효능감이 낮은 사람에 비해 자존감과 정서적 안녕감이 높았다. 그러나 그들은 인터넷에 중독될 가능성 역시 훨씬 더 높았다(Iskender & Akin, 2010).

독일 성인 중 타인에게 좋은 인상을 심어 주는 능력에 대한 자기효능감이 높은 사람은 그러한 측면에 대한 자기효능감이 낮은 사람에 비해 페이스북에 개인적인 사진(예: 파티 사진 등)을 더 많이 게시하고, 자신을 느긋하고 재미있고 멋지다고 표현하는 경향이 있었다(Kramer & Winter, 2008).

공격적 행동과 텔레비전 및 사이버 폭력의 관계

밴듀라를 비롯한 세계 각국의 연구자들은 실험실 상황이나 현실에서 폭력을 보는 것이 실제 폭력을 야기한다는 것을 설득력 있게 증명하였다, 이는 텔레비전, 컴퓨터, 영화, 비디오 게임을 통해 폭력을 목격하든, 가정, 거리, 학교에서 폭력을 목격하든 상관이 없었다(Elson & Ferguson, 2014). 미디어를 통해서나 직접적으로나 폭력에 노출되는 것의 효과에 대한 증거는 너무 강력해서 미국공중위생국(U.S. Surgeon General), 미국국립정신건강연구원(National Institute of Mental health), 미국심리학회, 미국의학협회(American Medical Association), 미국정신의학회(American Psychiatric Association)는 폭력에 대한 노출이 사람들의 폭력성을 유발하는 유의미한 위험 요인임에 동의한다(Pozios, Kamban, & Bender, 2013).

텔레비전 대규모 문헌 연구는 아동기의 폭력적인 텔레비전 프로그램 시청이 이후에 나타나는 공격적 행동과 관련이 있음을 보여 주었다(Rogoff, Paradise, Arauz, Correa-Chavez, & Angelillo, 2003). 20대 초반과 중반의 성인을 대상으로 한 연구에서 6~10세 때 텔레비전을 통해 폭력을 시청한 양과 성인이 되어 공격적으로 행동하는 것 사이의 강한 정적 상관이 발견되었다.

다시 말해 아동기에 텔레비전 폭력에 더 많이 노출될수록 20대에 더 공격적이었다(Huesmann, Moise-Titus, Podolski, & Eron, 2003). 독일 청소년 연구에서도 미디어 속 폭력에 대한 노출과 공격적 행동 간에 높은 관련이 발견되었다(Krahe, Busching, & Moller, 2012).

관찰된 폭력과 공격적 행동의 관계에 대한 또 다른 연구에서, 연구자들은 사람들이 폭력적 행동을 저지르는 텔레비전 모델을 본 직후 공격적 행동이 발생하는 비율을 조사했다. 한 분석에 따르면 폭력 행위는 관찰 직후 광범위하게 발생한 뒤 잠깐이지만 급격하게 상승하여 3~4일째에 최고조에 달했다(Phillips, 1985).

텔레비전으로 중계된 복싱 챔피언 결정전 이후 3일간 미국의 살인율은 기대 수준의 12% 이상 증가한 것으로 나타났으며, 이러한 현상은 15년 이상 지속되었다(Phillips, 1983). 자신에 대한 폭력 역시 뉴스 매체를 통해 널리 보도된 유사한 폭력에 노출된 후 증가하는 것으로 보인다. 자살률은 영화배우나 다른 유명인의 자살 후에 상승하는 경향이 있다(Phillips, 1974).

비디오 게임 미국, 일본, 그리고 기타 여러 나라의 아동, 청소년, 대학생을 대상으로 한 대규모 연구 결과, 폭력적인 비디오 게임이 공격적이고 적대적인 행동과 음주, 마약 사용을 증가시키는 것으로 나타났다. 폭력적인 게임을 하는 사람들은 싸움에 휘말리고, 교사와 언쟁하고, 학교 성적이 나쁠 가능성이 크며, 다른 사람을 도우려 하지 않는 경향이 있었다. 또한 이들은 심혈관계 각성

밴듀라 이론에 대한 연구

집단효능감이 높은 사람들은 다음과 같은 경향이 있다.

- 농구 경기 성적과 학교 성적이 좋음
- 자신이 속한 조직에 대한 헌신도가 높음
- 직업 만족도와 업무 수행에서 높은 점수를 받음
- 학급 내 괴롭힘에 연루되는 경우가 적음
- 가족 구성원 간 의사소통이 개방적이고, 가족생활에서 더 큰 만족감을 느낌

인터넷 자기효능감에 대한 연구는 다음과 같은 결과를 보여 준다.

- 사회적 자기효능감(새로운 친구를 사귀는 능력에 대한 자신감)이 높은 사람은 인터넷에 중독될 가능성이 더 높음
- 타인에게 좋은 인상을 심어 주는 능력에 대한 확신이 있는 사람은 자신의 페이스북에 셀카와 같은 개인적인 사진을 더 많이 올리는 경향이 있음

공격적 행동에 대한 연구는 다음과 같은 결과를 보여 준다.

- 아동기 텔레비전 및 인터넷을 통한 폭력적인 행동 시청은 공격적 행동과 관련됨
- 아동기, 청소년기, 초기 성인기 폭력적인 비디오 게임에 대한 노출은 공격적 행동과 관련됨

사이버 폭력에 대한 연구는 다음과 같은 결과를 보여 준다.

- 탈억제가 심한 사람들의 경우 사이버 폭력에 열중할 가능성이 높음
- 자기효능감이 높은 사람들에게는 사이버 폭력의 영향이 덜함

수준이 더 높은 것으로 밝혀졌다. 일반적으로 게임이 폭력적일수록 결과적으로 나타나는 행동 역시 폭력적이었다(Anderson, et al., 2010; Bartholow, Sestir, & Davis, 2005; Gentile, Lynch, Linder, & Walsh, 2004; Holtz & Appel, 2011; Huesmann, 2010; Krahe & Moller, 2004; Padilla-Walker, Nelson, Carroll, & Jensen, 2010; Uhlmann & Swanson, 2004).

사이버 폭력 미국, 캐나다, 스페인 남녀 청소년을 대상으로 한 연구에 따르면, 12~17세 청소년이 부모의 통제나 모니터링 없이 컴퓨터를 사용할 경우, 높은 수준의 온라인 공격성, 즉 사이버 폭력을 보이게 될 수 있다(Calvete, Orue, Estevez, Villardon, & Padilla, 2010; Law, Shapka, & Olson, 2010; Werner & Bumpus, 2010).

자기효능감과 자존감이 높은 사람은 이러한 특성이 낮은 사람들에 비해 사이버 폭력의 대상이 되는 것에 대해 덜 괴로워한다(Raskauskas, Rubiano, Offen, & Wayland, 2015). 탈억제가 심한 사람들, 즉 모델이 해로운 행동을 하는 것을 보고 도덕적 제약이 약해진 사람들은 사이버 폭력에 훨씬 더 열중한다(Bussey, Fitzpatrick, & Raman, 2015; Udris, 2014).

밴듀라 이론에 대한 고찰

사회학습 이론은 외현적 행동에 초점을 둔다. 비평가들은 외현적 행동에 대한 강조가 성격에서 동기와 정서 같은 인간의 내적 측면을 명백히 무시한다고 비난한다. 그들은 이를 복통을 앓는 환자를 보는 의사에 비유한다. 외현적 행동만을 다루는 의사는 신음하고 불평하고 배를 움켜잡는 것을 멈추라고 요구함으로써 이 환자를 치료하려 할 것이다. 그러나 그보다는 약물치료나 수술이 필요할 수 있다. 의사는 손상된 내부 장기, 즉 통증의 기저 원인을 진단하고 치료해야 한다. 비평가들은 만약 단지 증상만 다루고 원인을 다루지 않는다면 대체 증상이 나타날 수 있다고 말한다.

사회학습 접근법에는 여러 뚜렷한 장점이 있다. 첫째, 사회학습 접근법은 객관적이고 실험실 연구 방법에 부합한다는 점에서 실험심리학과 양립 가능하다. 대부분의 실험심리학자들은 실험실 조건에서 조작하거나 측정할 수 없는 무의식이나 다른 내적 추동을 기정사실로 받아들이는 성격 이론 연구를 거부한다. 따라서 밴듀라의 접근법은 많은 경험적 근거를 자랑한다. 특히 그의 자기효능감 개념에 대해서는 수많은 경험적 근거가 축적되어 있으며, 실험실과 현실에서 그 유용성을 타당화하는 연구가 계속 진행되고 있다.

둘째, 관찰학습과 행동 수정은 기능적이고 실용주의적이다. 관찰학습 기술은 다른 접근법들보다 더 쉽게 실험실에서 가져와 실제 문제에 적용할 수 있다. 이 기술은 다른 접근법들에 비해 실무자에게 더 즉각적인 보상을 제공하기도 한다. 예를 들어 임상 상황에서, 몇 주 또는 심지어 며칠 만에 내담자 행동에 극적인 변화가 나타날 수 있다.

모델링 이론의 광범위한 적용

60여 개국에서 더 큰 규모의 행동 변화가 입증되었다. 사람들은 자신이 본받고 싶은 역할 모델로부터 행동을 학습한다는 밴듀라의 핵심 개념은 개발 도상국의 라디오와 텔레비전 프로그램에서 인구 제한, 여성의 지위 향상, 에이즈 확산 감소와 같은 사회적 이슈를 촉진하기 위해 사용되어 왔다(Kaufman, Cornish, Zimmerman, & Johnson, 2014).

이 매체들에 소개된 이야기들은 자신뿐만 아니라 사회 전체를 위한 공중보건 목표를 달성하고자 고안된 행동의 모범을 보이는 인물들을 중심으로 다룬다. 연구들은 이러한 모델에 노출된 후 수백만 명에게서 안전한 성행위에 대한 생각과 가족 계획에 있어 중요한 변화가 나타남을 입증했고, 밴듀라의 개념이 개인 문제뿐 아니라 국가 차원에서도 적용될 수 있다는 생각을 강화했다(Smith, 2002). 이에 따라 많은 연구자들과 임상가들이 밴듀라의 사회학습 이론을 연구·홍보하고 있다. 그의 이론에서 파생된 수많은 책과 기사, 논문들이 실험실에서 행동을 연구하고 현실에서 행동을 수정하는 방법으로서 사회학습 이론의 인기를 여전히 증명하고 있다.

요약

행동은 대리 강화를 통해, 즉 다른 사람의 행동을 관찰하고 같은 방식으로 행동하는 것에 대한 보상을 예측함으로써 학습될 수 있다. 인지 과정은 자극과 반응 사이를 매개하는 기제이며 자기조절과 자기강화를 통해 행동을 통제한다.

보보 인형 연구에서 아동은 모델을 실제로 관찰하든 텔레비전이나 만화를 통해 관찰하든 상관없이 모델의 공격적 행동을 따랐다. 탈억제는 모델에 노출되어 억제가 약해지는 것이다. 모델링에 영향을 미치는 세 가지 요인은 모델의 특징, 관찰자의 특징, 그리고 행동과 관련된 보상 결과이다. 텔레비전이나 인터넷에서 폭력을 시청하는 것은 아동, 청소년, 대학생, 젊은 성인의 공격적이고 폭력적인 행동을 유발한다고 밝혀졌다. 폭력적인 비디오 게임 역시 타인을 향한 공격적 행동을 초래할 수 있다.

관찰학습은 주의집중 과정, 파지 과정, 재생 과정, 유인 및 동기 부여 과정에 의해 통제된다. 자기는 사고 및 지각과 관련된 인지 과정의 집합이다. 자기강화에는 행동을 평가할 내적 수행 기준이 필요하다. 자기효능감은 생활 사건들을 통제하는 능력을 말한다. 자기효능감이 낮은 사람들은 장애물을 만났을 때 무력감을 느끼고 쉽게 포기한다. 자기효능감이 높은 사람들은 과업을 끈기 있게 해내며 높은 수준의 수행을 보여 준다. 자기효능감에 대한 판단은 수행 성과, 대리경험, 언어적 설득, 생리적·정서적 각성에서 비롯된다. 이러한 정보 원천을 사용하여 자기효능감을 향상시킬 수 있다. 유아와 아동은 일차적으로 물리적 자극에 의해 강화된다. 연령이 높은 아동은 타인의 인정이나 불인정에 의해 더 강화된다. 이것이 내면화되어 스스로 강화를 부여하게 된다.

행동치료에서 위협적인 상황에 대처하는 방법을 시연하는 데 모델이 사용된다. 행동은 관찰과 안내된 참여로 수정된다. 내현적 모델링에서 피험자는 모델이 두려운 상황에 어떻게 대처하는지 상상한다. 행동 수정에 대한 밴듀라의 접근법은 외현적 행동과 인지적 변인을, 특히 자기효능감을 다룬다. 치료 중 자기효능감이 향상됨에 따라 내담자는 두려운 상황을 점차 잘 다룰 수 있다. 행동 수정은 인간을 자신의 의지에 반하게 조종한다는 비판을 받아 왔지만, 밴듀라는 내담자가 자기인식과 자기조절을 통해 자신의 어떤 행동이 강화되고 있는지 이해하고 있다고 주장했다.

행동은 내적인 인지 과정과 외적인 자극에 의해 통제된다(밴듀라가 상호적 결정론이라 부른 입장). 대부분의 행동은 학습되고 유전 요인은 사소한 역할만 담당한다. 아동기 학습은 성인기 학습에 비해 더 영향력이 있지만 성인은 아동기 경험의 희생양이 아니다.

우리의 궁극적인 목표는 적절한 자기효능감을 유지하기 위해 현실적인 수행 기준을 설정하는 것이다. 자기효능감은 연령과 성별에 따라 다양하며 진로 선택, 학교 성적, 업무 수행, 신체 건강 및 정신 건강, 그리고 스트레스 대처 능력에 영향을 미칠 수 있다. 또한 집단은 집단효능감을 발달시킨다. 컴퓨터 자기효능감은 우리의 온라인 행동에 영향을 준다.

밴듀라는 직접 관찰, 자기보고식 검사, 그리고 생리적 측정 도구를 사용하여 행동과 인지적 변인을 측정했으며, 대규모 피험자와 자료에 대한 통계 분석을 사용한 통제된 실험실 연구를 선호했다. 밴듀라의 이론은 정서 및 갈등을 배제하고 외현적 행동에 집중한 점, 내적 원인이 아니라 증상만을 다룬 점, 그리고 인지적 변인이 어떻게 행동에 영향을 미치는지 정확히 설명하지 못한 점으로 인해 비판받는다. 사회학습 이론과 모델링 이론을 적용한 행동 수정 기법은 여전히 매우 인기가 있다.

1. 성격에 대한 관찰학습 접근법은 우리가 논의한 다른 접근법들과 어떻게 다른가?

2. 밴듀라는 인지 과정, 즉 사고 과정과 무의식을 어떻게 다루었는가?

3. 학습에서 강화의 역할에 대한 밴듀라의 입장은 무엇인가?

4. 행동을 바꾸기 위해 모델링을 사용한 전형적인 실험을 설명하라.

5. 탈억제를 설명하라. 동일한 탈억제 현상이 어떻게 군중 속 사람들의 행동과 인터넷에서 트롤링하는 사람들의 행동을 설명할 수 있는가?

6. 모델의 특징과 관찰자의 특징, 행동과 관련된 보상 결과는 모델링에 어떻게 영향을 미치는가?

7. 관찰학습의 네 과정은 무엇인가? 각각의 과정은 서로 어떻게 관련되는가?

8. 테니스 치는 법을 가르치는 데 재생 과정이 어떻게 사용될 수 있는지 설명하라.

9. 모델링을 통해 습득하는 행동의 유형은 나이에 따라 어떻게 변하는가?

10. 밴듀라의 관점에서 자기란 무엇인가? 자기강화는 행동을 변화시키는 데 어떻게 작동하는가?

11. 밴듀라가 말하는 자기효능감은 무엇인가? 우리가 어떻게 자기효능감을 사용하여 삶을 통제할 수 있는지 예를 들어 설명하라.

12. 삶에 대처하는 능력 측면에서 자기효능감이 높은 사람은 자기효능감이 낮은 사람과 어떻게 다른가?

13. 자신의 효능감 수준에 대한 판단은 어떤 정보 원천에서 비롯되는가?

14. 유아기부터 노년기까지 자기효능감에서 발생하는 발달적 변화를 설명하라. 자기효능감은 어떻게 증가하는가?

15. 행동 수정을 위한 안내된 참여와 내현적 모델링 접근법을 설명하라.

16. 모델링이 불안 감소에 어떻게 사용될 수 있는지 예를 들어 설명하라.

17. 자기효능감과 신체 건강 및 정신 건강의 관계는 어떠한가?

18. 자유의지 대 결정론 쟁점에 대한 밴듀라의 입장은 무엇인가? 유전과 환경의 상대적 영향에 대한 입장은 무엇인가?

19. 자기효능감은 성별, 연령, 외모에 따라 어떻게 다른가?

20. 자기효능감은 어떤 방식으로 학교 성적과 업무 수행에 영향을 미치는가? 자기효능감은 스트레스 대처 능력에 어떻게 영향을 미치는가?

21. 텔레비전과 비디오 게임을 통해 폭력에 노출되는 것이 행동에 어떤 영향을 미치는지 설명하라.

22. 집단효능감은 집단 구성원의 행동에 어떤 방식으로 영향을 미치는가?

23. 컴퓨터 자기효능감은 무엇인가? 이는 우리의 인터넷상의 행동에 어떤 영향을 미칠 수 있는가?

읽을거리

Bandura, A. (Ed.). (1995). *Self-efficacy in changing societies*. New York: Cambridge University Press.

자기효능감 신념이 생활 양식과 목표를 형성하는 다양한 방법들에 대한 논의로, 이 주제들을 생애 주기와 사회문화적 관점에서 고려한다.

Bandura, A. (1997). *Self-efficacy: The exercise of control*. New York: Freeman.

우리가 진정으로 성취하고 싶은 것을 성취할 수 있다는(우리는 의식적으로 성공을 향해 행동할 수 있다는) 생각에 대한 20년간의 연구를 설명한다. 이 책에서는 효능감 개념을 사회 전반으로, 즉 정치적 신념, 사회적 실천, 집단적 행동으로 확장한다.

Bandura, A. (2001). Social cognitive theory: An agentic perspective. *Annual Review of Psychology, 52*, 1-26.

삶의 질과 본성에 대해 통제력을 행사할 수 있는 능력으로서 사회인지 이론의 기초를 논한다.

Bandura, A. (2013). The role of self-efficacy in goalbased motivation. In E. Locke & G. Latham (Eds.), *New developments in goal setting and task performance* (pp. 147-157). New York: Routledge/Taylor & Francis.

삶의 목표와 자신을 위해 설정한 기준을 결정하는 데 있어 자기효능감의 역할에 대한 88세 밴듀라의 관점.

Evans, R. (1989). *Albert Bandura: The man and his ideas: A dialogue*. New York: Praeger.

밴듀라의 생애와 업적의 많은 측면들에 대한 상세한 인터뷰.

특정 영역 접근법

일반적으로 성격 이론가들은 성격의 모든 측면을 다루고자 하였다. 그러나 단일 이론으로 성격과 행동의 모든 측면을 종합적으로 설명할 수 없다고 주장하는 현대 성격 이론가들이 점점 늘어 가고 있다.

이에 따라 성격의 특정 영역에 초점을 둔 새로운 접근법이 등장하였다. 성격의 모든 측면을 설명하고자 하는 종합적인 이론과 달리, 특정 영역 접근법은 제한적인 범위의 내용만을 다루며, 실험적 방법으로 검증하기 용이한, 성격의 특정 요인에 초점을 둔다.

성격에 대한 종합적인 이론들이 장기간 성행했던 배경은 쉽게 이해할 수 있다. 프로이트와 융, 아들러 등 초기 이론가들은 각자의 상담실에서 환자의 이상 행동을 치유하여 이들이 일상에서 잘 기능할 수 있게 하는 데 주력하였다. 이러한 목적이라면 이론가들은 한두 가지 성격 특질이나 특성이 아닌, 개인의 전체적인 성격에 초점을 둘 수밖에 없었을 것이다.

그러나 상담실을 나와 실험실에서 성격을 연구하게 되면서 성격 연구의 초점은 개인의 전체적인 성격에서 성격의 특정 영역으로 이동하게 되었다. 실험심리학자들은 일반적으로 성격의 특정 영역에 집중하기 위해 목표하는 변인 외의 모든 변인을 통제한 채, 한 번에 한 가지 변인만을 연구한다.

이들은 실험 변인과 선행 사건 및 그 행동적 결과 간의 관계를 밝히는 등의 연구를 통해 대규모 자료를 수집한다. 따라서 이 새로운 이론, 즉 특정 영역 접근법을 지지하는 자료의 속성은 임상적 접근법에서 얻을 수 있는 자료의 속성과 구분된다.

특정 영역 접근법을 지지하는 학자들은 이론의 치료적 가치를 상대적으로 중요시하지 않는다. 일반적으로 이들은 임상가가 아닌 연구자이기 때문에 성격을 변화시키는 것보다는 이를 연구하는 데 관심을 보인다. 그러나 이는 특정 영역 접근법을 치료 장면에 적용할 수 없다는 의미가 아니다. 단지 많은 초기 성격 이론과 같이 환자를 염두에 두고 개발된 이론은 아니라는 것이다.

14장에서는 통제소재, 감각 추구, 학습된 무기력, 낙관성과 비관성, 행복한 성격 등 최근 연구되는 성격 변인을 설명한다. 이러한 변인들은 앞서 소개한 특질 접근법과 사회학습(사회인지) 접근법을 반영하고 있다.

감각 추구는 아이젠크의 성격 차원 중 E(외향성 대 내향성)의 한 특질이다. 이는 주로 유전되는 속성이며, 행동유전학이 성격에 미친 영향을 반영한다. 통제소재와 학습된 무기력은 학습되는 행동이다. 이들은 매우 강력한 인지적 요소를 가지고 있으며, 행동주의, 사회학습 및 인지주의 운동이 성격에 미친 영향을 반영한다. 행복한 성격은 긍정심리 운동의 결과물로 볼 수 있다.

이와 같은 성격의 측면들은 특정 영역 접근법의 예시들이다. 이 접근법들은 종합 체계도, 성격의 특정 측면에 초점을 두는 유일한 이론도 아니다. 그러나 이 장에 소개된 내용을 통해 각각의 이론을 개관하고, 성격을 연구하는 실마리를 얻을 수 있을 것이다.

14장

성격의 다양한 측면: 통제소재, 감각 추구, 행복 추구

줄리언 로터

마빈 주커만

마틴 셀리그먼

Fair Use

줄리언 로터: 통제소재

줄리언 로터(Julian Rotter, 1916~2014)는 뉴욕 브루클린에서 3남매 중 막내로 태어났다. 그는 자신의 형제들이 "아들러가 묘사한 첫째, 둘째, 그리고 '싸우는' 막내 개념에 꽤 잘 부합한다"라고 말한 바 있다(Rotter, 1993, p. 273). 로터의 가족은 1929년 경제 불황으로 아버지의 사업이 어려워지기 전까지 편안하게 살았다.

이 극적인 상황 변화는 10대 소년인 로터에게 중요한 사건이었다. 그는 "이로 인해 나에게 사회적 불평등이 평생의 관심사로 자리 잡기 시작하였고, 성격과 행동이 어떻게 상황의 영향을 받는지에 대한 강력한 교훈을 얻었다"라고 기록하였다(Rotter, 1993, p. 274).

로터는 고등학교에서 프로이트와 아들러의 정신분석에 관한 책을 접했다. 그는 재미 삼아 친구들의 꿈을 해석하기 시작했고, 이내 심리학자가 되기로 결심했다. 하지만 심리학자들에게 주어지는 일자리가 많지 않다는 사실에 실망한 나머지, 브루클린 대학에서 화학을 전공하기로 결정했다. 그곳에서 그는 우연히 아들러를 만난 후 심리학으로 전공을 바꿨다.

로터는 학자로서 경력을 쌓고 싶었지만, 당시 미국 대학에서는 편견으로 인해 유대인을 교수로 고용하려 하지 않았다. 그는 다음과 같이 적었다. "나는 브루클린 대학 및 대학원에 재학하던 시절 유대인들이 그들의 자격에 관계없이 학문적인 직업을 가질 수 없다는 경고를 받았다. 이는 사실인 듯했다"(Rotter, 1982, p. 346).

로터는 1951년 인디애나 대학교에서 박사 학위를 받은 후, 코네티컷 주립 정신 병원에서 일했다. 그는 제2차 세계대전 당시 미육군에서 심리학자로 복무했고, 그 후 조지 켈리가 임상심리학 프로그램의 책임자로 있던 오하이오 주립대학교의 교수직을 수락했다.

로터는 오하이오 주립대학교에서 성격에 관한 사회학습 접근법을 발전시켰다. 그의 연구 프로그램은 상당한 경력을 가진 많은 뛰어난 대학원생들을 끌어들였다. 그들 중 한 명은 이후 오하이오에서의 시간을 "영광의 날"이라고 부르며, "로터와 켈리는 그들의 이론적 입장을 가다듬으며 그들의 걸작품을 집필 중이었다"라고 회상하였다(Sechrest, 1984, p. 228).

1963년 로터는 오하이오 주립대학교를 떠나 스토어스의 코네티컷 대학교로 갔다. 1988년에는 미국심리학회로부터 우수학술공로상을 받았다. 그는 80대에도 활발하게 테니스와 스쿼시를 즐겼으며, 매주 포커를 쳤다(Strickland, 2014). 그는 2014년 사망할 때까지 20세기의 가장 저명한 심리학자 중 한 명이었다(Rotter, 2014, p. 1).

강화의 내적 통제 대 외적 통제

로터는 유기체의 내부와 외부를 모두 살펴봄으로써 성격과 행동을 설명하려 하였다. 내적 인지 과정뿐만 아니라 외부의 강화도 고려한 것이다. 그는 광범위한 연구 프로그램을 통해 어떤 사람은 다른 사람과 외부의 힘에 의해 강화물이 통제된다고 믿는 반면, 어떤 사람은 자신의 행동에 따라 강화물이 통제된다고 믿는 것을 발견했다. 그는 이 개념을 통제소재(locus of control)라고 명명했다.

내적 통제소재(internal locus of control)를 가진 사람들은 자신이 받는 강화가 자신의 행동과 능력의 통제하에 있다고 믿는다. 반면 외적 통제소재(external locus of control)를 가진 사람들은 다른 사람이나 운명, 운이 자신이 받는 강화를 통제한다고 믿는다. 이들은 외부의 힘에 대해 자신들이 무력하다고 여긴다.

통제소재의 원천이 우리의 행동에 얼마나 큰 영향을 미치는지 쉽게 알 수 있다. 자신의 행동과 능력이 자신이 받는 강화물에 아무런 영향도 미치지 않는다고 믿는 외적 통제소재자들은 자신이 처한 상황을 개선하기 위한 노력이 가치 없다고 믿는다. 현재나 미래 사건을 통제할 수 없다고 생각하므로, 그러한 노력을 할 이유가 없는 것이다.

이와 달리 내적 통제소재자들은 자신이 삶을 확고히 통제하고 있다고 믿으며, 그 믿음에 따라 행동한다. 이들은 외적 통제소재자들보다 더 높은 수준의 업무 수행을 보인다. 또한 내적 통제소재자들은 외부 요인에 의해 쉽게 영향받지 않는다. 그보다는 자신의 기술에 더 높은 가치를 부여하며, 자신의 행동을 이끄는 환경 내 단서에 더 민감하다. 이들은 낮은 불안감, 높은 자존감, 그리고 더 큰 행복을 경험한다고 보고할 뿐 아니라, 외적 통제소재가 높은 사람들보다 신체적·정신적으로 더 건강하다(Saric & Pahic, 2013).

통제소재의 평가

로터는 통제소재를 평가하기 위한 자기보고식 질문지를 개발하였다. 내외 통제소재 척도(Internal-External Scale, I-E 척도; Rotter, 1966)는 23개의 양자택일 문항으로 구성되어 있다. 각 문항 쌍에서 수검자는 자신의 신념을 더 잘 설명하는 문항을 선택한다(표 14.1 참조). 각 문항 쌍에서 어떤 문항이 내적 또는 외적 통제소재를 반영하는지 쉽게 알아볼 수 있다.

> 내적 통제소재 강화가 자신의 통제하에 있다는 믿음.
> 외적 통제소재 강화가 다른 사람이나 운명, 운의 통제하에 있다는 믿음.

통제소재를 평가하는 또 다른 척도는 40개 문항으로 구성된 검사인 아동용 내외 통제소재 척도(Children's Nowicki-Strickland Internal-External Scale)이다(Nowicki & Strickland, 1973; Strickland, 1989). 이는 24개 언어로 번역되어 널리 사용되고 있으며, 성인용 척도와 미취학 아동용 만화 버전도 이용할 수 있다(Nowicki & Duke, 1983). 여러 버전의 I-E 척도는 다양한 상황에서 성과뿐 아니라 특정한 행동(예: 성공적인 다이어트와 체중 감량에 관련된 요인들과 통제소재 간의 관계 등)을 측정하는 데에도 적용된다.

표 14.1 내외 통제소재 척도 문항 예시

1. a. 삶에서 불행한 많은 일들이 부분적으로 불운에 기인한다.
    b. 불행은 각자가 저지르는 실수에서 비롯된다.

2. a. 우리가 전쟁을 하는 주요한 이유 중 하나는 사람들이 정치에 충분한 관심을 갖지 않기 때문이다.
    b. 사람들이 아무리 전쟁을 막으려 해도 전쟁은 항상 있을 것이다.

3. a. 장기적으로 사람들은 이 세상에서 마땅히 받아야 할 존중을 받는다.
    b. 불행하게도, 개인의 가치는 아무리 노력해도 종종 인식되지 않는다.

4. a. 교사가 학생들에게 불공평하다는 생각은 말도 안 된다.
    b. 대부분의 학생들은 우연한 사건에 의해 성적이 어느 정도 영향을 받는지 깨닫지 못한다.

5. a. 적절한 기회가 없다면 유능한 리더가 될 수 없다.
    b. 리더가 되지 못한 유능한 사람들은 그들의 기회를 활용하지 않은 것이다.

6. a. 당신이 아무리 노력해도 몇몇 사람들은 당신을 좋아하지 않는다.
    b. 다른 사람들이 자신을 좋아하게 할 수 없는 사람들은 다른 사람들과 어떻게 지내는지 이해하지 못하기 때문이다.

출처: Rotter, J. B. (1966). Generalized expectancies for internal versus external control of reinforcement. *Psychological Monographs, 80*, 11.

연령과 성별의 차이

외부 환경을 통제하려는 시도는 유아기에 시작되며, 8~14세에 더욱 두드러진다. 노르웨이의 14~15세 청소년을 대상으로 한 연구에 따르면 내적 통제소재에서 여학생이 남학생보다 훨씬 높은 점수를 받았다(Manger & Ekeland, 2000). 대학생들은 일반적으로 외적 통제소재 성향보다는 내적 통제소재 성향을 보이는 것으로 밝혀졌다.

내적 통제소재 지향성은 나이가 들면서 높아져, 중년이 되면 절정에 이른다(Heckhausen & Schulz, 1995). 또한 60~75세의 미국 남성과 여성을 대상으로 한 연구에서 인지 훈련을 통해 그들의 내적 통제소재가 상당히 향상되는 것을 발견했다(Wolinsky et al., 2009).

I-E 척도의 총점에서 미국의 성인 남성과 여성 사이에 유의미한 차이는 발견되지 않았다(De Brabander & Boone, 1990). 그러나 18~29세의 영국 남성과 여성을 대상으로 한 최근의 연구에서는 여성이 남성보다 외적 통제소재 점수가 높게 나타났다(Holland, Geraghty, & Shah, 2010). 중국에서는 남성이 여성보다 내적 통제소재 점수가 높았다(Tong & Wang, 2006).

문화적 차이

인종 집단 비교　아프리카에서 수행한 연구에 따르면 아프리카 원주민은 일반적인 미국 흑인과 마찬가지로, 미국 백인보다 외적 통제소재 점수가 높았다(Okeke, Draguns, Sheku, & Allen, 1999). 아프리카 국가인 보츠와나의 흑인 청소년들은 미국의 백인 청소년들보다 외적 통제소재 점수가 높았다. 하지만 두 나라 모두에서 사회경제적 지위가 높은 10대는 사회경제적 지위가 낮은 10대보다 내적 통제소재 점수가 높았다(Maqsud & Rouhani, 1991).

백인, 히스패닉, 아시아인, 그리고 아프리카계 미국인 청소년들을 비교한 결과 백인에게는 내적 통제소재 성향이 중요하였으나 다른 인종 집단에서는 덜 중요한 것으로 나타났다(Kang, Chang, Chen, & Greenberger, 2015). 네덜란드 원주민들과 모로코나 튀르키예에서 네덜란드로 이민 온 사람들을 비교한 결과, 이민자들이 원주민들보다 외적 통제소재 점수가 훨씬 더 높았다(van Dijk, Dijkshoorn, van Dijk, Cremer, & Agyemang, 2013).

미국으로 이민 온 히스패닉을 대상으로 한 연구 결과 내적 통제소재가 높은 사람들이 새로운 문화적 요구에 적응하고 차별과 소외감의 영향을 다루는 데 있어 더 유능했다(Llamas & Consoli, 2014).

집단주의 대 개인주의 문화 차이 일반적으로 아시아인들은 미국인들보다 외부 지향적인 것으로 나타났는데, 이는 서로 다른 문화적 신념으로 설명될 수 있다. 전통적으로 미국 문화는 자립과 개인주의를 중시하는 반면, 아시아 문화는 집단주의, 공동체 의존, 상호 의존을 강조한다.

따라서 아시아인들에게 성공은 내적 요인보다는 외적 요인의 산물로 여겨진다. 그러나 아시아인들이 미국인들과 더 많이 접촉할수록, 그들의 내적 지향성은 증가한다. 예를 들어 홍콩에 거주하는 중국인들은 중국계 미국인들보다 외적 통재소재가 더 높았고, 중국계 미국인들은 유럽계 미국인들보다 외적 지향성이 더 높은 것으로 나타났다(Uba, 1994).

18개 문화를 비교한 대규모 연구 결과, 중국과 같은 집단주의 문화권 사람들이 내적 통제소재에 더 큰 가치를 두는 서구화된 국가 출신 사람들에 비해 외적 통제소재 점수가 더 높은 것으로 확인되었다(Cheng, Cheung, Chio, & Chan, 2013).

남아프리카공화국과 레바논의 대학생들을 대상으로 한 연구를 살펴보면 남아프리카공화국 대학생들은 레바논 대학생들보다 내적 통제소재 점수가 훨씬 더 높았다. 이는 남아프리카공화국과 같은 개인주의적 문화와 레바논의 집단주의적이고 조직적인 문화에서 통제소재의 차이를 보여 주는 또 다른 예이다(Nasser & Abouchedid, 2006).

행동의 차이

중국인 노동자들과 스웨덴 운동선수들을 대상으로 진행한 연구에서 내적 통제소재가 높은 사람들은 변화에 더 잘 적응할 수 있는 것으로 나타났다(Chen & Wang, 2007; Fallby, Hassmen, Kentta, & Durand-Burand, 2006). 다른 연구에 따르면 직장에서 높은 내적 통제소재는 직업 만족도, 직무 몰입도, 그리고 삶에 대한 일반적인 만족도와 정적 상관이 있었다(Wang, Bowling, & Eschleman, 2010).

한국에서 진행한 연구에서는 내적 학업 통제소재 점수가 높은(학교에서 자신이 잘 할 것이라고 믿는) 학생들의 경우 내적 학업 통제소재 점수가 낮은 학생들에 비해 온라인 대학 프로그램을 끝까지 마칠 가능성이 높은 것으로 나타났다(Joo, Joung, & Sim, 2011). 튀르키예의 대학생들을 대상으로 한 연구에 따르면 내적 학업 통제소재 점수가 높은 학생들은 내적 학업 통제소재 점수가 낮은 학생들보다 인터넷 중독 위험이 훨씬 낮았다(Iskender & Akin, 2010).

집단효능감 개념과 마찬가지로, 함께 일하거나 공부하는 집단을 정의하는 일종의 집단적 통제소재 개념이 있을 수 있다. 이는 오스트리아의 기업가적 팀(entrepreneurial work team)에 관한 연구에서 입증되었다. 연구 결과, 내적 통제소재 점수가 가장 높은 팀이 내적 통제소재 점수가 낮은 팀에 비해 훨씬 효율적이고 효과적인 수행을 보였다(Khan, Breitenecker, & Schwarz, 2014).

정신 건강의 차이

내적 통제소재가 높은 사람들은 정서적 문제를 겪거나 알코올 중독자가 될 가능성이 적다. 독일 간호사를 대상으로 한 연구에서 잘 드러나듯이 이들은 스트레스에 더 잘 대처한다. 업무 관련 스트레스와 소진 수준이 높다고 보고한 사람들은 스트레스와 소진에 덜 시달리는 사람들보다 외적 통제소재 점수가 더 높았다(Owen, 2006; Schmitz, Neumann, & Oppermann, 2000).

임산부, 여성 직장인, 경찰관 등 다양한 집단을 대상으로 한 다른 연구에 따르면 외적 통제 수준이 높은 사람들은 환상, 불안, 우울, (경찰관의 경우) 업무 관련 사망에 대한 공포, 신경증적 삽화, 무망감을 경험하기 쉬웠다. 또한 이들은 내적 통제 수준이 높은 사람들보다 사이버 폭력의 피해자가 될 가능성이 더 높았다(Ariso & Reyero, 2014; Asberg & Renk, 2014; Hutcheson, Fleming, & Martin, 2014; Marcano, Michaels, & Pierce, 2014; Ryon & Gleason, 2014; Samreen & Zubair, 2013).

가족 중심적이고 매우 보호적인 문화의 그리스 대학생들이 집을 떠나 사회적, 정서적 어려움을 겪는 것을 추적 관찰하였다. 이들 중 다수는 독립이 처음이었다. 관찰 결과 내적 통제소재 점수가 높은 대학생들은 외적 통제소재 점수가 높은 대학생들보다 더 쉽게 적응했다(Leontopoulou, 2006). 튀르키예의 1학년 대학생들을 대상으로 진행한 연구에 따르면, 외적 통제소재 점수가 높은 학생들이 내적 통제소재 점수가 높은 학생들보다 새로운 상황에서 훨씬 더 우유부단한 것으로 나타났다(Bacanli, 2006).

외적 통제소재 경향이 강한 것은 강박적인 저장 행동과 관련이 있었다(Benson-Townsend & Silver, 2014). 다양한 종류의 중독으로 고통받는 사람들의 경우 내적 통제소재를 향상시키는 치료가 유용한 것으로 밝혀졌다(Amram & Benbenishty, 2014). 내적 통제소재가 높은 사람들은 불안과 우울증을 덜 경험하고, 외로워하거나 자살을 시도할 가능성이 낮으며, 인생에서 더 큰 의미를 찾는다(Castro, Echavarria, & Velasquez, 2010; Keltikangas-Jaruinen & Raikkonen, 1990; Kulshrestha & Sen, 2006; O'Neal, Vosvick, Catalano, & Logan, 2010; Petrosky & Birkhimer, 1991; Spann, Molock, Barksdale, Matlin, & Puri, 2006).

스커드 미사일의 잦은 폭발로 많은 사람이 다치고 광범위한 파괴가 일어났던 1990년 걸프 전쟁 당시 이스라엘의 청소년들을 대상으로 진행한 연구에 따르면, 지각된 통제 수준이 높은 청소년들은 지각된 통제 수준이 낮은 청소년들보다 전투 기간 동안 불안감과 스트레스 관련 증상을 훨씬 적게 경험했다(Zeidner, 1993). 이와 마찬가지로, 내적 통제소재가 높은 사람들은 외적 통제소재가 높은 사람들에 비해 정신적으로 건강하고, 더 의미 있는 삶을 경험하며, 주관적 안녕감 수준도 높았다(Shojaee & French, 2014; Singh & Choudhri, 2014).

신체 건강의 차이

내부 지향적인 사람들은 외부 지향적인 사람들보다 신체적으로 건강하고 혈압이 낮고 심장마비를 일으킬 가능성이 낮은 경향이 있다. 내부 지향적인 사람들은 심장에 문제가 생기면 병원 직원들과 더 잘 협력하고 외부 지향적인 환자들보다 일찍 퇴원한다. 또한 노르웨이 연구는 내부 지향적인 사람들이 외적 통제소재가 높은 사람들보다 더 빨리 직장으로 복귀하는 경향이 있다는 것을 발견했다(Bergvik, Sorlie, & Wynn, 2012).

관상동맥 우회술 이후 회복 중인 환자를 대상으로 진행한 연구에 따르면 내적 통제 수준이 높은 환자가 내적 통제 수준이 낮은 환자보다 수술 후 6주차와 6개월 차에 신체 기능이 더 나은 것으로 나타났다(Barry, Kasl, Lichtman, Vaccarino, & Krumholz, 2006). 네덜란드의 고령 암 환자들 중 내적 통제 수준이 높은 환자들은 외적 통제 수준이 높은 환자들보다 우울증을 덜 경험했다(Aarts, Deckx, Abbema, Tjan-Heijnen, Akker, & Buntinx, 2015).

어떤 연구에서는 내부 지향적인 사람들이 건강에 더 신경을 쓰는 경향이 있으며 안전벨트를 잘 착용하고, 잘 먹고, 규칙적으로 운동하고, 담배를 끊을 가능성이 더 높은 것으로 나타났다(Cobb-Clark, Kassenboehmer, & Schurer, 2014; Phares, 1993; Seeman, Seeman, & Sayles, 1985; Segall & Wynd, 1990). 나이지리아에서 진행한 연구에서는 내적 통제 수준이 높은 사람들의 경우 검진을 통해 자궁경부암과 유방암 발병 여부를 조기에 발견할 가능성이 더 높다는 사실이 밝혀졌다(Adebimpe & Oladimeji, 2014). 외적 통제소재가 높은 네덜란드의 암 환자는 외적 통제소재가 낮은 환자에 비해 주치의에 대한 신뢰가 더 큰 것으로 나타났다(Hillen et al., 2014).

그러나 프랑스, 독일, 남아프리카공화국에서 진행한 연구에 따르면 내적 건강 통제소재가 높은 사람들은 일반적으로 건강에 신경을 덜 쓰지만, 이들은 섭식장애를 경험할 가능성이 낮고 HIV에 감염될 확률이 높은 행동을 보이는 빈도도 더 적었다(Grotz, Hapke, Lampert, & Baumeister, 2011; Gwandure & Mayekiso, 2010; Scoffier, Paquet, & D'Arripe-Longueville, 2010).

스웨덴에서 진행한 연구 결과 고령자의 3분의 1, 정규 교육을 많이 받지 못한 사람들, 이민자 집단의 경우 모두 내적 건강 통제소재가 낮았다(Lindstrom, 2014).

아동기 통제소재의 발달

다양한 연구 결과에 따르면 통제소재는 아동기에 학습되며 양육 행동과 직접적인 관련이 있다(Ahlin & Lobo Antunes, 2015). 외적 통제에 대한 신념은 성인 남성 역할 모델이 없는 가정에서 자란 아동에게 나타날 가능성이 높다. 또한 외적 통제에 대한 신념은 형제가 많을수록 강화되는 경향이 있다. 편모슬하에서 성장한 아동은 외적 통제소재가 발달할 가능성이 높은 것으로 밝혀졌다

(Schneewind, 1995). 이후에 진행된 연구는 엄마가 우울증을 앓고 있으며 정규 교육을 많이 받지 못했거나 수입이 적은 경우, 아동의 외적 통제소재가 발달할 가능성이 높다는 것을 보여 준다(Freed & Tompson, 2011). 저소득 가정의 아동은 고소득 가정의 아동보다 삶의 모든 측면에서 통제감이 낮았다(Mittal & Griskevicius, 2014).

내적 통제소재를 지닌 아동의 부모는 성취에 대해 칭찬, 즉 긍정적 강화를 제공하고, 일관된 태도로 자녀를 훈육하는 것으로 밝혀졌다. 이 부모들은 자녀들이 성장함에 따라 독립성을 장려함으로써 자녀의 내적 지향성을 계속 육성했다.

핵심 내용

로터 이론에 대한 연구

내적 통제소재를 지닌 사람들은 다음과 같은 경향이 있다.

- 부유한 개인주의 문화권에 거주함
- 학교에서의 수행 수준이 높음
- 인터넷 중독 위험이 낮음
- 직업 만족도와 삶에 대한 만족도가 높음
- 불안과 우울 수준이 낮음
- 스트레스 대처 능력이 양호함
- 신체적으로 건강함
- 부모의 내적 통제소재 수준이 높음

통제소재에 대한 고찰

대학생과 판매담당자 등을 대상으로 한 대규모 연구에서 로터의 통제소재 개념과 밴듀라의 자기효능감 개념 간에 강한 상관이 있는 것으로 나타났다(Judge, Erez, Bono, & Thoresen, 2002). 일부 연구자들은 두 개념 모두 삶에서 일어나는 사건들에 대한 통제 정도와 이에 대처하는 능력에 대한 우리의 인식이나 믿음을 다룬다고 말했다. 두 개념 간의 주요 차이점은 자기효능감은 구체적인 상황에 특정된 경향이 있는 반면, 통제소재는 많은 상황에 일반화될 수 있다는 것이다. 하지만 밴듀라는 자기효능감 개념과 통제소재 개념 간에 중복되는 점이 거의 없다고 주장했다. 그는 다음과 같이 썼다.

> 어떤 사람이 특정한 행동을 할 수 있다는 믿음인 지각된 자기효능감은 아무리 생각해 봐도, 행동이 결과에 영향을 준다는 통제소재와 같은 개념일 수 없다(Bandura, 1997, p. 20).

그럼에도 로터의 연구는 매우 엄격한 통제하에 수행됐다. 그는 가능한 한 객관적인 측정값을 사용했으며, 그의 연구는 상당한 경험적 증거를 제시했다. I-E 척도를 통해 상당한 연구들이 이루어졌으며, 이 척도는 임상 및 교육 장면에서 활용되기도 하였다. 로터는 통제소재가 "심리학에서 가장 많이 연구된 변인 중 하나가 되었다"라고 말했다(Rotter, 1990, p. 489). 통제소재는 지금도 계속해서 연구되고 있는 변인이다.

마빈 주커만: 감각 추구

델라웨어 대학교의 심리학자 마빈 주커만(Marvin Zuckerman, 1928~)은 그가 감각 추구(sensation seeking)라고 명명한 성격의 특정 영역에 대한 연구를 1970년대부터 수행해 왔다. 이 특질은 강한 유전적 요소를 포함하고 있으며, 이는 초기에 아이젠크에 의해 지적되었다. 주커만은 감각 추구란 "다양하고 참신하고 복잡하며 강렬한 감각 및 경험에 대한 욕구와 그러한 경험을 위해 신체적, 사회적, 법적, 재정적 위험을 감수하려는 의지"로 기술하였다(Zuckerman, 1994, p. 27). 간단히 말해 '도전하기(taking chance)'라고 할 수 있을 것이다.

감각 추구 평가

주커만은 감각 추구를 측정하기 위해 40개 문항으

> 감각 추구 다양하고 참신하며 복잡한 감각 및 경험에 대한 욕구.

로 구성된 지필형 질문지인 감각 추구 척도(Sensation Seeking Scale, SSS)를 제작하였다. 이 척도를 개발할 당시 그는 감각 추구의 정의에 부합하는 행동을 하는 많은 사람들에게 이 척도를 실시하였다. 이 중에는 새로운 경험에 노출되는 심리학 실험에 자원한 참가자, 신체적 위험이 수반되는 직업인 경찰관, 자동차경주 선수, 마약을 해 봤거나 다양한 성적 경험이 있는 사람 등이 포함됐다.

이들의 SSS 점수를 새로운 활동이나 위험한 활동을 의도적으로 회피하는 사람의 점수와 비교한 결과, 고의로 특이한 활동을 추구하는 사람들의 경우 SSS 점수가 높았던 반면 모험적인 활동을 그다지 선호하지 않는 사람들의 경우 SSS 점수가 낮았다. 척도를 구성하는 문항의 예시는 표 14.2와 같다. 이 척도는 수차례 개정되어 현재 다섯 번째 개정판이 사용되고 있고, 아동에게 실시

표 14.2 감각 추구 척도 문항 예시

각 문항에서 당신이 선호하는 항목을 고르시오.
1. a. 나는 제약이 없는 거친 파티를 선호한다. b. 나는 즐거운 대화가 있는 조용한 파티를 선호한다.
2. a. 나는 똑같은 익숙한 사람들을 보는 것이 지루하다. b. 나는 익숙한 친구들과의 편안한 친밀감이 좋다.
3. a. 사리 분별할 줄 아는 사람은 위험한 활동을 피한다. b. 나는 가끔 조금 무서운 일을 즐겨 한다.
4. a. 미리 계획하지 않고 명확한 경로나 시간표 없이 여행을 떠나고 싶다. b. 여행을 갈 때 나의 경로와 시간표를 꽤 신중하게 계획하는 것을 좋아한다.
5. a. 나는 스카이다이빙을 해 보고 싶다. b. 나는 낙하산이 있든 없든 절대 비행기에서 뛰어내리고 싶지 않다.
6. a. 영화에는 성에 대한 묘사가 너무 많다. b. 영화에서 많은 성적인 장면들을 보는 것을 즐긴다.
7. a. 나는 경험 자체에는 관심이 없다. b. 나는 새롭고 흥미로운 경험과 감각이 비록 조금 두렵거나 관습적이지 않거나 불법적이더라도, 이를 좋아한다.
8 a. 사람들은 표준적인 취향, 깔끔함, 스타일에 따라 옷을 입어야 한다. b. 사람들은 좀 이상하더라도 개성적인 방식으로 옷을 입어야 한다.

출처: Zuckerman, M. (1994). *Behavioral expressions and biosocial bases of sensation seeking* (pp.389-392). Cambridge, England: Cambridge University Press.

할 수 있는 척도도 개발되어 있다.

감각 추구의 구성 요소 주커만은 요인 분석을 적용하여 감각 추구의 네 가지 구성 요소를 확인하였다(Zuckerman, 1983; Zuckerman & Aluja, 2015).

- 스릴과 모험 추구: 속도, 위험, 새로움, 그리고 스카이다이빙, 스쿠버다이빙, 번지 점프와 같은 중력에 대한 반작용과 관련된 신체 활동에 참여하고 싶은 욕망
- 경험 추구: 여행, 음악, 미술 또는 비슷한 성향을 가진 사람들과의 비순응적인 생활 양식을 통한 새로운 경험의 추구
- 탈억제성: 위험한 성관계, 충동성, 공격성, 반사회적 행동과 같은 제약 없는 사회 활동에서 해방감을 추구하려는 욕구
- 지루함에 대한 취약성: 반복적인 경험, 일상적인 일, 예측 가능한 사람들에 대한 혐오감, 그리고 그러한 상황에 노출되었을 때 안절부절못하는 반응

좋은 감각 추구 및 나쁜 감각 추구 주커만은 이후 소위 좋은 감각 추구와 나쁜 감각 추구의 차이를 다음과 같이 지적했다.

- 좋은 유형, 즉 '충동적이지 않은 사회화된 감각 추구'는 스릴과 모험 추구 요소를 포함한다.
- 나쁜 유형, 즉 '충동적인 비사회화된 감각 추구'는 탈억제성, 경험 추구, 지루함에 대한 취약성 요소에서는 물론 아이젠크의 정신증 척도에서도 높은 점수를 받는다(Roberti, 2004; Zuckerman, 1994b).

감각 추구를 평가하는 다른 척도들이 미국과 기타 여러 국가에서 개발되었다. 독일 심리학자들은 감각 추구 욕구 질문지(Need Inventory of Sension Searing)를 독일어와 영어로 출판했다(Roth & Hammelstein, 2012). 이후의 연구는 해당 척도가 주커만의 원척도보다 감각 추구 욕구를 평가하는 데 신뢰도와 타당도 면에서 더 뛰어날 수도 있다는 견해를 제시하였다(Marker & Schneider, 2015).

중국에서 개발된 단축형 감각 추구 척도(Brief Sensation Seeking Scale)는 중국 문화권에서 오토바이 타기, 과도한 술·담배 사용, 위험한 성적 행동을 타당하고 신뢰할 만하게 예측하는 것으로 밝혀졌다(Chen et al., 2013; Fan, Lin, Bai, Huang, Chiang, & Chiu, 2014).

감각 추구자들의 특성

연령 차이 주커만은 감각 추구의 차이가 매우 어린 나이에 발생한다는 것을 발견했다. 미국 초등학교 2학년 학생들을 대상으로 한 연구에서, 감각 추구 점수가 높은 학생들은 무서운 상어에 관한 비디오를 선택한 반면, 감각 추구 점수가 낮은 학생들은 재미있는 토끼에 관한 비디오를 선택했다(Trice, 2010).

일반적으로 젊은 사람들은 나이 든 사람들에 비해 모험이나 위험, 새로운 경험을 추구하는 경향이 더 강하다. 미국과 캐나다의 고등학생과 대학생을 대상으로 한 연구에서 감각 추구 점수가 높은 학생들은 감각 추구 점수가 낮은 학생들에 비해 무모하고 위험한 행동과 통제되지 않은 도박에 관여할 가능성이 높았다(Collado, Felton, MacPherson, & Lejuez, 2014; George, Baechtold, Frost, & Campbell, 2006; Gupta, Derevensky, & Ellenbogen, 2006).

청소년부터 60세에 이르기까지의 SSS 점수를 살펴보면 감각 추구 성향은 중학교 시기 동안 증가하다가 20대부터 감소한다는 것을 알 수 있다(Lynne-Landsman, Graber, Nichols, & Botvin, 2011). 교육 수준에 따른 유의미한 차이는 발견되지 않았다. 대학생의 SSS 점수는 대학에 다니지 않는 이들에 비해 유의미하게 높지도 낮지도 않았다.

주커만의 감각 추구 경험 연령이 감각 추구에 미치는 영향에 관한 연구 결과는 주커만 자신의 경험을 통해 검증되었다. 그는 대학생이었을 때 "음주, 섹스, 히치하이킹 등으로 감각 추구 잠재력을 충분히 발휘했다"라고 말했다. 74세에 그는 다음과 같이 썼다.

▶ 감각 추구에 대한 욕구는 다양하고 참신하고 때로는 위험한 경험에 대한 열망에서 나타난다.

내가 젊은 감각 추구자였을 때, 나는 은퇴 후 행글라이딩, 스카이다이빙, 비행기 조종 등 모든 모험적인 일들을 할 것이라고 상상했다. 그러나 스릴과 모험 추구, 탈억제성은 나이가 들어 감에 따라 급격히 떨어지는 반면, 경험 추구에는 변화가 없었다(Zuckerman, 2004, pp. 13-21).

주커만은 자신이 새로운 경험을 계속하고 있지만, 지금의 경험은 젊었던 시절의 경험에 비해 신체적으로 모험적이지 않다고 말했다.

성별 차이 미국과 이란처럼 다양한 나라에서 남성들은 여성들보다 감각 추구 점수가 높았고, 충동 조절 점수는 낮았다(Khodarahimi, 2014; Shulman, Harden, Chein, & Steinberg, 2015). 감각 추구의 네 가지 요소에서도 성별에 따라 상당한 차이가 발견되었다. 남성의 경우 스릴과 모험 추구, 탈억제성, 지루함에 대한 취약성 점수가 더 높았던 반면, 여성의 경우 경험 추구 점수가 더 높았다. 미국, 영국, 스코틀랜드, 일본, 태국에서 진행한 연구에서도 비슷한 결과가 나타났다.

인종적·문화적 차이　연구자들은 SSS 점수에서 상당한 인종적·문화적 차이를 발견했다. 아시아인들은 서양인들보다 SSS 점수가 낮았고, 백인들은 백인이 아닌 사람들보다 SSS 점수가 높았다.

고/저감각 추구자의 행동상의 차이

신체적 위험 감수　신체적 위험 감수 행동은 감각 추구와 관련이 있다. 스카이 다이버, 소방관, 경찰관, 번지점프를 하는 사람, 경주용 자동차 운전자들은 이러한 활동에 참여하지 않는 사람들보다 SSS 점수가 더 높다. 미국의 모터사이클경주 선수들을 대상으로 한 연구에 따르면, 가장 경험이 많은 사람들, 즉 가장 많은 경주에 참가한 선수들의 SSS 점수가 가장 높았다(Smith, Bissett, & Russo, 2014). 이스라엘의 남자 대학생들을 대상으로 한 연구에 따르면 고감각 추구 학생들이 저감각 추구 학생보다 위험한 스포츠에 참여하거나 전투부대에 자원입대할 가능성이 높은 것으로 밝혀졌다(Hobfoll, Rom, & Segal, 1989).

다양한 유형의 위험 감수　연구 결과 위험을 감수하는 사람들을 반사회적 위험 감수자, 모험적 위험 감수자, 친사회적 위험 감수자라는 세 가지 유형으로 구분할 수 있었다. 약물중독자나 범죄자 같은 반사회적 위험 감수자 또는 등반가나 스카이다이버 같은 모험적 위험 감수자의 경우 경찰관이나 소방관 같은 친사회적 위험 감수자에 비해 SSS 점수가 상당히 높게 나타났다. 친사회적 위험 감수자들의 동기는 스릴이나 모험 추구와는 다른 요인과 관련이 있다(Levenson, 1990). 고감각 추구자는 저감각 추구자와 달리 친숙한 환경에서 낯선 환경으로 가고자 하고, 심지어 물리적 위험이 있더라도 이국적인 곳으로 여행하고자 하였다.

마약, 음주, 범죄, 과속, 온라인 도박　고감각 추구자는 저감각 추구자보다 더 어린 연령에 불법 약물을 팔거나 사용하며, 음주를 하거나 물건을 훔치거나 비행을 저지를 가능성이 더 높다. 이 연구들은 미국의 흑인(9~15세), 남아프리카공화국의 대학생(16~49세), 미국의 고등학생 및 성인, 노르웨이의 청소년

(12~16세)을 대상으로 이루어졌다(Bacon , Burak, & Rann, 2014; Hampson, Til-desley, Andrews, Barckley, & Peterson, 2013; Hansen & Breivik, 2001; Mahoney, Thompson-Lake, Cooper, Verrico, Newton, & De la Garza, 2015; Peltzer, Malaka, & Phaswana, 2001; Stanton, Li, Cottrell, & Kaljee, 2001).

미국 고등학생과 대학생을 대상으로 한 연구에 따르면 고감각 추구자들은 흡연, 알코올, 약물, 과속을 즐기고, 난폭 운전이나 음주 운전으로 인해 사고를 내거나 유죄 판결을 받은 경험이 더 많으며, 잦은 성관계를 가졌다(McAdams & Donnellan, 2009; Ortin, Kleinman, & Gould, 2012; Ravert, Schwartz, Zamboanga, Kim, Weisskirch, & Bersamin, 2009). 스페인과 프랑스에서 진행한 연구는 높은 감각 추구 성향과 과속 및 음주 운전 간의 연관성을 확인하였다(Delhomme, Chaurand, & Paran, 2012; Gonzales-Iglesias, Gomez-Fraguela, & Luengo, 2014).

프랑스인 중 온라인 포커를 하는 이들은 온라인 포커를 하지 않는 이들보다 감각 추구 점수가 더 높고 온라인 포커를 하는 동안 강한 흥분을 경험하는 것으로 나타났다(Barrault & Varesconi, 2013).

위험한 성 행동   15~21세 미국 흑인 여성들에 대한 연구 결과 성적 감각 추구 척도 점수가 높은 경우 더 많은 상대와 더 잦은 성관계를 하며, 콘돔 사용 빈도는 낮은 것으로 나타났다(Spitalnick et al., 2007).

주커만의 연구에서 고감각 추구자들 중 16%가 위험한 동성애적 성관계를 경험한 바 있다고 보고한 반면, 같은 경험을 보고한 저감각 추구자는 7%였다. 남자 대학생의 경우, AIDS에 노출될 수 있는 위험한 성적 행동에 대해 알고 있으면서도 이러한 행동을 하는 이들은 감각 추구 점수가 높았다(Zuckerman, 1994b). 이러한 결과는 고령의 참가자를 대상으로 한 연구에서도 일관되게 확인되었다.

감각 추구 점수와 위험한 성적 행동 간의 상관은 흑인 동성애 남성과 백인 동성애 남성 모두에게서 매우 강했다. 이에 연구자들은 고감각 추구 남성이 AIDS 고위험군에 속한다는 결론을 내렸다(Fisher & Misovich, 1990; Kalichman, Johnson, Adair, Rompa, Multhauf, & Kelly, 1994).

부정행위, 색상 선택, 문신 고감각 추구자들은 저감각 추구자들과 몇몇 측면에서 다르다. 이스라엘에서 진행한 연구 결과 고감각 추구자들은 횡단보도에서 빨간불을 무시하고 길을 건널 가능성이 더 높았다. 이들은 하늘색 같은 파스텔 계열의 색보다 빨간색, 주황색 같은 소위 강렬한 색을 선호하는 것으로 나타났다(Rosenbloom, 2006a, 2006b).

14~24세 독일 젊은이들을 대상으로 한 연구 결과 고감각 추구자 중에는 저감각 추구자에 비해 문신과 피어싱을 하는 사람들이 훨씬 더 많았다(Stirn, Hinz, & Braehler, 2006). 감각 추구 점수가 높은 미국 대학생들은 감각 추구 점수가 낮은 대학생들보다 시험에서 부정행위를 할 가능성이 더 높았다(De Andrea, Carpenter, Shulman, & Levine, 2009).

컴퓨터 사용 감각 추구 점수가 높은 중국 고등학생들과 대학생들은 컴퓨터 게임과 인터넷 사용에 더 집착하는 경향이 있었다(Qing-Xin, Rong-Gang, & Yan, 2005; Zheng, Ming-Yi, Chun-Li, Jing, Jing, & Xiao-Yun, 2006). 미국의 직장인을 대상으로 한 연구에서 고감각 추구자들은 직장의 컴퓨터를 이메일 발송, 게임, 성적 웹사이트 접속 등의 개인적 용무로 자주 사용하였다(Everton, Mastrangelo, & Jolton, 2005). 그러나 미국 대학생들을 대상으로 한 연구는 이러한 관련성을 뒷받침하지 못했다(Velezmoro, Lacefield, & Roberti, 2010).

업무 수행 미국에서 서비스업에 종사하는 233명을 대상으로 한 연구에 따르면 고감각 추구자들은 저감각 추구자들보다 해당 직종에 대한 직업 선호도가 낮은 편이었다. 또한 고감각 추구자들은 직장 내에서 사회적 관계를 맺거나 동료나 상사로부터 정보를 얻으려 하는 경우가 적었다. 이러한 결과를 근거로 연구자들은 이와 같은 단조로운 직업이 고감각 추구자들에게 충분히 자극적이지 않을 수 있다는 견해를 제안했다(Reio & Sanders-Reio, 2006).

성격 차이

주커만과 동료 연구자들은 감각 추구 점수와 다양한 성격 요인 간의 상관을 분석하였다. SSS 점수는 (특히 탈억제성 측면에서) 아이젠크의 외향성 요인, 그리고 정신증과 연관된 비사회적 경향과 관련이 있는 것으로 나타났다. 주커만은 이러한 결과를 근거로 고감각 추구자들이 자기중심적 외향성을 보이며, 이는 그들이 타인을 단지 청중이나 자극의 원천으로만 여긴다는 것을 의미한다고 설명하였다. 고감각 추구자들은 다른 사람들과의 관계에서 의존적이거나 보살피는 방식으로 관계를 맺지 않는다.

높은 감각 추구 점수는 카를 융이 말한 외향성(MBTI로 측정됨)과 정적 상관이 있었다(Morehouse, Farley, & Youngquist, 1990). 그러나 감각 추구와 신경증적 경향성 간에는 상관이 나타나지 않았다. 주커만은 SSS 점수가 비정상적이거나 신경증적 행동을 지적하는 것이 아니라, 공포증이나 강박 행동과 같은 신경증이 낮은 감각 추구와 관련된 것일 수 있다고 주장했다.

네덜란드의 대학생과 성인을 대상으로 한 연구 결과, 고감각 추구자들은 성격 5요인 모형의 세 가지 요인인 경험에 대한 개방성, 외향성, 성실성에서 높은 점수를 받았다. 또한 이들은 HEXACO 모형의 두 가지 요인인 정서성과 정직/겸손에서도 점수가 높았다(De Vries, De Vries, & Feij, 2009).

높은 SSS 점수는 높은 자율성과 관련이 있다. SSS 점수가 높은 이들은 자신의 감정을 공개적으로 표현한다. 이들은 타인과의 관계에 적극적이고, 규범을 따르지 않으며, 확고한 위험 감수자들이다. 이들은 사회적 관습이나 다른 사람들의 요구 및 태도에 영향을 받지 않는 편이다. 주로 자신의 욕구에 따라 움직이고, 성취 기회를 극대화하는 방향으로 삶을 주도한다. 높은 SSS 점수는 성격 5요인 모형의 경험에 대한 개방성 및 우호성 차원과도 정적 상관이 있었다(Roberti, 2004).

인지 과정

감각 추구 점수와 지능검사 점수 간의 상관은 정적이지만 높지는 않다. 아프리카 연안의 인도양에 위치한 섬나라 모리셔스의 아동을 대상으로 한 연구에 따르면, 3세 때 감각 추구 점수가 높았던 아동의 경우 같은 나이 때 감각 추구 점수가 낮았던 아동에 비해 11세 때 실시한 지능검사에서 평균 12점 높은 점수를 받았다. 이는 남학생과 여학생 모두에게서 비슷했고 부모의 직업이나 교육 수준과 무관하였다(Raine, Reynolds, Venables, & Mednick, 2002).

고감각 추구자들이 학교에서 성적이 더 좋은 것은 아니라는 사실도 밝혀졌다. 주커만은 고감각 추구자들은 활발한 여가 활동에 더 많이 참여하기 때문에 공부하는 데 시간을 덜 쓴다고 말했다. 창의성과 독창성 검사 결과, 고감각 추구자의 독창적 사고 능력은 우수하지만, 이들이 자신의 능력을 학교에서도 항상 발휘하는 것은 아니라는 사실이 밝혀졌다. SSS 점수가 높은 사람들은 추측에 근거한, 기이하고 심지어 유사 과학적인 생각에 끌리는 듯하다.

또한 이들은 프로이트가 말한 일차 과정 사고에 끌리는 경향이 있다. 이들에게 나타나는 이미지, 꿈, 백일몽이 너무 생생하기 때문에, 이들은 이러한 내부 자극과 현실 세계를 구별하기 어려워할 수 있다. 주커만은 고감각 추구자들이 끊임없이 새로운 경험을 찾기 때문에, 외부 상황에서 이를 찾지 못할 경우 내면을 들여다보고 환상의 세계를 만들 수 있다고 말했다.

직업 선호도

고감각 추구자들은 자극적이고 다양한 경험에 대한 욕구가 높기 때문에 저감각 추구자와는 다른 직업을 선택하는 경향이 있다. 쿠더 직업 흥미 검사(Kuder Occupational Interest Survey)와 같은 직업 흥미도 검사에서 고감각 추구자와 저감각 추구자는 매우 다른 점수를 보여 준다. 높은 SSS 점수는 과학에 대한 흥미와 정적 상관이 있는 반면 사무직에 대한 흥미와는 부적 상관이 있다. SSS 점수가 높은 남성의 경우 심리학자, 의사, 정신과 의사, 사회복지사, 목사 등 다른 사람에게 도움을 주는 직업에 대한 관심을 보여 주는 스트롱 직업 흥미 검사(Strong Interest Inventory)에서도 높은 점수를 받았다.

이들의 SSS 점수는 회계사, 구매 대리 업자, 은행원과 같은 사업 영역의 직업과는 부적 상관을 보였다. SSS 점수가 높은 여성은 법률직에 대한 흥미는 높은 반면 초등학교 교사직에 대한 관심은 낮았다. 다른 사람에게 도움을 주는 직업에 관심이 많은 고감각 추구 남녀는 위기 개입 업무나 응급구조대의 구급 업무 등 위험하거나 최근 생겨난 직업에 대한 선호를 나타냈다.

태도

고감각 추구자들은 저감각 추구자들에 비해 정치적, 종교적으로 더 자유로운 경향을 보인다. SSS 점수가 높은 사람들은 전통적 종교에 대한 믿음보다는 무신론적 견해를 표방하는 경우가 많으며, 자신이나 타인의 성적 행동에 대해서도 더 관대한 태도를 보인다. 저감각 추구자들은 신앙생활에 충실할 가능성이 높다. 그들은 전형적으로 융통성 없는 의견과 편파적인 태도가 특징인 권위주의 척도에서 높은 점수를 받는다. 저감각 추구자들은 모호함을 잘 견디지 못한다. 그들은 모호한 생각과 상황을 도전이 아닌 위협으로 받아들인다(Zuckerman, 1994a).

유전 대 환경

수많은 연구가 일관되게 지적하는 바에 따르면 유전이 감각 추구 성격 요인에 강력한 영향을 미친다(Zuckerman, 2013). 아이젠크가 진행한 연구에 따르면 감각 추구 특질의 58%가 유전 요인으로 설명될 수 있다(Eysenck, 1983). 주커만과 시빌 아이젠크(Sybil Eysenck)가 공동으로 수행한 쌍둥이 연구에서는 훨씬 더 큰 유전적 요소가 발견되었다. 그러나 튀르키예와 웨일스의 14~20세 청소년을 대상으로 위험한 행동을 하는 동기를 비교한 연구 결과, 두 문화 사이에 작지만 유의미한 차이가 발견되었다. 이는 학습, 즉 환경 요인의 중요성을 시사한다(Kloep, Guney, Cok, & Simsek, 2009).

또한 주커만은 부모의 감각 추구와 같은 또 다른 상황적 혹은 환경적 요인의 영향에 주목했다. 저감각 추구 부모의 경우 자녀가 모험적으로 행동하지 못하게 하면서 지나치게 두려워하고 보호적인 태도로 자녀를 억제할 수 있다. 이와는 달리 고감각 추구 부모의 경우 자녀가 비일상적인 활동을 할 수 있도록 격려하고 강화하여 또 다른 감각 추구 행동을 촉진하는 환경을 제공할 수 있다.

진행 중인 연구는 아동기와 청소년기에 또 다른 환경 요인들이 감각 추구 수준에 영향을 미칠 수 있다는 견해를 제시하였다. 스웨덴의 10대들을 대상으로 한 연구에서, 충동성과 감각 추구 점수가 높으면서 학습 환경이 좋은 학교에 다닌 학생들이 충동성과 감각 추구 점수가 동일하면서 상대적으로 학습 환경이 나쁜 학교에 다닌 학생들보다 범죄를 적게 저질렀다는 것을 발견했다 (Eklund & Fritzell, 2014).

또한 감각 추구 점수가 서로 비슷한 수준으로 높을 경우, 보육원 등의 시설에서 성장한 아동이 가정에서 성장한 아동에 비해 문제에 휘말릴 가능성이 훨씬 낮다는 사실이 밝혀지기도 하였다(Loman, Johnson, Quevedo, Lafavor, & Gunnar, 2014).

초기 연구에서 SSS 점수는 남아든 여아든 첫째 아이와 외동아이가 둘째 아이보다 감각 추구 경향이 더 강하다는 생각을 뒷받침했다. 여러 초기 연구에서 SSS 점수는 첫째 아이와 외동아이가(남아든 여아든 상관없이) 동생으로 태어난 아이보다 감각 추구 경향이 강하다는 생각을 뒷받침했다. 첫째 아이와 외동아이는 아동기에 부모로부터 더 많은 자극과 관심을 받기 때문에 매우 높은 수준의 자극에 노출될 가능성이 높으며, 이로 인해 성인이 되어 감각 추구 행동에 빠지기 쉽다고 여겨졌다(Zuckerman, 1979). 그러나 이후 영국에서 진행한 연구에서는 출생 순위와 감각 추구 간의 상관이 발견되지 않았다(Crozier & Birdsey, 2003).

핵심 내용

주커만 이론에 대한 연구

감각 추구 점수가 높은 사람들은 다음과 같은 경향이 있다.

- 모험 추구, 탈억제성, 지루함에 대한 취약성 점수가 높음
- 서구화된 문화 속에서 삶
- 위험 감수 행동, 마약, 술, 과속을 즐기며, 잦은 성관계를 가짐
- 컴퓨터 게임을 오래 함
- 외향적이고, 새로운 경험에 개방적이고, 성실하고, 감정적임
- 사업보다는 심리학자나 사회복지사 등 다른 사람에게 도움을 주는 직업에 관심이 있음
- 정치적, 종교적 관점이 자유로움
- 첫째 아이 또는 외동아이임
- 문신과 피어싱을 많이 함

감각 추구에 대한 고찰

주커만의 감각 추구 성격 특질에 대한 관심은 관련 연구를 계속 자극하고 있다. 감각 추구는 광범위한 행동, 인지, 성격 및 생리적 변인과 관련이 있다. 감각 추구의 유전 가능성을 강조한 그의 이론은 상황적 요인의 영향과 학습의 영향에 초점을 맞춘 성격에 대한 행동적 접근법이나 사회학습 접근법과는 다른 범주에 해당한다.

    감각 추구 이론은 상식적인 면에서 호소력이 있다. 흥분과 위험, 변화와 모험에 대한 욕구는 사람마다 다르다는 생각은 누구나 이해할 만하다. 일반적으로 우리는 자신의 감각 추구 수준을 알고 있고, 친구들이나 친척들이 즐기거나 기피하는 활동을 고려해서 타인의 감각 추구 수준에 대해 상당히 정확한 판단을 내릴 수 있다. 주커만은 고/저감각 추구자들에게 형용사 목록에서 자신을 가잘 잘 나타내는 단어를 고르도록 했다. 그 결과는 표 14.3과 같다. 당신은 어떤 단어를 선택할 것인가?

표 14.3 고/저감각 추구자의 자기기술 형용사

고감각 추구자	저감각 추구자
열정적인	잘 놀라는
장난기 많은	전전긍긍하는
모험심이 많은	긴장한
고양된	불안한
상상력이 풍부한	불안정한
대담한	겁이 많은
엉뚱한	걱정이 많은
짓궂은	혼란한

출처: Zuckerman, M. (1978). Sensation seeking. In H. London and J. E. Exner, Jr. (Eds.), *Dimensions of Personality*. New York: Wiley.

마틴 셀리그먼: 학습된 무기력과 낙관적/비관적 설명 양식

마틴 셀리그먼(Martin E. P. Seligman, 1942~)은 심리학에서 행복과 긍정심리학의 유행을 이끈 펜실베이니아 대학교의 심리학자이다. 그는 1960년대 중반 학습된 무기력(learned helplessness)이라는 특정 영역의 성격에 대한 연구를 시작했다. 그는 대학원생이 된 첫 날 개를 대상으로 한 실험에서 이 현상을 처음 목격했고, 이로 인해 심리학에서 그의 미래, 그리고 심리학 자체의 미래가 시작되었다.

해당 실험에서 연구자들은 개가 높은 톤의 소리와 전기 자극을 관련지을 수 있도록 조건화하고 있었다. 소리와 전기 자극의 연합과 관련된 파블로프식 고전적 조건형성 상황이었다. 하지만 이는 이 연구의 첫 부분에 지나지 않았다.

연구자들은 다음으로 낮은 칸막이로 두 칸이 구분된 커다란 상자의 한쪽 칸에 개를 한 마리씩 넣고, 개가 들어가 있는 칸에 전기 자극을 가했다. 자극에서 벗어나기 위해 개는 적절한 조작적 행동을 수행해야 했다(즉, 낮은 칸막이를 넘어 전기 자극이 없는 다른 칸으로 가야 했다). 일반적으로 개들은 칸막이를 뛰어넘는 행동을 빠르게 학습할 수 있다. 연구자들은 일단 개들이 전기 자극을 피해 칸막이를 뛰어넘는 행동을 학습하게 한 뒤, 개들이 전기 자극 없이 높은 소리만으로 똑같은 반응을 하는지 살펴보고자 했다.

충격적인 발견

이 연구는 원래의 계획대로 진행되지 않았다. 개들은 전기 자극에서 벗어나기 위해 칸막이를 뛰어넘는 대신, 누운 채 훌쩍거리기만 할 뿐 도망치려 하지 않았다.

다른 연구자들은 당황했지만, 셀리그먼은 단서를 찾았다고 생각했다. 그는 아마도 실험의 첫 번째 부분에서 개들이 자신들의 상황을 바꿀 수 없

학습된 무기력 자신의 환경을 전혀 통제할 수 없다는 인식에서 발생하는 상태.

음을 학습했을 것이라는 견해를 제안했다. 개들은 소리가 들렸을 때 연합된 전기 자극을 피하기 위한 시도를 하지 않았다. 왜 시도조차 하지 않은 것일까? 탈출 방법이 있었음에도 나타난 이 학습된 반응은 실험의 두 번째 부분으로 일반화된 듯했다. 셀리그먼은 다음과 같이 썼다.

> 나는 이 연구의 시사점에 놀랐다. 만약 개들이 행동의 무의미함만큼 복잡한 것을 학습할 수 있다면 인간의 무기력도 실험실에서 이와 유사하게 연구될 수 있을 것이다. 도시 빈곤층부터 갓난아기, 실의에 빠져 벽에 얼굴을 묻은 환자까지, 우리 주변에는 무기력이 도사리고 있었다. 이 연구가 인간의 무기력이 어떻게 발생하는지, 어떻게 치료되는지, 어떻게 예방되는지, 어떤 약물이 무기력에 효과가 있을지, 누가 특히 무기력에 취약한지를 이해하는 데 사용될 수 있는 실험실 모형이었는가(Seligman, 1990, p. 20)?

이에 대한 답을 찾겠다고 결심한 셀리그먼은 학습된 무기력, 즉 자신의 환경을 전혀 통제할 수 없으며, 상황을 바꾸기 위해 할 수 있는 일이 하나도 없다는 것을 인식했을 때 발생하는 상태를 연구하기 시작했다. 그는 이후에 연구의 관심사를 낙관성 대 비관성으로, 그 이후에는 행복이라는 주제로 확장하였다.

초기 연구

개를 대상으로 한 연구 초기 연구에서 셀리그먼은 개들에게 띠를 채운 후 육체적으로 해롭지는 않지만 고통스러운 전기 자극을 가하였다. 개들이 전기 자극을 피하기 위해 할 수 있는 행동은 전혀 없었다. 일련의 자극에 노출된 후 개들은 두 개의 칸으로 구분된 상자에 옮겨졌다. 셀리그먼은 자신이 목격한 첫 번째 실험에서처럼 상자의 바닥에 전기 자극을 가한 뒤, 이 개들의 행동과 첫 번째 전기 자극에 노출되지 않은 통제 집단 개들의 행동을 비교하였다.

통제 집단 개들이 있는 상자의 바닥에 전기 자극을 가하자, 그들은 우연히 칸막이를 뛰어넘을 때까지 그 칸을 뛰어다녔다. 이후 시행에서 이것이 탈출의 길이라는 것을 알게 되면서 점점 더 빠르게 칸막이를 뛰어넘었다. 그러나 두 칸으로 나뉜 상자에 들어오기 전 전기 자극에 노출된 실험 집단의 개들은 이와 다르게 행동했다. 이들은 전기 자극이 가해진 뒤 30초 정도 이리저리 뛰어다니다가 포기한 뒤 바닥에 엎드려 훌쩍거렸다. 심지어 연구자들이 음식으로 칸막이 너머로 유인해도 탈출하는 법을 학습하지 못했다. 이 개들은 수동적이고 무력해진 나머지 상황을 바꾸려는 시도조차 하지 않았다(Overmier & Seligman, 1967; Seligman & Maier, 1967).

사람을 대상으로 한 연구 학습된 무기력은 인간을 대상으로 한 많은 연구에서도 입증되었다. 예를 들어 어떤 실험에서 실험 집단은 크고 짜증나는 소음에 노출되었다. 이들에게 올바른 순서로 일련의 버튼을 누르면 소리를 끌 수 있다고 알려주었다. 하지만 사전에 맞는 버튼의 순서가 없도록 조작해 두었다. 실험 집단 참가자들이 어떤 행동을 하든 소음은 계속되었다. 통제 집단은 비교적 배우기 쉬운 순서대로 버튼을 눌러 소음을 끌 수 있었다.

다음 단계에서 소음을 멈추기 위한 조건은 빛 신호에 반응하여 단순히 상자의 한쪽에서 다른 쪽으로 손을 움직이는 것이었다. 통제 집단 참가자들은 이를 재빨리 학습했지만 실험 집단 참가자들은 그러지 못했다. 그들은 수동적으로 앉아 있었고, 짜증나는 소음을 멈추려고 노력하지 않았다(Hiroto, 1974).

연구에 따르면 피험자가 무기력한 모델을 단순히 관찰하는 것만으로도 학습된 무기력이 발생할 수 있었으며, 특히 피험자가 자신과 모델이 유사하다고 인식했을 때 이러한 경향이 두드러졌다(Chamber & Hammonds, 2014). 이 실험을 비롯한 다른 많은 연구의 실험자들은 피험자들이 사실상 "모델들이 아무것도 할 수 없다면 나도 할 수 없다"라고 말하고 있다고 주장했다.

수천 명을 대상으로 한 132건의 연구를 메타분석한 결과, 피할 수 없는 충격의 영향은 동물보다 인간에게 더 강하다는 사실이 밝혀졌다. 성인 남녀와 대학생, 청소년, 아동, 노인, 실직 여성, 정신 병원 환자를 대상으로 한 여러 연구가 학습된 무기력의 효과를 뒷받침한다(Li, Mardhekar, & Wadkar, 2012; Villanova & Peterson, 1991).

학습된 무기력은 이웃이나 실외 소음과 같이 통제할 수 없는 지속적인 침투 자극에 노출되거나 소셜 미디어 사이트에서 사이버 공격을 받는 일상적인 상황에서도 발생할 수 있다(Evans & Stecker, 2004; Rabinowitz, 2005; Zucchi, Bacheller, & Muscarella, 2012).

고문을 통해 학습된 무기력

미국의 경우 중앙정보국(CIA) 및 테러와의 전쟁에 전념하는 여러 조직에서 인간과 동물 실험에 사용된 것과 동일한 기법을 적용하여 실험을 하고 있다. 한 실험에서 수감자들은 고통스러운 자극으로부터 탈출할 수 없는 상황에 놓였다. 예를 들어 어떤 사람은 며칠 동안 관 속에 갇혔고, 어떤 사람은 17일 동안 83번 물고문을 받았으며, 또 어떤 사람은 나체로 귀를 찢는 록 음악이 나오는 독방에 갇혔다.

이러한 상황에 노출된 후, 죄수들은 실험참가자와 동일한, 학습된 무기력을 보였다. 그들은 순종적인 태도를 보이며 더 이상 자신의 상태에 대해 아무것도 하려 하지 않았다. 몇 년 후 셀리그먼이 이 사실을 알게 되었을 때, 그는 자신의 실험이 인간을 대상으로 실행된 것에 대해 "슬퍼하고 공포에 떨었다"(McCoy, 2014).

학습된 무기력과 정서적 건강

자신의 삶에 대해 통제력을 갖는 것이 심리적 건강에 긍정적인 영향을 미친다는 것은 널리 알려진 사실이다. 29~80세 암 환자를 대상으로 한 연구 결과, 자신의 상황에 대한 통제감이 매우 높은 환자들은 그렇지 않은 환자들에 비해 뛰어난 적응력을 보였다. 이 연구 결과는 신체 조건으로 인해 심각하게 쇠약해진 환자들에게도 적용되었다. 질병과 회복, 감정에 자신이 어느 정도 영향을 미칠 수 있다고 믿는 사람들의 경우, 신체적으로 더 나은 상태에 있지만 통제감이 낮은 사람들에 비해 심리적 적응 수준이 높았다(Thompson, Sobolew-Shubin, Galbraith, Schwankovsky, & Cruzen, 1993).

또한 통제감을 높이는 법을 배울 수 있는 것으로 나타났다. 강도 높은 치과 치료를 받아야 하는 평균 연령 55세의 남성과 여성 환자를 대상으로 치료 전 치과 환경에 대한 불안 수준과 통제 욕구를 평가하였다. 그 뒤 환자 중 절반 에게는 스트레스 면역 훈련(stress inoculation training) 영상을, 나머지 절반에 게는 지역 명소에 대한 영상을 보여 주었다. 스트레스 면역 훈련 영상은 치과 환경에 대한 통제력이 낮지만 통제 욕구가 강한 환자들에게 가장 유용했다. 이들은 스트레스 면역 훈련을 받지 않은 통제 집단의 환자들에 비해 실제 치 료 과정에서 더 큰 통제감과 더 약한 통증을 느꼈다고 보고했다(Law, Logan & Baron, 1994).

학습된 무기력과 신체 건강에 관한 동물 연구

셀리그먼과 그의 동료들은 학습된 무기력이 신체 건강에 영향을 미칠 수 있 는지 조사하기 위해 쥐에게 악성 종양세포를 주입하였다. 쥐들은 세 가지 조 건, 즉 피할 수 있는 전기 자극이 가해지는 조건, 피할 수 없는 전기 자극이 주 어지는 조건, 자극이 없는 조건 중 하나에 노출되었다(Visintainer, Volpicelli, & Seligman, 1982). 주입된 세포의 수에 근거하여, 정상적인 조건에서는 쥐의 절 반이 악성 종양세포를 이겨 내고 생존할 것으로 예상됐다.

전기 자극에 노출되지 않은 통제 집단의 경우 예상대로 50%가 종양을 이 겨 냈다. 피할 수 있는 전기 자극에 노출됐던 쥐 중에서는 70%가 종양을 이겨 내고 살아남았다. 그러나 무기력을 학습한 집단, 즉 피할 수 없는 전기 자극에 노출됐던 쥐 중에서는 27%만이 악성 종양세포를 이겨 내고 살아남았다.

이러한 연구 결과는 어린 쥐를 대상으로 한, 유사한 연구에서도 확인되었 다. 쥐들이 어렸을 때 무기력 혹은 통제감을 학습하게 한 뒤, 쥐들이 다 자랐을 때 악성 종양세포를 주입하였다. 이 쥐들은 앞에 소개된 실험과 동일한 세 가 지 조건에 노출되었다. 어릴 때 무기력을 학습한 쥐들 중 다수는 종양을 이겨 내지 못했다. 반면 어릴 때 통제감을 학습한 쥐들은 대부분 종양을 이겨 냈다 (Seligman & Visintainer, 1985). 셀리그먼은 다음과 같이 결론 내렸다. "아동기 경험이 성인의 종양 거부반응에 결정적임이 증명되었다. 생애 초기 숙달 경험 은 쥐의 면역력을 강화시킨 반면, 무기력 경험은 성체가 된 쥐를 암의 위험에 빠뜨렸다"(Seligman, 1990, p. 170).

학습된 무기력은 쥐의 면역 체계를 약화시키는 것으로 나타났다(Maier, Laudenslager, & Ryan, 1985). 면역 체계는 질병에 대한 신체 방어의 주요 부분으로, 바이러스, 박테리아, 종양세포에 저항하는 T세포와 NK세포를 비롯한 여러 종류의 세포를 포함하고 있다. 피할 수 없는 전기 자극을 받은 쥐의 경우 T세포가 특정 침입자에 반응하여 더 이상 빠르게 증식하지 못했으며, NK세포는 다른 감염을 파괴하는 능력을 상실했다. 이러한 결과는 무기력해진 쥐들에게서 종양에 대한 거부반응이 나타나지 않은 현상을 생리학적으로 설명할 수 있다.

쥐를 대상으로 한 후속 연구에서 통제 불가능한 스트레스에 노출된 대부분의 수컷 쥐가 탈출 방법을 학습하지 못한 반면, 암컷 쥐는 탈출 방법을 학습할 수 있었다. 따라서 학습된 무기력 상태는 여성보다 남성에게 형성되기 쉬우며, 이는 여성이 이전 연구에서 발견된 위험한 생리학적 변화에 영향을 덜 받는다는 것을 시사한다(Dalla, Edgecomb, Whetstone, & Shors, 2008).

설명 양식: 낙관성과 비관성

셀리그먼은 학습된 무기력 연구를 확장하여 낙관성과 비관성 요소를 포함했다. 학습된 무기력 조건에서 우리의 건강은 통제력 부족뿐 아니라 이를 자신에게 설명하는 방식에 의해서도 영향을 받는다. 셀리그먼은 이 요소를 설명 양식(explanatory style)이라는 개념으로 제안했다. 낙관적 설명 양식(optimistic explanatory style)은 무기력을 방지하고, 비관적 설명 양식(pessimistic explanatory style)은 삶의 모든 측면에 무기력을 퍼뜨린다.

당신은 스스로의 경험에 근거하여 낙관론자와 비관론자의 기본적인 차이를 잘 알고 있을 것이다. 간단히 말해서, 낙관론자들은 자신에게 좋은 일이 일어날 것이라 기대하고, 비관론자들은 자신에게 나쁜 일이 일어날 것이라 기대한다(Carver & Scheier, 2002, p. 231). 낙관주의 또는 비관주의 경향은 우리 삶의 많은 측면을

> **설명 양식** 환경에 대한 상대적인 통제력 부족을 자신에게 설명하는 방식.
> **낙관적 설명 양식** 학습된 무기력을 방지할 수 있는 설명 양식.
> **비관적 설명 양식** 삶의 모든 측면에 무기력을 퍼뜨리는 설명 양식.

결정할 수 있다. 예컨대 낙관론자들은 더 나은 사회적 연결망과 인간관계를 구축하고 물리적 고통에 더 잘 대처하는 것으로 밝혀졌다(Carver & Scheier, 2014; Ramirez-Maestre, Esteve, & Lopez, 2012). 이는 모두 삶에서 일어나는 상황에 대처하는 데 바람직하고 유용한 자질들이다.

신체 건강 셀리그먼에 따르면 낙관적 설명 양식을 가진 사람들이 비관적 설명 양식을 가진 사람들보다 더 건강한 경향이 있다. 비관론자들의 경우 자신의 행동은 영향력이 없다고 믿는 경향이 있으며, 그 결과 흡연, 식이요법, 운동, 또는 적시에 의학적 치료를 받는 것 등과 같은 행동 변화를 통해 질병을 예방하려 하지 않는다.

젊은 성인을 대상으로 한 연구에서 낙관론자들이 비관론자들보다 병에 걸릴 가능성이 적다는 것을 발견했다. 또한 낙관론자들은 병에 걸렸을 때 쉬거나 의사와 상담하거나 적절한 수분을 마시는 것과 같이 자신의 질병을 관리하는 데 많은 책임을 지려 할 가능성이 크다(Peterson, Maier, & Seligman, 1993). 대학생을 대상으로 한 연구에 따르면 1년 동안 비관론자의 전염병 감염률은 낙관론자의 두 배에 달했다.

핀란드에서 진행한 연구에서 낙관론자들이 비관론자들보다 가족이 심각한 질병을 앓게 되거나 사망한 후에 긍정적인 태도를 더 빨리 회복한다는 것을 발견했다(Kivimaki, Vahtera, Elovainio, Helenius, Singh-Manoux, & Pentti, 2005). 또한 낙관론자들은 건강 문제에 더 잘 대처하고, 특정 의학적 절차로부터 더 빨리 회복하며, 스트레스를 더 잘 관리하는 경향이 있다(Aspinwall & Tedeschi, 2010).

유방암이 재발한 환자들 중 낙관론자들은 질병의 심각성과는 무관하게 5년 이상의 연구 기간 동안 더 오래 살았다. 유방암 진단을 받은 노르웨이 여성들 중 비관성 점수가 높은 집단은 비관성 점수가 낮은 집단보다 치료 후 1년 동안 불안과 우울을 경험할 가능성이 훨씬 더 높았다(Schou, Ekeberg, Ruland, Sandvik, & Karesen, 2004). 이 여성들에 대한 또 다른 연구에서 이들의 예후가 좋든 나쁘든 상관없이 치료 후 1년 동안 낙관성 수준과 비관성 수준이 안정적이라는 것을 발견했다(Schou, Ekeberg, Sandvik, & Ruland, 2005). 낙관성 점수가 높은 유방암 환자는 비관성 점수가 높은 환자보다 사회적·정신적으로 잘 기능하고 삶의 질이 높은 것으로 나타났다(Colby & Shifren, 2013).

낙관론자들은 비관론자들보다 더 강한 면역 체계를 발달시키고 심장마비로부터 회복할 가능성이 높으며 심장 수술 후 고통과 증상도 덜 경험한다(Peterson & Seligman, 1987; Peterson, Maier, & Seligman, 1993; Ronaldson, Poole, Kidd, Leigh, Jahangiri, & Steptoe, 2014).

로스쿨의 1학기 학생들을 대상으로 한 연구에 따르면 낙관적 설명 양식 점수가 높은 학생들은 점수가 낮은 학생들보다 감염으로부터 보호하는 T세포와 NK세포의 수가 훨씬 더 많았다(Segerstrom & Taylor, 1998). 30~45세 남성과 여성에 대한 연구에서 비관성 점수가 높은 사람들이 비관성 점수가 낮은 사람들보다 자신의 삶에 대해 부정적인 믿음을 더 많이 가지고 있으며 혈압이 더 높다는 것을 발견했다(Räikkönen, Matthews, Flory, Owens, & Gump, 1999).

낙관성은 AIDS에 대처하는 데 도움이 될 수 있다. 동성애자와 양성애자 남성에 대한 연구에서 일부는 HIV 음성으로 진단되었고, 다른 일부는 HIV 양성으로, 즉 AIDS 발병 가능성이 있다고 진단되었다. 낙관성 점수가 높은 사람들은 낙관성 점수가 낮은 사람들에 비해 심리적 괴로움 점수가 낮았으며, 질병에 대한 걱정이 적었다. 또한 그들은 자신이 AIDS에 걸릴 위험이 낮으며, 이에 대한 통제력이 더 강할 것이라고 생각했다. 이미 HIV 양성인 사람들은 HIV 음성인 사람들보다 에이즈에 걸리지 않을 가능성에 대해 더 낙관적인 것으로 밝혀졌다(Taylor, Kemeny, Aspinwall, Schneider, Rodriguez, & Herbert, 1992).

장수 낙관론자가 비관론자보다 장수할 수도 있다. 미국에서 진행한 장기 연구에서 20대 초반에 자신에 삶에 대해 집필한 수녀들의 낙관적/비관적 태도를 비교하였다. 60년 뒤 이들의 사망률을 조사했을 때, 과거에 집필한 삶에 대한 이야기에서 낙관적 태도를 보인 수녀들의 경우 비관적 태도를 보인 수녀들에 비해 사망률이 현저히 낮은 것으로 나타났다(Danner, Snowdon, & Friesen, 2001).

다양한 의학적 상태로 인해 치료를 받는 환자들을 대상으로 진행한 연구에 따르면, 30년 후 이들을 조사했을 때 낙관론자들이 비관론자들보다 19%

더 오래 살았다(Maruta, Colligan, Malinchoc, & Offord, 2002). 영국의 고령 남녀를 대상으로 한 연구에 따르면 낙관성 점수가 높은 사람들의 경우 낙관성 점수가 낮은 사람들에 비해 신체 건강 수준이 훨씬 높았다(Steptoe, Wright, Kunz-Ebrecht, & Lliffe, 2006).

연령 65세 이상의 사람들은 보다 낙관적인 설명 양식을 가지고 있으며, 더 젊은 사람들에 비해 주관적 안녕감 수준이 높은 경향이 있다. 중국과 미국의 노인들을 대상으로 한 연구에 따르면, 이들 중 더 낙관적인 노인들의 경우, 젊은 사람들보다 주관적인 안녕감이 크고 우울증이 덜한 것으로 지적되었다(Hirsh, Walker, Wilkinson, & Lyness, 2014; Isaacowitz, 2005a; Leung, Moneta, & McBride-Chang, 2005; Olson, Fanning, Awick, & Chung, 2014). 또한 고령의 낙관론자들은 자신의 몸무게를 실제보다 작게 보고하는 경향이 있는 반면, 비관론자들은 자신이 실제 몸무게보다 더 많이 나간다고 주장했다(Sutin, 2013).

문화 손자의 양육을 담당하는 흑인 할머니들과 라틴계 할머니들, 그리고 쿠웨이트와 오만의 무슬림 대학생들에 대한 연구에서 낙관성 점수가 높은 이들이 비관성 점수가 높은 이들보다 더 행복했고, 우울, 불안, 적대감을 덜 경험했으며, 수면장애를 보고한 빈도가 적은 것으로 나타났다(Abdel-Khalek & Lester, 2010; Alansari & Kazem, 2008; Conway, Magai, Springer, & Jones, 2008).

설명 양식과 관련된 문화적 차이는 잘 정리되어 알려져 있다. 미국인 대학생과 중국인 대학생, 중국계 미국인 대학생을 대상으로 낙관론-비관론 척도를 실시한 연구 결과, 미국인 대학생은 중국계 미국인 대학생보다 낙관적인 것으로 나타났으며, 중국계 미국인 대학생은 중국 본토의 중국인 대학생에 비해 낙관적인 것으로 밝혀졌다(Lee & Seligman, 1997). 쿠웨이트 대학생들의 낙관성 점수는 미국 대학생들보다 훨씬 낮았다(Abdel-Khalek & Lester, 2006). 이탈리아의 대학생들 중에서는 남성이 여성보다 더 낙관적인 태도를 보였다(Colombo, Balbo, & Baruffi, 2006).

미국과 일본의 대학생들을 비교한 결과 일본 대학생들이 미국 대학생들보다 더 비관적인 것으로 나타났다. 미국 대학생들은 대개 다른 사람이 아닌 자신에게 긍정적인 일들이 일어날 것이라고 예측한 반면, 일본 대학생들은 긍정적인 일들이 다른 사람들에게 일어날 가능성이 훨씬 더 높다고 믿었다(Chang, Asakawa, & Sanna, 2001).

스트레스　스트레스 경험은 낙관성 수준에 영향을 미칠 수 있다. 알츠하이머에 걸린 친척의 주된 간병인이었던 성인 집단과 간병인 활동 경험이 없는 성인 집단을 대상으로 낙관론–비관론 척도를 비교해 보았다. 간병인은 4년 동안 점점 더 비관적이 되었고 더 큰 불안, 스트레스 및 신체 건강상의 문제를 경험했다(Robinson-Whelen, Kim, MacCallum, & Kiecolt-Glaser, 1997).

　1학기 초에 낙관성 점수가 높았던 대학생들은 낙관성 점수가 낮았던 대학생들에 비해 해당 학기 동안 경험한 스트레스와 우울증 정도가 유의미하게 낮았다(Brissette, Scheier, & Carver, 2002) 마찬가지로, 낙관성 점수가 높은 중년 성인은 비관성 점수가 높은 중년 성인에 비해 우울증 증상을 보고한 빈도가 낮았다(Chang & Sanna, 2001). 초등학교 3~6학년 학생을 대상으로 한 연구는 낙관성이 매우 높은 아동이 낙관성이 낮은 아동보다 우울증 증상과 행동

▶ 심각한 우울증을 겪는 사람들은 자신이 무력하다고 믿는다. 그들은 한 과목의 성적이 낮은 것과 같은 한 가지 상황에서의 실패를 인생의 다른 모든 측면으로 일반화한다.

문제가 더 적다는 것을 발견했다(Ey et al., 2005).

수행 미국 대학생들을 대상으로 한 연구에서 낙관론자들이 비관론자들보다 일반적으로 더 좋은 성적을 받았다. 이런 결과는 쿠웨이트 대학생들을 대상으로 한 연구에서도 확인되었다(El-Anzi, 2005). 또한 또래보다 낮은 점수를 받을 경우, 비관론자들은 낙관론자들보다 더 우울해하는 것으로 나타났다(Gibbons, Blanton, Gerrard, Buunk, & Eggleston, 2000).

낙관성이 스포츠에 미치는 영향에 관해 프랑스의 14~16세 남녀 학생을 대상으로 연구를 진행한 결과, 낙관성이 농구공 드리블 실력에 영향을 미치는 것으로 나타났다. 드리블 대회에서 자신이 실패했다고 믿고 있는 상황에서, 낙관성 점수가 높은 학생은 비관성 점수가 높은 학생보다 덜 불안해하고 자신감이 넘쳤으며, 두 번째 시험에서 더 나은 수행을 보였다(Martin-Krumm, Sarrazin, Peterson, & Famose, 2003).

인지 기능 낙관성과 비관성은 인지 기능에 영향을 미칠 수 있다. 이는 긍정적 자극과 부정적 자극에 대한 대학생의 반응 연구에서 입증되었다. 비관성 점수가 높은 학생들은 부정적인 자극에 더 주의를 기울이는 경향이 있었고, 낙관성 점수가 높은 학생들은 긍정적인 자극과 부정적인 자극 모두에 관심을 기울였다(Segerstrom, 2001).

핵심 내용 ▶

셀리그먼의 낙관성 개념에 대한 연구

낙관성 점수가 높은 사람들은 다음과 같은 경향이 있다.

- 대개 질병에 잘 걸리지 않고 스트레스와 우울을 덜 경험함
- 장수함
- 가족의 죽음에서 빨리 회복함
- 집단주의 문화권보다 미국 등 개인주의 문화권에 거주함
- 성적이 좋음
- 인지적 활동에 있어 더 유연하고 적응적임
- 농구공 드리블을 더 잘함

독일 대학생들을 대상으로 한 연구에 따르면 낙관론자들의 경우 인지 활동에 있어 유연하고 적응적인 반면, 비관론자들은 종종 융통성이 없고 경직되어 있으며 목표 추구를 포기할 가능성이 높았다(Weber, Vollmann, & Renner, 2007).

낙관주의의 부정적 측면 낙관적 설명 양식이 언제나 바람직한 것은 아니다(Schneider, 2001). 예를 들어 어떤 낙관론자들은 행동에 미치는 자신의 취약성에 대해 비현실적 견해를 가질 수 있다. 그 결과 이들은 지나치게 긍정적인 태도로 인해 술을 마시거나 약물을 지나치게 사용하면서도, 이러한 행동이 자신을 해칠 수 없다고 생각하며, 자신의 생각에 반대되는 증거를 무시할 수 있다. 시험 성적에 대해 매우 낙관적이었던 대학생들은 상대적으로 덜 낙관적이었던 대학생들보다 점수를 받은 후 더 큰 실망을 경험했다(Sweeny & Shepperd, 2010).

대학 근처의 카지노에서 도박을 하는 대학생들 중 낙관론자들은 계속해서 돈을 잃으면서도 도박을 계속할 가능성이 훨씬 더 높았고, 비관론자들은 멈출 가능성이 더 높았다. 낙관론자들은 연패에도 승리에 대한 긍정적인 기대를 유지하는 듯 보였다(Gibson & Sanbonmatsu, 2004). 이처럼 좋은 일이 다른 사람보다 자신에게 훨씬 더 많이 일어날 것이라는 비현실적인 낙관론은 중국 같은 집단주의 문화보다 미국 같은 개인주의 문화에서 더 널리 퍼져 있으며, 여성보다는 남성에게 더 일반적이다(Lin & Raghubir, 2005).

반면 심각한 질병과 같은 역경에 직면했을 때 비현실적인 비관주의는 해로울 수 있다. 자신이 결코 그 상황에 대처하거나 극복할 수 없을 것이라고 생각하는 것은 노력 부족으로 이어질 수 있고, 이는 성공을 어렵게 만들 수 있다(Blanton, Axsom, McClive, & Price, 2001).

비관주의와 우울 셀리그먼은 학습된 무기력과 우울증 간에 강한 연관성을 발견했다. 우울증의 주요 증상은 생활 사건을 통제할 수 없다는 느낌이다. 셀리그먼은 우울증을 "궁극적인 비관주의"라고 불렀다. 심각한 우울증을 겪는 사람들은 자신이 무력하다고 믿는다. 이들은 자신들의 일이 잘 풀릴 것이라고 기대하지 않기 때문에 어떤 일을 하려는 시도는 의미가 없다고 본다. 셀리그먼은 우울증 증상과 학습된 무기력의 특징 간에 몇 가지 유사점에 주목했다 (Seligman, 1990).

우리 모두는 어떤 상황에서 실패하거나 가정 혹은 직장에서 경험하는 압박에 압도될 경우 때때로 무기력을 경험한다. 하지만 그 순간에 얼마나 불행하거나 화가 났든지 간에, 대부분은 일정 시간이 지나면 회복된다. 그러나 어떤 사람들은 빨리 또는 쉽게 회복되지 못한다. 그들은 낮은 성적이나 승진 실패 등 하나의 활동에서의 실패를 삶의 다른 영역과 자기가치감에까지 일반화할 수 있다. 그 결과 그들은 모든 상황에서 무력감과 우울을 느끼게 되고 노력하려는 추진력을 잃기 시작한다.

표 14.4에서 볼 수 있듯이 우울증은 궤양, 스트레스, 노르에피네프린 결핍 등 건강에 좋지 않은 증상과 관련이 있는데, 이 같은 증상은 기력을 감소시키고 우울 수준을 증가시킬 수 있다. 또한 우울증이 면역 체계의 효과를 감소시키고, NK세포 활동을 억제하고, 백혈구 수를 변화시킴으로써 신체적 질병의 위험을 유발한다는 사실이 10년 동안 40개 이상의 연구에 의해 확인되었다 (Herbert & Cohen, 1993; Weisse, 1992).

셀리그먼에 따르면 일시적 우울증에서 회복하는 사람과 회복하지 못하는 사람들 간의 중요한 차이는 설명 양식에 있다. 그는 다음과 같이 서술하였다.

표 14.4 학습된 무기력과 우울증의 유사점

학습된 무기력	우울증
수동성	수동성
반응을 통해 안도감을 느낄 수 있다는 것을 학습하기 어려움	반응이 결과를 만들어 낸다는 것을 학습하기 어려움
공격성 부족	공격성의 내재화
체중 감소 및 식욕 부진	리비도의 상실
노르에피네프린 결핍※	노르에피네프린 결핍
궤양, 스트레스	궤양, 스트레스, 무력감

※ 노르에피네프린은 신경전달물질로 작용한다; 심각한 우울증은 노르에피네프린 결핍과 관련이 있다.
출처: Learned Helplessness and Depression in Animals and Men, by M. E. P. Seligman.

"비관적 설명 양식은 학습된 무기력을 간단하고 국지적인 것에서 장기적이고 일반적인 것으로 변화시킨다. 비관론자가 실패를 경험할 경우, 학습된 무기력은 완전한 우울증으로 발달한다. 낙관론자의 경우 실패를 하더라도 일시적으로 의기소침해질 뿐이다"(Seligman, 1990, p. 76). 비관론자들은 부정적인 상황을 개인적이고 과장된 용어로 설명한다. 예를 들어 이들은 어떤 일에 대해 "모든 것이 내 잘못이다", "항상 이렇게 될 것이다", "내 삶의 모든 면에 영향을 미칠 것이다"라고 말한다.

셀리그먼은 학부생을 대상으로 한 연구를 통해 학습된 무기력이 비관적 설명 양식을 가진 사람들에게 우울증을 야기할 수 있다는 가설을 지지하는 결과를 제시하였다. 학기 초 학생들은 설명 양식 검사를 실시하였고, 그들이 개인적 실패라고 할 만한 과목의 성적을 말하였다. 중간고사가 끝난 후 성격검사를 실시하여 학생들의 우울증 수준을 평가하였다. 그 결과 낙관적 설명 양식을 가진 학생 중 개인적 실패라고 간주하는 성적을 받은 학생의 30%가 우울증 증상을 보였다. 비관적 설명 양식을 가진 학생 중에서는 개인적 실패로 생각되는 점수를 받은 학생의 70%가 우울증에 걸렸다. 대학생을 대상으로 한 연구와 초등학생을 대상으로 한 연구에서도 이와 유사한 결과가 나타났다. 두 경우 모두 설명 양식은 우울증의 발생을 예측했다(Nolen-Hoeksema, Girgus, & Seligman, 1987; Zullow & Seligman, 1985).

미국과 핀란드에서 수행한 연구에 따르면 비관성 점수가 높은 사람들은 낙관성 점수가 높은 사람들보다 항우울제를 복용하거나 자살할 위험이 더 높은 것으로 나타났다(Chang, Yu, Lee, Hirsh, Kupfermann, & Kahle, 2013; Kronstrom et al., 2014).

아동기 학습된 무기력의 발달

학습된 무기력은 평생 동안 언제든 형성될 수 있지만, 셀리그먼은 우리가 특히 유아기 및 아동기에 학습된 무기력 발달에 취약할 수 있다고 말했다. 이 시기에 학습된 무기력은 비관적 설명 양식을 야기할 수 있다.

유아는 환경을 통제할 수 없고, 완전히 무력한 상태에서 삶을 시작한다.

이들은 성숙해짐에 따라 점점 더 큰 통제력을 발휘할 수 있게 된다. 울 수 있게 되고, 이를 통해 부모나 주 양육자가 유아의 요구를 들어 주게 된다. 유아는 기고 걷고 말할 수 있게 되며, 이러한 기술을 숙달할수록 환경에 대한 통제력을 발휘할 가능성이 커진다. 그러나 이는 실패에 대한 가능성도 함께 커짐을 의미한다. 물리적, 사회적 환경과의 이러한 초기 상호작용을 통해 아동의 무기력 또는 숙달과 통제력이 결정될 것이다.

유아가 반응을 보일 때, 유아의 활동은 음식, 장난감, 포옹과 같은 형태로 그들의 환경에 변화를 가져올 수 있으나, 어떤 경우에는 아무런 영향을 미치지 않을 수 있다. 유아는 원시적인 수준에서 반응과 결과 간의 연관성을 형성한다. 반응이 성공적인 결실을 맺지 못한 경우, 이는 학습된 무기력으로 이어진다. 유아는 특정한 반응이 효과가 없다는 것을 학습하고, 어떤 것도 효과가 없을 것이라고 믿으면서 이 생각을 다른 반응으로 일반화하게 될 수 있다.

이렇게 일반화된 학습된 무기력은 삶을 통제할 수 없다는 생각을 동반한다. 이와 대조적으로, 반응과 결과 간의 높은 상관은 숙달과 통제감으로 이어지는 긍정적인 피드백을 제공한다. 일관된 설명 양식은 약 8세경 발달하며, 여기에는 부모의 설명 양식이 상당한 영향을 미친다. 셀리그먼은 "비관적인 부모들의 자녀도 비관적이다"라고 기술한 바 있다(Peterson, Maier, & Seligman, 1993, p. 293). 인도에서 진행한 연구를 살펴보면 아동기 비관성 또는 낙관성 수준은 부모의 교육 수준에 상당한 영향을 받는다. 부모가 받은 정규 교육 기간이 길수록 자녀의 낙관성이 증가하였다(Daraei & Ghaderi, 2012).

그러나 네덜란드와 다른 국가에서 청소년을 대상으로 한 연구에서 학습뿐 아니라 유전 요인도 귀인 양식에 영향을 비친다는 결과를 제시한 점을 고려해야 한다(Lau, Rijsdijk, & Eley, 2006; Mavioglu, Boomsma, & Bartels, 2015).

학습된 무기력은 또래의 괴롭힘, 가혹한 학교 환경 또는 다른 부정적 경험과 같은 요소들에 대한 반응으로 이후에 발달될 수도 있다. 인종과 빈곤은 학습된 무기력의 발달과 관련이 있다. 또래와 충돌이 잦고 학교 친구나 교사로부터 지능이나 기술이 떨어지는 사람 취급을 받는 학생들에게서는 학습된 무기력이 형성될 수 있다(Orejudo, Puyuelo, Fernandez-Turrado, & Ramos, 2012). 부모와 다른 가족 구성원의 낮은 사회적 지지는 아동의 비관성 수준을 높일 수 있다(Ciarrochi & Heaven, 2008).

학습된 무기력에 대한 고찰

학습된 무기력과 낙관성 대 비관성 개념을 다룬 연구는 수백 개에 달한다. 셀리그먼과 동료들은 이 개념을 스포츠, 정책, 종교, 자녀 양육 및 업무 수행 등에 적용하였다. 전반적으로 보면, 대규모의 매우 인상적인 자료들이 학습된 무기력 개념을 지지한다. 셀리그먼은 아동과 성인에게 낙관성을 가르치기 위한 훈련 프로그램을 개발하였고, 자신의 발견을 실험실에 그치지 않고 가정과 직장에까지 적용하였다. 그는 이후 자신의 생각을 긍정심리학으로 확장해 왔다. 다시 말해 주관적 안녕감에 영향을 미치는 요소들, 즉 무엇이 우리를 행복하게 하는지 연구하게 된 것이다.

마틴 셀리그먼: 긍정심리학

긍정심리학(positive psychology)은 1990년대 후반 셀리그먼이 미국심리학회장이었을 때 발전되었다. 그는 심리학이 인간의 기능, 즉 행복, 우수성, 그리고 최적의 인간 성장을 다루어야 한다고 생각했다. 하지만 이 개념에 대해 논의하기 전에 셀리그먼의 생애를 살펴봄으로써, 그 자신의 삶이 행복이나 주관적 안녕감 기준을 충족하는지 알아보자.

셀리그먼의 생애(1942~)

셀리그먼의 글을 보면, 그가 특별히 행복하지는 않았음을 알 수 있다. 그는 성공하여 유명인사로서의 지위를 누리고 있음에도, 기쁨을 느낀다는 의미에서 보면 자신이 거의 행복하지 않다고 인정했다. 2010년에 셀리그먼은 긍정적인 감정과 기분 측면에서 자신의 순위를 하위 30%로 평가했다. 그는 기자에게 다음과 같이 말했다. "긍정적인 느낌이 없어도 인생이 완벽하게 좋고, 완벽하게 만족스러울 수 있습니다. 내 삶은 현재 대부분 의미와 목적을 중심으로 움직입니다"(Burling, 2010, p. 14). 행복 순위에서 상위 10%에 해당하는 점수를 받은 대학생들을 대상으로 한 초기 연구에서 셀리그먼은 자신은 상위 10%에 해당하는 좋은 후보가 아니라고 말했다(Diener & Seligman, 2002).

하지만 그는 다른 종류의 행복이 있으며, 자신은 일에 완전히 몰두하는 데에서 가장 큰 만족감을 느끼는 사람이라고 덧붙였다. 그의 아내는 셀리그먼이 일하는 시간만큼은 매우 행복해한다며 동의했다.

셀리그먼이 13세였을 때 아버지가 심각한 뇌졸중을 앓게 되었다. 이로 인해 셀리그먼의 아버지는 불구가 되어 거의 무기력해졌다. 셀리그먼은 이 사건을 언급하며, 당시 자신의 감정은 "완전히 얼어붙었다"라고 고백했다. 나중에 그는 이 시련이 자신의 인생에 "정말 중요한 그림자"였다고 말했다(Burling, 2010, p.7).

셀리그먼은 뉴욕 올버니에 있는 사립 예비학교에 다녔다. 이 학교에 다니는 대부분의 학생이 상류층 출신이었기 때문에 셀리그먼에게는 자신이 외부인처럼 느껴졌다. 그는 자신과 다른 학생들 간의 차이점을 예리하게 알아차렸고, 이로 인해 고립감과 외로움을 느꼈다. 셀리그먼의 친한 친구에 따르면 셀리그먼이 그 감정을 결코 잊지 않았다고 한다. 그 친구는 "나는 그가 여전히 내심 받아들여지기 위해 고군분투할 것이라고 생각한다"라고 말했다(Burling, 2010, p. 6). 그러나 셀리그먼은 충분히 똑똑했다. 그는 열심히 노력하여 프린스턴 대학교 입학했고, 1967년 펜실베이니아 대학교에서 박사 학위를 받았다. 또한 그는 여러 브리지 게임 대회에서 우승한 바 있다.

행복의 특징과 원인

긍정심리학에서 행복한 성격은 어떤 것일까? 당신에게 행복해 보이는 사람들과 행복하지 않아 보이는 사람들은 어떻게 다른가? 심리학자들은 '주관적 안녕감(subjective well-being)'이나 '삶의 만족도(life satisfaction)'와 같은 관점에서 행복한 성격을 다양하게 분류해 왔다. 이들은 행복이 삶의 질에 대한 인지적 평가와 긍정적인 기분 및 감정의 소유를 포함한다고 정의한다. 따라서 행복은 이성적인 측면과 감정적인 측면을 모두 가지고 있다. 연구를 통해 행복에 영향을 미칠 수 있는 다양한 요인이 밝혀졌다.

돈

일반적으로 돈이 행복에 영향을 미칠 수 있는 요인이라 생각하기 쉽다. 하지만 "돈으로 행복을 살 수 없다"라는 오래된 격언이 맞는 것으로 밝혀졌다. 그럼에도 돈이 없는 것은 불행으로 이어질 수 있다. 기본적인 욕구를 충족하기에 적절한 소득 수준은 행복의 충분조건은 아니지만 필요조건이기는 하다. 스웨덴과 튀르키예, 기타 유럽 국가에서 진행한 연구를 살펴보면 저소득층의 행복 수준이 낮았던 반면, 가벼운 비상 상황을 처리할 수 있는 현금을 보유하는 것이 주요 만족의 원천으로 나타났다(Berlin & Kaunitz, 2014; Drakopoulos & Grimani, 2013).

123개국에서 실시한 설문조사에서 삶의 만족도가 소득 수준에 따라 다르다는 것을 확인하였다. 돈을 많이 버는 사람들이 돈을 덜 버는 사람들보다 반드시 행복하지는 않지만, 전자는 삶에 더 만족한다고 보고하였다(Diener, Ng, Harter, & Arora, 2010). 일부 연구는 유럽인보다는 미국인이 행복의 주요 요인으로 돈을 언급할 가능성이 더 클 수 있음을 시사한다(Mogilner, 2010).

또한 여러 설문조사에 따르면 필수품을 사기 위한 돈이 부족한 사람들은 불행하지만, 필요 이상의 돈이 행복에 미치는 영향은 미미한 것으로 나타난다. 심지어 거액의 복권에 당첨되는 것조차도 대개 주관적 안녕감을 일시적으로 증가시키는 결과를 낳을 뿐이다(De Neve & Cooper, 1998; Diener, Suh, Lucas, & Smith, 1999; King & Napa, 1998; Pappas, 2010).

그러니 만약 행복을 위해 필요한 것이 더 큰 집이나 더 비싼 차뿐이라고 믿는다면 다시 생각해 봐야 한다. 더 많고 더 비싼 소유물이 행복을 보장하지 않는다. 한 연구자는 다음과 같은 결론을 내렸다. "물질만능주의적 목표를 지지할수록 삶에서 느끼는 행복과 만족도는 떨어진다"(Van Boven, 2005, p. 133). 다른 연구에 따르면 고소득자는 저소득자보다 더 큰 스트레스를 경험하고 휴식과 여가 활동에 더 적은 시간을 할애하는 경향이 있다(Kahneman, Krueger, Schkade, Schwartz, & Stone, 2006).

신체적 매력

매력적이거나 아름다운 사람들이 덜 매력적인 사람들보다 더 행복한가? 미국, 캐나다, 영국, 독일에서 진행한 연구 결과는 '그렇다'라고 대답한다. 개인의 매력은 행복을 증가시키는 것으로 보인다. 그러나 이는 일반적으로 신체적 매력이 결혼, 취업, 고소득에 어느 정도 도움이 되기 때문일 수 있다(Anderson, Adams, & Plaut, 2008; Bennett, 2011; Hamermesh & Abrevaya, 2011). 신체적 매력과 행복의 관계는 농촌보다는 도시에 사는 사람들에게 더 강한 것으로 나타났다. 또한 핀란드에서는 비만으로 보이는 사람들이 비만이 아닌 사람들보다 덜 행복하다는 것이 관찰되었다(Bockerman, Johansson, Saarni, & Saarni, 2014).

건강

건강이 좋지 않으면 덜 행복할 수 있지만, 건강하다고 해서 행복이 보장되는 것도 아니다. 따라서 건강은 주관적 안녕감을 위한 필요조건이기는 하나, 충분조건은 아닌 것으로 보인다. 하지만 건강하다고 해서 반드시 행복한 것은 아니라 할지라도, 행복은 건강과 장수에 기여할 수 있다. 160개 이상의 연구를 검토한 결과 높은 주관적 안녕감이 건강과 장수에 기여한다는 사실이 확인됐다(Diener & Chan, 2011). 25개국을 대상으로 한 설문조사에서 적극적으로 운동을 하는 사람들이 운동을 하지 않는 사람들보다 더 높은 수준의 삶의 만족도를 보고하였다(Dolan, Kavetsos, & Vlaev, 2014).

나이

18~85세 30만 명 이상의 미국인을 대상으로 한 조사에 따르면, 주관적 안녕감과 삶의 만족도는 18세에 높았고, 50세 전후까지 감소하다가, 이후로는

85세가 18세보다 삶의 만족도가 더 높다고 보고될 정도로 증가했다(Stone, Schwartz, Broderick, & Deaton, 2010). 그러나 이러한 연구 결과가 다른 나라에서도 확인된 것은 아니다. 세계 갤럽 여론 조사 기구가 실시한 대규모 조사 결과, 영어를 사용하는 서유럽의 선진국에서 주관적 안녕감이 45~54세에 감소한다는 사실이 발견됐다. 동유럽과 구소련, 그리고 라틴 아메리카의 개발도상국에서는 나이가 들수록 행복도가 전반적으로 감소했다(Steptoe, Deaton, & Stone, 2015).

청소년기

주관적 안녕감 점수가 높은 미국 청소년들의 부모는 그렇지 않은 청소년들의 부모에 비해 자녀를 소중히 여기고 자녀에게 관심을 보이며 자녀의 미래를 생각할 가능성이 훨씬 더 높다. 이러한 관련성은 남학생보다 여학생에게서 더 강한 것으로 나타났다(Rayle, 2005). 더 행복한 미국 청소년들은 또래들과의 관계가 더 긍정적이었고, 불안과 우울증 수준이 낮았으며 미래에 대한 희망이 더 컸다. 그들은 삶의 만족도가 낮은 청소년들보다 개인적 통제력이 강했다(Gilman & Huebner, 2006).

중국의 경우 주관적 안녕감 점수가 높은 10대의 부모는 주관적 안녕감 점수가 낮은 10대의 부모에 비해 교육 수준이 더 높았고, 서로 다투는 빈도는 더 낮았다(Guo-Xing & Hai, 2006). 이스라엘 청소년들의 경우 자신이 지역사회와 친구들로부터 높은 수준의 사회적 지지를 받고 있다고 느끼는 청소년이 사회적 지지가 적다고 느끼는 청소년보다 행복했다(Ronen, Hamama, Rosenbaum, & Mishely-Yarlap, 2014).

고령자

노인에 대한 연구는 나이 들수록 행복도가 반드시 감소하진 않는다는 것을 시사한다. 결과가 일관적이지 않지만, 일부 연구는 나이가 들수록 행복도가 증가한다는 것을 보여 주는 반면, 다른 연구는 행복도가 65세에 정점을 찍고 그 이후에 감소한다고 말한다(Lacey, Smith, & Ubel, 2006; Mroczek & Spiro, 2005).

　　독일의 70~103세 노인을 대상으로 한 연구에 따르면 노년에 건강 문제와 신체적 제약을 경험한 사람들의 경우 주관적 안녕감이 감소하는 것으로 나타났다(Kunzmann, Little, & Smith, 2000). 독일에서 다양한 장애로 입원한 노인을 대상으로 한 또 다른 연구는 신체장애보다 질환에 대한 개인의 태도가 주관적 안녕감 감소에 더 큰 영향을 미친다고 밝혔다. 이 연구에 따르면 긍정적인 태도를 보인 사람들이 부정적인 태도를 보인 사람들에 비해 주관적 안녕감 수준이 높았다(Schneider, Driesch, Kruse, Nehen, & Heuft, 2006).

　　슬로바키아의 고령 연구 참가자들을 대상으로 한 연구에서도 개인의 태도와 행복 간의 관련성이 확인되었다. 연구자들이 '정의로운 세상에 대한 믿음'이라고 정의한 개념의 점수가 높은 참가자들은 그러한 믿음에 동의하지 않은 참가자보다 더 행복한 것으로 나타났다(Dzuka & Dalbert, 2006).

　　신체 운동은 노인의 주관적 안녕감에서 중요한 요소이다. 노인의 유산소 운동과 근력 훈련 모두 행복과 강한 정적 상관관계를 보였다(Netz, Wu, Becker, & Tenanbaum, 2005). 강한 사회적 지지망과 지지적인 친구가 있는 노인들은 사회적으로 더 고립된 노인들보다 행복한 것으로 나타났다(Pinquart & Soerensen, 2000).

　　미국, 영국, 독일의 70~100세 노인들에 대한 연구에 따르면 죽음에 임박하면 주관적 안녕감이 감소한다. 삶의 마지막 3~5년 동안에는 대개 행복도가 급격하게 감소하곤 한다(Gerstorf, Ram, Estabrook, Schupp, Wagner, & Lindenberger, 2008; Gerstorf, Ram, Goebel, Schupp, Lindenberger, & Wagner, 2010).

결혼과 사회적 지지

나이가 들수록 사회적 지지가 주관적 안녕감에 중요한 영향을 미친다면, 기혼인 노인이 기혼이 아닌 노인보다 행복할까? 40개국 이상에서 약 60,000명을 대상으로 한 연구에서 그 증거가 명백하게 밝혀졌다. 결혼 후 배우자와 함께 사는 사람들은 이혼, 별거, 사별을 경험한 사람들 혹은 결혼한 적 없는 사람들보다 더 행복한 것으로 나타났다(Carr, Freedman, Cornman, & Schwarz, 2014; Diener, Gohm, Suh, & Oishi, 2000).

모든 연령에서 미혼 여성보다 기혼 여성이, 미혼 남성보다 기혼 남성이 행복한 것으로 나타났다(Batanowska-Ratij, Matysiak, & Mynarska, 2014; Mastekaasa, 1995). 이러한 연구 결과는 미국과 폴란드를 포함한 많은 국가에서 입증되었다. 그러나 첫 아이 출산 후 남편과 아내의 행복도가 감소하는 것으로 나타났다. 일반적으로 자녀가 있는 사람보다 자녀가 없는 사람의 행복도가 더 높은 것으로 보고되었으며, 매우 어린 자녀가 있는 사람의 행복도는 가장 낮은 것으로 확인됐다(Munsey, 2010). 한편 미혼모 집단의 행복도가 가장 낮은 것으로 나타났다(Ifcher & Zarghamee, 2014).

결혼한 부부를 대상으로 35년간 실행한 종단 연구 결과, 연구자들은 한쪽 배우자의 행복에 따라 부부의 행복도가 달라진다고 결론 내렸다. 부부 중 한 사람의 불행은 종종 다른 한 사람의 불행으로 이어진다. 부부 중 한 사람의 행복 역시 마찬가지이다(Hoppmann, Gerstorf, Willis, & Schaie, 2011). 독일에서 진행한 연구에 따르면 두 번 이상 이혼한 사람들은 첫 번째 이혼 후보다 두 번째 이혼 후 삶의 만족도가 더 높았다(Luhmann & Eid, 2009).

대부분의 국가에서 사회적 지지는 주관적 안녕감과 밀접한 관련이 있다. 이스라엘에서 진행한 연구에 따르면 강력한 사회적 지지망을 형성한 사람들의 경우 삶의 만족도가 더 높았으며, 사회적 지지망은 특히 이민한 지 얼마 되지 않은 사람들에게 중요했다(Litwin, 2005). 또한 핀란드 연구 결과, 최근 이민한 사람들의 경우 활발한 사회적 지지가 심리적 안녕감에 매우 중요한 것으로 나타났다(Jasinskaja-Lahti, Liebkind, Jaakkola, & Reuter, 2006).

문화

행복에 대한 모든 주요 국제 조사에서 덴마크는 지속적으로 높은 순위를 차지하고 있다(Hussain, 2014). 행복이라는 개념은 문화에 따라 다양하며, 국가별 행복도를 측정할 때에는 국가의 상대적 부가 매우 중요하다. 빈곤으로 인해 기본적인 욕구를 충족시키기 어려운 국가들은 경제적 선진국들보다 행복도가 훨씬 낮다(Diener, Diener, & Diener, 1995; Veenhoven, 2005). 부유한 나라에 사는 사람들은 자신을 가난한 나라 사람들보다 더 행복하다고 평가한다(Delhey & Dragolov, 2015; Diener, Ng, Harter, & Arora, 2010; Doherty & Kelly, 2010; Howell & Howell, 2008; Minkov, 2009).

중국과 튀르키예 같은 집단주의 동양 문화에서 진행한 연구를 살펴본 결과, 사회적 지지와 주관적 안녕감 간에 거의 관계가 없었다(Dan, Jun, & Ji-Liang, 2006; Turkum, 2005). 튀르키예의 대학생들을 대상으로 한 연구에 따르면 다른 사람에게 사회적 지지를 제공할 수 있는 것은 심리적 안녕감과 상당한 관련이 있지만, 다른 사람들로부터 사회적 지지를 받는 것은 심리적 안녕감에 영향을 미치지 않았다(Gencoz & Ozlale, 2004). 주관적 안녕감은 중국과 같은 집단주의 또는 집단지향적 문화에서보다 미국과 같은 개인주의 문화에서 현저하게 높다(Diener, Suh, Smith, & Shao, 1995; Park & Huebner, 2005; Wirtz, Chie, Diener, & Oishi, 2009).

다른 문화권 출신 이민자의 후손의 주관적 안녕감 수준은 지속적·직접적 접촉이 없었더라도 출신 문화권의 주관적 안녕감을 반영하는 경향이 있다. 예를 들어 덴마크인과 스웨덴인은 높은 주관적 안녕감을 보고하는데, 이는 해당 나라 출신 조상을 가진 미국인 역시 마찬가지이다. 헝가리나 리투아니아와 같이 주관적 안녕감 수준이 낮은 문화권 출신 조상을 가진 미국인의 경우, 이들의 주관적 안녕감 수준 역시 그 문화와 비슷하게 낮은 경향이 있다(Rice & Steele, 2004).

지리

25~75세 미국인을 대상으로 한 전국적인 설문조사에서, 행복에 대한 기준이 지역에 따라 서로 다른 것으로 나타났다(Plaut, Markus, & Lachman, 2002). 뉴잉글랜드의 사람들은 신체적 안녕감, 자율성, 그리고 속박을 느끼지 않는 것을 주관적 안녕감의 필수 요소로 꼽았다. 텍사스, 오클라호마, 아칸소, 루이지애나 등 서남중부 주의 사람들은 개인의 성장, 명랑함, 행복도가 주관적 안녕감에 더 중요하다고 여겼다. 켄터키, 테네시, 미시시피, 앨라배마 등 동남중부 주의 사람들은 사회적 책임을 다하고 다른 사람들의 안녕 및 안녕감에 기여하는 것이

자신의 행복도에 큰 영향을 미친다고 생각했다.

다른 연구 결과를 보면 미국의 경우 주관적 안녕감은 서해안과 산악 주에서 가장 높았고, 동해안 주에서 중간 수준이었으며, 중서부와 남부 주에서 가장 낮았다. 전반적으로 행복은 더 높은 소득, 더 높은 교육 수준, 그리고 다른 사람들의 관점을 인정하는 태도와 상당한 관련이 있었다(Rentfrow, Mellander, & Florida, 2009).

독일의 여러 지역에서 24년 동안 진행한 연구에 따르면, 나이가 들수록 부유한 지역에 사는 사람들의 삶의 만족도가 덜 부유한 지역에 사는 사람들보다 높게 유지되었다(Gerstorf, Ram, Goebel, Schupp, Lindenberger, & Wagner, 2010).

인종과 민족

다문화 사회에서 민족정체성이 강한 사람들은 민족정체성이 약한 사람들보다 주관적 안녕감이 더 높았다(Le, Lai, & Wallen, 2009). 아프리카계 미국인 대학생들에 대한 연구에 따르면 대학에서 흑인 공동체에 동일성과 수용감을 강하게 느낀 학생들이 이를 덜 느낀 학생들에 비해 높은 수준의 심리적 안녕감을 보고했다(Postmes & Branscombe, 2002).

아프리카계 미국인 성인들에게 삶의 만족도를 평가하도록 요청했을 때, 차별을 경험한 사람들은 차별을 경험한 적 없는 사람들보다 삶의 만족도가 낮았다. 백인이 주로 다니는 학교를 다닌 학생들은 흑인이나 다문화가정 자녀가 주로 다니는 학교를 다닌 학생들보다 삶의 만족도가 높다고 보고한 바 있으나, 이 연구가 시행된 이후 수십 년이 지났으므로 상황은 변했을 수 있다(Broman, 1997).

53~93세 고령의 아프리카계 미국 성인을 대상으로 한 연구에서, 인종 차별과 관련된 스트레스를 보고한 사람들의 경우, 삶의 만족도가 더 낮은 것으로 나타났다(Utsey, Payne, Jackson, & Jones, 2002). 흑인 대학생들을 대상으로 한 연구에서도 비슷한 결과가 나왔다. 극심한 인종 차별을 경험한 적이 있다고 보고한 사람들은 삶의 만족도가 낮았을 뿐만 아니라 우울증 증상도 더 많

았다(Prelow, Mosher, & Bowman, 2006; Seaton & Yip, 2009).

성격

행복한 성격, 특히 5요인 모형의 측면과 상관이 있는 성격에 대해 상당한 연구가 수행되었다(8장 참조). 신경증 점수가 낮고 외향성, 우호성, 성실성 점수가 높은 사람들은 높은 수준의 주관적 안녕감을 보고했다(De Neve & Cooper, 1998; Hayes & Joseph, 2003; Keyes, Shmotkin, & Ryff, 2002; Marrero & Abella, 2011; Siegler & Brummett, 2000; Solo, 2015). 중국에서 진행한 연구에 따르면 외향성은 주관적 안녕감을 예측하는 가장 중요한 변수 중 하나였다(Zhang & He, 2010).

39개국을 대상으로 아이젠크의 세 가지 성격 요인에 관해 진행한 연구와 26개국을 대상으로 빅 5 성격 요인을 다룬 연구를 살펴보면, 낮은 신경증과 높은 외향성이 국가별 주관적 안녕감 수준과 상당한 상관관계가 있었다(Steel & Ones, 2002). 미국과 독일의 성인을 비교한 결과, 낮은 신경증이 주관적 안녕감의 가장 강력한 예측 변인이었다(Staudinger, Fleeson, & Baltes, 1999). 30개 이상의 국가에서 실시한 다른 연구에서는 낮은 신경증과 높은 외향성이 주관적 안녕감과 주된 상관을 보인 요인이었다(Gomez, Krings, Bangerter, & Grob, 2009; Libran & Howard, 2006; Lynn & Steel, 2006). 이와 비슷한 결과가 유인원들에게서도 발견되었다. 미국, 캐나다, 호주의 동물원에서 가장 행복한 오랑우탄은 동물원 직원들이 외향성이 높고, 신경증이 낮으며, 우호성이 높다고 평가한 오랑우탄이었다(Weiss, King, & Perkins, 2006).

종합하면 매우 다양한 문화에서 신경증, 외향성, 우호성 등 주로 유전되는 요인이 주관적 안녕감에 중요한 것으로 지적되었다. 이는 삶의 만족과 행복에 유전적 요소가 강한 영향을 미침을 시사한다.

다른 성격 변인도 주관적 안녕감에 영향을 준다. 미국과 한국의 대학생들을 대상으로 한 연구에서, 자율성, 유능감, 관계성, 자존감 등 네 가지 요인이 행복에 기여함을 확인하였다(Sheldon, Elliot, Kim, & Kasser, 2001). 영국의 대학생을 대상으로 진행한 연구는 감사하는 마음이 주관적 안녕감과 강하게 연관되어 있다는 것을 보여 주었다. 사람들은 자신의 개인적인 환경에 감사할수록 더 행복했다(Wood, Joseph, & Maltby, 2009).

독일에서 10,000명에 가까운 성인들을 대상으로 한 연구는 높은 성실성의 부정적 영향을 지적하였다. 실직한 사람들 중 성실성이 매우 높은 사람들의 경우 성실성이 낮은 사람들보다 삶의 만족도가 훨씬 큰 폭으로 감소했다(Boyce, Wood, & Brown, 2010).

자기효능감과 내적 통제소재

자기효능감과 내적 통제소재는 모두 삶의 만족도와 정적 상관이 있다. 일반적으로 우리는 삶에 대처하고 우리에게 중요한 강화물을 통제할 수 있다고 느낄 때 가장 행복하다. 독일과 호주에서 진행한 연구에서, 자기숙달감과 자신의 삶에 대한 통제가 주관적 안녕감과 밀접한 관련이 있다는 것이 확인되었다(Lang & Heckhausen, 2001; Windsor & Anstey, 2010). 자율성, 즉 강한 자기결정감은 행복에 기여하는 중요한 변인이다(Schmutte & Ryff, 1997; Sheldon, Kasser, Houser-Marko, Jones, & Turban, 2005). 신뢰, 정서 안정, 자존감, 그리고 스트레스에 긍정적으로 대처하는 능력은 모두 높은 주관적 안녕감과 관련이 있다(De Neve & Cooper, 1998).

긍정적 사고

기쁨, 흥미, 사랑, 열정과 같은 긍정적인 감정은 주관적 안녕감과 관련이 있다(Frederickson, 2001). 마찬가지로, 부정적인 감정은 행복도를 낮춘다. 핀란드의 8~9학년 학생들의 경우 학교 안팎에서 자기성취 기회와 사회적 관계는 주관적 안녕감과 밀접한 관련이 있는 것으로 지적되었다(Konu, Lintonen, & Rimpelae, 2002).

대학생의 복수심, 즉 복수를 하거나 다른 사람을 해치려는 욕망은 삶의 만족도를 낮추는 것으로 나타났다(McCullough, Bellah, Kilpatrick, & Johnson, 2001). 이스라엘에 살고 있는 홀로코스트 생존자들에 대한 연구에 따르면, 비극이 일어난 지 60년 후에도 그 정신적 충격은 여전히 남아, 부정적인 감정과 낮은 주관적 안녕감의 형태로 나타나고 있었다(Ben-Zur & Zimmerman, 2005).

목표

주관적 안녕감이 높은 사람들은 동기나 목표 면에서 주관적 안녕감이 낮은 사람들과 다르다. 한 개관 연구는 사람들이 스스로 설정한 목표가 자신의 성장을 도모하고, 공동체에 기여하고, 현실적이며, 문화에 가치가 있다고 생각할 때, 사람들의 삶의 만족도가 향상된다고 결론지었다. 삶의 만족도가 높다고 평가된 사람들은 자신이 목표를 달성하기 위해 열심히 노력하며 목표를 향해 나아가고 있다고 믿었다(Klug & Maier, 2015; Lyubomirsky, 2001).

미국에서 25~74세 3,000명 이상의 관리자를 대상으로 진행한 연구에서 삶의 만족도와 미래 지향성 간의 강한 정적 관계를 발견하였다. 미래 지향성 개념에는 적극적으로 미래를 계획하는 것이 포함되었다. 이 관계는 젊은 관리자보다 나이든 관리자들에게 더 강했다(Prenda & Lachman, 2001).

독일에서 행복과 관련된 삶의 목표 중 가장 중요한 선택에는 파트너의 특성, 건강한 생활 양식, 일과 여가 간의 적절한 균형, 사회적 참여가 포함된다는 연구 결과가 나왔다(Headey, Muffels, & Wagner, 2010).

31개국 출신 13,000명 이상의 대학생을 대상으로 진행한 연구와 41개국 출신 7,000명 이상의 대학생을 대상으로 진행한 연구에 따르면, 행복한 이들과 불행한 이들이 삶에서 사건을 인식하고 판단하고 해석하는 방식에는 상당한 차이가 있었다. "삶의 만족도를 평가할 때, 불행한 사람들은 그들의 삶에서 잘못될 수 있는 것에 더 큰 비중을 두는 반면, 행복한 사람들은 소위 말하는 장밋빛 안경을 통해 세상을 보며 그들 삶의 긍정적 측면을 더 중요하게 여긴다"(Diener, Lucas, Oishi, & Suh, 2002, p. 444).

행복과 성공

행복과 성공 중 무엇이 먼저일까? 사람들은 성공해서 행복한 것일까, 아니면 행복해서 성공하는 것일까? 여러 연구에 따르면 행복, 즉 주관적 안녕감이 성공을 가져오는 행동을 이끄는 것으로 나타난다(Boehm & Lyubomirsky, 2008). 주관적 안녕감이 높은 사람들은 "구직 시 서류 심사에 통과하여 면접을 보게 될 가능성이 높고, 일단 일자리를 얻으면 감독관으로부터 더 긍정적으로 평가받으며, 우수한 성과와 생산성을 보이는 경향이 있다"(Lyubomirsky, King, & Diener, 2005, p. 8).

인터넷 사용

소셜 미디어 사용이 행복에 영향을 미칠까? 중국 청소년들을 대상으로 한 연구에서 인터넷상의 사회적 상호작용이 행복에 큰 영향을 미치지 않는 것으로 지적되었다. 하지만 이탈리아 대학생들의 경우 인터넷에서 사회적 관계를 형성한 후, 주관적 안녕감이 증가하고 자신이 속한 사회 집단 및 사회 전반에 대한 친밀감이 높아졌다(Biao-Bin, Man-Na, Bi-Qun, & Yong-Hong, 2006; Contarello & Sarrica, 2007).

대만에서 진행한 연구에 따르면 인터넷 사용이 주관적 안녕감에 다소 부

핵심 내용

셀리그먼의 행복 개념에 대한 연구

행복한 사람들은 다음과 같은 경향이 있다.

- 돈이 많으며, 부유한 나라에 거주함
- 매력적임
- 나이가 들수록 운동을 많이 함
- 기혼이지만 자녀가 없음
- 민족정체성이 강함
- 외향적이고 성실하며 자기효능감과 내적 통제소재가 높음
- 신경증적 경향성이 낮음
- 열정적이고 낙관적이며 자신의 환경에 감사함
- 목표가 있고 건강한 생활 방식을 따르며 사회적 참여 수준이 높음
- 개인 생활과 업무 간 균형을 잘 유지함
- 인터넷에서 시간을 보냄(또는 인터넷에서 시간을 보내지 않음)

정적인 영향을 미쳤다(Huang, 2010a). 미국인을 대상으로 한 대규모 연구를 통해 더 부정적인 영향이 발견됐다. 연구에 참여한 사람들은 인터넷에서 검색, 뉴스 확인, 채팅 등으로 많은 시간을 보낼수록 더 외롭고 덜 행복하다고 말했다(Stepanikova, Nie, & He, 2010).

미국 대학생의 경우 과제를 하는 동안 개인 소셜 미디어를 사용한 학생들은 해당 과제 수행이 상대적으로 저조했다. 또한 이들은 과제를 하며 소셜 미디어를 사용하지 않은 사람들에 비해 스트레스 수준이 높았고 행복도는 낮았다(Brooks, 2015).

전반적으로, 여러 부유한 나라와 가난한 나라의 많은 사람들을 대상으로 한 연구는 인터넷 의사소통이 사람들을 더 행복하게 만들지만, 일부는 다른 사람들보다 더 많은 혜택을 받는다는 것을 발견했다(Penard, Poussing, & Suire, 2013). 소득이 낮거나 개발도상국에 사는 사람들은 인터넷 사용의 결과로 더 큰 삶의 만족도를 보고했다. 또한 남성보다는 여성이 인터넷 사용에서 임파워먼트(empowerment)되는 느낌을 받는 것으로 나타났다(Kelly, 2010). 이러한 연구를 통해 인터넷이 주관적 안녕감에 기여하는 데 있어 다른 사람들보다 특정 사람들에게 더 잘 작용한다는 결론을 내릴 수 있다.

다양한 행복의 유형: 의미와 번영

긍정심리학 분야가 발전함에 따라 셀리그먼은 다양한 종류의 행복, 즉 삶의 만족감을 구분하였다. 그는 다음과 같은 세 가지 유형을 제안했다.

- 긍정적인 정서: 즐거운 삶
- 참여: 참여하는 삶
- 의미: 의미 있는 삶

즐거운 삶은 충족감, 직업 만족감, 평온감, 낙관성과 같은 긍정적인 정서로 이루어져 있다. 참여하는 삶은 참여, 관여, 목적, 헌신, 일에 대한 몰입 등으로 구성된다. 셀리그먼이 지적했듯이, 이런 유형의 사람에게 "시간은 빨리 간다. 이들은 그 활동에 완전히 집중하여 자신을 잊어버린다"(Seligman, Rashid, & Parks, 2006, p. 777). 삶의 목적을 갖는 것은 삶의 의미를 찾는 것뿐만 아니라 건강한 노화와 장수와도 관련이 있다(Hill & Turiano, 2014).

의미 있는 삶은 자신의 재능, 능력, 장점을 사용하여 자신보다 더 큰 집단에 소속되거나 봉사하거나 헌신하는 것을 포함한다. 이것은 종교, 단체, 정당, 이상 또는 자신을 초월하는 다른 어떤 것이 될 수 있다. 셀리그먼은 의미 있는 삶을 사는 것은 "만족감과 잘 살았다는 믿음을 낳는다"라고 기술했다(Seligman, Rashid, & Parks, 2006, p. 777). 그의 연구에 따르면 의미 추구와 참여는 쾌락 추구보다 행복과 훨씬 더 밀접한 관계가 있다(Schueller & Seligman, 2010).

2012년에 셀리그먼은『플로리시: 행복과 웰빙에 대한 새로운 이해(Flourish: A Visionary New Understanding of Happiness and Well-Being)』라는 제목의 책을 출판했다. 이 책에서 그는 '번영(flourishing)'이라는 용어가 행복이나 안녕감이라는 용어보다 행복 척도의 꼭대기에 있는 사람들을 설명하는 데 적합하다고 주장했다. 여기에는 세계 인구의 약 10~18%만이 해당하며, 이들은 행복할 뿐만 아니라, 관계나 성취 측면에서도 뛰어난 사람들이다.

셀리그먼은 자신의 삶에 충만하고 깊은 의미를 부여하기에 행복만으로는 충분하지 않다는 결론을 내렸다. 더 높은 수준의 번영에 도달하려면 우리의 재능과 능력을 기르고, 다른 사람들과 깊고 의미 있는 관계를 맺고, 우리 주변의 세상에 긍정적이고 건설적인 방식으로 기여해야 한다. 그가 긍정적인 감정이라고 일컫고 있는 행복은 번영하는 성격의 다섯 가지 기둥 중 하나일 뿐이다. 번영하는 성격이란 긍정적인 정서(행복과 삶의 만족을 포함함), 참여, 관계, 의미, 성취를 의미한다(Seligman, 2011).

비평

긍정심리학에 대한 셀리그먼의 독창적인 주장은 열광적인 반응을 얻었다. 그가 이 주제를 소개한 지 불과 2년 만인 2000년에는『행복 연구 학술지(Journal of Happiness Studies)』가 출간되었다. 이는 심리학 분야에서 행복을 주제로 출간된 최초의 학술지이다. 2002년에 그는『진정한 행복: 지속적 성취 잠재력 개발을 위한 최신 긍정심리학(Authentic Happiness: Using the New Positive Psychology to Realize Your Potential for Lasting Fulfillment)』이라는 제목의 책을 출판하였다. 이 책은 많은 찬사를 받았으며, 『뉴스위크』는 긍정심리 운동을 심리학의 새로운 시대라고 묘사했다. 『타임지』는 셀리그먼의 사진을 표지에 실어 40페이지 분량의 특별 호를 발행했다. 하버드에서 가장 인기 있는 학부 과정은 긍정심리학에 관한 것으로, 수강생이 800명을 넘는다. 2006년에는 긍정심리학 학술지가 출판되기 시작했다. 심리학의 독립된 한 분야로서의 긍정심리학은 경이적인 성공을 이뤄 널리 퍼지고 있다.

2012년, 미국 걸스카우트는 행복의 과학 배지를 만들었다. 회원들은 행복 달성을 위한 전략과 기술을 다루는 1개월 과정을 수료하면 이 배지를 얻는다(Wojcik, 2012). 긍정심리학과 관련하여 2014년까지 연간 1만 건 이상의 학술지 논문이 발표되었다. 여러 세미나가 열렸고, 수많은 책이 출간되었으며, 인기 잡지와 토크쇼에서는 긍정심리학의 목표에 찬사를 보냈다. 2015년까지 구글에서 행복이라는 단어는 3억 5천만 번 이상 검색되었다.

로터는 강화가 자신의 통제하에 있다고 믿는 사람들은 내적 통제소재를 가지고 있고, 강화에 대한 통제가 전혀 없다고 믿는 사람들은 외적 통제소재를 가지고 있다고 설명했다. 내적 통제소재자는 자신이 삶을 확고히 통제하고 있다고 믿고, 신체적·정신적으로 건강하고, 스트레스에 덜 시달리고, 학교 성적이 더 좋고, 직업 만족도와 삶의 만족도에서 높은 점수를 받으며, 자존감이 높다.

내적 지향성은 나이가 들면서 높아져, 중년이 되면 절정에 이른다. 사회경제적 지위가 낮은 사람들, 일부 소수 집단, 일부 문화 집단의 경우 대체로 외적 지향성을 보인다. 내적 통제소재를 지닌 아동의 부모는 자녀에게 지지적이고, 훈육에 일관성이 있으며, 자녀의 독립성을 장려하는 경향이 있다.

주커만에 따르면 감각 추구는 참신하고 복잡한 감각과 경험에 대한 욕구와 관련된 유전적 특성이다. 감각 추구의 네 가지 요소는 스릴과 모험 추구, 경험 추구, 탈억제성, 지루함에 대한 취약성이다. 주커만은 이후에 좋은 감각 추구와 나쁜 감각 추구를 구분했다. 이에 따르면 좋은 감각 추구는 충동적이지 않은 사회화된 감각 추구이며, 나쁜 감각 추구는 충동적인 비사회화된 감각 추구이다. 나쁜 감각 추구는 정신증 척도에서도 높은 점수를 받는다.

백인, 남성, 서양 문화권 출신자, 청소년부터 20대 초반까지의 젊은이들은 감각 추구 수준이 높은 경향이 있다. 감각 추구 수준이 높은 사람들은 마약을 사용하고, 담배를 피우고, 술을 마시고, 과속을 하고, 잦은 성관계를 하고, 도박을 하고, 신체적 위험을 감수하고, 위험한 장소로 여행을 갈 가능성이 더 높다. 성격 면에서도 고감각 추구자는 외향적이고 성실하며, 경험에 개방적이고, 자율적이고, 적극적이며, 비순응적이고, 감정을 표현하는 데 있어 억제되지 않은 경향이 있다. 인지 기능 면에서 고감각 추구자들은 상징과 형상을 더 빨리 인식하고 복잡한 시각 자극을 선호한다.

고감각 추구 남성들은 과학 혹은 다른 사람에게 도움을 주는 직업에 흥미를 보인다. 저감각 추구 남성들은 사무직과 사업에 더 관심을 가진다. 고감각 추구자들은 종교적, 정치적으로 더 자유로운 경향이 있다. 그들은 모호함에 대한 수용도가 높고, 성적 태도에 대해 더 관대하며, 권위주의 척도 점수가 낮다. 그들은 새로운 자극에 대해 더 강한 생리적 반응을 보인다. 감각 추구 경향은 주로 유전되지만 출생 순위나 부모의 감각 추구 수준과 같은 환경 요인의 영향을 받을 수 있다.

셀리그먼이 연구한 학습된 무기력은 우리가 환경을 통제할 수 없다는 인식에서 발생한다. 낙관적 설명 양식은 학습된 무기력을 방지할 수 있는 반면, 비관적 설명 양식은 삶의 모든 측면에 무기력을 퍼뜨리고 신체적 질병과 우울증을 유발할 수 있다. 비관론자들은 부정적인 상황을 개인적, 영구적, 과장된 용어로 설명하기 때문에 이들이 실패를 경험할 경우 학습된 무기력은 간단하고 국지적인 것에서 장기적이고 일반적인 것으로 변한다.

학습된 무기력의 귀인 모형은 실패를 어떤 원인에 돌리는지와 관련되어 있다. 비관론자들은 자신의 실패가 내부적이고 불변하는 전반적인 원인에 기인한다고 생각하는 반면, 낙관론자들은 실패가 외부적이고 가변적인 특정한 원인에 의한 것이라고 생각한다. 낙관론자들은 비관론자들에 비해 오래 살고, 건강하며, 스트레스와 우울 수준이 낮은 경향이 있다.

학습된 무기력은 모든 연령대에서 발생할 수 있지만, 유아와 아동은 이에 특히 취약하다. 유아는 자신의 반응이 환경에 변화를 가져올 때 자신의 반응과 결과 간 대응이 존재한다는 것을 학습한다. 이러한 반응들이 원하는 환경의 변화를 일으키지 않을 때 무기력을 학습한다. 학습된 무기력의 주요 원인은 모성의 박탈(적절한 양육의 부재), 그리고 낮은 수준의 자극과 피드백을 제공하는 환경이다.

긍정심리학은 주관적 안녕감이나 삶의 만족도에서 높은 점수를 받은 행복한 성격의 사람들의 특성에 초점을 맞춘다. 높은 주관적 안녕감은 사회적 지지와 타인과의 긍정적 관계, 긍정적 태도, 신체 활동, 차별을 경험하는 소수 집단에 포함되지 않는 것, 경제적으로 발전된 개인주의 사회에 사는 것과 관련이 있다. 행복한 성격의 특징에는 낮은 신경증적 경향, 높은 외향성, 자율성, 자존감, 자기효능감, 내적 통제소재, 그리고 자신의 삶에 대한 통제감이 포함된다. 이들은 또한 직장에서 성공하고, 건강하며, 장수하는 경향이 있다.

셀리그먼은 많은 긍정적인 정서로 구성된 즐거운 삶, 참여, 헌신, 일에 대한 몰입으로 구성된 참여하는 삶, 자신보다 큰 집단에서 재능과 능력을 통해 헌신하는 의미 있는 삶이라는 세 가지 유형의 행복을 제안했다. 셀리그먼의 최신 개념인 번영은 행복할 뿐만 아니라 관계와 성취에서도 높은 점수를 받는 사람들을 설명한다.

복습 문제

1. 성격에 대한 종합적 접근법과 특정 영역 접근법의 차이점을 기술하라.

2. 강화의 원천에 대해 내적 통제소재자와 외적 통제소재자가 가진 관점이 서로 어떻게 다른지 기술하라.

3. 내적 통제소재자와 외적 통제소재자가 어떻게 다르게 행동하는지 예를 들어 설명하라.

4. 만약 외적 통제소재자가 토네이도가 다가오고 있다는 것을 알게 된다면, 그는 그 상황에 대해 할 수 있는 것이 아무것도 없다고 믿을까, 아니면 자신과 가족, 재산을 보호하기 위해 어떤 조치를 취할까? 왜 그럴까?

5. 부모의 어떤 행동이 자녀의 내적 통제소재를 키워 주는가?

6. 내적/외적 통제소재에 대한 연구에서 지적된 인종, 사회적 계층, 문화적 차이를 설명하라.

7. 내적 통제소재자와 외적 통제소재자의 신체 건강상의 차이를 설명하라.

8. 통제소재와 자기효능감 개념은 어떻게 다른가? 유사점은 무엇인가?

9. 감각 추구의 정의와 네 가지 구성 요소를 설명하라.

10. 주커만은 좋은 감각 추구와 나쁜 감각 추구를 어떻게 구분하는가? 당신은 어떤 유형인가?

11. 연구에서 밝혀진 감각 추구에 미치는 나이, 성별, 문화, 그리고 인종의 영향은 무엇인가?

12. 고감각 추구자와 저감각 추구자의 성격과 인지 기능에는 어떤 차이가 있는가?

13. 고감각 추구자와 저감각 추구자의 서로 다른 행동 방식의 예를 들어 보아라.

14. 고감각 추구자의 직업적 흥미와 정치적 태도를 설명하라.

15. 감각 추구 성향이 결정되는 데 있어 유전과 환경의 상대적 중요성을 논하라.

16. 학습된 무기력을 정의하고 개에 대한 셀리그먼의 초기 연구를 기술하라.

17. 학습된 무기력은 어떻게 신체 건강에 영향을 미칠 수 있는가? 우울증과는 어떤 관련이 있는가?

18. 낙관적 설명 양식과 비관적 설명 양식을 구분하라. 이것이 어떻게 건강에 영향을 미칠 수 있을까?

19. 아동기에 학습된 무기력이 어떻게 발달할 수 있는지 설명하라.

20. 셀리그먼의 긍정심리학과 매슬로와 로저스의 초기 인본주의 심리학 간의 유사점과 차이점을 논하라.

21. 재정 상태, 매력, 건강, 인종, 문화 등 각각의 요

인이 주관적 안녕감에 미치는 영향을 설명하라.

22. 주관적 안녕감 점수가 높은 사람은 낮은 사람과 성격의 어떤 측면이 다른가?

23. 지리, 동기, 목표, 인터넷 사용이 주관적 안녕감에 영향을 미치는 예를 제시하라.

24. 셀리그먼이 제시한 행동의 구성 요소 또는 유형을 기술하라. 매슬로의 자아실현 개념과 가장 가까운 것은 어느 것인가?

25. 셀리그먼의 번영 개념은 이전의 주관적 안녕감 개념과 어떻게 다른가?

읽을거리

통제소재

Rotter, J. B. (1993). "Expectancies." In C.E. Walker (Ed.), *The history of clinical psychology in autobiography* (Vol. 2, pp. 273-284. Pacific Grove, CA: Brooks/Cole.

로터의 대학원 교육, 학문적 경험 및 통제소재에 관한 초기 연구를 다룬다. 또한 학업적 임상심리학 프로그램의 성장을 설명하고, 이와 관련된 정치적 논쟁을 소개한다.

감각 추구

Brannigan, G. G., & Mertens, M. R. (Eds.). (1993). *The undaunted psychologist: Adventures in research*. Philadelphia: Temple University Press.

연구 관심사의 기원에 대한 다양한 학술 심리학자들의 에세이로, 주커만이 연구에 대한 개인 및 지적 접근법에 관해 집필한 장이 포함되어 있다.

Zuckerman, M. (1991). *Psychobiology of personality*. New York: Cambridge University Press.

성격에 대한 행동유전학적 접근법 개관하고, 이와 관련된 신경심리학, 정신약리학, 정신생리학 및 이상심리학 연구를 요약한다.

Zuckerman, M. (2007). *Sensation seeking and risky behavior*. Washington, DC, American Psychological Association.

섹스와 범죄에서 행글라이딩에 이르기까지, 감각 추구 점수가 높은 사람들의 다양한 종류의 행동에 대한 주커먼과 다른 많은 이들의 연구를 포괄적으로 다룬다.

학습된 무기력

Seligman, M. E. P. (1975). *Helplessness: On depression, development, and death*. San Francisco: W .H. Freeman.

학습된 무기력에 대한 초기 연구를 비롯하여, 아동기 학습된 무기력의 발달 및 학습된 무기력이 우울증과 신체 건강에 미치는 영향을 설명한다.

Seligman, M. E. P. (2006). *Learned optimism: How to change your mind and your life*. New York: Vintage.

설명 양식에 있어 낙관론자와 비관론자의 차이를 기술하고, 이러한 양식과 신체적·정신적 건강과의 관련성을 설명한다. 비관론을 낙관론으로 바꾸는 기술을 제안하고 낙관론 또는 비관론 수준을 확인할 수 있는 검사를 담고 있다.

긍정심리학

Compton, W., & Hoffman, E. (2012). *Positive psychology: The science of happiness and flourishing* (2nd ed.). Belmont CA: Cengage.

긍정심리학에 대한 개요로, 긍정심리학에서 중요한 연구 및 일상생활 문제에 이를 적용하는 방법 등을 다룬다.

Fave, A. (Ed.). *The exploration of happiness: Present and future perspectives* (2nd ed.). New York: Springer Science and Business Media.

『행복 연구 학술지』에 게재된 주요 연구 결과, 이슈 및 향후 연구를 위한 제언 등을 수록한 논문집이다.

Seligman, M. E. P. (2002). *Authentic happiness: Using the new positive psychology to realize your potential for lasting fulfillment.* New York: Free Press.

긍정적인 정서, 긍정적인 성격, 그리고 개인적인 만족을 발전시키기 위한 지침을 담은 도서이다.

Seligman, M. E. P. *Martin Seligman: Journey from learned helplessness to learned happiness.*

셀리그먼이 어떻게 심리학과 자신을 변화시켰는지에 대한 개인적이고 전문적인 설명을 다룬다.

Seligman, M. E. P. (2011). *Flourish: A visionary new understanding of happiness and well-being.* New York: Free Press.

행복도를 높이는 데 사용될 수 있는 운동법과 함께 긍정심리학 및 안녕감 이론에 대한 셀리그먼의 최근 제안이 수록된 도서이다.

성격에 대한
다양한 관점

1장에서 이 교재의 목적은 성격을 형성하는 힘과 생각들을 탐색하고, 우리를 우리로 만드는 것을 찾는 것이라고 기술하였다. 지금까지 20세기의 프로이트의 연구부터 21세기의 발전에 이르기까지 거의 40여 가지 이론에 관해 논의했다. 방대한 접근법들을 살펴보았기 때문에 독자들은 자칫 성격심리학 분야에 구체성보다는 혼동, 일치점보다는 상반되는 점들이 더 많다고 결론 내릴 수 있다.

정답은 무엇인가? 성격에 관한 수수께끼는 누가 해결할 수 있는가? 이러한 질문에 대해 우리가 제시할 수 있는 답변은 각 이론이 성격 형성에 상당한 영향을 주는 다양한 요인을 논하고 있다는 것이다. 각 이론가는 이 수수께끼를 해결하는 데 조금씩 중요한 기여를 했다. 이제 그 작은 부분들을 살펴보고 전체적인 그림을 확인할 때가 되었다.

이 장에서는 여러 이론가의 연구에서 나타난 주제들, 즉 요인들을 폭넓게 개관하여, 다음과 같은 다양한 관점을 살펴볼 것이다.

- 유전 요인
- 환경 요인
- 학습 요인
- 부모 요인
- 발달 요인
- 의식 요인
- 무의식 요인

유전 요인

많은 성격 특질 또는 차원이 유전된다는 강력한 증거들이 점진적으로 증가하고 있다. 대표적인 증거는 다음과 같다.

- 아이젠크가 제시한 성격의 세 가지 차원: 정신증, 신경증, 외향성(외향성은 융의 연구 결과에 근거함)
- 매크레이와 코스타가 제시한 성격의 5요인 모형: 신경증, 외향성, 경험에 대한 개방성, 우호성, 성실성
- 버스와 플로민이 제시한 세 가지 기질: 정서성, 활동성, 사회성

이 외에도 주커만의 자극 추구 특질은 주로 유전 요인의 영향을 받는 것으로 알려져 있다. 따라서 유전의 영향을 강조하는 특질 접근법은 성격 연구에 필수적인, 유용한 영역이라는 것을 알 수 있다. 그렇다면 얼마나 많은 유전요인, 특질, 기질이 있는지 정확히 밝혀내는 일이 남아 있다. 커텔이 제시한 바대로 16개인가? 아이젠크의 3개? 매크레이와 코스타의 5개? 버스와 플로민의 3개? 아니면 아직 밝혀지지 않은 요인이 있는가?

캐나다, 독일 그리고 일본의 쌍둥이를 대상으로 수행한 연구에서 5요인 모형의 유전적 근거를 지지하는 결과가 지적되었다. 이 연구의 책임 연구자는 이러한 연구 결과가 "인류의 공통적인 유산을 반영한다"라고 말하였다(Yamagata et al., 2006, p.96). 추가 연구를 통해 빅 5 성격 특질은 아동기부터 성인기에 이르기까지 20여 년 동안 점점 더 안정적으로 유지된다는 것이 확인되었다(Shiner, 2014).

독일과 벨기에의 쌍둥이 및 쌍둥이가 아닌 형제를 대상으로 진행한 연구결과 아동기와 청소년기 및 초기 성인기에 이르기까지 성격 특질이 매우 안정적으로 유지되었다. 이는 성격에서 유전 요인의 중요성을 지지한다(DeFruyt, Bartels, Van Leeuwen, De Clercq, Decuyper, & Mervielde, 2006; Kandler, Bleidorn, Reimann, Spinath, Thiel, & Angleitner, 2010).

이스라엘, 한국, 튀르키예 등의 국가를 포함하여 50여 개의 문화권을 아우르는 대규모 연구 프로그램에 따르면, 연구에 참여한 대다수의 국가에서 빅 5 성격 요인이 일관되게 발견되었다. 그러나 에티오피아, 레바논, 말레이시아, 우간다와 같은 개발도상국의 경우 5요인 모형이 다소 일관되지 않게 나타났다 (Allik, Realo, & McCrae, 2013; Heine & Buchtel, 2009; Ispas, Illiescu, Ilie, & Johnson, 2014).

일란성 및 이란성 쌍둥이 청소년을 대상으로 스웨덴에서 진행한 연구 결과, 폭력적인 반사회적 행동에 취약한 정신병질적(psychopathic) 성격의 유전적 구성 요소를 발견하였다(Larsson, Andershed, & Lichtenstein, 2006). 또 다른 쌍둥이 연구에서 불안 특질의 유전성 수준은 14~18세경에 증가하는 것으로 지적되었다(Garcia, Tully, Tarantino, South, Iacono, & McGue, 2013).

주요 성격 차원에서의 유전적 요소를 발견하기 위한 추가적인 연구에서, 연구자들은 일상의 보편적 행동 중 유전의 영향을 받는 행동을 발견하였다. 미국과 핀란드, 프랑스어를 사용하는 캐나다 지역, 스웨덴에서 진행한 연구는 성적 태도, 2세 유아의 섭식 행동, 따돌림 피해 아동의 우울, 악기 연주에 대한 태도에 유전이 영향을 준다는 증거를 찾았다. 또한, 총기 소지와 관련한 연구에 따르면 이란성 쌍둥이보다 일란성 쌍둥이가 공통적으로 총기를 소지할 가능성이 높았다(Barnes, Boutwell, & Beaver, 2014; Butkovic, Ullen, & Mosing, 2015; Dubois et al., 2013; Iyer, Dougall, & Jensen-Campbell, 2013; Westerlund, Santtila, Johansson, Jern, & Sandnabba, 2012). 행동유전학에 관한 추가 연구가 진행됨에 따라 유전 요인으로 조성되는 성격의 다양한 측면을 분명 더 많이 찾아낼 수 있을 것이다.

하지만 얼마나 많은 유전적 특질이 있는가에 관계없이, 유전학적 접근법을 열렬하게 지지하는 사람들은 유전 요인을 통해 성격을 완전히 설명할 수 있다고 주장할 것이다. 그러나 사람에게 유전되는 것은 운명이 아닌 소인이며, 이는 경향성일 뿐, 확실한 것이 아니다. 유전적 소인이 실제로 발현되는 것은 사회적·환경적 조건, 그중에서도 특히 아동기 조건에 달려 있다.

환경 요인

다수의 연구에 따르면 유전의 효과는 유아기를 비롯한 생애 초기에 매우 중요한 반면, 성격에 미치는 환경의 영향은 아동기에서 성인기로 발달하면서 점점 더 중요해지는 것으로 나타났다. 환경은 전 생애에 걸쳐 우리의 행동과 성격에 지속적인 영향을 준다(Briley & Tucker-Drob, 2014; Kandler, 2012).

앞서 논의한 모든 성격 이론가들은 성격에 영향을 주는 사회적 환경의 중요성을 인식하고 있었다. 아들러는 출생 순위의 영향을 언급하며, 성격이 가족 내 지위의 영향을 받는다고 주장하였다. 형제간 연령 차이 또는 형제의 유무에 따라 개인이 경험하는 양육 및 사회 문제, 도전은 상이하기 마련이다. 아들러의 관점에 따르면 가정 환경에서의 이러한 차이가 서로 다른 성격을 만들 수 있다.

호나이는 자신이 담당했던 독일인과 미국인 신경증 환자가 서로 다른 양상을 보였던 것처럼, 우리가 성장하는 문화적 배경이 우리에게 다양한 영향을 미칠 수 있다고 생각하였다. 또한 아동기에 남아와 여아가 서로 대단히 다른 사회적 환경에 노출되는 데 주목하며, 여성의 열등감은 남성 지배적인 문화에서 여아를 대하는 방식에 기인한다고 지적하였다. 그녀는 모계 중심 문화권에서 성장한 여성의 경우 자존감이 더 높고 부계 중심 문화권 여성과 다른 성격 특성을 가질 것이라고 주장하였다.

성격 연구에 최초로 특질 접근법을 적용한 올포트와 커텔 역시 환경의 중요성에는 동의했다. 올포트는 유전이 성격에 관한 원재료를 제공하지만, 완성된 산물로 재료를 조성하는 것은 사회적 환경이라고 지적하였다. 커텔은 자신이 제안한 16가지 성격 요인과 관련해서 다른 무엇보다 유전이 더 중요하지만, 환경은 궁극적으로 모든 요인에 어느 정도는 영향을 미친다고 주장하였다.

에릭슨이 말한 8단계의 심리사회적 발달은 선천적이지만, 유전적 근거를 가진 각 단계들이 실현되도록 결정하는 것은 환경이다. 에릭슨은 사회적·역사적 힘이 자아정체성 형성에 영향을 준다고 믿었다. 매슬로와 로저스는 자기실현 경향성은 선천적이지만, 환경 요인이 자기실현 욕구를 억제하거나 촉진할 수 있다는 데에 동의했다.

전쟁과 경제 불황 등 대규모 사회적 사건은 우리 삶의 다양한 선택을 제한하여 자기정체감 형성에 영향을 줄 수 있다. 또한 출생, 이혼, 이직 등 보다 평범한 일상의 변화도 성격에 영향을 줄 수 있다.

태어나고 양육된 시대 역시 마찬가지다. 사회적 기준과 태도, 호감과 비호감의 기준, 외적 위협의 성질은 각 세대마다 다르므로, 성격에 상당한 영향을 미칠 수 있다. 이는 50,000명의 대학생 및 젊은 성인을 대상으로 성격 자료를 비교한 주요 연구에서 지지되었다. 1950년대 출생 집단과 1980년대 출생 집단은 불안과 신경증이라는 두 가지 성격 차원에서 매우 유의미한 차이를 보였다. 1980년대 출생 집단의 경우 불안과 신경증 차원이 상당히 높았다. 1950년 대에서 1980년대로 넘어가면서 출산율이 감소하고, 이혼율, 첫 결혼 연령, 독신자 수가 증가한 점을 고려하면, 이러한 차이는 사회적 연결성이 약화됨으로써 발생한 것이라 생각할 수 있다(Twenge, 2000).

핀란드에서 진행한 연구에 따르면 아동의 성격은 바뀔 수 있다. 부모가 되는 것은 부부만족도 및 삶의 만족도 감소, 스트레스와 불안 수준 증가와 관련되어 있다. 이 연구에서 부모가 되고 나면 정서성이 증가하는 것으로 나타났으며, 증가 정도는 자녀의 수에 비례하였다(Jokela, Kivimaki, Elovainio, & Keltikangas-Jarvinen, 2009). 미국, 영국 및 튀르키예에서 진행한 연구에서도 자녀 양육 기간에 부부만족도가 낮아지는 것으로 나타났다. 자녀가 많을수록 부부만족도가 낮아졌다(Wendorf, Lucas, Imamoglu, Weisfeld, & Weisfeld, 2011).

직업도 성격에 영향을 줄 수 있다. 이는 뉴질랜드에 거주하는 성인을 대상으로 한 연구에서 밝혀졌다. 연구 참가자가 18세와 26세 때 각각 2회에 걸쳐 성격검사를 실시한 결과, 18세 때 만족스러운, 높은 지위의 직업을 가졌던 이들의 경우 26세가 되었을 때 안녕감, 사회적 친밀감, 성취감 등 긍정적 정서성이 증가한 반면, 공격성, 소외감, 스트레스 수준 등 부정적 정서성은 감소한 것으로 나타났다. 이러한 결과에 근거해서 연구자들은 직장 환경이 선천적인 성격 특질에 영향을 줄 수 있다고 결론 내렸다(Robert, Caspi, & Moffitt, 2003).

사별이나 실직 등 스트레스를 유발하는 사건들은 성격에 영향을 준다. 미국 내 40대 중반의 성인을 대상으로 연구를 진행하여 10년 후 이들을 다시 평가하였다. 신경증 점수가 높았던 연구 참가자는 일상의 스트레스 사건들이 자신의 삶에서 부정적 전환점이었다고 생각했다. 외향성 점수가 높았던 연구 참가자들은 스트레스 사건으로부터 많은 교훈을 얻었다고 믿었다. 스트레스 사건을 부정적 전환점으로 여긴 연구 참가자는 점차 신경증이 더 강해진 반면, 스트레스 사건을 기회라고 생각한 참가자들은 더욱 외향적으로 변하게 되었다(Sutin, Coasta, Wethington, & Eaton, 2010).

민족적 배경은 물론, 자신이 소수 문화에 속하는지, 주류 문화에 속하는지 역시 성격이 결정되는 데 영향을 준다. 앞서 자극 추구, 통제소재, 성취 욕구 등의 변인에서 민족에 따른 차이의 예를 살펴보았다. 또한 소수 집단의 구성원은 자아정체성과 민족정체성을 형성하면서 두 문화에 모두 적응해야 한다. 이러한 적응의 성공은 성격과 심리적 건강에 영향을 미친다. 중국에 거주하는 사람들 중 자신이 소수 집단의 구성원이라고 생각하는 사람들의 경우, 민족정체성이 강한 사람일수록 자존감과 주관적 안녕감 수준이 높았다(Usborne & Taylor, 2010).

또한 앞에서 문화가 성격을 형성할 수 있는 환경의 중요한 측면이라는 점을 살펴본 바 있다. 서양 문화는 동양 문화보다 더욱 개인주의적인 경향이 있다. 서양 문화권 사람들의 경우 외향성, 자극 추구 및 주관적 안녕감 점수가 높은 반면, 동양 문화권 사람들의 경우 이러한 성격적 특성의 점수는 낮은 경향이 있다.

14장에서 살펴봤듯이 지리적 위치가 주관적 안녕감 수준의 차이를 설명할 수 있다. 성격은 사는 곳에 따라서도 달라질 수 있다. 미국의 경우 북동쪽과 남동쪽 주의 신경증 점수가 높다. 우호성은 남쪽 주에서 높고, 외향성은 북동쪽 주에서는 높은 반면, 서쪽 주에서는 낮은 것으로 나타났다(Rentfrow, 2010).

성격은 이웃에 따라서도 달라질 수 있다. 경제적으로 낙후된 동네에서 성장한 아동은 부적응적인 성격 경향성을 보일 가능성이 있는데, 낮은 탄력성과 문제 행동은 아동이 자라면서 점차 사회적·정서적 문제를 야기할 수 있다(Hart, Atkins, & Matsuba, 2008). 런던에서 진행한 주요 연구에 따르면 삶의 만족도, 우호성, 성실성, 경험에 대한 개방성 수준은 도시 전체에서 동네마다 차이가 있었다(Jokela, Bleidorn, Lamb, Gosling, & Rentfrow, 2015).

앞에서 제시한 모든 이유로 인해 다양한 환경과 사회적 동인이 성격에 미치는 영향을 인정할 수밖에 없다. 이후로는 환경이 성격에 영향을 주는 가장 강력한 방법인 학습에 대해 살펴보자.

학습 요인

학습이 실질적으로 행동의 모든 측면, 즉 성격뿐만 아니라 우리 삶의 주요 목표에도 영향을 준다는 증거는 차고 넘친다(Bleidorn, Kandler, Hulsheger, Reimann, Angleitner, & Spinath, 2010). 성격을 형성하는 모든 사회적·환경적 요인은 학습을 통해 기능한다.

심지어 성격의 유전적 측면도 학습 과정을 통해 수정되거나 방해받거나 예방되거나 더욱 충만해질 수 있다. 스키너는 소위 말하는 성격을 형성함에 있어 긍정적 강화, 점진적 근사, 미신적 행동, 기타 학습 변인들의 가치를 일깨워 주었으나, 그는 성격이 단순히 학습된 반응의 축적물이라고 설명하였다.

밴듀라는 우리가 모델을 보면서 학습한다는(관찰학습) 개념과 대리 강화를 통해 학습한다는 개념을 소개하였다. 밴듀라는 대부분의 행동은 학습되며, 유전은 매우 제한적인 역할만 한다는 스키너의 주장에 동의하였다.

앞에서는 자기효능감(밴듀라), 통제소재(로터), 학습된 무기력과 낙관론대 비관론(셀리그먼) 등 성격의 많은 측면들이 학습된 것임을 입증하는 과학적 증거에 관해 논의하였다. 넓은 의미로 보면, 이러한 개념들은 통제 수준과 관련된 것이라 할 수 있다. 삶에 대한 통제력이 자신에게 있다고 믿는 사람들은 자기효능감 수준이 높고 내적 통제소재를 가지며 학습된 무기력(통제감 부족과 관련됨)을 경험하지 않는다. 셀리그먼의 용어로 표현하면 통재력이 있다고 믿는 사람들은 비관적이기보다는 낙관적이다.

통제감은 삶의 여러 측면에서 유용하다. 높은 통제감 수준은 양호한 대처 기제, 낮은 스트레스, 정신 건강과 신체 건강, 인내심, 높은 열망과 자존감, 낮은 불안 수준, 우수한 성적 및 사회적 기술, 인기 등과 관련이 있다.

자기효능감, 내적 통제소재, 낙관론 등 어떤 명칭을 사용하든 상관없이 통제감은 사회적·환경적 요인에 의해 결정된다. 통제감이 유아기와 아동기에 학습되기는 하지만, 이는 이후의 삶에서 변화될 수 있다. 우리는 부모의 특정 행동이 아동의 통제감 수준을 향상시킬 수 있음을 살펴보았다. 따라서 통제라는 개념은 성격의 학습된 차원 중 부모 행동의 영향을 가장 크게 받는 차원이라고 말할 수 있다.

부모 요인

성격 형성에서 부모의 영향을 가장 처음으로 강조한 이론가는 프로이트였지만, 사실상 프로이트 이후 모든 이론가들은 그의 관점을 어느 정도 되풀이하였다. 아들러가 부모가 자신을 원하지 않았거나 거부했다고 느낀 자녀에게 나타나는 결과를 강조했다는 것을 기억하라. 부모의 이러한 거부는 불안전감을 초래할 수 있고 자녀에게 분노를 경험하게 하며 자존감을 손상시킬 수 있다. 호나이는 자신의 경험을 기술하면서 부모의 온정과 애정이 부족하면 자녀의 안전감이 저해되며 결국 무력감이 초래될 수 있다고 설명하였다.

올포트와 커텔은 특질의 중요성에 근거해서 이론을 만들었지만, 다른 이론가들과 마찬가지로 성격 형성에서 부모 요인을 인식하고 있었다. 올포트는 유아와 엄마의 관계는 애정과 안정감의 주된 원천이며, 이는 이후 성격 발달에 결정적 조건이라고 주장하였다. 커텔은 유아기가 부모와 형제들의 행동으로 아동의 성격이 조성되는 주된 성격 형성 시기라고 보았다.

에릭슨은 태어난 직후 1년 동안 형성된 자녀와 어머니의 관계가 신뢰감을 촉진하는 데 결정적이라는 입장을 고수하였다. 매슬로는 부모가 자녀의 생애 첫 1~2년 동안 생리적 욕구와 안전 욕구를 충족시키는 것이 매우 중요하며, 이는 상위 욕구가 발현되는 데 필수조건이라 말했다. 로저스는 부모라면 자녀에게 무조건적 긍정적 존중을 제공할 책임이 있다고 기술하였다.

여러 예시를 통해 부모의 행동이 자기효능감, 통제소재, 학습된 무기력 또는 낙관성, 주관적 안녕감 등 성격의 많은 구체적인 측면을 결정하거나 손상시킬 수 있다는 것을 살펴보았다. 부모의 행동은 주로 감각 추구와 같은 선천적인 특질에 영향을 줄 수 있다. 무관심하고 처벌적인 부모가 외향성, 사회성, 우호성, 경험에 대한 개방성과 같은 자녀의 유전적인 특질의 발현에 얼마나 큰 장해를 초래할 수 있는지 쉽게 상상할 수 있을 것이다.

권위 있는(authoritative), 즉 온정적이지만 양육 관련 문제에 대해서는 단호한 부모 슬하에서 자란 자녀는 방임적이고, 가혹하며 무심한 부모의 자녀보다 더욱 유능하고 성숙하다는 것을 입증하는 증거가 대단히 많다. 연구자들은 다음과 같이 지적하였다.

권위 있는 양육 방식은 청소년기뿐만 아니라 초기 및 중기 아동기에 나타나는 광범위한 심리적, 사회적 장점과 관련이 있다. … 부모의 반응성과 엄격함의 조합은 청소년기의 적응, 학업 수행 및 심리사회적 성숙과 지속적으로 관련성이 있다(Steinberg & Morris, 2001, p.88).

싱가포르에서 청소년을 대상으로 진행한 연구에 따르면, 권위 있는 양육태도를 보인 부모의 자녀가 권위적인(authoritarian), 즉 엄하고 가혹하고 순종을 강요하는 부모의 자녀에 비해 자신의 능력에 대한 자신감이 높았고, 사회에 더 잘 적응하였다(Ang, 2006). 대규모의 표본을 대상으로 부모-자녀 관계를 분석한 결과 외향성, 우호성, 성실성, 새로운 경험에 대한 개방성이 높은 부모가 그렇지 않은 부모보다 자녀에게 더 온정적이고 일관된 방식으로 행동하였다.

우호성은 높으면서 신경증은 낮은 부모의 경우 자녀의 독립성을 더 지지하였다(Prinzie, Stams, Dekovic, Reijntjes, & Belsky, 2009). 또 다른 연구에서 부모는 자녀가 타인을 친절하게 대하고 배려하며 도울 수 있도록 가르치는 데 중요한 역할을 수행하는 것으로 나타났다(Fortuna & Knafo, 2014).

우리는 앞에서 양육 방식의 문화적 차이에 관해서도 논의하였다. 아랍 문화권의 부모는 권위 있다기보다는 권위적인 경향이 있다. 자녀와 함께 캐나다로 이민한 어머니를 대상으로 한 연구에 따르면, 이집트, 이란, 인도, 파키스탄

등 집단주의 문화권의 어머니들은 서유럽 국가와 같은 개인주의 문화권의 어머니들보다 더 권위적인 경향이 있었다(Rudy & Grusec, 2006).

다수의 연구를 통해 부모의 칭찬이 자녀의 자율성, 현실적 기준과 기대, 유능감, 자기효능감을 촉진할 뿐만 아니라 선천적인 성취욕을 증진할 수 있는 것으로 확인되었다. 긍정적인 부모의 행동이 자녀에게 긍정적인 영향을 미치는 것처럼 부정적인 부모의 행동은 자녀에게 해로운 영향을 주었다.

초기 아동기 경험과 성인의 정신병리 간의 관계를 다룬 여러 연구를 검토한 결과, 아동기의 우울과 불안은 부적절한 양육과 일관되게 관련이 있었다. 정신병리가 있는 성인은 그렇지 않은 성인에 비해 부모로부터 거절과 학대를 더 많이 경험했고, 보호와 애정은 더 적게 경험한 것으로 나타났다(Brewin, Andrews, & Gotlib, 1993).

또 다른 연구에서 부정정서가 지배적이고 우호적이지 않은 어머니의 자녀들은 부정정서를 보이지 않는 어머니의 자녀들보다 비행, 분노, 비순응성 및 기타 다른 문제 행동에 관한 점수가 높았다(Kochanska, Clark, & Goldman, 1997).

핀란드에서 12년에 걸쳐 진행한 연구에 따르면, 어머니가 자녀에 대해 적대적 태도를 보일 경우(양육 태도는 이들의 자녀가 3세 및 6세 때 측정되었음), 이들의 자녀 역시 15세 무렵에 적대적 태도를 보일 가능성이 높았다. 즉 적대적인 어머니는 자신과 똑같이 적대적인 자녀를 양육하는 것으로 나타났다(Raik-konen, Katainen, Keskivaara, & Keltikangas-Jarvinen, 2000). 미국에서 수행한 장기 연구에서 연구 참가자가 5세 때와 31세 때 이들의 성격을 평가하고 그 결과를 비교하였다. 이에 따르면 부모가 자녀를 구속하며, 냉담하고 엄한 양육 태도를 갖고 있을 경우, 자녀는 순응성 점수는 높은 반면 자기방향성은 낮은 성인으로 자랐다(Kasser, Koestner & Lekes, 2002).

그러면 무엇이 부모의 행동을 결정짓는가? 오랜 기간 부모의 행동은 그들의 부모로부터 양육된 방식이 반영된 것으로 이해되었다. 달리 말하면 부모는 자신을 양육한 부모의 행동을 보고 학습하여 행동하는 것이다. 그러나 호주에서 일본에 이르기까지 다양한 국가 출신 20,000여 개 이상의 가족을 대상으로 한 연구에 따르면, 부모의 행동 중 일부는 자녀 행동의 영향을 받았다(Klahr &

Burt, 2014). 이러한 결과를 근거로 부모는 자녀의 행동에 영향을 줄 수도, 받을 수도 있다고 결론지을 수 있다.

부모가 주된 양육자가 아닌 경우, 즉 부모가 일을 하는 동안 자녀 양육의 책임을 보모, 친구, 다른 가족 구성원과 공유하는 상황에서는 어떤 일이 벌어질까? 3~12세 자녀를 대상으로 장기 연구를 실시한 결과, 직장 생활을 하는 어머니의 자녀들에게 문제 행동이나 자존감과 관련하여 유의미한 차이가 지적되지 않았다. 연구자들은 어머니가 아닌 사람에게 양육을 받는다고 해서 행동이나 자존감에 부정적인 영향을 받는 것은 아니라고 결론지었다(Harvey, 1999).

이스라엘의 키부츠(집단 공동체)에 있는 집단 보육 시설은 대리 양육자 쟁점을 연구할 수 있는 독특한 실생활 실험실이라 할 수 있다. 이곳의 어머니들은 출산 후 몇 개월 동안만 자신의 자녀를 돌본다. 이후로는 전문 양육자가 자녀 양육을 책임지게 된다. 아동은 일반적으로 그들의 부모님보다는 대리 어머니 및 아버지와 더 많은 시간을 보낸다.

키부츠에서 자란 아동은 전반적으로 적절히 기능하고 환경에 잘 적응하는 것으로 나타났는데, 이는 유아기에 부모와의 안정적인 관계를 형성했기 때문으로 추정된다. 이러한 결속의 강도는 지배적이고 독립적이며 성취 지향적인 아동을 예측하는 매우 강력한 요인이었다. 반면 초기 아동기에 여름 캠프나 기숙학교 같은 병영식 시설을 경험한 아동은 더 불안해하게 되고 억제되고 정서적으로 둔감해질 수 있다. 키부츠에서 자라면서 부모 또는 양육자와 결속을 적절히 형성하지 못한 성인의 경우 내향적이고 친구를 잘 사귀지 못했으며 대인 관계에서 정서성이 감소하였다(Aviezer, Van Ijzendoorn, Sagi, & Schuegel, 1994).

1990년대 후반에 부모의 행동이 가정 밖에서 나타나는 자녀의 성격에 장기적인 영향을 미치지 않는다는 주장이 제기되면서 큰 논란이 일었다. 이 견해에 따르면 또래는 아이의 성격에 부모보다 훨씬 큰 영향을 미친다. 아동은 같은 반 친구 및 친구들의 행동, 태도, 가치관, 특성을 따라하여 그들의 수용과 인정을 받으려고 한다. 이 견해를 지지하는 학자들도 자녀의 성격에 미치는 부모의 영향을 완전히 부정하지는 않는다. 이들은 단지 가정 밖의 환경에서까지 부모의 영향이 지속되지는 않는다고 주장하는 것이다.

> 부모는 자녀의 행동에 영향을 미친다. 이는 당연하다. 하지만 이러한 영향은 가정이라는 맥락 안에만 있는 것이다. 아이들은 외출할 때 가정에서 습득한 행동을 뒤로한다. 아이들은 엄마가 입힌 어설픈 스웨터처럼 그것을 벗어던진 다(Sleek, 1998, p. 9).

이러한 제안을 지지하는 연구가 있다. 청소년기 후반 쌍둥이를 대상으로 한 연구 결과, 공통의 친구가 더 많은 쌍둥이는 공통의 친구가 더 적은 쌍둥이 에 비해 서로 성격이 비슷한 것으로 나타났다. 이는 가정 환경보다는 친구가 성격에 더 큰 영향을 미쳤음을 시사한다(Loehlin, 1997).

성격에 있어 유전 요인이 가장 중요하다는 견해에 동의하는 연구자들도 부모의 영향을 부정하거나 최소화하는 경향이 있다. 이들은 가정 환경이 성격 에 미치는 영향이 미미하다고 말한다. 하지만 성격이 부모에 의해 결정되는 지, 아니면 또래나 유전, 혹은 이러한 요인 중 몇몇의 조합으로 결정되는지에 대한 논란은 결국 해결될 수 있다. 그 결과 우리는 다음과 같이 질문하게 된다. 성격은 이러한 영향에 의해 생애 초기에 고정되는가, 아니면 이후에 바뀔 수 있는가? 이 질문에 대답하기 위해 발달 요인을 살펴보자.

발달 요인

프로이트는 성격이 5세까지 형성된 뒤 고정되며 이후로는 바꾸기 어렵다고 믿 었다. 그러나 연구 결과에 따르면 아동기가 성격 형성에 중요한 것은 분명하 지만, 성격은 아동기 이후에도 전 생애 동안 계속해서 발달한다.

커텔, 올포트, 에릭슨 등의 이론가들은 아동기를 중요하게 보았지만 성격 이 아동기 이후에도 바뀔 수 있다는 점에 동의했다. 몇몇 이론가들은 성격 발 달이 청소년기까지 지속된다고 주장한 반면, 융, 매슬로, 에릭슨, 커텔은 중년기를 주요 성격 변화의 시기로 보았다.

문제는 우리의 성격이 언제까지 변화하고 성장하는지이다. 20세 때 당신의 성격이 40세의 당신 모습을 예측할 수 있는가? 성격에 관한 많은 질문이 그러하듯이 이러한 문제는 매우 복잡하다. 어쩌면 질문 자체가 잘못되었을 수도 있다.

경험적 증거는 이 문제와 관련하여 다양한 관점을 지지한다. 성격이 변하는가? 그렇다. 성격이 안정적인가? 아마도 그렇다. 그러나 만약 우리가 질문을 다듬고, 어떤 성격 특성은 다른 특성이 바뀌는 동안 평생 안정적으로 유지되는지 묻는다면, 이에 대해 확실하게 그렇다고 대답하기는 어려울 것이다.

연구에 따르면 지속적 성격(매크레이와 코스타의 5요인 모형에서 기술하는 특질 및 기타 성격 측면 등)의 가장 기본적인 기반은 오랫동안 안정적으로 유지된다. 이러한 연구 결과를 고려하면 기본적인 특질과 능력은 30세부터 지속되는 것으로 보인다(Nave, Sherman, Funder, Hampson, & Goldberg, 2010; Terracciano, McCrae, & Costa, 2010).

신경증, 외향성, 개방성 등의 요인은 대학 시절부터 중년기까지 감소하는 반면, 우호성과 성실성은 나이가 들수록 높아진다는 연구 결과도 있다. 비교문화 연구 결과 미국, 독일, 이탈리아, 포르투갈, 크로아티아, 네덜란드, 호주, 한국과 같은 다양한 국가에서 이러한 경향을 일관성 있게 발견하였다(Allemand, Zimprich, & Hendriks, 2008; McCrae & Costa, 1997; Lucas & Donnellan, 2009, McCrae et al., 1999)

다른 연구의 결과는 다소 달랐다. 예컨대 수백 명을 대상으로 40년간 진행한 연구 결과, 지배성과 독립성 점수는 중년기에 최고조에 달했고, 20세 이후에도 성격은 지속적으로 진화하고 변화하는 것이 발견되었다(Helson, Jones, & Kwan, 2002). 55,000명 이상이 참여한 152건의 종단 연구를 메타분석한 결과, 모든 연령대에서 성격 특질의 일관성이 높은 것으로 나타났으며, 특히 성인기에 성격 특질의 일관성이 가장 높았다(Roberts & Delvecchio, 2000). 이러한 연구 결과에 따르면 성격 특질은 전 생애에 걸쳐 일관되게 유지되고 50세 이후에 가장 높은 수준에 도달한다.

추가적인 연구는 아동기와 청소년기의 성격 변화에 초점을 맞추고 있다.

에스토니아의 12~18세 청소년들을 대상으로 한 연구에서 5요인 모형에 따라 성격을 측정한 결과, 연구가 진행된 2년 동안 그들의 성격이 안정적으로 유지된 것을 발견하였다(Pullmann, Raudsepp, & Allik, 2006). 미국 대학생을 대상으로 30개월 동안 진행한 연구에 따르면, 이들은 이 기간 동안 더 개방적이고, 우호적이고, 성실해진 것으로 나타났다(Vaidya, Gray, Haig, & Watson, 2002).

또 다른 종단 연구는 정상 및 비정상 성격 요인이 30세 전후에 가장 안정되며, 이후 전 생애 동안 매우 안정적으로 유지될 수 있음을 보여 주었다(Ferguson, 2010). 하지만 스위스의 한 연구에 따르면 60대 이후로 신경증, 외향성, 새로운 경험에 대한 개방성은 감소하는 경향을 보였다(Allemand, Zimprich, & Martin, 2008).

64~98세 쌍둥이를 대상으로 한 연구에 따르면 나이가 들수록 외향성, 성실성, 지각된 통제감이 감소하였고, 신경증이 증가하는 것으로 나타났다. 하지만 전반적으로 나이가 들면서 느끼는 안녕감에는 큰 변화가 없었다(Berg & Johansson, 2014; Kandler, Kornadt, Hagemeyer, & Neyer, 2014).

21~60세 32,000명 이상을 대상으로 한 인터넷 연구에서 성실성과 우호성이 성인기 초중반까지 증가한다는 것을 발견하였다. 연구에 따르면 성실성은 20대에 가장 크게 증가했고 우호성은 30대에 가장 크게 증가했다(Srivastava, John, Gosling, & Potter, 2003).

다른 연구는 젊은 성인기에서 중년기로 전환됨에 따라 사람들이 사회적 상황에서 더 지배적이 되는 한편, 더 성실해지고 정서적으로 안정되는 경향이 있다고 지적하였다(Roberts, Walton, & Viechtbauer, 2006). 또한 여러 대규모 연구 결과가 30세 이후와 늦은 성인기까지 일반적으로 성격이 안정적으로 유지된다는 견해를 지지하였다(Johnson, McGue, & Krueger, 2005; Terracciano, Costa, & McCrae, 2006).

18~26세 뉴질랜드인들을 대상으로 한 연구에서 이 기간 동안의 성격 변화가 심리적 성숙도를 증가시킨 것으로 확인되었다. 연구 참가자들은 사회적 상황에서 자기통제력과 자신감이 증가하였고, 분노와 소외감이 감소하였다. 여성은 전반적으로 남성보다 높은 심리적 성숙도를 보였다(Roberts, Caspi, & Moffitt, 2001).

8~12세 아동을 대상으로 연구를 진행하고, 10년 뒤 이들을 다시 조사하였다. 그 결과 아동기의 성격적 특성에 근거해서 10년 뒤 이들의 성격 변화를 상당한 수준으로 예측할 수 있었다(Shiner, Masten, & Tellegen, 2002). 이 모든 연구 결과로부터 알 수 있는 것은 청소년기와 성인기로 성장함에 따라 성격이 변한다는 것인데, 이는 아마 당신 스스로 이미 경험한 바 있을 것이다.

성인의 성격 변화를 초래하는 원인은 무엇인가? 많은 심리학자들은 사회적, 환경적 영향과 그러한 영향에 대한 우리의 적응으로 인해 성격이 변한다고 말한다. 경제 상황의 변화, 대학 졸업, 결혼과 자녀 출생, 이혼, 실직 또는 승진, 중년기 위기, 부모의 노령화 모두 성인이 적응해야 할 문제를 만들어 낸다(McAdams & Olson, 2010).

네덜란드에서 40대 남녀를 대상으로 3년간 진행한 연구 결과 직장 생활이나 가정 생활에서 성공하는 것과 같이 사회적 역할에 적응한 경험이 있는 사람이 그렇지 않은 사람보다 5요인 성격 차원에서 더 높은 점수를 받은 것으로 나타났다. 즉 성격 변화는 전형적인 중년의 관심사에 성공적으로 적응하는 것과 관련이 있는 것으로 밝혀졌다(Van Aken, Denisson, Branje, Dubas, & Goossens, 2006).

다른 적응 사례를 살펴보면, 실직한 사람들은 신경증이 크게 증가하고 성실성과 외향성이 감소하였다. 적극적으로 데이트를 하고 사회적 관계를 유지한 성인은 연애를 하지 않은 성인보다 신경증 차원 점수가 낮았던 반면, 외향성, 성실성, 자존감에서는 높은 점수를 받았다(Costa, Herbst, McCrae, & Siegler, 2000; Neyer & Asendorpf, 2001).

이러한 문화적, 개인적 도전들은 성격에 영향을 준다. 한 이론가는 성격이 기질적 특성, 개인적 관심사, 인생 서술이라는 세 가지 수준에서 시간이 지남에 따라 계속 발전한다는 견해를 제안했다(McAdams, 1994). 기질적 특성(dispositional trait)은 매크레이와 코스타가 논의한 유전적 특성으로, 비교적 안정적이며 30세부터 상대적으로 변하지 않는 것으로 밝혀졌다.

개인적 관심사(personal concern)는 의식적인 감정, 계획, 목표를 의미하며, 우리가 무엇을 원하는지, 그것을 이루기 위해 어떻게 노력하는지, 우리 삶에서 사람들에 대해 어떻게 느끼는지를 나타낸다. 개인적 관심사는 각자가 노출되는 다양한 상황과 그 영향으로 인해 전 생애에 걸쳐 자주 변할 수 있다. 이러한 상황에 직면할 경우 우리의 감정과 의도는 바뀔 수 있으나, 이때 나타나는 기질적 특성(신경증 혹은 외향성 수준)은 상대적으로 안정적으로 유지될 수 있다.

인생 서술(life narrative)은 자기를 형성하고, 정체성을 확립하며, 삶의 통일된 목적을 찾는 것과 관련되어 있다. 우리는 우리가 누구인지, 세상에 어떻게 적응하는지 창작하며, 끊임없이 자신의 인생 이야기를 집필하고 있다. 개인적 관심사와 마찬가지로 인생 서술도 사회적, 환경적 상황에 따라 변한다. 성인으로서 우리는 삶의 각 단계와 삶의 요구, 도전, 기회에 적응하기 위해 우리의 이야기를 조정할 수 있다.

지금까지 살펴본 견해에 따르면 성격의 근본적인 기질적 특성은 대체로 일정하게 유지되는 반면, 우리가 누구인지, 우리가 어떤 사람이 되고 싶은지에 대한 의식적 판단은 바뀔 수 있다. 이러한 생각은 이론가들이 고려한 또 다른 요인인 의식에 주목하게 한다.

의식 요인

앞서 살펴본 거의 모든 성격 이론은 의식적인(인지적) 과정을 명시적으로 또는 암묵적으로 다루고 있다. 심지어 무의식에 집중했던 프로이트와 융도 지각하고, 생각하고, 느끼고, 기억하는 자아, 즉 의식적 정신이 현실 세계와의 상호작용을 가능하게 만든다고 기술했다.

우리는 자아를 통해 자극을 지각하고 이후 그 이미지를 떠올릴 수 있다. 융은 합리적 기능, 의식적 판단, 경험 평가에 대해 서술했다. 아들러는 인간을 삶의 방향을 계획하고 지시할 수 있는 의식적이고 이성적인 존재로 묘사했다. 우리는 희망과 꿈을 품은 채 계획을 세우고 만족을 미루며 의식적으로 미래의 일을 예상한다.

올포트는 신경증적이지 않은 사람들은 의식적이고 합리적인 방식으로 기능하며, 자신에게 동기를 부여하는 힘을 인식하고 통제한다고 믿었다. 로저스는 사람들이 주로 자신과 경험 세계에 대한 의식적 인식에 의해 지배되는 합리적 존재라고 생각했다. 매슬로 또한 의식의 역할을 인식하여, 알고 이해하려는 인지 욕구를 제안했다.

켈리는 인지적 요인에 근거한 가장 완전한 이론을 제시하였다. 그의 설득력 있는 주장에 따르면 인간은 환경과 다른 사람들에 대한 개념을 형성하고, 이러한 개념을 바탕으로 그들에 대해 예측한다. 인간은 사회적 세계에 대한 가설을 세우고, 이를 현실과 비교하여 검증한다. 우리의 일상을 생각해 보면, 사람들이 타인이 어떻게 행동할지 해석하고 예측한 뒤, 자신의 행동을 수정하거나 타인의 행동에 적응한다는 주장을 부정하기 어렵다.

밴듀라에 따르면 우리는 모델링과 대리 강화를 통해 행동을 학습할 수 있다. 이를 위해 우선 다른 사람들에게서 관찰한 행동의 결과를 예측하고 인식할 수 있어야 한다. 우리는 그러한 결과를 직접 경험하지 않아도 모델의 행동에 대한 강화의 결과를 시각화하거나 상상할 수 있다.

따라서 의식이 존재하며 성격에 영향을 미친다는 데 의견이 일치한다. 그러나 무의식과 관련해서는 그 역할이나 심지어 존재 여부에 대해서도 의견이 분분하다.

무의식 요인

프로이트는 우리의 가장 어두운 공포, 갈등, 힘의 저장소인 무의식의 세계를 소개하며, 무의식이 의식적 생각과 행동에 영향을 미친다고 주장했다. 심리학자들은 생각과 기억이 무의식 속에 억압되어 있으며 억압을 포함한 다른 방어 기제들이 무의식 수준에서 작동할 수 있다는 프로이트의 개념을 뒷받침하는 증거를 발견했다.

심리학의 인지주의 운동은 의식적 과정에 대한 관심을 높였을 뿐 아니라 무의식에 대한 새로운 관심을 야기했다. 최근의 연구는 무의식이 강력한 힘이며, 어쩌면 프로이트가 제안한 것보다 그 영향이 더 널리 퍼져 있을 수 있다는 것을 보여 준다. 하지만 무의식에 대한 현재의 설명은 프로이트의 견해와 다르다. 현대의 연구자들은 무의식적 인지 과정에 초점을 맞추고, 이를 정서적이라기보다는 이성적인 것으로 기술한다.

프로이트의 무의식, 이른바 억압된 소망과 욕망의 어두운 가마솥과 합리적인 무의식을 구별하기 위해 후자를 흔히 비의식(non-conscious)이라고 부른다. 비의식을 연구하는 한 가지 방법은 연구 참가자의 의식 수준 이하로 다양한 자극을 제시하는 역치하 활성화(subliminal activation)이다. 연구 참가자가 자극을 인식할 수 없는 경우에도 의식적 과정과 행동은 역치하 자극에 의해 활성화될 수 있다.

이러한 연구에서 도출할 수 있는 분명한 결론은 사람이 볼 수도 들을 수도 없는 자극의 영향을 받을 수 있다는 것이다. 또한 '엄마와 나는 하나' 연구에서 특정 자극을 역치하 수준으로 제시하더라도 정서적, 인지적 반응에 영향을 줄 수 있음을 살펴보았다(Silverman & Weinberger, 1985). 역치하 자극은 연구 참가자가 그 자극의 실제 메시지를 의식적으로 인식하지 못했음에도 치료적 가치가 있었다. 따라서 무의식은 이성적 요소와 정서적 요소를 모두 가지고 있을 수 있다.

무의식은 오늘날 심리학 연구에서 주목받는 주제이지만, 프로이트를 추종하던 많은 성격 이론가들은 이러한 연구들을 받아들이지 않았다. 프로이트가 상상한 정서적 무의식은 성격 연구의 공식적인 시작을 알린 놀라운 생각이면서도 가장 이해되지 않은 요인이라 할 수 있다. 이는 여전히 프로이트 시절과 거의 같은 수준으로 신비롭고 접근이 어려운 요인으로 남아 있다.

최종 비평

이 책에서 보았듯이 대부분의 성격 측면은 여전히 신비로운 상태로 남아 있으며, 일부 측면에 대해서는 아직도 온전한 접근이 불가능하다. 우리는 성격을 정의하거나 묘사하는 다양한 방식을 살펴보았다. 이 책에 소개된 각각의 이론은 성격이란 무엇인가라는 중요한 질문에 대한 답의 또 다른 부분을 일깨워 주었다.

우리는 불안, 무의식, 두려움과 억압의 삶을 강조한 프로이트의 관점에서 출발하여 긍정심리학과 행복한 성격의 특징에 이르기까지 다양한 성격 이론을 살펴보았다. 이 과정에서 다룬 다양한 생각들을 통해 성격을 보다 폭넓게 이해할 수 있게 되었다. 그러나 아직 고려해야 할 가능성과 배워야 할 것이 많이 남아 있다. 또한 분명 새로운 접근법이 소개되면서, 아직 상상해 보지 못한 새로운 이론이 제시될 것이다.

성격을 이해하려는 시도는 끝나지 않는다. 성격을 표나 그래프로 정리하여, 성격을 형성하는 요인을 자세히 설명하는 데 엄청난 진전이 있었던 것은 사실이나, 여전히 많은 연구자가 활발히, 역동적으로 이 분야에 도전하고 있다. '성격이란 무엇인가?' 이는 아마도 심리학에서 가장 중요한 질문일 것이다. 이 질문이 우리가 우리를 이해하려는 시도를 반영하기 때문이다.

복습 문제

1. 당신의 성격과 어머니, 아버지, 형제의 성격 간에 비슷한 점과 다른 점을 생각해 보라. 어떤 요소가 공통적인가? 그들과 완전히 다른 점은 무엇인가?

2. 나이가 든 이후에도 여전히 당신의 성격이 부모님의 영향을 많이 받았다고 생각하는가? 아니면 또래와 외부 세계, 특히 소셜 미디어를 통한 상호작용의 영향을 더 많이 받았는가?

3. 청소년기 초기를 떠올려 보라. 그 당시 부모님과 또래 중 누가 당신에게 더 많은 영향을 미쳤는가? 그때보다 나이 든 지금도 그 질문에 대한 대답이 같은가?

4. 이 책에 소개된 성격에 대한 접근법 중 자신을 이해하는 데 가장 유용했던 접근법과 가장 유용하지 않았던 접근법은 어떤 것인가?

5. 아동기부터 현재까지 당신의 성격에는 어떤 변화가 있었는가? 살면서 일부러 성격을 바꾸려 시도한 적이 있는가? 그러한 노력이 성공적이었는가? 만약 성공했다면 어떤 기법을 사용했는가?

6. 어떤 사람들이 행복할지, 정서적으로 안정적일지, 혹은 업무 수행이 뛰어날지 예측할 수 있을 만큼 정확하게 성격을 평가할 수 있다고 생각하는가?

7. 성격심리학 강의를 통해 자신의 성격에 대해 유용하거나 놀라운 점을 알게 되었는가?

8. 이 책을 다 읽은 현재, 성격에 대해 더 알아보고 싶은가? 아니면 이미 충분히 배웠다고 생각하는가?

Teti, D. M., 601

Tetlock, P. E., 533

Thacker, S., 587

Thal, S. E., 185

Thiel, W., 689

Thoemmes, F., 417

Thomas, S., 131

Thompson, S. C., 655

Thompson, T., 645

Thompson, V., 53

Thompson-Lake, D., 645

Thoresen, C., 638

Thornton, B., 275

Tildesley, E., 645

Timmermans, A., 422

Tjan-Heijnen, V., 637

Tobey, L. H., 226

Tobin, D., 229

Tomina, Y., 553

Tomlin, M., 556

Tomlinson, T. M., 489

Tompson, M., 638

Tong, J., 633

Torges, C., 324

Tori, C., 132

Torres, L., 328

Tosun, L., 423

Townsend, A., 318

Trapnell, P. D., 30

Trautwein, U., 417

Triandis, H. C., 32

Tribich, D., 137

Trice, A., 642

Trifonova, A., 407

Troetschel, R., 124

Troup, L., 401

Trovato, G., 367

Trzesniewski, K. H., 458

Tsai, C., 618

Tsai, J., 368

Tsai, M., 618

Tseng, M., 223, 230

Tucker, J., 414

Tucker, W., 396

Tucker-Drob, E., 691

Tully, E., 690

Turban, D., 677

Turenshine, H., 233

Turiano, N., 681

Turkle, S., 318

Turkum, A., 674

Turner-Cobb, J., 457

Twenge, J., 460

Tyson, D., 54

U

Uba, L., 328

Ubel, P., 672

Udris, R., 620

Uhlmann, E., 620

Ulbricht, J., 400

Ullen, F., 690

Umana-Taylor, A. J., 327-328

Updegraff, K., 233, 327

Usborne, E., 327, 693

Ustwani, B., 186

Utsey, S., 675

Utz, S., 318

V

Vaccarino, V., 637

Vahtera, J., 658

Vaidya, J., 701

Valentijn, S., 608

Vallath, S., 129

Valli, K., 133

Van Aken, M., 37, 702

Van Bakel, H., 126

Van Boven, L., 669

Van de Castle, R., 137, 274

Van de Water, D. A., 322-323

Van den Eijnden, J., 423

Van der Aa, N., 423

Van der Linden, D., 413

Van der Vyver, J., 367

Van Eeden, R., 395

Van Hiel, A., 322, 324, 460

Van Leeuwen, K., 689

Van Zalk, M., 37

Vanderborght, B., 145

Vandewater, E. A., 189, 322

Vandiver, B., 329

Vansteenkiste, M., 314

Varesconi, I., 645

Varvatsoulias, G., 186

Vasquez, E., 128

Vaughan, A., 553

Vazire, S., 27

Vecchione, M., 126

Veenhoven, R., 673

Velasquez, R., 636

Velezmoro, R., 646

Venables, P., 648

Ventura, M., 611

Verkasaio, M., 423

Verkuyten, M., 461

Vernon, P., 362, 364, 422

Verrico, C., 645

Veselka, L., 422

Vetere, A., 129

Viechtbauer, W., 701

Viezel, K., 228

Viken, R. J., 409

Villanova, P., 654

Villardon, L., 621

Viner, R., 144

Vinitzky, G., 423

Vinokur, A. D., 130

Visintainer, M., 656

Vlaev, I., 670

Vlahov, D., 617

Vleioras, G., 314

Vogel, E., 459

Vohs, K., 563

Wood, A., 677

Wood, J. M., 46, 53

Wood, M., 403

Woodworth, M., 421

Worrell, F., 329

Worth, R., 129

Wright, C., 660

Wright, E., 617

Wright, P. M., 598

Wright, T. L., 612

Wu, M., 672

Wu, Q., 458

Wyatt-Gieser, J., 46

Wygant, S., 40

Wynd, C. A., 637

Wynn, R., 636

X

Xenos, S., 424

Xiang, J., 132

Xian-Li, A., 135

Xiao-Yun, Z., 646

Y

Yablon, Y., 186

Yagmurlu, B., 35

Yamagata, S., 689

Yamaguchi, S., 34, 461

Yamazaki, T. G., 272

Yan, G., 646

Yan, Z., 62

Yang, H., 187

Yang, Y., 411, 424

Yao, M., 29

Yap, S., 327, 609

Yee, C., 615

Yeo, G., 402

Yi, M. S. M., 32

Yildiz, S., 395

Yip, T., 676

Yong-Hong, H., 679

Yoo, H., 32

Young, R., 30

Young-Bruehl, E., 142

Youngquist, J. V., 647

Youngs, D., 532

Yu, C., 117, 135

Yu, E., 665

Z

Zadra, A., 134

Zafiropoulou, M., 395

Zajonc, R. B., 215, 232

Zamani, R., 56

Zamboanga, B., 645

Zane, N., 51

Zanon, C., 411

Zaretsky, E., 143

Zarghamee, H., 673

Zeb, N., 127

Zebrowitz, L. A., 367, 609

Zecca, M., 367

Zeidner, M., 636

Zeigler-Hill, V., 458

Zelazo, P., 138

Zhai, Q., 411

Zhai, Y., 411

Zhang, D., 676

Zhang, F., 365

Zhao, S., 187

Zheng, H., 646

Zhong, Z., 29

Zhou, Y., 135

Zhuo, J., 587

Ziegelstein, R., 415

Zigler, E., 496

Ziegler-Hill, V., 460

Zimmer, C., 366

Zimmerman, B. J., 610

Zimmerman, M., 678

Zimmerman, R., 622

Zimmermann, J., 480

Zimprich, D., 410, 700-701

Zonash, R., 127

Zubair, A., 635

Zucchi, J., 655

Zucker, A., 322

Zuckerman, M., 639-641, 643, 645, 649-651

Zukanovic, R., 312

Zullow, H., 665

Zunshine, L., 370

Zweigenhaft, R., 234

용어 설명

L-data 교실이나 사무실과 같은 실제 생활 환경에서 관찰된 행동에 대한 생활기록 평정.

MBTI 융의 심리 유형과 내향성 및 외향성 태도에 기반한 평가 도구.

Q-data 우리의 성격, 태도, 관심사에 대한 자기보고 질문지 평정.

Q분류 기법 자기개념의 측면을 평가하기 위한 자기보고 기법.

T-data 왜곡이 어려운 성격 검사로부터 얻은 자료.

ㄱ

가상적 목적론 우리의 행동을 이끄는 상상의 목표 또는 잠재적인 목표가 있다는 개념.

가치의 조건화 바람직한 행동과 태도를 표현하고 다른 사람들로부터 불신을 가져오는 것들을 표현하는 것을 자제할 때에만 인정받을 가치가 있다는 믿음; 프로이트의 초자아와 비슷함.

갈등 신경증적 경향의 기본적인 불협화음.

감각 추구 다양하고 참신하며 복잡한 감각 및 경험에 대한 욕구.

강화 보상을 주어 반응이 반복될 가능성을 증가시켜 조건형성을 강하게 만드는 행위.

강화 계획 강화물을 제공하거나 철회하는 패턴 혹은 비율.

개성화 성격의 모든 의식적 측면과 무의식적 측면의 통합으로 인한 심리적 건강 상태.

개인 무의식 한때 의식에 있었지만, 잊히거나 억압된 자료들의 저장소.

개인심리학 아들러의 성격 이론.

개인적 구성개념 이론 인지 과정의 관점에서 성격에 대한 켈리의 설명; 우리는 행동과 사건을 해석할 수 있고, 우리의 행동을 안내하고 다른 사람의 행동을 예측하기 위해 이 해석을 이용할 수 있음.

개인적 성향 많은 사람이 공유하는 특질과는 반대로, 개인에게 고유한 특질.

개인적 자료 기법 개인의 서면 또는 음성 기록에 대한 연구를 포함하는 성격 평가 기법.

거세 불안 오이디푸스 컴플렉스 기간 동안 남아가 자신의 음경이 절단될까 두려워하는 것.

결핍(결함) 욕구 하위 욕구; 이 욕구를 충족하지 못하면 신체에 결핍이 초래됨.

계기적 근사 복잡한 행동의 습득에 대한 설명; 말하기 학습과 같은 행동은 목표하는 최종 행동에 대략적으로나마 근접할 때 강화됨.

고유자아 자아 또는 자기에 대한 올포트의 용어.

고유자아의 기능적 자율성 우리의 가치관, 자아상, 생활 방식과 관련된 기능적 자율성 수준.

고정역할치료 내담자가 가상의 인물에게 적합한 구성개념을 실제로 수행하는 심리치료 기법; 내담자에게 새로운 구성개념이 자신이 이전에 사용해 왔던 것보다 얼마나 더 효과적일 수 있는지 보여 줌.

고착 과도한 좌절이나 만족으로 인해 리비도의 일부가 심리성적 발달 단계 중 한 단계에 계속 투자되는 것.

공격적 성격 지배하고 통제하는 태도와 같이 타인에 대항하여 움직이는 신경증적 경향과 관련된 행동과 태도.

공격적 충동 파괴하고, 정복하고, 살해하고 싶은 충동.

공통 특질 모든 사람이 어느 정도 가지고 있는 특질.

관찰학습 다른 사람의 행동을 관찰하여 새로운 반응을 학습함.

구성개념 우리가 생활 사건들을 해석하거나 설명하기 위해 고안하고 사용하는 지적 가설; 구성개념은 긴 것 대 짧은 것, 또는 정직 대 부정직과 같이 양극적, 즉 이분법적임.

구성개념적 대안주의 필요에 따라 구성개념을 자유롭게 수정하거나 대체할 수 있다는 관점.

균형 원리 성격 내 균형 또는 평형을 지향하는 경향성이 있다는 개념; 이상적으로는 성격의 모든 구조에 걸쳐 정신 에너지가 균등하게 분배됨.

그림자 원형 성격의 어두운 면; 원시적인 동물적 본능을 포함하는 원형.

근본 불안 외로움과 무력감이 스며드는 느낌; 신경증의 토대.

긍정적 자기존중 자신에게 승인과 인정을 주는 상태.

긍정적 존중 타인의 수용, 사랑, 인정.

기능적 분석 행동의 빈도, 행동이 발생하는 상황, 행동과
연합된 강화물을 평가하는 행동 연구 접근법.

기본 강점 동기를 부여하는 특성과 신념; 각 발달
단계에서 위기가 만족스럽게 해결되었을 때 파생됨.

기본 약점 발달적 위기가 만족스럽게 해결되지 못했을 때
생겨나는 동기적 특성.

기질 특질 환경에 반응하는 행동 양식을 설명하는 특질.

꿈 분석 무의식적인 갈등을 밝혀내기 위해 꿈을 해석하는
기법.

ㄴ

낙관적 설명 양식 학습된 무기력을 방지할 수 있는 설명
양식.

남근 선망 남성이 가진 남근 때문에 여성이 남성에게
느끼는 부러움; 여성의 남근 부재로 인한 상실감이
동반됨.

내적 통제소재 강화가 자신의 통제하에 있다는 믿음.

내향성 자신의 생각과 감정에 대한 지향으로
특징지어지는 정신의 태도.

냉담한 성격 사생활에 대한 강렬한 욕구와 같이
타인에게서 멀어지는 신경증적 경향과 관련된 행동과
태도.

놀이구조물 아동이 인형, 블록 및 기타 장난감으로 조립한
구조물을 분석하는 성격 평가 기법.

능력 특질 목표를 위해 얼마나 효율적으로 일할 수 있는지
설명하는 특질.

ㄷ

단어연상 검사 자극 단어가 주어졌을 때 마음에 떠오르는
단어를 말하게 하는 투사 검사.

당위성의 폭정 참 자기를 부정하고 자신이 행동해야
한다고 생각하는 대로 행동함으로써 도달할 수 없는
이상화된 자기상을 실현하려는 시도.

대리 강화 강화나 결과를 직접적으로 경험하기보다, 다른
사람들의 행동과 그 행동의 결과를 관찰함으로써
행동을 학습하거나 강화하는 것.

대립 원리 대립하는 과정 혹은 경향들 사이의 갈등이 정신

에너지를 만드는 데 필요하다는 개념.

대처 행동 상황에 따른 필요로 인해 결정되고 특정한
목적을 위해 의식적으로 계획된 행동으로, 일반적으로
환경에 변화를 가져오기 위한 행동.

도덕적 불안 원초아와 초자아 사이의 갈등과 관련된 공포.

독립 변인 실험에서 종속 변인에 미치는 영향을 확인하기
위한 자극 변인 또는 실험자가 조작하는 조건.

독특한 특질 한 사람 또는 소수의 사람이 가지고 있는
특질.

동기의 기능적 자율성 정상적이고 성숙한 성인의 동기는
그 동기가 처음 나타났던 아동기의 경험과 무관하다는
생각.

등가 원리 특정 조건이나 활동에 소비되는 에너지가
약해지거나 사라진다면, 해당 에너지는 성격의 다른
곳으로 전환되는 것임을 의미한다는 개념.

ㄹ

리비도 프로이트에게 있어, 즐거운 행동과 생각으로
이끄는 삶의 본능에 의해 발현되는 정신 에너지의
형태; 융에게 있어, 보다 광범위하고 일반적인 정신
에너지의 형태.

ㅁ

메타동기 자기실현을 한 사람들의 동기로, 특정한 목표를
위해 노력하기 보다는 개인의 잠재력을 극대화하는 것.

메타병리 메타욕구 충족에 실패한 것과 관련된 자기
계발의 좌절.

메타욕구 자기실현을 한 사람이 진화하는 방향을 향해
성장 또는 존재하는 상태.

모델링 다른 사람(모델)의 행동을 관찰하여 이를
모방하는 것; 행동 수정 기법에서는 바람직한 행동을
하는 모델을 관찰하게 하여 바람직하지 않은 행동을
바람직한 행동으로 수정함.

무조건적 긍정적 존중 개인의 행동에 관계없이 받게
되는 인정; 로저스의 인간중심치료에서, 상담자는
내담자에게 무조건적 긍정적 존중을 제공함.

미신적 행동 우연히 강화와 관련되었으나 기능적으로
관련이 없는 지속적 행동.

반동 형성 자신의 추동과 반대되는 방식으로 원초아의
　　충동을 표현하는 것과 관련된 방어기제.

반응 행동 특정한 환경적 자극에 대한 또는 자극에 의한
　　반응.

발달부전 자아가 갈등에 대처함에 있어 오직 하나의
　　태도로 구성되어 있을 때 발생하는 상태.

방어기제 자아가 일상생활의 갈등에 의해 유발되는
　　불안으로부터 자신을 방어하기 위해 사용하는 전략;
　　현실을 부인하거나 왜곡하는 것을 포함함.

보상 열등감을 극복하고 더 높은 수준으로 발전하기 위해
　　노력하는 동기.

본능 프로이트의 체계에서 특정 행동을 유도하는 내적
　　자극(예: 배고픔)의 정신적 표현.

본능적 욕구 욕구 위계 이론에서 선천적인 욕구에 대한
　　매슬로의 용어.

부인 외부 위협이나 외상성 사건의 존재를 부정하는 것과
　　관련된 방어기제.

부적 강화 혐오 자극을 제거하여 반응을 강화하는 것.

분석심리학 융의 성격 이론.

불안 명확한 원인 없는 공포와 두려움을 느끼는 것.

불일치 개인의 자기개념과 경험 세계 사이의 불일치.

비관적 설명 양식 삶의 모든 측면에 무기력을 퍼뜨리는
　　설명 양식.

사례 연구 다양한 원천의 자료를 담고 있는 개인의 상세한
　　역사를 다루는 연구 방법.

사회적 관심 개인적·사회적 목표를 달성하기 위해 다른
　　사람들과 협력할 수 있는 개인의 타고난 잠재력.

삶의 본능 음식, 물, 공기, 성에 대한 욕구를
　　충족시킴으로써 개인과 종의 생존을 보장하는 추동.

상관 연구 두 변인 간 관련성의 정도를 상관계수로
　　표현하여 측정하는 통계적 기법.

상호적 결정론 행동은 한편으로는 인지 과정을 통해서
　　개인에 의해, 다른 한편으로는 외적인 사회적 자극
　　사건을 통해 환경에 의해 통제되거나 결정된다는 개념.

생애사 재구성 융의 사례 연구 방법으로, 현재의 신경증을
　　야기한 발달 양상을 확인하기 위해 과거 경험을
　　조사함.

생활 양식 우리 각자가 완벽을 추구하게 하는 독특한
　　성격 구조 또는 개인적인 행동과 특성의 양식;
　　기본적인 생활 양식은 지배형, 의존형, 회피형, 사회적
　　공헌형으로 구성되어 있음.

선천적인 다섯 욕구의 위계 가장 강한 것부터 가장 약한
　　것까지, 행동을 활성화하고 행동의 방향을 설정 하는
　　선천적인 욕구의 배열.

설명 양식 환경에 대한 상대적인 통제력 부족을 자신에게
　　설명하는 방식.

성격 고유하고 상대적으로 지속적인 개인의 내외적
　　특성으로, 다양한 상황에서 행동에 영향을 미침.

성장(존재) 욕구 상위 욕구; 성장 욕구는 결핍 욕구처럼
　　생존에 필수적인 것은 아니나, 인간 잠재력의 실현 및
　　성취와 연관되어 있음.

소거 강화가 철회되면서 행동이 사라지는 과정.

순응적 성격 애정과 인정에 대한 욕구와 같이 타인을 향해
　　움직이는 신경증적 경향과 관련된 행동과 태도.

승화 본능적 에너지를 사회적으로 수용 가능한 행동으로
　　전환함으로써 원초아의 충동을 변경하거나 대체하는
　　것과 관련된 방어기제.

신경증적 경쟁심 무슨 수를 써서라도 이기려는 무차별적
　　욕구.

신경증적 경향 자신과 타인을 향한 행동과 태도의 세 가지
　　범주로, 개인의 욕구를 표현함; 호나이의 신경증적
　　욕구 개념을 재정비한 것.

신경증적 불안 원초아와 자아 사이의 갈등과 관련된 공포.

신경증적 욕구 영구적으로 성격의 일부가 되어 행동에
　　영향을 미치는 불안에 대한 열 가지 비합리적인 방어.

신뢰도 평가 도구에 대한 반응의 일관성.

실험 집단 실험에서 실험적 처치에 노출되는 집단.

실현 경향성 자기를 실현하고, 유지하고, 향상하려는
　　인간의 기본적인 동기.

심리 유형 태도(내향성과 외향성)와 기능(사고, 감각,
　　감정, 직관)의 상호작용을 기반으로 한 여덟 가지 성격
　　유형.

심리사 분석 에릭슨의 생애 이론을 정신분석학적 원리와
　　함께 역사적 인물 연구에 적용하는 것.

심리사회적 발달 단계 에릭슨의 이론에서 전 생애에
　　걸친 여덟 개의 연속적인 단계; 각 단계에서 우리는
　　적응적이거나 부적응적인 방식으로 위기에 대처해야
　　함.

심리성적 발달 단계 모든 아동이 거쳐 가는 심리적인 발달

단계; 구강기, 항문기, 남근기, 생식기 단계가 여기에 해당하며, 각 단계에서 원초아의 만족은 해당 신체 부위 자극에 달려 있음.

ㅇ

아니마 원형 남성 정신의 여성적 측면.

아니무스 원형 여성 정신의 남성적 측면.

안전 욕구 안정감과, 공포로부터의 해방을 향한 더 높은 수준의 욕구.

양심 초자아의 구성 요소; 아동이 벌을 받은 행동을 포함함.

억압 불안감을 유발하는 무언가의 존재를 무의식적으로 부정하는 것과 관련된 방어기제.

엘렉트라 콤플렉스 아버지를 향한 남근기(4~5세) 여아의 무의식적 욕망; 어머니를 대체하거나 파괴하려는 욕망이 동반됨.

여성심리학 여성성과 여성의 역할에 대한 전통적인 이상에 내재된 심리적 갈등을 포괄하기 위한 정신분석학의 개정.

역동적 특질 동기와 흥미를 설명하는 특질.

역사적 결정론 성격이 기본적으로 생애 초기 경험을 통해 결정되며 이후 변화 가능성은 낮다고 간주하는 관점.

역치하 지각 의식적 인식의 역치 이하의 지각.

열등감 모든 사람들의 정상적인 상태; 모든 인간의 노력의 원천.

열등 콤플렉스 정상적인 열등감을 보상할 수 없을 때 발생하는 상태.

오이디푸스 콤플렉스 어머니를 향한 남근기(4~5세) 남아의 무의식적 욕망; 아버지를 대체하거나 파괴하려는 욕망이 동반됨.

온전히 기능하는 사람 자기실현에 대한 로저스의 용어로, 자기의 모든 측면을 발전시키는 사람.

외재화 갈등을 외부 세계에 투사함으로써 이상화된 자기상과 실제 자기상 간의 불일치로 인한 갈등으로부터 자신을 방어하는 방법.

외적 통제소재 강화가 다른 사람이나 운명, 운의 통제하에 있다는 믿음.

외향성 타인과 외부 세계에 대한 지향으로 특징지어지는 정신의 태도.

요나 콤플렉스 잠재력을 극대화함으로 인해 대처할 수 없는 상황에 처할 것이라는 두려움.

요인 분석 몇 가지 측정 간 상관관계에 기반한 통계적 기법으로, 내재적 요인 측면에서 설명됨.

우월 추구 우리 모두에게 동기를 부여하는 완벽 또는 만족을 향한 욕구.

우월 콤플렉스 정상적인 열등감을 과잉 보상할 때 발생하는 상태.

원천 특질 요인 분석 방법으로 도출된 성격의 기본 요인으로, 안정적이고 영구적인 특질.

원초아 본능과 결합된 성격적인 측면; 정신 에너지의 근원이며, 쾌락 원리에 따라 작동함.

원형 집단 무의식에 포함된 보편적인 경험의 이미지들.

위기 각각의 발달 단계에서 직면하는 전환점.

유기체적 가치화 과정 우리의 실현과 성장을 촉진하는지 방해하는지에 따라 경험을 평가하는 과정.

이상화된 자기상 정상적인 사람의 자기상은 자신의 능력에 대한 유연하고 현실적인 평가에 기반한 자신의 이상적 그림이지만, 신경증적인 사람의 자기상은 융통성이 없고, 비현실적인 자기평가에 기반함.

이차 과정 사고 외부 세계에 합리적으로 대처하기 위해 필요한 성숙한 사고 과정.

이차적 특질 가장 영향력이 작은 특질; 눈에 띄지 않고 일관되지 않게 보일 수 있음.

인간중심치료 로저스의 치료적 접근법으로, 자신의 성격을 변화시킬 책임이 내담자에게 있다고 가정함.

인지 욕구 알고 이해하려는 선천적 욕구.

인지적 단순성 사람들 사이의 차이를 인지하는 능력의 부족으로 특징지어지는, 환경을 해석하는 인지 양식 또는 방법.

인지적 복잡성 사람들 사이의 차이를 인지하는 능력으로 특징지어지는, 환경을 해석하는 인지 양식 또는 방법.

일차 과정 사고 원초아가 본능적인 추동을 만족시키기 위해 시도하는 아이 같은 사고.

ㅈ

자궁 선망 여성은 아이를 낳을 수 있지만 남성은 아이를 낳을 수 없기 때문에 남성이 여성에게 느끼는 선망; 프로이트의 남근 선망의 개념에 대한 호나이의 반응.

자기강화 자신의 기대나 기준을 충족하거나 초과하는 것에 대해 자신에게 보상하고, 이에 미치지 못하는 것에 대해 자신을 처벌하는 것.

자기보고식 검사 수검자가 자신의 행동과 감정에 관한 질문에 답하는 형식으로 이루어진 성격 평가 기법.

자기성격묘사 스케치 개인의 구성개념 체계(자신을 다른 사람과의 관계에서 어떻게 지각하는지)를 평가하기 위해 고안된 평가 도구.

자기실현 욕구 자기를 최대한 계발하려는 욕구.

자기 원형 전체 성격의 일체, 통합, 조화를 나타내는 원형.

자기창조력 적절한 생활 양식을 창조하는 능력.

자기통제 행동을 결정하는 변인을 통제하는 능력.

자기효능감 삶에 대처하는 데 있어 적절성, 효율성, 역량에 대한 느낌.

자아 프로이트에게 있어, 성격의 이성적인 측면으로, 현실 원리에 따라 본능을 지휘하고 통제하는 역할을 함; 융에게 있어, 성격의 의식적인 측면.

자아 이상 초자아의 구성 요소; 인간이 추구해야 할 도덕적 또는 이상적인 행동을 포함함.

자아정체성 우리가 무엇이고 무엇이 되고 싶은지에 대한 우리의 생각을 통합하는, 청소년기에 형성된 자기상.

자유연상 환자가 생각나는 대로 말하게 하는 기술; 일종의 백일몽 상태에서 소리 내어 말하는 것.

잠복기 대략 5세부터 사춘기까지의 기간으로, 이 기간 동안 성 본능은 휴면 상태에 들어가고, 학교 활동, 스포츠, 취미 영역으로 승화되면서 아동이 동성 친구들과 우정을 쌓을 수 있음.

저항 자유연상에서 고통스러운 기억을 드러내는 것을 막거나 거부하는 것.

전치 위협적이거나 사용할 수 없는 대상에서 사용 가능한 대체 대상으로 원초아의 충동을 옮기는 것과 관련된 방어기제; 예를 들어 상사에 대한 적대감을 자신의 아이에 대한 적대감으로 대체하는 것.

절정 경험 종교적 또는 신비로운 경험과 유사한, 자기가 초월되는 동안의 강렬한 황홀감의 순간.

정신 융이 성격을 칭한 용어.

정신분석 프로이트의 성격 이론이자 정신질환 치료 체계.

정체성 위기 청소년기에 자아정체성을 확립하지 못하는 것.

조건적 긍정적 존중 바람직한 행동을 표현할 때에만 허용되는 인정, 사랑 또는 수용.

조작적 조건형성 반응 결과의 변화가 반응이 나타나는 비율에 영향을 미치는 절차.

조작적 행동 환경을 조작하여 이를 변화시키는 자연스러운 또는 자발적인 행동.

종속 변인 실험에서 실험자가 측정하고자 하는 변인; 전형적으로 독립 변인의 조작에 대한 참가자의 행동 또는 반응.

주특질 가장 지배적이고 강력한 특질.

죽음의 본능 부패, 파괴, 공격성을 향한 무의식적인 추동.

중심 특질 개인의 행동을 잘 설명하는 두드러진 특질.

증상 분석 카타르시스와 유사하게 증상 분석 기법은 환자가 보고하는 증상에 초점을 맞추며, 환자의 자유 연상을 해석하려고 시도함.

지속적 기능적 자율성 낮은 수준의 일상적인 행동과 관련된 기능적 자율성의 수준.

집단 무의식 인간과 인간 이전 종의 유전된 경험의 축적을 포함하는 정신의 가장 깊은 단계.

ㅊ

참만남 집단 사람들이 자신의 감정을 이해하고, 타인과 관계 맺는(진정으로 타인을 만나는) 방법을 배우는 집단상담 기법.

처벌 반응이 다시 일어날 가능성을 낮추기 위해 반응에 이어 혐오 자극을 적용하는 것.

체질 특질 생리적 특성에 따라 달라지는 원천 특질.

초기 회상 실제 사건이나 환상에 대한 우리의 초기 기억이 우리 삶의 주된 관심사를 드러낸다고 가정하는 성격 평가 기법.

초자아 성격의 도덕적 측면; 부모 및 사회의 가치관과 기준의 내면화.

ㅋ

카타르시스 불안 증상의 완화로 이어질 것으로 예상되는 감정 표현.

카테시스 대상에게 정신 에너지를 투자하는 것.

콤플렉스 권력이나 지위 같은 공통 주제를 중심으로 조직된, 개인의 무의식 속에 있는 정서, 기억, 인식, 바람의 핵심 또는 패턴.

쾌락 원리 원초아가 고통을 피하고 쾌락을 최대화하기 위해 기능하는 원리.

ㅌ

타당도 평가 도구가 실제로 측정하고자 하는 것을 측정하는 정도.

탈억제 모델의 행동을 관찰함으로써 억제나 제약이
약해지는 것.

토큰 경제 바람직한 행동에 대한 보상으로 중요한
물건이나 권한과 교환할 수 있는 토큰이 지급되는
행동 수정 기법.

통제 집단 실험에서 실험적 처치를 받지 않는 집단.

퇴행 삶에서 좌절감을 덜 주던 이른 시기로 후퇴하여
보다 안정감을 느꼈던 시기의 특징이었던 유아적이고
의존적인 행동을 보이는 것과 관련된 방어기제.

투과성 구성개념이 새로운 경험에 비추어 수정되고
확장될 수 있다는 개념.

투사 불편한 충동을 다른 사람에게 투사하는 것과 관련된
방어기제.

투사 검사 수검자가 모호한 자극을 해석하거나 묘사할 때
자신의 개인적인 욕구, 두려움, 가치관을 투사 한다고
가정하는 성격 평가 도구.

특질 올포트에게 있어, 행동을 유발하는 서로 구별되는
특성. 특질은 연속선상에서 측정되며, 사회, 환경,
문화적 영향을 받음; 커텔에게 있어, 요인 분석 방법에
의해 유도된 반응 경향으로, 성격의 비교적 영구적인
부분.

ㅍ

페르소나 원형 다른 사람에게 보여 주는 공적 얼굴 또는
역할.

편의성 범위 구성개념이 적용될 수 있는 사건의 스펙트럼;

어떤 구성개념은 제한된 수의 사람이나 상황에
국한되는 반면, 다른 구성개념은 더 광범위하게
적용됨.

표면 특질 단일한 원천으로 결정되지 않기 때문에, 서로
관련되지만, 하나의 요인만을 구성하지는 못하는 특질.

표현적 행동 별다른 인식 없이 나타나는, 즉흥적이고 목적
없어 보이는 행동.

ㅎ

학습된 무기력 자신의 환경을 전혀 통제할 수 없다는
인식에서 발생하는 상태.

합리화 행동을 더 수용 가능하고 덜 위협적으로 보이도록
재해석하는 것과 관련된 방어기제.

행동 수정 바람직한 행동 변화를 가져오기 위해 강화
원리를 적용하는 치료의 한 형태.

행동유전학 유전 요인 또는 물려받는 요인과 성격 특질 간
관계에 대한 연구.

향본능 표류 본능적 행동이 강화된 행동을 대체하는 것.

현실 원리 자아가 원초아적 본능의 표현을 적절히
제약하기 위해 기능하는 원리.

현실적 불안 실제 위험에 대한 공포.

환경조형 특질 사회적·환경적 상호작용으로부터 학습된
원천 특질.

후성유전학적 성숙 원리 인간의 발달이 유전 요인에
의존하는 일련의 단계에 의해 지배된다는 생각.

옮긴이 소개

박은영 대구가톨릭대학교 심리학과 교수
경북대학교 심리학과 석사, 박사(임상심리학)
임상심리전문가(한국임상심리학회), 범죄심리전문가(한국사회및성격심리학회), 정신건강임상심리사 1급(보건복지부)
(전) 법무부 대구보호관찰소, 대전보호관찰소 책임관

김나래 조선대학교 상담심리학과 교수
연세대학교 심리학과 석사, 박사(학교 및 진로상담)
상담심리사 1급(한국상담심리학회)
(전) 성신여자대학교, 인하대학교, 동양미래대학교 강사

김민정 아주대학교 교육대학원 교수
연세대학교 심리학과 석사, 박사(학교 및 진로상담)
상담심리사 1급(한국상담심리학회)
(전) 연세대학교 학생상담센터 상담원

심은정 위드미 심리상담연구소 소장
연세대학교 심리학과 석사(학교 및 진로상담), 바이올라대학교 박사(임상심리학)
상담심리사 1급(한국상담심리학회), 전문상담사 1급(한국상담학회), 임상심리전문가(한국임상심리학회),
정신건강임상심리사 1급(보건복지부), 미국심리학자면허(알라배마주)
(전) 숭실대학교 베어드교양대학 교수